Marie Bernays
Auslese und Anpassung

Schriftenreihe des Fachbereiches Sozialwesen
an der Hochschule Niederrhein, Band 57

zugleich

Beiträge zur Geschichte der Stadt Mönchengladbach
52

Marie Bernays

Auslese und Anpassung der Arbeiterschaft der geschlossenen Großindustrie

dargestellt
an den Verhältnissen der Gladbacher Spinnerei und Weberei AG
zu München-Gladbach im Rheinland

edierte Neuausgabe der Dissertation
gedruckt Leipzig 1910

kommentiert und mit Begleittexten
von
Silke Schütter (Hochschule Niederrhein)
und
Christian Wolfsberger (Stadtarchiv Mönchengladbach)

Mönchengladbach 2012

Die Drucklegung dieses Bandes wurde mit freundlicher Unterstützung der Diergardt-Stiftung ermöglicht.

Titelfoto: Stadtarchiv Mannheim

1. Auflage Oktober 2012
Satz und Gestaltung: Klartext Medienwerkstatt GmbH, Essen
Umschlaggestaltung: Volker Pecher, Essen
Druck und Bindung: Drukkerij Wilco B.V., Amersfoort (NL)
© Klartext Verlag, Essen 2012
ISBN 978-3-8375-0326-5
Alle Rechte vorbehalten

www.klartext-verlag.de

Inhalt

Hans-Hennig von Grünberg
Grußwort 7

Silke Schütter
**Eine der Pionierinnen der modernen Sozialwissenschaften
und engagierte Frauenrechtlerin: Dr. Marie Bernays**
Über den Zusammenhang von Sozialwissenschaften, Sozialpolitik,
Soziale Arbeit und Frauenbewegung in der Industriegesellschaft
des frühen 20. Jahrhunderts 9

Marco Birn
Sehnsucht und Sozialpolitik
Die Lebensstationen von Marie Bernays 43

Christian Wolfsberger
Mönchengladbach während des Aufenthalts von Marie Bernays 49

Editionsrichtlinien 57

Edierter Text der Dissertation 59

Bibliographie Marie Bernays 421

Die Autoren 425

Grußwort

Ich freue mich, als Präsident einer großen deutschen Fachhochschule ein Grußwort zu diesem Buch schreiben zu dürfen. Solch ein Grußwort liegt gar nicht einmal so fern, wenn man sich die vielen Bezüge zwischen dem Leben von Marie Bernays und dem deutschen Fachhochschulwesen vor Augen führt. So sind beispielsweise die Fachhochschulen heute besonders stolz darauf, gerade jene Gruppen von Menschen für ein Studium gewinnen zu können, die in ihren Familien die ersten sind, die diesen Schritt wagen. Und auch Marie Bernays gehörte solch einer Gruppe an, heute würde man wohl sagen: der Gruppe der »firstgenerationstudents«. Sie war zu Beginn des 20. Jahrhunderts eine der ersten Frauen, die in den Genuss eines Studiums kam. Zudem verfasste sie eine Promotion, die wir heute als besonders praxisnah bezeichnen würden und die heute jeder Fachhochschulprofessor gern betreuen bzw. begutachten würde.

Auch sann sie nach Alternativen zu einem Universitätsstudium, weil sie erkannt hatte, dass solch ein Studium meist nicht den besten Weg darstellt, um junge Menschen – in ihrem Fall waren es Frauen – auf den späteren Beruf vorzubereiten. In ihrer Funktion als Leiterin der Sozialen Frauenschule in Mannheim trug sie dazu bei, die Frauenschule als höhere Fachschule zu etablieren. Aus den einzelnen höheren Fachschulen wurden zu Beginn der 1970er Jahre in Deutschland die Fachhochschulen. In Mannheim ging aus der sozialen Frauenschule dann die Fachhochschule für Sozialwesen hervor, die heute in der Fakultät für Sozialwesen an der Hochschule Mannheim weiterlebt.

Man erkennt: Marie Bernays Wirken und Schaffen läuft fast gradlinig auf die Bildungsidee der Fachhochschulen zu. Man kann sie gut auch als Pionierin unseres so erfolgreichen Hochschultyps betrachten. Mit ihrem Lebenswerk trug sie dazu bei, dass man heute kaum eine Fachhochschule ohne einen Fachbereich Sozialwesen findet. Neben den technischen und ingenieurwissenschaftlichen Fächern, die klassisch mit der Fachhochschule in Verbindung gebracht werden, hat sich vor allem das Sozialwesen als die für jede Fachhochschule typische Disziplin durchsetzen können, was übrigens die Fachhochschulen insgesamt ein gutes Stück weiblicher gemacht hat. An dem Fachbereich Sozialwesen unserer Hochschule studieren derzeit rund 1.200 junge Menschen, wovon etwa 75% Frauen sind.

Ich begrüße es sehr, dass sich nun im Jahr 2012 das Stadtarchiv Mönchengladbach mit unserem Fachbereich Sozialwesen zusammentut, um gemeinsam die Dissertation von Marie Bernays neu herauszugeben, eine Arbeit zu dem Thema »Auslese und Anpassung der Arbeiterschaft der geschlossenen Großindustrie dargestellt an den Verhältnissen der Gladbacher Spinnerei und Weberei AG zu München-Gladbach im Rheinland«. Mit diesem Projekt gewinnt die Kooperation des Fachbereichs Sozialwesen und der Stadt Mönchengladbach eine neue Qualität. Bisher ging es in dieser Zusammenarbeit meist um Vorhaben, die der Stadt unmittelbar anwendbare Erkenntnisse geliefert haben, also etwa die Integration von Migranten in Kleingartenvereinen oder das Thema Stadtentwicklung oder auch die Ursachen und Folgen der von der Stadt geleisteten Hilfen zur Erziehung. Also eine Zusammenarbeit in Form von angewandten Forschungsprojekten und also ganz so, wie es sich für eine gute Fachhochschule auch gehört.

Mit dem vorliegenden Buch aber geht die Zusammenarbeit in eine andere, nämlich eher grundlegend wissenschaftliche Richtung. Die Fachhochschule widmet sich einmal der reinen Theorie, im Übrigen erstmals gemeinsam mit dem Stadtarchiv Mönchengladbach. Ich finde, uns steht auch das von Zeit zu Zeit ganz gut zu Gesichte. Und besonders gut dabei gefällt mir, dass bei der Neuedition der bahnbrechenden Dissertation von Marie Bernays eine Fachhochschulprofessorin als Mitherausgeberin fungiert. Vor dem Hintergrund des Lebenswerkes von Marie Bernays darf man wohl sicher sein, dass sie selbst diese Tatsache sehr begrüßt hätte.

Es wünscht Ihnen eine spannende und erkenntnisreiche Lektüre

Ihr
Hans-Hennig von Grünberg

Eine der Pionierinnen der modernen Sozialwissenschaften und engagierte Frauenrechtlerin: Dr. Marie Bernays

Über den Zusammenhang von Sozialwissenschaften, Sozialpolitik, Soziale Arbeit und Frauenbewegung in der Industriegesellschaft des frühen 20. Jahrhunderts

Silke Schütter

Als Marie Bernays, eine junge 28jährige Nationalökonomin, 1908 unerkannt in der »Gladbacher Spinnerei Weberei« eine Arbeit als Spulerin übernahm, um Recherchen über die Lage der Arbeiterschaft dort zu beginnen, konnte sie nicht ahnen, welche Empörung die Veröffentlichung der Ergebnisse der Studie zwei Jahre später bei der Belegschaft, aber auch in der Stadtöffentlichkeit Mönchengladbachs auslösen würde. Das christliche Gewerkschaftskartell vor Ort rief im November 1910 sogar spontan zu einer Protestversammlung gegen die »Beschimpfungen des Fräulein Bernays« auf, nachdem der Berliner Tagesspiegel und die Gladbacher Zeitung über ihren Vortrag über das »Berufsschicksal moderner Industriearbeiter« berichtet hatten, zu dem der Verein für Arbeiterinnen-Interessen in den Berliner Reichstag eingeladen hatte. Tatsächlich kamen 700 Personen in den großen Saal des katholischen Gesellenhauses. Besonders die Arbeiterinnen, die Marie Bernays freundlich und solidarisch in ihren Kreis aufgenommen hatten, wollten die »unverantwortlichen«, »einseitigen« und »tendenziösen« Berichte, Beurteilungen und Verdächtigungen, die die ganze Arbeiterschaft der Stadt in Misskredit gebracht hätten, öffentlich zurückweisen. Sogar der »Vorwärts«, Zentralorgan der sozialdemokratischen Partei, verschaffte dem Skandal reichsweite Aufmerksamkeit, indem er den Protest der Arbeiterschaft, der sich vor allem gegen die Unterstellung eines zügellosen Sexuallebens der Arbeiterinnen richtete, dazu ausnutzte, um gegen das offenkundige Versagen der katholischen Kirche, die im Rheinland zusammen mit der Zentrumspartei größten Einfluss auf die dortige, offensichtlich von sittlich-moralischem Verfall bedrohte Arbeiterbevölkerung habe, zu polemisieren.[1]

Die Vorsitzende des Vereins für Arbeiterinnen-Interessen in Berlin[2] Margarete Friedenthal, die Bernays zu dem skandalauslösenden Vortrag eingeladen hatte,

---

1   Gladbacher Zeitung, 84. Jg., 7. November 1910: Aus Rheinland-Westfalen, M. Gladbach, den 7. November 1910. Eine Verleumdung Gladbachs; Gladbacher Zeitung, 10. November 1910. Die Beschimpfungen M. Gladbachs, Abdruck der Stellungnahme von Marie Bernays, in der sie mit dem Hinweis auf die in Kürze erscheinende Publikation über ihre Untersuchung auf einen Kommentar zu den Vorwürfen verzichtet und davon ausgeht, dass sich Missverständnisse, die sich aus einem kurzen Vortrag ergeben, aufgeklärt würden. Westdeutsche Zeitung, Nr. 267, 1. Blatt, S. 3, 21. November 1910 über die Protestversammlung, Abdruck der Resolution der Versammlung; Westdeutsche Landeszeitung, 39. Jg., 17. November 1910. Der »Vorwärts« und die Entdeckung von Frl. Dr. Bernays.

2   Gemeint ist der 1906 gegründete »Ständige Ausschuss zur Förderung der Arbeiterinnen-Interessen«, der die Aufgabe hatte, die soziale Lage der Arbeiterinnen zu verbessern. In Veröffentlichungen und auf Konferenzen befasste er sich mit bedeutenden Fragen zur Frauenarbeit. Er trat ein für umfassende Schutzbestimmungen wie Verkürzung der täglichen Arbeitszeit der weibli-

verteidigte die Referentin: Die Berichterstattung in der Gladbacher Zeitung habe den Vortrag in übertriebener, entstellter Form und aus dem Zusammenhang gerissen dargestellt. Bernays habe nicht vom »zügellosen Sexualleben«, auch nicht vom »sittlichen Tiefstand« gesprochen, sondern sie habe die Tatsache erwähnt, dass viele junge Paare wegen eines zu erwartenden Kindes zur Ehe schritten. Sie habe auch vom ausgeprägten Familiensinn der Arbeiterschaft gesprochen: »Geschwister helfen einander, Eheleute empfinden Verpflichtungsgefühl, obgleich der Bund nicht aus Liebe oder Überlegung geschlossen wurde, sondern weil die Geburt des Kindes den Anlass gab«. Die junge Forscherin habe um größeres Verständnis für die Lage der Arbeiterinnen in den Kreisen bürgerlicher Frauen werben wollen und mit großer Anerkennung und Sympathie gesprochen, und sie habe gerade die von ihr selbst erfahrene große Hilfsbereitschaft und Kollegialität der Arbeiterinnen, die Freundlichkeit und das sittliche Verhalten der Werkmeister gewürdigt.[3]

Aber weder diese Verteidigung Marie Bernays noch der Leserbrief, den Prof. Max Weber, in dessen Forschungskontext die Untersuchung stand, an die Gladbacher Zeitung schickte, konnten die aufgebrachte Öffentlichkeit – von der Arbeiterschaft und ihren Gewerkschaften, bis hin zu Pfarrern, der Stadtverordnetenversammlung und dem Oberbürgermeister – beruhigen.[4] Solche in den Zeitungen zitierte angebliche Äußerungen Bernays konnten nicht unwidersprochen bleiben: » Wie der Tagelöhner große Gemächlichkeit, so charakterisiert den Akkordarbeiter Hastigkeit und der Gedanke, jede der kostbaren Minuten auszunutzen, um möglichst viel Geld zu verdienen. Diese Arbeiterin rechnet nur nach Quantität ihrer Arbeit, und es ist natürlich, dass sich dabei keine individualistische Persönlichkeit herausbildet. M. Gladbach mit seiner hässlichen Umgebung, die schnell emporgekommene Stadt selbst geben dem Schönheitsbedürfnis des Menschen keine Nahrung. Ihre Tage sind eintönig und unschön. ... Die geringe Wertung der Frau kommt in dieser Gegend von dem Bedarf der Textilindustrie an weiblichen Arbeitskräften, so dass weniger Männer eingestellt werden, und daher der Kampf um den Mann seine hässlichen Formen zeigen kann.« Diese »unglaublichen Unterstellungen« zurückweisend, versuchte die Gladbacher Zeitung, Mönchengladbach auswärts wieder ins rechte Licht zu setzen und pries die Schönheiten des Hardter Waldes, die »intimen Reize der Hainen«, nicht zu vergessen das »liebliche Schwalmtal« und die Seen der Umgebung oder auch das Engagement der Stadt auf dem Gebiet der Wohlfahrtspflege; Tausende von Volksunterhaltungsabende, Volkskonzerte, der Volksgarten und die Volksbibliothek böten

---

chen Arbeiter auf 10 Stunden; das am 1. Januar 1911 in Kraft getretene Gesetz war wesentlich auf die Agitation dieses Vereins zurückzuführen (vgl. Marie Bernays, Die deutsche Frauenbewegung, Leipzig, Berlin 1920, S. 39). Vgl. Ute Gerhard, Grenzziehungen und Überschreitungen. Die Rechte der Frauen auf dem Weg in die politische Öffentlichkeit, in: Ute Gerhard (Hrsg.), Frauen in der Geschichte des Rechts. Von der Frühen Neuzeit bis zur Gegenwart, München 1997, S. 509–546, S. 537.
3   Gladbacher Zeitung, 84. Jg., 17. November 1910, Margarete Friedenthal, Vorsitzende des Zentralvereins für Arbeiterinnen-Interessen in Berlin, schickt Berichtigung an Gladbacher Zeitung.
4   Max Weber [Marie Bernays und die M. Gladbacher Arbeiterschaft] Heidelberg, den 24. November 1910, Leserbrief an die Redaktion der Gladbacher Zeitung, in: Max Weber, Zur Psychophysik der industriellen Arbeit. Schriften und Reden 1908–1912, Studienausgabe der Max Weber-Gesamtausgabe, Band I/11, Wolfgang Schluchter (Hrsg.), Tübingen 1998, S. 185–186.

der arbeitenden Bevölkerung im Gegensatz zu Bernays düsteren Schilderungen reichlich Ablenkung.[5]

Wie konnte eine sozialwissenschaftliche Studie, die nach Max Weber nichts »in irgendeiner Richtung Sensationelles« zu bieten hatte,[6] solch eine Empörung in der Arbeiterschaft und in der Öffentlichkeit provozieren? In welchem wissenschaftlichen, politischen und gesellschaftlichen Kontext ist die Arbeit entstanden, worauf zielte sie ab und zu welchen Ergebnissen kam Dr. Marie Bernays tatsächlich?

Empirische Sozialforschung und »soziale Frage« um 1900:
Die Fabrikarbeiterinnen und ihr Schicksal – »unsoziale Horde« der Kultur- und Bildungslosen oder Trägerinnen einer zukünftigen »Kulturgemeinschaft«?

Zwei Jahre nach Veröffentlichung ihrer Dissertation über »Auslese und Anpassung der Arbeiterschaft in der Gladbacher Spinnerei und Weberei« brachte Marie Bernays in ihrem Aufsatz »Vom Geistes- und Seelenleben des modernen Arbeiters« (1912) die Hoffnung zum Ausdruck, dass die Arbeiterbewegung sich – quasi als »Versuch der bisherigen Kultur- und Bildungslosen« – als eine »Kulturgemeinschaft« selbst aufbauen werde und »dereinst der bürgerlichen Welt ganz neue Werte auf allen Gebieten entgegenstellen könne«.[7] Damit setzte sie sich zwar grundsätzlich von Forschern und Forscherinnen der frühen Arbeiterenqueten ab, die in der Arbeiterschaft vor allem eine dem Bürgertum fremde »unsoziale Horde« oder gar »Wilde«, die zu einer Bedrohung für die Gesellschaft wurden, gesehen hatten; aber trotzdem teilte auch sie die Auffassung, dass die Arbeiterschaft eine eigene proletarische Kultur entwickele, die von bürgerlichen Kulturwerten nicht weniger getrennt sei als das Leben der Arbeiter vom Bürgertum:[8] »Mauern trennen diese Proletarier [...] von der ganzen Kulturwelt, die wir um sie her und auf ihre Arbeit aufgebaut haben.« (Bernays 1910)[9]

Als Bernays sich entschied, mit Methoden der – wie es erst viel später hieß – »teilnehmenden Beobachtung« und der persönlichen systematischen Befragung mittels eines von Max Weber entwickelten Fragebogens die Lebensweise, die Mentalitäten und psychische Verfassung der Arbeiterinnen möglichst objektiv und ohne Wertung in der Fabrik selbst zu erforschen, wollte sie diese Kluft zwischen Arbeiterschaft und bürgerlicher Sozialforscherin überwinden. Hatte sie sich zunächst unerkannt als Arbeiterin von der Fabrik anwerben lassen, so erfuhr sie nach ihrer von ihr selbst betriebenen Enttarnung für ihre Recherchen »wohlwoll-

---

5   Gladbacher Zeitung, 84. Jg., 7. November 1910. Aus Rheinland-Westfalen, M. Gladbach, den 7. November 1910. Eine Verleumdung M. Gladbachs.
6   Max Weber, Psychophysik, S. 185.
7   Marie Bernays: Vom Geistes- und Seelenleben des modernen Arbeiters, in: Die Frau, Jg. 1911/12, S. 324–338. Max Weber beurteilte die Entstehung einer Arbeiteraristokratie, die Trägerin eines politischen Sinns wäre, skeptischer. Vgl. Horst Kern: Empirische Sozialforschung. Ursprünge, Ansätze, Entwicklungslinien, München 1982, S. 289, S. 96–97
8   Arbeiterenquete auf Beschluss des Reichstags und des Bundesrates 1874/75, auf Initiative des Vereins für Sozialpolitik.
9   Marie Bernays, Berufsschicksal moderner Industriearbeiter, in: Die Frau, Jg. 18, 1910/11, S. 217; vgl. Irmgard Weyrather, Die Frau am Fließband. Das Bild der Fabrikarbeiterin in der Sozialforschung 1870–1985, Frankfurt a. M., New York 2003, S. 72.

ende« und »opferbereite« Unterstützung sowohl seitens der Arbeiter und Arbeiterinnen als auch seitens der Fabrikleitung. Die Arbeiterinnen hatten sich bereits an ihre Anwesenheit gewöhnt und betrachteten sie als eine der ihren und zur Fabrik gehörig. Mehrere Monate teilte sie ihr Leben mit ihnen und erwies den Frauen und Männern schon allein dadurch Respekt vor ihrer Person und ihren Leistungen. Gerade die Frauen ließen sich meist gern auf Unterhaltungen ein. Bernays betonte die Bedeutung, die dem »persönlichen Ausfragen« und den Begegnungen innerhalb und außerhalb der Fabrik zukam, um ihr Vertrauen zu gewinnen, aber auch um klare Antworten zu bekommen.[10] Indem sie die Arbeiter und Arbeiterinnen selbst zu Wort kommen ließ, akzeptierte sie diese – wie von dieser Schule der Sozialforschung beansprucht – als eigenständig handelnde und denkende Subjekte und Interpreten und Interpretinnen ihres Lebens und übernahm so die wissenschaftsethisch begründete Verpflichtung, deren durchaus subjektive Standpunkte ernst zu nehmen und in empirisch belegbare und dokumentierte Forschungserkenntnisse umzuwandeln. Damit war sie allerdings eine der wenigen Forscher und Forscherinnen, die solch ein Feldforschungsprojekt erfolgreich abschließen konnten; und die später veröffentlichten Forschungsergebnisse und »Beurteilungen« der Lebensweisen und Lebenseinstellungen der Arbeiterschaft provozierten diese gerade aufgrund des entgegengebrachten Vertrauens umso mehr, bestätigten sie doch die Vorurteile und das Misstrauen gegenüber dem Bürgertum und seinen Repräsentanten und Repräsentantinnen.

Die Bereitschaft Bernays zu großem persönlichem Einsatz und ihre Fähigkeit zur Empathie hatten ihre wissenschaftlichen Förderer, die sich der Problematik der Überwindung von Klassengrenzen seitens der bürgerlichen Sozialforschung durchaus bewusst waren, frühzeitig erkannt. Die Professoren Max und Alfred Weber und Heinrich Herkner hatten für das aus mehreren Einzeluntersuchungen bestehende Großprojekt des »Vereins für Sozialpolitik« ganz bewusst Forscherinnen angeworben, denen sie nach erfolgreichem Abschluss der Projekte bescheinigten, dass ihnen aufgrund ihrer weiblichen Intuition eine »innige persönliche Fühlung mit Arbeitern« gelungen sei und dass sie »erstaunlich weitgehende Auskünfte nur durch freundlichen Kontakt von Mensch zu Mensch [hatten] beschaffen können« (Verhandlungen des Vereins für Sozialpolitik 1912, S. 122)[11]: »Warum sollten soziale Zustände, die Mann und Frau betreffen, immer nur im Spiegel des männlichen Geistes aufgenommen werden? [...] In dieser Hinsicht halte ich es für äußerst wünschenswert, dass auch die weibliche Auffassung, welche in der Regel das individuelle Moment sorgfältiger berücksichtigt, entschieden zur Geltung gelangt«, hatte Herkner schon 1899 in seiner Antrittsvorlesung über das »Frauenstudium der Nationalökonomie an der Universität Zürich« festgestellt.[12]

---

10 Bernays, Dissertation 1910, S. 1 Vorwort. Ihre Forscherkollegen hatten in anderen Fabriken weitaus größere Schwierigkeiten, systematische Befragungen durchzuführen, so dass Bernays Studie letztlich als eine der wenigen erfolgreichen Untersuchungen übrig blieb (vgl. Kern, Empirische Sozialforschung, S. 98).
11 Weyrather, Frau am Fließband, S. 65.
12 Weyrather, Frau am Fließband, S. 35. Jürgen Kocka: Arbeitsverhältnisse und Arbeiterexistenzen. Grundlagen der Klassenbildung im 19. Jahrhundert, Bonn 1990, S. 467–469.

Bernays Idee, inkognito in die Fabrik zu gehen, war nicht neu. Bereits in den 1880er und 90er Jahren hatten sich angehende Pfarrer und bürgerliche Frauen als Arbeiter und Arbeiterinnen verkleidet und in Fabriken oder auf Wanderschaft das Arbeiterleben studiert: in England, wo in den 1870er und 80er Jahren in der gebildeten Schicht ein regelrechtes »Slumfieber« ausgebrochen war und elegante Herren und vornehme Damen in ›dunklen Stadtteilen‹ das Elend studierten und sich darüber moralisch empörten, forschte Beatrice Webb (1888), in Deutschland Paul Göhre (1891), Theodor Wangemann (1893, 1894) und Elisabeth Gnauck-Kühne (1896). Diese von den Universitäten unabhängig durchgeführte Feldforschung war gerade für die vom Universitätsstudium noch ausgeschlossenen Frauen besonders attraktiv; sie bot ihnen die einzige Chance zur wissenschaftlichen Qualifikation. Die »soziale Frage«, von den Revolutionären 1848 verbunden mit der Forderung nach einem »Recht auf Arbeit« und dem radikalen Umsturz der bestehenden gesellschaftlichen Verhältnisse, war in der Zeit der Hochindustrialisierung in den Mittelpunkt des gesellschaftlichen Interesses der gebildeten Mittelschicht gerückt.[13] Und der 1872 von den Sozialkonservativen Prof. Gustav Schmoller, Adolf Wagner und dem Linksliberalen Prof. Lujo Brentano in Deutschland gegründete »Verein für Sozialpolitik«, der sich für staatliche Sozialreformen einsetzte, nicht zuletzt um den von der sich organisierenden Arbeiterbewegung drohenden revolutionären Bestrebungen entgegenzuwirken, stießen entsprechende Feldforschungen an. In dieser Tradition stand dann die zweite Generation der Sozialforscher des »Vereins für Sozialpolitik«, die Brüder Alfred und Max Weber und Heinrich Herkner, die die Forschungsprojekte Bernays und ihrer Mitstreiter und Mitstreiterinnen initiierten (1908–1912).[14]

Die erste Generation der zur so genannten »jüngeren historischen Schule« der Nationalökonomie gehörenden Professoren hatten bei Gründung des Vereins trotz interner Differenzen darin übereingestimmt, dass die »soziale Frage« mittels staatlicher Sozialpolitik angegangen werden müsse und dass Sozialforschung der Sozialpolitik als Erkenntnisgrundlage und Rechtfertigung dienen solle. Sie beurteilten den »kapitalistischen Prozess«, bei dem es nur um das »Streben nach größtem Gewinn« ginge, äußerst kritisch. Dieser verweigere den Arbeitern elementare Lebenschancen und provoziere deren Abwehrkampf: »die elenden Klassen [sind] in den Verzweiflungskampf gegen die Kulturentwicklung getrieben« worden, so Brentano.[15] Das widerspreche dem Gebot humaner Organisation gesellschaftlicher Verhältnisse. Nach ihrer Auffassung sei der Mensch Selbstzweck und ihm stehe das Recht zu, all seine Fähigkeiten zur größtmöglichen Entfaltung zu bringen; eben diese Chance würde ihm verweigert, so dass der Staat korrigierend in ökonomische Abläufe eingreifen müsse. Für ihre der herrschenden Lehre des Wirtschaftsliberalismus widersprechende Wirtschafts- und Gesellschaftstheorie mussten sie es sich gefallen lassen, als »Kathedersozialisten« beschimpft zu wer-

---

13 Weyrather, Frau am Fließband, S. 42–43.
14 Kern, Empirische Sozialforschung, S. 87–106.
15 Lujo Brentano: Mein Leben im Kampf um die soziale Entwicklung Deutschlands, Jena 1931, S. 74, zit. n. Kern, Empirische Sozialforschung, S. 288, Anm. 56.

den; später akzeptierten sie diese Karikierung ihres wissenschafts- und gesellschaftspolitischen Engagements.[16]

Die Initiatoren der Gladbacher Studie teilten die Kapitalismuskritik ihrer Lehrer. Aber vor allem Max Weber distanzierte sich im so genannten »Werturteilsstreit«, ausgetragen im Verein für Sozialpolitik und in Streitschriften, von der Einheit von Forschung und Politik, wie sie die ersten englischen Sozialstatistiker in den 1830er/40er Jahren und die Gründer des Vereins für Sozialpolitik betrieben hatten – dem »Sündenfall« des Vereins.[17] Weber stritt gegen die Gefährdung der Objektivität sozialwissenschaftlicher Aussagen: Die Wissenschaftler seien sich offenbar der politisch-sozialen Beschränkungen ihrer Aussagen nicht bewusst und könnten diese auch gegenüber der wissenschaftlichen Öffentlichkeit nicht bewusst machen. Werturteile sollten offen gelegt werden, damit überzogene Geltungsansprüche sozialwissenschaftlicher Forschung vermieden werden und die Ergebnisse intersubjektiv überprüfbar seien. Er wendete sich pedantisch gegen »die Verquickung des Seinsollens und des Seienden«: »weil ich es nicht ertragen kann, wenn Probleme von weltbewegender Bedeutung, von größter ideeller Tragweite, in gewissem Sinne höchste Probleme, die eine Menschenbrust bewegen können, zu einem Gegenstand der Diskussion einer Fachdisziplin, wie es die Nationalökonomie ist, gemacht wird«(Weber 1909).[18] Der Streit um Werte und über die Lösung der »sozialen Frage« war nach seiner Auffassung von zu großer gesellschaftlicher Bedeutung und politischer Tragweite, noch dazu geleitet von sich widersprechenden Klasseninteressen, als dass er Aufgabe einer wissenschaftlichen Disziplin sein konnte und sollte.

Die Sozialwissenschaften als Wissenschaften vom Handeln der Menschen befassten sich zwar mit deren Werten – mit ihren »Wertbeziehungen« – und versuchten diese aufzuklären. Und der Forscher sei bei der Auswahl seines Forschungsgegenstands von einer »Wertperspektive« geleitet; die Wahrheit seiner Ergebnisse sei aber unabhängig davon. Die Wissenschaft fälle keine Werturteile. Sie könne keine Antwort auf die Frage geben, was wir tun sollen oder was die Zukunft sein wird, was wertvoll an sich und für immer ist. Sind ihre Fragen auch existentiell – und subjektiv – bedingt, so müssen die Antworten doch universell – objektiv –, nachvollziehbar oder falsifizierbar sein. Wissenschaft ist immer unabgeschlossen, ein Prozess, ständige Revision, aber sie ist nicht perspektivisch.[19] Sozialwissenschaft als »kontrolliert vollzogene Erkenntnisarbeit«, gebunden an berufliche Standards und zu entwickelnde Normen, das verstand Weber unter professioneller Sozialforschung; und das war der Beginn der Ablösung der Nebentätigkeit gebildeter Laien durch die Lebenstätigkeit von Berufswissenschaftlern.[20]

Forderte Weber moderner Sozialforschung Objektivität ab, so interessierte ihn in seiner Kapitalismusanalyse und am Berufsschicksal der Industriearbeiterschaft, das

---

16 Kern, Empirische Sozialforschung, S. 84–85.
17 Vgl. Franz Boes, Geschichte des Vereins für Sozialpolitik 1872–1932. Schriften des Vereins für Sozialpolitik 188, Duncker & Humboldt, Berlin 1939.
18 Kern, Empirische Sozialforschung, S. 96–97.
19 So fasst der Historiker Nipperdey Webers Argumentation zusammen, vgl. Thoma Nipperdey, Deutsche Geschichte 1866–1918. Bd. I. Arbeitswelt und Bürgergeist, München 1990, S. 674–675.
20 Kern, Empirische Sozialforschung, S. 95–96.

Marie Bernays in Mönchengladbach untersuchte, gerade die Bedeutung der subjektiven Voraussetzungen der kapitalistischen Großindustrie: wie wirkte die von der Industrie selbst beeinflusste Subjektivität des Arbeiters auf den kapitalistischen Produktionsprozess zurück? Damit erweiterte er die von Alfred Weber entwickelte Fragestellung: »Was ist der reale Inhalt des Lebens dieser Klasse? Nach welchen Richtungen tendiert ihr Eingestelltsein, die in ihr vorhandenen Lebenskräfte zu treiben, die Möglichkeiten, die sie in sich trägt, lösend oder bindend? Was sucht das Schicksal aus ihr als Lebenssubstanz zu machen?« (A. Weber 1912).[21]

Die Bedeutung subjektiver Momente gehörte zu den Grundthesen der Kapitalismusanalyse Max Webers.[22] Als bekennender »ökonomischer Nationalist«, der sich als Repräsentant des deutschen Bürgertums fühlte und zu seiner Klasse stand, wollte er mit Hilfe der Wissenschaft eben dieses Bürgertum wissenschaftlich qualifizieren: »Wissenschaft als ›politische Erziehungsarbeit‹, durch die die bürgerliche Klasse von der subjektiven Seite her auf die historische Rolle vorbereitet wird, die objektiv nur sie erfüllen kann.« (M. Weber 1885)[23] Bedrohlich war für Weber die Tatsache, dass den bürgerlichen Klassen als Träger der Machtinteressen der Nation die nötigen politischen Qualifikationen fehlten, um ihrer Aufgabe, der »sozialen Einigung der Nation« vor dem Hintergrund der modernen ökonomischen Entwicklungen und ihrer sozialen Verwerfungen, gerecht zu werden. Den »aufsteigenden« Klassen, der Arbeiterbewegung, sprach er die politischen Qualifikationen, dazu ihren Beitrag zu leisten, ab: der Weg zu einer »Arbeiteraristokratie«, die Träger eines »politischen Sinns« wäre, sei noch weit (M. Weber 1895).[24]

Vor diesem Hintergrund kann man das tief sitzende Misstrauen der Arbeiterschaft und ihrer Gewerkschaften, die vor politischer Verfolgung nicht gefeit waren (Sozialistengesetze, Presseverbote etc.), gegenüber den bürgerlichen Sozialforschern verstehen, die sie vor Ort an ihren Arbeitsplätzen »beobachten« und ausfragen wollten, um etwas über ihre Einstellungen und subjektiven Befindlichkeiten herauszufinden. Und die Arbeiterinnen hatten nicht selten Demütigungen von Behördenvertretern – den Armenpflegern und Armenpflegerinnen in den Anfängen der Sozialen Arbeit – erfahren, die die Gewährleistung von Fürsorgeleistungen von Erkundungen und Erhebungen in ihren privaten Haushalten abhängig gemacht und sie nicht selten Verachtung und Überlegenheit ihrem Stande gegenüber hatten spüren lassen. Die Gewerkschaftsvertreter unterstützten oder stifteten den Boykott der Fragebogenerhebungen in den Fabriken an. Einige Forscher der Enquete des »Vereins für Sozialpolitik« warfen daraufhin aus

---

21 Alfred Weber, Das Berufsschicksal der Industriearbeiter, in: Archiv für Sozialwissenschaften und Sozialpolitik, 1912, S. 377–378, zit. n. Kern, Empirische Sozialforschung, S. 94.
22 Max Weber, Methodologische Einleitung für die Erhebungen des Vereins für Sozialpolitik über Auslese und Anpassung (Berufswahlen und Berufsschicksal) der Arbeiterschaft der geschlossenen Großindustrie (1908), in: Max Weber, Gesammelte Aufsätze zur Soziologie und Sozialpolitik, hrg. v. Marianne Weber, 2. Aufl. Tübingen 1988, S. 1–60, hier: S. 1.
23 Zit. n. Kern, Empirische Sozialforschung, S. 95.
24 Max Weber, Der Nationalstaat und die Volkswirtschaftspolitik, Akademische Antrittsrede (1895), in: Weber, Gesammelte politische Schriften, Tübingen 1971, S. 20, zit. n. Kern, Empirische Sozialforschung, S. 289.

Verzweiflung das Handtuch, wenn etwa von 4000 verteilten Fragebögen nur 100 ausgefüllt zurückkamen.[25]

Die Empörung der Gladbacher Arbeiterinnen und Arbeiter und der Gewerkschaften über die ihnen in der Studie Marie Bernays zugeschriebenen Charaktereigenschaften und (Über-)Lebensstrategien zeigt, dass auch sie, wie von der Arbeiterschaft andernorts befürchtet, an dem hohen Anspruch wertfreier Forschung und Überwindung von Klassengrenzen und bürgerlichen Vorurteilen letzten Endes doch gescheitert war. Trotzdem stimmte sie weder in ihrer Gladbacher Studie noch in späteren Schriften ein in den Kanon vor allem der frühen Arbeiterinnenforschung, aber auch des sozialpolitischen Diskurses der Zeit, die die Fabrikarbeiterinnen pauschal moralisch abwerteten und in der Fabrikarbeit die Ursache für »Liederlichkeit«, »Unsittlichkeit«, »sittliche Gefährdung« und Vernachlässigung der Kinder sahen. Nicht nur die Forscher und die befragten Fabrikherren, sondern auch Sozialpolitiker und Fürsorger und Fürsorgerinnen in den Städten machten die Frauen, die freiwillig (?) in die Fabriken gegangen waren, selbst für ihre prekären Lebensverhältnisse verantwortlich und verdächtigten sie pauschal des sittlich-moralischen Verfalls, zumindest der »sittlichen Gefährdung«; selbst den schlechten Gesundheitszustand der Frauen und ihrer Kinder lasteten sie ihnen an.[26]

Marie Bernays, die nicht nur von der wissenschaftlichen »jüngeren historischen Schule« der Nationalökonomie beeinflusst, sondern auch in der »gemäßigten« bürgerlichen Frauenbewegung engagiert war,[27] stellte dagegen grundsätzliche Überlegungen über die gesellschaftliche und ökonomische Bedeutung der Frauenerwerbsarbeit an und entwarf ein differenziertes Bild der Arbeiterin und ihres Schicksals. Sie verortete die Ursachen für die Verbreitung der Fabrikarbeit von Frauen – wie von ihrer Wissenschaftsdisziplin gefordert – vom Standpunkt der kritischen, in historischen Zusammenhängen und Prozessen denkenden Sozialforscherin. Sie setzte sich in ihrer Analyse deutlich von solchen Positionen ab, die in der Fabrikarbeit nicht nur den Ausdruck des sittlich-moralischen Verfalls, sondern darüber hinaus auch noch des angeblichen Strebens gerade junger Frauen nach der gegenüber der schweren Hausarbeit zu bevorzugenden »leichten Arbeit« in der Fabrik sehen wollten.

In diesem Sinne hatte die erste Arbeiterenquete des Reichstages (1874/75), die übrigens vom »Verein für Sozialpolitik« angeregt worden war, den sehr jungen Fabrikarbeiterinnen unterstellt, dass sie die leichte Fabrikarbeit wählten, damit sie, über eigenes Geld verfügend, den Eltern nicht mehr zu gehorchen brauchten und sich in ihrer Freizeit am Sonntagnachmittag ihrem Vergnügen hingeben konnten,

---

25 Kern, Empirische Sozialforschung, S. 98, S. 290.
26 Weyrather, Frau am Fließband, S. 27. Vgl. Silke Schütter, Von der rechtlichen Anerkennung zur Ausgrenzung der Armen. Euphorie und Scheitern eines großen kommunalpolitischen Reformprojektes Straßburgs zwischen den 1880er und den 1920er Jahren, in: Archiv für Sozialgeschichte, Hrsg. Friedrich-Ebert-Stiftung, 46. Band, Bonn 2006, S. 87–106.
27 Die Geschichtsschreibung über die Frauenbewegung unterscheidet zwischen »gemäßigtem« und »radikalem« oder »fortschrittlichem« Flügel der Frauenbewegung oder sie unterscheidet zwischen der »bürgerlichen« und »proletarischen« oder »sozialistischen« Frauenbewegung. Die bürgerliche Frauenbewegung kann man noch differenzieren in: »radikalen«, »gemäßigten«, »konfessionellen« und »vaterländischen« Flügel (Weyrather, Frau am Fließband, S. 36).

vor allem dem Tanzen. Das Tanzen aber und die Zusammenarbeit mit Männern in der Fabrik führten zwangsläufig zu frühen Heiraten und unehelichen Geburten. Ihren Familien gegenüber blieben diese Frauen gleichgültig und nutzten die leichte Gelegenheit zum Verlassen des elterlichen Hauses. Und schließlich verführe der hohe Lohn bei leichter Beschäftigung, mit der geschickte Frauen ebenso viel verdienen könnten wie Männer, geradezu zu »Putz- und Vergnügungssucht und Liederlichkeit«. Die Fabrikbesitzer konterten, angesichts der harten Arbeitsbedingungen und der meist nicht einmal existenzsichernden Löhne schon zynisch klingend,[28] dass gesundheitliche und sittliche Missstände unter den Frauen das Resultat der Wohnverhältnisse und der »Verführungen« der Großstadt, nicht etwa der Fabrikarbeit waren; und sie betonten, dass die langen Arbeitszeiten und die strenge Aufsicht der Arbeiterinnen im Gegensatz zur Hausindustrie eine gar positive Wirkung auf die Sittlichkeitsverhältnisse habe (1876).[29] Immer wieder tauchten in den Reformdebatten Forderungen nach dem generellen Verbot der Frauenfabrikarbeit auf, die allerdings Angesichts des Bedarfs an weiblichen Arbeitskräften unrealistisch waren.

Frauenerwerbsarbeit und Frauenbildung:
Das Ringen der Frauenbewegung um Emanzipation, Selbstbestimmung und persönliche Entfaltung der Frauen – die Kulturmission der Frauen

Marie Bernays erkannte in ihrer wissenschaftlich begründeten Gesellschaftsanalyse dagegen in der Frauenfabrikarbeit eines von vielen Phänomen, die die wirtschaftlichen Umwälzungen seit der zweiten Hälfte des 18. Jahrhunderts begleitet hatten und nicht mehr umkehrbar waren: die Durchsetzung neuer Produktionsformen, die sich in allen zivilisierten Ländern verbreitet hatten und durch drei Hauptmerkmale gekennzeichnet war: »1. die konsequente Durchführung des Rentabilitätsprinzips in der wirtschaftlichen Unternehmung, 2. die zunehmende Verwendung von Maschinenkraft in der Produktion und 3. die Entwicklung von Kleinbetrieben zu Großbetrieben.« Der »Sieg des Kapitalismus und Industrialismus« habe auf die überlieferte Klassenbildung vorwiegend zersetzend und zerstörend gewirkt. Das Handwerk war dem Verlagssystem der Hausindustrie und der maschinellen Güterproduktion in der Fabrik zum Opfer gefallen; der Arbeiterstand mit »eigenem Dogma, seiner eigenen Ideologie, seinem eigenen Lebensstil« entstand; und der alte Mittelstand zerfiel in zahlreiche Gruppen: Kleinunternehmer in Gewerbe, Handel und Landwirtschaft einerseits und in die breite Schicht der mittleren Staats- und Gemeindebeamten, der höheren technischen und kaufmännischen Angestellten als oberer Mittelstand gegenüber dem unteren Mittelstand der Kleinhandwerker und Bauern. Die Wirtschaftsführung wurde dominiert von Rentabilitätsrechnung, Gewinnstreben und Hochschätzung des Geldes »als vollkommenstes Mittel zur Erreichung aller Zwecke«.[30]

Diese tiefgreifenden Umwälzungen, so Bernays, hatten neue Lebensformen hervorgebracht und mussten auch das Frauenleben entscheidend verändern. Frauen,

---

28 Vgl. Kocka, Arbeitsverhältnisse, S. 448–461: 6. Das Elend der Fabrikarbeit.
29 Weyrather, Frau am Fließband, S. 28.
30 Marie Bernays: Die deutsche Frauenbewegung, Leipzig, Berlin 1920, S. 6–7.

die im Handwerk als Meisterin eine adäquate Lebensform gefunden hatten, an die sie sich leicht anpassen konnten, mussten nach dessen Verfall neue Produktionsarten zwangsläufig akzeptieren und wanderten in die Fabriken, namentlich in die Textilindustrie; alternativ konnten sie sich höchstens als Heimarbeiterinnen in vollkommene Abhängigkeit von Verlegern begeben. Bernays verwies auf die wechselseitige Bedingtheit zwischen Frauenarbeit, Maschinenanwendung, die schwerste Handarbeit ersetzt hatte, und Großbetrieb. Der Einsatz von Maschinen und die fortschreitende Arbeitsteilung habe die Einstellung verschiedenartigster Arbeitskräfte erfordert; der Erste Weltkrieg wirkte dann zusätzlich als Katalysator der industriellen Frauenarbeit auf allen Gebieten. Die Durchsetzung der Fabrikarbeit wäre ohne den Einsatz der Masse der preisgünstigen Frauen in der Produktion nicht denkbar gewesen. Aber auch die 4 ½ Millionen hauptberuflichen und 2,8 Millionen mithelfenden Ehefrauen in der Landwirtschaft bekamen die Folgen der Industrialisierung zu spüren: Viele Männer zogen in die Stadt, um in den Fabriken Arbeit zu finden; die Landwirtschaft wurde zum Frauenberuf. Und der drastische Geburtenrückgang drückte die erschreckenden körperlichen Belastungen und die katastrophalen hygienischen Verhältnisse aus, die Bäuerinnen und Mägde zu ertragen hatten. Es zeigte sich, dass diese Missstände nur durch eine bessere Schulung der Frauen in landwirtschaftlicher Arbeit kompensiert werden konnten. Die Frauenfrage auf dem Lande stellte sich also – wie Bernays es für die Fabrikarbeiterinnen in ihrer Dissertation herausgefunden hatte, dazu später mehr – zunehmend als dringende Ausbildungsfrage, wollte man die Lebensverhältnisse und Lebensperspektiven der Frauen in der Landwirtschaft ernsthaft verbessern.[31]

Aus den »wirtschaftlichen Tatsachen« hatte sich die Notwendigkeit ergeben, Antworten zur Lösung der mit dem Wandel der Frauenerwerbstätigkeit einhergehenden sozialen Probleme zu geben. Hier trat die Frauenbewegung mit ihren vielfältigen, nicht zuletzt an Klassengegensätzen orientierten politischen Strömungen auf die Bühne des gesellschaftlichen und politischen Geschehens, mit dem Ziel, die »Frauenfrage« ins politische Bewusstsein zu bringen und im Interesse der Frauen an möglichen Lösungen mitzuwirken. Entsprechend der Trennung der Lebenssphären der Frauen in Landwirtschaft und Industrie auf der einen und der bürgerlichen Frauen auf der anderen Seite stellte sich auch die Frauenfrage. Während die »Frauenfrage« des Arbeiter- und Bauernstandes aus dem Interesse an Frauengesundheit und Familie, vor allem am Arbeiterinnenschutz entstand, drehte sich die »Frauenfrage« des bürgerlichen Mittelstandes von Beginn an darum, neue Erwerbsmöglichkeiten für seine Töchter zu schaffen. Konnte sich die Arbeiterin als »billige und willige« Arbeitskraft bei den »nach Rentabilität lüsternen modernen Unternehmungen« verdingen, so war es dagegen den Frauen des Mittelstandes in ihren geldwirtschaftlich organisierten Haushalten, die nicht erst während und nach dem Ersten Weltkrieg zunehmend auf den Verdienst der Töchter angewiesen waren, lange Zeit nicht gelungen, den Zugang zu den aus ihrer Sicht ihrem Stande gemäßen bürgerlichen Berufen zu finden. Es war also nicht der von vielen Seiten behauptete, die Frauenfrage auf die »Jungfernfrage« oder »Jungweibernot« reduzierende Frauenüberschuss, der die organisierte Frauenbewegung auf den Plan

---

31 Bernays, Frauenbewegung, S. 7–10.

rief, sondern: »die Entleerung der Familie von ihren Produktionsaufgaben durch die technische und wirtschaftliche Umwälzung, die Notwendigkeit des Gelderwerbs der unverheirateten Tochter, der Zwang zur Vereinigung von Beruf und Ehe«, die die Frauenfrage als »Erwerbsarbeitsfrage« erschaffen hatte.[32]

Auch wenn Marie Bernays die kulturpessimistische Grundhaltung vieler Nationalökonomen gegenüber der modernen Zivilisation und der als die Kultur bedrohend empfundenen Industrialisierung und Rationalisierung teilte,[33] so spürte sie erst recht die Verpflichtung, in der organisierten Frauenbewegung mitzuwirken und »das schwere Ziel zu verfolgen, aus wirtschaftlichen Tatschen kulturelle Forderungen abzuleiten«; damit meinte sie sozial- und bildungspolitische wie sittlich-moralische und berufsethische bzw. berufspolitische Forderungen. Die Frauenbewegung sei dieser Aufgabe gewachsen, »weil sie nicht nur aus wirtschaftlichen Ursachen hervorgeht, sondern in ihr auch mächtige, geistige Ideale wirksam« seien.[34]

Aus ihren geistigen Wurzeln leitete Bernays die besondere Kulturmission der Frauen und der Frauenbewegung ab, die sie bis auf die »Entdeckung des Menschen« – das Aufkommen des individualistischen Selbstbewusstseins der Menschen – der Renaissance und des Humanismus zurückführte, als zumindest das aufstrebende reiche Bürgertum Frauen und Männer als gleichberechtigt akzeptiert hatte. Erstrebenswert war nun für jeden Einzelnen, orientiert am Menschenbild der Philosophie der Antike, aber für Mann und Frau gleich geltend, das Lebensideal, sich aus eigener Kraft zu einer schöpferischen Persönlichkeit zu entwickeln oder heranzubilden, die sich selbst und ihre Umwelt aktiv gestaltete und sich die Welt auf der Basis wissenschaftlicher Erkenntnisse erkundete und eroberte.[35] Den Frauen aus den begüterten Klassen öffneten sich die Universitäten und sie studierten Theologie, Philosophie und Medizin. Dieses Ideal einer allseitig entwickelten Persönlichkeit, das nach Bernays Weltanschauung für alle Menschen unabhängig von ihrer Herkunft erstrebenswert war, identifizierte sie als eine der mächtigen geistigen Triebkräfte der Frauenbewegung. Der Gedanke der seelisch-sittlichen Gleichwertigkeit von Mann und Frau, eine allerdings sehr einseitige und verklärende Interpretation der Wirklichkeit des Frauenlebens und Frauenbildes im 15./16. Jahrhundert,[36] wäre mit dem Ausgang der Renaissance allerdings verloren gegangen, hätte nicht die Reformation trotz der patriarchalen Einstellung Luthers gegenüber den Frauen[37] besonders in den angelsächsischen Ländern auf das Bibelwort zurückgegriffen: »Hier ist kein Jude noch Grieche, hier ist auch kein Knecht noch Freier, hier ist kein Mann noch Weib« und die Frau als vollwertige religiöse

---

32 Bernays, Frauenbewegung, S. 10–11. Zu den Forderungen der Frauenbewegung: Gerhard, Frauen Geschichte des Rechts, S. 633–743.
33 Weyrather, Frau am Fließband, S. 37.
34 Bernays, Frauenbewegung, S. 12.
35 Vgl. Käte Meyer Drawe, Individuum, in: Dietrich Brenner, Jürgen Oelkers (Hrsg.), Historisches Wörterbuch der Pädagogik, Weinheim, Basel 2004, S. 455–481, hier: S. 465–469.
36 Sabine Larcher, Mütterlichkeit, in: Brenner, Oelkers, Historisches Wörterbuch, S. 700–723, hier: S. 708–711.
37 Vgl. Larcher, in: Brenner, Oelkers, Historisches Wörterbuch S. 712: Luthers Frauenbild: er leitete ihre untergeordnete Rolle in der Ehe aus dem Sündenfall und der folgenden Verbannung aus dem Paradies ab.

Persönlichkeit gegenüber dem Mann anerkannt. Gerade täuferische Sekten hatten konsequent den Gedanken verfolgt, dass die religiöse Freiheit des Gewissens ein Recht des Einzelnen gegen die Gesamtheit, gegen jede irdische Autorität sei: man müsse Gott mehr gehorchen als den Menschen. Bernays sah in der Gewissensfreiheit die Mutter der Menschenrechte und damit die »Wiege« der Frauenbewegung.[38]

Aber Gelehrsamkeit alleine war noch kein Indiz für die Gleichberechtigung der Frauen im 17. und 18. Jahrhundert; da hatte Bernays Recht. Denn tatsächlich wurden trotz und mit der Aufklärung, trotz Verbreiterung der Volksbildung und der Etablierung der modernen Wissenschaften im bürgerlichen Zeitalter Frauen zunächst wieder von der Wissenschaft ausgeschlossen, weibliche Gelehrtenkarrieren unmöglich gemacht. Gleichzeitig wurde die Gegensätzlichkeit der Geschlechterrollen, die Verschiedenheit von Mann und Frau zum politischen und pädagogischen Programm der bürgerlichen Gesellschaft. Wegweiser für die Mädchenpädagogik wurde das von dem Revolutionstheoretiker Jean Jacques Rousseau verbreitete Frauenideal der »empfindsamen Frauenzimmer«, das das Ideal der »gelehrten Frauen« gegen Ende des 18. Jahrhunderts aus dem öffentlichen Bewusstsein verdrängte. Bernays zitierte seinen Erziehungsroman »Emile oder über die Erziehung« (1762), der in Deutschland eine Bildungsdiskussion entfachte. Im V. Buch »Sophie oder Weib« hieß es: »la femme est faite pour plaire à l'homme«.

Der gekünstelten Welt der gebildeten Frauen stellte Rousseau ein reineres, freieres und vor allem mütterliches Ideal der Frau entgegen: »So muss sich die ganze Erziehung der Frauen im Hinblick auf die Männer vollziehen. Ihnen gefallen, ihnen nützlich sein, sich von ihnen lieben und achten lassen, sie großziehen, solange sie noch jung sind, als Männer für sie sorgen, sie beraten, sie trösten, ihnen ein angenehmes und süßes Dasein bereiten: das sind die Pflichten der Frauen zu allen Zeiten, das ist es, was man sie von Kindheit an lehren muss.«[39]

Das Bild der Mutter wurde hier in ein hierarchisches Ehe- und Familienmodell eingebunden und den Frauen eine ideelle Familienorientierung angetragen, die sie allerdings rechtlich und gesellschaftlich nicht als aktive »Bürgerinnen« verortete. Vielmehr kam den Frauen als Ehefrauen und als erziehende Mütter die Aufgabe zu, eine kultivierende Wirkung auf ihre Männer und Kinder auszuüben und sie dem Ziel der Sittlichkeit und Tugend durch weibliche Erziehung und Bildung näher zu bringen, nicht zuletzt, um, wie Rousseau es formulierte, gegen die prekären gesellschaftlichen Entwicklungen anzugehen.[40] Die deutschen Mädchenpädagogen reduzierten den von Rousseau entworfenen, zwar von dem männlichen abweichenden, aber dennoch anspruchsvollen umfassenden Bildungsanspruch der Frauen auf ein flaches, spießbürgerliches Erziehungsprogramm, das sich am Ideal der biederen und tüchtigen Hausfrau orientierte.[41]

Bernays verkannte die Widersprüche in Rousseaus Frauenbild nicht. Aber obwohl Rousseau in seinem »Contract social«, dem Gesellschaftsvertrag, nur den

---

38 Bernays, Frauenbewegung, S. 13–14.
39 Jean-Jacques Rousseau, Emile oder über die Erziehung, Stuttgart 1963, S. 721, 733, zit. n. Ute Gerhard, Unerhört. Die Geschichte der deutschen Frauenbewegung, Reinbek bei Hamburg 1992, S. 139. Gerhard zitiert Rousseau sinngemäß.
40 Larcher, in: Brenner, Oelkers, Historisches Wörterbuch, S. 716.
41 Gerhard, Unerhört, S. 139–140.

Mann als Staatsbürger das Recht auf Freiheit und Menschenrechte anerkannte, so führten seine Vorstellungen von sittlicher und gesetzlicher Gleichheit nach ihrer Auffassung doch dazu, dass zukünftig die Stellung der Frau in der Gesellschaft grundsätzlich hinterfragt werden sollte. Die Frage der Entfaltung ihrer intellektuellen und sittlichen Persönlichkeit wurde nicht zuletzt von der Frauenbewegung ausgeweitet: »Der Kampf um erweiterte Frauenpflichten und Frauenrechte begleitet das Ringen der Frauen nach einem geistigen, innerlichen Sein, das immer reicher und immer persönlicher werden wird,« so Bernays.[42]

Auch wenn die Frauenbewegung zweifellos ohne die Aufklärung, ihren Rationalismus und die Lehre von der Gleichheit aller den Staat bildenden Individuen, vom »Ausgang des Menschen aus seiner selbst verschuldeten Unmündigkeit« (Immanuel Kant) zu denken sei, so hob Bernays doch hervor, dass die Überzeugungsmacht und Schaffenskraft, die die Frauenbewegung zu einer starken Kulturbewegung gemacht habe, wesentlich auf ihre »Mitschöpfer«, die »großen Männer«, die Dichter und Philosophen des deutschen Idealismus (1780–1830) zurückzuführen sei: »Sie ist ein Kind des deutschen Idealismus, der Zeit der großen Einheit von Philosophie, Literatur und Kunst«. In Frankreich hatte die Französische Revolution die Forderung der Frauen nach bürgerlicher Gleichberechtigung enttäuscht;[43] auch wenn die Revolution die »Frauenfrage« überhaupt erstmals formuliert und in den Mittelpunkt der Verständigung über die Gesellschaft gerückt hatte. Olympe de Gouge hatte 1791 ihre »Erklärung der Rechte der Frau und Bürgerin« als Antwort auf die die Frauen von den Bürgerrechten ausschließende Verfassung (1791) formuliert und mit militantem Engagement den Befreiungskampf gegen die Tyrannei der Männer angeführt, landete dafür aber zwei Jahre später auf dem Schafott.[44] Damit wurde die Frauenfrage in Frankreich für lange Zeit begraben.

In Deutschland schuf die idealistische Philosophie ein neues Persönlichkeitsideal, das die politischen und sozialen Bewegungen des 19. Jahrhunderts stark prägen sollte: die volle harmonische Entwicklung aller im Menschen angelegten Fähigkeiten und Kräfte, wie im Humanitätsideal Johann Gottfried Herders oder Friedrich Schillers zum Ausdruck gebracht, vereint mit dem Ideal der sittlichen Freiheit und Selbstbestimmung (Immanuel Kant). Die geistige Emanzipation der Frauen spielte in den Werken der Romantiker eine bedeutende Rolle, das völlig passive Frauenideal wurde überwunden. »Überladene« Weiblichkeit wurde ebenso verpönt wie »übertriebene« Männlichkeit: »Die Weiblichkeit soll wie die Männlichkeit zur höheren Menschlichkeit geeinigt werden«, zitiert Bernays Friedrich Schlegel.[45] Die bürgerliche Frauenbewegung, die sich seit der Revolution von 1848, als auch Frauen auf die Barrikaden gegangen waren, nach und nach feste Organisationsstrukturen gab, bezog sich in ihren Programmen und Schriften auf die Emanzipationsvorstellungen des Idealismus und der Romantik, mit denen Marie Bernays sich stark identifizierte. Es beinhaltete das humanistische Ideal

---

42 Bernays, Frauenbewegung, S. 14–16.
43 Gerhard, Unerhört, S. 53 ff.
44 Vgl. Elisabeth C. Sledziewski, Die Französische Revolution als Wendepunkt, in: Geneviève Fraisse, Michelle Perrot (Hrsg.), 19. Jahrhundert, Frankfurt a. M., Wien 1994, S. 45–61. (Geschichte der Frauen, Hrsg. George Dubys, Michelle Perrot)
45 Bernays, Frauenbewegung, S. 16–17.

einer schöpferischen Persönlichkeit, die sich nach ihren Fähigkeiten entwickelte, bildete, aber auch – und das war das Besondere, vielleicht sogar Revolutionäre – an der Gestaltung der Gesellschaft auf allen, also auch den politischen Ebenen mitwirkte. Deshalb verwundert es nicht, dass Bernays mit einer Frauenrechtlerin der ersten Stunde, Malwida von Meysenbug, sympathisierte, die in ihren »Memoiren einer Idealistin« gefordert hatte, dass Frauen die Möglichkeit zu ökonomischer Unabhängigkeit gegeben werden sollte, dass ihnen das Recht auf sittlich-geistige Selbstständigkeit zustand, dass sie gleichzeitig aber auch die Verpflichtung zur Teilnahme am öffentlichen Leben wahrnehmen müssten. Zu ihrer Flucht aus Deutschland nach der Revolution von 1848 konstatiert Bernays: Meysenbug verließ ihr Vaterland, um sich »von der dreifachen Tyrannei des Dogmas, der Konvention und der Familie zu befreien, um nach ihren Überzeugungen und durch ihre eigenen Anstrengungen zu leben«.[46]

Die Revolution von 1848 hatte die »soziale Frage« auf die politische Tagesordnung gesetzt: Dem vorrangigen Interesse des Bürgertums an der Nationalstaatsbildung und der Durchsetzung einer liberal-konstitutionellen Verfassung standen die Forderungen der Organisationen der Handwerker und der Industriearbeiter nach neuen Formen der Organisation der Arbeit, verbunden mit der Garantie des »Rechts auf Arbeit« und Hilfe in der Not (z. B. im Fall von Arbeitslosigkeit), aber auch nach einer allgemeinen kostenlosen Schulausbildung für alle Kinder gegenüber.[47] Das »Central-Comité der Arbeiter«, eine Organisation der Arbeiterschaft in der Revolution, machte in seinen Statuten die Differenz zwischen Bürgertum und Arbeiterschaft manifest, die auch den Graben zwischen den Flügeln der Frauenbewegung, den bürgerlich gemäßigten und christlichen auf der einen und der proletarischen auf der anderen Seite, erklären konnte. Dort hieß es: »Wir Arbeiter waren einem großen Theile der deutschen Bürgerklasse fremde, unbekannte Wesen, an welche man die dunklen Begriffe von Rohheit und Feigheit, Unbildung, Dummheit und wilder Zerstörung knüpfte; konnten wir erwarten, dass man uns in einer geschichtlichen Bewegung sah, dass man uns als eine Klasse in der Gesellschaft betrachtete, die ihre eigene selbständige Entwicklung durchmacht? [...] wir nehmen unsere Angelegenheiten selbst in die Hände, und Niemand soll sie uns wieder entreißen.«[48]

Neben den sozialen Bewegungen der Handwerker und Industriearbeiter, die für ihre Rechte stritten, kämpften Frauenrechtlerinnen wie Meysenbug für die gesetzliche Gleichstellung der Frauen und forderten auch für Frauen und Mädchen das Recht auf Bildung und Arbeit. Die Niederschlagung der 1848-Revolution bedeutete für alle, die auf die Barrikaden gegangen waren, einen herben Rückschlag. Die Frauenrechtlerinnen sahen sich in den folgenden Jahren und Jahrzehnten wie die Arbeiterbewegung massiver politischer Verfolgung ausgesetzt; die Versammlungs- und Vereinsgesetzgebung der 1850er Jahre untersagte den Frauen noch unerbittlicher als den Arbeitern die politische Betätigung, die gemeinsame und öffentliche

---

46   Bernays, Frauenbewegung, S. 18.
47   Vgl. Hans-Ulrich Wehler, Deutsche Gesellschaftsgeschichte 1815–1845/46, München 1989, S. 716. Eckart Pankoke, Die Arbeitsfrage. Arbeitsmoral, Beschäftigungskrisen und Wohlfahrtspolitik im Industriezeitalter, Frankfurt a. M. 1990, S. 84–90.
48   Pankoke, Arbeitsfrage, S. 87.

Behandlung ihrer wirtschaftlichen, rechtlichen und staatsbürgerlichen Interessen. § 8 des Preußischen Vereinsgesetzes vom 11. März 1850 schloss Frauen wie Schüler und Lehrlinge von der Vereinsmitgliedschaft aus und verbot ihnen die Teilnahme an Versammlungen und Sitzungen politischer Vereine; damit degradierte der Staat Frauen praktisch zu unmündigen Kindern. Eine widerrechtliche Teilnahme konnte zur Auflösung der Versammlungen führen, bis hin zur strafrechtlichen Verfolgung und Gefängnisstrafen.[49] Erst 1908 hob das Reichsvereinsgesetz diesen Ausschluss der Frauen, Schüler und Lehrlinge wieder auf.[50]

Die jahrzehntelange politische Repression bewies, wie groß die Furcht der Herrschenden vor dem revolutionären Potenzial der sozialen Bewegungen, also auch der Frauenbewegung war. Aber die Ideen – gerade das eingeforderte Recht auf Arbeit und Bildung – von 1848 ließen sich auf die Dauer nicht unterdrücken. Die Frauenbewegung organisierte sich und sie war von Beginn an vor allem eine Frauenbildungsbewegung. Im Mittelpunkt ihrer Tätigkeit stand die Förderung der Berufsarbeit für die Frauen und Mädchen des Bürgertums, aber auch aus der Arbeiterschaft. Die Gründerinnen des »Allgemeinen Deutschen Frauenvereins« (1865), seit dem Zusammenschluss bedeutender Organisationen 1895 »Bund Deutscher Frauenorganisationen« (BDF), vertraten in ihrem Programm die Überzeugung, dass Frauen nicht nur ein Recht, sondern auch die Pflicht zur »Teilnahme am Geschick des Staates« hatten. In ihrer Gründungsresolution hieß es: »I. die erste deutsche Frauenkonferenz erklärt die Arbeit, welche die Grundlage der neuen Gesellschaft sein soll, für eine Pflicht und Ehre des weiblichen Geschlechts; sie nimmt dagegen das Recht der Arbeit in Anspruch und hält es für notwendig, dass alle der weiblichen Arbeit im Wege stehenden Hindernisse entfernt werden.« Konkret sollten Industrieausstellungen für weibliche Arbeitsprodukte werben, Produktivassoziationen und Industrieschulen für Mädchen gegründet, Mädchenherbergen eingerichtet werden; zentral war für die Pionierinnen der Frauenrechte der Zugang von Mädchen zur höheren wissenschaftlichen Bildung. Genauso sollte die Berufserziehung der Mädchen in Handel und Gewerbe und in öffentlichen Behörden verbessert werden; damit kehrten sie das Argument der Gegner der Frauenarbeit um, die die Männer der minderwertigen Konkurrenz durch ungelernte Frauen ausgesetzt sahen. Die Errichtung höherer Unterrichtsanstalten für Mädchen sollte mit der vermehrten Anstellung von Lehrerinnen einhergehen, die allein geeignet waren, die Mädchen auf ihre zukünftigen kulturellen Aufgaben, insbesondere die Erziehung der Kinder vorzubereiten. Und das Frauenstudium sollte endlich zugelassen werden. Hedwig Dohm formulierte den für die Frauenbewegung konstituierenden Gedanken der Freiheit der persönlichen Entwicklung: »Die Frau soll studieren, weil sie studieren will, weil die uneingeschränkte Wahl des Berufes ein Hauptfaktor des individuellen Glücks ist.« Das Studium, aber

---

49 Gerhard, Unerhört, S. 73–74.
50 Gerhard, Unerhört, S. 280–281. Politisch engagierte Frauen, besonders die in Vereinen organisierten Arbeiterinnen, waren selbst nach Aufhebung der Sozialistengesetze ständig der Willkür und Repression durch die Polizeiorgane ausgesetzt, gaben ihre politischen Aktivitäten aber trotzdem nicht auf. Vgl. Gerhard, Grenzziehungen und Überschreitungen. Die Rechte der Frauen auf dem Weg in die politische Öffentlichkeit, in: Gerhard, Frauen in der Geschichte des Rechts, S. 526–535, besonders S. 528–529.

auch die ehrenamtliche und berufliche kommunal-soziale Tätigkeit der Frauen galt als erstrebenswerte Lebensperspektive für die engagierten Frauen.[51] In der Frauenbewegung wehte der Geist von 1848.

Damit waren die Hauptthemen der bürgerlichen Frauenbewegung – eigentlich Frauenbildungsbewegung, Sittlichkeitsbewegung (Bekämpfung von Prostitution und Trunksucht) und Bewegung der Reform der Wohlfahrtspflege – der folgenden Jahrzehnte formuliert worden. Voraussetzung aller Aktivitäten und der Entwicklung von Sozialpolitik und Sozialreform war die Erkenntnis, dass Wirtschaft und Kultur untrennbar zusammenhingen, dass aus wirtschaftlichen Tatsachen kulturelle Forderungen abzuleiten seien mit dem Ziel, das moderne Wirtschaftsleben »sittlich« zu durchdringen; denn dessen »brutale Wucht« drohte alle zu erdrücken. Warum waren Frauen für Bernays besonders prädestiniert, diese Kulturaufgabe zu bewältigen? Um das zu verdeutlichen, verknüpfte sie die Frage der Berufsarbeit, also der Professionalisierung der Frauenerwerbsarbeit, der Gleichberechtigung von Mann und Frau, der ökonomischen Unabhängigkeit der Frau und des Charakters weiblicher Kulturarbeit miteinander:

»Die wirtschaftliche Entwicklung hat Millionen von Frauen die ökonomische und sittliche Notwendigkeit der Berufsarbeit gebracht. Die Frauenbewegung will ihnen helfen, äußerlich und innerlich mit ihrem neuen wirtschaftlichen Schicksal fertig zu werden. Äußerlich, damit die Frau auf allen Arbeitsgebieten als gleichberechtigter Mitarbeiter neben dem Manne stehe; innerlich, damit mehr Gelegenheiten geschaffen werden, weibliche Kulturarbeit zu entwickeln und einzusetzen, damit nicht nur der einzelnen Frau Lebensunterhalt und wirtschaftliche Unabhängigkeit gesichert werde, sondern damit durch die Frauenarbeit in ihrer Gesamtheit ein Stück neuer Kultur entstehe. Verstehen wir unter Erwerb die lediglich zum Zwecke des Geldverdienens ausgeübte Arbeit, unter Beruf dagegen eine Tätigkeit, die als solche den Menschen in der Gesamtheit seines Wesens erfüllt und fördert, so ist es Ziel der Frauenbewegung, dass die Frauenarbeit immer mehr aus einem Erwerb zu einem Berufe werde, eine Entwicklung, die auch bei den Männern noch nicht abgeschlossen, aber doch weiter fortgeschritten ist als bei den Frauen. Eine Verinnerlichung der Berufsauffassung für die Frau hat als erste Vorbedingung eine möglichst gute und gründliche Berufsvorbereitung der Mädchen aller Volksschichten.«[52]

Die Berufsausbildung war für Bernays deshalb so wichtig, weil von der Qualifikation der Arbeitslohn abhing und die Stellung und Wichtigkeit der Frau im Betrieb bestimmt wurde. Der »Kampf ums Dasein«, egal ob in der Fabrik, im Kontor, im städtischen Amt oder im wissenschaftlichen Institut geführt, konnte nur durch Professionalisierung bewältigt werden. Und nur eine Berufsausbildung konnte in den Frauen das Gefühl der Berufszugehörigkeit und eines Berufsgedankens entstehen lassen, die allein geeignet waren, das Selbstwertgefühl – Bernays spricht vom »sittlichen Wert« – der Frauen zu stärken. Abgesehen von dem persönlichen Gewinn war aus ihrer Sicht eine gute technische Ausbildung der weiblichen Industriearbeiterinnen ökonomisch für eine auf den Weltmärkten kon-

---

51 Bernays, Frauenbewegung, S. 21–22.
52 Bernays, Frauenbewegung, S. 78.

kurrierende Wirtschaft notwendig, trotz des großen Bedarfs an angelernten und deshalb billigen Hilfskräften.[53]

Deshalb setzte die Kritik an der Mädchenbildung auch am Unterricht an, der nach dem Prinzip des »Abschließens und Fertigmachens« den Mädchen allenfalls Übersichten und fertige Ansichten vermittele, eine so genannte Allgemeinbildung, die keineswegs auf ihre große Kulturaufgabe, die Erziehung der Kinder, noch auf eine Berufstätigkeit vorbereite. Nur staatlich ausgebildete, wissenschaftlich qualifizierte Oberlehrerinnen waren geeignet, die Mädchen in Mittel- und Oberstufen allseitig und dem humanistischen Bildungsideal verpflichtet zu unterrichten. Deshalb setzten sich die Frauenrechtlerinnen vor allem in den Städten für die Öffnung der Gymnasien für Mädchen ein; mit dem Abitur sollten sie dann den Zugang zum Frauenstudium erlangen, um dann später an der höheren Bildung der nachfolgenden Generation mitwirken zu können. Trotz kleiner Fortschritte blieben die Reformen des Mädchenbildungssystems aber im ersten Jahrzehnt des 20. Jahrhunderts stecken: »Der teils gefühlsmäßige, teils auf Unkenntnis und Geschlechtsegoismus beruhende Widerstand der Männer in weiblichen Bildungsfragen ist besonders schwer zu brechen«(Bernays 1920).[54]

Aber ein Ziel, das für Bernays und ihre Mitstreiterinnen von besonderer, auch persönlicher Bedeutung war, wurde erreicht, die Öffnung der Alma mater für Frauen, zuerst in Heidelberg und Freiburg (1901), dazu Bernays: »Ein großes Ziel ist erreicht: die Zulassung der Frauen zu den reinsten Quellen geistigen Lebens, die Möglichkeit befriedigender Berufsausübung in höheren Berufen.«[55] Marie Bernays gehörte zusammen mit Alice Salomon, der Gründerin einer der ersten sozialen Frauenschulen (1908)[56] und der ersten Akademie für Soziale Arbeit in Berlin (1925)[57], Elisabeth Altmann-Gottheimer und Rosa Kempf zu den ersten Frauen, die Nationalökonomie studierten und das Studium um 1910 mit einer Dissertation ausgerechnet über Arbeiterinnen abschließen konnten.[58] Aber mit der Promotion endete die akademische Karriere der Frauen abrupt. Nur Dr. Elisabeth Altmann-Gottheimer erreichte die Zulassung als Dozentin für Sozialpoli-

---

53 Bernays, Frauenbewegung, S. 80–81.
54 Bernays, Frauenbewegung, S. 42. Vgl. Nipperdey, Deutsche Geschichte, S. 561–563.
55 Bernays, Frauenbewegung, S. 24. Zulassung zum Frauenstudium: 1900 Baden, 1903 Bayern, 1904 Württemberg, 1906 Königreich Sachsen, 1907 Großherzogtum Sachsen, 1908 Preußen und Hessen, 1909 Mecklenburg. Von Herbst 1908 bis Sommer 1913 stieg die Zahl der Studentinnen an allen deutschen Universitäten von 1.172 auf 3.436 (2,48 % bzw. 5,69 % aller Studierenden). ¾ der Studentinnen waren an Philosophischen Fakultäten eingeschrieben. 790 studierten Medizin, nur 9 Recht und 12 Theologie; Frauen waren zu diesen Berufen nicht zugelassen. Vgl. Nipperdey, Deutsche Geschichte, 568–586; Kristine von Soden, Auf dem Weg in die Tempel der Wissenschaft. Zur Durchsetzung des Frauenstudiums im Wilhelminischen Deutschland, in: Gerhard, Frauen und Recht, S. 617–630.
56 Carola Kuhlmann, Alice Salomon und der Beginn sozialer Berufsausbildung. Eine Biographie, Stuttgart 2007, S. 90 ff.
57 »Deutsche Akademie für soziale und pädagogische Frauenarbeit«, vgl. Kuhlmann, Salomon, S. 168 ff.
58 Alice Salomon, Die Ursachen der ungleichen Entlohnung von Männer- und Frauenarbeit. Dissertation. Staats- und sozialwissenschaftliche Forschungen (Hrsg. Schmoller, Gustav/Sering, Max) Heft 122. Leipzig 1906, promoviert bei Alfred Weber und Max Sering; Rosa Kempf, Leben der jungen Fabrikmädchen in München (1911). Vgl. Kuhlmann, Salomon; Weyrather, Frau am Fließband, S. 31 ff.

tik an der Handelshochschule Mannheim (1908).[59] Marie Bernays blieb der Weg zu ihrer Habilitation und in die staatlichen Wissenschaftsinstitutionen versperrt.

1912 schrieb Bernays in der Zeitschrift des BDF »Die Frau« über die Anfänge des Frauenstudiums: Das Studium der Nationalökonomie war anfangs »als dem Wesen der Frau vorzüglich angepasster Wissenszweig bezeichnet [worden]. Bedeutende Gelehrte sahen darin eine zweckvolle Vorbereitung zu planmäßiger sozialer Tätigkeit, und niemand zweifelte, dass in den stetig wachsenden Organisationen staatlicher, kommunaler und privater Fürsorge die wissenschaftlich vorgebildete Frau den ihr zukommenden Posten finden und behaupten werde.« Während Frauen selbst in »frauenfreundlichen« akademischen Kreisen die Eignung zur wissenschaftlichen Arbeit noch abgesprochen wurde, hatten Frauen in den Sozialwissenschaften weit Überdurchschnittliches geleistet. Die Volkswirtschaftslehre bot die Gelegenheit zu spezifisch »weiblichen« Leistungen: »zu Untersuchungen, für die die Frau als solche geeigneter ist als der Mann (z. B. Erhebung unter einer ausschließlich weiblichen Arbeiterschaft, auch wenn sie nicht Probleme der Frauenarbeit betreffen) und Fragestellungen, die von der Frau am Maßstab ihres eigenen Erlebens verständnisvoller beurteilt werden können als vom Mann.« Frauen, die sozial und wissenschaftlich interessiert seien, eröffne sich mit ihrem nationalökonomischen Studium ein wertvoller Wirkungskreis literarischer und wissenschaftlicher Arbeit; denn diese Wissenschaft beschäftige sich mit dem Menschenleben selbst und integriere Wissenschaft und Leben in einer Disziplin. Die Nationalökonomie verlange »liebevolle Hingabe« und »jahrelange sorgfältige Kleinarbeit der Nachprüfung von Hypothesen und Vermutungen«. Eine Tätigkeit, für die Frauen in der Wissenschaft offensichtlich besonders gut geeignet waren: »Hier können auch einfachste Leistungen, wenn sie dem Ganzen dienen, unmittelbar ›sinnvoll‹ werden. ›Wenn die Könige bauen, haben die Kärrner zu tun‹, gilt, wie für jeden Wissenschaftsbetrieb, so auch für die Volkswirtschaft. Aber es mag für diejenigen, die immer erneut dem Leben einen Sinn abringen wollen, schon ein großes inneres Glück bedeuten, an einem Königswerk mitzuarbeiten, wenn auch bloß als Kärrner.«[60]

Dr. Elisabeth Altmann-Gottheimer argumentierte politisch und in der Tradition der Frauenbewegung stehend, wenn sie feststellte, dass Frauen, die anfingen, sich ein eigenes Urteil über die politischen und sozialen Zustände zu bilden, natürlicherweise den Wunsch entwickelten, »zu helfen und auszugleichen,

---

59 Bernays, Frauenbewegung, S. 42.
60 Marie Bernays, Die Nationalökonomin, in: Die Frau. Monatsschrift für das gesamte Frauenleben unserer Zeit; Organ des Bundes deutscher Frauenvereine, hrsg. v. Helene Lange und Gertrud Bäumer, Berlin-Grunewald, 20 (1912/13), S. 270–276. In den Jahrzehnten bis 1914 wurde Wissenschaft »wissenschaftlicher«, und zwar in dem Sinne, dass sie »spezialistischer«, »positivistisch« wurde. Die Rolle des Wissenschaftlers änderte sich in der großbetrieblich organisierten Wissenschaft (Theodor Mommsen), er betrieb routinisierte und entsagungsvolle Forschung: »Der Gelehrte wird ersetzbarer, vertretbarer Arbeiter im Dienst der Wissenschaft, wird zum ›Kärrner‹.« Dahinter stand das Vertrauen in »die Wissenschaft«, »die aus all den kleinen Beiträgen etwas machen wird, die die Kärrner wie die Könige trägt«. Dieses Wissenschaftsverständnis war typisch für den Positivismus mit seiner mikroskopischen Spezialisierung und der Konzentration auf Tatsachen und Details, hatte also nichts mit einer spezifischen, eventuell hierarchisierten Arbeitsteilung zwischen Männern und Frauen in der Wissenschaft zu tun, wie es bei Weyrather, Frau am Fließband, anklingt. Vgl. Nipperdey, Deutsche Geschichte, S. 634.

soweit es gerade in ihrer Macht stand«. Es sei nicht verwunderlich, dass gerade die wenigen Frauen in Deutschland, die sich nach Jahrhunderten einen Teil ihrer Fesseln abgestreift hatten, die Ursachen der sozialen Not in national-ökonomischen Studien erforschen wollten und den »unter den herrschenden Zuständen seufzenden Mitschwestern« helfen wollten.[61] Bernays bestätigte, dass gerade die jungen Mädchen »weniger die Freude an geistiger Ausbildung als die Hoffnung auf einen befriedigenden Beruf und die Sehnsucht, nach Kräften dem Elend in der Welt steuern« zu können, zum Studium der Nationalökonomie triebe. Allerdings würden sie enttäuscht. Denn während in den vorangegangen Jahrzehnten die Sozialpolitik mit ihrem Anspruch, einen praktischen Beitrag zur Lösung sozialer Probleme leisten zu können, die Nationalökonomie dominiert hatte, diene sie jetzt als Geisteswissenschaft – spätestens nach dem »Werturteilsstreit« – allein dem Zweck des »Erkennens«, also weder der praktischen Politik und ihren Zielen noch der Praxis der sozialen Arbeit; damit könne sie aber keine Vorbildung zu einem sozialen Erwerbsberuf sein, die hauptsächlich das vermittele, was im Beruf gebraucht wird und dessen Kostenaufwand sich irgendwann »rentieren« musste.[62] Für die Studentinnen, die ihre eigene Existenz sichern wollten, mussten die zukünftigen Berufs- und Verdienstaussichten bei der Wahl des Studiums ausschlaggebend sein.

Die Berufe, die ein nationalökonomisches Studium erforderten – in den staatlichen Verwaltungen oder im Lehrbetrieb der Hochschulen –, blieben Frauen aber weiterhin verschlossen. Und die Mehrzahl der sozialen Berufe konnte Akademikerinnen weder bezogen auf die Inhalte noch auf das zu erwartende Entgelt befriedigen. Hinzu kam, dass zwar in jedem Beruf persönliche Qualitäten nicht weniger wichtig seien als intellektuelle Fähigkeiten, aber es gebe doch wenige Berufe, in denen die Frage der Persönlichkeit eine so bedeutende Rolle spiele wie in den sozialen Frauenberufen: »Sie verlangen, wenn sie richtig ausgefüllt werden sollen, Menschen mit praktischen Anlagen, mit Energie, Entschlusskraft, Menschenkenntnis, Menschenliebe – alles Eigenschaften, die in keinem Studium vermittelt werden können und neben denen das größere oder kleinere Quantum positiven Wissens von relativ geringer Bedeutung ist.« Bernays erkannte zwar den Fortschritt in der Entwicklung von der Caritas zur Sozialpolitik, mit der die systematische und intellektuelle Schulung der weiblichen sozialen Hilfskräfte einhergegangen war, in der Sache an; aber die theoretische Ausbildung brauchte nach ihrer Auffassung keine wissenschaftliche zu sein. Mädchen, die sich für einen praktischen sozialen Beruf entschieden, standen dagegen die sozialen Frauenschulen offen; dort sollten sie dann auch ihre Ausbildung absolvieren. Auf dem Studium der Nationalökonomie ließe sich kein voller Erwerbsberuf aufbauen; die Akademikerinnen konkurrierten vielmehr mit den Absolventinnen der sozialen Frauenschulen. An dem Missstand könnte auch die Schaffung weniger neuer Stellen für Wohnungsinspektorinnen oder die Möglichkeit einer Lehrstelle an Frauenschulen nichts ändern. Wenig bemittelten Mädchen sollte man keine unrealistischen Zukunftshoffnun-

---

61 Weyrather, Frau am Fließband, S. 46.
62 Bernays, Nationalökonomin, S. 273.

gen machen; und nicht wenigen Studentinnen der Nationalökonomie verginge die Freude am Studium angesichts fehlender Berufsperspektiven.[63]

Bernays, die 1917 in Mannheim Leiterin einer sozialen Frauenschule wurde – als Alternative zu der ihr selbst verwehrten Erwerbstätigkeit im staatlichen Wissenschaftsbetrieb – unterschätzte offensichtlich vor dem Krieg die Notwendigkeit der Professionalisierung der Sozialen Arbeit auf akademischem Niveau. Auch wenn sie anerkannte, dass ein Studium in jedem Fall einen persönlichen Gewinn für die einzelne Absolventin darstellte. Alice Salomon, eine der bedeutendsten Pionierinnen der Sozialen Arbeit, machte dagegen die Qualifizierung der in den Feldern der Sozialen Arbeit Tätigen zu ihrer Lebensaufgabe. Sie entwickelte als Gründerin einer der ersten »sozialen Frauenschulen« und später der ersten »Akademie für Soziale Arbeit« das Konzept der »sozialen Hilfstätigkeit« von Frauen weiter zur sozialen Berufsausbildung, auch wenn sie immer für ein Nebeneinander von professioneller und ehrenamtlicher Arbeit eintrat. Sie war zuerst vom Verein »Frauenwohl«, 1866 gegründet und mit der Qualifizierung der meist ehrenamtlichen sozialen Arbeit befasst, zur Mitarbeit in den von ihm in Berlin aufgebauten »Mädchengruppen für soziale Hilfsarbeit« (1893) angeworben worden. Erst durch diese Arbeit war ihr die extrem große und aus ihrer Sicht inakzeptable Not gerade der Arbeiterinnen und ihrer Kinder bewusst geworden.

Aus dieser Erkenntnis, die ihr Leben verändern sollte, leitete sie die besondere Verpflichtung, die »soziale Mission« der Frauen aus dem Bürgertum ab, als Professionelle oder Ehrenamtliche in der Sozialen Arbeit die negativen Folgen des Kapitalismus, darüber hinaus aber auch die Folgen des Patriarchats zu bekämpfen. Nur Frauen seien dazu in der Lage, weil sie die spezifischen Notlagen der durch ihre Ehemänner, Väter und Brüder ausgebeuteten Frauen/Arbeiterinnen besser verstehen und beheben könnten. Die Mission der Frauen liege darin, die Lebensbedingungen der in »doppelter Abhängigkeit« lebenden Frauen und Kinder zu verbessern. Quer zur Klassenlage sollten bürgerliche und proletarische Frauengruppen – beide entmündigt durch das Eherecht, die Arbeiterin bedroht durch Gewalt in der Ehe, zermürbt durch die Arbeit, zusätzlich belastet und gebunden durch die Verantwortung für Kinder und Haushalt, die bürgerliche Frau um ihr Recht auf Arbeit kämpfend – versuchen: »die Sklaverei zu durchbrechen, die aus der ökonomischen Abhängigkeit entsteht, aus der Abhängigkeit vom Mann und der Familie auf der einen, vom Unternehmer und Kapitalisten auf der anderen Seite« (Salomon 1909).[64]

Die »soziale Mission« der Frau grenzte Salomon vom Konzept der so genannten »geistigen Mütterlichkeit«, einer der Frau von Natur aus innewohnenden Mutterliebe, die sie nicht nur für die Mutterschaft, sondern auch für soziales mütterliches Wirken außer Haus prädestinierte (Henriette Schrader-Breymann 1868),[65] ab und

---

63 Bernays, Nationalökonomin, S. 275.
64 Carola Kuhlmann, »Nicht Wohltun, sondern Gerechtigkeit«. Alice Salomons Theorie Sozialer Arbeit, Stuttgart 2008, S. 84–85.
65 Zum Konzept einer gebildeten, durchgeistigten Mütterlichkeit, mit dem die Frauen der ersten Generation der bürgerlichen Frauenbewegung die Forderung nach Zugang zu guter Bildung für Frauen und Mädchen begründeten: Kuhlmann, Nicht Wohltun, S. 98–101; Wolf Rainer Wendt, Geschichte der Sozialen Arbeit 1. Die Gesellschaft und die soziale Frage, 5. Aufl., Stuttgart 2008, S. S 467–498. Vgl. auch Larcher, in: Brenner, Oelkers, Historisches Wörterbuch, S. 718–720.

stand damit auch der Weltanschauung Bernays nicht fern. Anstatt mütterlicher Caritas forderte sie sozialpolitische Einmischung zur Behebung von Klassenunterschieden. Frauen seien nicht deshalb zur Veränderung der Gesellschaft berufen, weil sie bessere Menschen seien, sondern weil man Frauen »jahrhundertelang einzig und allein auf die Pflege des Gemüts, auf die Ausbildung des Gefühlslebens« beschränkt habe; deshalb haben sie gegenwärtig meist ein »ausgeprägtes Gefühlsleben«, hätten mehr Verständnis und Nachsicht als Männer – eine unbedingte Voraussetzung für die Hilfe von Mensch zu Mensch – und kämen zu einem kritischeren Urteil über die Gesellschaft; außerdem waren sie und ihre Kinder den Folgen der Industrialisierung besonders stark ausgesetzt (Salomon 1908). Die Geschlechtertypologie, die den Frauen den »Überschwang des Herzens«, den Männern »die Kühle des Verstandes« zugewiesen habe, sei längst überholt. Die besonderen Eigenschaften und Einstellungen, die Frauen für die soziale Arbeit, aber auch für die Sozialpolitik und Sozialforschung prädestinierte, ergaben sich aus den Erfahrungen, die sie im »Milieu« der Kindererziehung erwarben und die dazu führten, dass sie zu einer Wert- und Höherschätzung des einzelnen Menschenlebens vor angeblich objektiven Zwängen kamen. Diese Wertschätzung würden Frauen auch in die Politik einbringen, hätten sie sich erst einmal eingearbeitet.[66]

Waren Frauen einerseits aufgrund ihrer eigenen Erfahrungen besonders für die soziale Arbeit geeignet, so erforderte die Praxis, die nicht nur auf individuelle Hilfe, sondern auch auf die Verbesserung der Lebensbedingungen der Klientel ausgerichtet war, umfassendes soziales Wissen, nicht zuletzt, um Vorurteile gegenüber der Arbeiterschaft abzubauen. Die vom Berliner Verein »Frauenwohl« gegründeten »Frauen- und Mädchengruppen« verstanden »Soziale Arbeit« als ein Helfer und Bedürftige übergreifendes Werk, das der gesellschaftlichen und kulturellen Erneuerung – der Reform – dienen sollte, und zwar ohne weltanschauliche Bindung. Die Vorbereitung auf eine breite soziale Arbeit in der Gesellschaft erforderte die Ausbildung in Ökonomie, Recht und Verwaltung, ging also über die rein schulische Berufsausbildung zu Kindergärtnerinnen und Diakonissinnen hinaus.[67] Die Nationalökonomie bzw. die Volkswirtschaftslehre spielte in der Ausbildung für die Soziale Arbeit also aufgrund ihrer Einbindung in die Bewegungen zur gesellschaftlichen Erneuerung eine herausragende Rolle. So wie die ersten Sozialforscherinnen mit ihren Forschungen zur Lage der Arbeiterinnen einen Beitrag zur wissenschaftlichen Fundierung von Sozialreformen leisten wollten und ihre Ergebnisse in Fach- und Frauenzeitschriften, z. B. »Die Frau«, herausgegeben vom BDF der Öffentlichkeit zugänglich machten, soziale Frauenschulen gründeten wie z. B. Alice Salomon und Marie Bernays, bekamen die einen sozialen Beruf anstrebenden jungen Frauen in den Frauenschulen und Vereinen für ihre Arbeit und Ausbildung Unterstützung durch renommierte Nationalökonomen wie Alfred und Max Weber, die dort Vorlesungen in ihren Fachgebieten hielten. Hier trafen Wissenschaft, Theorie und Praxis in der Ausbildung zusammen und konnten sich gegenseitig beeinflussen und die Professionalisierung der Sozialen Arbeit vorantreiben.

---

66 Kuhlmann, Nicht Wohltun, S. 101–106.
67 Weyrather, Frau am Fließband, S. 45–46.

Seit den 1890er Jahren motivierte die Frauenbewegung viele Frauen zu neuen Aktivitäten im öffentlichen Leben: in der Wohlfahrtspflege, in der Sittlichkeits- und Mäßigungsbewegung, in Rechtsschutzbestrebungen und Berufsorganisationen. Das älteste Arbeitsgebiet, das der »Allgemeine deutsche Frauenverein. Verband für Frauenarbeit und Frauenrechte in der Gemeinde« förderte, war die ehrenamtliche und besoldete Arbeit von Frauen in der Gemeinde; einen Befähigungsnachweis für die kommunale Arbeit hatte es lange vor der Gewährung des Frauenwahlrechts (1918) gegeben. Hatten 1910 in 45 deutschen Großstädten noch 6520 Frauen ehrenamtliche und 429 besoldete Arbeit in der Gemeinde geleistet (z. B. in der Armen- und Waisenpflege, in Deputationen und Kommissionen, in Schulverwaltung und Schulpflege, Arbeitsnachweis, Polizeipflege), so waren es 1915 bereits 10.560 bzw. 897.[68] Trotzdem zeigte sich in diesem sozialpolitischen Feld wie in der Frauenbildung, dass Frauen kaum an der Gesetzgebung beteiligt waren und Reformbemühungen kaum über ihre Anfänge hinauskamen.[69]

Marie Bernays und die Arbeiterinnen und Arbeiter in der Textilindustrie in Mönchengladbach:
Berufsschicksal und Berufseignung –
»Lebensschicksal«, »Kulturniveau« und »Rentabilität«

Marie Bernays wollte den Menschen in der Gladbacher Weberei sozialpolitisch neutral gegenübertreten, sie nicht beurteilen, sondern sie und ihr Lebensschicksal verstehen und erklären. Sie zitierte Karl Marx, um sich für die an manchen Stellen drastischen Schilderungen der Arbeiterexistenz zu rechtfertigen und jede persönlich motivierte Vorverurteilung von sich zu weisen: »Den einzelnen verantwortlich zu machen für die Verhältnisse, deren Geschöpf er sozial bleibt, so sehr er sich auch subjektiv über sie erheben mag, wäre heute ebenso sinnlos wie vor fünfzig Jahren.« (Karl Marx, Das Kapital, Bd. 1) Dabei resultierte nach ihrer Auffassung die Abhängigkeit des Arbeiters von den Verhältnissen nicht aus dem Gegensatz zwischen Unternehmer und Arbeiter im Betrieb, also zwischen Kapital und Arbeit, sondern vielmehr aus der Unterwerfung aller Menschen unter die Bedingungen der Industrialisierung und ihrer modernen Produktionstechniken, und es stellte sich für sie Frage, wie der Mensch sich jemals wieder von der Herrschaft dieser Gewalten befreien könnte.[70] Die Kritik der Nationalökonomie an Industrialisierung und Rationalisierung mit ihren zerstörenden Auswirkungen auf Zivilisation und Kultur zieht sich wie ein roter Faden durch ihre Sozialstudie.

In der Spinnerei und Weberei in Mönchengladbach arbeiteten ca. 950 Menschen, mehrheitlich Frauen, die Marie Bernays befragen wollte. Männer und Frauen, jüngere und ältere, qualifizierte und angelernte, alle waren der übermächtigen Herrschaft der Technik, die in rein zweckrational organisierte Teilprozesse aufgeteilt war, und der betrieblichen Hierarchie unterworfen. Die Arbeiterschaft, nach Frauen und Männern getrennt und jeweils kleinen Produktionseinheiten mit eigenem Raum, eigenen Maschinen und Personal mit spezifischen Arbeitsbedingungen

---

68 Bernays, Frauenbewegung, S. 40–41.
69 Bernays, Frauenbewegung, S. 42.
70 Siehe S. 76.

Eine der Pionierinnen der modernen Sozialwissenschaften und Frauenrechtlerin

und -anforderungen zugeordnet, bildeten eigene kleine Herrschaftsbereiche. In diesen entwickelten sich ein spezifisches berufliches Selbstverständnis, Gruppenidentität und Gruppensolidarität; die Arbeiterinnen und Arbeiter unterschieden sich auch in ihrer Mentalität. Das Betreten der anderen Räume war ihnen verboten, was den Zusammenhalt, aber auch das Aufeinander-angewiesen-Sein und das Bedürfnis nach Abgrenzung und manchmal Abwertungen der »anderen« stärkte. An der Spitze der Hierarchie innerhalb der Arbeiterschaft standen die Reparaturhandwerker und Werkmeister, die Aristokratie der Fabrik, die auch am meisten verdienten; auf den Stufen darunter fanden sich die gelernten Akkordarbeiter und Akkordarbeiterinnen, gefolgt von den ungelernten Arbeitern und Arbeiterinnen und den Tagelöhnern und Tagelöhnerinnen: insgesamt 200 Weber und Weberinnen, 399 Spinner und Spinnerinnen, 137 angelernte Arbeiterinnen, 156 angelernte Arbeiter, 26 Reparaturhandwerker und 20 Werkmeister.[71]

Bernays korrelierte die Indikatoren Mobilität und Alter und schloss daraus auf die »moralische Qualität« und die mehr oder weniger große »Diszipliniertheit« der Arbeiter und Arbeiterinnen. Die meisten waren jünger als 30 Jahre und traten zwischen dem 17. und 30. Lebensjahr in die Fabrik ein. Die Fluktuation im Betrieb war relativ groß, hing aber vom Alter und der Qualifikation ab. Vor allem die Handwerker und Werkmeister, denen die größte »Diszipliniertheit« zugeschrieben wurde, hatten kaum Grund, relativ günstige Arbeitsbedingungen für einen Arbeitsplatzwechsel aufzugeben. Gerade Arbeiterinnen, die 17- bis 21 Jährigen, neigten nach Bernays Recherchen dazu, aufgrund von Reibereien mit dem Werkmeister oder mit Arbeitsgenossen davonzulaufen, aber auch um durch einen Ortswechsel der zermürbenden Monotonie ungelernter Tätigkeit und schlechter Bezahlung zu entgehen. Die höhere Mobilität der Arbeiterinnen deutete in diesem Fall auf ihre geringeren »moralischen Qualitäten«[72] und fehlende »Diszipliniertheit«[73] hin. Mädchen besserer sozialer Herkunft scheuten die Fabrikarbeit, weil sie sich »zu fein« dazu seien,[74] das »Arbeitsmaterial«[75] habe sich dadurch, so viele Klagen, proletarisiert, also zu einer negativen Auslese geführt. Unter den Arbeitern waren die 17- bis 30 jährigen unverheirateten Männer häufiger bereit als Familienväter, durch Stellenwechsel Arbeitslosigkeit zu riskieren, oder sie mussten die Erwerbstätigkeit für den Wehrdienst unterbrechen; »Sehnsucht nach Abwechslung« und »Verantwortungslosigkeit«, also fehlende Verpflichtungen gegenüber der Familie, spielten ebenso eine Rolle.[76] Unter den mobilsten standen den am wenigsten qualifizierten Arbeiterinnen mit dem »niedrigsten Kulturniveau«[77] nicht wenige der qualifiziertesten und »aufgewecktesten« Arbeitskräfte, die Weber und Ringspinnerinnen, gegenüber, zumindest bis zum 50. Lebensjahr. In diesem Fall galt die Mobilität als Indikator für »höhere Qualitäten«: für das Bedürfnis nach »stärkerer Kompensation für ihr entwickeltes Innenleben gegen die stete Gleichförmigkeit der Arbeit«.[78]

71 Siehe S. 89.
72 Siehe S. 111.
73 Siehe S. 111.
74 Siehe S. 111.
75 Siehe S. 111.
76 Siehe S. 114.
77 Siehe S. 126.
78 Siehe S. 126–127.

Die meisten Arbeiter und Arbeiterinnen stammten aus Stadt und Landkreis Mönchengladbach in einem Umkreis von 10 km (56–58 %) oder aus dem linksrheinischen Industriegebiet; die Arbeiterinnen rekrutierten sich noch stärker als die Männer aus Stadt und Kreis und wiesen eine signifikant größere Sesshaftigkeit und Gebundenheit auf.[79] Während eine relativ geringe Zahl der Fabrikbelegschaft aus Großstädten zuzog, kamen die meisten aus Mittelstädten von der Größe Mönchengladbachs; Frauen zogen auch aus dem Dorf zu, Männer eher aus Land- und Kleinstädten.[80] Die Betriebsleitung hatte offensichtlich immer Schwierigkeiten, qualifizierte Arbeitskräfte, vor allem Weber, zu finden, während angelernte Arbeiterinnen und ungelernte Arbeitskräfte stets genügend vorhanden waren.[81] Ein Viertel aller Arbeitskräfte stammte aus Textilarbeiterfamilien, ca. 16 % kamen aus Fabrikarbeiterfamilien[82]; 19 % aller männlichen Arbeiter kamen aus Handwerkerfamilien[83]. Eine große Zahl der Arbeiterinnen gehörte zur »tiefsten sozialen Schicht« aus »kulturell tiefstehendem Milieu«: gemeint waren die Töchter der Fabrikarbeiter und Landarbeiter. Nur 9,7 % stammten aus Handwerkerfamilien, diese »besser situierten Leute« entwickelten wohl eine »natürlichen Abneigung« gegen die Fabrikarbeit, die ihre Töchter gesundheitlich und sittlich gefährdete.[84]

Galt die Berufsarbeit in den Augen der bürgerlichen Frauenbewegung generell als eine wichtige Voraussetzung für die »Persönlichkeitsentfaltung« des Einzelnen, unabhängig von der sozialen Herkunft, so stellte sich für Bernays die Frage, ob das Berufsschicksal der Arbeiter und Arbeiterinnen insofern frei gewählt war, als sie sich selbstbestimmt für ihren Beruf hatten entscheiden können. Die Wahlfreiheit konnte ein geeigneter Indikator für das Maß an persönlicher Freiheit und Entfaltungsmöglichkeiten gewertet werden. Im Ergebnis kam heraus, dass meist der Beruf des Vaters und der Geschwister und an zweiter Stelle die Not die Berufswahl beeinflusst hatte, erst dann kamen eigene Wünsche (nur 9 %). Die meisten Befragten wollten die Frage gar nicht beantworten (26,8 %), denn sie sahen die Fabrikarbeit einfach als etwas »Selbstverständliches« an oder sie waren »intellektuell zu unentwickelt und abgestumpft, um Fragen zu beantworten, die ein gewisses Nachdenken erfordert« hätten, konstatierte Bernays in ihrer Studie.[85] Not als Grund für die Berufswahl gaben vor allem Arbeiterinnen an (18, 7 % gegenüber 5,3 % der Männer), aber auch guten und raschen Verdienst (32,4 % gegenüber 15,1 % der Männer). Das höhere Maß an Selbstbestimmung bei den Arbeitern erklärte Bernays wiederum mit der »verschiedenen charakterologischen Qualität« unter den Geschlechtern. Die Fabrikarbeit der Frauen resultierte eben oft aus der Not, so dass viele Arbeiterinnen aus zerrütteten häuslichen Verhältnissen kamen und einen niedrigen Lebensstandard in Kauf nehmen mussten, mutmaßte Bernays.[86]

Die Mehrheit der Handwerker hatte den Beruf aus »eigenem Wunsch« gewählt, möglicherweise ein Hinweis auf das Selbstbewusstsein des Berufsstandes, auf

---

79 Siehe S. 136.
80 Siehe S. 141–142.
81 Siehe S. 147.
82 Siebe S. 163.
83 Siehe S. 163.
84 Siehe S. 164.
85 Siehe S. 170–173 und 179.
86 Siehe S. 181.

einen »charakteristischen Überrest der früheren Selbständigkeit« und gesicherte wirtschaftliche Verhältnisse. Die meisten ungelernten Arbeiter gaben dagegen keinen Eintrittsgrund an. Bernays war sich sicher, dass diese »meist älteren gutmütigen Leute« weniger unwillig als unfähig zu Selbstanalyse waren und noch nicht die Stufe des »Kulturstandpunktes« erreicht hatten, der sie in die Lage versetzt hätte, über die »Ereignisse [ihres] Lebens urteilend« nachzudenken. Sie räumte aber ein, dass die Befragten mit Gestik und Mimik zum Ausdruck gebracht hatten, wie dumm eine derartige Frage aus ihrer Sicht sei; dazu zitierte sie einen Arbeiter: »Warum ich in die Fabrik ging? Ja, das kann ich ganz genau sagen: wir waren viele zu Hause und wir hatten kein Geld, und da sagte der Vater zu mir: ›Junge, du musst zur Fabrik‹ Ja – sonst«.[87] Also konnten nur qualifizierte Arbeitskräfte eine Berufswahl nach individueller Neigung und Fähigkeit wählen; alle anderen gingen aus Geldmangel oder Not in die Fabrik. Letzteres galt vor allem für Frauen. Erwerbsarbeit diente also nicht per se, wie von der Frauenbewegung erwartet oder zumindest erhofft, der Persönlichkeitsentwicklung der Frauen. Nüchtern stellte Bernays fest, dass gegenwärtig fast keine Frau, auch nicht die aus anderen bürgerlichen Kreisen, das Recht und die Möglichkeit hätte, »durch selbst gewählte Arbeit ihre Individualität zu entwickeln«.[88]

Warum wechselten Arbeitskräfte ihren Beruf: etwa um ihren sozialen Aufstieg zu realisieren, war es ein Zeichen für Selbstbestimmung und Emanzipation? Mädchen, die in häuslichen Diensten gearbeitet hatten, wanderten nach ihren eigenen Aussagen (!) in die Fabriken, um ihrer »Herrschaft« zu entkommen: der strengen sozialen Kontrolle und Überwachung, der ständigen Verfügbarkeit, dem Zwang zum Gehorsam, dem Herumkommandiert-Werden und der geringen sozialen Wertung der häuslichen Frauenarbeit in den privaten Haushalten. Eine Überlebensstrategie, die nach dem subjektiven Empfinden der jungen Frauen durchaus dem Selbstwertgefühl und dem Wunsch nach Selbstbestimmung diente. In der Fabrik arbeiteten die Mädchen mit ihresgleichen zusammen und konnten die Autorität des Werkmeisters, der zum Stand der Arbeiterschaft gehörte, leichter akzeptieren.[89] Die geregelte Arbeit versprach größere Freiheit und bessere Behandlung. »Selbst die kulturell noch wenig vorgeschrittenen Arbeiterinnen empfanden die Bezeichnung ›Dienstmädchen‹ als beschämend und gebrauchten ihn nicht.«[90] Viele fanden die häusliche Arbeit auch anstrengender und für die Sittlichkeit gefährdender, ganz im Gegensatz zum im Bürgertum verbreiteten schlechten Ruf der Fabrikarbeit. Die persönliche Abhängigkeit vom Hausherrn und der Hausherrin wurde dagegen als sehr negativ empfunden und konnte noch dazu schnell existenzbedrohend werden: durch fehlende Entlohnung in Geld, Erfahrung von Gewalt und Missbrauch, willkürliche Entlassung etc. In der Fabrik war man aus Sicht der Frauen ungestörter und wurde nicht so viel herumgeschickt: »Wenn man seine Arbeit tut, sagt niemand den ganzen Tag ein Wort.«[91] Aber insgesamt entwickelten die Arbeiter und Arbeiterinnen doch eine starke Anhänglichkeit an ihren

---

87 Siehe S. 181–183.
88 Siehe S. 183–184 und Fußnote 27 S. 184.
89 Siehe S. 212.
90 Siehe S. 217 Fußnote 60.
91 Siehe S. 217.

angestammten Arbeitsplatz und seine Umgebung: »Man will doch genau wissen, wohin man gehört«[92], erzählte eine Arbeiterin, innerhalb eines Massenbetriebes ein einleuchtendes Bedürfnis nach Orientierung, Sicherheit und Zugehörigkeit.

Die Werkstatt-Gemeinschaft kam diesem Bedürfnis nach, indem sie soziale Gruppenbildung förderte, die sich an der Art der Tätigkeit und Arbeitsleistung orientierte. Herkunft und Schicksal der Leute spielten sowohl bei der Einstellung, der »Auslese« seitens der Fabrikbesitzer als auch bei der Gruppenbildung und für ihren sozialen Zusammenhalt eine bedeutende Rolle. Bernays fand heraus, dass einzelne Säle tatsächlich einen bestimmten Charakter trugen, der sich im Aussehen und Wesen, in der Kleidung – sie entdeckte richtige »Saalmoden«[93] – und in ihrem Verdienst ausdrückte. Weberinnen grenzten sich durch besonders ordentliche Kleidung von Spinnerinnen ab, Weber als Zeichen ihrer höheren Autorität durch Jacken und Stiefel, Handwerker durch ihren blauen Leinenanzug. Selbst die Physiognomie, die äußerliche Erscheinung, deutete ein bestimmtes Arbeitsgebiet an: »So sind doch Hofarbeiter kräftig, Weber lang und Spinner dünn und schmal.«[94] Genauso wie ein charakteristisches Verhalten des ungelernten Tagelöhners gegenüber dem gelernten Akkordarbeiter: »Große Gemächlichkeit und Gleichgültigkeit gegen Zeitverlust charakterisieren die Bewegungen des Tagelöhners, große Hastigkeit und Nervosität die des Akkordarbeiters, auch in Fällen, wo er keinen Geldverlust durch Langsamkeit erleidet.«[95] Diese Gruppenbildung rettete den Einzelnen vor dem Versinken in der Masse, davor, eine Nummer zu werden und gab ihm eine gewisse Bedeutung als Individuum.

Schon beim Eintritt in den Betrieb erfuhr der Einzelne Solidarität, wenn »seine Gruppe« ihn äußerst freundlich und entgegenkommend aufnahm und diese kleine Gemeinschaft gerade in den ersten Tagen für den Neuankömmling sorgte, ihn in die Fabrikgewohnheiten und Gebräuche einführte. Bernays hatte dies beim ersten Betreten des lärmenden, mit vielen Menschen gefüllten Arbeitssaals selbst erfahren: »und dazwischen beruhigend in dieser Fülle neuer Eindrücke, zwei freundliche Gesichter, das des Werkmeisters, eines alten weißhaarigen Mannes, der gutmütig lächelnd auf mich zukam, und dasjenige der Arbeiterin, die mich spulen lehren sollte, und die der angekündigten ›Neuen‹ schon von weitem aufmunternd zunickte.«[96] Der Einzelne kannte nur diese Gruppe und ihre Mitglieder, war ihm doch der Zutritt zu anderen Räumen strikt verboten. Das ausgebildete Solidaritätsgefühl steigerte sich vom »Stolz« auf »ihren Saal« bis zur Verachtung anderer Säle.

Diente die »Flucht« in die Gruppe der Selbstbehauptung des Einzelnen, so suggerierte die Größe des Betriebes gleichzeitig ein Gefühl der »Freiheit«: nämlich jederzeit davon laufen zu können. Paradoxerweise änderten an diesem Lebensgefühl auch die Einbindung in die betriebliche Hierarchie, die Unterwerfung unter ihre – für den Kapitalismus typisch – straffe Disziplin und die vorgegebenen betrieblich-technischen Abläufe, die weder individuelle Handlungs- noch Entscheidungsspielräume boten, nichts. Der Regierungsform des Absolutismus ähnlich

---

92 Siehe S. 214.
93 Siehe S. 226.
94 Siehe S. 227 Fußnote 71.
95 Siehe S. 227.
96 Siehe S. 227 Fußnote 72.

basierte die Betriebsstruktur auf einem ausgeklügelten System der Gewaltenteilung: Ein geschicktes System der Über- und Unterordnung, befördert durch die politische Unaufgeklärtheit der Leute einerseits und eine relativ humane Behandlung der Arbeiterschaft anderseits, wies jedem einzelnen Betriebsangehörigen eine genau umrissene Rolle, verbunden mit bestimmten Aufgaben und Kompetenzen zu. Stand an der Spitze des Betriebes der technische Betriebsleiter, die Verkörperung der »Würde des Betriebes« und »höchste Appellationsinstanz«, so hatte der Meister als unmittelbarer Vorgesetzter der Arbeiter die Aufgabe der Überwachung der Arbeitsleistung; er erfüllte eine Rolle, die die Arbeiter akzeptieren konnten; sie hatten die gleiche Bildung und teilten ihr Schicksal; das Verhältnis war kameradschaftlich. Die direkte Abhängigkeit vom Meister unterschied sich grundsätzlich von der gegenüber den beiden Obermeistern, die die eigentliche Macht hatten und direkt über das Schicksal der Arbeiter entschieden: über die Lohnhöhe, Einstellungen und Entlassungen.[97]

Obwohl der einzelne Arbeiter eigentlich in Isolation an seiner Maschine arbeitete, empfand er darin subjektiv ein gewisses »Ungestörtsein« und das Gefühl der Herrschaft über seinen kleinen Arbeitsbereich. Im Widerspruch dazu stand keineswegs die große Solidarität und Hilfsbereitschaft gegenüber seinen Kameraden. Bernays führte diese Haltung z. T. auf den rheinischen Volkscharakter zurück: Gutmütigkeit und Liebenswürdigkeit erklärten die große Hilfsbereitschaft, die sogar stärker sei als ihre »Lohnbegier«; man verließ selbst die Akkordarbeit, um anderen zu helfen.[98] Offensichtlich hatte die jahrelange gemeinsame Arbeit das gegenseitige Abhängigkeitsgefühl so stark wachsen lassen, dass niemand den anderen im Stich lassen konnte, wollte er nicht sich selbst von seiner »Gruppe« isolieren.

Mit Gutmütigkeit und Hilfsbereitschaft ging aber ein weiteres Charakteristikum der Arbeiterschaft einher, dass offenbar ebenfalls typisch für den Volkscharakter in der Region war: nämlich die Toleranz der Arbeiter und Arbeiterinnen gegenüber Laster und Vergehen ihrer Arbeitsgenossen. Diese Großzügigkeit interpretierte Bernays als Resultat des »erzwungenen Zusammenlebens in einer stets wechselnden Menschenmasse«. Die geübte Toleranz führte oft zum gänzlichen Verfall »ethischer Werturteile«[99] und – noch bedenklicher aus Sicht der Sozialforscherin – des »sittlichen Gefühls«. In dieser »Lebensphilosophie« entdeckte sie aber durchaus »ansprechende Züge«. Ein Arbeiter hatte zu ihr gesagt: »Wenn man so 50 Jahre unter den Leuten gewesen ist, da sieht und erlebt man vieles. Aber ich denke immer, sie sind Menschen und wollen alle leben und das erklärt alles.«[100]

Ein »leichtlebiger Volksschlag« seien die Menschen im Rheinland, mit »gänzlichem Mangel an höheren Interessen«. Das Zusammensein junger Männer und Frauen im selben Betrieb, in lärmerfüllten, überhitzten Sälen, die eintönige und nervenerregende Arbeit, alles zusammen führte dazu, dass »sexuelle Interessen und Gespräche« vorherrschend waren. Gefühle und Stimmungen – den bürgerlichen Kreisen fremd – traten in der Fabrik »so nackt und offen hervor, das man sie an manchen Tagen bei einem Gang durch die Fabriksäle fast zu fühlen glaubte,

---

97 Siehe S. 227–228.
98 Siehe S. 229 Fußnote 74.
99 Siehe S. 229.
100 Siehe S. 229.

dass manchmal selbst im menschenerfüllten Arbeitssaal die sexuelle Begierde sich auf die hässlichste Weise austobte.« Die »psychischen und sittlichen Kräfte« der Männer waren dem kapitalistischen Großbetrieb nach Bernays Erkenntnissen allerdings wesentlich besser gewachsen als die der Arbeiterinnen, denen sie ein »tieferes sittliches Niveau« attestierte: sie hatten durch die Fabrikarbeit und durch den Verlust ihrer traditionellen Beschäftigung jeden inneren Halt verloren.[101] Bernays kam mit ihrer »teilnehmenden Beobachtung« tatsächlich zu ähnlichen Einschätzungen und Zuschreibungen wie die frühen Arbeiterinnenenqueten.

Interessant ist in diesem Zusammenhang, dass die Arbeiterinnen insgesamt trotz der ihnen attestierten »Leichtlebigkeit« deutlich weniger Kinder als die Arbeiter hatten: Die einen hatten aufgrund von Entkräftung nach jahrelanger Fabrikarbeit keine Kinder geboren; die anderen, unverheiratete, schon früh an Fabrikarbeit gewöhnte Frauen ohne Kinder, kehrten »aus Langeweile« wieder in die Fabrik zurück, wie auch Frauen, die nach ihrer Heirat die »Ereignisse« des Fabriksaals und das Zusammensein mit anderen vermissten. Die kinderreichen Frauen kamen oft aus purer Not in die Fabrik. Die qualifiziertesten Fabrikarbeiterinnen, Weberinnen und Ringspinnerinnen, hatten in ihrer Lebensweise den bürgerlichen Frauen ähnlich am wenigsten Kinder. Und die Strickerinnen mit dem »niedrigsten Kulturniveau« und den niedrigsten Löhnen wiesen die höchste Kindersterblichkeit auf, was Rückschlüsse auf ihre Lebenslage zuließ.[102]

Bernays war durchaus bewusst, dass ihre persönlichen Beobachtungen stark von ihrer Herkunft und ihrer Lebensweise beeinflusst waren und sie erkannte die »Gefahr des Generalisierens«. Das fiel ihr besonders am Beispiel des in der jugendlichen Arbeiterschaft vorherrschenden sexuellen Interesses auf, das dem »ethischen Empfinden«, den »gut bürgerlichen Durchschnittnormen« vollkommen widersprach.[103] Die Arbeiterin, zumindest die nicht bei ihren Eltern wohnende, »lebte in sexueller Beziehung so ungebunden wie der Mann«.[104] Allerdings hatte sie im Falle einer Schwangerschaft die finanziellen Risiken zu tragen; aber eine soziale Ächtung der unehelichen Mutterschaft fand nicht statt; sie schien in der Gegend etwas »Selbstverständliches« zu sein.[105] Allerdings resultierte aus dieser »männlichen Ungebundenheit« der Frau gewiss keine höhere Wertschätzung durch den Mann. Das Verhältnis zwischen Mann und Frau war geprägt durch sein »Herrenbewusstsein« und ihre Bereitschaft zur selbstverständlichen Unterwerfung; zu erklären aus der Tatsache, »dass sie sich nur als Geschlechtswesen fühlt«.[106] Aber Frauenverachtung war, so Bernays, in allen Gesellschaftsschichten üblich, nur dass sie in Proletarierkreisen in ihrer »ganzen Hässlichkeit« hervortrat, während sie im Bürgertum hinter »Galanterie« versteckt würde.[107]

Die prekäre Situation gerade der jungen Frauen spitzte sich dadurch zu, dass die Fabriken vorzugsweise jugendliche Arbeiterinnen anwarben, so dass in Mön-

---

101 Siehe S. 230.
102 Siehe S. 258–259 und 261–262.
103 Siehe S. 263.
104 Siehe S. 263.
105 Siehe S. 263.
106 Siehe S. 263.
107 Siehe S. 263 Fußnote 106.

chengladbach nach der Volkszählung von 1905 4.650 unverheirateten Männern im gesetzlich heiratsfähigen Alter 9.281 unverheiratete Frauen gegenüber standen. Diesen Frauenüberschuss identifizierte Bernays als Ursache »des heftigen Kampfes um den Mann«.[108] Die von auswärts zugezogenen Mädchen lebten in Arbeiterinnenheimen oder in Kost und Logis, waren »allen Versuchungen meist ohne inneren und äußeren Halt« ausgeliefert; und die schlechte Lebensführung der meisten Mädchen machte es den anständigen unmöglich, eine Wohnung in einem »besseren« Haus zu finden. Bernays verurteilte aber die abschätzige Haltung z. B. einer Bäckersfrau, bei der sie selbst wohnte, die es als »Schande« empfand, einer Fabrikarbeiterin ein Zimmer zu vermieten, entschieden; denn schließlich lebte die Stadt von ihrer Industrie.[109]

Diese feindliche Haltung der nächst höheren Schicht gegenüber den Fabrikmädchen, ein typisches Phänomen in der Industriestadt, erschwerte es ihnen, »auf dem rechten Weg« zu bleiben. Die Isolation der Arbeiterschaft von anderen Klassen, für Bernays eine bedenkliche Tatsache, hatte aber gerade in sittlicher Hinsicht auch einen günstigen Einfluss: Der Geschlechtsverkehr blieb auf die Arbeiterschicht beschränkt. Die sexuelle Ausbeutung, wie sie Lehrmädchen häufig durch ihren Lehrherrn, Dienstmädchen durch den Hausherrn erfahren mussten, oder auch Prostitution kamen nur sehr selten vor. Die Arbeiterin suche den Geschlechtsverkehr nur aus Genuss und Aufregung, nicht zum Gelderwerb oder wegen der Geschenke, Kleider oder Schmuck. Sie empfinde auch Zuneigung, auch wenn sie auch nur einen Tag dauere und die Möglichkeit bestand, dass der Mann sie im Falle einer Schwangerschaft heiraten würde. Bernays bescheinigte den Arbeitern und Arbeiterinnen »ungezügelte, aber doch ›gesunde‹ Sinnlichkeit« im Sexualverkehr.[110]

Die Freizügigkeit wirkte sich auch auf das Heiratsverhalten aus, was Bernays durchaus nicht negativ deutete. Bei der Eheschließung spielten meist weder »Liebe« noch »Überlegung« eine Rolle, sondern die Geburt eines Kindes. Da Mann und Frau vorher genug Gelegenheit hatten, sich auszuleben, kam der Ehe im Gegensatz zum bürgerlichen Eheideal und dem der Kirche nur die Funktion einer Wirtschaftsgemeinschaft zu. Trotz des »intellektuellen und sittlichen Tiefstands« der Arbeiterschaft kam der Ehe aber eine der »stärksten Triebkräfte« zu ihrer Hebung zu. Denn die Zugehörigkeit zur Familie und die Anhänglichkeit der Familienmitglieder untereinander, das damit einhergehende Zusammengehörigkeits- und gegenseitiges Pflichtgefühl, war für das Arbeiterleben sehr bedeutsam.[111] Vor allem die Liebe zu ihren Kindern war außerordentlich stark und in ihrer Selbstlosigkeit anerkennenswert; gefragt nach ihren Lebenszielen, spielte die Zukunft der Kinder eine herausragende Rolle: die Kinder sollten einmal »keine solche Sklaven« werden wie die Eltern.[112] Bemerkenswert ist auch die Tatsache, dass Mädchen gegenüber Jungen in ihrer Berufswahl nicht benachteiligt waren; bei der Wahl des Berufes spielte nicht das Geschlecht, sondern vor allem das Alter

---

108 Siehe S. 263–264 Fußnote 107.
109 Siehe S. 264 Fußnote 108.
110 Siehe S. 264–265.
111 Siehe S. 265–266.
112 Siehe S. 267.

eine Rolle, wenn z. B. der jüngste Sohn ein Handwerk lernen durfte, weil ältere Geschwister schon verdienten.[113]

Gab die Freizeit der Arbeiterschaft Gelegenheit zur Entfaltung eigener Interessen und Individualität? Die wenig üppigen Löhne, die Länge der Arbeitszeit und die Anstrengung der Arbeit beschnitten die Möglichkeit, Freizeit und Erholung zu genießen und vielseitig zu gestalten. Die Erholungszeit war kurz, daher auch die »Gleichgültigkeit der Leute ihrem Tun gegenüber«: der Mensch müsse erst »in seiner Arbeit sein eigener Herr sein«, bevor er sich in seiner Erholung individualisiere.[114] Der Sonntag bot überhaupt nur den Männern Zeit zur Erholung. Die Frauen erledigten Hausarbeit. Spazierengehen im Freien der Erwachsenen und Lesen vor allem der ganz jungen Mädchen und als Höhepunkt der Woche der Kirchgang, darauf reduzierte sich die Freizeitbeschäftigung. Allerdings bot die Lage Gladbachs, diese »hässliche, zu rasch gewachsene, lärmerfüllte Stadt«[115] außer dem Volksgarten wenig Gelegenheit, sich im Freien zu erholen. Und die jungen Burschen und Mädchen bevorzugten sowieso ein »wüstes Umherziehen von Kneipe zu Kneipe, von Tanzlokal zu Tanzlokal«.[116] Und dem Einfluss der katholischen Kirche, die der Arbeiterschaft im Dom Abwechslung mit schönen Bildern und schöner Musik im Kontrast zur hässlichen Umgebung und stumpfsinnigen Beschäftigung in der Woche bot, machte Bernays dafür verantwortlich, dass diese »noch völlig unselbständig und unentwickelt, dem politischen und öffentlichen Leben in weitem Maße fremd« sei.[117]

Fazit

Dieser Rückstand der Mönchengladbacher Arbeiterschaft, insbesondere ihre Abstinenz vom politischen und öffentlichen Leben kontrastierte mit Bernays wiederholt bekundeter grundsätzlicher Bewunderung der Arbeiterbewegung. Das Großartige und weltgeschichtlich Neue am »Vorwärts- und Aufwärtsschreiten« des modernen Proletariats, speziell der großindustriellen Arbeiterschaft, der Qualitätsarbeiter in den Großstädten oder in den großen Industriezentren, sei nicht sein Drängen nach Freiheit, sein Ringen um Macht, sondern das Streben nach geistiger Freiheit und geistigem Schaffen: »Wir wollen alles, was erfreut, genießen! Das Reich der Kunst, des Wissens uns erschließen. Wir fordern kühn für uns die ganze Erde!« Über das Charakteristische des »Seelenlebens« des modernen fortgeschrittenen Arbeiters und seines Strebens nach Bildung schrieb sie: »Wenn sein Berufsleben seinen forschenden Geist zur Naturwissenschaft führte, wenn die Enge und Hässlichkeit seiner Lebensverhältnisse ihn ein Gegengewicht suchen lässt im Bereich der klassischen Dichtung, so erfüllt ihn als Sohn einer aufsteigenden Klasse der Glaube an die Größe der Menschheit.« An die Stelle der katholischen Kirche, die im Gegensatz zur Gladbacher Arbeiterschaft für die meisten jede Bedeutung verloren habe, »ist in den Köpfen der denkenden Arbeiter die Überzeugung von

---

113 Siehe S. 269.
114 Siehe S. 270.
115 Siehe S. 272.
116 Siehe S. 272–273.
117 Siehe S. 274.

der Größe und Güte des Menschen, der Glaube an die Menschheit und ihre Fortentwicklung getreten. Dieser Glaube wird freilich von Zukunftshoffnungen des Sozialismus gestärkt und genährt, doch gleicht er in seinen Grundzügen mehr den Ideen des ausgehenden 18. und des beginnenden 19. Jahrhunderts ...« (1912).[118]

Arbeiterbewegung und bürgerliche Frauenbewegung teilten offensichtlich die Ideale des Humanismus und der Renaissance, der Aufklärung, des Idealismus und der Romantik, bei aller kulturellen und politischen Differenz.[119] Wenn man Bernays Untersuchung über das Berufsschicksal der Arbeiterschaft in der Gladbacher Weberei und Spinnerei richtig verstehen will, muss man diese Perspektive, ihre grundsätzliche Wertschätzung für die moderne Industriearbeiterschaft ernst nehmen, der sie eine eigenständige Kulturaufgabe zuschrieb, nicht unähnlich der Kulturmission der Frauenbewegung. Bernays Interpretation ihrer Beobachtungen und der Aussagen der Arbeiter und Arbeiterinnen drückt nicht nur Sympathie, sondern auch Akzeptanz für eine von bürgerlichen Normen und Werten abweichende Lebensweise und Weltanschauung aus; auch wenn sie in ihrer Studie für sich selbst klare Vorstellungen von Sitte und Moral in Anspruch nahm.

Welche Konsequenzen ergaben sich aus den Erkenntnissen der Gladbacher Studie und aus den anderen Forschungen Bernays?

Da die Frauenarbeit, gerade die Fabrikarbeit, stetig zunahm und eine Abschaffung nicht in Aussicht stand – sie war aus ihrer Sicht auch nicht wünschenswert (s. o.) – schien es geboten, neben den Forderungen der Frauenbewegung nach bürgerlichen Freiheitsrechten nicht nur über gleichen Lohn für gleiche Arbeit, Mindestlöhne, Arbeiterinnenschutz und Arbeitszeitverkürzung zu debattieren, sondern konkrete Verbesserungsvorschläge zur Erleichterung des alltäglichen Lebens der Arbeiterinnen zu machen. Erwerbstätigen Frauen sollte der Fortschritt der Technik zugute kommen, der die Führung des Haushalts erleichterte. Sowohl Hausarbeit als auch erzieherische Aufgaben sollten vergemeinschaftet werden. Statt ihr »armselige Fetzen« freier Zeit für ihre Hauspflichten zuzubilligen, sollte man sie von all demjenigen entlasten, was mit »keinen Gemütswerten« verbunden sei: wie Kochen, Waschen, Putzen usw. Man dürfe die Frauen nicht »auf dem Altar des Götzen ›Tradition‹« opfern, weil man in den Hausfrauenpflichten irgendwelche Werte zu sehen glaube. Ein großer Teil der Arbeiterinnen war schon soweit emanzipiert, dass sie mit ihren Ehemännern die Volksküche in Mönchengladbach besuchten, wo man sehr günstig Mittag essen könnte. Ähnlich wie August Bebel in seinem Buch »Die Frau und der Sozialismus« (1883)[120] wollte Bernays deshalb in den Städten Gemeinschaftseinrichtungen schaffen: von der Volksküche bis zur Kinderbetreuung in öffentlichen Institutionen.

Im Gegensatz zu anderen Sozialforscherinnen, die in der Fabrikarbeit der Frauen die Umkehrung des Rechts auf Arbeit in schlimmste Sklaverei erkannten,[121] verdammte Bernays diese keineswegs. Sie hob vielmehr die Bedeutung der staatli-

---

118 Bernays, Geistes- und Seelenleben, S. 324, 332.
119 Bernays hatte in ihrer kleinen Studie über das Geistes- und Seelenleben der Arbeiterschaft die Nutzung von Bibliotheken, das Leseverhalten der Arbeiterschaft in Berlin und Arbeiterliteratur ausgewertet.
120 August Bebel, Die Frau und der Sozialismus, 1883, Nachdruck: Frankfurt a. M. 1977, S. 510ff.
121 Weyrather, Frau am Fließband, S. 73–74.

chen Förderung beruflicher Qualifikationen hervor, die allein Arbeiterinnen zu Emanzipation und Unabhängigkeit verhelfen könnte, jedenfalls langfristig, die sie dazu noch zu Kulturträgerinnen einer Bewegung zur Gestaltung einer gerechteren zukünftigen Gesellschaft wachsen lassen sollten. Sie hatte beobachtet, dass nicht wenige Frauen in der Gladbacher Weberei sich mit ihrer Arbeit identifizierten, in ihrer Fabrik Zusammengehörigkeitsgefühl und Solidarität erlebten und sich offensichtlich auch die Lebensfreude, ihre Hilfsbereitschaft und Großzügigkeit menschlichen Schwächen, eben »Lastern« gegenüber durch die harte Arbeit nicht nehmen ließen; auch wenn ihre Lebensweise den bürgerlich-christlichen Moralvorstellungen zuwider war. Trotz moralischer Urteile erwies Bernays der Arbeiterschaft, vor allem den Arbeiterinnen in der Gladbacher Fabrik Wertschätzung und Respekt gegenüber ihren »Anpassungsversuchen«, ihren Überlebensstrategien angesichts schwierigster Bedingungen. Leben und leben lassen, dieses in der Bevölkerung vorherrschende Prinzip nahm auch Bernays an. Die Vorwürfe der christlichen Gewerkschaftsvertreter, aber auch von Politik und Presse gegen Bernays Forschungsergebnisse drückten eher Doppelmoral und Verachtung eben der hier skizzierten Lebenseinstellung und Lebensweisen eines Großteils der Arbeiterbevölkerung gegenüber aus und lenkte von den tatsächlichen Problemen in der Stadt, im ganzen Land ab: von Armut und Not, niedrigen Löhnen, anstrengenden, zermürbenden und den Einzelnen abstumpfenden Arbeitsbedingungen mit überlangen Arbeitszeiten, fehlenden Rechten im Betrieb und im öffentlichen Leben, der sozioökonomischen, rechtlichen und politischen Ungleichheit zwischen Männern und Frauen, zwischen Arbeiterschaft und Bürgertum. Bernays Dissertation ist bis heute ein lesenswertes und in vielerlei Hinsicht aktuelles Werk.

Literatur

- Bebel, August, Die Frau und der Sozialismus, 1. Aufl. 1883. Nachdruck: Frankfurt a. M. 1977.
- Bernays, Marie, Berufsschicksal moderner Industriearbeiter, in: Die Frau. Monatsschrift für das gesamte Frauenleben unserer Zeit. Organ des Bundes deutscher Frauenvereine, hrsg. von Helene Lange und Gertrud Bäumer, 18 (1910/11), S. 129–136, S. 210–215, S. 366–367.
- Bernays, Marie, Die deutsche Frauenbewegung, Leipzig, Berlin 1920.
- Bernays, Marie, Die Nationalökonomin, in: Die Frau 20 (1912/13), S. 270–276.
- Bernays, Marie, Vom Geistes- und Seelenleben des modernen Arbeiters, in: Die Frau, 19 (1911/12), S. 324–338.
- Boes, Franz, Geschichte des Vereins für Sozialpolitik 1872–1932. Schriften des Vereins für Sozialpolitik 188, Berlin 1939.
- Brentano, Lujo, Mein Leben im Kampf um die soziale Entwicklung Deutschlands, Jena 1931.
- Gerhard, Ute, Unerhört. Die Geschichte der deutschen Frauenbewegung, Reinbek bei Hamburg 1992.
- Gerhard, Ute (Hrsg.), Frauen in der Geschichte des Rechts. Von der Frühen Neuzeit bis zur Gegenwart, München 1997.
- Gerhard, Ute, Grenzziehungen und Überschreitungen. Die Rechte der Frauen auf dem Weg in die politische Öffentlichkeit, in: Ute Gerhard (Hrsg.), Frauen in

der Geschichte des Rechts. Von der Frühen Neuzeit bis zur Gegenwart, München 1997, S. 509–546.
- Kempf, Rosa, Das Leben der jungen Fabrikmädchen in München. Die soziale und wirtschaftliche Lage ihrer Familie, ihr Berufsleben und ihre persönlichen Verhältnisse, Schriften des Vereins für Sozialpolitik, Bd. 135, 2. Teil, Untersuchungen über Auslese und Anpassung (Berufswahl und Berufsschicksal) der Arbeiter in den verschiedenen Zweigen der Großindustrie, Leipzig 1911.
- Kern, Horst, Empirische Sozialforschung. Ursprünge, Ansätze, Entwicklungslinien, München 1982.
- Kocka, Jürgen, Arbeitsverhältnisse und Arbeiterexistenzen. Grundlagen der Klassenbildung im 19. Jahrhundert, Bonn 1990.
- Kuhlmann, Carola, Alice Salomon und der Beginn sozialer Berufsausbildung. Eine Biographie, Stuttgart 2007.
- Kuhlmann, Carola, »Nicht Wohltun, sondern Gerechtigkeit«. Alice Salomons Theorie Sozialer Arbeit, Stuttgart 2008.
- Larcher, Sabine, Mütterlichkeit, in: Dietrich Brenner, Jürgen Oelkers (Hrsg.), Historisches Wörterbuch Pädagogik, Weinheim, Basel 2004, S. 700–723.
- Meyer Drawe, Käte, Individuum, in: Dietrich Brenner, Jürgen Oelkers (Hrsg.), Historisches Wörterbuch Pädagogik, Weinheim, Basel 2004, S. 455–481.
- Nipperdey, Thomas, Deutsche Geschichte 1866–1918. Bd. I. Arbeitswelt und Bürgergeist, München 1990.
- Pankoke, Eckart, Die Arbeitsfrage. Arbeitsmoral, Beschäftigungskrisen und Wohlfahrtspolitik im Industriezeitalter, Frankfurt a. M. 1990.
- Rousseau, Jean-Jacques, Emile oder über die Erziehung, (zuerst 1762), Stuttgart 1963.
- Salomon, Alice, Die Ursachen der ungleichen Entlohnung von Männer- und Frauenarbeit. Dissertation. Staats- und sozialwissenschaftliche Forschungen, Heft 122. Leipzig 1906.
- Schütter, Silke, Von der rechtlichen Anerkennung zur Ausgrenzung der Armen. Euphorie und Scheitern eines großen kommunalpolitischen Reformprojektes Straßburgs zwischen den 1880er und den 1920 Jahren, in: Archiv für Sozialgeschichte, hrsg. v. Friedrich-Ebert-Stiftung, 46. Bd., Bonn 2006, S. 87–106.
- Sledziewski, Elisabeth C., Die Französische Revolution als Wendepunkt, in: Geneviève Fraisse, Michelle Perrot (Hrsg.), 19. Jahrhundert, Frankfurt a. M., Wien 1994), S. 45–61. (Geschichte der Frauen, hrsg. v. George Duby, Michelle Perrot).
- Von Soden, Kristine, Auf dem Weg in die Tempel der Wissenschaft. Zur Durchsetzung des Frauenstudiums im Wilhelminischen Deutschland, in: Ute Gerhard (Hrsg.), Frauen in der Geschichte des Rechts. Von der Frühen Neuzeit bis zur Gegenwart, München 1997, S. 617–630.
- Weber, Alfred, Das Berufsschicksal der Industriearbeiter, in: Archiv für Sozialwissenschaften und Sozialpolitik (1912), S. 377 ff.
- Weber, Max, Der Nationalstaat und die Volkswirtschaftspolitik, Akademische Antrittsrede (1895), in: Max Weber, Gesammelte politische Schriften, Tübingen 1971.
- Weber, Max, Methodologische Einleitung für die Erhebungen des Vereins für Sozialpolitik über Auslese und Anpassung (Berufswahlen und Berufsschicksal)

der Arbeiterschaft der geschlossenen Großindustrie (1908), in: Weber, Gesammelte Aufsätze zur Soziologie und Sozialpolitik, hrsg. v. Marianne Weber, 2. Aufl. Tübingen 1988, S. 1–60.
- Weber, Max, Zur Psychophysik der industriellen Arbeit. Schriften und Reden 1908–1912, Studienausgabe der Max Weber-Gesamtausgabe, B I/11, Wolfgang Schluchter (Hrsg.), Tübingen 1977, S. 185–186.
- Wehler, Hans-Ulrich, Deutsche Gesellschaftsgeschichte 1815–1845/46, München 1989.
- Wendt, Wolf Rainer, Geschichte der Sozialen Arbeit 1. Die Gesellschaft und die soziale Frage, 5. Aufl., Stuttgart 2008.
- Weyrather, Irmgard, Die Frau am Fließband. Das Bild der Fabrikarbeiterin in der Sozialforschung 1870–1985, Frankfurt a. M., New York 2003.

Sehnsucht und Sozialpolitik

Die Lebensstationen von Marie Bernays

von Marco Birn

Am 13. Mai 1883 kam Marie Bernays als zweites Kind des Literaturhistorikers und Universitätsprofessors Michael Bernays und seiner Gattin Louise, geborene Rübke, zur Welt. Sie entstammte einem bedeutenden und einflussreichen jüdischen Geschlecht. Schon ihr Großvater Isaak Bernays war ein bekannter Hamburger Rabbiner, ihr Onkel Jacob Bernays hatte einen Lehrstuhl für Altphilologie in Breslau inne und auch ihre beiden Brüder Ulrich und Hermann Uhde-Bernays waren geachtete Akademiker. Das gelehrte Umfeld prägte die Kindheit von Marie, Privatunterricht ergänzte schon immer die elementare Schulbildung.[1]

1890 zog die Familie Bernays nach Karlsruhe, wo Marie das Victoria-Mädchenpensionat, eine Höhere Mädchenschule, besuchte; anschließend wechselte sie nach Baden-Baden. Nach Beendigung der weiterführenden Schule entschied sie sich zunächst für einen Weg, den damals viele Frauen des Bürgertums einschlugen, die Lehrerinnenausbildung. So besuchte sie das Lehrerinnenseminar in München und legte 1904 die Lehrerinnenprüfung an der »Königlichen Kreisbildungslehrerinnenanstalt« ab.[2]

Doch die einfache Tätigkeit als Volksschullehrerin schien für sie keine Option gewesen zu sein. 1905 übersiedelte sie mit ihrer Mutter in die Universitätsstadt Heidelberg. Da hier noch kein Mädchengymnasium gegründet worden war, musste sie, wie viele junge Mädchen dieser Zeit, eine Prüfung als »Externe« am örtlichen humanistischen Gymnasium ablegen. Nur am Tag der Prüfung betrat sie die Schule, die Vorbereitung musste privat erfolgen.

Nun konnte ihre wissenschaftliche Ausbildung beginnen. In der Tradition ihres 1897 verstorbenen Vaters, der ebenfalls in Heidelberg studiert hatte, immatrikulierte sie sich am 10. November 1906 an der Ruperto Carola und studierte Nationalökonomie, ein Fach, das zu diesem Zeitpunkt noch der Philosophischen Fakultät angehörte.[3] Marie Bernays gehört damit zu der ersten Generation jener Frauen, die in Deutschland studieren durften. In Baden war als erstem Land im

---

1   Zur Biografie von Marie Bernays vgl. Manfred Berger, Wer war ... Marie Bernays?, in: Sozialmagazin 12 (1999), S. 6–8; Richard Böttger, Mannheimer Frauen, in: Mannheimer Hefte 3 (1954), S. 6–11; Gabriele Fornefeld, Wahlheimat Beuron. Marie Bernays' Weg zum katholischen Glauben 1933–1939, in: Mehr nützen als herrschen. Raphael Walzer OSB, Erzabt von Beuron 1918–1937 (Beiträge zu Theologie, Kirche und Gesellschaft im 20. Jahrhundert Bd. 17), hrsg. v. Jakobus Kaffanke OSB und Joachim Köhler, Münster ²2010, S. 361–384; sowie Peter Reinicke, Bernays, Marie. Gründerin und Direktorin der Sozialen Frauenschule Mannheim, in: Who is who der Sozialen Arbeit, hrsg. v. Hugo Maier, Freiburg i. Br. 1998, S. 79–80. Weiterhin zu berücksichtigen sind die Personengeschichtliche Sammlung im Stadtarchiv Mannheim (StadtAMA) S1/56 und der selbst verfasste Lebenslauf in ihrer Dissertation: Marie Bernays, Die Geschichte einer Baumwollspinnerei, ihr Produktionsprozeß und ihre Arbeiterschaft, Heidelberg Diss. 1910.
2   Vgl. Lebenslauf in Bernays, Geschichte, S. 47.
3   Universitätsarchiv Heidelberg (UAH), Studentenakte Marie Bernays.

*Studien- und Sittenzeugnis der Universität Heidelberg für Maria Bernays
(UAH, Stud.A. Marie Bernays)*

Maria Bernays' Matrikeleintrag (UAH A 702/113)

Reich das Frauenstudium im Sommersemester 1900 zugelassen worden. In ihrer bayrischen Heimat war dies erst seit dem Winter 1903/1904 möglich und im weitaus größten Teil Deutschlands war das Frauenstudium erst seit 1908/1909 erlaubt. Deshalb gehörte Bernays in Heidelberg zu den ersten »Exotinnen«, die in den Hörsälen auftauchten.

In ihrem ersten Semester gab es gerade einmal 30 Mitstudentinnen an der Philosophischen Fakultät, allerdings studierte nur ein kleiner Teil hiervon Nationalökonomie, so dass sie sich schon früh in einer Männerdomäne profilieren musste.[4] In ihrer Wohnung in der Landfriedstraße 6 widmete sie sich zielgerichtet ihren akademischen Studien und konnte so bereits im Juli 1910 erfolgreich ihre Promotion abschließen. Ihre 46 Seiten starke Dissertation mit dem Titel »Die Geschichte einer Baumwollspinnerei, ihr Produktionsprozeß und ihre Arbeiterschaft«, eingereicht bei ihrem Doktorvater Max Weber, war nur ein kleiner Auszug aus der hier vorliegenden Neuauflage des vollständigen Buches, dass aufgrund seines Umfanges den damals üblichen Rahmen sprengte. Ihre Bestrebungen zu habilitieren sind daher nur allzu verständlich, die Unterstützung hatte ihr Max Weber zugesichert. Doch gerade eben erst war in einem kleinen Teil des Deutschen Reiches die Immatrikulation zugelassen worden, die verkrusteten Strukturen an der männerdominierten Universität brachen gerade erst auf, so dass die Habilitation einer Frau selbst für das fortschrittliche Baden ein Schritt zu weit ging. Sogar ihre Mentorin Marianne Weber sprach ihr das Recht zur Habilitation ab und sah sie im Vergleich zu den männlichen Kollegen nur als »mittleren Durchschnitt« an.[5] Unter dieser Sichtweise litt in der Folge auch die Unterstützung Max Webers und damit endete die akademische Karriere der Marie Bernays.

Doch womit konnte eine promovierte Nationalökonomin ihren Unterhalt bestreiten? Die frühen Studentinnen hatten das Studium der Nationalökonomie weniger als »Brotstudium« ins Auge gefasst, sondern mehr aus speziellen, meist sozialen Interessen aufgenommen. Die Berufsaussichten waren eher schlecht, weshalb Gertrud Bäumer 1912 jungen Frauen abriet, dieses Studium aufzunehmen.[6] Marie Bernays wehrte sich jedoch dagegen und erörterte die Perspektiven für diesen Studiengang. Das Studium bereite ihrer Meinung nach die Frauen zwar auf eine planmäßige, soziale Tätigkeit vor, aber in der wachsenden Organisation staatlicher, kommunaler und privater Fürsorge gebe es kaum Bedarf an wissenschaftlich gebildeten Frauen. Diese Stellen würden vielmehr von Absolventinnen sozialer Frauenschulen besetzt. Deshalb stelle sich die Frage, »ob überhaupt das Universitätsstudium der richtige Weg zur Ausbildung für soziale Erwerbsberufe

---

4   Zum Frauenstudium an der Universität Heidelberg vgl. Marco Birn, Bildung und Gleichberechtigung. Die Anfänge des Frauenstudiums an der Universität Heidelberg, Heidelberg 2012.
5   Zit. nach: Bärbel Meurer, Marianne Weber. Beiträge zu Werk und Person, Tübingen 2004, S. 105.
6   Gertrud Bäumer, Zur Soziologie des Frauenstudiums II, in: Die Frau 19 (1912), S. 555–565, hier S. 565.

sei«.⁷ So fänden viele volkswirtschaftlich gebildete Frauen nur Stellen, die mit ihrem niedrigen Gehalt nicht der studierten Frau entsprächen. Deshalb lehnten viele Frauen offene Stellen ab, »weil der Aufgabenkreis, der zu erfüllen ist, keine Gelegenheit zur Verwertung der im Laufe mehrerer Jahre erworbenen Kenntnisse bietet.«⁸ Es gebe demnach zwar Perspektiven für Nationalökonominnen zum Broterwerb, doch die Unstimmigkeit zwischen Angebot und Nachfrage auf dem Arbeitsmarkt sei ein Problem, das sich den männlichen Nationalökonomen nicht stelle. In der Regel ergriffen diese später einen Beruf in der Industrie und dem Großhandel oder wandten sich ganz der Wissenschaft und dem Gelehrtenberuf zu. Meist stehe schon vor dem Studium die sicherere und gut besoldete Stelle in einem familiären oder verwandtschaftlichen Betrieb in Aussicht. Für Frauen gebe es jedoch aus Gründen der Tradition kein Äquivalent. Die einzige Möglichkeit als Nationalökonomin zu lehren, biete sich an sozialen Frauenschulen, Gewerbeschulen oder ähnlichen Einrichtungen. Dabei sei die Motivation zum Studium der Nationalökonomie meist »die Hoffnung auf einen befriedigenden Beruf und die Sehnsucht, nach Kräften dem Elend in der Welt zu steuern.«⁹ Diese Ausführungen von 1912/1913 verweisen bereits auf die spätere Tätigkeit Bernays.

Über ihr Engagement in der Frauenbewegung und insbesondere aufgrund der engen Verbindung mit Julie Bassermann, beide aktiv im Verein Frauenbildung – Frauenstudium, gelangte sie nach Mannheim, wo sie während des Ersten Weltkrieges für den Nationalen Frauendienst das Kriegstagheim für arbeitslose Mädchen betreute. Neben drei täglichen Mahlzeiten erhielten die Mädchen Unterricht in Moral- und Gesundheitslehre, Wirtschaftsrechnen, Berufskunde, Geschichte, Geographie, Hauswirtschaftslehre und Jugendpflege.¹⁰

Über diese Tätigkeit berichtet Marie Bernays:

»Jetzt im Weltkriege ist Deutschlands Jugend größter Schatz. Deutsche Mädchen in dieser trüben und wirren Zeit an Leib und Seele gesund zu erhalten, ihnen ein paar freundliche Stunden zu bieten und sie geistig und moralisch ein wenig besser ausgerüstet in den wirtschaftlichen Kampf zu schicken, in dem Deutschland seiner Töchter in den nächsten Jahrzehnten nötiger brauchen wird, als vor dem Kriege, diesen Zwecken will unser Heim dienen. Es ist ein bescheidener und in vieler Hinsicht unzulänglicher Versuch, mitzuarbeiten an der großen Aufgabe der geistigen, moralischen und wirtschaftlichen Hebung der Töchter des Volkes.«¹¹

Als im Oktober 1916 der Verein Frauenbildung – Frauenstudium in Mannheim eine soziale Frauenschule gründete, entschied er sich dafür, Marie Bernays die Leitung zu übertragen. Die Erfahrungen durch ihre soziale Tätigkeit im Mädchenheim und ihr akademisches Studium in Heidelberg prädestinierten sie für diese Aufgabe. Jetzt konnte sie genau das umsetzen, was sie zuvor bemängelt hatte: Der richtige Weg zur sozialen Ausbildung. Schülerinnen ab 18 Jahren hatten hier die Möglichkeit, ein Staatsexamen zu einem sozialen Erwerbsberuf abzulegen, womit die Alternative zum Hochschulstudium gegeben war. Deshalb setzte sie sich poli-

---

7 Marie Bernays, Die Nationalökonomin, in: Die Frau 20 (1912/13), S. 270–276, hier S. 271.
8 Vgl. Bernays, Nationalökonomin, S. 271.
9 Vgl. Bernays, Nationalökonomin, S. 273.
10 Vgl. Berger, Wer war, S. 7.
11 Marie Bernays, Die Töchter des Volkes, in: Die Frau 22 (1915), S. 519–528, hier S. 527–528.

tisch für die Anerkennung der sozialen Frauenschule als höhere Fachschule ein.[12] Als Leiterin und Kuratoriumsmitglied stand jedoch die Bildung ihrer Schülerinnen im Mittelpunkt. Eine Schülerin erinnert sich später:

»Hinreißend las sie Goethes ›Faust‹ oder Dantes ›Göttliche Kommödie‹ vor, unvergeßlich sind ihren Schülerinnen ihre Unterrichtsstunden in Philosophie – aber mit der gleichen Begeisterung unterrichtete sie Volkswirtschaftslehre, Rechtskunde und Wohlfahrtswesen. Nie vermittelte sie lediglich Fachwissen, immer standen das ganze Bildungsgut und der ganze Mensch dahinter.«[13]

Trotz der starken Inanspruchnahme dieser Aufgabe, setzte sie sich aktiv in der Politik ein. Ihr Engagement in der Frauenbewegung, in zahlreichen politischen Vereinen und eine rege Publikationstätigkeit prägten diese Zeit.[14] Zwischen 1916 und 1921 veröffentlichte Marie Bernays etwa 75 Titel, die allesamt sozialpolitische Themen zum Gegenstand hatten.[15] Am bekanntesten ist wohl ihr 1920 erschienenes Buch »Die deutsche Frauenbewegung«[16], das auch heute noch eine grundlegende Lektüre auf diesem Gebiet darstellt. 1919 verließ sie aufgrund der Diskussionen um den Abtreibungsparagrafen 218, den sie aus Glaubensgründen befürwortete, die badisch nationalliberale Volkspartei. Hiermit verärgerte sie nicht nur ihre ehemals politische Heimat; es kommt auch zum Bruch mit ihren Mentorinnen wie Marianne Weber, Alice Bensheimer und Elisabeth Altmann-Gottheimer, die daraufhin den zuvor engen Kontakt lösen. Weitere Streitpunkte zwischen Bernays und ihren Mitstreiterinnen in der Frauenbewegung über die Rolle des Bürgertums, Sozialpolitik und das Verständnis von Demokratie führten dazu, dass sie in den Zwanziger Jahren zunächst nur noch engen Kontakt mit Marie Baum und Julie Bassermann pflegte.[17] Doch ihr politischer Einsatz schien dennoch auch weiterhin grenzenlos zu sein, 1921 zog sie gar als Mitglied der Deutschen Volkspartei für Mannheim in den Badischen Landtag ein. Ihr Hauptaugenmerk galt der Verbesserung von Kinder- und Jugendfürsorge, Hygiene- und Wohnungsfragen und dem Ausbau des Frauenschulwesens.[18] Der Erfolg ihrer eigenen Frauenschule, der mit einem Ausbau einherging, verhinderte eine Kandidatur für den Reichstag 1925. Die Mehrfachbelastung war einfach zu hoch und in erster Linie lagen ihr die Schülerinnen am Herzen. Außerdem war sie müde von den ewigen Auseinandersetzungen im Parlament und verzichtete auf ein weiteres Mandat im badischen Parlament.[19] Sie etablierte vielmehr eine der besten sozialen Frauenschulen Süddeutschlands, an der 160 Schülerinnen von 15 haupt- und nebenamtlichen Lehrkräften unterrichtet

---

12 Zur Geschichte der Sozialen Frauenschule vgl. Marie Bernays, Über die praktische Ausbildung der Schülerinnen der Wohlfahrtsschulen, in: Zeitschrift für Schulgesundheitspflege und soziale Hygiene 5 (1928); sowie StadtAMA S 2/2579: Quellen zur Geschichte der Sozialen Frauenschule.
13 Käthe Ekhardt, Sozialpädagogin und Politikerin. Marie Bernays, Gründerin der Sozialen Frauenschule, in: Mannheimer Morgen Nr. 275, 29.11.1961, zit. nach StadtAMA S 1/56.
14 Zur Rolle von Marie Bernays in der Frauenbewegung vgl. Christiane Pfanz-Sponnagel, Vom Frauenverein zum Mandat. Frauen, Frauenbewegung und Politik im Rhein-Neckar-Raum 1890–1933 (Mannheimer Historische Forschungen 21), Ludwigshafen Diss. 2004.
15 Vgl. Fornefeld, Wahlheimat Beuron, S. 364.
16 Marie Bernays, Die deutsche Frauenbewegung, Leipzig 1920.
17 Vgl. Fornefeld, Wahlheimat Beuron, S. 366–367.
18 Christine Altmann, Von fernen Zielen beseelt. Wallstadt: Ein Platz im Rott für Dr. Marie Bernays (1883–1939), in: Mannheimer Morgen Nr. 4 vom 05.02.1996, nach: StadtAMA S1/56.
19 Vgl. Fornefeld, Wahlheimat Beuron, S. 369.

wurden. 1928 wurde die Schule von der Stadtverwaltung übernommen und man garantierte ihr eine Anstellung auf Lebenszeit.[20]

1933 wurde die Frauenschule jedoch der NS-Volkswohlfahrt übergeben und Bernays wurde nun das Betreten ihrer Schule verboten. Im Hakenkreuzbanner erschien 1933 unter dem Titel »Waschechte Judenmethoden« ein Artikel, in dem ihr vorgeworfen wurde, Schüler aufzuhetzen, damit sich diese gegen ihre Beurlaubung aussprachen.[21] In der Tat versuchte sie verzweifelt, ihre Beurlaubung aufzuheben, und bat Verbündete um Unterstützung. Doch auch dies zeigte keine Wirkung, so dass sie am 27. Juni 1933 verbittert in ihrem Tagebuch notierte: »D[ie] Stadt will mich nicht!«.[22] Deshalb blieb ihr schließlich nur die Flucht ins Exil.

Mit Hilfe eines Bekannten, des Abtes Dr. Albert Schmitt von Grüssau, fand Marie Bernays Zuflucht im Kloster Beuron. Der Aufenthalt in der Erzabtei sollte zunächst nur ein vorübergehender sein, um Konversionsunterricht zu erhalten. Ihre Tagebücher verweisen schon früh auf eine intensive Auseinandersetzung mit dem Katholizismus. Durch die Brüche mit engen Vertrauten öffnete sie sich anderen Menschen; insbesondere die enge Freundschaft mit Mathilde Schmitt, der Schwester des Grüssauer Abtes, intensivierte die Verbindung zur katholischen Kirche. In diesem Zusammenhang steht sicherlich auch der Rückzug aus der parteipolitischen Sphäre. Im Anschluss daran, in einer Zeit die man als »Selbstfindung« bezeichnen kann, reifte sicherlich der Entschluss zur Konversion, die mit der Taufe am 11. Oktober 1933 ihren Abschluss fand. In Beuron fand sie danach auch die Ruhe, die ihr in den vorangegangenen Jahrzehnten gefehlt hatte. Sie widmete sich der Pflege einer kleinen Bibliothek und unterrichtete Benediktiner-Missionare in englischer Sprache, bevor sie am 22. April 1939 verstarb.[23]

Ihre Lebensaufgabe wurde im Dritten Reich nicht völlig zerstört. Noch heute besteht in Mannheim die FH für Sozialwesen (seit 2006 Teil der Hochschule Mannheim), eine der ältesten und größten sozialen Fachhochschulen Baden-Württembergs, als Nachfolgeinstitution fort. Den vielen Schülerinnen, die sie über die Jahre hinweg unterrichtete, blieb sie zeitlebens im Gedächtnis. Ihre ehemalige Schülerin Käthe Ekhardt schrieb 1961:

»Bei jeder Zusammenkunft früherer Schülerinnen wird ihr Bild in liebevoller Dankbarkeit neu gezeichnet.«[24]

---

20 Vgl. Altmann, Von fernen Zielen beseelt.
21 Hakenkreuzbanner Nr. 166, 7.7.1933, nach: StadtAMA S1/56.
22 Vgl. Fornefeld, Wahlheimat Beuron, S. 372.
23 Die Zeit in Beuron und die Auseinandersetzung mit dem Katholizismus wird ausführlich dargestellt bei Fornefeld, Wahlheimat Beuron.
24 Ekhardt, Sozialpädagogin und Politikerin.

Mönchengladbach während des Aufenthalts von Marie Bernays

von Christian Wolfsberger

Marie Bernays meldete sich am 17. September 1908 aus Heidelberg kommend in Mönchengladbach an. Als erste Wohnadresse nannte sie Paulstraße 37. Dort befand sich das städtische Arbeiterinnenheim. Später mietete sie sich ein Zimmer im Haus einer Bäckerin.[1] Am 10. November 1908 meldete sich Bernays nach Hanau ab.

Das Gebäude des ehemaligen Städtischen Ledigenheims in den 1920er Jahren (StadtAMG 10/digi 2986)

Das städtische Arbeiterinnenheim war am 15. August 1907 eingeweiht worden und somit ein Jahr in Betrieb. Neben dem städtischen Arbeiterinnenheim gab es ein katholisches Arbeiterinnenheim an der Albertusstraße. Das evangelische Haus Zoar nahm ledige Arbeiterinnen auf. Während das katholische Heim ausgelastet war, gelang die Etablierung des städtischen Ledigenheims nicht, und es wurde

1 Siehe S. 264 Fußnote 108

bereits 1911 zu einer Schule umgenutzt. Auch die Bewohnerinnen des Hauses Zoar setzten sich eher aus im Handel beschäftigten Frauen sowie Schülerinnen der fortführenden Schulen zusammen denn aus Arbeiterinnen. Diese wohnten bei ihren Eltern oder Familienangehörigen oder suchten sich wie Bernays im Laufe ihres Aufenthalts privat ein Zimmer.

Marie Bernays kam 1908 in eine Stadt, die räumlich eingeengt war und sich in einer Phase der Modernisierung befand. Während des Jahres 1908 wohnten rund 65.500 Personen in der Stadt. Die namensgleiche Landgemeinde wies zusätzliche 22.000 Einwohner aus. Hinzu kann man noch 10.000 Einwohner von Neuwerk nehmen, so dass Bernays ein weitgehend zusammenhängend bebautes Gebiet vorfand, das fast einer Großstadt entsprach. Bereits um die Jahrhundertwende hatte es wiederholt Bemühungen zur Zusammenlegung (auch im größeren Umfang unter Einbeziehung der Städte Rheydt und Odenkirchen) gegeben. Die Zusammenlegung von Gladbach, Gladbach-Land und Neuwerk erfolgte als sogenannte »kleine Lösung« erst 1921 (unter Einbeziehung Rheindahlens).

Der Bahnhof Gladbach vor seiner Verlegung 1908
(StadtAMG 10/38048)

Marie Bernays kam wohl mit dem Zug nach Mönchengladbach und traf noch im alten Inselbahnhof nahe des heutigen Bismarckplatzes auf Höhe der Hauptstelle der Stadtsparkasse ein. Seit 1900 waren die Gleise der von Düsseldorf kommenden und nach Rheydt führenden Bahnlinie, die ursprünglich ebenerdig geführt worden waren, höher gelegt worden. Der Kreuzungsverkehr war seit der Eröffnung der Bahnlinie so angewachsen, dass eine niveaugleiche Querung zu gefährlich und die Wartezeiten an geschlossenen Schranken zu lang geworden waren. Zum Abschluss der Höherlegung der Gleise wurde auch ein neuer Bahnhof für Mönchengladbach am 25. November 1908 in Betrieb genommen: der heutige Hauptbahnhof. Zu diesem Zeitpunkt hatte Bernays die Stadt schon wieder verlassen.

Der Ende 1908 in Betrieb genommene neue Bahnhof Gladbach
(StadtAMG 10/58121)

Der Bahnkörper grenzte die Gladbacher Innenstadt nach Osten ab. Die Stadt hatte dieses Hindernis übersprungen und dehnte sich sowohl mit Industrie- als auch Wohnbebauung weiter nach Osten aus. Im Süden und Westen wurde die Stadt ebenfalls von einem Bahnkörper eingeengt. Von Rheydt kommend durch Speick, mittels eines Einschnitts (der heutigen Hermann-Piecq-Anlage) über die heutige Hohenzollernstraße, führte eine weitere Strecke nach Krefeld. Diese ehemals von der Rheinischen Eisenbahngesellschaft betriebene Bahnanlage wies auf Höhe des heutigen Landgerichts den Bahnhof am Bökel als ihren Mönchengladbacher Bahnhof auf.

Ziel der Stadtverwaltung unter Oberbürgermeister Hermann Piecq (1900–1920) war es, diese Streckenführung weiter westlich der Stadt zu verlegen um Platz für die Stadt zu gewinnen. Dazu wurden Verhandlungen geführt, die zum Bau der Umgehungsbahn sowie 1909 zur Stilllegung der stadtnahen Strecke führten. Im Anschluss konnte die Stadt das Gelände erwerben. Der Einschnitt wurde zu einer Parkanlage umgestaltet, auf dem ehemaligen Gleisbett eine Straße angelegt, die im nördlichen Teil als Allee gestaltet wurde, und das Gelände des Bahnhofs am Bökel zur Errichtung eines Gerichtsgebäudes zur Verfügung gestellt, welches 1912 seiner Bestimmung übergeben werden konnte.

Die Verlegung der Bahnlinie war nicht das einzige Großprojekt, welches Piecq zur Modernisierung der Stadt vorantrieb. Seit 1880 legte die Stadt ein Kanalisationsnetz an. Bei dieser Gelegenheit wurde auch der namengebende Gladbach kanalisiert und unter die Erde gelegt. Er diente als Mischwasserkanal und Vorfluter für die 1902 eingeweihte Kläranlage der Stadt. 1880 war ein erster Wasserturm in Dahl errichtet worden. Ursprünglich sollte er Gladbach und Rheydt versorgen, doch schon bald benötigte und errichtete Rheydt einen eigenen Wasserturm, und

Der neue Wasserturm an der Viersener Straße kurz nach seiner Inbetriebnahme (StadtAMG 10/2913)

auch Mönchengladbach war gezwungen, auf Grund des stetig steigenden Wasserverbrauchs die Wasserversorgung auszubauen und einen weiteren Wasserturm zu errichten. Wenige Tage vor Bernays Eintreffen wurden am 1. September 1908 die Bauarbeiten für diesen neuen Wasserturm an der Viersener Straße aufgenommen. Dieser Turm sollte Jugendstilelemente aufweisen, ebenso wie die 1903 eingeweihte Kaiser-Friedrich-Halle.

Die Kaiser-Friedrich-Halle war 1903 unter großem bürgerlichem Engagement am Nordende der heutigen Bismarckstraße errichtet worden. Gedacht als Konzert-, Theater- und Veranstaltungshalle sollte sie durch ihren leicht erhöhten Standort ein bürgerliches Gegenstück zu den Kirchtürmen der Altstadt bilden und zur »Krone der Stadt« werden. Bei ihrer Einweihung war sie noch durch den Gleiskörper der Rheinischen Eisenbahn von der Stadt getrennt. Im Bau der Veranstaltungshalle drückte sich der Gestaltungswille des aufgrund des preußischen Drei-Klassen-Wahlrechts dominierenden (protestantischen) liberalen Wirtschaftsbürgertums der Stadt aus. Die Bevölkerungsmehrheit war katholisch und weitgehend politisch dem Zentrum nahestehend – deshalb die Kaiser-Friedrich-Halle als Gegenstück zu den Kirchtürmen und den Gebäuden der ehemaligen Abtei, die nun das Rathaus beherbergte. Die Benennung nach dem Deutschen Kaiser Friedrich III. war aber auch gegenüber der preußischen Staatsregierung der Wilhelminischen Zeit eine Aussage: Kaiser Friedrich III. galt als »liberaler« Kronprinz, der als kranker Mann Kaiser geworden, in seiner kurzen Regierungszeit keine eigenen Initiativen mehr starten konnte.

Von der Kaiser-Friedrich-Halle zum ersten Bahnhof verlief in Nord-Süd-Richtung eine Geschäftsstraße, die prachtvoll im Gründerzeitstil angelegt war, die Bahnhofsstraße (heute Bismarckstraße). Sie kreuzte die Krefelder Straße (heute Hindenburgstraße), die zweite hauptsächlich als Geschäftsstraße dienende, in der Gründerzeit bebaute Straße. Diese Straße diente u. a. der Anbindung des Bahnhofs an den alten Stadtkern. Das Gebiet nördlich der Krefelder Straße wurde mit Inkrafttreten des Stadtbauplans von 1863 mit herrschaftlichen Häusern bebaut. An den weiter außerhalb gelegenen Straßen dominierten als Bauform das Rheinische Drei-Fenster-Haus und für Arbeiter das durch Genossenschaften errichtete sogenannte »Gladbacher Haus«. Mönchengladbach wies trotz seiner dichten Bebauung und relativ großen Bevölkerungszahl kaum Geschosswohnungsbau oder gar »Mietskasernen« auf. 1908 wohnten im Durchschnitt 10,65 Personen in einem Haus in Mönchengladbach.

Im Stadtgebiet drängten sich neben den rund 65.000 Einwohnern 213 »fabrikmäßige Arbeitsstätten« mit zusammen 16.100 Arbeitskräften. Davon waren 82 Webereien (6.418 Arbeitskräfte), 8 Spinnereien und Webereien (1.957 Arbeitskräfte) und 9 Spinnereien (1.954 Arbeitskräfte).[2] Diese Fabriken belasteten mit ihrem steten Rauchausstoß aus den Dampfmaschinen die Luft der Stadt. Um die nötigen Arbeitskräfte aus dem Umland in die Stadt zu bringen, war seit 1900 gemeinsam mit der Stadt Rheydt eine elektrische Straßenbahn eingerichtet und ausgebaut worden, die auch die Nachbarstädte Odenkirchen und Rheindahlen sowie umliegende

---

[2] Bericht über den Stand und die Verwaltung der Gemeindeangelegenheiten der Stadt M.Gladbach für die Zeit vom 1. April 1908 bis 31. März 1909, S. 43.

*Blick auf die Stadt Gladbach von Süden nach Osten vor 1900.
An der Horizontlinie die Gladbacher Aktienspinnerei AG
(StadtAMG 10/10800)*

Landgemeinden verband. Neben dem Gleichstromwerk für die Straßenbahn ging am 27. Juli 1908 das Elektrizitätswerk II für Wechselstrom in Betrieb.[3] Hatten die Betriebe eine direkte Stromzuleitung über Hochspannungsleitungen, so wurden im Jahre 1908 mit der Neusser und der Eickener Straße erste Straßenzüge mit einem Niedrigspannungsnetz zum hausweisen Stromanschluss versehen.[4] Ein eigenes städtisches Gaswerk wies die Stadt seit 1904 auf, seit 1854 hatte ein privates Gaswerk bestanden. Die Einwohner konnten sich in rund 100 Gaststätten und etwas über 120 unbeschränkten Schankstätten verpflegen; mit weiteren Untertypen kam eine Wirtschaft auf rund 250 Einwohner[5] – ein Umstand, auf den auch Bernays in Bezug auf die Mittagsverpflegung der Arbeiter eingeht.[6]

Die Aktienspinnerei, in der Marie Bernays inkognito arbeitete und dann in den Geschäftsunterlagen recherchieren durfte, wurde am 12. Mai 1853 als Aktiengesellschaft gegründet. »Das 1855 gebaute Industrieschloss bestand ursprünglich aus drei Hauptgebäuden: einem Spinnereitrakt, der 1927/29 zur Berufsschule umgebaut und dabei gemäß des Baustils purifiziert wurde, einem Webereigebäude, das 1974/78 restauriert und ebenfalls zur Schule umgebaut wurde, sowie einem im Zuge des ersten Umbaus [1927/29] abgerissenen Zwischentrakt.«[7] Als die Spinnerei beginnend mit dem Geschäftsjahr 1912 nur Verluste schrieb, wurde

---

3 Verwaltungsbericht 1908/09, S. 84.
4 Verwaltungsbericht 1908/09, S. 87.
5 Verwaltungsbericht 1908/09, S. 23.
6 Siehe S. 266 Fußnote 109.
7 Silke Erben, Die Gladbacher Actienspinnerei und Weberei (1855 bis 1915). Ein Beitrag zur Industriegeschichte und Denkmalpflege der Stadt Mönchengladbach, Schriftliche Hausarbeit im Rahmen der Ersten Staatsprüfung Essen und Wuppertal 2008, S. 30.

Die Gladbacher Aktienspinnerei AG in einer Lithographie von 1876
(StadtAMG 10/12199)

im August 1914 ihre Liquidation beschlossen, die sich fünf Jahre hinzog.[8] Erst im August 1920 wurde die Abschlussbilanz vorgelegt. Neben der erwähnten Purifizierung im Rahmen der Umnutzung wurden auch die Fabrikschlote abgerissen.[9] Zusätzlich wurden die Gebäude im Zweiten Weltkrieg stark beschädigt, so dass der heutige Bau nur noch in Bezug auf seine Größe und Grundstruktur mit der von Bernays besuchten Fabrik übereinstimmt. Das Ledigenheim, in dem Bernays gemeldet war, wurde ebenfalls im Zweiten Weltkrieg stark zerstört und nicht wieder aufgebaut.[10]

Andere Gebäude und Einrichtungen der Stadt, die bei Bernays Aufenthalt noch neu, erst im Bau oder konkret projektiert waren, wie die Kaiser-Friedrich-Halle (eingeweiht 1903), der neue Wasserturm (Baubeginn 1908) oder das Gerichtsgebäude (1912 in Betrieb) blieben in Form und Nutzung bestehen und prägen bis heute das Stadtbild mit. Auch das großzügig angelegte Gründerzeitviertel und die – wenn auch nach dem Zweiten Weltkrieg stark verbreiterten – Geschäftsstraßen Bismarckstraße und Hindenburgstraße sind Teil des Stadtbilds, wie es Bernays erlebte. Viele Wohnhäuser im Umgriff der Innenstadt weisen ebenfalls – wenn auch häufig umgebaut – die Prägung aus der Zeit der Jahrhundertwende auf. Nur die großen Industriegebäude und die Teile der Bahnanlagen sind mittlerweile aus dem Stadtbild verschwunden oder umgenutzt.

---

8   Erben, Actienspinnerei, S. 41.
9   Erben, Actienspinnerei, S. 53.
10 Christian Wolfsberger, Das städtische Arbeiterinnenheim, in: Hindenburger. Die Stadtzeitschrift für Mönchengladbach und Rheydt, Februar 2012, S. 15.

Editionsrichtlinien

Der Text ist in neuer Rechtschreibung gesetzt, wobei die Diktion Bernays' beibehalten wird. Einzelne Worte werden in älterer Schreibweise belassen. Auch die für Bernays typische Verwendung von gesteigerten Superlativen wird belassen. Rechtschreibfehler Bernays werden bei allgemeinen deutschen Wörtern stillschweigend verbessert. Geändert wird ihr Ausdruck »Haspelrinnen« in »Hasplerinnen« für die Arbeiterinnen, die an der Haspel arbeiteten. Bernays schreibt den Eigennamen »Northorp« (fälschlich) immer mit doppeltem »t«, was ebenfalls geändert wird. Bei Fachausdrücken bleibt es bei der von Bernays gewählten Schreibweise.
Die Überschriften der Kapitel und Unterkapitel werden für die Edition vereinheitlicht.
Bernays schreibt englische Fachausdrücke in lateinischen Lettern, in der Edition werden diese nicht hervorgehoben. Die zu Bernays Zeit übliche gesperrte Druckweise von Eigennamen (in erste Linie Autorennamen) wird nicht übernommen. Wenn Bernays Worte gesperrt schreibt um sie zu betonen, wird dies in der Edition übernommen.
Die Fußnoten des Originaltextes bleiben Fußnoten in numerischer Zählung. In der Edition erfolgt durchgehende Zählung je Abschnitt oder Kapitel und nicht wie beim Ursprungstext eine seitenweise Zählung.
Anmerkungen der Edition erfolgen als Endnoten in numerischer Zählung in eckigen Klammern je Abschnitt oder Kapitel. Anmerkungen der Edition zu Fußnoten werden diesen in eckigen Klammern [] beigefügt.
Die Querverweise von Bernays werden den Seitenzahlen der Edition angepasst.

Bernays fügte ihrer Arbeit keine Literaturliste an. Die von ihr in den Fußnoten angeführten Werke wurden wenn nötig bei der Edition an Ort und Stelle um bibliografische Angaben ergänzt.

Der Edition schließt sich eine Zusammenstellung der Schriften Marie Bernays an.

An dieser Stelle danke ich den Mitarbeitern des Stadtarchivs, die die zur Edition nötigen Recherchen unterstützten oder übernahmen, sowie Frau Ilona Gerhards für das Korrekturlesen der Edition samt Anmerkungen und Frau Marion Engbarth für aufwändige Recherche der Veröffentlichungen Marie Bernays.

Christian Wolfsberger

Marie Bernays

Auslese und Anpassung der Arbeiterschaft der geschlossenen Großindustrie

dargestellt
an den Verhältnissen der Gladbacher Spinnerei und Weberei AG
zu München-Gladbach im Rheinland

Mariane Weber zugeneigt

Inhalt

H. Herkner, G. Schmoller, Alfred Weber
Vorwort der Herausgeber 65

Marie Bernays
Vorwort der Verfasserin 75

Einleitung
Die Geschichte der Fabrik, ihr Produktionsprozess
und ihre Arbeiterschaft 79

Erster Teil
Berufswahl und Berufsschicksal der Arbeiterschaft 93
    Erster Abschnitt
    Die Auslese nach Alter und geographischer Provenienz

    Erstes Kapitel. Die Auslese nach dem Alter 95
    1. Der Altersaufbau der Arbeiterschaft 95
    2. Die Eintrittschancen im allgemeinen 100
    3. Die Häufigkeit der Eintritte und Austritte
       in den verschiedenen Monaten 104
    4. Der Wechsel innerhalb der Arbeiterschaft 108
    5. Der Altersaufbau der einzelnen Arbeitergruppen 116
    6. Die Eintrittschancen bei den verschiedenen Teilarbeiten 119
    7. Die Mobilität und Stabilität der einzelnen Arbeitergruppen ... 124

    Zweites Kapitel. Die Auslese nach der geographischen Provenienz 129
    1. Die Entfernungsprovenienz der Arbeiterschaft 129
    2. Die Ortsgrößenprovenienz der Arbeiterschaft 139
    3. Die Entfernungsprovenienz der einzelnen Arbeitergruppen 143
    4. Die Ortsgrößenprovenienz der einzelnen Arbeitergruppen 148
    5. Die Entfernungsprovenienz der Restzahl 151
    6. Die Ortsgrößenprovenienz der Restzahl 155

    Zweiter Abschnitt
    Die Auslese nach beruflicher Provenienz und Lebensschicksal

    Erstes Kapitel. Abstammung und Familie 161
    1. Der Beruf des Vaters 161
    2. Der Beruf des Großvaters 167
    3. Die Generationsschicksale 170
    4. Die Geographische Provenienz der Eltern 173

Zweites Kapitel. Das Berufsschicksal 179
  1. Die Gründe der Berufswahl 179
  2. Die Stellenwechsel 184
  3. Die Ortswechsel 189
  4. Die Berufswechsel 191
  5. Die Stellenwechsel und Ortswechsel 194
  6. Die Stellenwechsel und Berufswechsel 199
  7. Die Berufskombinationen 204
  8. Die Bedeutung des Berufswechsels 211
  9. Die Gründe des Stellen- und Berufswechsels 215
  10. Die Dauer der Stellung in der Fabrik 218
  11. Die Zusammenfassung der Berufsschicksale 221

Drittes Kapitel. Die Werkstatt-Gemeinschaft 226
  1. Die Gruppenbildung innerhalb der Arbeiterschaft 226
  2. Der Arbeiter und seine Arbeitsgenossen 228
  3. Der Arbeiter und seine Arbeit 230

Viertes Kapitel. Der Militärdienst 232
  1. Die Militärtauglichkeit der Arbeiter 232
  2. Der Militärdienst und die örtliche Provenienz 235
  3. Der Militärdienst und die berufliche Provenienz 239
  4. Die Militärtauglichkeit der Väter der Arbeiter 243

Fünftes Kapitel. Das außerberufliche Leben der Arbeiterschaft 246
  1. Die Wohnung 246
  2. Die Zahl der Verheirateten und
     ihr durchschnittliches Heiratsalter 247
  3. Die Zahl der verheirateten Arbeiterinnen
     in den Jahren 1891, 1900, 1908 252
  4. Die Kinderzahl und Kindersterblichkeit 259
  5. Die Bedeutung von Ehe und Familie im Leben der Arbeiter 262
  6. Die Berufe der Kinder 267
  7. Die Erholungen und Vergnügen der Arbeiterschaft 269
  8. Frühere Wünsche und jetzige Lebensziele der Arbeiter 274

Zweiter Teil
Zur Psychophysik der Textilarbeit 281
  Erster Abschnitt
  Allgemeine Erörterungen 283
    1. Die einzelnen Arbeitskategorien und ihre Anforderungen 283
    2. Allgemeines Verhältnis von Lohnhöhe und Schwankungshöhe ... 294
    3. Alter und Familienstand in ihrer Wirkung auf die Arbeitsleistung 297

Zweiter Abschnitt
Der Einfluss der Kindheitsumgebung auf die Arbeitsleistung 309
1. Die Größe von Geburtsort und Kindheitsort 309
2. Die Abstammung und Familie 331

Dritter Abschnitt
**Der Einfluss von Eigenart und Lebensverhältnissen
auf die Arbeitsleistung** 343
1. Die frühere Tätigkeit 343
2. Die Ermüdung 351
3. Die Anstrengung 357
4. Die Arbeitsneigung 359
5. Die Erholungen 364
6. Die Wohnung 375

Vierter Abschnitt
**Die Arbeitszeit und Jahreszeit in ihren Wirkungen
auf die Arbeitsleistung** 385
1. Der Einfluss von Arbeitszeit und Arbeitsunterbrechung
   auf die Arbeitsleistung 385
   a. Nach Altersklassen 385
   b. Nach der Ermüdbarkeit der Arbeitskräfte 394
   c. Nach der Qualität der Arbeitskräfte 398
2. Der Einfluss des Frühlings auf die Arbeitsleistung 403
   a. Nach Altersklassen 403
   b. Nach der geographischen Provenienz 408
3. Der Einfluss des Winters auf die Arbeitsleistung 412

Vorwort

Die Anregung zu den vorliegenden Veröffentlichungen hat Herr Prof. Dr. Alfred Weber[1] gegeben. Er schlug in der Ausschusssitzung[2] zu Magdeburg am 29. September 1907 vor, die Ansprüche zu ermitteln, welche der großindustrielle Betrieb an die intellektuellen und psychischen Qualitäten der Arbeiterschaft stelle. Dabei solle aber auch in ausgiebiger Weise auf die Veränderungen Rücksicht genommen werden, welche die Persönlichkeit des Arbeiters selbst durch die Eigenart der modernen Fabrikorganisation erfühle.

Der Ausschuss nahm diese Vorschläge sympathisch auf und erteilte einem Unterausschuss, dessen Vorsitz Herr Geheimrat Prof. Dr. K. Bücher[3] übernahm, den Auftrag, einen Plan zur Verwirklichung der gedachten Absichten aufzustellen. Nachdem mehrere Mitglieder des Unterausschusses, vor allem Herr Geheimrat Bücher und Prof. Alfred Weber, ihre Ideen über Ziele und Methoden schriftlich niedergelegt hatten, fand in Eisenach am 13. Juni 1908[4] eine längere mündliche Beratung statt. In einer zweiten Sitzung am 11. Oktober 1908[5] in Berlin erfolgte die definitive Beschlussfassung über die Vorschläge, welche dem am folgenden Tag zusammentretenden Ausschuss[6] zu machen seien.

Unterdessen hatten die schwebenden Fragen teils durch eine Denkschrift des Herrn Prof. Dr. Max Weber[7] »Erhebungen über Berufseignung und Berufsschicksale der Arbeiterschaft in der geschlossenen Großindustrie«[8], teils durch die von Herrn Geheimrat Bücher bewirkte Redaktion der Eisenacher Beschlüsse eine äußerst schätzenswerte Förderung erhalten. Leider erklärte Herr Geheimrat Bücher, der dem Werke auch die Bezeichnung »Erhebungen über Auslese und Anpassung der Arbeiterschaft in den verschiedenen Zweigen der Großindustrie« gegeben hat, dass er infolge einer sehr schweren Erkrankung in seiner Familie[9] ganz außerstande sei, sich noch weiter mit der Leitung der Untersuchung zu befassen. Der Unterausschuss beschloss deshalb dem Ausschuss vorzuschlagen, ein besonderes Komitee (H. Herkner[10], G. Schmoller[11], Alfred Weber) mit dieser Aufgabe zu betrauen.

Der Ausschuss erhob am 12. Oktober 1908 diese und die übrigen Anträge des Unterausschusses zum Beschluss. Danach standen für die Zwecke der Erhebung ein Kredit von 10.000 Mark und folgende Erhebungspapiere zu Gebot:
1. Die oben erwähnte Denkschrift des Herrn Prof. Dr. Max Weber, welche unter dem Titel »Erhebungen über Auslese und Anpassung (Berufswahl und Berufsschicksal) der Arbeiterschaft der geschlossenen Großindustrie« als Manuskript gedruckt worden ist. Sie dient als Arbeitsanweisung für die Mitarbeiter und ist auch denjenigen Vereinsmitgliedern, von denen ein entsprechendes Interesse an der Erhebung erwartet werden durfte, übermittelt worden.
2. Der »Arbeitsplan«, mit folgendem Wortlaut:
Arbeitsplan
Es soll den Mitarbeitern überlassen bleiben, ob sie einen einzelnen Betrieb, eine Reihe gleichartiger Betriebe oder eine örtlich abgegrenzte Gruppe von Betrie-

ben der Untersuchung zugrunde legen oder eine vergleichende Darstellung von untereinander verschiedenen Industrien geben wollen.

Auf alle Fälle ist festzustellen, wie in jedem Fabrikationszweig der Produktionsprozess geteilt ist, und welche Arten von Arbeitskräften infolgedessen der Betrieb in sich vereinigt. Die Gliederung des oder der Einzelbetriebe ist nach ihrer technischen und wirtschaftlichen Bedingtheit zu untersuchen, und es sind die verschiedenen Betriebsabteilungen mit Rücksicht auf ihre Produktionsaufgaben und die in ihnen vorkommenden Arbeitsprozesse und Arbeiterkategorien kurz zu beschreiben. Dabei ist anzugeben, welche Arten von Maschinen verwendet werden, und wie sie auf die Gliederung des Betriebes im ganzen und des Arbeitspersonals im einzelnen einwirken, welche Änderungen und Verschiebungen sich in dieser Hinsicht vollziehen oder in absehbarer Vergangenheit vollzogen haben, aus welchen Gründen und mit welchen Folgen. Endlich sind zu beachten: die Art, wie sich jede Abteilung in das Ganze einfügt, ihre größere oder geringere Selbständigkeit und die Mittel der Kontrolle (Aufsichtspersonen, Revisionsorgane[12], Fabrikbuchführung).

Für jede Betriebsabteilung (bzw. Arbeitsort) und für den Betrieb im Ganzen ist sodann besonders festzustellen:

A. Die Auslese der Arbeiter

1. Zahl der tatsächlich Beschäftigten, Geburtsort, Geschlecht, Alter, Zivilstand, Militärverhältnis[13], Beruf und Herkunft der Eltern jedes einzelnen
2. Vorbildung (Handwerkslehre, Fabriklehre usw.) und etwaige frühere Berufe und die früheren Arbeitsstellungen und Beschäftigungsarten nach Zahl, Ort und Zeitdauer. Die Fälle früher selbständiger Berufsausübung sind besonders zu beachten, die Gründe der Berufswahl und evtl. des Berufs-, Betriebs- und Ortswechsels zu ermitteln.
3. Art der Arbeitsvermittlung. Wer bestimmt über die Einstellung und Entlassung der Arbeiter? Auf welche persönlichen, technischen und Charaktereigenschaften pflegt dabei gesehen zu werden? Werden Unverheiratete, Leute jüngeren Alters, bestimmter Konfession oder Nationalität vorgezogen? Sind darüber hinaus besondere Eigenschaften erwünscht und welche? Welche vorwiegend? Etwa ein bestimmtes Maß physischer Kraft? Oder mehr Nachhaltigkeit und Gleichmäßigkeit der Betätigung? Schärfe des Auges? Geschicklichkeit der Hand oder welcher anderen Gliedmaßen? Fähigkeit rascher Auffassung? Augenmaß? Geistesgegenwart oder anhaltend gespannte Aufmerksamkeit? Ruhiges Temperament? Ein besonders hohes Maß von Intelligenz? Entwickelter Geschmack? Fähigkeit der Unterordnung und Anpassung – der Selbständigkeit des Handelns?
Hat sich in diesen Dingen in letzter Zeit etwas geändert (etwa infolge von Umgestaltungen im Arbeitsverfahren)? In welcher Richtung? Welche Eigenschaften werden im Allgemeinen vermisst oder umgekehrt besonders ausgeprägt gefunden: a) bei den am Standort des Betriebes aufgewachsenen Arbeitern? b) bei den Zugewanderten aus anderen Gegenden? c) bei den Abkömmlingen bestimmter beruflicher, sozialer, konfessioneller, nationaler Gruppen?

4. Wie weit rekrutieren sich die Arbeiter des Betriebes oder einzelner Abteilungen desselben aus einem festen örtlichen Arbeiterstamm? Wie weit von auswärts? Im letzteren Fall sind die hauptsächlichen Bezugsgebiete (bzw. Orte) genauer anzugeben. Wie weit sind städtische oder ländliche Elemente unter ihnen vertreten, und welche werden bevorzugt?
5. Werden gediente Leute denen vorgezogen, welche keinen Militärdienst geleistet haben? Wirkt überhaupt die Militärpflicht auf die Auswahl der Arbeiter ein?

B. Die Betätigung der Arbeiter im Betrieb

6. Ist es möglich, dem einzelnen Arbeiter eine relativ selbständige Stellung in Bezug auf die Gestaltung seiner Arbeit zu gewähren? Oder ist er von anderen Arbeitern darin abhängig und in welcher Weise?
7. Lohnformen (Zeitlohn[14], Einzelakkord[15], Gruppenakkord[16], Akkordmeistersystem[17], Prämien[18], Gewinnbeteiligung[19]) und Höhe des Lohnes in ihrer Rückwirkung auf die größere oder geringere Selbständigkeit der Arbeitsstellung des einzelnen Arbeiters. Gründe der etwaigen Anwendung verschiedener Lohnsysteme für verschiedene Kategorien der Arbeiter oder für Arbeiter verschiedener Herkunft. Welche Erfahrungen sind bei den verschiedenen Arbeitergruppen mit Änderungen der Lohnformen oder (bei gleich gebliebenen Lohnformen) der Lohnsätze gemacht worden? Welche Gründe hatten dabei etwa hervorgetretene Verschiedenheiten des Verhaltens der einzelnen Arbeitergruppen?
8. Tägliche Arbeitsdauer und sonstige Vorschriften der Arbeitsordnung in ihrer Rückwirkung auf das physische, psychische und ethische Leben der Arbeiter.
9. Welchen Einfluss hat der einzelne Arbeiter auf die Qualität des Arbeitsproduktes? Auf seine Quantität? Wie wird beides durch Maschinenanwendung beeinflusst? Wie durch die Lohnformen und die Dauer der Arbeitszeit? Insbesondere zeigt sich bei lang dauernder Arbeit eine Zunahme der Arbeitsfehler und eine Abnahme der relativen Leistungsmenge? Hat bei Stücklohn Verkürzung der täglichen Arbeitsdauer Verschlechterung der Leistung durch zu hastiges Arbeiten herbeigeführt? Unterschiede der Arbeitsleistung zwischen verschiedenen Arbeiten. Wie zu erklären?
10. Bestehen im Betrieb eigene Einrichtungen für die Ausbildung der einzelnen Arbeiterkategorien? Welcher Art sind diese? (Lehrwerkstätten, Lehrabteilungen, Zuweisung an ältere Arbeiter zum Anlernen?) Oder erfolgt unmittelbare Anstellung ungelernter Arbeiter an Maschinen oder sonst, mit oder ohne Zahlung von Lohn?
11. Falls die Anlernung in der Fabrik erfolgt: wie lange dauert es durchschnittlich, bis der Arbeiter das normale Maß der Leistungsfähigkeit erlangt, also den normalen Lohn verdienen kann? Sind darin in letzter Zeit Änderungen hervorgetreten? Welche und aus welchen Gründen?
12. Wie weit ist Gelegenheit gegeben, die Arbeiter nach ihrer Neigung im Betrieb zu beschäftigen? Besteht für die einzelnen die Möglichkeit, zu besser gelohnten oder aus anderen Gründen begehrteren Arbeitsarten überzugehen?

13. Mit welchem Alter hört durchschnittlich der Arbeiter auf, a) die Maximalleistung, b) eine für seine Verwendung in d i e s e r Kategorie genügende Leistung zu bieten? Was wird in letzterem Fall aus ihm?
14. Kommt es vor, dass Arbeiter mehrere Arbeitsarten vollkommen beherrschen? Welche Kombinationen sind häufig? Aus welchen Gründen? Nimmt die Möglichkeit der Kombination zu?
15. Hat es Vorzüge, die Arbeiter in den Arbeitsarten wechseln zu lassen oder nicht? Warum ersteres oder letzteres? Für welche Kategorien gilt dies? Wie stellen sich die Arbeiter dazu? Welche angeblichen oder wirklichen Gründe bestimmen ihr Verhalten?
16. Haben Arbeitskräfte aus einem bestimmten örtlichen Arbeiterstamm oder aus bestimmten beruflichen, sozialen, konfessionellen Gruppen bestimmte berufliche Vorzüge und welche? Gilt dies für einzelne (besonders zu benennende) Arbeitsarten oder für die Beschäftigung in der betreffenden Industrie überhaupt? Können diese Vorzüge für erworben gelten a) durch frühes Angelerntwerden, b) durch die Art der sonstigen Erziehung, c) durch häusliche Tätigkeit, d) durch die Art der Ernährung, e) durch Militärdienst, f) durch sonstige (besonders namhaft zu machende) Umstände? Sind die gleichen Vorzüge schon in früheren Generationen hervorgetreten?
17. Wie verteilen sich die im Betriebe etwa vorhandenen Mitglieder bestimmter Arbeiterorganisationen auf die einzelnen Kategorien der Arbeiter nach Beschäftigungsart und Herkunft?
18. Wie groß ist der tatsächliche Orts-, Betriebs- und (innerhalb des Betriebs) der Beschäftigungswechsel der verschiedenen Arbeiterkategorien? Betriebstechnische Gründe – Vorteile – Nachteile! Angebliche und wirkliche Motive der Arbeiter für oder gegen Orts-, Betriebs- und (innerhalb des Betriebs) Beschäftigungswechsel.
19. Woher stammen die »aufgerückten« Arbeitskräfte (Monteure[20], Werkmeister[21], Stuhlmeister[22], Inspektoren[23] usw.)? Welche Vorbildung? Welche persönlichen Qualitäten sind für das Vorrücken entscheidend?
Zeigen sich Tendenzen zur Vermehrung oder Verminderung der Funktionen und demgemäß der Zahl dieser Personen? Welches sind die bei dieser Kategorie üblichen Lohnformen? Höhe des Lohnes.
20. Ist insbesondere den gewöhnlichen Arbeitern die Möglichkeit geboten, allmählich im Betrieb zu verantwortlichen Posten aufzusteigen? Und sind diese durch Auszeichnung in der ausführenden Arbeit allein erreichbar? Oder bestehen besondere Einrichtungen zur Erziehung der betreffenden Aufsichtspersonen inner- oder außerhalb des Betriebes (Werkmeisterschulen[24], »Techniken«[25] u. dergl.)?
21. Lässt sich beobachten, dass bestimmte Verwendungen im Betrieb die Vorstufe zu darauf folgender Selbständigmachung bilden? Bei welchen Arten selbständiger Berufsbetätigung lässt sich dies feststellen? Was wird aus den Arbeitern, die sonst aus dem Betriebszweig ausscheiden? – Welche Umstände hindern die Selbständigmachung in denjenigen Fällen, in denen der Arbeiter zur Selbständigkeit nicht gelangt?

C. Eigentümlichkeiten der betreffenden Arbeiterschaft,
bei denen Einwirkungen des Betriebes vermutet werden können

22. Sind unter den Arbeitern der verschiedenen Betriebsabteilungen in die Augen fallende Unterschiede in Bezug auf Intelligenz, Charakter und Lebensführung zu beobachten, und wie sind sie zu erklären? Wie weit sind sie namentlich Einwirkungen des Betriebes zuzuschreiben?
23. Allgemeine Charakteristik der gesamten Arbeiterschaft des Betriebes bzw. der Betriebe. Wie weit trägt dieselbe im Ganzen oder innerhalb einzelner Arbeiterkategorien die Merkmale einer berufsmäßig geschlossenen sozialen Gruppe, und welche Eigentümlichkeiten treten in ihr gegenüber anderen Arbeitergruppen hervor? Besteht unter den Arbeitern dafür ein Bewusstsein, und wie äußert sich dieses? Vollziehen sich Änderungen in d i e s e r Hinsicht?
24. Finden sich in der Arbeiterschaft Elemente, die auch in anders gearteten Betrieben verwendbar sind, a) weil sie eine technische Ausbildung besitzen, die sich leicht verschiedenen Produktionsaufgaben anpasst (z. B. Schlosser, Drechsler, Fräser) oder für Nebenbetriebe (Reparaturwerkstätte, Kisten- oder Modelltischlerei u. dergl.) unentbehrlich ist, b) weil sie ungelernte Arbeit verrichten? Treten unter diesen beiden Sondergruppen ihnen allein eigentümliche Charakterzüge hervor und welche?
25. Lassen sich unter den an Maschinen beschäftigten Arbeitern deutlich erkennbare Unterschiede in den angedeuteten Richtungen beobachten? Welche Eigenschaften setzt die Maschinenarbeit in dem betreffenden Industriezweig oder Betrieb voraus, und welche bringt sie zur Entwicklung oder lässt sie verkümmern?
26. Besteht unter den verschiedenen Arbeitergruppen des Betriebes ein ausgesprochenes Bewusstsein der Zusammengehörigkeit, und wie äußert sich dieses oder das Fehlen eines solchen im sozialen Verkehr? Unterscheidet sich die Lebensführung der Arbeiterschaft (im Ganzen oder in einzelnen Kategorien) von derjenigen anderer gesellschaftlicher Gruppen, die ihnen sonst in Einkommens- oder Bildungsverhältnissen nahe stehen (kleine Handwerker, Unterbeamte, Kleinbauern) oder nicht? Findet Connubium[26] und sozialer Verkehr statt, und welcher Art ist dieser?
27. Pflegen die Arbeiter ihre Kinder wieder dem gleichen Betrieb oder doch der gleichen Beschäftigung zuzuführen? Wie weit sind solche Nachkommen von Betriebsarbeitern zurzeit neben ihren Eltern tatsächlich beschäftigt? Lässt sich in den verschiedenen Generationen ein Aufsteigen zu höheren und besser gelohnten Berufsstellungen beobachten?

3. Der Fragebogen und ein Zusatzbogen

Fragebogen Nr.

(Bei den mit dem Zeichen * versehenen Stellen sind die jedes Mal zutreffenden Worte zu unterstreichen.)

1. Vor- und Zuname des Arbeiters: (kann evtl. unausgefüllt bleiben)
   beschäftigt als   bei der Firma
2. Geburtsjahr: Geburtsort: Staat:
3. Geschlecht und Familienstand: männlich*   weiblich*

		ledig* verheiratet*
		verwitwet* geschieden*

4. Konfession:
5. Beruf und Geburtsort: des Vaters
   der Mutter
6. Beruf der Großväter:
7. Militärdienst: noch nicht militärpflichtig*
   gedient*
   militäruntauglich*
   bedingt tauglich*
   Hat Ihr Vater gedient?
8. Schulbildung: Wo?
9. Berufslehre: Als was und wo?
   Wie lange haben Sie gelernt?
   Haben Sie Lehrgeld bezahlt?
   wie viel?
   oder haben Sie Lohn erhalten?
   Und von wann an?
10. Aus welchem Grunde haben Sie diesen Beruf ergriffen?
11. Was für Arbeiten machen Sie in Ihrer jetzigen Stellung?
12. Besitzen Sie außer der jetzt von Ihnen ausgeübten noch andere Berufsgeschicklichkeiten?   Welche sind dies?
13. Ist Ihre Arbeit etwa besonders anstrengend?
    Wodurch?
14. Von welchem Alter an finden Leute Ihrer Arbeitsstellung nicht mehr leicht Beschäftigung?
15. Waren Sie etwa früher in anderen Berufsstellungen?
    Wo? Wie lange? Als was?
    (Genaue Angabe des Arbeitsortes, des Arbeitgebers, der Arbeitsstellungen. Angabe, ob selbständig oder unselbständig.) Reicht der Raum nicht aus, so ist ein Zusatzbogen zu benutzen.
16. Gründe des Wechsels der Stellungen:
17. Stehen Sie in Zeit oder in Akkordlohn?
    Ungefährer Wochenverdienst _____ M
    Ziehen Sie Zeitlohn oder Akkordlohn vor?
18. Tägliche Arbeitsdauer: von   Uhr bis   Uhr.
    Pausen: Überstunden?
    Zu welcher Stunde nehmen Sie die Hauptmahlzeit?
19. Nach welcher täglichen Arbeitsdauer tritt bei Ihnen erfahrungsgemäß Ermüdung ein?
20. Was sind Ihre Haupterholungen?
21. Womit beschäftigen Sie sich am liebsten außerhalb Ihres Berufes?
22. Wohnung: – Eigenes Haus*
   – Wohnung vom Arbeitgeber*
   – Mietwohnung*
   – Schlafstelle*.
    Entfernung der Wohnung von der Arbeitsstätte ___ km.
    Fahren Sie?

      Feld oder Garten*   – eigen*   – gepachtet*
23. Halten Sie Schlafgänger*   – oder Kostgänger*? Wie viele?
24. Haben Sie sonst Nebenerwerb? Welchen?
25. Wann haben Sie sich verheiratet? Verdient Ihre Frau Geld?   Womit?
26. Zahl der Kinder: Davon leben noch:
                          männlich: weiblich:

Verzeichnis der lebenden Kinder:

Nr.	Vorname	Alter	Beruf oder Beschäftigung	Bereits ausgelernt oder noch in der Lehre	Warum gerade diese Berufe	Militärverhältnis
1.						
2.						

     Warum gerade diese Berufe?
     Etwaiger Gelderwerb der Kinder
27. Welches Lebensziel hoffen Sie zu erreichen?
     Welches Ziel hatten Sie sich früher gesteckt?
     Wovon gedenken Sie im Alter zu leben?
     (Antwort evtl. auf der Rückseite des Zusatzbogens.)

Zusatzbogen zu Fragebogen Nr.
Der Arbeiter war nach Vollendung seiner Berufslehre[1]
beschäftigt in folgenden Arbeitsstellungen:

Nr.	Arbeitsort	Arbeitgeber/Firma[2]	Arbeitsstellung oder Beschäftigung	Dauer der Stellung		Durchschnittlicher Wochenverdienst bei Aufgabe der Stellung	Gründe des Wechsels der Stellung
				Jahre	Monate		
1.							
2.							
3.							
4.							
5.							
6.							

1 Die vier gesperrten Worte sind zu streichen, wenn der Arbeiter keine Berufslehre durchgemacht hat.
2 Im Falle der Arbeiter ein Gewerbe selbständig betrieben hat, ist es in dieser Spalte (3) anzugeben; in Spalte 8 ist dann eine Angabe zu machen über die Gründe, welche zur Aufgabe der Selbständigkeit geführt haben.

Nr.	Arbeitsort	Arbeitgeber/Firma[2]	Arbeitsstellung oder Beschäftigung	Dauer der Stellung		Durchschnittlicher Wochenverdienst bei Aufgabe der Stellung	Gründe des Wechsels der Stellung
				Jahre	Monate		
7.							
8.							
9.							
10.							
11.							
12.							
13.							
14.							
15.							
16.							
17.							
18.							
19.							
20.							

In einem Rundschreiben an die Leiter der volkswirtschaftlichen Seminare wurden über die Bedeutung der Erhebungspapiere noch einige Aufschlüsse gegeben. Die Eintragungen in die Fragebogen sollten, wie besonders betont wurde, in der Regel nicht durch die Arbeiter selbst, sondern nach deren Einvernahme durch die Verfasser bewirkt werden. Wolle man sich mit einer Fragebogenerhebung direkt an die Arbeiterschaft wenden, so müssten im Einvernehmen mit der Leitung der Erhebungen wesentlich einfachere Formulare aufgestellt werden.

Von vornherein war angenommen worden, dass bei den ungewöhnlich großen inneren und äußeren Schwierigkeiten der Erhebung jüngere Kräfte, wie sie sich in Seminaren betätigen, nur selten als geeignete Mitarbeiter in Betracht kommen könnten. Es sind deshalb sofort auch mit vielen älteren volkswirtschaftlichen Gelehrten Unterhandlungen angeknüpft worden, um von ihren Beiträgen zu gewinnen. Obwohl nicht unbeträchtliche Honorare in Aussicht gestellt wurden, hat sich bis jetzt nur in einzelnen Fällen ein positives Ergebnis erzielen lassen. Es konnten deshalb auch nicht für alle Industrien, deren Bearbeitung interessante Aufschlüsse vermuten ließ, Mitarbeiter herangezogen werden. Es blieb nichts anderes übrig, als, unter Verzicht auf eine systematische Verteilung, die Arbeiten zu nehmen, wie sie der äußere Zufall eben bot. Mancher Mitarbeiter hat auch noch während der Arbeit, entmutigt durch die meist wenig befriedigenden Ergebnisse der Fragebogenerhebungen, auf den Abschluss verzichtet. Die Bedingungen für einen durchschlagenden Erfolg: wohlwollende, opferbereite Unterstützung von Arbeitgebern u n d Arbeitern, und die Möglichkeit, viele Monate ganz der Sache zu widmen, konnten eben nur selten ganz verwirklicht werden. Es ist wohl das Verdienst vor allem der Arbeit von Dr. Marie Bernays sie an einem Beispiel ziemlich ganz realisiert und so vielleicht eine Art Typus für weitere Forschung zu haben.

Die Herausgeber sind sich bewusst, dass die Arbeiten, welche sie der Öffentlichkeit übergeben, noch keinerlei gesicherte und abschließende Ergebnisse erkennen lassen, und erbitten deshalb für die Mitarbeiter und sich selbst alle Nachsicht, die den ersten tastenden Versuchen auf einem wichtigen, bisher aber noch wenig gepflegten und überaus schwierigen Gebiet der Forschung zugestanden zu werden pflegt. Sie hoffen aber doch mit dieser Publikation einen ebenso wertvollen Beitrag wissenschaftlicher Untersuchung und eine ebenso bedeutsame Förderung für die Theorie und Praxis sozialen Geschehens zu liefern, als es die meisten bisherigen Schriften des Vereins für Socialpolitik getan haben.

Berlin/Heidelberg, Juli 1910
H. Herkner, G. Schmoller, Alfred Weber

Anmerkungen von Christian Wolfsberger (2012):

[1] Alfred Weber (1868–1958), Volkswirtschaftler und Soziologe, Dissertation und Habilitation bei Gustav (von) Schmoller, lehrte seit 1900 in Berlin, seit 1904 in Prag, seit 1907 in Heidelberg, zog sich 1933 ins Privatleben zurück, lehrte nach 1945 wieder in Heidelberg; organisierte mit seinem Bruder Max Weber 1909 eine Enquete zur Lage der Industriearbeiter (30.9.1909 Generalversammlung der Vereins für Socialpolitik in Heidelberg).
[2] Ausschuss zur Vorbereitung der Generalversammlung des Vereins für Socialpolitik.
[3] Karl Wilhelm Bücher (1847–1930), Volkswirtschaftler, Promotion 1870 in Bonn, Habilitation 1881 in München, lehrte zuerst in Dorpat, 1883–1890 in Basel, 1890–1892 TH Karlsruhe und 1892–1917/21 in Leipzig, dort Gründung des Zeitungswissenschaftlichen Instituts. Seit 1874 Mitglied des Vereins für Socialpolitik.
[4] Unterausschuss zur Vorbereitung der »Erhebung über Auslese und Anpassung der Arbeiterschaft in den verschiedenen Zweigen der geschlossenen Großindustrie«.
[5] An diesem Tag wurde wohl beschlossen in die Ausschussbezeichnung die Ergänzung »(Berufswahl und Berufsschicksal)« einzufügen [Max Weber Studienausgabe I/11, S. 229].
[6] Unterausschuss zur Vorbereitung der »Erhebung über Auslese und Anpassung (Berufswahl und Berufsschicksal) in den verschiedenen Zweigen der Arbeiterschaft der geschlossenen Großindustrie«.
[7] Max Weber (1864–1920), Sozialökonom, Wirtschaftshistoriker und Soziologe, Promotion 1889 und 1892 Habilitation in Berlin, lehrte seit 1893 in Berlin, 1894–1897 in Freiburg, 1897–1903 in Heidelberg, nach Erkrankung lehrte er 1918 wieder in Wien und 1919/20 in München. Mitarbeiter des Vereins für Socialpolitik. Seit 1903 Herausgeber des Archivs für Sozialwissenschaft und Sozialpolitik.
[8] Max Weber: Erhebung über Auslese und Anpassung (Berufswahl und Berufsschicksal) der Arbeiterschaft der geschlossenen Großindustrie, 1908 als Manuskript gedruckt, neu in: Max Weber Gesamtausgabe I/11, S. 63–149.
[9] Karl Büchers Frau starb 1909.
[10] Heinrich Herkner (1863–1932), Nationalökonom, 1887 Promotion, 1888 Dozent in Freiburg, 1892 wirtschaftswissenschaftlicher Lehrstuhl in Karlsruhe, 1898 Ordinarius in Zürich, 1907 Professor an der TH Berlin, 1912 Nachfolger Schmollers an der Universität Berlin. 1911 Vizepräsident des Vereins für Socialpolitik, 1917–1929 1. Vorsitzender des Vereins.
[11] Gustav Friedrich (1908: von) Schmoller (1838–1917), 1861 Promotion, 1864 Extraordinarius in Halle, 1865 ordentliche Professor, 1882 Lehrstuhl in Berlin, 1913 emeritiert, 1887 ordentliches Mitglied der Preußischen Akademie der Wissenschaften, 1890–1917 Vorsitzender des Vereins für Socialpolitik, »Haupt der sog. jüngeren historischen Schule der Nationalökonomie« [NDB].
[12] Revision (lat. – mlat.), prüfende Wiederdurchsicht; Revisor (lat. – nlat.), [Wirtschafts]Prüfer.
[13] Gemeint ist wohl, ob die Militärdienstzeit schon geleistet wurde bzw. ob der Arbeiter noch zum

Aufgebot der Landwehr gehörte.

[14] Zeitlohn: Produkt aus den gearbeiteten Stunden (ohne Rücksicht auf die tatsächliche Leistung) und dem Stundensatz.

[15] Einzelakkord: Produkt aus der Leistung und aus dem für die Leistungseinheit (Stück) geltenden Stücklohnsatz (d. h. jeder Arbeiter ist für sich tätig).

[16] Gruppenakkord: wie Einzelakkord, die Leistung ist aber von der Arbeitsgruppe, oft »Partie« genannt, zu erbringen.

[17] Akkordmeistersystem: Die Aufteilung des Akkordlohns erfolgt durch den Meister als Vertragspartner.

[18] Prämie: 1. Wird zusätzlich zum Lohn gezahlt, z. B. für Materialeinsprung, besondere Güte der Arbeit oder spezielle Mengenleistungen. 2. Lohnsystem, bei dem Grundlohn und aufgewandte Zeit in Relation den ausgezahlten Lohn ergeben.

[19] Gewinnbeteiligung: geringer Grundlohn wird mit einer erfolgsabhängigen weiteren Zahlung kombiniert.

[20] Monteur: Facharbeiter, der sich speziell mit dem Zusammenbau von technischen Geräten und Anlagen, dem Aufstellen, Einbauen und Anschließen von Maschinen usw. befasst.

[21] Werkmeister: Berufsbezeichnung für einen erfahrenen Facharbeiter, der in einem Industriebetrieb eine Aufsichtsfunktion ausübt, ohne eine Meister- oder Technikerprüfung abgelegt zu haben.

[22] Stuhlmeister: siehe Werkmeister, Aufsichtsperson über das Personal an den Webstühlen.

[23] Inspektor: eigentlich »Untersucher«, aus dem Staatsdienst kommender Begriff, auch in der Wirtschaft verwendet.

[24] Werk(meister)schulen: private, v. a. von großen Unternehmen unterhaltene Berufs- und Fachschulen, die entweder einen die Ausbildung ergänzenden Unterricht anbieten oder die der Weiterbildung und beruflichen Förderung der Mitarbeiter dienen sollen.

[25] »Technik«: süddt. und österr. Ausdruck für Technische Hochschule.

[26] Conubium (lat.): 1. Ehe[gemeinschaft], 2. Recht, einen Angehörigen einer anderen gesellschaftlichen Schicht zu heiraten. Hier wohl in dem Sinne, ob untereinander in der eigenen »Schicht« oder »Klasse« geheiratet wird.

Vorwort der Verfasserin

Für das Verständnis meiner Arbeit wird es nicht unwesentlich sein, wenn ich über ihre Entstehung einige Worte sage.

Das Material zu dieser Enquete gewann ich auf zweierlei Weise: durch persönliches Befragen der Arbeiterschaft und durch eigene Anschauung.

Nachdem mir Herr Professor Dr. Alfred Weber, dem ich die erste Anregung zu dieser Arbeit verdanke, genauere Mitteilungen über die Ziele der Enquete gemacht hatte, war ich überzeugt, dass eine ausreichende Behandlung der hier gestellten Probleme nur auf der Basis einer genaueren Kenntnis der Arbeiter und ihrer Arbeit möglich sein würde. Darum versuchte ich im September des Jahres 1908 unerkannt in der »Gladbacher Spinnerei und Weberei«[1] Arbeit zu finden. Es gelang mir über Erwarten gut, ich wurde als Spulerin[2] angenommen und hatte einige Wochen lang die beste Gelegenheit, das Fabrikleben aus nächster Nähe zu beobachten und das Leben und Treiben der Arbeiterinnen als eine der ihrigen zu teilen.

Als mir die Mitarbeit für meine Zwecke nicht mehr gewinnbringend genug erschien, entdeckte ich dem Generaldirektor der Fabrik, Herrn August Buschhüter[3], meine Herkunft und Absichten.

Ich bin Herrn Direktor Buschhüter für das Gelingen meiner Pläne und infolgedessen meiner Arbeit zu größten Dank verpflichtet. Er zeigte das freundlichste Verständnis für mein etwas ungewöhnliches Experiment und kam auch allen meinen anderen Wünschen auf die liberalste Weise entgegen.

So wurde mein Anliegen, den mir nun bekannten Arbeitern und Arbeiterinnen die zum Zweck dieser Enquete ausgearbeiteten Fragebogen vorzulegen, nicht nur gewährt, sondern in jeder Hinsicht gefördert. Während der weiteren vier Monate, die ich, mit dieser Enquete beschäftigt, in Mönchengladbach zubrachte, hatte ich stets freien Zugang zu allen Sälen der Fabrik und konnte Menschen und Maschinen nach Belieben studieren.

Obgleich ich nicht mehr Arbeiterin war, hatten sich die Leute an mich gewöhnt, betrachteten mich schließlich als zur Fabrik gehörig und ließen sich meistens gern auf Fragen und Unterhaltungen ein. Es war mir daher in der Überzahl der Fälle sehr leicht, von ihnen bereitwillige Antwort auf die Fragen des Fragebogens zu erhalten.

Dieses persönliche Ausfragen jedes einzelnen, das für die dortige, namentlich die weibliche Arbeiterschaft, wohl das einzige Mittel war, um klare Antworten zu erhalten, ist, glaube ich, in jedem Fall empfehlenswert. Erscheinung und Gesichtsausdruck des Befragten ergänzen seine Antwort; ein flüchtig hingeworfener Ausruf kann vielleicht ein ganzes Lebensschicksal verraten. Freilich ist dieses allerdings zeitraubende Verfahren wohl nur dann mit Erfolg anzuwenden, wenn man sich auf irgendeine Weise das Vertrauen der Arbeiterschaft erworben hat.

Ganz besonders wertvoll für meine Arbeit war es, dass Herr Direktor Buschhüter mir gestattete, nach Beendigung der Fragebogenenquete beliebig viele Auszüge aus den Lohnlisten der Fabrik zu machen. Ich gewann so das hauptsächlichste

Material für den zweiten Teil meiner Arbeit: »Zur Psychophysik der Textilarbeit.« Für die Vermittlung der außerdem hierzu notwendigen genaueren Kenntnis der Spinnereimaschinen und ihrer Funktionen bin ich dem technischen Betriebsleiter der Fabrik, Herrn O. Deußen[4] zu größtem Dank verpflichtet.

Auf diesem nach Gehalt sowohl wie Umfang verschiedenen Material: Arbeitsbücher[5], Fragebogen, Lohnlisten, persönliche Eindrücke und Gespräche mit Arbeiterschaft und Betriebsleitung habe ich meine Arbeit in zwei Teilen aufgebaut, von denen jeder als einheitliches Ganzes gedacht ist.

Der erste Teil stellt Provenienz[6] und Lebensschicksal der Arbeiter als Auslesefaktoren der Textilindustrie dar und versucht ein Bild des Kulturniveaus der Arbeiterschaft zu geben.

Im zweiten Teil der Arbeit habe ich einen ersten Versuch gemacht, Zusammenhänge zwischen Provenienz, Lebensschicksal und Kulturniveau der Arbeiterschaft einerseits und ihrer Rentabilität für den Betrieb andererseits auf zahlenmäßiger Grundlage festzustellen und rationell zu erklären. Dass ich diesen Versuch als soweit gelungen ansehen darf, wie es nach der Beschaffenheit des Materials möglich war, verdanke ich im Wesentlichen den Anregungen und Ratschlägen von Herrn Professor Dr. Max Weber.

Eines möchte ich noch besonders hervorheben: Entsprechend dem ganzen Charakter dieser Enquete, die ausschließlich wissenschaftlichen Zwecken zu dienen hat, und sozialpolitisch durchaus neutral bleiben soll, habe ich mich durchweg bemüht, die mir entgegentretenden Menschen und Tatsachen nicht zu beurteilen, sondern zu verstehen und soweit als möglich zu erklären.

Dies wurde mir um so leichter, weil ich mir bewusst bin, dass der Schatten, der dann und wann auf das von mir gezeichnete Bild fällt, in Tatsachenkomplexen seine Ursache hat, denen der Proletarier[7] fast willenlos unterworfen ist und die zu verändern weit außerhalb der Machtsphäre jedes einzelnen Unternehmers liegt. »Den einzelnen verantwortlich zu machen für Verhältnisse, deren Geschöpf er sozial bleibt, so sehr er sich auch subjektiv über sie erheben mag«[8], wäre heute ebenso sinnlos wie vor 50 Jahren.

Gerade der Aufenthalt in einer Fabrik, deren Betriebsleitung die Arbeiterschaft nach deren eigener Ansicht sehr wohlwollend behandelte, hat mir gezeigt, dass das Problem, dem heute die breiten Massen des Volkes gegenüberstehen, nicht mehr die wechselseitige Stellung von Arbeiter und Unternehmer betrifft. Es handelt sich vielmehr um die Frage, ob der Mensch wieder frei werden kann von der Herrschaft der Gewalten, die er einst selbst entfesselte, und die heute in den mannigfaltigen Formen der Technik unser ganzes Leben nach ihnen immanenten Gesetzen bestimmen.

Heidelberg, Juni 1910
Marie Bernays

Vorwort   77

Anmerkungen von Christian Wolfsberger (2012):

[1] Bernays gibt einen kurzen Abriß der Geschichte der 1853/55 gegründeten Gladbacher Spinnerei und Weberei Aktiengesellschaft bis 1908 in der Einleitung ihrer Arbeit, siehe S. 79–86.
[2] Zu den einzelnen Berufsgruppen siehe S. 283–293.
[3] August Buschhüter, 1847 in Rheydt geboren, Sohn eines Händlers, Direktionsbevollmächtigter, 1875 Direktor der Gladbacher Spinnerei und Weberei AG, 1919 nach Waldniel verzogen, 1932 in Mügeln/Sachsen verstorben.
[4] Otto Deußen, 1875 in Hochneukirch geboren, erst Prokurist der Gladbacher Spinnerei und Weberei AG, nach deren Konkurs wickelte er diese ab; 1943 nach Nordwalde/Münster verzogen und dort 1956 verstorben.
[5] Arbeitsbücher, siehe S. 95 Fußnote 1.
[6] Provenienz: Bereich, aus dem jemand stammt; Herkunft.
[7] Proletarier: Angehöriger der wirtschaftlich abhängigen, besitzlosen [Arbeiter]Klasse. Auch: Lohnarbeiter.
[8] Karl Marx, Das Kapital. Kritik der politischen Ökonomie, Erster Band, Seite 16; vergleiche in MEGA II/8, Berlin 1989, Seite 46.

Einleitung
Die Geschichte der Fabrik, ihr Produktionsprozess
und ihre Arbeiterschaft

I.

Die Gründung der Aktiengesellschaft »Gladbacher Spinnerei und Weberei« am 12. Mai 1853 bezeichnet für die Industrie des Handelskammerbezirks Gladbach den Anfang einer neuen Periode wirtschaftlichen Aufschwungs, die durch fortschreitende Verwendung des Maschinenbetriebes in der Baumwollspinnerei charakterisiert wird.[1]

Die alte Handspinnerei und Weberei, seit Jahrhunderten im Gladbacher Bezirk heimisch, zuerst als reine Hausindustrie[1], seit dem Ende des 18. Jahrhunderts in Fabriken betrieben, musste um die Mitte des vorigen Jahrhunderts der neu aufkommenden Maschinenspinnerei unterliegen. Von England, das im Jahre 1842 sein Ausfuhrverbot auf Spinnereimaschinen hatte fallen lassen, kamen anfangs der 50er Jahre die ersten mechanischen Einrichtungen für Spinnerei und Weberei. Von den neuen Fabriken, die nun im Handelskammerbezirk Gladbach[2] entstehen, ist die »Gladbacher Spinnerei und Weberei« die größte und bedeutendste. Sie konstituierte sich mit einem Grundkapital von drei Millionen Talern[3], das in 15.000 Aktien zu je 200 Talern geteilt, und von dem sofort nach der Gründung im Jahre 1853 eine Million Taler emittiert wurde.

Die Bedeutung, welche man der Einführung des Maschinenbetriebes zuschrieb, die Hoffnungen, welche man an die Ausbreitung desselben knüpfte, kommen deutlich in den Anfangsworten des ersten Jahresberichtes zum Ausdruck, welchen der Verwaltungsrat der »Gladbacher Spinnerei und Weberei« in der ersten Generalversammlung im April des Jahres 1854 vorlegte:

»Wenn,« so heißt es dort, »der Gang, welchen die Baumwollindustrie in Deutschland genommen hat, und wenn die glänzenden Vorbilder, welche England und das benachbarte Belgien uns in diesem Industriezweig gegeben haben, überhaupt schon zur Errichtung großartiger Anstalten für verbundene Spinnerei und Weberei, in denen an Stelle der Menschenhand die Maschinenkraft wirkt, auffordern

---

1   Die hier mitgeteilten Tatsachen habe ich zum größten Teil den Geschäftsberichten der »Gladbacher Spinnerei und Weberei« entnommen; teils, soweit sie sich auf die Gladbacher Industrie überhaupt beziehen, den »Mitteilungen der Handelskammer zu M.-Gladbach«, 1. Jahrg. 1908, Nr. 5, S. 7 »Die wirtschaftliche Entwicklung und Bedeutung des Handelskammerbezirks.«
    Ich habe geglaubt, mich in allem, was die Entwicklung und Verhältnisse der Gladbacher Industrie im allgemeinen betrifft, möglichst kurz fassen zu dürfen, da ja eine ausgebreitete Literatur darüber besteht, dagegen habe ich von der Geschichte der Fabrik etwas eingehender gehandelt. Es erscheint mir als ein hübscher Zufall, dass diese Arbeit, die »die Auslese durch die Technik« vorwiegend darstellen soll, ihr Material aus einer Fabrik nimmt, die als eine der ersten in ihrer Gegend die technischen Errungenschaften voll ausgenutzt hat.

und anreizen, so erscheint unter den Gauen unseres deutschen Vaterlandes vor allem unsere Gegend berufen, diesem Zuge zu folgen, erscheinen mir besonders berufen, nach dieser Seite hin jetzt auf die Entwicklung unserer vaterländischen Industrie einzuwirken, indem wir, vereinzelte Kräfte zu gemeinsamer Tätigkeit vereinigend, und den Vorteil unserer gewerblichen Verhältnisse benutzend, den Keim, welchen unsere Vorgänger, welchen der stille dauernde Fleiß eines halben Jahrhunderts gepflegt und herangebildet hat, zu einer gedeihlichen Entfaltung vorwärts treiben. Dieser Gesichtspunkt, zugleich mit dem eigenen Interesse die Gewerbetätigkeit des Landes im Allgemeinen zu fördern, leitete die Stifter der Gesellschaft, als sie am 12. Mai vorigen Jahres durch notarielle Urkunde sich konstituierten und das Statut der »Gladbacher Spinnerei und Weberei« entwarfen. – »Wir dürfen hoffen, dass, wenn es unseren gemeinsamen Bestrebungen glücken wird, zunächst in einer engeren, uns nahe liegenden Sphäre, mit Errichtung einer mechanischen Baumwollspinnerei unsere Wirksamkeit in einer Weise zu eröffnen, welche ebenso lohnend für die in dem Unternehmen angelegten Kapitalien, als geeignet sein wird, unsere gewerbliche Unabhängigkeit vom Ausland herbeizuführen, wir eine großartige Zukunft anbahnen und einst imstande sein werden, mit den auf diesem Wege gewonnenen Kenntnissen, Erfahrungen und Arbeitskräften dem Institut eine hohe allgemeine Bedeutung und eine der ersten Stellen unter den industriellen Etablissements unseres Vaterlandes zu geben.«

England, das mit seiner eigenen Technik und Erfahrung bekämpft werden sollte, hatte alle Kraft- und Arbeitsmaschinen für die neue Fabrik geliefert und auch für den Bau derselben und die Organisation des Betriebes war »das glänzende Vorbild Englands« maßgebend gewesen.

In der nächstfolgenden Generalversammlung im April des Jahres 1855 konnte der Bau als »fast vollendet« bezeichnet werden und im August des Jahres 1855 beginnt die »Gladbacher Spinnerei und Weberei« ihre Arbeiten mit 15.000 Spindeln, deren Zahl im Laufe des Jahres bis auf 20.000 steigt und mit 370 Arbeitern. Die Produktion, welche größtenteils in geschlichteten Ketten[4], pincops[5], und gebündelten Schussgarnen[6] besteht, beträgt 6.000 Pfund pro Tag, ein Ergebnis, das der Jahresbericht des Jahres 1856 befriedigend nennt, da die schwierige Aufgabe zu lösen war, »den größten Teil der Arbeiter für die Fabrikoperationen vorzubilden«.

Am 31. Dezember des Jahres 1856 waren 30.276 Spindeln in Tätigkeit, deren Zahl im Laufe des Jahres 1857 36.130 erreicht. Davon waren 15.680 Throstlespindeln[7], 20.450 Mulespindeln[8]. Das Quantum der im Laufe des Jahres 1856 gesponnenen Garne belief sich auf 1.818.000 Pfund. Es wurden, wie auch heute noch, größtenteils die Nummern 4–30, durchschnittlich Nummer 14–15 verarbeitet. Die Zahl der Arbeitskräfte betrug durchschnittlich 700. Der Jahresbericht vom April 1857 erklärt, »die Schwierigkeiten, welche durch Heranziehen ungelernter Arbeitskräfte aus entfernteren Gegenden« entstanden, für in der Hauptsache überwunden und die Lehrperiode der Spinnerei »in Bezug auf die Aufstellung der Maschinen, Heranziehen und Ausbilden der Arbeiter« vorüber. Dagegen begegnen wir auch hier schon den später stets wiederkehrenden Klagen über den Mangel »an geeigneten und intelligenten Arbeitern« für die Weberei. Von den 212 Webstühlen für Nessel[9], Kaliko[10], Köper[11], Beaverteens[12], Fustian[13] und Cords[14], konnten daher, wie der Jahresbericht sagt, erst 136 in Tätigkeit gesetzt werden.

Einleitung

Mit dem Jahre 1857 kann die Bau- und Begründungsperiode als definitiv abgeschlossen betrachtet werden. Die Bilanz des Jahres 1857 weist einen Überschuss von 149.239 Talern auf, so dass nach Abzug einer Summe für Abschreibungen, Reservekonto und Tantiemen[15] 10 % Dividende verteilt werden konnten. Die »Gladbacher Spinnerei und Weberei« arbeitete im Jahre 1857 mit 36.130 Spindeln und 350 Webstühlen. Die Gesamtproduktion in Garnen erreichte 2.470.000 Pfund; die Verkaufssumme der Garne und Gewebe betrug 780.000 Taler. Die Arbeiterzahl war auf 900 Köpfe gestiegen, ein für die damalige Zeit außerordentliches Unternehmen, das die Handelskammer als ein Werk begrüßt, »mit welchem eine neue Ära für die Industrie des Bezirks eröffnet zu betrachten ist, und wonach mit sichtlichem Erfolg die Unabhängigkeit vom englischen Garnmarkt und die Gründung einer in sich geschlossenen und selbständigen Fabrikation angestrebt wird.«[2]

Eine Reihe für die Spinnerei günstiger Jahre trug zur raschen Entfaltung des Betriebes bei. Im Jahre 1860 wird eine »Vergrößerung des Etablissements« durch den Bau einer besonderen Weberei und einer zweiten Spinnerei beschlossen und zu diesem Zweck eine neue Emission von 250.000 Talern in 1.250 Aktien zu 200 Talern vorgenommen. Die Bilanz des Jahres 1861 schließt mit einem Überschuss von 294.561 Talern ab, so dass 20 % Dividende verteilt werden konnten. Die Fabrik arbeitete in diesem Jahr mit 39.000 Spindeln und 487 Webstühlen. Die Zahl der beschäftigten Arbeiter war auf 1.100, die Produktion an Garn auf 3.440.000 Pfund gestiegen. Die Gesamtverkaufssumme der Fabrikate betrug 1.274.80 Taler.

Dieser günstigen Entwicklung setzte der amerikanische Bürgerkrieg[16] ein Ziel, der den Baumwollanbau in den Südstaaten für einige Jahre fast ganz vernichtete. Durch »die auf eine nie gekannte Höhe getriebenen Baumwollpreise« wurde der Verbrauch von Baumwollartikeln derart eingeschränkt, dass eine Einschränkung des Betriebes notwendigerweise folgen musste. So wurden im Laufe des Jahres 1864 nur 925.100 Pfund Garn produziert; am Ende des Jahres waren nur noch 15.000 Spindeln in Tätigkeit, und die Zahl der Arbeiter war auf ca. 450 gesunken. Die Bilanz dieses Jahres schließt mit einem Fehlbetrag von 31.975 Talern ab. Erst nach Beendigung des Deutsch-Österreichischen Krieges[17] besserten sich die Verhältnisse, so dass im Jahre 1867 die neu gebaute Spinnerei endlich ganz in Betrieb genommen werden konnte. Durch diese Vergrößerung stieg die Zahl der Spindeln zunächst auf 46.900, die der Webstühle auf 608. In demselben Jahr wurde, wie der Geschäftsbericht über das Jahr 1867 hervorhebt, »um das physische und wirtschaftliche Wohlbefinden des Arbeiterstandes zu heben und nachteiligen Einwirkungen auf die Verhältnisse der Arbeit zu begegnen, eine Abkürzung der bis dahin 13 Stunden betragenden täglichen Arbeitszeit auf höchstens 12 Stunden eingeführt.«[3]

---

2   »Mitteilungen der Handelskammer zu M.-Gladbach«, 1. Jahrg. 1908, Nr. 5, S. 9.
3   Weit deutlicher und lebendiger, als man mit dürren Zahlen schildern kann, traten mir die Verhältnisse dieser weit zurückliegenden Zeit in den Erzählungen eines der wenigen alten Arbeiter entgegen, der sie selbst noch durchlebt hatte. Von elf- oder gar zehnstündiger Arbeitszeit wollte er freilich nicht viel wissen: »Nein, ich habe als junger Bursche 15–16 Stunden täglich arbeiten müssen und bin doch ein tüchtiger Kerl geworden. Die jungen Leute wissen gar nicht wie gut sie es haben mit 11 Stunden.« – Wenn er dann lebhaft wurde, erzählte er am liebsten aus den 60er Jahren, wo die ganze Gladbacher Industrie entstand, aus der Zeit »wo noch keine Arbeiterin Geld genug hatte, um sich einen Hut zu kaufen«. – »Damals kümmerte sich noch kein Mensch

Die nächsten Jahre brachten der Baumwollindustrie einen Aufschwung, der besonders nach dem Kriege von 1870/71[18] hervortrat.

Über Produktion, Umsatz und Gewinnverhältnisse in dieser Zeit geben folgende Durchschnittszahlen einen Überblick:

Von 1868–1877:

Überschuss	158.782 Taler
Dividende	8 %
Spindelzahl[4]	55.136
Webstuhlzahl	689
Arbeiterzahl	1.165
Produktion in Pfund Garn	3.813.177
Produktion in Stück Gewebe	121.874
Verkaufssumme	1.429.457 Taler
Baukapital	445.298 Taler
Maschinenkapital	838.082 Taler
Maschinenkapital pro Arbeiter	709 Taler
Bau- u. Maschinenkapital pro Arbeiter	1.101 Taler

Die große Krise der 70er[19] Jahre kommt in den Geschäftsberichten der Fabrik in verminderter Arbeiterzahl und eingeschränkter Produktion zum Ausdruck; in den Jahren 1877 und 1878 kann keine Dividende verteilt werden.

In den 30 Jahren seit der Zolltarifreform von 1879[20] hat die Fabrik eine normale Entwicklung durchgemacht, welche durch folgende Durchschnittszahlen charakterisiert wird:

Jahre	Überschuss	Dividende %	Feinspindeln	Zwirnspindeln	Webstühle	Garn-Produktion in Pfund
1879/89	410.475	7,5	53.661	–	572	5.609.959
1889/99	360.175	8,0	48.523	6.066	378	5.744.201
1899/1909	189.615	6,4	45.520	6.364	286	4.662008

Jahre	Zwirnproduktion	Stück Gewebe	Umsatz Mk.	Baukapital Mk.	Maschinen Mk.	Arbeiterzahl
1879/89	–	88.663	4.846.630	1.700.522	2.973.550	1.038
1889/99	705.918	48.906	3.500.736	1.763.502	3.449.908	874
1899/1909	820.858	35.652	3.366.229	1.778.966	3.932.764	711

um die Arbeitsleute, da wurden die Fabrikanten Millionäre in ein paar Jahren – ich habe sie alle reich werden sehen um mich herum – und recht war's nicht. Heute werden sie nicht mehr so rasch reich, aber – reich werden sie doch noch! – Und im Jahre 1864, da kam die große Krise wegen dem Krieg; da standen in der Weberei fast alle Webstühle leer und geheizt wurde nicht, trotzdem es doch so kalt war. Da haben wir dann erst jeden Morgen eine Schlacht geschlagen, um uns die Hände zu wärmen, und dann ging's erst flott! Ja, damals hatte es der Arbeiter nicht leicht.« Diese Erzählungen eines übrigens gänzlich konservativen, der Fabrik anhänglichen Mannes geben vielleicht eine kleine Ergänzung zu der oben geschilderten Entwicklung.

4 Zwirnspindeln waren in dieser Zeit noch nicht aufgestellt.

Jahre	Maschinenkapital pro Arbeiter	Bau- und Maschinenkapital pro Arbeiter
1879/89	2.672 Mk.	4.504 Mk.
1889/99	3.948 Mk.	5.965 Mk.
1899/1909	5.531 Mk.	8.033 Mk.

Als »normale«, d. h. der gegebenen maschinellen Ausrüstung entsprechende Leistung bezeichnet der Geschäftsbericht für 1906 eine Produktion von 5 ½ Millionen Pfund englisch[21] einfaches Garn. In der faktischen Garnproduktionsziffer des letzten Jahrzehntes und ebenso in den übrigen Ziffern kommen also in einem durchschnittlich überall anderwärts ebenso zu beobachtenden Maße die für die Textilindustrie – wie die Geschäftsberichte sagen – »trostlosen« Jahre zu Anfang des Jahrhunderts und auch die Depression der allerletzten Zeit zur Geltung, außerdem auch die stark veränderten Existenzbedingungen der Fabrik.[5]

---

5 Herr Professor Max Weber schreibt mir nach Einsicht der Bilanzen und Geschäftsberichte: »Zum Verständnis jener Zahlen dürfte folgendes zu berücksichtigen sein: Die Fabrik arbeitet seit dem Jahre 1898 mit einem um rund ein Drittel (von 3.750.000 Mk. auf 2.499.600 Mk.) verminderten Kapital. Der Grund für diese Kapitalherabsetzung lag darin, dass schon seit Mitte der 80er Jahre die Betriebsmittel der Fabrik nicht mehr im Betrieb voll ausgenützt waren, weil die Zollgesetzgebung auch in der Textilindustrie die Anregung zu einer großen Zahl von Neugründungen gegeben hatte, welche einerseits durch die Konkurrenz um die Arbeitskräfte Betriebserweiterungen erschwerten, andererseits um die Nachfrage des Inlandmarktes, der nunmehr dauernd allein in Betracht kam, mit den schon vorhandenen Betrieben zunehmend konkurrierten.
Die Geschäftsberichte lassen ferner deutlich erkennen, dass die Politik der Fabrik in diesen drei, zum Teil für die Textilindustrie sehr schwierigen Jahrzehnten, durchweg eine jeder Waghalsigkeit und Expansionstendenz abholde, ungemein vorsichtige und konservative war. Zu dieser, ein allzu rücksichtloses Konkurrieren um neue Märkte möglichst vermeidenden Art der Geschäftsführung hat die Leitung der Fabrik sicherlich den Beifall ihrer Hauptaktionäre gefunden, unter denen – wie Sie dies ja schon bemerkt hatten – Besitzer anderer Textilfabriken eine immerhin erhebliche Rolle spielten: eine in der Textilindustrie mit ihrer naturgegebenen Erschwerung der Kartellierung sich öfters findenden Form der indirekten Herstellung einer Interessengemeinschaft.
Diese vorsichtige Politik führte in Verbindung mit den veränderten Absatzverhältnissen dazu, dass der unter den gegebenen Bedingungen nicht im Betrieb verwendbare Teil des Kapitals in den 80er Jahren rasch anwuchs. Es erscheint, wie Sie in den Bilanzen beobachteten, erstmalig 1885 ein Effektenbesitz von rund 355.000 Mk. Buchwert auf der Aktivaseite, welcher 1889 schon bis auf 1 Million gestiegen ist.
Dass die Aufspeicherung eines solchen, die Durchschnittshöhe der Dividende allerdings herabdrückenden, aber jederzeit leicht verwertbaren Besitzes übrigens dem Betrieb gelegentlich sehr zu statten kam, zeigte sich in dem letztgenannten Jahr. Die gewaltigen, durch eine mit allen denkbaren Mitteln, insbesondere mit bewusst irreführenden Einschätzungen der Baumwollernte u. dgl. arbeitende Spekulation noch gesteigerten Preiss c h w a n k u n g e n der Baumwolle bedingen für alle Textilwerke eine abnorme Lage. Bei starker Hausse tritt zu der Erschwerung der Rohstoffversorgung noch die Versuchung zur zu hohen Bewertung der Lager und also zu hoher Dividendenverteilung. Umgekehrt führt starke Baisse eine rapide Entwertung der Lager und damit buchmäßige »Verluste« herbei, welche eine Dividendenverteilung hindern, obwohl sie sehr oft schon nach wenigen Monaten, nach dem Verschwinden der Baisse, sich in buchmäßige »Gewinne« verwandelt haben. Daher die starken Schwankungen der Dividende benachbarter Jahre (1903: 10 %; 1904: 0 %; 1905: 12 %) und, unter Umständen, die Notwendigkeit: zwischen Veräußerung von Produkten unter dem Kostpreis (1898 für einige Arten Gewebe) oder völliger Stockung des Absatzes und damit Anschwellen der Lager und der Bankverbindlichkeiten zu wählen. In solchen Fällen ist ein beträchtlicher Effektenbesitz ein äußerst zweckmäßiger »Puf-

Von den hier und in der Anmerkung gegebenen Daten kommt für meine Zwecke wesentlich folgendes in Betracht: 1. Der Betrieb zeigt keine sprunghafte, sondern eine sehr ruhige und stetige, nicht auf Expansionen gerichtete Leitung und Entwicklung. Wir können daher auch für die Arbeiterverhältnisse voraussetzen, dass seitens des Betriebes keine nicht direkt gebotenen Eingriffe stattgefunden haben.

Diese technisch gebotenen Eingriffe in die Arbeiterverhältnisse beschränken sich im Wesentlichen auf die durch den Mangel an qualifizierten Arbeitern, speziell an Webern, erforderlich gewordene Rekrutierung dieser Arbeiterkategorie von auswärts.

Für die vor 1891 liegende Zeit möchte ich noch bemerken: die Fabrik erreichte ihre Maximalzahl an Arbeitern im Jahre 1868 mit 1.285 Arbeitern. Die Arbeiterzahl sinkt von da an mit mancherlei Schwankungen bis auf etwas unter 1.000 am Ende der 80er Jahre. Die Höchstzahl der Spindeln wurde 1876 mit 58.817 erreicht. Um

fer«. Im Jahre 1889–90 z. B. ermöglichte der starke Effektenbesitz dem Betrieb die mühelose Überwindung der durch die Spekulation herbeigeführten Schwierigkeiten durch Lombardierung.

Immerhin kann der Effektenbesitz schließlich auch einen den Interessen der Aktionäre nicht mehr zuträglichen Umfang annehmen. So auch hier. Als, übrigens neben gelegentlich glänzenden Dividenden (18 %), infolge der andauernden teilweisen Nichtverwertbarkeit des Kapitals das Effektenkonto 1895 sich bis auf 1,8 Millionen erhöht hatte und der Betrieb also zu fast 48 % zum »Rentier« oder richtiger: zum Verwalter eines gewaltigen Staatspapierbesitzes für seine Aktionäre geworden war, begannen die letzteren naturgemäß dringend zu wünschen, diesen toten Vermögensbestand aus der Gebundenheit herauszuziehen und zu ihrer freien Verfügung verteilt zu erhalten.

Die Betriebsleitung hat diesen Wünschen, unter Beschränkung auf das durch die Notwendigkeit der Sicherstellung des Reservefonds gegebene Maß, Rechnung getragen und also unter Herabsetzung des Aktienkapitals um ein Drittel den entsprechenden Betrag aus jenem Konto an die Aktionäre verteilt. Das Effektenkonto sinkt, nach Durchführung dieser Operation, nachdem ferner um 1900 – wie die Bewegung des Postens »Kreditoren« in den Bilanzen wahrscheinlich macht – einige Bankverbindlichkeiten daraus getilgt und es überdies dazu gedient hatte, die seit Bestehen der Fabrik ungünstigste Geschäftsperiode (speziell 1901, das einzige Mal, dass ein Verlust zu verzeichnen und aus dem Reservefonds zu decken war) bequemer zu überwinden, bis auf ca. 380.000 Mk. im Jahre 1903, auf welcher ungefähren Höhe es seither blieb.

Der nach wie vor, wie dieser immerhin respektable Effektenbesitz zusammen mit der sehr großen Höhe des Abschreibungskontos ergibt, ganz außerordentlich sicher fundierte Betrieb zeigt den vorsichtig abwägenden und konservativen Charakter seiner Leitung in allen seinen Betätigungen. Dieser Charakter kommt z. B. auch zum Ausdruck in der Beibehaltung der schönen, seit der Gründung der Fabrik verwandten Wattschen Dampfmaschine – übrigens einer ästhetischen Sehenswürdigkeit von M.-Gladbach, die selbstverständlich jetzt in moderner Umgestaltung funktioniert. Die Elektrisierung des ganzen Betriebes ist für absehbare Zeit in Aussicht genommen. Wenn sie stattgefunden hat, wird vielleicht die Betriebsrente etwas stärker ansteigen, – obwohl Dividenden, wie sie vor 40–50 Jahren möglich waren, heute in der gesamten deutschen Textilindustrie wohl dauernd zu den seltenen Ausnahmen zählen werden.

In seiner Arbeitsmaschinenausrüstung ist der Betrieb – offenbar auch hier unter möglichst voller Ausnützung der Lebensdauer seiner vorhandenen Maschinen – ersichtlich mit ruhiger Stetigkeit fortgeschritten, wie die stetige absolute und relative Zunahme des Maschinenkapitals und die fast ebenso stetige Abnahme der Arbeiterzahl beweist. Die Geschäftsberichte lassen namentlich für 1894 in der Spinnerei und für 1905 in der Weberei Neuanschaffungen erkennen.«
[Hausse: Steigen der Börsenkurse.]
[Baisse: Fallen der Börsekurse oder Preise.]
[Lombardierung: Der Lombardsatz legt fest, zu welchem Zinssatz Wertpapiere bei Banken verpfändet werden können.]

1890 bewegte sie sich um 57.080 herum, wovon 5.300 Zwirnspindeln waren. Die Zahl der Webstühle sank von dem 1871 erreichten Maximum von 736 auf 438 im Jahre 1890. Die Garnproduktion erreichte 1890 ihr Maximum mit 6,1 Mill. Pfund; die Produktion der Weberei sank von 144.560 Stück im Jahre 1868 auf 56.899 Stück im Jahre 1890 bei veränderter Produktionsrichtung. Der Gesamtertrag für verkaufte Ware war von seinem Maximum 5,2 Mill. Mk. im Jahre 1881 auf 4,3 Mill. Mk. im Jahre 1890 gefallen.

Schon dies Auseinanderfallen der Höchstzahlen zeigt, dass solche Zahlen allein für sich genommen, gar keinen Anhalt für die jeweilige Lage des Betriebes ergeben: die Abnahme der Arbeiterzahl z. B. bedeutet Zunahme der Mechanisierung der Produktion, also »Fortschritt«. Das Maschinenkapital betrug 1868: 559.947 Taler; 1890: 3,32 Mill. Mk. Also pro Kopf des Arbeiters 1868: 436 Taler (= 1.308 Mk.); 1890: 3.395 Mk. Die Abnahme der Spindelzahl und der Webstühle entspricht der höheren Leistungsfähigkeit der einzelnen Arbeitsmaschine; das Garnproduktionsgewicht nimmt mit zunehmender Feinheit des Garnes, die Umschlagssumme mit Verbilligung des Produktes ab, – kurz, man muss sich sehr hüten, aus einer Abnahme einer oder mehrerer jener Zahlen auf eine größere Veränderung der Lage des Betriebes oder auf dessen Stagnation zu schließen. Eine solche würde nur aus der Abnahme des Maschinenkapitals geschlossen werden können – welches jedoch stetig zugenommen hat – oder aus abnorm niedrigen Dividenden, welche sich auf einer für die Textilindustrie günstigen Durchschnittshöhe hielten.

Auch in den letzten 20 Jahren hat, wie die Zahlen auf S. 82/83 zeigten, die absolute Arbeiterzahl abgenommen; sie sank von 899 am 31. Dezember 1891 auf 776 am 31. Dezember 1900 und auf 759 am 31. Dezember 1908.

Über die Produktionsverhältnisse der Fabrik in den drei letztgenannten Jahren geben folgende Zahlen Aufschluss:

Jahre	Produktion in Garn Pfd.	Davon Zwirn Pfd.	Stück Gewebe	Fein-spindeln	Zwirn-spindeln	Webstühle
1891	6.032.326	622.007	48.447	47.786	5.624	408
1900	5.032.585	866.932	31.005	44.627	6.782	224
1908	4.420.223	699.080	52.527	45.950	5.577	397

Jahre	Baukapital Mk.	Maschinenkapital Mk.	Arbeiterzahl	Verkaufssumme Mk.
1891	1.761.781	3.364.892	922	3.534.427
1900	1.768.479	3.721.502	760	4.324.513
1908	1.799.205	4.214.325	720	2.862.417

Wir sehen also, dass auch für diesen Zeitraum nicht nur die Arbeiterzahl, sondern auch die Produktion in Garn dem Gewicht nach gerechnet und der Geldumsatz verringert erscheint.

Es muss, wie nochmals gesagt sei, zur Beurteilung aller dieser Zahlen immer berücksichtigt werden, dass für die Gewichtsziffern der Garnproduktion auch die

Feinheit des gesponnenen Garnes ausschlaggebend ist. Auf die jeweiligen Umsatzzahlen wirken sowohl der (seit Mitte 1908 stark sinkende) Preis der Produkte, als der Grad, in welchem ältere, aus dem Vorjahre stammende Lagervorräte an der Verkaufsmenge beteiligt waren, was 1908 in besonders geringem Maße der Fall war. Daher sind die Arbeiterzahlen mit keiner dieser beiden Ziffern in Beziehung zu setzen. Wohl aber kann man, wie schon oben geschehen, die Arbeiterzahl mit dem in den Bauten und Maschinen investierten stehenden Kapital des Betriebes vergleichen (das in den Aktionen der Bilanz besonders erscheinende Immobilienkonto: die Ankaufskosten des Bodens, bleibt dabei besser beiseite).

Es kamen auf den Kopf des Arbeiters:

Jahre	Maschinenkapital	Maschinen- und Baukapital
1891	3.650 Mk.	5.559 Mk.
1900	4.897 Mk.	7.223 Mk.
1908	5.857 Mk.	8.352 Mk.

Das Maschinenkapital allein weist also von 1891 auf 1908 pro Kopf des Arbeiters eine Vermehrung im Verhältnis von 100:160 auf und im Verhältnis der 40 Jahre von 1868–1908 von 100:450.

Diese Mechanisierung der Produktion, welche in d i e s e m Falle, wo die stabile Absatzgelegenheit eine starke Steigerung der Produktion nicht zuließ, in der Tat mit direkter »Verdrängung« menschlicher Arbeit identisch ist, ist vermutlich beschleunigt worden durch die Ungunst des Arbeitsmarktes: der Verkürzung der Arbeitszeit auf 11 Stunden im Jahre 1892[22] folgen später Lohnerhöhungen, die vor allem mit dem Jahr 1900 einsetzen; und es bestand trotzdem die im letzten Jahrzehnt in fast jedem Bericht von neuem betonte Schwierigkeit weiter, geeignete Arbeitskräfte zu finden. Während in früheren Jahren nur über Mangel an tüchtigen Webern, namentlich über ihren raschen Wechsel, der ihr Anlernen »unrentabel« mache, geklagt wurde, werden diese Klagen im letzten Jahrzehnt auf die Arbeiterverhältnisse überhaupt ausgedehnt. So wird z. B. die geringe Garnproduktion im Jahre 1907 durch das »notwendige Einstellen ungeübter Personen« erklärt.

Dementsprechend finden wir, dass die Zahl der qualifiziertesten Arbeitskräfte sich am meisten vermindert hat, dass die gelernte Handarbeit am stärksten durch Maschinenleistung ersetzt worden ist. So sank die Zahl der Weber von 104 am 31. Dezember 1891 auf 58 am 31. Dezember 1900 und 62 am 31. Dezember 1908. Die Zahl der Weberinnen sank von 74 am 31. Dezember 1891 auf 30 am 31. Dezember 1900 und 29 am 31. Dezember 1908. Dass die Produktion der Weberei trotz der gleich gebliebenen Arbeiterzahl von 1900–1908 so stark zugenommen hat, ist der im Jahre 1905 erfolgten Aufstellung von 266 Northropwebstühlen[23] zu verdanken. Da ein Arbeiter oder eine Arbeiterin 8–12 dieser Stühle auf einmal bedienen kann, führen sie natürlich eine Produktionserhöhung herbei. Ähnlich wie in der Weberei wurde auch in der Spinnerei Menschenarbeit durch Maschinenarbeit ersetzt. Während die Zahl der Selfactorspinner[24] von 113 auf 60 sank, wurden im Jahre 1906 verschiedene Selfactors mit 484 Spindeln durch größere ersetzt, deren Spindelzahl 816 bzw. 900 betrug.

Diese eben hervorgehobenen Veränderungen ausgenommen, hat sich die Zusammensetzung der Arbeiterschaft im Laufe der letzten 20 Jahre nicht wesentlich verändert.

Einleitung

II.

Mit den zuletzt gegebenen Zahlen haben wir den Zeitpunkt schon weit überschritten, an dem unser eigentliches auf Auslese und Anpassung der Arbeiterschaft bezügliches Material beginnt.

Doch ehe wir zu der Besprechung desselben übergehen, wollen wir noch einen Augenblick in der Fabrik, deren Geschichte wir soeben kursorisch darstellten, Halt machen, um uns den Produktionsprozess des Gewebes, das sie liefert, ins Gedächtnis zurückzurufen und um einen vorläufigen Überblick über die Arbeiterschaft, die sie beschäftigt, zu gewinnen.

Über den ersten dieser beiden Punkte glaube ich mich kurz fassen zu dürfen, da eine ausgedehnte und leicht zugängliche Literatur über die Technik der Spinnerei und Weberei existiert.

Ich brauche nur daran zu erinnern, dass das Spinnen und Weben, das ursprünglich nur von einem, respektive von zwei Menschen ausgeführt wurde, unter der Herrschaft der modernen Technik in eine große Anzahl von Teilprozessen zerfällt, die eine qualitative Hierarchie von Arbeitskategorien einzig durch technisch-organisatorische Zweckmäßigkeit bedingt. Jede Phase des Herstellungsprozesses des Gewebes, von dem Augenblick an, wo die Baumwollballen aus dem Eisenbahnwagen abgeladen werden, bis zu dem Moment, wo das fertige Gewebe im Lieferzimmer nochmals nachgewogen und notiert wird, bildet einen kleinen Herrschaftsbereich für sich, meist in eigenem Raum, mit eigenen Maschinen und Personal, eigenen Arbeitsbedingungen und Anforderungen.

Man kann den Weg der Baumwolle vom Ballen bis zum fertigen Gewebe in folgende Teilprozesse einteilen:
1. Das Öffnen und Mischen der Baumwolle.
2. Das Auflockern und Reinigen am Batteur[25].
3. Das Kardieren[26] oder Kratzen, welches die letzten Unreinlichkeiten entfernt, hauptsächlich aber die büschelweise Anordnung der Fasern aufhebt und dieselben innerhalb eines fortlaufenden Bandes gleichförmig anordnet. Diese Prozesse sind sämtlich ungelernte Männerarbeit.
4. Das Strecken.
5. Das Vorspinnen, die beide von Frauen ausgeführt werden.
6. Das Feinspinnen selbst, am Selfactor Männerarbeit, an der Ringspinnmaschine[27] Frauenarbeit.

Das zum Weben bestimmte Garn wird dann als Vorbereitung dazu
7. von Frauen gespult und gezettelt[28],
8. von Männern geschlichtet; d. h. die Kettenfäden werden mit einer klebrigen Flüssigkeit getränkt, welche deren Oberfläche glatt macht und das häufige Reißen verhindert,
9. Verwebt, wobei Männer und Frauen beschäftigt sind,
10. Von Arbeitern geraut[29], passiert[30] und abgeliefert.

Die nicht zum Verweben bestimmten Garne werden teils gezwirnt, teils ungezwirnt durch Haspeln[31] in Stränge aufgewunden, die Stränge in Bündel vereinigt und in dieser Form versandt.[6]

Diese verschiedenen Arbeitskategorien sind nun qualitativ außerordentlich verschiedenwertig und umfassen alle Grade körperlicher und nervöser Anstrengung vom Spulenfahren von einem Saal zum andern bis zum Bedienen von mehreren Webstühlen auf einmal.

Schon aus diesen Tatsachen heraus ist es selbstverständlich, dass die Arbeitermasse des Betriebes keine einheitliche sein kann, sondern je nach der Art ihrer Arbeitstätigkeit in einzelne »Schichten« oder »Gruppen« zerfällt. Wir werden diese durch Technik und Organisation bedingte Gruppenbildung innerhalb der Arbeiterschaft zu ihrem Einteilungsprinzip machen und daher stets neben und mit der Auslese, die die Textilindustrie als Ganzes betrachtet unter der ihr gegenüberstehenden Bevölkerung vornimmt, noch die Auslese für jede dieser einzelnen Arbeitskategorien zu untersuchen und zu besprechen haben.

Innerhalb der selbstverständlichen Teilung nach Geschlechtern unterscheiden wir nach der Art ihrer Arbeitstätigkeit sieben Arbeiter- und neun Arbeiterinnengruppen, die sich, die oben besprochene Verminderung in der Zahl der Weber und Spinner ausgenommen, prinzipiell im Laufe der letzten 20 Jahre nicht verändert haben.[7]

Die Reparaturhandwerker[8] und die Werkmeister bilden natürlich zwei von den übrigen Arbeitern gänzlich verschiedene Gruppen, sozusagen die Aristokratie der Fabrik; ihr Verdienst in der zweiwöchentlichen Lohnperiode beträgt durchschnittlich 45–55 Mk. Ihnen stellen wir die gelernten[9] Akkordarbeiter gegenüber und trennen unter diesen wieder die Weber und die Selfactorspinner voneinander. Das Verdienst der geschicktesten Arbeiter dieser beiden Gruppen schwankt zwischen 45 und 55 Mk., das Durchschnittsverdienst zwischen 40 und 50 Mk. in der zweiwöchentlichen Lohnperiode. Ebenso wie die gelernten zerfallen für unsere Betrachtung auch die ungelernten Arbeiter in zwei Kategorien: nämlich einerseits diejenigen, die an den Vorbereitungsmaschinen, in der Mischung,[10] am Batteur und an den Karden beschäftigt sind, also die ungelernten Maschinenarbeiter; andererseits die nicht an Maschinen beschäftigten Arbeiter: Hofarbeiter, Packer, Spulenfahrer und ähnliche mehr, also die ungelernten Draußenarbeiter. Als siebente Gruppe fassen wir endlich die Nebenarbeiter der Weberei, Rauhen, Passieren und Schlichten zusammen. Das Verdienst dieser drei letzten Gruppen

---

6 Diese Schilderung genügt für die vorläufigen Zwecke. Für eine genaue Beschreibung der Manipulationen der Akkordarbeiter an den verschiedenen Maschinen siehe Teil II, Abschnitt I: Die einzelnen Arbeitskategorien und ihre Anforderungen.
7 Nur die Kreuzspulerinnen sind 1908 neu hinzugekommen.
8 Zu den Reparaturhandwerkern gehören vor allem Schlosser und Schreiner, dann Maurer, Kälker, Dachdecker, Klempner.
9 Gelernt = weil eine bestimmte Lehrzeit vorangeht. Die Spinner haben eine Lehrzeit zuerst als Aufstecker, dann als Anmacher durchzumachen. Sie erhalten als erstere 48 %, als letztere 75 % des Spinnlohns.
10 In der Darstellung wird nur eine dieser Arbeitsarten für alle gleichartigen genannt; also »Mischungsarbeiter« für alle ungelernten Maschinenarbeiter; »Hofarbeiter« für alle ungelernten Draußenarbeiter.

ist, der Unqualifiziertheit ihrer Arbeiten entsprechend, natürlich geringer als das der vorher genannten vier Gruppen: die älteren ungelernten Arbeiter verdienen im Tagelohn zwischen 30 und 40 Mk., die jüngeren zwischen 20 und 30 Mk. in zwei Wochen.

Unter den weiblichen Arbeitern unterscheiden wir gelernte, angelernte und ungelernte.[11] Zu den ersteren gehören neben den Weberinnen noch die beiden Kategorien von Spinnerinnen, die Vorspinnerinnen und die Fein- oder Ringspinnerinnen. Das Haspeln mit einer Übungszeit von zwei bis drei Monaten bildet einen Übergang von den gelernten zu den angelernten Arbeitskategorien: dem Zwirnen, Spulen und Strecken. Letzteres, bei dem sich die ganze Beschäftigung auf ein Legen von Baumwollbändern zwischen Walzen beschränkt, kommt bei einer Übungszeit von zwei bis drei Tagen den ungelernten Arbeiten sehr nahe und ist, da ja schließlich jede noch so einfache Manipulation durch »Übung« erleichtert und beschleunigt wird, so gut wie »ungelernte Arbeit«, wenn man diese Bezeichnung überhaupt verwerten will.

Zu den gänzlich ungelernten Arbeiterinnen gehören neben den Zwirnaussucherinnen und Copseinlegerinnen[32] noch die Putz- und Kehrfrauen.

Unter den weiblichen Arbeitern sind die Weberinnen am besten entlohnt; sie erreichen einen zweiwöchentlichen Durchschnittsverdienst von 35 bis 40 Mk.; die besten unter ihnen einen Verdienst von 40–45 Mk. Für Vorspinnerinnen und Ringspinnerinnen sind 25–35 Mk. ein durchschnittliches, 35–40 Mk. ein gutes Verdienst in zwei Wochen.[12] Die angelernten Arbeiterinnen verdienen im Durchschnitt 25–30 Mk.; die geschicktesten und fleißigsten unter ihnen 30–35 Mk. in zwei Wochen. Die ungelernten Arbeiterinnen haben einen Tagelohn, der je nach dem Alter zwischen 20 und 30 Mk. in der zweiwöchentlichen Lohnperiode schwankt.

Das zahlenmäßige Verhältnis dieser Gruppen zueinander war im Laufe des Jahres 1891 folgendes: Die Fabrik beschäftigte durchschnittlich 950 Arbeiter und Arbeiterinnen. Darunter 200 Weber und Weberinnen, 399 Spinner und Spinnerinnen, 137 angelernte Arbeiterinnen, 156 angelernte Arbeiter, 26 Reparaturhandwerker, 20 Werkmeister.[13]

---

11 Den gelernten Arbeiten geht eine sog. Lehrzeit voran, die die Arbeiterin mit der Maschine und den Handgriffen vertraut machen soll und die bei Ringspinnerinnen und Vorspinnerinnen meist bis zum 16. Lebensjahr dauert; während dieser Zeit werden die Arbeiterinnen im Tagelohn bezahlt (1,20 Mk. bis 2 Mk.). Diese Unterabteilungen der gelernten Arbeiten sind aber in der Darstellung in diesen mit einbegriffen worden. So wurden die Aufsetzerinnen zu den Vorspinnerinnen, die Absetzerinnen zu den Ringspinnerinnen gezählt. Alle arbeiten ja mit denselben Handgriffen an denselben Maschinen; es sind im Wesentlichen nur Altersunterschiede. Aus demselben Grunde werden auch bei den männlichen Arbeitern Aufstecker und Anmacher zu den Spinnern gezählt.
    Bei den angelernten Arbeiten beherrscht man die nötigen Handgriffe nach einigen Tagen, und nur eine kürzere oder längere Übungszeit ist erforderlich, um sich eine, zur Leistung des Durchschnittsquantums an Arbeit nötige Geschicklichkeit anzueignen. Diese Übungszeit dauert beim Haspeln am längsten, 2–3 Monate; beim Spulen und Zwirnen 4–6 Wochen; beim Strecken einige Tage. Die Arbeiterinnen werden während dieser Übungszeit im Tagelohn bezahlt (Maximum 2–2,20 Mk.).
12 Das genaue auf die halbe Stunde berechnete Verdienst der Akkordarbeiter und -arbeiterinnen gibt Tabelle 37, Teil II.
13 Wie wir wissen, hat sich die Zusammensetzung der Arbeiterschaft, ausgenommen die Verminderung der Zahl der Weber und Spinner, im Laufe der letzten 20 Jahre kaum verändert. Auf diese Verminderung und ihre Gründe wurde oben schon genauer eingegangen.

Nach dieser kurzen Darstellung der Fabrik, ihres Produktionsprozesses und ihrer Arbeiterschaft können wir zu unserem eigentlichen Thema übergehen.

Anmerkungen von Christian Wolfsberger (2012):

[1] Hausindustrie: industrielles Verlagssystem, in dem viele unselbständige Handwerker in Hausarbeit für Rechnung eines Unternehmers Lohnaufträge ausführen.
[2] Handelskammerbezirk Gladbach, 1837 aus dem Bezirk Krefeld ausgegliedert. Die Industrie- und Handelskammer umfasste bis 1930 Gladbach, Hardt, Neuwerk, Rheindahlen, Korschenbroich, Kleinenbroich, Neersen, Schiefbahn, Rheydt, Odenkirchen, Schelsen, Liedberg und Viersen.
[3] Taler: Preußischer Taler wurde 1871 abgelöst von der Mark im Verhältnis 1 : 3.
[4] Geschlichtete Ketten: Die Kettfäden, das heißt die Längsfäden des späteren Gewebes, werden mit der sogenannten Schlichte, einem aus Mehl oder Stärke gekochten Kleister, behandelt. Dadurch werden sie reißfester, glatter, gleitfähiger und geschmeidiger.
[5] Pincops: Zylindrische, am unteren Ende konisch geformte Aufwindungsform des gesponnenen Fadens, insbesondere aus der Mule-Maschine. Der Pincop hat einen Durchmesser von einem Zoll und eine Länge von 5 Zoll.
[6] Schussgarn: Der Schussfaden ist der quer verlaufende Faden des Gewebes.
[7] Throstlespindeln: von Richard Arkwright entwickelte Spinnmaschine, anfangs wasser-, dann dampfbetrieben.
[8] Mulespindeln: Die Mule-Maschine wurde 1779 von Samuel Crompton entworfen und diente zum Spinnen kurzfasriger Wolle oder Baumwolle.
[9] Nessel: leinwandbindiges, aus ungebleichten Baumwollgarnen hergestelltes, nicht gefärbtes und ausgerüstetes Gewebe; wird für Bucheinbände verwendet.
[10] Kaliko: feinfädiges, dichtes leinwandbindiges Gewebe aus Baumwolle oder Zellwolle, durch Appreturmasse versteift.
[11] Köper: Sammelbezeichnung für Gewebe in Köperbindung, z. B. für Weißwaren und Futterstoffe.
[12] Beaverteens: Biber, ein- oder beidseitig aufgerautes Gewebe aus Baumwolle.
[13] Fustian: Barchent, ein Mischgewebe aus Baumwolle auf Leinenkette.
[14] Cord: Kord, stark geripptes, sehr dichtes und strapazierfähiges Gewebe aus Kammgarn, Streichgarn oder Baumwollgarn.
[15] Tantieme: Beteiligung am Gewinn eines Unternehmens, insbesondere bei Aktiengesellschaften für Vorstandsmitglieder.
[16] Amerikanischer Bürgerkrieg: Der Sezessionskrieg zwischen den Vereinigten Staaten (»Nordstaaten«) und den aus der Union ausgetretenen Konföderierten (»Südstaaten«) dauerte von 1861 bis 1865. Im Rahmen der Kriegsführung blockierte die Flotte der Union die Häfen der Südstaaten, so dass der Baumwollexport verhindert wurde und die Weltmarktpreise für Baumwolle stiegen.
[17] Deutsch-Österreichischer Krieg: 1866; formal ein Krieg des 1815 ins Leben gerufenen Deutschen Bundes gegen das Königreich Preußen (und seine Verbündeten), welches 1866 den Deutschen Bund, dem es angehörte, für erloschen ansah. Nach der Niederlage der Bundestruppen wurde der Deutsche Bund aufgelöst und der Norddeutsche Bund unter Preußens Führung gegründet.
[18] Krieg von 1870/71: Nach Kriegserklärung Frankreichs an Preußen; Krieg zwischen Frankreich und den Staaten des Norddeutschen Bundes (inklusive Preußens) und der mit Preußen verbündeten süddeutschen Staaten, in dessen Folge das französische Kaiserreich endete und die Französische Republik gegen die deutschen Staaten bzw. das im Januar 1871 gegründete Deutsche Reich verlor. Die französischen Reparationszahlungen wurden im Deutschen Reich für Infrastrukturmaßnahmen verwendet und führten zum Aufschwung der sogenannten Gründerjahre.
[19] Krise der 70er Jahre: Durch den massiven Kurseinbruch an der Wiener Börse am 9. Mai 1873 ausgelöste (weltweite) wirtschaftliche Krise, die eine Phase der wirtschaftlichen Stagnation bis in die 1890er Jahre nach sich zog.
[20] Zolltarifreform von 1879: Diese Zolltarifreform leitete den Übergang vom Freihandel zur Schutzzollpolitik ein, welche vor allem die Landwirtschaft und Montanindustrie, aber auch das Textilgewerbe im Deutschen Reich schützen sollte.
[21] Englisches Pfund: 0,454 Kilogramm. Das deutsche (Zoll)Pfund wurde 1854 auf 0,500 Kilogramm festgelegt.
[22] Folge der Arbeitsschutzgesetzgebung von 1891, die den 10-Stunden-Tag für Jugendliche und Frauen und den 11-Stunden-Tag für Männer verbindlich machte.

Einleitung 91

[23] Northropwebstuhl: J. H. Northrop erfand 1889 den automatischen Schussspulenwechsler.
[24] Selfactorspinner: siehe S. 287–289.
[25] Batteur: Schlagmaschine zur Auflockerung der Baumwollklumpen.
[26] Kardieren: Textilgewebe aufrauen.
[27] Ringspinnmaschine: siehe S. 286–287.
[28] Zetteln: Teil der Webvorbereitung; beim Zetteln werden sehr viele Kettfäden parallel auf Teilkettbäume aufgewickelt. Von den Teilkettbäumen werden die Kettfäden mit Hilfe der Zettelmaschine in voller Webbreite auf den Kettbaum des Webstuhls übertragen.
[29] Rauhen: Beim Rauhen werden mit kleinen Metallhäckchen oder Bürsten kleine Fasern aus dem Gewebe gezogen.
[30] Passieren: Die Kettfäden aufziehen; man bedient sich dazu des Passierhakens, eines Werkzeugs ähnlich einem dünnen Messer, vorn mit Einschnitt oder Haken.
[31] Haspeln: Das Haspeln dient dazu, das Garn in die Form von Strängen zu bringen. Die Haspel besteht aus einem sechs- oder achtkantigen, aus Holzstäben gebildeten Prisma das um seine horizontale Achse gedreht wird. Der Umfang der Haspel in Deutschland beträgt 11/2 Yards (1,372 m), 80 Umdrehungen bilden ein Gebinde, 7 Gebinde einen Schneller, damit beträgt die Garnlänge genormte 768 m.
[32] Cops: von der Mulemaschine in birnenförmiger Gestalt aufgewundener Garnkörper.

Erster Teil
Berufswahl und Berufsschicksal der Arbeiterschaft

Erster Abschnitt
Die Auslese nach Alter und geographischer Provenienz

Erstes Kapitel
Die Auslese nach dem Alter

1. Der Altersaufbau der Arbeiterschaft

Wir wenden uns in diesem Abschnitt der Besprechung einiger Ausleseprozesse zu, die die oben geschilderte Industrie kraft der ihr immanenten Eigenart an der ihr gegenüberstehenden Bevölkerung vornimmt, indem sie die geeignetsten und darum rentabelsten Arbeitskräfte vorzugsweise heranzieht und die anderen abstößt.

Die nachfolgenden Untersuchungen beziehen sich hauptsächlich auf das Alter, die geografische und die Ortsgrößenprovenienz der Arbeiterschaft; d. h. auf die Auslese, die die Spinnerei und Weberei unter der Bevölkerung in Bezug auf diese Punkte trifft. Diese Darstellung hat einen doppelten Zweck: erstens soll sie über die Bedeutung der eben genannten grundlegenden Faktoren für die von uns besprochene Industrie Rechenschaft ablegen. Da das vorliegende Material[1] uns erlaubt, die hierher gehörenden Untersuchungen auf einen Zeitraum von fast 20 Jahren auszudehnen, so können dabei die für unsere Fragestellung wichtigen während dieses Zeitraums erfolgten Veränderungen und deren innerhalb oder außerhalb des Betriebes gelegenen Ursachen besprochen werden.

Zweitens sollen diese Erörterungen als Einleitung zu den folgenden Abschnitten, oder besser gesagt, als Hintergrund des Bildes dienen, das wir von dem beruflichen und außerberuflichen Schicksal der Textilarbeiter sowie von ihrer Anpassung an die Bedingungen ihrer Industrie entwerfen wollen. Die Resultate dieses Abschnitts sind zu diesem Zweck besonders geeignet, weil sie auf ein weit größeres Material gegründet sind als alle übrigen und daher von dem Vorwurf der Zufälligkeit frei sein müssen; und außerdem dies Material ein so geartetes ist, dass von irgendeinem Einfluss – selbst von einem unbewussten – persönlicher Meinung bei seiner Verwertung nicht geredet werden kann.

Wir beginnen mit der Frage nach dem Altersaufbau der Arbeiterschaft in den drei Jahren 1891, 1900 und 1908 und seinen etwaigen Veränderungen im Laufe der beiden letzten Jahrzehnte.

Wir nehmen dabei, ebenso wie in allen folgenden Kapiteln dieses Abschnitts, nicht die Zahl der an ein und demselben Tage zusammen in der Fabrik beschäftigt gewesenen Arbeitskräfte als Grundlage unserer Berechnung, sondern die Gesamtzahl der Arbeiter und Arbeiterinnen, die überhaupt im Laufe der betref-

---

1 Das in diesem Abschnitt verwandte Material ist ausschließlich den sog. »Arbeitsbüchern« der Fabrik entnommen, d. h. denjenigen Listen, in die bei der Aufnahme des Arbeiters sein Name, Alter, Datum des Eintritts und jetzige Beschäftigung eingetragen wird. Tritt der Arbeiter aus, so wird das Datum des Austritts dieser Notiz hinzugefügt. Die Zusammenstellungen beziehen sich auf die Jahre 1891, 1900, 1908 und umfassen im ganzen 4.200 Personen.

Tabelle 1

Altersaufbau der Arbeiterschaft in Prozenten der Gesamtzahl

	14.–16. Lebensjahr			17.–21. Lebensjahr			22.–30. Lebensjahr			31.–40. Lebensjahr			41.–50. Lebensjahr			51.–60. Lebensjahr			Über 60 Jahre		
	1891 %	1900 %	1908 %	1891 %	1900 %	1908 %	1891 %	1900 %	1908 %	1891 %	1900 %	1908 %	1891 %	1900 %	1908 %	1891 %	1900 %	1908 %	1891 %	1900 %	1908 %
Handwerker	–	10,2	6,2	24,4	18,4	12,4	22,2	20,4	22,9	15,5	14,2	27,0	20,0	16,3	12,4	4,4	14,2	16,6	13,3	6,1	2,0
Werkmeister	–	–	–	–	–	–	17,4	–	13,3	17,4	40,0	30,0	39,1	12,0	23,3	21,7	20,0	6,6	4,3	28,0	26,7
Weber	16,2	7,9	9,5	33,9	18,5	31,3	17,7	24,7	21,7	15,7	18,5	15,6	7,8	20,3	13,0	8,3	7,0	6,0	–	2,6	2,6
Spinner	24,7	21,1	16,1	40,0	35,8	37,3	22,3	16,4	18,1	10,5	13,6	13,1	1,9	10,0	10,1	–	1,8	5,1	–	–	–
Rauher, Passierer, Schlichter	4,7	–	4,0	4,7	22,2	28,0	19,0	–	32,0	28,5	11,1	4,0	23,8	22,2	12,0	9,4	44,4	16,0	9,4	–	4,0
Batteur, Mischung, Karden	0,9	6,1	7,9	26,3	34,6	37,0	29,0	24,6	25,2	15,4	11,5	8,6	12,7	12,3	11,0	12,7	8,4	7,9	2,7	2,3	2,3
Hofarbeiter, Packer, Heizer, Öler	11,2	7,9	15,3	11,2	17,3	17,7	20,2	21,2	12,8	21,3	20,4	14,6	19,1	16,5	20,1	10,1	8,6	15,3	6,9	7,9	4,0
Weberinnen	32,0	13,0	9,2	29,6	30,4	37,0	20,0	28,2	30,4	8,8	6,5	7,4	8,8	15,2	5,5	0,8	6,5	9,2	–	–	–
Ringspinnerinnen	17,9	14,6	31,2	40,6	37,8	34,3	35,8	36,7	23,9	7,3	9,0	6,4	0,8	1,7	3,2	–	–	0,9	–	–	–
Vorspinnerinnen	4,2	2,2	4,5	25,5	23,7	33,3	48,9	54,0	33,3	18,4	9,6	19,2	2,8	9,6	5,1	–	0,7	3,8	–	–	0,6
Hasplerinnen	12,8	17,3	29,0	40,7	47,4	28,2	35,0	26,1	27,4	5,7	7,5	8,8	2,1	1,1	4,0	3,5	0,5	1,6	–	–	–
Kreuzspulerinnen	–	–	7,1	–	–	39,3	–	–	42,8	–	–	10,7	–	–	–	–	–	–	–	–	–
Spulerinnen	3,7	6,5	13,6	37,0	27,8	34,0	37,0	50,8	34,0	16,6	9,8	9,9	3,7	3,2	6,8	1,8	1,6	2,2	–	–	–
Zwirnerinnen	7,4	2,7	2,7	40,7	45,9	40,5	44,4	32,4	37,9	–	13,4	13,4	–	2,7	2,7	7,4	2,7	2,7	–	–	–
Streckerinnen	2,0	–	–	24,0	30,3	37,0	56,0	57,3	43,9	10,0	6,7	12,0	4,0	3,4	6,1	4,0	2,2	0,8	–	–	–
Ungelernte Arbeiterinnen	11,6	20,0	7,3	23,0	20,0	12,1	11,6	20,0	17,0	15,4	10,0	21,9	19,2	20,0	24,3	11,6	5,0	14,6	7,7	5,0	2,4
Männliche Arbeiter	13,8	9,6	11,7	30,1	26,6	27,9	17,4	21,4	19,1	15,0	15,5	14,1	12,1	14,6	13,5	8,3	7,9	9,7	3,3	4,5	4,1
Weibliche Arbeiter	12,7	9,5	14,5	33,4	35,7	31,5	37,0	39,4	33,0	10,5	8,8	12,2	3,9	5,1	5,3	2,0	1,2	3,4	0,4	0,4	0,2
Alle Arbeitskräfte	13,2	9,5	13,3	31,8	31,8	30,0	28,7	31,5	27,2	12,6	11,7	12,9	7,8	9,2	8,7	4,9	4,0	6,0	1,8	2,2	1,8

fenden Jahre, sei es auf kürzere oder längere Zeit, sei es das ganze Jahr hindurch, dem Betrieb angehört hatten. Da der Wechsel innerhalb der Arbeiterschaft, wie später noch genauer nachgewiesen werden wird, ein außerordentlich starker ist, gibt uns die Gesamtzahl der Arbeiterschaft ein weniger vom Zufall beeinflusstes Bild als die Arbeiterschaft irgendeines einzelnen Tages.

Die Gesamtzahl der im Laufe des Jahres durch die Fabrik hindurchgegangenen Arbeitskräfte hat sich in den letzten 20 Jahren etwas erhöht. Die Fabrik beschäftigte im Jahre 1891 1.378, im Jahre 1900 1.364, im Jahre 1908 1.425 Arbeitskräfte.

In allen drei Jahren machen die weiblichen Arbeiter einen etwas größeren Bruchteil der Gesamtzahl der Arbeiterschaft aus als die männlichen Arbeiter. Die Zahl der ersteren hat in den letzten 20 Jahren sowohl absolut wie prozentual zur Gesamtzahl der Arbeiterschaft zugenommen, die Zahl der letzteren ein wenig abgenommen. Die Zahl der männlichen Arbeiter betrug im Jahr 1891 638 oder 46,3 % der Gesamtzahl; im Jahr 1900 594 oder 43,5 % der Gesamtzahl; im Jahre 1908 591 oder 41,5 % der Gesamtzahl. Die Zahl der Arbeiterinnen steigt in derselben Periode von 740 oder 53,7 % der Gesamtzahl im Jahre 1891, auf 770 oder 56,5 % der Gesamtzahl im Jahre 1900 und schließlich auf 834 oder 58,5 % der Gesamtzahl im Jahre 1908.[2]

Um uns einen vorläufigen Begriff über den Altersaufbau der Arbeiterschaft zu verschaffen, fragen wir uns, wie viele der im Laufe der Jahre in der Fabrik beschäftigten Arbeitskräfte weniger als 30 Jahre alt waren. Diese Zahl schwankt im Laufe der letzten 20 Jahre zwischen 70 % und 73 % der Arbeiterschaft. Das Jahr 1891 zeigt das niedrigste Durchschnittsalter aller Arbeitskräfte: 73 % waren weniger als 30 Jahre alt; im Jahre 1900 ist diese Zahl auf 72,7 % aller Arbeitskräfte, im Jahre 1908 etwas stärker auf 70,6 % aller Arbeitskräfte gesunken. Entsprechend beträgt die Zahl der über 30 Jahre alten Arbeitskräfte 27 %, 27,3 % und 29,4 % der Gesamtzahl.

Der Altersaufbau der Arbeiterschaft hat sich also im Laufe der letzten 20 Jahre kaum merklich nach oben hin verschoben; die Fabrik beschäftigte stets junge Leute in weit überwiegender Mehrzahl, ein Umstand, an den wir uns auch bei späteren Einzeldarstellungen stets werden erinnern müssen.

Vergleichen wir den Altersaufbau der männlichen und weiblichen Arbeiter gesondert, so ist das Durchschnittsalter der männlichen Arbeiter in allen drei besprochenen Jahren entschieden höher als das der weiblichen Arbeiter. Im Jahre 1891 sind 391 oder 61,2 % der männlichen Arbeiter, 615 oder 83,1 % der weiblichen Arbeiter weniger als 30 Jahre alt. Im Jahre 1908 ist die Differenz des Durchschnittsalters beider Geschlechter fast dieselbe; das Durchschnittsalter hat sich sowohl bei männlichen wie bei weiblichen Arbeitern etwas erhöht: 347 oder 58,7 % der männlichen Arbeiter, 659 oder 79,1 % der weiblichen Arbeiter waren im Jahre 1908 weniger als 30 Jahre alt. In dem Zwischenjahr 1900 ist die Durchschnittsaltersdifferenz zwischen Arbeitern und Arbeiterinnen am größten, da in diesem Jahr die männlichen Arbeiter ein höheres Durchschnittsalter (57,4 % weniger als

---

[2] Dies ist aber natürlich durchaus nicht so zu verstehen, als ob die Fabrik im Laufe der Jahre die Zahl der z u g l e i c h beschäftigten Arbeiterinnen vergrößert hätte. Das hier Gesagte bezieht sich im voraus auf die in einem nächsten Kapitel folgenden Untersuchungen über die Stabilität der Arbeiterschaft.

30 Jahre), die weiblichen Arbeiter ein niedrigeres Durchschnittsalter (84,5 % weniger als 30 Jahre) zeigen, als in den beiden anderen Jahren.

Sehen wir nun noch, der genaueren Präzisierung halber zu, wie sich die Prozentzahl sämtlicher Arbeitskräfte auf die je zehn Jahre umfassenden Altersklassen verteilt. Mit ganz geringen Unterschieden, von denen einige weiterhin noch zu besprechen sein werden, bietet sich uns im Laufe der letzten 20 Jahre stets dasselbe Bild. Am stärksten besetzt sind die beiden Altersklassen, die das 17. bis 21. und das 22. bis 30. Lebensjahr umfassen. Beide enthalten in jedem der drei Jahre rund 60 % der Arbeiterschaft, wobei jeweils die Zahl der 17- bis 21jährigen Leute um 2–3 % größer ist als die Zahl der Leute in der folgenden Altersklasse. Die jugendlichen Arbeitskräfte und diejenigen, die zwischen dem 30. und 40. Lebensjahr stehen, sind ungefähr gleich stark vertreten: sie machen je zwischen 12 % und 13 % der Arbeiterschaft aus. Die Zahl der über 40 Jahre alten Arbeitskräfte ist in jedem der drei besprochenen Jahre klein, sie schwankt zwischen 14 % und 16 % der Gesamtzahl. Die drei höchsten Altersklassen zeigen deutlich das von Jahrzehnt zu Jahrzehnt etwas steigende Durchschnittsalter der Arbeiterschaft, auf das wir oben schon hingewiesen haben. So stieg die Zahl der 40- bis 50jährigen im Laufe der letzten 20 Jahre von 7,8 % auf 8,7 % der Gesamtzahl; die Zahl der 50- bis 60jährigen von 4,9 % auf 6,0 % der Gesamtzahl; die über 60 Jahre alten Arbeitskräfte haben im Laufe der letzten 20 Jahre durchschnittlich 2 % der Arbeiterschaft ausgemacht. Wollte man den Altersaufbau der Arbeiterschaft im Laufe der letzten 20 Jahre graphisch darstellen, so würde die Kurve von der ersten zur zweiten Altersklasse sehr steil ansteigen, kaum merklich zur dritten Altersklasse fallen, in der vierten Altersklasse wieder die Anfangshöhe erreichen und von da an in ziemlich gleichmäßigen Abständen bis zur letzten Altersklasse sinken.

Dieser für die Gesamtzahl der Arbeitskräfte festgestellte Altersaufbau findet sich, wie wir wissen, nicht gänzlich in derselben Weise für männliche und weibliche Arbeiter gesondert wieder, sondern weicht in diesen beiden Gruppen etwas vom Gesamtresultat ab. Gleichmäßig bleibt freilich, dass auch bei den männlichen Arbeitern die zweite Altersklasse in allen drei Jahren die höchste Prozentzahl der Arbeiter zeigt, und nach derselben ein langsames Sinken eintritt; doch ist der ganze Aufbau etwas zugunsten der höheren Altersklasse verschoben. Die Unterschiede in der Besetzung der einzelnen Altersklassen erscheinen im Vergleich zum Gesamtresultat etwas abgeschwächt; so ist namentlich die Zahl der 41- bis 50jährigen Arbeiter in allen drei Jahren nur erheblich geringer als die der 31- bis 40jährigen Arbeiter. Die Prozentzahl der letzteren ist in allen drei Jahren fast unverändert und beträgt rund 15 % der Gesamtzahl der männlichen Arbeiter. Die Zahl der über 40 Jahre alten Arbeiter hat sich von 1891 bis 1908 prozentual zur Gesamtzahl vergrößert. Im Jahre 1891 waren 23,7 % der Arbeiter mehr als 40 Jahre alt; im Jahre 1900 27 %; im Jahre 1908 27,3 %.

Ebenso wie der Altersaufbau der männlichen Arbeiter, vom Gesamtresultat aus gesehen, nach oben verschoben erscheint, so liegt beim Altersaufbau der weiblichen Arbeiter der Schwerpunkt fast ausschließlich auf den drei untersten Altersklassen. In allen drei Jahren steigt die Prozentzahl der Arbeiterinnen sehr stark von der ersten zur zweiten Altersklasse, fällt sehr rasch in der dritten Altersklasse und wird nach dem 40. Jahre verschwindend klein. In jedem der von uns besprochenen Jahre sind fast drei Viertel aller Arbeiterinnen zwischen 17 und

30 Jahre alt. Die Zahl der über 30 Jahre alten Arbeiterinnen hat im Laufe der letzten 20 Jahre etwas zugenommen; die Zahl der 30- bis 40jährigen Arbeiterinnen stieg von 10,5 % der Gesamtzahl im Jahre 1891 auf 12,2 % im Jahre 1908; die Zahl der 40- bis 60jährigen Arbeiterinnen stieg in derselben Zeit von 5,9 % auf 8,7 % der Gesamtzahl.[3] Die über 60 Jahre alten Arbeiterinnen machen in keinem der drei Jahre ½ % der Gesamtzahl aus.

In jedem der drei von uns besprochenen Jahre sind bei männlichen sowohl wie weiblichen Arbeitern die zweite und die dritte Altersklasse die bedeutendsten. Mehr als die Hälfte aller weiblichen und fast die Hälfte aller männlichen Arbeiter stehen zwischen dem 17. und 30. Lebensjahr. In der jüngsten Altersklasse sind Arbeiter und Arbeiterinnen fast gleich stark vertreten. Dagegen ist die Zahl der über 30 und namentlich der über 40 Jahre alten Arbeiter prozentual zu ihrer Gesamtzahl ziemlich viel größer als die der Arbeiterinnen in demselben Alter.

Ganz geringe Veränderungen in den Prozentzahlen der einzelnen Altersklassen ausgenommen, die wohl nicht besonderer Beachtung wert sind, lassen sich im Altersaufbau der Arbeiterschaft im Laufe der letzten 20 Jahre zwei Verschiebungen feststellen; die eine betrifft die höheren Altersklassen und besteht in der schon genauer besprochenen Erhöhung des Durchschnittsalters der Arbeiterschaft von 1891 bis 1908. Diese Veränderung, die übrigens auch nicht allzu groß ist, ist wohl hauptsächlich durch das Verbleiben derselben Arbeitskräfte in der Fabrik zu erklären.

Die zweite Veränderung bezieht sich auf die jüngeren Altersklassen im Jahre 1900. In diesem Zwischenjahr ist die Zahl der jugendlichen Arbeitskräfte ein wenig geringer, die der Arbeitskräfte in den folgenden Altersklassen etwas größer als 1891 oder 1908. Diese Verschiebung ist auf organisatorische Änderungen innerhalb des Betriebes zurückzuführen, die überhaupt die Verhältnisse des Jahres 1900 beeinflussen und von denen weiterhin noch geredet werden wird.

Eine prinzipielle Veränderung des Altersaufbaus der Arbeiterschaft in den letzten 20 Jahren ist nicht zu konstatieren. Der durch zwei Jahrzehnte hindurch fast gleich bleibende Altersaufbau der Arbeiterschaft kann kein zufälliger sein, sondern er muss im Wesen der Industrie, vor allem ihrer Technik und den Bedingungen, die sie schafft, ihren Grund haben. Wir hätten hier also einen der Ausleseprozesse vor uns, den die Industrie an der ihr gegenüberstehenden Bevölkerung vornimmt, indem sie gewisse Altersklassen mit Vorliebe anzieht und andere abstößt.

Ein Vergleich mit dem Altersaufbau der Bevölkerung von M.-Gladbach überhaupt dürfte vielleicht von Interesse sein.

Nach den Ergebnissen der Volkszählung vom Jahre 1905 waren von der ortsanwesenden Bevölkerung im Alter von 14 bis 70 Jahren überhaupt 39.546 Personen, davon 18.177 oder 45,7 % männliche Personen; 21.369 oder 54,3 % weibliche Personen. Von den 39.546 Personen standen zwischen dem 14. und 15. Lebensjahr: 3,2 %; zwischen dem 15. und 21. Lebensjahr: 15,7 %; zwischen dem 21. und 30. Lebensjahr: 24,8 %; zwischen dem 30. und 40. Lebensjahr: 20,4 %; zwischen dem 40. und 50. Lebensjahr: 15,8 %; zwischen dem 50. und 60. Lebensjahr: 10,7 %; zwischen dem 60. und 70. Lebensjahr: 6,3 %.

---

3 Zu vergleichen Teil I, Abschnitt II, Kapitel V: Zahl der Verheirateten 1891, 1900, 1908.

Bei den weiblichen Personen sind die Altersklassen 15. bis 30. Lebensjahr, bei den männlichen Personen die Altersklassen 30. bis 60. Lebensjahr etwas stärker besetzt. So waren von den ortsanwesenden weiblichen Personen im Alter von 14 bis 70 Jahren 45,4 % zwischen 15 und 30 Jahre alt, 44,3 % zwischen 30 und 60 Jahre alt. Dagegen waren von den ortsanwesenden männlichen Personen im Alter von 14 bis 70 Jahren 35,8 % zwischen 15 und 30 Jahre alt, 49,5 % zwischen 30 und 60 Jahre alt.

Vergleichen wir diese Angaben mit dem Altersaufbau unserer Arbeiterschaft (Tabelle 1), so finden wir, dass dort die Altersklassen vor dem 30. Lebensjahr stärker, die nach dem 30. Lebensjahr schwächer besetzt sind als im Altersaufbau der Gesamtbevölkerung von M.-Gladbach. Bei den männlichen Arbeitern sind vor allem die Altersklassen vor dem 21. Lebensjahr im Vergleich zur Gesamtbevölkerung sehr stark besetzt; bei den weiblichen Arbeitern die Altersklassen vom 17. bis 30. Lebensjahr. Der Altersaufbau der Textilarbeiterschaft ist also im Vergleich zum Altersaufbau der Gesamtbevölkerung M.-Gladbachs überhaupt entschieden nach unten hin verschoben.

Der Altersaufbau der Bevölkerung der gesamten Rheinprovinz unterscheidet sich nur wenig von demjenigen von M.-Gladbach. Nur die Prozentzahl der 15- bis 21jährigen Personen ist im Rheinland größer, die der 21- bis 30jährigen geringer als im Stadtkreis Gladbach. Männliche Personen im Alter von 21 bis 60 Jahren machen in M.-Gladbach einen größeren Bruchteil der 14- bis 70jährigen Männer aus als im ganzen Rheinland. Dagegen steigt die Prozentzahl der 15- bis 30jährigen weiblichen Personen in M.-Gladbach ziemlich stark im Vergleich zum ganzen Rheinland. Die Altersklassen nach dem 50. und vor allem nach dem 60. Lebensjahr sind in M.-Gladbach prozentual schwächer besetzt als in der ganzen Rheinprovinz.[4]

2. Die Eintrittschancen im Allgemeinen

Aus der Gesamtzahl der Arbeitskräfte, die wir bis jetzt zur Grundlage unserer Berechnung nahmen, lassen sich drei Gruppen von Zahlen herauslösen, von denen jede für unsere Fragestellung beachtenswert ist: erstens die Zahl der jeweils im Laufe des Jahres eingetretenen Leute; zweitens die Zahl der im Laufe des Jahres ausgetretenen Leute; drittens die durch Subtraktion der letzten Zahl von der Gesamtzahl sich ergebende »Restzahl« der Arbeitskräfte am Ende jedes der drei Jahre.

Wir besprechen zuerst die Eintrittsverhältnisse und ihre Veränderungen im Laufe der letzten 20 Jahre bei der Gesamtheit der Arbeiterschaft sowohl wie bei männlichen und weiblichen Arbeitern gesondert. Die Zahl der im Laufe eines Jahres in der Fabrik beschäftigten Arbeitskräfte kann uns, in Verbindung mit der später zu besprechenden Zahl der erfolgten Austritte anschaulich machen,

---

[4] Vergleichen wir den Altersaufbau der Rheinprovinz, so haben wir folgendes Resultat: Von je 1.000 Personen standen im Alter von 14–18 Jahren: im Rheinland 77,17 in Westpreußen 86,62; im Alter von 18–20 Jahren: im Rheinland 38,54 in Westpreußen 37,51; im Alter von 20–50 Jahren: im Rheinland 409,99, in Westpreußen 359,51; im Alter von 50–70 Jahren: im Rheinland 110,43, in Westpreußen 122,40; im Alter von über 70 Jahren: im Rheinland 21,21, in Westpreußen 30,46. In der landwirtschaftlichen Provinz haben wir also die stärkere Besetzung der jugendlichen und der höheren Altersklassen; in der industriellen Provinz die größere Anzahl 20–50jähriger Leute.

Die Eintrittschancen im Allgemeinen

Tabelle 2

Eintrittsliste in Prozent der Gesamtzahl der Eingetretenen

	14.–16. Lebensjahr			17.–21. Lebensjahr			22.–30. Lebensjahr			31.–40. Lebensjahr			41.–50. Lebensjahr			51.–60. Lebensjahr			Über 60 Jahre		
	1891 %	1900 %	1908 %	1891 %	1900 %	1908 %	1891 %	1900 %	1908 %	1891 %	1900 %	1908 %	1891 %	1900 %	1908 %	1891 %	1900 %	1908 %	1891 %	1900 %	1908 %
Handwerker	–	17,6	22,2	75,0	23,5	11,1	–	35,2	11,1	25,0	11,8	33,3	–	5,9	11,1	–	5,9	11,1	–	–	–
Werkmeister	–	–	–	–	–	–	–	–	50,0	100	100	50,0	–	–	–	–	–	–	–	–	–
Weber	24,7	12,0	11,7	33,0	16,0	25,0	16,5	32,0	26,4	9,2	17,2	20,7	8,2	17,2	14,7	8,2	5,2	1,4	–	–	–
Spinner	43,4	25,9	31,6	28,2	31,4	28,9	21,7	20,3	23,7	6,5	11,9	10,5	–	7,4	5,3	–	1,8	–	–	–	–
Rauher, Passierer, Schlichter	–	–	–	–	66,7	30,7	50,0	–	53,3	25,0	–	8,0	–	33,3	–	25,0	–	8,0	–	–	–
Batteur, Mischung, Karden	3,1	8,5	10,5	34,3	43,8	47,3	37,5	29,2	25,0	9,3	7,3	5,3	9,3	8,5	6,5	6,2	2,4	5,3	–	–	–
Hofarbeiter, Packer, Heizer, Öler	17,3	12,7	23,2	8,7	27,2	25,0	43,4	30,9	21,4	21,7	20,0	14,2	4,4	5,4	10,7	4,4	3,6	5,4	–	–	–
Weberinnen	52,4	13,0	8,0	26,2	30,4	40,0	21,3	39,0	36,0	3,2	4,3	8,0	1,6	13,0	8,0	–	–	–	–	–	–
Ringspinnerinnen	31,0	16,9	40,5	20,7	35,7	42,1	41,4	37,9	23,1	3,4	8,5	4,9	3,4	1,0	3,5	–	–	–	–	–	–
Vorspinnerinnen	7,1	4,4	5,3	23,8	22,4	32,2	57,1	61,2	36,5	11,9	5,9	20,4	–	5,9	2,1	–	–	3,2	–	–	–
Hasplerinnen	18,1	33,8	44,2	47,7	46,7	28,5	31,8	11,3	21,4	2,2	8,0	4,2	–	–	1,4	–	–	–	–	–	–
Kreuzspulerinnen	–	–	–	–	–	38,4	–	–	46,1	–	–	15,3	–	–	–	–	–	–	–	–	–
Spulerinnen	8,7	12,4	37,5	52,1	24,8	25,0	26,0	51,5	31,2	17,3	9,3	6,2	–	–	–	–	–	–	–	–	–
Zwirnerinnen	28,5	–	4,7	28,5	52,4	33,3	42,9	38,1	42,8	–	4,7	19,1	–	4,7	–	–	–	–	–	–	–
Streckerinnen	5,5	–	–	50,0	34,5	40,0	33,3	60,0	45,3	11,1	5,5	12,0	–	–	2,7	–	–	–	–	–	–
Ungelernte Arbeiterinnen	20,0	–	10,5	60,0	14,3	10,5	20,0	57,2	21,0	–	–	21,0	–	14,3	26,4	–	14,3	10,5	–	–	–
Männliche Arbeiter	24,9	15,3	19,7	31,7	31,9	31,9	27,1	27,1	23,5	9,5	13,2	13,0	5,9	9,4	8,8	5,0	3,1	2,8	–	–	–
Weibliche Arbeiter	21,4	12,4	20,2	36,3	36,2	28,9	35,6	41,1	33,0	6,5	6,9	14,3	0,8	2,9	4,3	0,4	0,5	1,6	–	–	–
Alle Arbeitskräfte	23,0	13,6	20,0	34,1	30,2	29,2	35,0	29,5	7,8	9,7	12,5	3,2	5,7	5,9	2,6	1,6	1,9	–	–	–	–

in welchem Maße sich die Zusammensetzung der Arbeiterschaft im Laufe eines Jahres verändert.

Vom Altersaufbau der Arbeiterschaft konnten wir sagen, dass er sich im Laufe der letzten 20 Jahre fast gar nicht verschoben habe. Bei den Eintrittsverhältnissen ist dies anders. Die Zahl der im Laufe des Jahres eingetretenen Arbeitskräfte hat von Jahrzehnt zu Jahrzehnt sowohl absolut wie prozentual zur Gesamtzahl zugenommen. 1891 waren von den 1378 Arbeitskräften 469 oder 33,3 % im Laufe des Jahres eingetreten. Im Jahre 1900 machen die in diesem Jahre eingetretenen 682 Leute schon die Hälfte der Gesamtzahl aus. Vom Jahre 1900 bis zum Jahre 1908 wächst die Zahl der Eingetretenen weit weniger als in der vorhergehenden Periode: von den 1.425 Arbeitskräften des Jahres 1908 waren 776 oder 54,4 % neu eingetreten.

Die Entwicklung der Eintrittszahlen bei den weiblichen Arbeitern ist fast die gleiche wie die des Gesamtresultates; von einem Drittel ihrer Gesamtzahl im Jahre 1891 steigt die Zahl der im Laufe des Jahres neu eingetretenen Arbeiterinnen auf die Hälfte der Gesamtzahl im Jahre 1900 und auf 58,9 % der Gesamtzahl im Jahre 1908. Die Eintrittsziffern der männlichen Arbeiter sind in den beiden ersten Jahren denen der Arbeiterinnen außerordentlich ähnlich. Im Jahre 1891 waren 34,6 % aller Arbeiter neu eingetreten; im Jahre 1900 49,7 %. Im Jahre 1908 ist die Eintrittsziffer der Arbeiter ein wenig gefallen und beträgt nur mehr 46,5 % der Gesamtzahl der Arbeiter.

Die Arbeiterschaft der Fabrik bestand also im Jahre 1908 zu einem größeren Prozentsatz aus neu eingetretenen Leuten als 20 Jahre früher. Doch ist dieser Unterschied zwischen der Zusammensetzung der Arbeiterschaft im ersten und im letzten der von uns betrachteten Jahre bei den weiblichen Arbeitern größer als bei den männlichen Arbeitern.

Bei der nun zu besprechenden Verteilung der Eintritte auf die einzelnen Altersklassen handelt es sich hauptsächlich um die Beantwortung der Frage, in welchem Alter die meisten Arbeiter in der Textilindustrie eintreten, und bis zu welchem Alter überhaupt noch Eintritte häufig sind.

Wir sahen soeben, dass sich die Zahl der im Laufe des Jahres eingetretenen Leute von Jahrzehnt zu Jahrzehnt verändert hat; das Alter der Eintretenden ist dagegen in den drei besprochenen Jahren fast dasselbe geblieben. Wir können daher, ebenso wie es oben bei der Erörterung des Altersaufbaues geschah, die drei verschiedenen Jahre vorerst zusammenfassen und nur am Schluss auf etwaige Veränderungen hinweisen.

Nach dem, was oben über die Wichtigkeit der zweiten und dritten Altersklasse im Altersaufbau der Arbeiterschaft gesagt wurde, kann es nicht verwundern, dass auch die größte Prozentzahl der neu eingetretenen Leute auf diese beiden Altersklassen entfällt. In jedem der drei Jahre waren rund ein Drittel der eingetretenen Arbeitskräfte zwischen 17 und 21 Jahre alt; weitere 30 % standen zwischen dem 22. und 30. Lebensjahr. Diese beiden Altersklassen zusammen umfassen also in jedem Jahre fast zwei Drittel der überhaupt neu eingetretenen Leute. Nach dem 30. und vor allem nach dem 40. Lebensjahr ist die Beweglichkeit anscheinend nur sehr gering.

Im Jahre 1891 waren 13,6 % der Eingetretenen mehr als 30 Jahre, 5,8 % mehr als 40 Jahre alt. Im Jahre 1900 machten die mehr als 30 Jahre alten Leute 17 % der

Die Eintrittschancen im Allgemeinen

Eingetretenen, die mehr als 40 Jahre alten Leute 7,3 % der Eingetretenen aus. Im Jahre 1908 endlich betrug die Zahl der mehr als 30 Jahre alten Leute unter den Eingetretenen 20,3 %, der mehr als 40 Jahre alten Leute 7,8 % der Gesamtzahl der Eingetretenen. Ebenso wie vorher beim Altersaufbau können wir auch hier eine leise Erhöhung des Durchschnittsalters der Eintretenden im Laufe der letzten 20 Jahre feststellen. Doch betrifft diese Tatsache nur die beiden Altersklassen, die das 31. bis 40. Lebensjahr umfassen. Die Zahl der 50- bis 60jährigen eintretenden Leute zeigt eher die Tendenz abzunehmen, über 60 Jahre alte Leute sind natürlich nicht mehr eingetreten.

Bei den männlichen Arbeitern zeigt sich, dem Altersaufbau entsprechend, im Vergleich zum Gesamtresultat eine kleine Verschiebung: die Zahl der neu eingetretenen 17- bis 30jährigen Arbeiter ist geringer, die Zahl der eingetretenen 31- bis 50jährigen Arbeiter ist geringer, die Zahl der eingetretenen 31- bis 50jährigen Arbeiter größer als in den Zahlen aller Eingetretenen. Letztere Zahl hat von 1891–1908 stetig zugenommen: im Jahre 1891 waren 15,4 % der neu eingetretenen männlichen Arbeiter zwischen 30 und 50 Jahre alt; im Jahre 1908 21,8 %.

Bei den weiblichen Arbeitern ist das Bild insofern ein wenig verändert, als jeweils der weitaus größte Teil aller eingetretenen Arbeiterinnen zwischen dem 17. und 30. Lebensjahr stand: im Jahre 1891 71,9 %; im Jahre 1900 77,3 %; im Jahre 1908 61,9 %. Nahm also der Anteil der 17- bis 30jährigen Arbeiterinnen an der Gesamtzahl der eingetretenen Arbeiterinnen von 1900 auf 1908 ab, so hat die Zahl der älteren eingetretenen Arbeiterinnen, namentlich der 31- bis 40jährigen ziemlich stark zugenommen.[5] Sie machen im Jahre 1908 14,3 % aller eingetretenen Arbeiterinnen aus, in den beiden früheren Jahren nur zwischen 6 % und 7 %. Nach dem 40. Lebensjahr sind die Aufnahmechancen für weibliche Arbeiter verschwindend klein, scheinen sich aber langsam zu bessern: im Jahre 1891 waren nur 1,2 % der eingetretenen Arbeiterinnen mehr als 40 Jahre alt, im Jahre 1900 3,4 %, im Jahre 1908 5,9 %.

Die geringere Anteilnahme der jugendlichen Arbeitskräfte an der Arbeiterschaft des Jahres 1900, die wir schon beim Altersaufbau besprachen, spiegelt sich auch hier in der Tatsache wieder, dass im Jahre 190 prozentual weniger jugendliche Arbeiter und Arbeiterinnen eintraten als in den beiden anderen Jahren. Während die Zahl der jugendlichen Eingetretenen im Jahre 1891 23 %, im Jahre 1908 20 % der Gesamtzahl der Eingetretenen beträgt, waren im Jahre 1900 nur 13,6 % der Eingetretenen jugendliche Arbeiter.

Fassen wir die Ergebnisse dieser Darstellung kurz zusammen, so können wir sagen: die Eintrittschancen sind für männliche und weibliche Arbeiter die besten zwischen dem 17. und 30. Lebensjahr; für jugendliche Arbeiter, wohl infolge der verkürzten Arbeitszeit, ein wenig schlechter. Nach dem 30. Lebensjahr werden die Aufnahmechancen für beide Geschlechter geringer als vor dieser Altersgrenze, doch mit dem Unterschied, dass Männer über 40 Jahre in zur Gesamtzahl prozentual größerer Zahl eintreten als Frauen über 40 Jahre. Nach dem 50. Lebensjahr sind die Aufnahmechancen für beide Geschlechter verschwindend klein.

---

5 Zu vergleichen Teil I, Abschnitt II, Kapitel V: Zahl der Verheirateten 1908.

An dieser nach Altersgesichtspunkten vorgenommenen »Auslese« hat sich prinzipiell im Laufe der letzten 20 Jahre nichts verändert. Wir sind daher berechtigt, sie als im Wesen der Textilindustrie begründet anzusehen. Nur innerhalb ihres Grundschemas ist eine kleine Verschiebung vor sich gegangen: die Eintrittschancen für ältere Arbeiter und Arbeiterinnen sind ganz langsam etwas günstiger geworden, als sie vor 20 Jahren waren.[6]

3. Die Häufigkeit der Eintritte und Austritte in den verschiedenen Monaten

Ehe wir die hier gegebenen Tatsachen durch die Besprechung der Austrittsverhältnisse in den drei Jahren noch vervollständigen, wollen wir auf die Frage eingehen, wie sich die Zahl der Eintritte auf die einzelnen Monate des Jahres verteilt.

Von den 469 im Jahre 1891 eingetretenen Arbeitskräften traten ein:

Im Januar 36   oder   7,7 %
Im Februar 25   oder   5,3 %
Im März 51   oder 10,9 %
Im April 58   oder 12,4 %
Im Mai 39   oder   8,3 %
Im Juni 54   oder 11,5 %
Im Juli 37   oder   7,9 %
Im August   34   oder   7,5 %
Im September   36   oder   7,7 %
Im Oktober   34   oder   7,5 %
Im November   32   oder   6,8 %
Im Dezember   33   oder   7,0 %

Fassen wir je drei Monate zusammen, so traten ein in den drei Frühlingsmonaten März, April, Mai 31,6 % aller Eingetretenen; in den drei Sommermonaten Juni, Juli, August 26,9 % aller Eingetretenen; in den drei Herbstmonaten September, Oktober, November 22 % aller Eingetretenen; in den drei Wintermonaten Dezember, Januar, Februar 20 % aller Eingetretenen. Mit dem fallenden Jahr nimmt also auch die Häufigkeit der Eintritte ab, oder, anders ausgedrückt, sie sind in der warmen Jahreszeit zahlreicher als in der kalten. Vom März bis August traten ein 58,5 % aller Eingetretenen; vom September bis Februar traten ein 42 % aller Eingetretenen.

Die Verteilung der Eintritte auf die einzelnen Monate im Jahre 1900 bietet folgendes Bild: Von den 682 im Laufe des Jahres 1900 eingetretenen Arbeitskräfte traten ein:

---

6   Ich betrachte hier zunächst einmal die Eintrittsprozente als nur durch die Auslese von Seiten des Betriebes her bedingt. Ich weiß wohl, dass dies etwas einseitig ist. So ist sicher der stärkere Anteil der älteren Frauen an der Arbeiterschaft des letzten Jahres auf ein auf anderen Gründen beruhendes Angebot zurückzuführen. Doch ist ja schließlich nicht dieses, sondern die Aufnahme maßgebend. Der Anteil der A r b e i t e r am Wechsel innerhalb der Arbeiterschaft wird unten besprochen (siehe 4. Der Wechsel innerhalb der Arbeiterschaft).

Die Häufigkeit der Eintritte und Austritte in den verschiedenen Monaten   105

Im Januar........... 38 oder 5,6 %
Im Februar.......... 35 oder 5,1 %
Im März............ 42 oder 6,3 %
Im April............ 48 oder 7,0 %
Im Mai............. 56 oder 8,2 %
Im Juni............. 57 oder 8,3 %
Im Juli............. 71 oder 10,5 %
Im August.......... 80 oder 11,7 %
Im September....... 54 oder 7,9 %
Im Oktober......... 114 oder 16,6 %
Im November....... 56 oder 8,2 %
Im Dezember .... 31 oder 4,5 %

Es traten also ein in den drei Frühlingsmonaten März, April, Mai 21,5 % aller Eingetretenen; in den drei Sommermonaten Juni, Juli, August 30,5 % aller Eingetretenen; in den drei Herbstmonaten September, Oktober, November 32,7 % aller Eingetretenen; in den drei Wintermonaten Dezember, Januar, Februar 15,2 % aller Eingetretenen. Verglichen mit den Zahlen des Jahres 1891 zeigen Sommer und namentlich Herbst eine größere, die beiden anderen Jahreszeiten eine geringere Eintrittsziffer. Ebenso wie im Vorjahr entfiel die geringste Zahl der Eintritte auf den Winter; doch ist die Eintrittsdifferenz zwischen Frühling und Sommer einerseits, Herbst und Winter andererseits gering. Vom März bis August traten ein 52 % aller Eingetretenen; vom September bis Februar traten ein 48 % aller Eingetretenen.

Im Jahre 1908 endlich verteilten sich die Eintritte folgendermaßen auf die einzelnen Jahreszeiten. Von den 776 im Laufe des Jahres 1908 eingetretenen Arbeitskräften traten ein:

Im Januar........... 66 oder 8,5 %
Im Februar.......... 61 oder 7,9 %
Im März............ 76 oder 9,8 %
Im April............ 87 oder 11,2 %
Im Mai............. 64 oder 8,2 %
Im Juni............. 70 oder 9,0 %
Im Juli............. 69 oder 8,9 %
Im August.......... 66 oder 8,5 %
Im September....... 59 oder 7,5 %
Im Oktober......... 59 oder 7,5 %
Im November....... 60 oder 7,7 %
Im Dezember .... 39 oder 5,1 %

Es traten ein in den drei Frühlingsmonaten März, April, Mai 29,2 % aller Eingetretenen; in den drei Sommermonaten Juni, Juli, August 26,4 %; in den drei Herbstmonaten September, Oktober, November 22,7 %; in den drei Wintermonaten Dezember, Januar, Februar 20,3 % aller Eingetretenen. Die Unterschiede zwischen den Eintrittsziffern der einzelnen Jahreszeiten sind in diesem Jahr geringer als in einem der früheren Jahre. Immerhin haben wir auch im Jahre 1908 ebenso wie im Jahre 1891 eine mit dem fallendes Jahr fallende Eintrittsziffer. Vom März bis

August traten ein 55,6 % aller Eingetretenen; vom September bis Februar traten ein 43 % aller Eingetretenen.

Wir können die – prinzipiell übereinstimmenden – Eintrittsziffern des Jahres 1891 und des Jahres 1908 als die, für die dortige Arbeiterschaft und Gegend wenigstens, normalen und typischen Eintrittsverhältnisse in den verschiedenen Jahreszeiten ansehen. Die hohe Eintrittsziffer im Herbst 1900 ist darauf zurückzuführen, dass im September dieses Jahres ein neuer Obermeister und ein neuer Betriebsleiter in der Fabrik angestellt wurden; sie brachten Leute aus ihren früheren Stellungen mit.

Die mit dem fallenden Jahr sich verringernde Häufigkeit der Eintritte lässt sich wohl teilweise verstehen, wenn man einerseits die, durch die erschwerten Lebensbedingungen gegebene geringere Geneigtheit der Leute zum Arbeitswechsel im Winter, andererseits ihre, wohl auch durch psychophysische Einflüsse veranlasste Ruhelosigkeit im Frühling bedenkt. Vor allem aber ist dabei zu beobachten, dass das Schuljahr im April (Ostern) schließt und die meisten jugendlichen Arbeiter also um diese Zeit in den Betrieb eintreten.

Stellen wir nun, um ein klares Bild des Wechsels innerhalb der Arbeiterschaft in den einzelnen Jahreszeiten zu bekommen, die Verteilung der Austritte auf die einzelnen Monate des Jahres den eben geschilderten Eintritten gegenüber.

Im voraus ist zu sagen, dass ebenso wie die Zahl der im Laufe des Jahres erfolgten Eintritte auch die Zahl der Austritte von Jahrzehnt zu Jahrzehnt sowohl absolut wie prozentual zur Gesamtzahl zugenommen hat. Von den 1.378 Arbeitskräften des Jahres 1891 traten im Jahre 1891 aus 479 oder 34,9 %; von den 1.364 Arbeitskräften des Jahres 1900 traten in demselben Jahr aus 588 oder 43,1 %; im Jahre 1908 betrug die Zahl der ausgetretenen Leute 666 oder 46,7 % der Gesamtzahl.[7]

Die Verteilung der Austritte auf die einzelnen Monate des Jahres ist nun wie folgt: Von den 479 im Laufe des Jahres 1891 ausgetretenen Arbeitskräften traten aus:

Im Januar	43	oder 8,1 %
Im Februar	48	oder 10,0 %
Im März	59	oder 12,3 %
Im April	49	oder 10,2 %
Im Mai	44	oder 8,3 %
Im Juni	48	oder 10,0 %
Im Juli	35	oder 7,3 %
Im August	41	oder 8,6 %
Im September	42	oder 8,8 %
Im Oktober	27	oder 5,8 %
Im November	21	oder 4,4 %
Im Dezember	22	oder 4,6 %

Teilen wir das Jahr wieder in der bekannten Weise ein, so traten aus in den drei Frühlingsmonaten März, April, Mai 30,8 % aller Ausgetretenen; in den drei Som-

---

[7] Es ist ja selbstverständlich, dass Eintritte und Austritte sich annähernd entsprechen müssen, wenn nicht eine Veränderung der Zahl der Arbeiter vorliegt.

mermonaten Juni, Juli, August 25,9 % aller Ausgetretenen; in den drei Herbstmonaten September, Oktober, November 19 % aller Ausgetretenen; in den drei Wintermonaten Dezember, Januar, Februar 22,7 % aller Ausgetretenen. Ganz analog den besprochenen Eintrittsverhältnissen haben wir auch hier eine Abnahme der Austrittsziffern mit dem Fallen des Jahres. Vom März bis August traten aus 56,7 % aller Ausgetretenen; vom September bis Februar traten aus 43,3 % aller Ausgetretenen. Die etwas größere Zahl der im Winter Ausgetretenen kommt vorwiegend auf Rechnung des Februar.

Im Jahre 1900 entfielen auf die einzelnen Monate folgende Austrittszahlen. Von den 588 im Laufe des Jahres 1900 ausgetretenen Arbeitskräften traten aus:

Im Januar........... 38 oder 6,4 %
Im Februar.......... 30 oder 5,1 %
Im März............ 72 oder 12,2 %
Im April............ 57 oder 9,9 %
Im Mai............. 49 oder 8,4 %
Im Juni............. 50 oder 8,5 %
Im Juli............. 57 oder 9,9 %
Im August.......... 50 oder 8,5 %
Im September....... 62 oder 10,5 %
Im Oktober......... 60 oder 10,2 %
Im November....... 33 oder 5,6 %
Im Dezember....... 30 oder 5,1 %

Es traten also aus in den drei Frühlingsmonaten März, April, Mai 30,5 % aller Ausgetretenen; in den drei Sommermonaten Juni, Juli, August 26,9 % aller Ausgetretenen; in den drei Herbstmonaten September, Oktober, November 26,3 % aller Ausgetretenen; in den drei Wintermonaten Dezember, Januar, Februar 16,6 % aller Ausgetretenen. Die Änderung in der Betriebsleitung im September 1900, die wir schon oben erwähnten, spiegelt sich auch deutlich in der ungewöhnlichen Höhe der Austrittsziffern im Herbst 1900. Die Austrittsverhältnisse in den übrigen Monaten sind denen des Jahres 1891 entsprechend.

Die Verteilung der Zahl der Austritte auf die einzelnen Monate im Jahre 1908 ergibt endlich folgendes Bild: Von den 666 im Laufe des Jahres 1908 ausgetretenen Arbeitskräften traten aus:

Im Januar........... 31 oder 4,7 %
Im Februar.......... 62 oder 9,5 %
Im März............ 63 oder 9,6 %
Im April............ 60 oder 9,0 %
Im Mai............. 57 oder 8,6 %
Im Juni............. 60 oder 9,0 %
Im Juli............. 73 oder 11,0 %
Im August.......... 57 oder 8,6 %
Im September....... 57 oder 8,6 %
Im Oktober......... 70 oder 10,5 %
Im November....... 43 oder 6,6 %
Im Dezember....... 33 oder 4,9 %

Es traten aus in den drei Frühlingsmonaten März, April, Mai 27,2 % aller Ausgetretenen; in den drei Sommermonaten Juni, Juli, August 28,6 % aller Ausgetretenen; in den drei Herbstmonaten September, Oktober, November 25,7 % aller Ausgetretenen; in den drei Wintermonaten Dezember, Januar, Februar 19,1 % aller Ausgetretenen. Wiederum ist die Zahl der Austritte in der warmen Jahreszeit größer als in der kalten. Es traten aus vom März bis August 55,8 % aller Ausgetretenen; vom September bis Februar 44,8 % aller Ausgetretenen. Die größere Zahl der Austritte im Frühling und Sommer, die geringere im Herbst und Winter ist wohl zum größten Teil aus denselben Ursachen zu erklären wie die Differenz der Eintrittsprozente; geringe Geneigtheit zum Arbeitswechsel im Winter, Ruhelosigkeit der Arbeiterschaft im Frühling. Die relativ großen Austrittsprozente im März und April sind außerdem noch dadurch zu erklären, dass beim Nachlassen des Frostes ungelernte männliche Arbeiter die Fabrik verlassen, um bei Bauten, Erdarbeiten usw. Arbeit zu suchen.

Abgesehen von den geringen Veränderungen im Herbst 1900, die wir uns aus zufälligen, innerhalb des Betriebes gelegenen Gründen erklären konnten, hat im Laufe der letzten 20 Jahre der größte Arbeiterwechsel im Frühling, der geringste im Winter stattgefunden. Neben dieser prinzipiellen Ähnlichkeit aber scheinen die Eintritts- und Austrittsdifferenzen der einzelnen Monate sich im Laufe der Jahre eher auszugleichen als zu verschärfen.

4. Der Wechsel innerhalb der Arbeiterschaft

Wir wenden uns nun der Beantwortung der Frage zu, wie sich die Gesamtzahl der Austritte auf männliche und weibliche Arbeiten gesondert verteilt.

Da mir mein Material leider nicht gestattet, freiwilligen »Austritt« und unfreiwillige »Entlassung« zu unterscheiden, so will ich bei dieser Erörterung nicht die Zahl der Ausgetretenen, sondern die Zahl der am Ende des Jahres »Übriggebliebenen« (= Gesamtzahl minus Austrittszahl) zum Einteilungsprinzip machen. Diese »Restprozente« geben auch wohl ein klares Bild von dem Wechsel, den die Arbeiterschaft im Laufe jedes der drei Jahre in ihren Reihen gesehen hat, und dieser ist es, der uns hier vor allem, auch als Ergänzung zu den oben besprochenen Eintrittsverhältnissen interessiert. »Stabil« würden wir demnach die Arbeiterschaft nennen, wenn die Zahl der Übriggebliebenen prozentual zur Gesamtzahl groß, »mobil« dagegen, wenn sie klein ist.

Geben wir, statt der oben schon angeführten Austrittszahlen, die Restprozente der Arbeiterschaft in den drei von uns besprochenen Jahren an, so ist leicht zu sehen, dass die gesamte Arbeiterschaft von 1891 auf 1908 immer mobiler geworden ist. Am 31. Dezember des Jahres 1891 waren noch 65,1 % der Gesamtzahl aller Arbeitskräfte, am 31. Dezember 1900 57,6 %, am 31. Dezember 1908 53,2 % aller Arbeitskräfte der betreffenden Jahre in der Fabrik beschäftigt.

Die Arbeiterschaft des Jahres 1908 hat also einen weit stärkeren Wechsel ihrer Mitglieder durchgemacht als die Arbeiterschaft der Fabrik zwanzig Jahre früher. Dabei muss freilich auf die nicht uninteressante Tatsache hingewiesen werden, dass die Hauptzunahme der Austritte auf diejenigen Leute entfällt, die erst in demselben Jahr auch eingetreten waren. Folgende Zahlen sollen dies deutlich machen:

Der Wechsel innerhalb der Arbeiterschaft

Tabelle 3 **Wechsel in den Arbeitskategorien in Prozenten der Gesamtzahl**

	Gesamtzahl			Eintrittszahl			Austrittszahl			Restzahl		
	1891	1900	1908	1891 %	1900 %	1908 %	1891 %	1900 %	1908 %	1891 %	1900 %	1908 %
Handwerker	45	49	48	8,8	34,6	18,7	15,5	22,4	12,5	84,5	77,6	87,5
Werkmeister	23	25	20	4,4	4,0	13,2	13,0	4,0	13,3	87,0	96,0	86,7
Weber	203	113	115	53,7	66,4	59,2	48,7	48,6	46,1	51,3	51,4	53,9
Spinner	161	109	99	28,6	49,5	38,4	29,8	44,0	42,4	70,2	56,0	57,6
Rauher, Passierer, Schlichter	21	9	25	19,0	33,3	52,0	28,5	–	24,0	71,5	100,0	76,0
Batteur, Mischung, Karden	110	130	127	29,1	63,1	59,8	32,7	55,3	52,0	67,3	44,7	48,0
Hofarbeiter, Packer, Heizer, Öler	89	127	124	26,9	43,3	45,7	29,2	43,3	39,5	70,8	56,7	60,4
Weberinnen	115	46	54	48,1	50,0	46,4	40,8	34,8	46,4	59,2	65,2	53,6
Ringspinnerinnen	123	177	221	23,6	53,7	64,7	34,1	45,8	48,4	65,9	54,2	51,6
Vorspinnerinnen	141	135	156	29,8	49,6	59,6	32,6	39,2	50,0	67,4	60,8	50,0
Hasplerinnen	140	173	124	31,5	35,9	56,5	31,5	35,9	42,7	68,5	64,1	57,3
Kreuzspulerinnen	–	–	28	–	–	46,4	–	–	46,4	–	–	53,6
Spulerinnen	54	61	44	42,6	52,5	36,4	31,5	40,9	47,7	68,6	59,1	52,3
Zwirnerinnen	27	37	37	25,9	56,7	53,7	33,3	51,3	54,3	66,6	48,7	45,9
Streckerinnen	50	89	116	36,0	61,8	64,7	42,0	65,2	69,8	58,0	34,8	30,2
Ungelernte Arbeiterinnen	26	20	41	19,1	35,0	46,3	19,1	30,0	43,9	80,9	70,0	56,1
Männliche Arbeiter	638	594	591	34,6	49,7	46,5	35,9	44,1	39,6	64,1	55,9	60,4
Weibliche Arbeiter	740	770	834	33,5	50,3	58,9	33,8	42,3	51,8	66,2	57,1	48,2
Alle Arbeitskräfte	1.378	1.364	1.425	33,3	50,0	54,4	34,9	43,1	46,7	65,1	57,6	53,3

Tabelle 4 **Austrittsliste in Prozenten der Gesamtzahl der Ausgetretenen**

	14.–16. Lebensjahr			17.–21. Lebensjahr			22.–30. Lebensjahr			31.–40. Lebensjahr			41.–50. Lebensjahr			51.–60. Lebensjahr			Über 60 Jahre		
	1891 %	1900 %	1908 %	1891 %	1900 %	1908 %	1891 %	1900 %	1908 %	1891 %	1900 %	1908 %	1891 %	1900 %	1908 %	1891 %	1900 %	1908 %	1891 %	1900 %	1908 %
Handwerker	–	9,9	–	57,1	36,3	16,7	28,5	27,2	33,3	–	18,2	33,3	–	9,1	16,7	14,3	–	–	–	–	–
Werkmeister	–	–	–	–	–	–	33,3	–	50,0	–	100,0	25,0	33,3	–	–	33,3	–	–	–	–	25,0
Weber	14,1	3,6	5,6	42,4	21,8	24,5	15,1	34,5	30,1	16,1	21,8	22,6	6,1	18,1	13,2	5,1	–	1,9	–	–	1,9
Spinner	25,0	18,7	11,9	45,8	43,6	52,3	27,0	16,6	16,6	2,1	12,5	11,9	–	6,2	4,7	–	2,1	2,4	–	–	–
Rauher, Passierer, Schlichter	–	–	–	–	–	16,6	50,0	–	66,6	16,6	–	–	–	–	–	16,6	–	16,6	16,6	–	–
Batteur, Mischung, Karden	2,8	8,3	3,0	33,3	38,9	48,5	38,9	26,3	25,7	8,3	11,1	10,6	8,3	6,9	4,5	8,3	6,9	7,6	–	1,4	–
Hofarbeiter, Packer, Heizer, Öler	15,4	10,9	18,4	11,5	29,1	24,5	34,5	30,9	16,3	23,1	16,3	16,3	7,7	9,0	6,1	7,7	3,6	14,3	–	–	4,1
Weberinnen	25,5	12,5	–	31,3	25,0	32,0	23,4	37,5	44,0	11,7	6,3	8,0	7,8	18,7	4,0	–	–	12,0	–	–	–
Ringspinnerinnen	16,6	7,4	24,3	26,2	39,5	34,5	42,8	40,7	28,0	11,9	11,1	8,4	2,3	1,2	3,7	–	–	0,9	–	–	–
Vorspinnerinnen	2,2	–	3,8	21,7	24,5	33,3	58,7	58,5	39,7	17,4	11,3	17,9	–	5,7	3,9	–	–	1,3	–	–	–
Hasplerinnen	9,9	6,4	20,7	45,4	53,0	33,9	38,4	34,4	30,2	4,5	6,4	11,3	2,3	–	3,7	–	–	–	–	–	–
Kreuzspulerinnen	–	–	7,7	–	–	46,1	–	–	30,7	–	–	15,4	–	–	–	–	–	–	–	–	–
Spulerinnen	–	4,0	14,3	29,4	20,0	33,3	47,1	64,0	38,1	23,5	12,0	9,5	–	–	–	–	1,7	4,8	–	–	–
Streckerinnen	–	–	–	23,8	27,6	37,0	61,9	60,3	49,3	9,5	8,6	13,7	4,8	1,7	–	–	–	–	–	–	–
Zwirnerinnen	11,1	–	5,0	33,3	36,8	45,0	55,6	36,8	40,0	–	26,4	10,0	–	–	–	–	–	–	–	–	–
Ungelernte Arbeiterinnen	–	33,3	5,5	20,0	16,6	22,0	20,0	16,6	22,0	40,0	–	22,0	20,0	16,6	22,0	–	–	–	–	–	–
Männliche Arbeiter	13,9	9,2	10,3	38,5	33,3	35,0	23,1	28,2	23,5	11,8	16,4	15,8	6,1	10,0	7,3	6,5	2,7	6,8	0,4	0,3	1,3
Weibliche Arbeiter	10,8	4,6	9,3	28,4	37,4	33,8	44,8	45,1	38,7	12,1	9,5	12,7	2,1	1,9	3,7	0,4	0,6	2,1	–	–	–
Alle Arbeitskräfte	12,4	6,6	9,6	33,2	35,5	34,2	34,4	37,6	33,3	12,4	12,8	13,8	4,4	5,6	4,8	3,1	1,6	3,9	0,4	0,3	0,3

Von den 469 im Jahre 1891 neu eingetretenen Leuten traten im Jahre 1891 wieder aus 186 oder 39,1 %. Von den 682 im Laufe des Jahres 1900 eingetretenen Leuten traten 1900 wieder aus 322 oder 47,3 %. Von den 776 im Laufe des Jahres 1908 eingetretenen Leuten 433 oder 55,8 %. Von den 909 in früheren Jahren eingetretenen Leuten traten 1891 aus 293 oder 32,2 %. Von den 682 in früheren Jahren eingetretenen Leuten traten 1900 aus 266 oder 38,9 %. Von den 649 in früheren Jahren eingetretenen Leuten traten 1908 aus 233 oder 35,9 %.

Die »fluktuierende« Arbeiterschaft scheint also von Jahrzehnt zu Jahrzehnt an Bedeutung zuzunehmen.

Männliche und weibliche Arbeiter gesondert zeigen vom Jahre 1891 bis zum Jahre 1908 eine Abnahme ihrer Stabilität, doch in verschieden starkem Maße. Bei den weiblichen Arbeitern ist die Zunahme der Mobilität größer, bei den männlichen Arbeitern geringer als im Gesamtresultat. Am Ende des Jahres 1891 waren noch zwei Drittel der Gesamtzahl der weiblichen Arbeiter in der Fabrik beschäftigt; diese Zahl sinkt auf 57,1 % im Jahre 1900, und auf weniger als die Hälfte der Gesamtzahl, 48,2 %, im Jahre 1908. Die Restprozente der männlichen Arbeiter fielen in derselben Periode nur von 64,1 % im Jahre 1891 auf 60,4 % im Jahre 1908.[8] Waren also im Jahre 1891 beide Geschlechter fast gleichmäßig stabil, sogar mit einem leisen Übergewicht an Stabilität auf seiten der Arbeiterinnen, so hat seitdem die Mobilität der letzteren so sehr zugenommen, dass im Jahre 1908 ziemlich erhebliche Mobilitätsdifferenzen zwischen ihnen und den männlichen Arbeitern bestehen.[9]

Die größere Stabilität der männlichen Arbeiter ist wohl nur zum sehr geringen Teil durch ihr etwas höheres Durchschnittsalter gegenüber den Arbeiterinnen bedingt. Als Ursachen der großen Stabilität der männlichen Arbeiter wären wohl anzuführen angenehme Arbeitsbedingungen einerseits (Handwerker, Werkmeister) und die überhaupt größere »Diszipliniertheit« der männlichen Arbeiter. Sie sind weniger als die Arbeiterinnen geneigt, kleiner Reibereien mit Werkmeister oder Arbeitsgenossen wegen davonzulaufen und glauben auch schwerer den Erzählungen guter Freunde vom besseren Lohn in anderen Fabriken.

Dieser versuchten Erklärung der Mobilitätsdifferenzen beider Geschlechter aus »moralischen« Qualitäten, vor allem ihrer verschieden großen Disziplinierbarkeit, scheint die Tatsache zu widersprechen, dass die Mobilität der Arbeiter und Arbeiterinnen in früheren Jahren anscheinend gleich groß war. Doch möchte ich die obige Erklärung – wenn auch nur in Form einer Vermutung – wenigstens für das Jahr 1908 aufrechterhalten. Ich hörte in der Fabrik oft Klagen, dass die Mädchen besserer sozialer Herkunft sich in den letzten Jahren »zu fein« zur Fabrikarbeit hielten. Es ist also nicht unmöglich, dass das weibliche Arbeitermaterial im Vergleich zu den männlichen sich in den letzten Jahren proletarisiert hat. Genaueres

---

8   Die etwas geringere Restzahl des Jahres 1900 bei den männlichen Arbeitern ist wohl auf die oben erwähnten Veränderungen zurückzuführen.
9   Es ist charakteristisch, dass auch das »Fluktuieren« bei der weiblichen Arbeiterschaft viel stetiger zunimmt als bei den männlichen Arbeitern. Von den 1891 eingetretenen Arbeiterinnen traten 1891 aus 33,5 %; von den 1900 eingetretenen Arbeiterinnen traten 1900 aus: 42 %; von den 1908 eingetretenen Arbeiterinnen traten 1908 aus: 57 %. Bei den männlichen Arbeitern sind die Prozente zuerst höher, nehmen aber kaum zu. Von den in demselben Jahr eingetretenen Arbeitern traten aus: 1891 47 %; 1900 55,3 %; 1908 53,7 %.

Tabelle 5 Wechsel in den Altersklassen der Arbeiterschaft. Restprozente am Jahresschluss

	14.–16. Lebensjahr			17.–21. Lebensjahr			22.–30. Lebensjahr			31.–40. Lebensjahr			41.–50. Lebensjahr			51.–60. Lebensjahr			61.–70. Lebensjahr		
	1891	1900	1908	1891	1900	1908	1891	1900	1908	1891	1900	1908	1891	1900	1908	1891	1900	1908	1891	1900	1908
	%	%	%	%	%	%	%	%	%	%	%	%	%	%	%	%	%	%	%	%	%
Handwerker	–	80,0	100,0	63,6	55,5	83,3	80,0	70,0	81,8	100,0	71,4	84,6	100,0	87,5	83,8	50,0	100,0	100,0	100,0	100,0	100,0
Werkmeister	–	–	–	–	–	–	75,0	–	50,0	100,0	90,0	88,8	88,8	100,0	100,0	80,0	100,0	100,0	100,0	100,0	87,5
Weber	57,5	77,7	72,7	49,1	42,8	63,8	58,3	32,1	36,0	50,0	42,8	33,3	56,2	56,5	53,3	70,6	100,0	85,7	–	100,0	66,6
Spinner	69,2	60,8	68,7	66,6	47,5	40,5	63,8	55,5	61,1	94,1	60,0	61,5	100,1[1]	72,7	80,0	–	100,0	80,0	–	–	–
Rauher, Passierer, Schlichter	100,0	–	100,0	100,0	100,0	85,7	25,0	–	50,0	83,3	100,0	100,0	100,0	100,0	100,0	50,0	100,0	75,0	50,0	–	100,0
Batteur, Mischung, Karden	0,0	25,0	80,0	58,6	37,7	31,9	56,3	40,6	46,7	82,3	46,6	36,3	78,5	68,7	78,5	78,5	54,5	50,0	100,0	66,6	100,0
Hofarbeiter, Packer, Heizer, Öler	60,6	40,0	52,6	70,0	27,2	45,4	50,0	25,9	50,0	68,4	65,3	55,5	88,2	76,1	88,0	77,7	81,8	63,1	100,0	100,0	60,0
Weberinnen	67,5	66,6	100,0	56,7	71,4	60,0	52,0	53,8	35,2	45,5	66,6	50,0	63,6	57,1	66,6	100,0	100,0	40,0	–	–	–
Ringspinnerinnen	68,1	76,9	62,3	78,0	52,2	51,3	56,0	49,3	43,4	44,4	43,7	55,7	0,0	66,6	42,8	–	–	50,0	–	–	–
Vorspinnerinnen	83,3	100,0	57,1	72,2	59,3	50,0	60,9	57,5	40,3	69,2	53,8	53,3	100,0	76,9	62,5	–	100,0	83,3	–	–	100,0
Hasplerinnen	77,7	86,6	69,4	64,9	59,8	48,5	65,3	53,3	52,9	75,0	69,4	45,4	66,6	100,0	60,0	100,0	100,0	100,0	–	–	–
Kreuzspulerinnen	–	–	50,0	–	–	45,4	–	–	66,6	–	–	33,3	–	–	–	–	–	–	–	–	–
Spulerinnen	100,0	75,0	50,0	75,0	70,5	53,3	60,0	48,3	46,6	55,5	50,0	50,0	100,0	100,0	100,0	100,0	100,0	75,0	–	–	–
Zwirnerinnen	50,0	100,0	–	72,7	58,8	40,0	58,3	41,6	42,8	–	–	60,0	–	100,0	100,0	100,0	100,0	100,0	–	–	–
Streckerinnen	100,0	–	–	58,3	40,7	30,2	53,5	31,3	21,5	60,0	16,6	21,4	50,0	66,6	100,0	100,0	50,0	100,0	–	–	–
Ungelernte Arbeiterinnen	100,0	50,0	66,6	83,3	75,0	20,0	66,6	75,0	42,8	50,0	100,0	55,5	80,0	75,0	60,0	100,0	0,0	83,3	100,0	100,0	100,0
Männliche Arbeiter	63,6	57,9	65,2	54,1	44,9	50,3	52,2	42,0	51,3	71,8	53,2	55,4	81,8	70,1	78,7	73,3	85,1	66,6	95,2	96,2	85,7
Weibliche Arbeiter	71,2	79,4	66,9	71,2	55,6	44,4	59,1	51,4	39,3	58,9	52,9	45,5	76,1	82,0	65,9	100,0	77,7	67,8	66,6	66,6	100,0
Alle Arbeitskräfte	67,5	70,0	66,3	63,8	51,7	46,7	57,1	46,1	42,7	66,0	53,1	50,0	80,1	73,8	74,1	79,4	83,9	67,0	91,6	93,3	92,8

wird sich darüber erst sagen lassen, wenn wir später die Mobilität der einzelnen Arbeiterkategorien feststellen.

In den Restprozenten der einzelnen Altersklassen, zu deren Besprechung wir jetzt übergehen, können wir schon eine vorläufige, freilich etwas äußerliche und schematische Charakterisierung des Berufsschicksals der Arbeiterschaft sehen, nämlich ihre größere oder geringere Stabilität in verschiedenem Lebensalter.

In jedem der drei von uns betrachteten Jahre können wir vier stabile von drei mobilen Altersklassen trennen. Wir haben jeweils in der ersten Altersklasse eine ziemlich große Stabilität, die sich auch im Laufe der letzten 20 Jahre kaum verändert hat. Gut zwei Drittel der im Laufe des Jahres in der Fabrik beschäftigt gewesenen jugendlichen Arbeiter waren am Ende jedes der drei Jahre noch dort. Die drei folgenden Altersklassen, die das 17. bis 40. Lebensjahr umfassen, sind in jedem der drei Jahre die mobilsten von allen; dabei ist stets von den 22- bis 30jährigen Leuten die geringste Prozentzahl übrig geblieben. Nach dem 30. Lebensjahr wächst die Stabilität langsam, nach dem 40. Lebensjahr sehr rasch, so dass die höchsten Altersklassen eine außerordentlich geringe Mobilität zeigen. Das Berufsschicksal der Arbeiterschaft scheint also zwischen dem 17. und 30. Lebensjahr ein recht bewegtes zu sein, während es durch stabile Perioden am Anfang und am Ende eingeschlossen wird.

Die Zunahme der Mobilität der Arbeiterschaft, die wir oben feststellten, kommt am deutlichsten in den drei Altersklassen zum Ausdruck, die das 17. bis 40. Lebensjahr umfassen. In diesen drei Altersklassen sank die Prozentzahl der Übriggebliebenen im Laufe der letzten 20 Jahre um 16 % bis 17 %. Wie schon gesagt, bleibt die Stabilität der jugendlichen Arbeiter fast dieselbe, die der 40- bis 60jährigen Leute nimmt nur langsam ab. Die stets außerordentlich große Stabilität der wenigen über 60 Jahre alten Leute verändert sich nicht.

Da die Mobilitätszunahme der letzten 20 Jahre ganz vorwiegend auf die drei von Anfang an mobilsten Altersklassen entfällt, werden die Mobilitätsdifferenzen zwischen den einzelnen Altersklassen natürlicherweise von Jahrzehnt zu Jahrzehnt größer. Im Jahre 1891 bestand zwischen den Restprozenten der stabilsten und der mobilsten Altersklasse eine Differenz von 34 %; im Jahre 1900 eine Differenz von 47 %; im Jahre 1908 eine Differenz von 58 %.

Bei der Erörterung der Restprozente der männlichen und weiblichen Arbeiter gesondert ist daran zu erinnern, dass die relative Mobilität beider Geschlechter sich im Laufe der letzten beiden Jahrzehnte gegeneinander verändert hat. In den Jahren 1891 und 1900 sind die weniger als 30 Jahre alten Arbeiter mobiler, die älteren Arbeiter meist stabiler als die Arbeiterinnen derselben Altersklassen. Im Jahre 1908 dagegen sind die Arbeiterinnen in allen Altersklassen mobiler als die Arbeiter. Es entspricht der größeren Stabilität der männlichen Arbeiter in diesem Jahr und bringt sie wiederum deutlich zum Ausdruck, dass in ihrer mobilsten Altersklasse noch die Hälfte der Gesamtzahl am Ende des Jahres übrig blieb, in der mobilsten Altersklasse der Arbeiterinnen dagegen nur 39,3 %.

Die, wie wir wissen, verhältnismäßig geringe Mobilitätszunahme der männlichen Arbeiter von 1891 bis 1908 entfällt vorwiegend auf die 30- bis 40jährigen Männer. Ihre Restprozente sanken von 71,8 % im Jahre 1891 auf 55,4 % im Jahre 1908.

Bei den weiblichen Arbeitern hat vor allem die Mobilität der 17- bis 21jährigen Mädchen im Laufe der letzten 20 Jahre außerordentlich stark zugenommen. Von den Arbeiterinnen dieses Alters waren am Ende des Jahres 1891 noch 71,2 %, am Ende des Jahres 1900 55,6 %, am Ende des Jahres 1908 44,4 % im Betrieb tätig. Auch die Restprozente der Arbeiterinnen in der nächstfolgenden Altersklasse haben sich von 1891 bis 1908 um 20 % verringert; die Stabilität der 30- bis 40jährigen Arbeiterinnen hat, im Gegensatz zu der der Arbeiter dieses Alters, weit weniger abgenommen. Die Restprozente der mehr als 40jährigen Arbeiter und Arbeiterinnen entsprechen denen der Gesamtarbeiterschaft in diesen Altersklassen.

Das durch diese Restprozente charakterisierte Berufsschicksal der Arbeiter und Arbeiterinnen hat sich also im Laufe der letzten 20 Jahre prinzipiell nicht verändert. Stets waren die 17- bis 30jährigen Arbeiter und Arbeiterinnen die mobilsten von allen, die jugendlichen Arbeiter etwas stabiler, die über 40 Jahre alten Leute am stabilsten.

Diese Tatsachen erscheinen uns wohl selbstverständlich und sind durch äußere Verhältnisse leicht genug zu erklären. So wird der Familienvater[10] schwerer seine Stellung aufgeben und das Risiko der Stellenlosigkeit auf sich nehmen, als der jüngere unverheiratete Mann. Die zum Teil bei ihren Eltern wohnenden jugendlichen Arbeiter haben teils noch kein eigenes Selbstbestimmungsrecht, teils finden sie, der gesetzlich verkürzten Arbeitszeit wegen, schwerer Aufnahme in manchen Fabriken. Die Mobilität der 17- bis 30jährigen Leute lässt sich sowohl durch rein äußere Gründe (Dienstpflicht, Heirat) wie durch die Sehnsucht nach Abwechslung und die Verantwortungslosigkeit andern gegenüber erklären.[11]

Wir haben uns noch die Frage vorzulegen, auf welche Gründe wohl die Mobilitätszunahme der Arbeiterschaft in den letzten 20 Jahren zurückzuführen ist.

Unter den äußeren Gründen ist wohl die Vermehrung der Arbeitsgelegenheit der ausschlaggebende.

Im Handelskammerbezirk M.-Gladbach[12] betrug die Zahl der Betriebe der Baumwoll-, Halbwoll- und Wollindustrie im Jahre 1891 274, die Zahl der Arbeitskräfte 20.657; im Jahre 1900 war die Zahl der Betriebe auf 323 gestiegen, die Zahl der Arbeitskräfte auf 27.431; am 1. Januar 1908 betrug die Zahl der Betriebe 337,

---

10 Die Zahl der verheirateten Männer in früheren Jahren ist leider nicht festzustellen. Darum wird, auch die Besprechung der Zahl der verheirateten Frauen bis zum zweiten Abschnitt verschoben.
11 Prinzipiell dasselbe Resultat wie die Darstellung des Wechsels in den einzelnen Altersklassen, ergibt natürlich die prozentuale Verteilung der Austritte auf die einzelnen Altersklassen, so dass es mir überflüssig erscheint, dieselben eingehend zu besprechen (siehe Tabelle 4). Die Austritte verteilen sich prozentual in fast derselben Weise wie die Eintritte, mit dem einzigen Unterschied, dass, wie ja eigentlich selbstverständlich, die erste Altersklasse mehr Eintritte wie Austritte hat. In jedem der drei von uns betrachteten Jahre, waren mehr als zwei Drittel der Ausgetretenen zwischen 17 und 30 Jahre alt. 1891: 67,6 %; 190: 73,1 %; 1908: 67,5 %. Mehr als 40 Jahre alt waren 1891: 7,9 %; 1900: 7,5 %; 1908: 9 %. Also ebenso wie bei den Eintritten auch bei den Austritten von 1891–1908 eine schwache Verschiebung nach oben, sonst hat sich fast nichts in den zwei Jahrzehnten verändert.
   Von den ausgetretenen Arbeitern waren zwischen 17 und 30 Jahre alt 1891: 61,6 %; 1900: 61,6 %; 1908: 58,5 %. Von den ausgetretenen Arbeiterinnen standen zwischen dem 17. und 30. Lebensjahr 1891: 73,2 %; 1900: 73,1 %; 1908: 72,5 %. Übereinstimmend mit den Eintrittsverhältnissen und auf dieselbe Weise wie diese zu erklären traten im Jahre 1900 prozentual weniger jugendliche, dagegen mehr 22- bis 30jährige Arbeitskräfte aus.
12 Mitteilungen der Handelskammer zu M.-Gladbach. I. Jahrg. 1908, Nr. 5. Der Handelskammerbezirk umfasst die Kreise Gladbach-Stadt, Gladbach-Land, Rheydt, Grevenbroich und den industriellen Teil des Kreises Kempen.

die Zahl der Arbeitskräfte 31.617.[13] Speziell die Vergrößerung der Baumwollspinnerei und Weberei wird durch folgende Zahlen verdeutlicht: Im Jahre 1893 zählte man im Bezirk 477.206 Baumwollspindeln; im Jahre 1901: 726.404 Baumwollspindeln; im Jahre 1905: 918.177 Baumwollspindeln; jetzt nahezu eine Million. Die Zahl der auf Baumwolle laufenden Webstühle entwickelte sich in den letzten Jahrzehnten folgendermaßen: 1888: 10.726; 1901: 16.593; 1905: 17.398.

Neben dieser durch die oben angeführten Zahlen charakterisierten Entwicklung der Arbeitsgelegenheiten[14] ist noch als zweite Ursache der zunehmenden Mobilität der Arbeiterschaft die Vermehrung der Verkehrsgelegenheiten zu nennen. Die Inbetriebnahme der elektrischen Bahnen, die die einzelnen Punkte des Handelskammerbezirkes miteinander verbinden, fällt gänzlich in das letzte Jahrzehnt. Die städtischen Straßenbahnen, die M.-Gladbach mit Rheydt, Hardt und Burgwaldniel verbinden, wurden im Jahre 1900 bzw. im Jahre 1902 in Betrieb genommen; die Vereinigte Städtebahn M.-Gladbach-Viersen-Dülken im Jahre 1906, die Strecke zwischen Viersen und Süchteln 1907. Der Verkehr auf diesen Bahnen hat stark zugenommen: die städtische Straßenbahn beförderte im Jahre 1900 3.056.328 Personen; im Jahre 1908: 5.424.480 Personen. Die Vereinigte Städtebahn beförderte im Jahre 1907: 1.688.801 Personen; im Jahre 1908: 1.972.193 Personen.

Sehen wir nun schließlich von diesen äußeren Ursachen der Mobilität der Arbeiterschaft ab und suchen wir sie aus dem Wesen der Arbeiterschaft selbst und den Bedingungen ihrer Industrie zu verstehen.

Die Qualität der Arbeit, vor allem ihre Monotonie, scheint mir als Erklärungsfaktor der Mobilität der Arbeiterschaft überhaupt herangezogen werden zu müssen. Es scheint möglich,[15] dass Industrien mit sehr monotoner Arbeit nicht selten starken »unmotivierten Stellenwechsel« gewissermaßen als Kompensation der Monotonie haben.[16]

---

13 Davon 7.993 in der Baumwollspinnerei; 2.546 in der Wollspinnerei und Weberei; 4.441 in der Baumwollspinnerei und Weberei; 2.451 in der Wollweberei; 2.220 in der Baumwollweberei und 6.204 in der Weberei von gemischten Waren.

14 Rechnet man zu den oben genannten Betrieben noch die Seiden-, Samt-, Flachs-, Leinen- und Jute-Industrie, so zählt man im Handelskammerbezirk 525 Textilfabriken mit mehr als 50.000 Arbeitskräften. Die Zahl der industriellen Firmen, die neben der Textilindustrie im Handelskammerbezirk bestehen, beträgt 1.175 mit 18.000 Arbeitskräften, so dass sich die Zahl der im Handelskammerbezirk überhaupt vorhandenen Werke auf 1.700 und ihrer Arbeiter auf 68.000 beläuft.

15 Max Weber, Zur Psychophysik der industriellen Arbeit II. Archiv für Sozialwissenschaft, Bd. 28, S. 231.

16 Über die Bewegung der Bevölkerung in ganz M.-Gladbach geben folgende Zahlen Auskunft (Verwaltungsberichte der Stadt M.-Gladbach 1908). Vom 1. April 1908 bis 1. April 1909 sind von auswärts zugezogen: 9.119 Personen, darunter 4.627 männliche und 4.492 weibliche Personen. Davon waren Einzelstehende 3.193 Männer und 2.931 Frauen, also zusammen 6.124 Personen. Nach auswärts verzogen sind in derselben Zeit 9.541 Personen, darunter 4.835 männliche und 4.706 weibliche Personen. Davon waren Einzelstehende 3.103 männliche und 2.893 weibliche Personen, also zusammen 5.996 Personen.
Auf die Bevölkerung von M.-Gladbach am 1. April 1909 berechnet sind 13,8 % zugezogen; 14,3 % abgezogen.
Die Bewegung der Bevölkerung in M.-Gladbach ist etwas geringer als in anderen rheinisch-westfälischen Industrieorten; so sind in Duisburg im Jahre 1908/09 20,7 % zugezogen, 23,5 % abgezogen; in Dortmund sind in derselben Zeit 22,1 % der Bevölkerung zugezogen, 20,9 % abgezogen.

5. Der Altersaufbau der einzelnen Arbeitergruppen

In unseren bisherigen Untersuchungen haben wir die Arbeiterschaft der »Gladbacher Spinnerei und Weberei« als einheitliches Ganzes betrachtet und nur nach Geschlechtern unterschieden. Da aber, wie wir wissen, Technik und Organisation die Arbeitermasse in einzelne Arbeitskategorien teilen, wollen wir nun dazu übergehen, diese verschiedenen Arbeitergruppen in Bezug auf Altersaufbau, Eintrittschancen und größere oder geringere Mobilität zu charakterisieren (siehe Tabelle 1).

Es wird auch hier, ebenso wie oben bei der Besprechung des Gesamtresultats, möglich sein, zuerst den Altersaufbau der drei verschiedenen Jahre als Einheit zu behandeln und dann erst auf die hauptsächlichsten Veränderungen im Laufe der letzten 20 Jahre einzugehen.

Suchen wir nun, ob der Altersaufbau einiger Arbeitergruppen Abweichungen von dem Gesamtresultat zeigt, die als der Gruppe charakteristisches Merkmal angesehen werden können. Es ist sofort ersichtlich, dass unter den Gruppen der männlichen Arbeiter erhebliche Unterschiede in dieser Beziehung bestehen.

Die Alterskurve der gelernten Akkordarbeiter, der Spinner und Weber, zeigt den bekannten »typischen« Verlauf: das rasche Ansteigen von der ersten zur zweiten Altersklasse, das langsame Sinken nach dem 30. Lebensjahr. Trotz diesem prinzipiell ähnlichen Altersaufbau sind doch die Spinner eine Arbeiterschicht mit weit niedrigerem Durchschnittsalter als die Weber. In jedem der drei Jahre ist die Prozentzahl der weniger als 21 Jahre alten Spinner weit größer, als die der Weber desselben Alters; dagegen waren in den drei höchsten Altersklassen die Weber jeweils weit stärker vertreten als die Spinner. So waren im Jahre 1891 64,7 % der Spinner weniger als 21 Jahre alt, dagegen nur 50 % der Weber. Im Jahre 1908 hatten 21 % der beschäftigten Weber das 40. Lebensjahr überschritten, dagegen nur 15 % der Spinner.[17]

Die nicht »fabrikmäßig« orientierte Gruppe der Handwerker weist gänzlich andere Verhältnisse auf. In jedem der drei Jahre ist die Prozentzahl der weniger als 21 Jahre alten Handwerker geringer als die aller Arbeiter dieses Alters, die Zahl der über 30 und namentlich der über 40 Jahre alten Handwerker größer. Im Jahre 1891 waren 24 % der Handwerker weniger als 21 Jahre alt, dagegen 43 % aller Arbeiter. Im Jahre 1900 waren mehr als 40 Jahre alt: von den Handwerkern 36 %; von allen männlichen Arbeitern 26 %; von den Spinnern 12 %. Im Jahre 1908 waren weniger als 30 Jahre alt: von den Handwerkern 41 %; von allen männlichen Arbeitern 58 %; von den Spinnern 71 %.

Der Handwerkerstand scheint selbst in seinen proletarisierten Formen noch den von früher überkommenen Altersaufbau, die steigende Wichtigkeit und Würdigung des alternden Mannes bewahrt zu haben, während letzterer als Maschinenarbeiter von den jüngeren Arbeitskräften verdrängt wird.

Dies zeigt sich nicht nur – allerdings, wie wir wissen, in verschieden starkem Maße – bei den gelernten Akkordarbeitern, sondern auch bei den ungelernten

---

17 Es ist unmöglich, auf alle einzelnen Zahlen einzugehen, und dies würde auch zu ermüdend werden. Es handelt sich ja nur darum, die großen Unterschiede zwischen den einzelnen Arbeiterschichten deutlich zu machen.

Maschinenarbeitern. Von den Arbeitern dieser Gruppe waren in jedem der drei Jahre die größte Anzahl zwischen 17 und 30 Jahre alt. Im Jahre 1891 55,3 %; im Jahre 1900 59,1 %; im Jahre 1908 62,2 %. Der Altersaufbau dieser ungelernten Maschinenarbeiter unterscheidet sich freilich in wohl charakteristischer Weise von dem der Akkordarbeiter dadurch, dass die Zahl der jugendlichen Arbeiter sehr klein, dagegen die Zahl der über 40 Jahre alten Leute größer ist als bei den Spinnern und Webern. Im Jahre 1891 waren 28 % der Mischungsarbeiter mehr als 40 Jahre alt, 16 % der Weber, 2 % der Spinner. Im Jahre 1908 waren über 50 Jahre alt: 21 % der Mischungsarbeiter, 21 % der Weber, 15 % der Spinner. Wie schon aus diesen und den weiter oben gegebenen Zahlen hervorgeht, scheint der Altersaufbau dieser Gruppe im Laufe der Jahre dem der Akkordarbeiter immer ähnlicher zu werden.

Einen nicht uninteressanten, vom Normalfall abweichenden Altersaufbau zeigt endlich die Gruppe der Hofarbeiter, Packer, Öler, also der n i c h t an Maschinen beschäftigten Arbeiter. In allen drei Jahren sind sie mit nur geringen Differenzen gleichmäßiger über alle Altersklassen (mit Ausnahme der höchsten natürlich) verteilt, als die Arbeiter irgendeiner anderen Kategorie. Im Jahre 1891 waren 42,6 % der Arbeiter dieser Gruppe zwischen 14 und 30 Jahren, 51,5 % zwischen 30 und 60 Jahre alt (bei allen Arbeitern 61,3 % und 35,4 %). Im Jahre 1900 betrug die Zahl der weniger als 30 Jahre alten Hofarbeiter 46,4 %; der 30- bis 60jährigen 45,5 % (bei allen Arbeitern 57,6 % und 38 %). Im Jahre 1908 waren 46 % der Hofarbeiter zwischen 14 und 30 Jahre, 50 % zwischen 30 und 60 Jahre alt (bei allen Arbeitern 58,7 % und 37,3 %).

Zusammenfassend lässt sich über den Altersaufbau der einzelnen Arbeiterkategorien folgendes sagen: Sehen wir es als typisch für die männlichen Arbeiter an, dass ihre Zahl von der ersten zur zweiten Altersklasse rasch steigt, und von da ab langsam sinkt, so kommt diese Tendenz mehr oder weniger pronunziert, aber in jedem Fall deutlich genug bei den Maschinenarbeitergruppen – Weber, Spinner, Mischungsarbeiter – zum Ausdruck; abweichend dagegen verhalten sich diejenigen Gruppen, die einerseits nicht im wahren Sinne des Wortes Fabrikarbeiter (Handwerker), andererseits nicht Maschinenarbeiter (Hofarbeiter, Packer, Öler) sind.[18]

Das Gesamtresultat zeigte hauptsächlich zwei Verschiebungen, die im Altersaufbau der Arbeiterschaft im Laufe der letzten 20 Jahre vor sich gegangen waren: erstens eine steigende Verwendung von 30- bis 60jährigen Leuten; zweitens eine geringe Einstellung von jugendlichen Arbeitern im Jahre 1900. Die erste dieser beiden Veränderungen kommt vor allem deutlich in den Gruppen der gelernten Akkordarbeiter zum Ausdruck. Die Zahl der über 30 Jahre alten beschäftigten Weber stieg von 31,8 % im Jahre 1891 auf 37,2 % im Jahre 1908; die Zahl der Spinner desselben Alters stieg von 12,4 % im Jahre 1891 auf 28,3 % im Jahre 1908.[19] Diese

---

18 Zwei Gruppen sind hier nicht erwähnt: die Werkmeister und die Rauher. Bei ersteren ist der Altersaufbau selbstverständlich durch die Art der Tätigkeit gegeben. Man wird keine ganz jungen Leute dazu machen und alte bewährte Leute nicht fortschicken. Die Rauher folgen erstens dem typischen Verlauf, zweitens sind sie eine sehr kleine Gruppe.
19 Bei Handwerkern und Hofarbeitern ist diese Zunahme viel schwächer; bei den Mischungsarbeitern ist sie gar nicht vorhanden.

Zunahme in den höheren Altersklassen ist natürlich eine Folge der Zunahme der Beschäftigung der Bevölkerung in der Fabrik.

Die ungewöhnlichen Verhältnisse des Jahres 1900 kommen bei den Webern am deutlichsten zum Vorschein. In ihrer Arbeitskategorie wurden im Jahre 1900 weniger Leute, die unter 21 Jahre, mehr Arbeiter, die zwischen 30 und 50 Jahre alt waren, verwendet, als in einem der anderen Jahre. Der Altersaufbau der Weber im Jahre 1900 ist dem der Handwerker und Hofarbeiter ähnlicher als dem der Spinner in demselben Jahr.[20]

Für den Altersaufbau der weiblichen Arbeiter war die außerordentlich starke Besetzung der zweiten und der dritten Altersklasse, die sehr geringe Zahl der über 40 Jahre alten Arbeiterinnen typisch.

Das erste dieser beiden Charakteristika gilt in allen drei Jahren für alle gelernten und angelernten Arbeiterinnengruppen gleichmäßig. In jedem Jahr war in jeder von ihnen die größte Zahl der Arbeiterinnen zwischen 17 und 30 Jahre alt. Sehen wir aber von dieser Übereinstimmung im Altersaufbau der einzelnen Arbeiterinnengruppen ab, so lassen sich je nach der Besetzung der untersten und der höchsten Altersklassen »jugendliche« und »alte« Gruppen wohl unterscheiden. Zu den letzteren gehören in allen drei Jahren die Vorspinnerinnen und die ungelernten Arbeiterinnen. Von den Vorspinnerinnen waren im Jahre 1891 29,7 % weniger als 21 Jahre alt, von allen Arbeiterinnen dagegen 46 %; im Jahre 1908 waren 29 % der Vorspinnerinnen mehr als 30 Jahre alt, 21 % aller Arbeiterinnen. Von den ungelernten Arbeiterinnen waren im Jahre 1891 30 % zwischen 40 und 60 Jahre alt, 6 % aller Arbeiterinnen; im Jahre 1900 waren 25 % der ungelernten Arbeiterinnen zwischen 40 und 60 Jahre alt, 6,3 % aller Arbeiterinnen.

Der Altersaufbau der Ringspinnerinnen ist von dem der Vorspinnerinnen völlig verschieden; neben der schwierigsten angelernten Arbeitskategorie, den Hasplerinnen, sind die Ringspinnerinnen in allen drei Jahren die jugendlichste Arbeiterinnengruppe. Bei ihrer Arbeit sowohl wie beim Haspeln wurden stets mehr Arbeiterinnen, die unter 21 Jahre alt waren, weniger, die das 40. Lebensjahr schon überschritten hatten, beschäftigt, als in irgendeiner anderen Arbeitskategorie. Die Zahl der über 40 Jahre alten Ringspinnerinnen betrug im Jahr 1891 0,8 % (6,3 % bei allen Arbeiterinnen); im Jahre 1900 1,7 % (6,7 % bei allen Arbeiterinnen); im Jahre 1908 4,1 % (8,9 % bei allen Arbeiterinnen).

Weniger als 21 Jahre alte Hasplerinnen waren beschäftigt im Jahre 1891: 53,5 % (46,1 % bei allen Arbeiterinnen); im Jahre 1900: 64,7 % (45,2 % bei allen Arbeiterinnen); im Jahre 1908: 58 % (46 % bei allen Arbeiterinnen). Im Laufe der letzten 20 Jahre hat in den beiden jugendlichsten Gruppen die Zahl der 14- bis 16jährigen Arbeiterinnen zugenommen, die Zahl der 17- bis 21jährigen Arbeiterinnen abgenommen. Ihr Durchschnittsalter wird also stetig niedriger.

Zwischen diesen beiden in Bezug auf ihren Altersaufbau »extremen«[21] Gruppenpaaren nehmen die übrigen angelernten Arbeiterinnenkategorien eine Mittel-

---

20 Auch bei den Hofarbeitern ist die Zahl der 14- bis 16jährigen Arbeiter im Jahre 1900 geringer als in irgendeinem anderen Jahr.
21 »Extrem« ist nicht wörtlich zu verstehen. Der Altersaufbau der Arbeiterinnengruppen ist ähnlicher als der der verschiedenen Arbeitergruppen. Nur der Altersaufbau der ungelernten Arbeiterinnen ist von den übrigen ganz verschieden. Bei den anderen Gruppen treffen wir auf größere

stellung ein. Die Prozentzahl der 17- bis 30jährigen Arbeiterinnen in den Gruppen der Spulerinnen, Zwirnerinnen und Streckerinnen war in jedem der drei Jahre größer als in einer der anderen Arbeiterinnenkategorien. Die Zahl der jugendlichen Arbeiterinnen in diesen Gruppen ist klein; die höheren Altersklassen sind meist schwächer besetzt als in den alten, stärker als in den jugendlichen Gruppen. So waren im Jahre 1891 85 % der Zwirnerinnen, 80 % der Streckerinnen zwischen 17 und 30 Jahre alt. 20 Jahre später waren 68 % der Spulerinnen, 78 % der Zwirnerinnen in der zweiten und dritten Altersklasse vertreten.

Im Altersaufbau der verschiedenen Arbeiterinnengruppen hat sich prinzipiell im Laufe der letzten 20 Jahre nichts geändert. Nur die Gruppe der Weberinnen macht eine Ausnahme. Ihr Altersaufbau ist in jedem der drei Jahre so verschieden, dass es schwer ist, ihn zu charakterisieren. Die Zahl der jugendlichen Weberinnen sinkt von 32 % im Jahre 1891 auf 9,2 % im Jahre 1908. Die Zahl der 50- bis 60jährigen Weberinnen steigt von 0,8 % im Jahre 1891 auf 9,2 % im Jahre 1908. Die Weberinnen gehören also im Jahre 1891 mehr zu den jugendlichen, im Jahre 1908 mehr zu den älteren Arbeiterinnengruppen.

Es ist gelungen, als erstes Differenzierungsmoment der einzelnen Arbeiterschichten der Fabrik in fast allen Fällen einen bestimmten von den anderen verschiedenen Altersaufbau festzustellen. Seine Erklärung aus den Anforderungen der einzelnen Teilarbeiten, zu denen er gehört, wollen wir erst nach der Besprechung der Eintrittsverhältnisse in den Arbeitergruppen vornehmen. Diese Besprechung wird uns die Auslese, die die einzelnen Teilarbeiten der Spinnerei und Weberei unter Altersgesichtspunkten treffen, noch deutlicher machen.

6. Die Eintrittschancen bei den verschiedenen Teilarbeiten

Ebenso wie bei der Besprechung des Gesamtresultates stellen wir auch hier erst das Verhältnis dar, in dem die Zahl der in jedem der drei Jahre in eine Arbeitskategorie eingetretenen Leute zur Gesamtzahl der in ihr überhaupt beschäftigten Leute steht.

Die relative Häufigkeit der Eintritte in die einzelnen Gruppen kann, wenn sie im Laufe der letzten 20 Jahre sich nicht verändert haben sollte, ein neues Moment zur Charakterisierung der einzelnen Arbeiterschichten des Betriebes werden. Es ist wohl einleuchtend, dass rascher oder langsamer Wechsel ihrer Mitglieder auf den ganzen äußeren und inneren Habitus einer Gruppe sowohl, wie auf den Wert, den sie für den Betrieb hat, und infolgedessen auf die Stellung, die sie in ihm einnimmt, von Einfluss sein muss.

Das Gesamtresultat zeigte, dass die Zahl der Eintretenden in den letzten zwei Jahrzehnten prozentual zur Gesamtzahl ziemlich stark zugenommen hat. Dennoch fällt es nicht schwer, die einzelnen Arbeiterkategorien nach der Größe ihrer Eintrittsprozente zu unterscheiden.

In jedem der drei Jahre haben wir zwei Gruppen mit auffallend niedrigen, eine Gruppe mit sehr hohen Eintrittsprozenten: die letztere ist die Gruppe der Weber, die beiden ersteren die der Handwerker und Werkmeister. Bei den Werkmeistern

oder geringere Besetzung der ersten und der höheren Altersklassen.

waren in keinem der drei Jahre mehr als ein Fünftel, bei den Handwerkern mehr als ein Drittel der Gesamtzahl eingetreten. Bei den Webern dagegen machen die Neueingetretenen jeweils zwischen der Hälfte und zwei Drittel der überhaupt bei dieser Arbeit beschäftigten Männer aus. Bei den Spinnern und den Hofarbeitern waren jeweils ein Viertel bis die Hälfte der Gesamtzahl neu eingetreten; die Eintrittsprozente in diesen beiden Arbeitskategorien sind sehr rasch angewachsen, jedoch nicht so rasch wie die der ungelernten Maschinenarbeiter. Im Jahre 1891 war die Prozentzahl der Eintritte in diese Gruppen nur sehr wenig größer als bei den Spinnern und Hofarbeitern; 1900 und 1908 sind bei den Mischungsarbeitern prozentual fast ebensoviel Leute eingetreten als bei den Webern. Letztere haben von allen Arbeiterkategorien die geringste Steigerung der Eintrittsprozente im Laufe der letzten 20 Jahre aufzuweisen: Von 53,7 % im Jahre 1891 auf 59,2 % im Jahre 1908. Die Häufigkeit der Eintritte in die Gruppe der Weber war also im Jahre 1891 außerordentlich viel größer als in irgendeiner anderen Gruppe, im Jahre 1908 sind die Unterschiede schon weit mehr ausgeglichen.[22]

Ordnen wir also diese einzelnen Arbeiterkategorien nach der relativen Höhe ihrer Eintrittsprozente, so ergibt sich folgende ansteigende Reihe, die sich auch im Laufe der letzten 20 Jahre kaum verändert hat: Werkmeister, Handwerker, Hofarbeiter, Spinner, Mischungsarbeiter, Weber.

Wir sind also wohl berechtigt, das Verhältnis der Zahl der Neueingetretenen zur Gesamtzahl der in der Gruppe beschäftigten Leute als etwas für die betreffende Arbeiterkategorie Typisches und Charakteristisches anzusehen, da wir in den drei verschiedenen Jahren stets in denselben Arbeitergruppen relativ hohe oder niedrige Eintrittsprozente fanden.[23]

Bei den weiblichen Arbeitern ist es dagegen viel schwerer, irgendein Zusammentreffen von Höhe der Eintrittsprozente und Gesamtzahl der Arbeiterinnen als für irgendeine Kategorie typisch zu erklären.[24]

Entsprechend den für sämtliche Arbeiterinnen festgestellten Zahlen ist die Prozentzahl der Eingetretenen in fast jeder Gruppe gestiegen, doch in sehr verschiedenem Maße. Nur die ungelernten Arbeiterinnen haben in jedem der drei Jahre relativ niedrige, die Streckerinnen relativ hohe Eintrittsprozente. 1900 und 1908 haben außer den ungelernten Arbeiterinnen noch die Weberinnen niedrige, die Ringspinnerinnen und Zwirnerinnen hohe Eintrittsprozente. Bei diesen beiden Arbeiterinnenkategorien ist auch die Zunahme der Zahl der Eintritte prozentual zur Gesamtzahl am größten: bei den Ringspinnerinnen von 23,6 % im Jahre 1891 auf 64,7 % im Jahre 1908; bei den Zwirnerinnen von 25,9 % im Jahre 1891 auf

---

[22] Zu vergleichen mit dem, was in der Einleitung über die Schwierigkeit der Beschaffung brauchbarer Weber gesagt wurde. Die Eintrittsprozente der Rauher haben sich noch weit stärker vergrößert als die der Mischungsarbeiter. Von den Rauhern traten ein 1891: 19 %; 1900: 33,3 %; 1908: 52 %. Doch möchte ich, der sehr kleinen und stark wechselnden Gesamtzahl wegen, diesen Zahlen keinen besonderen Wert beilegen.

[23] Das Steigen der Eintrittsprozente von 1891 auf 1900 und ihr Sinken von 1900 auf 1908, das wir beim Gesamtresultat erklärten, kommt natürlich auch in den einzelnen Gruppen zum Vorschein, am deutlichsten bei Handwerkern, Webern und Spinnern.

[24] Auch bei anderen Darstellungen wird sich ergeben, dass die einzelnen Arbeiterinnengruppen weniger scharf differenziert sind als die Gruppen der männlichen Arbeiter. Es erklärt sich dies wohl leicht aus der viel ähnlicheren Beschäftigung aller Arbeiterinnen (nur Maschinenarbeit).

56,7 % im Jahre 1908. Ebenso wie die Weber haben auch die Weberinnen schon vor 20 Jahren einen starken Wechsel ihrer Mitglieder gehabt; doch nimmt die Zahl der Eintritte seit 1900 wieder ab. 1891 gehören also die Weberinnen zu den Gruppen mit häufigem Eintritt, 1900 und namentlich 1908 zu den Gruppen mit seltenem Eintritt.[25] Speziell für das Jahr 1908, das, weil es am Ende der von uns beschriebenen Entwicklung steht, am meisten interessiert, ergeben die nach der Höhe ihrer Eintrittsprozente geordneten Arbeiterinnenkategorien folgende absteigende Reihe: Streckerinnen, Ringspinnerinnen, Vorspinnerinnen, Zwirnerinnen, Haslerinnen, Weberinnen, Kreuzspulerinnen, ungelernte Arbeiterinnen, Spulerinnen.

Die oben dargestellte Verteilung der Eintritte auf die einzelnen Altersklassen (siehe Tabelle 2) diente uns hauptsächlich zur Beantwortung der Frage, in welchem Alter für die Arbeitskräfte die besten Chancen des Eintritts in die Textilindustrie bestehen. Es fragt sich nun, ob sich das dort gewonnene Gesamtergebnis für die einzelnen Teilarbeiten der Textilindustrie modifiziert.[26]

Da wir annehmen dürfen, dass die Betriebsleitung die sich ihr anbietenden Leute denjenigen Arbeiten zuweist, in denen sie sich von ihnen den meisten Gewinn verspricht – größtenteils ohne Rücksicht auf frühere Beschäftigung – so haben wir hier den oben erwähnten Ausleseprozess unter Altersgesichtspunkten noch deutlicher vor uns.[27]

Wir wissen, dass der Altersaufbau der einzelnen Arbeitergruppen sich im Laufe der letzten 20 Jahre prinzipiell nicht geändert hat. Die Eintrittszahlen, die ja nur Teilzahlen des gesamten Altersaufbaus sind, können also ebenfalls für alle drei besprochenen Jahre einheitlich behandelt werden. Bei diesem engen Zusammenhang zwischen Altersaufbau und Eintrittsverhältnissen wird es ferner nicht erstaunen, wenn sich bei Besprechung der Eintrittsprozente der einzelnen Arbeitskategorien in den verschiedenen Altersklassen diejenigen Charakteristika wieder finden, die wir schon im Altersaufbau der einzelnen Gruppen feststellen.

Abweichend von den für sämtliche Arbeiter festgestellten Verhältnissen gestalten sich die Eintrittsprozente in der Gruppe der Handwerker. Von den wenigen im Laufe der Jahre überhaupt eingetretenen Handwerkern waren stets mehr zwischen 22 und 30 Jahre, namentlich aber zwischen 30 und 40 Jahre alt. So waren im Jahre 1900 47 % aller eingetretenen Handwerker zwischen 22 und 40 Jahre alt, 40 % aller Arbeiter; im Jahre 1908 waren weniger als 21 Jahre alt: von den eintretenden Handwerkern 33 %; von allen eingetretenen Arbeitern 51 %.

Dem ganzen, schon oben besprochenen Charakter dieser Arbeiterschicht entsprechend besteht bei ihr auch die Möglichkeit eines Eintritts in höherem Alter.

Auch als Weber scheinen etwas ältere Leute noch Aufnahme zu finden. Die Prozentzahl der eingetretenen Weber, die das 30. und auch derer, die das 40. Lebens-

---

25 Zu vergleichen ebenso wie bei den Webern die verschiedene Größe der Gesamtzahl (siehe Tabelle 3).
26 Diese Darstellung ist zugleich die Antwort auf die Frage des Fragebogens: Bis zu welchem Alter finden Leute in Ihrer Arbeitsstellung noch Beschäftigung? – eine Frage, die später nicht mehr berührt wird.
27 D. h. die Betriebsleitung wird einen früheren Weber oder Spinner nur dann bei derselben Teilarbeit beschäftigen, wenn er ihr dazu nicht zu alt erscheint. Für die Verteilung der Arbeiter auf die Teilarbeiten ist die Auslese von Seiten der Betriebsleitung, die wir schon oben – vielleicht etwas einseitig – als das allein Entscheidende annahmen, natürlich fast gänzlich ausschlaggebend.

jahr hinter sich haben, ist in allen drei Jahren größer als bei sämtlichen Arbeitern und zeigt sogar eine Tendenz, sich zu vergrößern. Im Jahre 1891 waren von den eingetretenen Webern mehr als 30 Jahre alt 25,6 %, mehr als 40 Jahre alt 16,4 %; von allen Arbeitern 20,5 % und 10,9 %. Im Jahre 1908 waren von den eingetretenen Webern mehr als 30 Jahre alt 37 %; mehr als 40 Jahre alt 16,1 %; von allen Arbeitern 24,6 % und 11,6 %.[28] Die Zahl der weniger als 21 Jahre alten eingetretenen Weber ist dagegen in allen drei Jahren verhältnismäßig gering, namentlich im Vergleich zu der zweiten Gruppe der gelernten Akkordarbeiter, den Spinnern.

Etwas geringer als bei den Webern, namentlich für die über 50 Jahre alten Leute, aber doch noch größer als bei sämtlichen Arbeitern, sind die Eintrittschancen für etwas ältere Leute in die Gruppe der Hofarbeiter. Es entspricht der Gleichmäßigkeit ihres Altersaufbaus, dass die Zahl der mehr als 30jährigen eintretenden Hofarbeiter größer, die der weniger als 21jährigen kleiner ist als bei sämtlichen Arbeitern.

Ganz anders liegen die Verhältnisse bei den ungelernten Maschinenarbeitern. Fast drei Viertel aller im Laufe der drei Jahre in diese Gruppe eingetretenen Leute standen zwischen dem 20. und 30. Lebensjahr. Im Jahre 1891 71,8 %; im Jahre 1900 73 %; im Jahre 1908 72 %. Für die unterste Altersklasse bleibt ein geringer, aber im Laufe der letzten 20 Jahre von 3,1 % auf 10,5 % gestiegener Prozentsatz übrig. Dagegen verringern sich die Eintrittschancen für ältere Leute. Im Jahre 1908 waren 17 % der eingetretenen Mischungsarbeiter mehr als 30 Jahre alt, dagegen 24 % aller Arbeiter, 27 % der Weber.[29]

Noch geringere Chancen für den Eintritt älterer Arbeiter scheint die Gruppe der Spinner zu bieten. Mehr als 50 Jahre alte Spinner sind im Jahre 1891 und 1908 überhaupt nicht, im Jahre 1900 zu 1,8 % eingetreten. Auch die Zahl der 30- bis 50jährigen eingetretenen Spinner ist außerordentlich klein, nimmt aber seit 1891 anscheinend zu. Im Jahre 1891 waren von den eingetretenen Spinnern mehr als 30 Jahre alt 6,5 %, von allen Arbeitern 20,5 %, von den Webern 25,6 %; im Jahre 1908 waren von den eingetretenen Spinnern über 30 Jahre alt 15,8 %, von allen Arbeitern 24 %, von den Webern 37 %. Dagegen traten außerordentlich viele jugendliche Arbeiter als Spinner resp. Anmacher oder Aufstecker ein. Im Jahre 1891 43,4 % (bei sämtlichen Arbeitern 24 %); im Jahre 1908 31,6 % (bei sämtlichen Arbeitern 19,7 %).

Fast jede Arbeiterkategorie bietet also Arbeitern verschiedenen Alters bestimmte, innerhalb eines Zeitraums von 20 Jahren kaum veränderte Eintrittschancen. Handwerker und Weber haben stets den größten Prozentsatz über 30 und 40 Jahre alter Leute aufgenommen; bei den Hofarbeitern haben die 17- bis 40jährigen Leute die besten Chancen; bei den Mischungsarbeitern die 17- bis 30jährigen, bei den Spinnern die 14- bis 21jährigen Arbeiter. Wir können diese Eintrittsprozente wohl als drittes Merkmal zur Charakterisierung der einzelnen Arbeitergruppen ansehen.[30]

Die Gruppen der weiblichen Arbeiter können wir nach dem Alter der Eingetretenen in drei Kategorien teilen: erstens diejenigen, bei denen prozentual am meisten

---

28 Diese Zahlen widersprechen augenscheinlich der üblichen Annahme, dass ein Weber nur bis zum 40. Lebensjahr brauchbar sei.
29 Es ist auch hier wieder auf die Ausnahmeverhältnisse des Jahres 1900 namentlich für Spinner und Weber, hinzuweisen.
30 Die Eintrittsprozente der Werkmeister sind selbstverständlich; man wird weder ganz junge noch sehr alte Leute zu Werkmeistern machen.

jugendliche Arbeiterinnen eingestellt wurden; zweitens und im Gegensatz dazu diejenigen Gruppen, bei denen ein relativ größerer Prozentsatz von über 30 Jahre alten Arbeiterinnen eintrat; die dritte Kategorie bilden diejenigen Arbeiterinnengruppen, in die weder jugendliche noch ältere Arbeiterinnen gewiesen werden, sondern bei denen fast alle Eingetretenen zwischen dem 17. und 30. Lebensjahr stehen.

In allen drei Jahren gehören die Ringspinnerinnen und die Hasplerinnen zu den jugendlichen Arbeiterinnenkategorien. Die Prozentzahl der weniger als 21 Jahre alten eingetretenen Hasplerinnen betrug in allen drei Jahren mehr als zwei Drittel der Gesamtzahl der eingetretenen Hasplerinnen; bei den Ringspinnerinnen waren stets mehr als die Hälfte aller Eingetretenen weniger als 21 Jahre alt.

In die angelernten Arbeiterinnenkategorien wurden in jedem der drei Jahre der größte Prozentsatz 17- bis 30jähriger Arbeiterinnen eingestellt. So waren von den im Jahre 1891 eingetretenen Streckerinnen 83,3 % zwischen 17 und 30 Jahre alt. Im Jahre 1900 gehörten 90 % der eingetretenen Zwirnerinnen in diese beiden Altersklassen; im Jahre 1908 85 % der eingetretenen Streckerinnen. Die Zahl der 31- bis 40jährigen Arbeiterinnen, denen angelernte Arbeit zugewiesen wurde, ist sehr klein; über 40jährige angelernte Arbeiterinnen sind fast gar nicht eingetreten.[31]

In jedem der drei Jahre wurden beim Vorspinnen weniger jugendliche Arbeiterinnen, mehr über 30 Jahre alte Arbeiterinnen verwandt als bei einer anderen Teilarbeit. Die Prozentzahl der 22- bis 40jährigen eingetretenen Vorspinnerinnen ist größer als bei sämtlichen Arbeiterinnen. Im Jahre 1891 traten 22- bis 40jährige Arbeiterinnen ein: bei den Vorspinnerinnen 69 %, bei allen Arbeiterinnen 42,1 %; im Jahre 1900 bei den Vorspinnerinnen 67,1 %, bei allen Arbeiterinnen 48 %. Im Jahre 1908 bei den Vorspinnerinnen 56,9 %, bei allen Arbeiterinnen 47,3 %. Über 50 Jahre alte Arbeiterinnen sind außer als Vorspinnerinnen nur noch als ungelernte Arbeiterinnen eingetreten. Letztere Arbeiterinnengruppe gehört in den Jahren 1900 und 1908 entschieden zu den alten; im Jahre 1891 dagegen sind ihre Eintrittsverhältnisse denen der angelernten Arbeiterinnenkategorien gleich: 80 % der Eingetretenen standen zwischen dem 17. und 30. Lebensjahr. Wie schon bei der Besprechung des Altersaufbaus hervorgehoben wurde, waren auch die Weberinnen im Jahre 1891 eine jugendliche, im Jahre 1908 eine alte Gruppe. Die Prozentzahl der eingetretenen jugendlichen Weberinnen sank von 52,4 % im Jahre 1891 auf 8 % im Jahre 1908. Die Prozentzahl der mehr als 30jährigen eingetretenen Weberinnen stieg von 4,8 % im Jahre 1891 auf 16 % im Jahre 1908.

Diese eben dargestellte nach Altersgesichtspunkten getroffene Auslese erklärt sich wohl nicht allzu schwer aus den Anforderungen der einzelnen Teilarbeiten.

Dass als Handwerker sowohl wie als Hofarbeiter noch etwas ältere Leute angenommen werden, ist selbstverständlich. Der ältere Handwerker ist sicherlich nicht unbrauchbarer als der jüngere; der ältere ungelernte Handarbeiter nur noch zu dieser Tätigkeit zu verwenden und dabei wohl nicht schlechter als ein junger Arbeiter. Bei den ungelernten Maschinenarbeitern handelt es sich wohl teilweise um Leute, die bei einer anderen Tätigkeit (Handwerk) entgleisten, aber doch noch

---

31 Wie schon früher gesagt, sind die Differenzierungen der Arbeiterinnengruppen nicht so scharf wie bei den männlichen Arbeitern. Es kommen mehr Ausnahmen vor. Dennoch sind wir aber berechtigt zu unserer Einteilung.

jung genug sind, um sich an Maschinenarbeit zu gewöhnen. Die verhältnismäßig geringe Verwendung von jugendlichen Webern wäre vielleicht auf die gesetzlich verkürzte Arbeitszeit zurückzuführen, die ihre Beschäftigung unrentabel macht. Bei den jugendlichen Spinnern (Aufsteckern), die neben erwachsenen Arbeitern an derselben Maschine arbeiten, spielt die Verkürzung der Arbeitszeit wohl eine geringere Rolle.

Es scheint mir wahrscheinlich, dass die verkürzte Arbeitszeit auch die Ursache der geringen Verwendung von jugendlichen Vorspinnerinnen ist. Die Vorspinnmaschine erfordert ein stetigeres Bewachen als die Ringspinnmaschine; letztere dagegen ebenso wie der Haspel früh erworbene Geschicklichkeit der Finger. Zu ersterer Arbeit sind daher wohl die älteren Frauen, zu letzterer die ganz jungen Mädchen am geeignetsten. Die relative Leichtigkeit der angelernten Arbeiten erlaubt es, auch solche etwas ältere Arbeitskräfte dabei zu beschäftigen, die vorher keine oder andere Fabrikarbeit getan haben.[32]

7. Die Mobilität und Stabilität der einzelnen Arbeitergruppen

Die oben gegebenen Eintrittsprozente haben uns schon gezeigt, dass die einzelnen Arbeitergruppen einen sehr verschieden starken Wechsel ihrer Mitglieder haben. Wir vervollständigen nun diese Darstellung, indem wir die Zahl der Austritte besprechen, die im Laufe jedes der drei besprochenen Jahre auf eine Arbeitskategorie entfielen. Ebenso wie früher gehen wir aber auch jetzt nicht von den Austrittsprozenten, sondern von den »Restprozenten« aus. »Stabile« Gruppen wären demnach solche, bei denen die Zahl der übrig gebliebenen Leute prozentual zur Gesamtzahl der überhaupt in der Gruppe beschäftigten Leute groß, »mobile« Gruppen, bei denen sie klein ist (vgl. oben).[33]

Ordnen wir die einzelnen Arbeiterkategorien nach der Größe ihrer Restprozente, so sind in jedem der drei Jahre zwei Gruppen überdurchschnittlich stabil gewesen, die Handwerker und die Werkmeister. Ihre Restprozente haben sich im Laufe der letzten 20 Jahre sehr wenig verändert und betragen durchschnittlich mehr als vier Fünftel der Gesamtzahl der betreffenden Gruppen. Auch die anderen Arbeitergruppen haben ihre Plätze auf der Mobilitätsskala im Laufe der letzten zwei Jahrzehnte beibehalten. Weber und Mischungsarbeiter sind stets die beiden mobilsten Arbeiterkategorien gewesen. Die Restprozente der Weber sind in allen drei Jahren fast dieselben; 1891 und 1900 betragen sie 51 % der Gesamtzahl, 1908 53 %. Die Mischungsarbeiter dagegen haben eine sehr starke Abnahme ihrer Restprozente von 67,3 % im Jahre 1891 auf 48 % im Jahre 1908 aufzuweisen.[34]

Die übrigen Arbeitskategorien zeigen eine mehr mit dem Gesamtresultat übereinstimmende Mobilität; sie bilden sozusagen den Übergang von den stabilen zu

---

32 Zu vergleichen Teil II, Abschnitt I: Die einzelnen Arbeitskategorien und ihre Anforderungen.
33 Die zunehmende a b s o l u t e Mobilität der ganzen Arbeiterschaft, die wir oben schon besprochen und zu erklären versuchten, interessiert uns hier nicht mehr. Wir fragen hier nur noch nach der relativen Mobilität der einzelnen Arbeiterkategorien, um sie dadurch zu charakterisieren. Nur auf die überdurchschnittliche Zunahme der Mobilität in den letzten 20 Jahren wird hingewiesen werden.
34 Vgl. hierzu stets Eintrittsverhältnisse. Beide Zahlen müssen sich ja ungefähr entsprechen.

den mobilen Arbeitergruppen. Dabei sind die Restprozente der Rauher denen der Handwerker und Werkmeister sehr ähnlich, die Restprozente der Spinner dagegen denen der Weber. Nach ihrer relativen Mobilität geordnet bilden die einzelnen Arbeitergruppen in allen drei Jahren folgende ansteigende Reihe: Werkmeister, Handwerker, Rauher, Hofarbeiter, Spinner, Weber, Mischungsarbeiter.

Die im vorigen Kapitel beim Vergleich der Stabilität der männlichen und weiblichen Arbeiter ausgesprochene Vermutung, dass größere Stabilität gewissermaßen Funktion eines etwas höheren Gesamtstandards[35] einer Gruppe sei, gewinnt an Wahrscheinlichkeit, wenn wir bei näherer Betrachtung der Stabilitätsdifferenzen der einzelnen Gruppen sehen, dass die »Aristokratie« der Fabrik sehr stabil, ihr »Proletariat«, die Mischungsarbeiter, sehr mobil ist.

Außerdem möchte man fast versucht sein, die größere Mobilität als Begleiterscheinung der typischen – gelernten oder ungelernten – Maschinenarbeit anzusehen (vgl. auch Eintrittsziffern). Es ist klar, dass auch der Altersaufbau einer Gruppe einen gewissen Einfluss auf ihre Mobilität haben muss. Ausschlaggebend kann dieser Einfluss jedoch nicht im Mindesten sein; so haben z. B. Weber und Hofarbeiter sehr verschiedene Stabilität bei ähnlichem Altersaufbau.

Bei den weiblichen Arbeitern dürfte es schwerer sein, die Mobilitätsunterschiede aus psychischen Differenzen, die ja auch bei ihnen nie eine solche Weite annehmen, wie bei Handwerkern gegenüber ungelernten Arbeitern, zu erklären. Dementsprechend zeigen sich auch weit geringere Unterschiede in der Mobilität der einzelnen Gruppen. Doch sind diese Unterschiede in jedem der besprochenen Jahre gleich groß, so dass es möglich ist, die Gruppen der Arbeiterinnen ebenso wie die der Arbeiter als stabile und mobile zu charakterisieren.

In jedem der drei Jahre gehören die ungelernten Arbeiterinnen und die Hasplerinnen zu den stabilsten, die Zwirnerinnen, Ringspinnerinnen und Streckerinnen zu den mobilen Gruppen. Spulerinnen und Vorspinnerinnen vertauschen ihre Plätze freilich von Jahr zu Jahr etwas, behalten aber dabei stets eine ungefähre Mittelstellung. Da alle Gruppen von Jahrzehnt zu Jahrzehnt ziemlich gleichmäßig mobiler werden, bleiben die Mobilitätsdifferenzen zwischen den einzelnen Arbeiterinnenkategorien relativ dieselben. Überdurchschnittlich groß ist die Mobilitätszunahme von 1891 bis 1908 nur bei den Streckerinnen. Ihre Restprozente sanken von 58 % im Jahre 1891 auf 30 % im Jahre 1908. Die geringsten Mobilitätsveränderungen zeigen dagegen die Hasplerinnen; ihre Restzahl betrug im Jahre 1891 68 % der Gesamtzahl, im Jahre 1908 57 % der Gesamtzahl. Gänzlich verändert hat sich nur die relative Mobilität der Weberinnen. 1891 gehören sie zu den mobilsten, 1900 und 1908 zu den stabilsten Gruppen. Ihre Mobilität ist im Jahre 1891 ebenso von der der späteren Jahre verschieden, wie ihr Altersaufbau und ihre Eintrittsverhältnisse (s. oben).

---

35 Welche Qualitäten diesen »höheren Standards« – den man beim persönlichen Verkehr mit den Leuten sofort fühlt – wirklich ausmachen, ist schwer zu sagen. Wohl eine etwas sorgsamere Erziehung, eine zielbewusstere Lebensführung, eine größere Kulturnähe könnte man es mit einem Wort nennen.

Übereinstimmend mit der oben gemachten Annahme finden wir auch hier wieder, dass die am wenigsten qualifizierte Arbeitskategorie, in die die »schlechtesten« Arbeiterinnen gewiesen werden, die größte Mobilität von allen hat.[36]

Dass die Qualität der Arbeiterschaft einen gewissen Einfluss auf ihre Mobilität haben muss, kann wohl nicht bezweifelt werden. Es kann doch wohl nicht bloßer »Zufall« sein, dass die Arbeiter- und Arbeiterinnenkategorien mit niedrigstem Kulturniveau durch einen Zeitraum von 20 Jahren hindurch stets die mobilsten sind. Wenn es auch wahrscheinlich ist, dass die Betriebsleitung diese wenig oder gar nicht angelernten Arbeitskräfte leichter entlässt, als mit Mühe und Kosten angelernte Arbeiter und Arbeiterinnen, so kann doch diese Tatsache allein die große Mobilität dieser Arbeitskategorien nicht erklären. Hat doch die Betriebsleitung auch andererseits wenig Aussicht, irgendwie besseres Arbeitermaterial für diese eigentlich nur Körperkraft erfordernden Arbeiten zu bekommen.

Wie erklärt sich nun aber aus der soeben vertretenen Ansicht über den Zusammenhang von großer Mobilität und niedrigem Kulturniveau einer Arbeiterschicht die große Mobilität der Weber und der Ringspinnerinnen in allen drei Jahren, also der qualifiziertesten und auch aufgewecktesten Arbeitskräfte?

Ich glaube, dass hier ein zweiter Faktor zur Erklärung herangezogen werden muss, und zwar derselbe, durch den wir auch die zunehmende Mobilität der Arbeiterschaft überhaupt zu verstehen versuchten: Nämlich die Qualität der Arbeit selbst, ihre Monotonie und deren Wirkung. Wir dürfen vielleicht annehmen, – freilich mit aller Vorsicht, denn zu beweisen sind derartige Vermutungen wohl kaum – dass gerade bei den etwas höher stehenden Arbeiterschichten, um die es sich hier, namentlich bei den Webern handelt, ihr entwickelteres Innenleben eine stärkere Kompensation gegen die stete Gleichförmigkeit der Arbeit sucht. Es würde sich also bei den Gründen der Steigerung der Mobilität um Motive von einander entgegengesetztem Charakter handeln.

Wir haben bis jetzt die einzelnen Arbeiterschichten der Fabrik in Bezug auf Altersaufbau, Eintrittschancen und Mobilität charakterisiert. Es fragt sich nun noch zum Schluss, inwieweit sie sich voneinander durch ihre Stabilität in verschiedenen Altersklassen unterscheiden (siehe Tabelle 5).

Es ist auch hier wieder möglich, die drei verschiedenen Jahre zusammen zu besprechen, da sich, wie wir wissen, nur die absolute aber nicht die relative Mobilität der Arbeitskategorien verändert hat.

Nicht in allen Arbeitergruppen ist die zweite und dritte Arbeitsklasse die mobilste wie im Gesamtresultat. So ist bei den Webern die zweite Altersklasse noch ziemlich stabil;[37] erst nach dem 22. Jahr setzt eine Tendenz zur Mobilität ein,

---

36 Man könnte vielleicht – und unter gewissen Gesichtspunkten auch mit Recht – geneigt sein, in den ungelernten Arbeiterinnen das weibliche »Proletariat« der Fabrik zu sehen. Doch handelt es sich bei ihnen größtenteils nicht um eigentliche Fabrikarbeiterinnen, sondern um Frauen, die die Not oft erst im höheren Alter zum ersten Male zur Fabrik treibt. Ihre große Stabilität ist wohl auch teilweise Folge ihres hohen Durchschnittsalters. Sonst hat das Alter anscheinend wenig Einfluss, vgl. Ringspinnen und Haspeln. Für letzteres unten Abschnitt II, Kapitel I: Abstammung und Familie.

37 Vor allem im Jahre 1908. 1900 und 1891 sind die 17- bis 21jährigen Weber ebenso mobil wie die 31- bis 40jährigen. Im Jahre 1891 sind außerdem die jugendlichen Weber relativ mobil, die 22- bis 30jährigen relativ stabil.

die auch in der nächsten Altersklasse, teilweise sogar verstärkt, bestehen bleibt. Es betrugen die Restprozente der 31- bis 40jährigen Weber im Jahre 1891 50 %, bei allen Arbeitern 71 %; im Jahre 1900 42 %, bei allen Arbeitern 53 %; im Jahre 1908 33 %, bei allen Arbeitern 55 %. Auch die 41- bis 50jährigen Weber sind noch weit überdurchschnittlich mobil; ihre Restprozente schwanken zwischen 53 % und 56 %; die Restprozente sämtlicher Arbeiter dieses Alters zwischen 70 % und 80 %. Erst nach dem 50. Jahr macht sich bei den Webern eine sehr große Stabilität geltend. Bei den Webern scheint also die »Wanderzeit« in spätere Lebensjahre zu fallen, als bei den meisten anderen Arbeitern, und genau dieselbe Tatsache finden wir bei den Weberinnen. Bei ihnen ist die zweite Altersklasse noch weit stabiler als die vierte (56 % gegen 45 % im Jahre 1891; 71 % gegen 66 % im Jahre 1900; 60 % gegen 50 % im Jahre 1908). Auch die 41- bis 50jährigen Weberinnen sind noch mobiler als die anderen Arbeiterinnen dieses Alters. Dieselbe Tendenz zu größerem Wechsel in höheren Altersklassen zeigt sich auch in allen drei Jahren bei den Ringspinnerinnen. Von den 31- bis 40jährigen Ringspinnerinnen waren am Ende des Jahres 1891 beschäftigt 44 %, am Ende des Jahres 1900 43 %, am Ende des Jahres 1908 35 %. Von allen Arbeiterinnen dieser Altersklasse betrugen die Restzahlen in den drei betreffenden Jahren 58 %, 52 % und 45 %. Noch größer sind die Mobilitätsdifferenzen bei den 41- bis 50jährigen Arbeiterinnen. Die Mobilitätszunahme der Ringspinnerinnen kommt in allen Altersklassen zum Ausdruck; am schwächsten in der ersten Altersklasse, am stärksten in der zweiten. Die Restprozente der 17- bis 21jährigen Ringspinnerinnen sanken von 78 % im Jahre 1891 auf 51 % im Jahre 1908.

Die bis jetzt besprochenen Fälle könnten dazu verleiten, späte »Wanderjahre« und längere Einübungszeit in Zusammenhang zu bringen. Doch verhindern die Zahlen der Vorspinnerinnen, die mit dem Gesamtresultat im Wesentlichen übereinstimmen, und vor allem die Restprozente der Spinner, eine zu starke Betonung dieser Ansicht. Im Gegensatz zu den Webern setzt bei den Spinnern nach dem 30. Lebensjahr eine außerordentliche Stabilität ein, die sie auch in den höheren Altersklassen beibehalten. Die Restprozente der 31- bis 40jährigen Leute betrugen im Jahre 1891 bei den Spinnern 94 %, bei allen Arbeitern 71 %, bei den Webern 50 %; im Jahre 1908 bei den Spinnern 61 %, bei den Webern 33 %.

Während die Restzahlen der Hofarbeiter im Großen und Ganzen denen des Gesamtresultates entsprechen, wechseln bei den Mischungsarbeitern vor allem in den letzten beiden Jahren Mobilität und Stabilität in den höheren Altersklassen miteinander ab. Das 31. bis 40. und das 51. bis 60. Lebensjahr zeigen unterdurchschnittliche Restprozent. So waren am Ende des Jahres 1908 von den Mischungsarbeitern, die zwischen 30 und 40 Jahre alt waren, noch 36 % beschäftigt, von allen Arbeitern 55 %. Im Jahre 1900 waren von den 51- bis 60jährigen Mischungsarbeitern am Ende des Jahres noch 54 % in der Fabrik beschäftigt, von allen Arbeitern dieses Alters 85 %. Die ungelernten Maschinenarbeiter, die überhaupt mobilste Arbeiterkategorie, scheinen auch das bewegteste Berufsschicksal zu haben.[38]

---

38 Handwerker und Werkmeister sind selbstverständlich in allen Altersklassen weit überdurchschnittlich stabil.

Bei den mobilen Arbeiterinnengruppen, den Zwirnerinnen und Streckerinnen, ist nun in letzter Hinsicht genau das Gegenteil der Fall. Die mittleren Altersklassen zeigen eine ganz außerordentlich große und von Jahrzehnt zu Jahrzehnt wachsende Mobilität, die übrigen Altersklassen eine sehr große Stabilität. Die Mobilitätsdifferenzen zwischen den einzelnen Altersklassen sind also in diesen Gruppen am größten. So waren von den 22- bis 40jährigen Streckerinnen am Ende des Jahres 1908 noch 21 % in der Fabrik beschäftigt, die älteren Streckerinnen dagegen waren sämtlich geblieben.

Man könnte geneigt sein, bei den weiblichen Arbeitern Qualifiziertheit der Arbeit und Mobilität der höheren Altersklassen in einen Kausalzusammenhang zu bringen,[39] der freilich noch durch einige Mittelglieder verständlich zu machen wäre. Unter den männlichen Arbeitern scheint jede Gruppe ihr eigenes gegenüber den anderen differenziertes Berufsschicksal zu haben. Einige wichtige Komponenten dieser Berufsschicksale, die sich im Laufe der letzten 20 Jahre nur schwach verändern, haben wir in diesem Kapitel dargestellt.

Wir werden uns an die hier gewonnenen Resultate erinnern müssen, wenn wir später die Berufsschicksale der Arbeiterschaft eingehend besprechen.

---

39 Zu vergleichen Abschnitt II, Kapitel V: Zahl der Verheirateten 1891, 1900, 1908.

Zweites Kapitel
Die Auslese nach der geographischen Provenienz

1. Die Entfernungsprovenienz der Arbeiterschaft

Wir haben die Auslese unter Altersgesichtspunkten besprochen und konnten dabei einige, durch zwei Jahrzehnte unverändert bleibende Tendenzen feststellen, welche sowohl die Arbeiterschaft im allgemeinen, wie die einzelnen Gruppen, in die sie zerfällt, charakterisieren; es fragt sich nun, ob die Analysierung der geographischen Provenienz der Arbeiterschaft ähnliche Charakteristika ergeben kann.

Das erste, was uns dabei interessiert, betrifft die Entfernung, welche zwischen dem Geburtsort der Arbeiter und Arbeiterinnen und M.-Gladbach liegt. Denken wir uns M.-Gladbach als den Mittelpunkt verschiedener konzentrischer Kreise, von denen der erste einen Halbmesser von 10 km, der zweite von 30 km, der dritte von 100 km und der vierte von 400 km hat. Der erste dieser Kreise umschließt Stadt und Landkreis M.-Gladbach, der zweite den nächstliegenden Industriebezirk mit den hauptsächlichsten Orten Krefeld, Düsseldorf, Erkelenz, Kempen. Der dritte Kreis berührt Arnheim, Coesfeld, Iserlohn, Altenkirchen, Adenau, umfasst also schon den westlichen Teil Westfalens und einen großen Teil der Rheinprovinz, dazu im Norden und Westen Teile von Belgien und Holland[2]. Der vierte und größte Kreis endlich zieht sich ein wenig südlich von Rendsburg durch Schleswig-Holstein, schneidet Hannover, Anhalt-Dessau, die Provinz Sachsen, zieht an der Grenze des Königreichs Sachsen hin, berührt Bayreuth, Nürnberg, Ulm, kreuzt den südlichen badischen Schwarzwald, das elsässische Gebiet ein wenig südlich von Mülhausen und umfasst in seinem anderen Halbkreis natürlich große Teile Frankreichs, Belgiens und Hollands.

Mit Ausnahme des südlichen Bayerns umgrenzt dieser letzte Kreis also ganz West- und Süddeutschland: die fünf westlichen Provinzen Preußens, die thüringischen und die süddeutschen Staaten. So sind wir berechtigt, das übrige Deutschland als Ostelbien zusammenzufassen und rechnen dazu außer den östlichen Provinzen Preußens noch Mecklenburg und Sachsen.[40] Schließlich wird noch das Ausland, ohne Rücksicht auf die Entfernung, als besondere Kategorie geführt,[41] wozu das Material, das bei Ausländern meist nur das Geburtsland, höchst selten den Geburtsort angibt, uns zwingt. Es hat dies freilich auch insofern weniger Bedenken, als (nach der bloßen Entfernung gerechnet) nahe liegende Gebiete, dadurch dass sie zum Ausland gehören, in Wirklichkeit als weiter entfernt empfunden werden, als entsprechend entfernt liegende Orte im eigenen Land.

Als Ergänzung dieser ersten Zusammenstellung, in der wir berechnen, wie viele der im Laufe der drei Jahre überhaupt in der Fabrik beschäftigt gewesen

---

40 Man kann Sachsen, trotz seiner Industrie, doch zu Ostelbien rechnen, weil es erstens ausgedehnten Großgrundbesitz hat, zweitens bis in die Gegenwart ein ähnliches politisches und kulturelles Regime genossen hat wie Preußen. Auch Schlesien ist ja »Industrieland«.
41 Infolgedessen hat bei den größeren Kreisen nur mehr der Teil, der durch Deutschland zieht, Bedeutung.

Tabelle 6

Geographische Provenienz der Arbeiterschaft

	0–10 km			10–30 km			30–100 km			100–400 km			Ostelbien			Ausland		
	1891 %	1900 %	1908 %	1891 %	1900 %	1908 %	1891 %	1900 %	1908 %	1891 %	1900 %	1908 %	1891 %	1900 %	1908 %	1891 %	1900 %	1908 %
Handwerker	60,0	44,9	66,6	17,5	28,5	16,6	11,0	14,3	10,3	11,0	6,3	2,1	–	6,3	2,1	–	2,1	2,1
Werkmeister	69,5	64,0	60,0	13,0	12,0	13,3	4,4	8,0	16,5	8,8	12,0	9,9	4,4	4,0	–	–	–	–
Weber	48,2	40,7	38,2	12,2	15,0	13,0	14,9	7,8	11,1	12,4	16,5	15,5	6,9	2,6	3,4	5,6	15,6	20,0
Spinner	65,2	60,5	72,7	12,4	16,4	6,1	7,3	10,9	3,1	7,8	10,0	8,2	1,8	0,9	–	4,9	0,9	9,1
Rauher, Passierer, Schlichter	47,6	66,6	56,0	23,8	11,1	16,0	14,2	11,1	12,0	4,7	–	8,0	–	11,1	–	9,5	–	8,0
Mischung, Batteur, Karden	38,1	38,4	59,0	27,2	25,3	15,6	18,0	19,2	7,6	10,8	10,6	8,3	3,6	1,4	1,4	1,8	4,6	5,5
Hofarbeiter, Packer, Heizer, Öler	51,6	48,0	45,1	22,4	20,4	26,5	8,9	10,1	14,4	12,3	10,9	10,4	2,2	3,1	–	2,2	4,7	2,4
Weberinnen	56,0	50,0	53,7	12,4	6,6	11,0	9,2	13,1	3,6	13,6	13,1	14,7	4,0	8,6	5,3	4,8	8,6	10,6
Ringspinnerinnen	70,7	71,1	74,2	9,7	12,9	12,7	5,6	5,0	3,8	12,9	8,3	5,3	–	0,6	2,0	–	1,1	2,8
Vorspinnerinnen	59,5	58,5	63,2	10,6	9,5	12,1	9,8	10,8	7,5	20,1	14,8	13,2	1,4	1,4	1,2	–	3,7	1,9
Hasplerinnen	55,7	52,2	64,4	14,2	9,0	11,2	9,1	12,6	6,4	16,3	24,9	12,8	3,5	1,7	2,4	0,7	1,7	2,4
Kreuzspulerinnen	–	–	57,1	–	–	21,5	–	–	14,8	–	–	3,7	–	–	–	–	–	3,7
Spulerinnen	40,6	34,0	36,0	–	11,4	4,4	10,5	16,3	6,6	46,1	36,0	40,8	1,8	–	4,5	–	1,6	8,8
Zwirnerinnen	55,5	45,9	35,1	14,8	10,8	1,7	7,4	16,2	13,5	18,5	21,6	40,5	–	2,7	2,7	3,7	2,7	5,4
Streckerinnen	44,0	21,2	27,6	12,0	19,1	10,3	20,0	8,9	15,7	18,0	44,9	27,9	4,0	4,5	2,4	2,0	9,0	10,2
Ungelernte Arbeiterinnen	73,0	60,0	43,9	3,8	20,0	14,6	3,8	–	12,1	11,4	15,0	24,1	7,6	5,0	4,8	–	–	–
Männliche Arbeiter	52,7	47,6	54,7	17,0	19,9	15,8	11,8	12,2	10,0	10,2	11,2	8,9	3,7	2,7	2,1	3,9	5,7	7,9
Weibliche Arbeiter	57,6	52,5	56,8	10,6	13,0	11,4	9,0	10,3	8,0	18,2	20,0	16,4	2,3	2,1	2,4	1,3	3,1	4,4
Alle Arbeitskräfte	57,3	49,3	55,9	13,9	16,2	16,3	11,2	10,7	8,9	12,8	14,9	12,0	2,5	2,3	1,9	2,2	4,4	6,6

Die Entfernungsprovenienz der Arbeiterschaft 131

Tabelle 7

Geographische Provenienz der Arbeiterschaft

	Aus M.–Gladbach			Aus Kreis Gladbach			Aus Reg.-Bezirk Düsseldorf			Aus Provinz Rheinland			Aus Preußen			Aus Deutschland			Aus Holland			Aus dem übrigen Ausland		
	1891	1900	1908	1891	1900	1908	1891	1900	1908	1891	1900	1908	1891	1900	1908	1891	1900	1908	1891	1900	1908	1891	1900	1908
Handwerker	48,8	36,7	54,1	11,1	8,1	12,5	20,0	26,5	16,6	15,5	16,2	10,4	4,4	6,3	2,1	–	4,1	2,1	–	2,1	2,1	–	–	–
Werkmeister	65,2	54,0	40,0	4,4	8,0	20,0	17,7	16,0	16,6	8,8	8,0	13,2	4,4	8,0	6,6	–	4,0	3,3	–	–	–	–	–	–
Weber	35,4	31,8	30,4	14,7	9,7	7,8	11,8	16,8	12,1	21,6	15,6	15,6	10,3	4,4	7,8	1,9	5,2	6,0	3,8	7,8	16,5	1,9	7,6	3,5
Spinner	45,9	38,5	44,4	19,3	22,0	28,2	12,4	16,4	6,2	11,1	10,0	5,1	6,2	11,0	2,0	–	0,9	4,1	4,9	0,9	5,1	–	–	4,0
Rauher, Passierer, Schlichter	33,3	33,3	20,0	14,2	33,3	36,0	19,1	11,1	16,0	23,8	11,1	16,0	–	11,1	–	–	–	4,0	4,7	–	4,0	4,7	–	4,0
Mischung, Batteur, Karden	22,7	26,9	28,3	15,4	11,5	30,7	26,3	23,0	13,4	28,1	26,1	14,9	4,5	7,6	3,9	–	–	1,4	1,8	3,8	2,8	0,9	1,4	2,1
Hofarbeiter, Heizer, Packer	40,4	32,2	28,2	11,2	15,7	16,1	17,9	14,1	20,9	24,7	23,6	24,1	3,4	4,7	6,4	–	2,3	0,8	2,2	4,7	1,6	–	–	0,8
Weberinnen	44,0	39,1	44,4	12,0	10,9	9,2	12,8	6,6	9,2	17,6	17,4	14,4	8,0	8,6	7,2	2,4	8,6	3,6	2,4	6,6	–	1,6	2,2	10,7
Ringspinnerinnen	52,0	58,1	58,8	18,7	12,9	15,3	6,4	11,8	11,7	20,3	13,5	8,1	1,6	1,7	2,7	0,8	0,6	0,5	–	0,6	2,5	–	0,6	0,5
Vorspinnerinnen	46,8	45,9	42,2	12,6	12,5	18,5	11,3	10,3	12,8	25,5	17,7	14,1	2,1	8,2	6,4	1,4	0,7	1,2	1,4	3,7	1,2	–	–	0,6
Haspierinnen	50,7	46,8	52,4	5,0	5,1	12,0	11,4	8,1	12,0	27,1	34,6	15,3	5,0	3,4	5,6	–	–	–	0,7	1,1	–	–	–	2,4
Kreuzspulerinnen	–	–	32,1	–	–	25,0	–	–	17,8	–	–	17,8	–	–	3,7	–	–	–	–	–	3,7	–	–	–
Spulerinnen	20,3	26,3	25,0	20,3	7,8	11,3	3,7	13,1	9,0	51,8	50,8	44,4	1,8	–	4,5	1,8	–	2,2	–	1,6	2,2	–	–	6,6
Zwirnerinnen	48,1	37,8	24,3	7,4	8,1	10,8	7,4	16,2	1,2	33,3	32,4	54,0	–	2,7	–	–	–	–	–	2,7	2,7	3,7	–	5,4
Streckerinnen	32,0	13,4	14,5	12,0	7,8	12,9	8,0	20,2	12,9	40,0	39,0	36,2	6,0	5,6	4,7	–	5,6	4,7	2,0	6,7	7,8	–	1,1	2,7
Ungelernte Arbeiterinnen	53,8	40,0	21,9	19,1	20,0	21,9	3,8	20,0	14,6	7,6	15,0	31,7	11,5	5,0	7,3	3,8	–	2,4	–	–	–	–	–	–
Männliche Arbeiter	38,4	33,4	33,9	14,4	14,2	20,8	17,9	18,3	14,0	21,0	18,3	14,9	6,7	6,9	4,7	0,6	2,3	2,9	3,1	3,9	5,6	0,8	1,8	2,3
Weibliche Arbeiter	45,1	42,7	41,9	12,6	9,9	14,9	9,4	11,9	11,5	26,2	26,7	20,0	4,2	4,2	4,8	1,1	1,5	1,6	0,8	2,6	2,3	0,5	0,5	2,3
Alle Arbeitskräfte	41,9	38,5	38,6	15,3	11,0	17,3	13,6	14,6	12,0	24,4	23,1	17,9	5,4	5,3	4,0	0,7	1,8	2,1	1,9	3,2	3,8	0,4	1,2	2,3

Leute aus den Gebieten, die jeweils von zweien dieser Kreise abgegrenzt werden, gebürtig waren, kann uns eine zweite dienen, die die Provenienz der Arbeiterschaft nach geographisch-politischen Einheiten geordnet, schildern soll. So unterscheiden wir hier die Stadt M.-Gladbach von ihrem Landkreis, dann den Regierungsbezirk Düsseldorf, die Provinz Rheinland, das übrige Preußen, das nichtpreußische Deutschland, wobei jedes Mal die schon dargestellte kleinere Einheit bei der Berechnung der nächstfolgenden größeren Einheit ausgeschaltet ist. Da Holland von allen außerdeutschen Ländern für die hier betrachtete Fabrik die größte Arbeiterzahl liefert, so ist die Zahl der in Holland geborenen Arbeiter auf dieser zweiten Zusammenstellung gesondert berechnet worden.

Selbstverständlich handelt es sich hier um die Fragen nach der relativen Bedeutung der einzelnen Gebiete als Rekrutierungsbezirke der Fabrik und nach etwaigen Veränderungen in dieser Hinsicht seit dem Jahre 1891.

In jedem der drei von uns besprochenen Jahre stammte der größte Prozentsatz der Gesamtzahl der Arbeiterschaft aus Stadt und Landkreis M.-Gladbach, also aus einer Entfernung von höchstens 10 km. Die Prozentzahlen des Jahres 1891 und des Jahres 1908 sind fast gleich groß und schwanken zwischen 56 % und 58 % der Gesamtzahl. 1900 ist die Prozentzahl kleiner als in den beiden anderen Jahren und beträgt 49,3 % der Gesamtzahl. In jedem der drei Jahre ist die Zahl der aus der Stadt selbst stammenden Leute weit größer als die der im Landkreis Gladbach geborenen. Doch zeigt die erstere Zahl eine Tendenz zur Abnahme in den letzten 20 Jahren, die letztere eine Tendenz zur Zunahme. Die Zahl der in M.-Gladbach selbst Geborenen sank von 41,9 % im Jahre 1891 auf 38,6 % im Jahre 1908. Die Zahl der aus dem Landkreis Gladbach gebürtigen Leute stieg von 15,3 % im Jahre 1891 auf 17,3 % im Jahre 1908.

Haben wir also in den engsten der von uns gezogenen Kreise[42] das wichtigste Rekrutierungsgebiet für die Arbeiterschaft der Fabrik in den letzten 20 Jahren, so hat der nächstfolgende Kreis die zweitgrößte Bedeutung, die freilich hinter der eben geschilderten Bedeutung der nächsten Umgebung weit zurückbleibt. In allen drei Jahren stammte die zweitgrößte Zahl der Arbeitskräfte, zwischen 14 und 16 %, aus dem linksrheinischen Industriegebiet, 10 bis 30 km von M.-Gladbach entfernt. Ebenso wie im Landkreis Gladbach hat auch die Prozentzahl der aus dem linksrheinischen Industriegebiet gekommenen Leute von 1891 bis 1908 etwas zugenommen: von 13,9 % im Jahre 1891 auf 16,3 % im Jahre 1908.

Von den beiden letzten Kreisen hat der weiter entfernt liegende die größere Bedeutung als Rekrutierungsgebiet. Während in jedem der drei Jahre eine ziemlich geringe und im Laufe der Zeit sich noch verkleinernde Arbeiterzahl (11,2 % im Jahre 1891, 8,9 % im Jahre 1908) aus einer Entfernung von 30 bis 100 km stammte, zeigt der letzte größte Kreis in jedem Jahre wieder etwas gestiegene Zahlen. Diese größeren Zahlen sind aber nur in geringerem Maße Resultat des den übrigen gegenüber viel größeren Umfangs dieses Gebietes. Denn weitaus der größte Teil der jeweils in diesem letzten Kreis gebürtigen Leute stammt aus einer Entfernung von 100 bis 150 km, fast ausschließlich aus Eifel und Hunsrück. Von den 175 Leu-

---

42 Um Verwechslungen zu vermeiden, soll hier nochmals gesagt werden, dass bei dieser Darstellung mit »Kreis« allein stets nur die von uns gezogenen und oben besprochenen Linien gemeint sind. Die politischen Einheiten nenne ich Stadtkreis oder Landkreis.

ten (12,8 % der Gesamtzahl), die im Jahre 1891 aus einer Entfernung von 100 bis 400 km stammten, waren 134 oder 9,7 % der Gesamtzahl in einer Entfernung von 100 bis 150 km geboren. Im Jahre 1900 sind diese Zahlen noch größer: 208 oder 14,9 % der Arbeitskräfte stammen aus dem letzten Kreise, davon 169 oder 12,3 % der Gesamtzahl aus einer Entfernung von 100 bis 150 km. Im Jahre 1908 hat sich die Zahl der aus dem letzten Kreise gebürtigen Leute wieder auf 173 oder 12 % verringert; aus Eifel und Hunsrück stammen 122 Leute oder 8,5 % der Gesamtzahl.[43]

Neben dem linksrheinischen Industriezentrum wären also Eifel und Hunsrück ein zweites hauptsächliches Rekrutierungsgebiet für die Arbeiterschaft der Fabrik. Auf die Entfernung von 150 bis 400 km von M.-Gladbach entfällt daher nur mehr ein kleiner Prozentsatz der Arbeitskräfte. Die größte Anzahl von diesen stammt aus der Gegend von Trier und Wiesbaden, sehr wenige aus Hannover und Westfalen.[44] Seit dem Jahre 1900 nimmt die Prozentzahl der Thüringer, Elsässer[3] und Bayern[4] innerhalb der Arbeiterschaft etwas zu. Im Jahre 1891 stammten nur 3 oder 0,2 % der Arbeitskräfte aus einer Entfernung von 300 bis 400 km; im Jahre 1908 19 oder 1,3 %.

Wie wir sehen, haben alle unsere vier Kreise ihre relative größere und geringere Bedeutung als Rekrutierungsbezirke für die Arbeiterschaft der Fabrik im Laufe der letzten 20 Jahre unverändert beibehalten. Bei den beiden letzten Gebieten, die wir noch zu besprechen haben, Ostelbien und dem Ausland, ist dies nicht der Fall. Beide Gebiete sind freilich im Vergleich zu den übrigen äußerst unwichtig; doch nimmt die Zahl der Ausländer von Jahrzehnt zu Jahrzehnt stetig zu, die Zahl der Ostelbier ebenso stetig ab. Im Jahre 1891 war die Prozentzahl der im Laufe des Jahres in der Fabrik beschäftigt gewesenen Ostelbier (2,5 %) noch ein wenig größer als die er Ausländer (2,2 %); im Jahre 1900 war die Zahl der Ostelbier auf 2,3 % gefallen, die der Ausländer auf 4,4 % gestiegen. Im Jahre 1908 waren nur mehr 1,9 % der Arbeitskräfte östlich der Elbe geboren, im Ausland dagegen mehr als dreimal soviel, 6,6 %.

Diese Abnahme in der Zahl der Ostelbier betrifft vorzugsweise die aus Schlesien, Posen und Sachsen stammenden Leute. Im Jahre 1891 waren 15 Schlesier und Deutsch-Polen in der Fabrik beschäftigt gewesen; im Jahre 1908 6. Dagegen stieg die Zahl der Ost- und Westpreußen von 13 im Jahre 1891 auf 18 im Jahre 1900 und blieb auch im Jahre 1908 die gleiche. 12 von diesen 18 Leuten stammen aus der Gegend von Insterburg[5].

Wie die Tabelle 7 zeigt, sind in jedem der drei Jahre die Holländer unter den Ausländern am stärksten vertreten. Ihre Zahl stieg von 17 oder 1,9 % der Gesamtzahl im Jahre 1891 auf 43 oder 3,2 % der Gesamtzahl im Jahre 1900 und 63 oder 3,8 % der Gesamtzahl im Jahre 1908. Von den übrigen Ausländern sind im Jahre 1891 nur Böhmen, im Jahre 1900 nur Böhmen und Russen in etwas größerer Anzahl (11

---

43 Einzelne Landkreise liefern besonders viele Leute. So im Jahre 1891 die Landkreise Zell, Kochem, Simmern 106, davon Zell allein 74; im Jahre 1900 die Kreise Zell und Simmern 117, davon Zell allein 91. Im Jahre 1908 alle drei Kreise 78, davon Zell 46. [Der Landkreis Zell ging 1969 im Landkreis Cochem-Zell auf. Der Kreis Simmern ging 1969 im Rhein-Hunsrück-Kreis auf.]

44 Es scheint fast, als ob der Rhein eine nicht gern überschrittene Grenze bildete; stammt doch die überwiegende Mehrzahl der Arbeiterschaft aus linksrheinisch liegenden Gebieten, und auffallend wenige aus den der Entfernung nach doch nahe bei Gladbach liegenden westfälischen Bezirken wie Dortmund, Borken, Hagen.

resp. 15) in der Fabrik beschäftigt gewesen. Im Jahre 1908 ist dagegen die Zahl der Osteuropäer vermindert und es sind Franzosen, Schweizer, Italiener, Belgier und namentlich Österreicher[6] in größerer Zahl in der Fabrik tätig gewesen.

Wie schon aus den bis jetzt gegebenen Zahlen hervorgeht, entfällt, wenn wir die Arbeiterschaft nach den geographisch-politischen Bezirken ordnen, denen sie entstammt, in jedem Jahr der weitaus größte Prozentsatz auf die Rheinprovinz. Im Jahre 1891 stammten 92 %, im Jahre 1900 86 %, im Jahre 1908 85 % der Arbeitskräfte aus dem Rheinland. Die Abnahme, die sich in diesen Zahlen ausdrückt, entfällt einerseits, wie wir wissen, auf die Stadt M.-Gladbach, andererseits auf die südliche Rheinprovinz. Die Zahl der aus der Rheinprovinz mit Ausschluss des Regierungsbezirks Düsseldorf stammenden Leute sank von 24,4 % im Jahre 1891 auf 17,9 % im Jahre 1908. Im Vergleich zum Rheinland sind alle übrigen Bezirke von außerordentlich geringer Bedeutung. Von diesen ist in jedem der drei Jahre das nichtpreußische Deutschland das unwichtigste, das nichtrheinländische Preußen das wichtigste Rekrutierungsgebiet. Doch hat sich die Prozentzahl der aus dem letzteren Gebiete stammenden Arbeitskräfte von 5,4 % im Jahre 1891 auf 4 % im Jahre 1908 gesenkt.[45] Die Zahl der nichtpreußischen Deutschen innerhalb der Arbeiterschaft stieg dagegen von 0,7 % im Jahre 1891 auf 1,8 % im Jahre 1900 und 2,1 % im Jahre 1908. Es sind, wie schon oben gesagt, zunehmend mehr Thüringer, Elsässer, Bayern und Württemberger beschäftigt worden.

Als das vielleicht wichtigste Resultat, das uns die Erörterungen über die geographische Provenienz der gesamten Arbeiterschaft gebracht haben, ist nochmals hervorzuheben, dass sich die Rekrutierung der Arbeiterschaft im Laufe der 20 Jahre, die wir überblicken können, nicht in irgend erheblicher Weise verschoben hat.

Allen dreien der von uns betrachteten Jahre ist gemeinsam:
1. Eine außerordentlich starke lokale Rekrutierung der Arbeiterschaft; in jedem der drei Jahre sind mehr als zwei Drittel der Arbeitskräfte in einer Entfernung von weniger als 30 km von M.-Gladbach geboren, mehr als die Hälfte im Stadt- und Landkreis M.-Gladbach.
2. Die große Bedeutung der ganzen Rheinprovinz als Rekrutierungsgebiet. Mehr als vier Fünftel der Arbeitskräfte jedes Jahres waren Rheinländer.
3. Dieselbe relative Bedeutung der verschieden großen Entfernungen für die Rekrutierung der Arbeiterschaft.

Innerhalb dieses, im Laufe von 20 Jahren prinzipiell nicht veränderten Grundschemas haben folgende Verschiebungen stattgefunden. Vom Jahre 1891 bis zum Jahre 1908 haben an Bedeutung für die Rekrutierung der Arbeiterschaft abgenommen:
1. die Stadt M.-Gladbach;
2. das 30 bis 100 km entfernt liegende Gebiet;
3. Ostelbien.

---

45 Zu vergleichen Ostelbien; wie überhaupt immer Tabelle 6.

Dagegen haben an Bedeutung zugenommen:
1. der Landkreis M.-Gladbach;
2. der linksrheinische Industriebezirk, also die Entfernung von 10 bis 30 km von M.-Gladbach;
3. das nichtpreußische Deutschland;
4. das Ausland, und zwar haben unter den Ausländern die Westeuropäer die Osteuropäer verdrängt.[46/47]

Die geographische Provenienz der männlichen Arbeiter, die im Laufe der Jahre in der Gladbacher Spinnerei und Weberei beschäftigt waren, folgt in ihren allgemeinen Tendenzen der geographischen Provenienz sämtlicher Arbeitskräfte.

In jedem der drei Jahre stammt der größte Prozentsatz der männlichen Arbeiter aus Stadt und Landkreis M.-Gladbach, also aus einer Entfernung von weniger als 10 km. Freilich sind relativ weniger männliche Arbeiter in M.-Gladbach selbst, mehr in seiner allernächsten Umgebung geboren, als dies bei sämtlichen Arbeitskräften der Fall war. Die Zahl der aus M.-Gladbach selbst stammenden männlichen Arbeiter sank von 38,4 % im Jahre 1891 auf 33,9 % im Jahre 1908; die Zahl für sämtliche Arbeitskräfte sank in derselben Zeit von 41,9 % auf 38,6 %. Dagegen stammen im Jahre 1900 und 1908 rund 3 % mehr von den männlichen Arbeitern aus dem Landkreis Gladbach als von sämtlichen Arbeitskräften. Ebenso ist für die männliche Arbeiterschaft das linksrheinische Industriegebiet, die Entfernung von 10 bis 30 km von M.-Gladbach, in früheren Jahren ein sehr bedeutender Rekrutierungsbezirk gewesen. Im Jahre 1891 waren 17 % der männlichen Arbeiter, im Jahre 1900 19,9 % im zweiten der von uns gezogenen Kreise geboren; von sämtlichen Arbeitskräften 13,9 % und 16,2 %. Im Jahre 1908 erscheint die Bedeutung dieses Gebietes sehr verringert, 15,8 % der männlichen Arbeiter waren dort geboren.[48]

Bei den männlichen Arbeitern nimmt die Wichtigkeit der Gebiete als Rekrutierungsbezirke stetig mit wachsender Entfernung ab. Der vierte Kreis ist nicht, wie im Gesamtresultat, von größerer Bedeutung als der dritte, sondern hat im Gegenteil weniger männliche Arbeiter geliefert als dieser. Die Unterschiede sind freilich sehr gering; die Zahl der aus einer Entfernung von 30 bis 100 km gekommenen männlichen Arbeiter schwankt zwischen 10 % und 12 %, die der Arbeiter aus dem nächsten Kreise zwischen 9 % und 11 %. Verglichen mit den Zahlen des Gesamtresultats ist die Zahl der aus dem größten Kreise stammenden männlichen Arbeitern in allen drei Jahren um rund 3 % kleiner. Von den im letzten unserer Kreise geborenen Arbeitern stammt jeweils der größte Teil aus einer Entfernung von 100 bis 150 km von M.-Gladbach. Im Jahre 1891 6,4 % der Gesamtzahl, im Jahre 1900 7,5 %; im Jahre 1908 5,1 % der Gesamtzahl. Augenscheinlich ist die Bedeutung von Eifel

---

46 Das Jahr 1900 zeigt auch auf dieser Zusammenstellung eine kleine Unregelmäßigkeit. Der Landkreis M.-Gladbach ist schwach, der vierte Kreis sehr stark vertreten.

47 Nach der Volkszählung vom Jahre 1905 sprachen von den 60.709 Einwohnern M.-Gladbachs Deutsch: 59.766, Polnisch 19, Holländisch 718, Italienisch 14, eine andere Sprache 141, Deutsch und eine andere Sprache 51.

48 Wie bei den früheren Erörterungen, so werden auch hier die Verschiebungen in der Provenienz im Laufe der letzten 20 Jahre nur mehr erwähnt, wenn sie denen des Gesamtresultats entgegengesetzt sind. Im Jahre 1900 ist die Zahl der aus Gladbach stammenden Leute kleiner, der aus den entfernteren Kreisen stammenden Leute größer, als in den beiden anderen Jahren.

und Hunsrück als Rekrutierungsbezirke für die männlichen Arbeiter geringer als für die gesamte Arbeiterschaft. Gewachsen dagegen im Vergleich zum Gesamtresultat ist bei den männlichen Arbeitern die Bedeutung Ostelbiens und namentlich des Auslands. Die Zahl der Ausländer unter den männlichen Arbeitern stieg von 3,9 % im Jahre 1891 auf 5,7 % im Jahre 1900 und 7,9 % im Jahre 1908, war also in diesem letzten Jahr nur mehr um 1 % kleiner als die Zahl der aus einer Entfernung von 100 bis 400 km stammenden Arbeiter. Den Hauptanteil an dieser Zunahme der Ausländer haben wiederum die Holländer; ihre Zahl stieg von 3,1 % im Jahre 1891 auf 5,6 % im Jahre 1908. Die Zahl der übrigen Ausländer ist in den beiden ersten Jahren außerordentlich klein; im Jahre 1908 sind Österreicher, Belgier und Böhmen in etwas größerer Zahl angenommen worden. Die Zahl der Ostelbier unter den männlichen Arbeitern ist in jedem Jahr kleiner als die der Ausländer und sinkt von 3,7 % im Jahre 1891 auf 2,1 % im Jahre 1908.

Verglichen mit den Zahlen des Gesamtresultats sind also für die Rekrutierung der männlichen Arbeiter die Stadt M.-Gladbach und die südliche Rheinprovinz von etwas geringerer,[49] das linksrheinische Industriegebiet und das Ausland von etwas größerer Bedeutung.

Die geographische Provenienz der weiblichen Arbeiter zeigt in allen drei Jahren einige charakteristische Unterschiede von der geographischen Provenienz der männlichen Arbeiter. Stets waren die weiblichen Arbeiter noch stärker lokal rekrutiert als die männlichen Arbeiter; die Zahl der im Stadt- und Landkreis M.-Gladbach geborenen weiblichen Arbeiter schwankt zwischen 52 % und 57 %, die der männlichen Arbeiter, wie wir wissen, zwischen 47 % und 54 %. Doch betrifft diese Differenz Stadt- und Landkreis M.-Gladbach in gänzlich verschiedener Weise. Die Zahl der in der Stadt geborenen Arbeiterinnen ist in jedem Jahr um rund 8 % größer als die der dort geborenen Arbeiter. Dagegen stammen aus dem Landkreis M.-Gladbach in jedem Jahre weniger weibliche Arbeiter, und dieser Unterschied vergrößerte sich von 1,8 % im Jahre 1891 auf 6,0 % im Jahre 1908.

Neben der Stadt M.-Gladbach selbst gibt es für die weiblichen Arbeiter nur noch ein wichtiges Rekrutierungsgebiet: der größte der von uns gezogenen Kreise, die Entfernung von 100 bis 400 km von M.-Gladbach. Diese Entfernung ist für die Rekrutierung der weiblichen Arbeiterschaft von derselben Bedeutung wie das linksrheinische Industriegebiet für die der männlichen Arbeiter. Die Zahl der im letzten Kreise geborenen Arbeiterinnen stieg von 18,2 % im Jahre 1891 auf 20 % im Jahre 1900 und sank dann – ebenso wie die entsprechende Zahl der männlichen Arbeiter – auf 16,4 % im Jahre 1908. In jedem der drei Jahre war die Zahl der aus einer Entfernung von 100 bis 400 km gekommenen Arbeitskräfte bei den Arbeiterinnen fast doppelt so groß als bei den Arbeitern. Namentlich die Bedeutung der Entfernung von 100 bis 150 km ist für die Rekrutierung der weiblichen Arbeiterschaft außerordentlich groß. Aus Eifel und Hunsrück stammten im Jahre 1891 13,2 % aller Arbeiterinnen (6,4 % der Arbeiter); im Jahre 1900 16,9 % der Arbeiterinnen (7,5 % der Arbeiter); im Jahre 1908 9,7 % der Arbeiterinnen (5,1 % der Arbeiter).

---

49 Natürlich sind die Unterschiede, der prinzipiellen Übereinstimmung wegen, sehr gering, und dürfen nicht überschätzt werden. Wenn sie aber in drei verschiedenen Jahren immer wiederkehren, dürften sie doch beachtenswert sein.

Ostelbien hat auch für die weiblichen Arbeiter die geringste Wichtigkeit; doch hat sich die Prozentzahl der Ostelbierinnen im Laufe der letzten 20 Jahre kaum verändert; sie schwankt zwischen 2 % und 2,5 %. Die Prozentzahl der Ausländerinnen hat ebenso wie die der Ausländer im Laufe der letzten 20 Jahre stetig zugenommen; sie stieg von 1,3 % im Jahre 1891 auf 4,4 % im Jahre 1908, war also stets kleiner als die Zahl der Ausländer. In den beiden ersten Jahren waren die Holländerinnen in größerer Zahl vertreten als die übrigen Ausländerinnen; im Jahre 1908 bilden sie die Hälfte aller Ausländerinnen, die übrigen sind aus Österreich, Böhmen, Polen, England und Belgien. Die absoluten Zahlen sind stets sehr klein.

Vergleichen wir die geographische Provenienz der männlichen und weiblichen Arbeiter, so haben bei den letzteren in allen drei Jahren die Stadt M.-Gladbach und das Moselgebiet eine erhöhte, der linksrheinische Industriebezirk und das Ausland eine geringere Bedeutung als Rekrutierungsgebiete als bei den männlichen Arbeitern.[50]

Ehe wir nun versuchen, diese Resultate unserer Erörterungen über die geographische Provenienz der Arbeiterschaft zu erklären, müssen wir darauf hinweisen, dass hier ebenso wie bei der Besprechung der Eintritts- und Austrittsziffern der Arbeiterschaft zwei auseinander zu haltende Vorgänge zusammentreffen: nämlich erstens das Angebot vonseiten der Arbeiterschaft und zweitens die Auslese, die die Betriebsleitung vornimmt. Natürlich stellen auch die sich überhaupt anbietenden Leute eine »Auslese« dar; doch um etwas mit Sicherheit darüber aussagen zu können, müsste man über die Anzahl, das Alter und die Provenienz derjenigen Leute unterrichtet sein, die im Laufe eines Jahres abgewiesen wurden. Und auch für die Beurteilung der Richtung der Auslese unter den sich Anbietenden müsste man wissen, ob diese Abweisung die Folge irgendwelcher Qualitäten der Arbeitsuchenden war oder nicht vielmehr als Mangel an anzuweisender Arbeit erfolgte.[51]

Wenn man nun auch – für den ersten Fall – vielleicht von einer Mitwirkung einer Auslese in dem Sinne sprechen kann, dass die Leute denjenigen Industrien sich zuwandten, für die sie sich selbst oder ihre Eltern sie subjektiv am geeignets-

---

50 Dieselben Charakteristika der geographischen Provenienz der männlichen und weiblichen Arbeiter zeigen sich natürlich auch bei der Einordnung nach geographisch-politischen Einheiten. So kommt die große Bedeutung der südlichen Rheinprovinz als Rekrutierungsgebiet für die weibliche Arbeiterschaft darin zum Ausdruck, dass die Zahl der aus der Rheinprovinz (mit Ausschluss des Regierungsbezirks Düsseldorf) stammenden Arbeiterinnen in jedem Jahr um 5–6 % größer war, als die Zahl der von dort stammenden Arbeiter. Unter letzteren waren dagegen die aus dem Regierungsbezirk Düsseldorf (ohne Kreis Gladbach) stammenden Leute sowohl wie die Hannoveraner, Westfalen und Süddeutschen stärker vertreten. Man möchte fast sagen, dass die Bedeutung der Gebiete für männliche und weibliche Arbeiter abwechselt. Gladbach hat größere Bedeutung für die Arbeiterinnen, der Regierungsbezirk Düsseldorf (natürlich immer ohne die vorhergehende Einheit) für die Arbeiter, Rheinland für die Arbeiterinnen, die außerhalb des Rheinlands liegenden Gebiete für die Arbeiter.
51 Ganz abgesehen von der faktischen Unmöglichkeit, diese Dinge für weit zurückliegende Jahre zu erfahren, ist es auch sehr wohl denkbar, dass die beiden oben angeführten Abweisungsgründe sich vereinigen. In einem großen Betrieb, wie der hier geschilderte, mit so starkem Wechsel der Arbeitskräfte, wird ein guter oder gut scheinender Arbeiter in vielen Fällen angenommen werden, um ihn vielleicht erst später auf einem frei werdenden Platz zu verwenden; ein weniger rentabel scheinender Arbeiter dagegen wegen Mangels an Arbeit abgewiesen werden.

ten halten und es vielleicht wohl auch sind,[52] und wenn natürlich auch die Auslese bei den zur Arbeit angenommenen und den gebliebenen Arbeitskräften durch die Betriebsleitung ganz bewusst auf der Basis der Qualität der Arbeiterschaft beruht, so möchte ich doch die geographische Provenienz der Arbeiterschaft im allgemeinen und ihre Veränderungen auf größtenteils außerhalb des Betriebes liegende Momente zurückführen.[53]

Diese Momente vollständig darzustellen, kann ich nicht beanspruchen; ich muss mich damit begnügen, auf die hauptsächlichsten unter ihnen hinzuweisen. So nehme ich vor allem das Grundschema der geographischen Provenienz der Arbeiterschaft, das sich im Laufe der 20 Jahre nicht verändert, als etwas schlechthin »Gegebenes« an, das aus großen allgemeinen Zusammenhängen,[54] auf die ich hier nicht eingehen kann, zu erklären ist. Aus den Geschäftsberichten der früheren Jahrzehnte wäre in Bezug auf diese Frage nur zu entnehmen, dass die Betriebsleitung bemüht gewesen ist, geeignete Arbeitskräfte aus größerer Entfernung, also wohl aus der südlichen Rheinprovinz heranzuziehen.

Die geringen Verschiedenheiten in der geographischen Provenienz der männlichen und weiblichen Arbeiter bedürfen wohl kaum einer Erläuterung. Bei der größeren Sesshaftigkeit und Gebundenheit der Frauen ist es selbstverständlich, dass eine größere Zahl der Arbeiterinnen aus der Stadt selbst, eine kleinere aus entfernteren deutschen Gebieten und dem Ausland stammt, als von den männlichen Arbeitern. Ebenso ist es einleuchtend, dass die Bauernmädchen aus Eifel und Hunsrück leichter zur Textilarbeit übergehen und zu derselben, wenigstens bei den angelernten Arbeiten, besser zu gebrauchen sind als die Bauernsöhne.

Für die, wie wir wissen, nicht großen Veränderungen der geographischen Provenienz im Laufe der letzten 20 Jahre sind wohl dieselben Ursachen verantwortlich zu machen, die auch die zunehmende Mobilität der Arbeiterschaft bestimmen (siehe oben Kapitel I). So ist die Abnahme der Zahl der in M.-Gladbach selbst geborenen Arbeitskräfte wohl auf die vermehrte Arbeitsgelegenheit in dieser Stadt, die Zunahme der aus der nächsten Umgebung stammenden Leute aus gerade in diesem Bezirk verbesserten Verkehrsgelegenheiten zu erklären. Die für Ostelbier und Holländer wirksame Auslese haben wir schon oben erwähnt.

---

52 Vor allem kommt hier die Auswahl zwischen Eisenindustrie und Textilindustrie für die männlichen Arbeiter in Betracht, die sich aller Wahrscheinlichkeit nach dahin vollzieht, dass die physisch schwächeren Leute zur Textilindustrie gehen.
53 Für die Ostelbier und die Holländer gilt dies freilich nicht. Bei beiden wirkt eine bestimmte Auslese der Betriebsleitung und zwar in entgegengesetzter Richtung. Die Ostelbier, wie die Osteuropäer überhaupt, werden wegen allgemeiner Minderwertigkeit ungern angenommen. Das Angebot an ihnen muss gestiegen sein; stieg doch die Zahl der Polen allein seit 1890 im Regierungsbezirk Düsseldorf von 4.672 auf 45.623. Das Angebot der Holländer nimmt ebenfalls zu, doch werden sie eben auch wegen guter Leistungen gerne genommen.
54 So vor allem wohl aus der industriellen Entwicklung der einzelnen Gegenden aus der früheren Hausindustrie, aus ihrem Reichtum oder Armut.

2. Die Ortsgrößenprovenienz der Arbeiterschaft

Mehr als die Frage nach den außerhalb des Betriebes liegenden Gründen, die das Angebot der Arbeiterschaft regeln, interessiert unter unserer Problemstellung die Frage nach der Auslese, welche sich für die einzelnen Arbeitskategorien unter örtlichen Gesichtspunkten vollzieht; d. h. vor allem, ob eine solche Auslese überhaupt wahrscheinlich zu machen ist. Doch ehe wir zu diesen speziellen Darstellungen übergehen, soll erst das Bild der geographischen Provenienz der gesamten Arbeiterschaft dadurch vollendet werden, dass wir ihre Ortsgrößenprovenienz besprechen.

Wir unterscheiden dabei folgende fünf Ortsgrößenklassen: 1. Dörfer, d. h. Orte mit 1 bis 1.000 Einwohnern; 2. Landstädte, d. h. Orte mit 1.000 bis 5.000 Einwohnern; 3. Kleinstädte, d. h. Orte mit 5.000 bis 50.000 Einwohnern; 4. Mittelstädte, d. h. Orte mit 50.000 bis 100.000 Einwohnern; 5. Großstädte mit über 100.000 Einwohnern.

Wie oben festgestellt wurde, hat sich die relative Bedeutung der verschiedenen Entfernungen als Rekrutierungsgebiete der Arbeiterschaft im Laufe der letzten 20 Jahre so gut wie gar nicht verändert. Die vorliegende Tabelle dagegen zeigt uns, dass nur zwei der fünf Ortsgrößenklassen ihre relative Bedeutung für die Rekrutierung der Arbeiterschaft im Laufe der letzten beiden Jahrzehnte unverändert beibehalten haben. Die übrigen drei Ortsgrößenklassen haben in den verschiedenen Jahren verschieden große Wichtigkeit.

Nach dem, was wir über die Bedeutung M.-Gladbachs als Rekrutierungsgebiet der Arbeiterschaft der Fabrik wissen, ist es selbstverständlich, dass in jedem Jahr der größte Prozentsatz aller Arbeitskräfte aus einer Mittelstadt stammt.[55] Im Jahre 1891 ist diese Zahl am größten und beträgt 42 % der Arbeiterschaft, sinkt im Jahre 1900 auf 38,2 % und steigt 1908 wieder auf 39,7 %. Diese Zahlen beziehen sich fast gänzlich auf M.-Gladbach, nur im Jahre 1908 stammte 1 % der Arbeitskräfte aus anderen Mittelstädten (vgl. Tabelle 7). Im Gegensatz zur Mittelstadt, d. h. M.-Gladbach, ist die Großstadt stets die unbedeutendste Ortsgrößenklasse gewesen. Freilich hat sich die Prozentzahl der Großstädter innerhalb der Arbeiterschaft im Laufe der letzten 20 Jahre vervierfacht. Sie stieg von 1 % im Jahre 1891 auf 2,3 % im Jahre 1900 und 3,9 % im Jahre 1908.

Behielten also die beiden Ortsgrößenklassen mit über 50.000 Einwohnern ihre relative Bedeutung als wichtigstes resp. unwichtigstes Rekrutierungsgebiet der Arbeiterschaft im Laufe der letzten 20 Jahre unverändert bei, so ist von den drei kleineren Ortsgrößenklassen zusammenfassend zu sagen, dass Land und Landstadt stetig an Bedeutung verloren, die Zahl der Kleinstädter innerhalb der Arbeiterschaft dagegen ebenso stetig wuchs. Im Jahre 1891 bildeten die Landstädter den zweitgrößten Bruchteil der Arbeiterschaft, 22,5 %; die Dörfler nur einen etwas geringeren Bruchteil, 20,1 %. Die Zahl der Kleinstädter dagegen, die nur 11,9 % der Gesamtzahl der Arbeitskräfte ausmachen, ist nach der Großstadt die kleinste von allen. Im Jahre 1900 erscheinen die Unterschiede zwischen den drei kleineren

---

55 M.-Gladbach hat in allen drei Jahren zu den »Mittelstädten« gehört. Es zählte im Jahre 1895 53.662 Einwohner, im Jahre 1905 60.709 Einwohner, im Jahre 1909 65.768 Einwohner.

Tabelle 8

Örtliche Provenienz der Arbeiterschaft

	Aus Orten mit 1–1.000 Einwohnern			Aus Orten mit 1.000–5.000 Einwohnern			Aus Orten mit 5.000–50.000 Einwohnern			Aus Orten mit 50.000–100.000 Einwohnern			Aus Orten mit über 100.000 Einwohnern		
	1891	1900	1908	1891	1900	1908	1891	1900	1908	1891	1900	1908	1891	1900	1908
	%	%	%	%	%	%	%	%	%	%	%	%	%	%	%
Handwerker	4,4	14,3	6,2	22,2	28,4	22,9	15,8	12,1	12,1	53,3	36,7	54,1	4,4	8,1	2,1
Werkmeister	8,8	16,0	20,0	4,4	4,0	3,3	13,0	16,0	29,9	65,2	54,0	40,0	8,8	4,0	3,3
Weber	21,6	14,1	14,8	24,6	18,5	16,5	11,0	15,8	11,3	35,4	31,8	32,6	1,0	3,5	5,2
Spinner	14,2	14,6	6,2	20,5	18,2	8,2	13,5	21,9	30,2	45,9	40,3	44,4	0,6	3,6	2,0
Rauher, Passierer, Schlichter	19,1	33,3	16,0	28,4	11,1	20,0	9,3	22,2	36,0	33,3	33,3	20,0	–	–	–
Mischung, Batteur, Karden	24,5	15,2	15,1	32,7	27,1	13,3	16,3	22,1	33,0	22,7	26,9	28,3	1,8	2,3	2,3
Hofarbeiter, Packer, Heizer, Öler	19,2	13,3	23,3	21,3	14,3	25,7	5,6	18,1	16,4	40,4	32,2	28,2	2,2	4,0	4,0
Weberinnen	19,2	36,9	22,2	20,8	4,3	14,4	12,0	13,2	5,3	44,0	39,1	41,4	–	–	3,6
Ringspinnerinnen	17,0	15,8	6,7	16,2	9,5	7,6	10,5	13,3	19,4	52,8	58,6	58,9	1,6	0,6	4,0
Vorspinnerinnen	26,9	20,0	14,1	13,4	13,0	14,8	11,3	16,2	20,4	46,8	45,9	45,5	1,4	–	2,4
Hasplerinnen	20,7	30,0	17,9	20,0	11,9	9,4	8,5	8,6	11,2	50,7	47,9	55,6	–	1,7	3,2
Kreuzspulerinnen	–	–	7,4	–	–	17,7	–	–	29,6	–	–	32,1	–	–	10,7
Spulerinnen	40,7	39,3	42,3	16,6	14,7	9,0	20,3	14,6	11,2	22,2	27,8	25,0	–	3,2	6,8
Zwirnerinnen	14,8	21,6	40,5	18,5	16,2	13,5	11,1	13,5	13,5	51,8	37,8	24,3	–	5,4	2,7
Streckerinnen	22,0	34,8	33,6	24,0	14,7	19,9	22,0	16,8	15,6	32,0	13,4	15,6	–	3,4	6,1
Ungelernte Arbeiterinnen	7,6	25,0	24,3	23,1	20,0	24,3	11,4	15,0	21,7	53,8	40,0	43,9	–	–	7,3
Männliche Arbeiter	18,2	14,7	15,0	25,1	21,5	16,3	12,2	19,0	22,5	38,8	33,9	34,5	1,7	3,7	3,1
Weibliche Arbeiter	22,0	24,3	18,9	19,5	13,1	12,7	12,8	13,3	16,5	45,3	42,7	43,8	0,4	0,2	4,2
Alle Arbeitskräfte	20,1	21,0	17,9	22,5	17,0	14,1	11,9	15,0	18,9	42,0	38,2	39,7	1,0	2,3	3,9

Ortsgrößenklassen schon ausgeglichener. Die Zahl der Landleute ist freilich noch um fast 1 % gestiegen; sie machen 21 % der Gesamtzahl, in diesem Jahr die zweitgrößte Zahl von allen aus; dagegen hat sich die Prozentzahl der Landstädter auf 17 % gesenkt, die der Kleinstädter ist auf 15 % gestiegen. Die Differenz in den Zahlen beider, die im Jahre 1891 rund 10 % betrug, ist im Jahre 1900 auf 2 % vermindert. Im Jahre 1908 endlich bilden die Kleinstädter den zweitgrößten Bruchteil der Arbeiterschaft, 18,9 %, die Landstädter den zweitkleinsten, 14,1 %, während die Landleute mit 17,9 % zwischen beiden stehen.

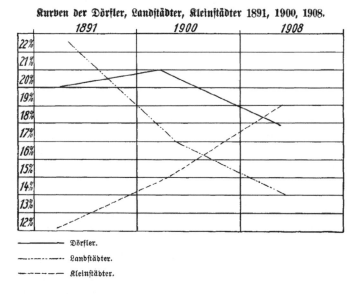

Die soeben dargestellte Veränderung in der Zusammensetzung der Arbeiterschaft lässt sich zahlenmäßig wohl folgendermaßen ausdrücken: aus Orten mit weniger als 5.000 Einwohnern stammten im Jahre 1891 42,6 % der Arbeiterschaft; im Jahre 1900 38 % der Arbeiterschaft; im Jahre 1908 32 % der Arbeiterschaft.[56]

Auch für die Rekrutierung speziell der männlichen Arbeiter ist selbstverständlich die Mittelstadt M.-Gladbach die wichtigste, die Großstadt die unwichtigste Ortsgrößenklasse. Doch ist die Zahl der Mittelstädter unter den männlichen Arbeitern etwas kleiner, die Zahl der Großstädter etwas größer als im Gesamtresultat. Von den drei kleineren Ortsgrößenklassen sind in jedem Jahr Landstadt und Kleinstadt stärker, das Dorf schwächer vertreten, als es bei sämtlichen Arbeitskräften der Fall war. Die Zahl der Kleinstädter unter den männlichen Arbeitern wächst sehr rasch, vornehmlich auf Kosten der Landstädter; im Jahre 1891 machten die Landstädter ein volles Viertel der männlichen Arbeiterschaft aus, die Kleinstädter nur 12,2 %; im Jahre 1900 bilden die Landstädter 21,5 % der Gesamtzahl der männlichen Arbeiter; die Zahl der Kleinstädter ist sehr gestiegen und beträgt 19 % der Gesamtzahl; im Jahre 1908 ist der zweitgrößte Bruchteil der männlichen

---

56 Es ist nochmals darauf hinzuweisen, dass auf dieser Zusammenstellung die Ausländer fehlen.

Arbeiterschaft, 22,5 %, Kleinstädter; ein weit geringerer, 16,3 %, Landstädter. Da die Zahl der Dörfler unter den männlichen Arbeitern in derselben Zeit von 18 % auf 15 % sank, so sind sie nur im Jahre 1891 stärker vertreten als die Kleinstädter; in den beiden späteren Jahren ist das Dorf neben der Großstadt die am wenigsten wichtige Ortsgrößenklasse für die Rekrutierung der männlichen Arbeiter.

War für die Rekrutierung der männlichen Arbeiter das Dorf von verhältnismäßig geringer Wichtigkeit, so ist für die weiblichen Arbeiter genau das Gegenteil der Fall. Die Zahl der aus Dörfern stammenden Arbeiterinnen ist in jedem der drei Jahre die zweitgrößte von allen. Sie steigt von 22 % im Jahre 1891 auf 24,3 % im Jahre 1900[57] und sinkt im Jahre 1898 auf 18,9 %. Für Landstadt und Kleinstadt gilt auch bei den weiblichen Arbeitern dasselbe, was oben bei der Provenienz der männlichen Arbeiter gesagt wurde: beide Ortsgrößenklassen vertauschen ihre Plätze miteinander: 1891 machen die Landstädterinnen 19,5 %, die Kleinstädterinnen 12,8 % der Arbeiterinnen aus. Im Jahre 1900 sind beide Ortsgrößenklassen gleich stark mit 13 % vertreten; im Jahre 1908 ist die Landstadt, ebenso wie bei sämtlichen Arbeitskräften, die nach der Großstadt unbedeutendste Ortsgrößenklasse; die Kleinstädterinnen bilden 16,5 % der Gesamtzahl der Arbeiterinnen.

In allen drei Jahren sind für männliche und weibliche Arbeiter die Mittelstadt das wichtigste, die Großstadt das unwichtigste Rekrutierungsgebiet. Daneben hat für die weiblichen Arbeiter das Dorf, für die männlichen Arbeiter Landstadt und Kleinstadt größere Bedeutung. Wollen wir in den zwei Jahrzehnte umfassenden Zahlen eine »Entwicklung« sehen, so können wir von einer Tendenz der langsamen Ausschaltung der in kleinen Orten geborenen Arbeitskräfte reden, und ihrer Ersetzung durch Leute, die aus größeren Orten stammen.[58]

Bei den männlichen Arbeitern wäre dann diese »Entwicklung so weit fortgeschritten, dass die Zahl der Kleinstädter am Ende des Jahres 1908 die Zahl der aus noch kleineren Orten stammenden Arbeiter schon übertrifft. Bei den weiblichen Arbeitern dagegen wäre die Entwicklung noch in einem »früheren« Stadium; erst eine der beiden kleinsten Ortsgrößenklassen ist an Bedeutung von der Kleinstadt überholt. Das Land hat noch immer ein – wenn auch gegen früher stark vermindertes – Übergewicht.

Da wir mit der Abstammung aus bestimmten Ortsgrößenklassen meist gewisse physische und auch psychische Qualitäten als gegeben annehmen, könnte es scheinen, als ob die Textilindustrie ihre Anforderungen in dieser Beziehung im Laufe der Jahre verändert habe. Genaueres wird sich freilich auch darüber erst sagen lassen, wenn wir wissen, wie sich die Arbeitskräfte verschiedener Provenienz auf gelernte, angelernte und ungelernte Arbeiten verteilen.

---

57 Im Jahre 1900 sind die Landleute unter den männlichen Arbeitern weniger, unter den weiblichen Arbeitern mehr vertreten, als in einem der anderen Jahre.
58 Es ist nahe liegend, dass die geschilderte, aus den sich verändernden Anforderungen der Technik schon zu erklärende Entwicklung auch durch den Rückgang der Kleinstädte und ihrer gewerblichen Bevölkerung beschleunigt wird.

3. Die Entfernungsprovenienz der einzelnen Arbeitergruppen

Wenn auch die hauptsächlichsten, oben für sämtliche Arbeiter festgestellten Tendenzen bei allen Arbeitergruppen sich gleichmäßig in allen drei Jahren geltend machen, haben doch die verschiedenen von uns gezogenen Kreise eine verschieden große Bedeutung für die Rekrutierung der einzelnen Arbeiterkategorien.

Zwei unter ihnen, die Handwerker und die Werkmeister, sind in allen drei Jahren sehr stark lokal rekrutiert, sowohl was die Bedeutung der nächstliegenden, wie die Bedeutungslosigkeit der entfernter liegenden Gebiete anlangt. Rund drei Viertel der Handwerker und Werkmeister stammen in jedem der drei Jahre aus einer Entfernung von weniger als 30 km von M.-Gladbach. Dabei sind die Werkmeister stets noch stärker lokal rekrutiert als die Handwerker, sowohl was die Bedeutung des ersten der von uns gezogenen Kreise wie was die Bedeutung der Stadt M.-Gladbach selbst betrifft.[59] Die Wichtigkeit der beiden nächsten Kreise nimmt bei den Handwerkern im Laufe der letzten 20 Jahre ab, bei den Werkmeistern zu; so stammten von den Handwerkern aus einer Entfernung von 30 bis 400 km im Jahre 1891 22 %; von den Werkmeistern 13,2 %. Im Jahre 1908 kamen aus derselben Entfernung von den Handwerkern 12,4 %, von den Werkmeistern dagegen 26,4 %. Ostelbien und das Ausland haben für diese beiden Gruppen eine außerordentlich geringe Bedeutung; ausländische Werkmeister sind selbstverständlich nie beschäftigt worden, ostelbische im letzten Jahr auch nicht mehr.

Die stark lokale Rekrutierung dieser beiden Arbeitergruppen kommt noch in der unterdurchschnittlich geringen Bedeutung der südlichen Rheinprovinz als Rekrutierungsgebiet zum Ausdruck. Unter den Handwerkern schwankt die Zahl der dort geborenen Leute in allen drei Jahren zwischen 10 % und 16 %, bei den Werkmeistern nur zwischen 8 % und 13 %;[60] bei sämtlichen Arbeitern zwischen 15 % und 21 %. Dagegen sind nichtpreußische Deutsche in etwas größerer, freilich von 1900 bis 1908 sich verringernder Zahl in diesen beiden Gruppen beschäftigt worden.

Vergleichen wir die geographische Provenienz der Weber und Spinner miteinander, so ist sie, wie alles, was diese beiden Gruppen betrifft, sehr voneinander verschieden. Für die Spinner ist vor allem Stadt- und Landkreis M.-Gladbach das bedeutendste Rekrutierungsgebiet. Die Zahl der in einer Entfernung von weniger als 10 km von M.-Gladbach geborenen Spinner stieg von 65,2 % im Jahre 1891 auf 72,7 % im Jahre 1908 (bei allen männlichen Arbeitern 52 % bis 54 %). Vor allem ist es der Landkreis M.-Gladbach, der in allen drei Jahren eine überdurchschnittlich große und stetig wachsende Zahl von Spinnern liefert: im Jahre 1891 19 %, im Jahre 1900 22 %; im Jahre 1908 28 % (bei sämtlichen männlichen Arbeitern 14 % bis 20 %). Die Entfernung von 10 bis 100 km dagegen ist bei den Spinnern von außerordentlich kleiner und abnehmender Wichtigkeit. Die Prozentzahl der in

---

59 Es stammten aus einer Entfernung von 0–10 km im Jahre 1891 von den Handwerkern 60 %, von den Werkmeistern 69 %; 1900 von den Handwerkern 45 %, von den Werkmeistern 64 %; 1908 von den Handwerkern 66 %, von den Werkmeistern 60 %.
60 Bei den Werkmeistern nimmt die Bedeutung der südlichen Rheinprovinz zu, bei den Handwerkern ab. Vgl. auch Entfernung von 100–400 km. Bei den Handwerkern ist noch auf die starke Rekrutierung aus dem Regierungsbezirk Düsseldorf hinzuweisen.

diesen beiden Kreisen geborenen Spinner sank von 19,7 % im Jahre 1891 auf 9,2 % im Jahre 1908 (bei allen männlichen Arbeitern von 28,8 % auf 25,8 %). Die Zahlen der aus dem letzten Kreis stammenden Spinner stimmen wieder etwas mehr mit den Zahlen des Gesamtresultates überein.[61] Ostelbien hat für die Rekrutierung der Spinner so gut wie gar keine, das Ausland dagegen eine zunehmende Bedeutung. Im Jahre 1891 waren 4,9 % der Spinner Holländer, im Jahre 1900 nur 0,9 %; sonstige Ausländer waren in diesen beiden Jahren nicht als Spinner beschäftigt. Im Jahre 1908 ist die Zahl der Holländer auf 5,1 % gestiegen, 4 % waren sonstige Ausländer (Belgier, Italiener und Ungarn), so dass die Spinner in diesem Jahr die zweitgrößte Zahl von Ausländern, 9,1 % ihrer Gesamtzahl, aufzuweisen haben.

Dieselbe geringe Bedeutung der mittleren und größere Bedeutung der weiteren Entfernung für die Rekrutierung der Spinner in allen drei Jahren zeigt sich auch auf Tabelle 7. Aus dem Regierungsbezirk Düsseldorf sowohl wie aus der südlichen Rheinprovinz stammte in allen drei Jahren eine sehr geringe Zahl von Spinnern: im Jahre 1891 23,5 %; im Jahre 1908: 11,3 % (bei allen männlichen Arbeitern 39 % und 28,9 %). Dagegen ist die Zahl der außerhalb des Rheinlands geborenen preußischen und deutschen Spinner in allen drei Jahren etwas größer als in den meisten anderen Arbeitergruppen.[62]

Bei der Rekrutierung der Spinner war M.-Gladbach und seine nächste Umgebung von großer, das übrige Rheinland von geringer Bedeutung. Bei den Webern sind die Rekrutierungsverhältnisse gerade umgekehrt. In allen drei Jahren ist die Zahl der aus dem ersten Kreise stammenden Weber unterdurchschnittlich klein. Sie sinkt von 48,2 % im Jahre 1891 auf 40,7 % im Jahre 1900 und 38,2 % im Jahre 1908 (bei den Spinnern in diesem Jahre 72,7 %).[63]

Auch das linksrheinische Industriegebiet und der nächstfolgende Kreis haben für die Rekrutierung der Weber in allen drei Jahren nur geringe Wichtigkeit. Dagegen ist die Prozentzahl der Leute, die aus einer Entfernung von 100 bis 400 km stammen, bei den Webern größer als bei allen männlichen Arbeitern. Aus einer Entfernung von 100 bis 400 km stammten im Jahre 1891 von den Webern 12,4 %; von allen Arbeitern 10,2 %; von den Spinnern 7,8 %; im Jahre 1908 von den Webern 15,5 %; von allen Arbeitern 8,9 %; von den Spinnern 8,2 %.[64]

Ostelbien sowohl wie das Ausland haben in allen drei Jahren eine überdurchschnittlich große Zahl von Webern gestellt. Analog dem Gesamtresultat sinkt die Bedeutung des ersteren Gebietes, die des letzteren nimmt sehr stark zu. So steigt vor allem die Zahl der Holländer unter den Webern von 3,8 % im Jahre 1891 auf 7,8 % im Jahre 1900 und 16,5 % im Jahre 1908. Die Zahl der übrigen Ausländer steigt auf 7,6 % im Jahre 1900 und sinkt 1908 auf 3,5 %.[65]

---

61 Die weitaus größte Zahl der im letzten Kreis geborenen Spinner stammt in allen drei Jahren aus einer Entfernung von 100–150 km. 1891: 5,4 %, 1900: 7,3 %, 1908: 3,1 %.
62 Dabei nimmt die Zahl der nichtrheinländischen Preußen ab, die der nichtpreußischen Deutschen steigt etwas.
63 Auch hier ist es, ebenso wie bei den Spinnern in entgegengesetzter Richtung, der Landkreis Gladbach, der die größten Differenzen zeigt. Die Zahl der dort geborenen Weber sank von 14,7 % im Jahre 1891 auf 9,7 % im Jahre 1900 und 7,8 % im Jahre 1908.
64 Die in Eifel und Hunsrück geborenen Weber machen in allen drei Jahren rund die Hälfte der aus einer Entfernung von 100–400 km stammenden Weber aus.
65 Von allen in der Fabrik beschäftigten Holländern waren im Jahre 1891 47 %, im Jahre 1908 30 %

Die verhältnismäßig geringe Bedeutung der Rheinprovinz für die Rekrutierung der Weber kommt auch in folgenden Zahlen zum Ausdruck. Außerhalb der Rheinprovinz waren geboren von der Gesamtzahl der Weber im Jahre 1891 18 %; aller männlichen Arbeiter 11,2 %; der Handwerker 4,4 %. Von der Gesamtzahl der Weber im Jahre 1900 25 %; aller männlichen Arbeiter 14,9 %; der Handwerker 12,5 %. Von der Gesamtzahl der Weber im Jahre 1908 33,8 %; aller männlichen Arbeiter 15,5 %; der Handwerker 6,3 %. Hieraus ergibt sich natürlicherweise, dass für die Weber die Prozentzahlen nicht nur der Ostelbier und Ausländer, sondern auch der übrigen nichtrheinländischen Preußen und Deutschen größer sind als bei den anderen Arbeitergruppen.

Nicht in demselben Maße wie für die vier besprochenen Arbeitergruppen ist es für die ungelernten Arbeiter möglich, eine durch drei Jahre gleichbleibende in ihren hauptsächlichen Tendenzen sich nicht verändernde geographische Provenienz festzustellen. Teils folgen die Zahlen der ungelernten Arbeiter denen des Gesamtresultats, teils ist ihr Verlauf durch unmotivierte »Sprünge« unterbrochen.[66]

Die lokale Rekrutierung ist bei den ungelernten Arbeitern durchschnittlich etwas schwächer, dagegen hat der Regierungsbezirk Düsseldorf sowohl wie die Rheinprovinz große Bedeutung.

Bei der Analyse der geographischen Provenienz der weiblichen Arbeiter fanden wir vorwiegend zwei große Rekrutierungsgebiete, einerseits Stadt und Landkreis M.-Gladbach, andererseits Eifel und Hunsrück. Wir wollen die einzelnen Arbeiterinnengruppen nach der Bedeutung einteilen, die diese beiden Rekrutierungsgebiete für sie haben.

Die drei gelernten Arbeiterinnenkategorien, Weberinnen, Ringspinnerinnen, Vorspinnerinnen sind in allen drei Jahren vorwiegend lokal rekrutiert, doch in verschieden starkem Maße. Unter den Ringspinnerinnen sind die aus M.-Gladbach und seinem Landkreis stammenden Arbeiterinnen in jedem der drei Jahre am stärksten vertreten; sie bilden im Jahre 1891 70 %, im Jahre 1900 71 %, im Jahre 1908 74 % der Gesamtzahl der Ringspinnerinnen.[67] Entsprechend sind die übrigen Entfernungen von äußerst geringer Wichtigkeit. Im Jahre 1891 stammten aus einer Entfernung von 30 bis 400 km 18,5 % der Ringspinnerinnen, 27,2 % aller weiblichen Arbeiter; im Jahre 1900 13,3 % der Ringspinnerinnen, 30,3 % aller weiblichen Arbeiter; im Jahre 1908 9,1 % der Ringspinnerinnen, 24,4 % aller weiblichen Arbeiter.

Die Vorspinnerinnen sind nicht ganz in demselben Maße lokal rekrutiert; die Prozentzahl der in einer Entfernung von weniger als 10 km von M.-Gladbach geborenen Arbeiterinnen in dieser Gruppe steigt von 59,5 % im Jahre 1891 auf 63,2 % im Jahre 1908. Die Bedeutung des dritten und namentlich des vierten Kreises ist dagegen bei den Vorspinnerinnen größer als bei den Ringspinnerinnen, freilich immer noch kleiner als bei allen weiblichen Arbeitern. So stammten aus einer Ent-

---

Weber. Deutlich zeigt sich bei den Webern die oben erwähnte Verdrängung der Osteuropäer durch die Westeuropäer. Im Jahre 1900 waren 6 % der Weber Osteuropäer, im Jahre 1908 2,6 %.

66 So z. B. die Zahlen der Mischungsarbeiter im ersten und zweiten Kreis von 1900 auf 1908. Auch die Zahlen der Hofarbeiter aus dem Regierungsbezirk Düsseldorf in allen drei Jahren.

67 Die Zahlen der in M.-Gladbach selbst geborenen Ringspinnerinnen sind größer im Vergleich zum Gesamtresultat als die der im Landkreis Gladbach geborenen Ringspinnerinnen. Mehr als die Hälfte von ihnen stammt jeweils aus M.-Gladbach selbst.

fernung von 100 bis 400 km im Jahre 1908 von den Vorspinnerinnen 13,2 %, von den Ringspinnerinnen 5,3 %, von allen weiblichen Arbeitern 16,4 %.[68] Die Prozentzahl der Ostelbierinnen bleibt bei beiden Gruppen unter dem Durchschnitt; dagegen sind in ihnen in jedem der drei Jahre nichtpreußische Deutsche und in den beiden letzten Jahren auch eine etwas größere Zahl von Ausländerinnen, größtenteils Holländerinnen, beschäftigt worden.

Zeigt die geographische Provenienz der Spinnerinnen, namentlich der Ringspinnerinnen, eine gewisse Ähnlichkeit mit der der Spinner[69], so haben die Weberinnen eine ähnliche geographische Provenienz wie die Weber. Zwar sind von ihnen, im Vergleich zu den Webern, eine größere Zahl in Stadt und Landkreis M.-Gladbach, eine kleinere im linksrheinischen Industriebezirk geboren, doch findet sich unter den Weberinnen ebenso wie unter den Webern der größte Prozentsatz von nichtrheinländischen Arbeitskräften. Die Prozentzahl der nichtdeutschen Weberinnen stieg von 4,8 % im Jahre 1891 auf 8,6 % im Jahre 1900 und auf 10,6 % im Jahre 1908. 1891 und 1900 waren böhmische und österreichische Weberinnen beschäftigt. Ebenso wie für die Weber hat auch für die Weberinnen der Regierungsbezirk Düsseldorf eine unterdurchschnittliche Bedeutung als Rekrutierungsgebiet, die südliche Rheinprovinz eine etwas größere. Nichtrheinländerinnen waren von allen Weberinnen des Jahres 1891 14,4 %; von allen Arbeiterinnen waren 8,4 %; von allen Weberinnen des Jahres 1900 25 %; von allen Arbeiterinnen 8,8 %; von allen Weberinnen des Jahres 1908 21,5 %; von allen Arbeiterinnen 11 %.

Für diese drei gelernten Arbeiterinnenkategorien sind also, wenn wir nur die zwei hauptsächlichen Rekrutierungsgebiete der weiblichen Arbeiter ins Auge fassen, die nächste Umgebung von M.-Gladbach von großer, Eifel und Hunsrück von sehr geringer Wichtigkeit; und zwar ersetzen die Arbeiterinnen aus ersterer Gegend die aus der letzteren in zunehmendem Maße.

Dieselben eben besprochenen Tendenzen wie bei den gelernten finden sich auch noch bei den qualifizierten angelernten Arbeiterinnen, den Haspleirinnen.[70]

Für die drei übrigen angelernten Arbeiterinnenkategorien, die Spulerinnen, Zwirnerinnen und Streckerinnen, könnte man von einer entgegengesetzt verlaufenden »Entwicklung« reden, die dazu führt, dass für diese angelernten Arbeiten die aus der südlichen Rheinprovinz stammenden Mädchen mehr und mehr verwendet werden. Die Zahl der aus einer Entfernung von weniger als 10 km stammenden angelernten Arbeiterinnen sinkt von Jahrzehnt zu Jahrzehnt.[71] Die Zahlen des letzten größten Kreises nehmen zu. So waren von der Gesamtzahl der Zwirnerinnen des Jahres 1891 55,5 % in dem ersten, 18,5 % in dem letzten Kreis

---

68 Dabei aus einer Entfernung von 100–150 km von den Vorspinnerinnen 9,6 %, von den Ringspinnerinnen 2,8 %.
69 Diese Ähnlichkeit kommt auch in der geringen Bedeutung des Regierungsbezirks Düsseldorf und der südlichen Rheinprovinz für die Rekrutierung der Spinnerinnen zum Ausdruck. Zu vgl. Tabelle 7.
70 Die Prozentzahl der aus dem ersten Kreise stammenden Haspleirinnen stieg von 55,7 % im Jahre 1891 auf 64,4 % im Jahre 1908. Die Zahlen des letzten Kreises sanken von 16 % auf 12 %.
71 Bei Zwirnerinnen und Streckerinnen besonders die Zahlen der Stadt Gladbach; bei den Zwirnerinnen von 48 % auf 24 %, bei den Streckerinnen von 32 % auf 14 %; auch bei den ungelernten Arbeiterinnen von 53 % auf 21 %. Bei den Spulerinnen war in allen drei Jahren die Zahl der aus M.-Gladbach stammenden sehr klein, 20–25 %.

geboren; von den Zwirnerinnen des Jahres 1908 dagegen kamen 35,1 % aus dem ersten, 40,5 % aus dem letzten Kreis. Die Zahl der in den ersten Kreis gehörenden Streckerinnen sank von 44 % im Jahre 1891 auf 21,2 % im Jahre 1900, stieg im letzten Kreise in derselben Periode von 18 % auf 44,9 %.[72]

Vergleichen wir speziell die Zahlen des Jahres 1908 miteinander, so fällt es leicht, fünf Gruppen mit überwiegend lokaler Rekrutierung vier anderen gegenüberzustellen, deren Arbeiterinnen zum größten Teil aus dem zweiten Rekrutierungsgebiet, Eifel und Hunsrück stammten.[73] Zu den ersteren gehören die gelernten Arbeiterinnen, die Hasplerinnen und die Kreuzspulerinnen; zu den letzteren die übrigen angelernten und die ungelernten Arbeiterinnen.[74]

Die Besprechung der geographischen Provenienz der einzelnen Arbeitskategorien hat folgende Resultate ergeben:
1. Für Handwerker und Werkmeister sowohl wie für die gelernten Akkordarbeiter, Weber und Spinner, kann man eine sich in den drei Jahren im Wesentlichen gleich bleibende, von denen der übrigen Gruppen verschiedene geographische Provenienz feststellen.
2. Dies ist unter den weiblichen Arbeitern in demselben Maße nur für Weberinnen und Ringspinnerinnen der Fall. Für die übrigen Arbeiterinnengruppen wäre man fast versucht, von einer Herausdifferenzierung der geographischen Provenienz zu reden, die sich bis jetzt (1908) dahin entwickelt hat, dass die qualifizierten Arbeiterinnengruppen vorwiegend lokal, die angelernten Arbeiterinnengruppen entfernt rekrutiert sind.
3. Weber und Weberinnen, Spinner und Spinnerinnen zeigen eine ähnliche geographische Provenienz; bei den ungelernten Arbeitern und Arbeiterinnen ist die Verschiebung der Rekrutierung von Jahrzehnt zu Jahrzehnt am größten.

Es ist vielleicht nicht unwichtig, hier darauf hinzuweisen, dass die Auslesemöglichkeiten der Betriebsleitung bei den verschiedenen Arbeitskategorien verschieden sind. So ist die Beschaffung von qualifizierten Arbeitern, namentlich von Webern, nach den Angaben der Geschäftsberichte (siehe Einleitung) stets sehr schwer gewesen. Dagegen haben sich angelernte Arbeiterinnen und ungelernte Arbeitskräfte wohl immer in genügender Anzahl angeboten. Es ist die Art des Eingreifens der Betriebsleitung für letztere ein »Auslesen«, für erstere ein »Anwerben«.

---

72 Ausländische Arbeiterinnen in etwas größerer Zahl wurden in allen drei Jahren nur als Streckerinnen beschäftigt. Die größte Zahl von ihnen waren Holländerinnen. Ostelbierinnen wurden als Streckerinnen und als ungelernte Arbeiterinnen vorwiegend verwandt. Für Spulerinnen und Zwirnerinnen kommt das nichtrheinländische Preußen und das nichtpreußische Deutschland fast gar nicht in Betracht.
73 Der zweite und dritte unserer Kreise zeigt bei den angelernten Arbeiterinnengruppen ziemlich starke Schwankungen. Im Allgemeinen wohl eher eine Abnahme als eine Zunahme.
74 Ebenso wie die geographische Provenienz der ungelernten Arbeiter ändert sich auch die der ungelernten Arbeiterinnen von Jahrzehnt zu Jahrzehnt ziemlich stark. Freilich bleibt eine Abnahme der Zahlen des ersten Kreises, eine Zunahme der Zahlen des letzten Kreises.

4. Die Ortsgrößenprovenienz der einzelnen Arbeitergruppen

Es kann wohl kaum ein Zweifel darüber bestehen, dass Leute bestimmter Provenienz oder vielmehr bestimmter durch letztere gegebene Eigenschaften für bestimmte Teilarbeiten am geeignetsten sind. Wir haben uns aber nun die Frage vorzulegen, inwieweit dieser »Entfernungsunterschied«, namentlich bei der Provenienz der weiblichen Arbeiter, mit einem Ortsgrößenunterschied identisch und aus diesem zu erklären ist.

Wir erinnern uns, dass für die Ortsgrößenprovenienz aller männlichen Arbeiter neben dem Vorwiegen der Mittelstädter eine Ersetzung der Dörfler und Landstädter durch Kleinstädter typisch ist.

Zwei Gruppen der männlichen Arbeiter weichen in ihrer Ortsgrößenprovenienz von dem eben kurz wiederholten typischen Verlauf ab: die Handwerker und die Werkmeister. Für die Handwerker war in allen drei Jahren neben der Mittelstadt die Landstadt das bedeutendste Rekrutierungsgebiet. Die Zahl der aus Dörfern stammenden Handwerker schwankt von Jahr zu Jahr sehr stark, nimmt aber eher zu als ab; die Zahlen der Kleinstädter unter den Handwerkern zeigen von 1891 bis 1908 eine Abnahme, ebenso wie die Zahlen der Großstädter. Ebenso abweichend von den Zahlen des Gesamtresultats ist die Ortsgrößenprovenienz der Werkmeister. Die Zahl der Landstädter unter ihnen ist stets verschwindend klein; sie sinkt von 4,4 % im Jahre 1891 auf 3,3 % im Jahre 1908 (bei allen männlichen Arbeitern von 25,1 % im Jahre 1891 auf 16,3 % im Jahre 1908). Dagegen nahm die Zahl der Landleute unter den Werkmeistern von 8,8 % im Jahre 1891 auf 20 % im Jahre 1908 zu (bei allen männlichen Arbeitern in derselben Zeit eine Abnahme der Dörfler von 18 % auf 15 %). Da auch die Kleinstadt bei den Werkmeistern als Rekrutierungsgebiet stark zunimmt, die Zahl der Mittelstädter und Großstädter aber sich verringert, so ist die Ortsgrößenprovenienz der Werkmeister von der der übrigen Arbeiterschichten in wesentlichen Punkten verschieden.

Die oben erwähnten Charakteristika der Ortsgrößenprovenienz der männlichen Arbeiter kommen am deutlichsten in der Kategorie der Spinner zum Ausdruck. 40 bis 45 % der Spinner sind Mittelstädter. Von 1891 bis 1908 siegt die Zahl der Kleinstädter unter den Spinnern über die aus noch kleineren Orten stammenden Leute. Im Jahre 1891 kamen 34 % der Spinner aus Dörfern und Landstädten (45 % aller männlichen Arbeiter). Im Jahre 1908 14,4 % der Spinner (21 % aller männlichen Arbeiter); die Zahl der Kleinstädter unter den Spinnern stieg von 13 % im Jahre 1891 auf 22 % im Jahre 1900 und 30 % im Jahre 1908 (bei sämtlichen männlichen Arbeitern von 12 % im Jahre 1891 auf 22 % im Jahre 1908).

Bei der zweiten Akkordarbeitergruppe, den Webern, ist das Überwiegen der größeren Orte als Rekrutierungsgebiet nicht so deutlich ausgeprägt als bei den Spinnern. Die Mittelstadt (M.-Gladbach) ist, wie wir wissen unterdurchschnittlich schwach vertreten; die Zahlen von Dörflern und Landstädtern unter den Webern verhalten sich in Höhe und Abnahme den Zahlen des Gesamtresultats ziemlich analog. Die Zahlen der Kleinstädter dagegen sind nach einer schwachen Zunahme im Jahre 1900 im Jahre 1908 wieder auf derselben Höhe (11 %) wie im Jahre 1891. Eine bedeutende Zunahme zeigt freilich die Zahl der Großstädter unter den Webern: von 1 % im Jahre 1891 auf 5 % im Jahre 1908 (zu vgl. auf Tabelle 6 die Zahlen der Ausländer unter den Webern).

So ist die Bedeutung der zwei kleinsten Ortsgrößenklassen bei den Webern sehr viel größer als bei den Spinnern. Im Jahre 1891 stammten aus Dorf und Landstadt von den Webern 45,2 %, von den Spinnern 34,5 %; im Jahre 1908 von den Webern 31,3 %, von den Spinnern 14,4 %.

Wie für die gelernten Maschinenarbeiter gilt auch für die ungelernten Maschinenarbeiter die zunehmende Bedeutung der Kleinstadt, die abnehmende Bedeutung der noch kleineren Orte als Rekrutierungsgebiete.[75] Als abweichend vom Gesamtresultat wäre nur die Zunahme der Zahl der Mittelstädter (M.-Gladbacher) von 22,7 % im Jahre 1891 auf 26,9 % im Jahre 1900 und 28,3 % im Jahre 1908 festzustellen.

Hat sich also bei den ungelernten Maschinenarbeitern die scheinbare Regellosigkeit ihrer Entfernungsprovenienz in eine Regelmäßigkeit ihrer Ortsgrößenprovenienz verwandelt, so ist bei den ungelernten Draußenarbeitern letztere ebenso regellos geblieben, wie es erstere war.[76] Die oben dargestellte Tendenz des Ersetzens der aus kleinen Orten stammenden Arbeitskräfte durch solche, die in größeren Orten geboren sind, kommt also nur in den Maschinenarbeitergruppen zum Ausdruck, darunter am deutlichsten bei denjenigen Arbeitern, die die komplizierteste und schwierigste Maschine, den Selfactor bedienen.[77]

Deutlicher als in den Gruppen der männlichen Arbeiter fallen in denen der weiblichen Arbeiter die Unterschiede der Entfernungsprovenienz mit denen der Ortsgrößenprovenienz zusammen.

Die Ringspinnerinnen sind in jedem der drei Jahre am meisten mittelstädtisch rekrutiert (vgl. Tabelle 6); bei ihnen kommt, analog der Rekrutierung der Spinner, die Ersetzung der Landstädterinnen und Dorfmädchen durch Kleinstädterinnen zum Ausdruck.[78] So waren von der Gesamtzahl der Ringspinnerinnen des Jahres 1891 33 % in Dörfern und Landstädten geboren, von allen Arbeiterinnen 41,5 %; von den Ringspinnerinnen des Jahres 1908 stammten aus diesen beiden Ortsgrößenklassen 14,3 %; von allen Arbeiterinnen 32 %. Dagegen stieg die Zahl der Kleinstädterinnen unter den Ringspinnerinnen von 10,5 % im Jahre 1891 auf 13,3 % im Jahre 1900 und 19,4 % im Jahre 1908.

Bei der Besprechung des Gesamtresultats haben wir die Verschiebungen der Ortsgrößenprovenienz der Arbeiterschaft als »Entwicklung« konstruiert, in der die männliche Arbeiterschaft der weiblichen um einen Schritt voraus war. Jetzt können wir konstatieren, dass die an der kompliziertesten[79] Maschine beschäftigten Arbeiterinnen, die Ringspinnerinnen, eine gleiche Entwicklung ihrer Ortsgrößenprovenienz, wie die männlichen Arbeiter gehabt haben.

Auch die Ortsgrößenprovenienz der zweiten Kategorie von Spinnerinnen, der Vorspinnerinnen, weist dieselben Entwicklungstendenzen auf, doch in ziemlich abgeschwächtem Maße. Zwar steigt die Zahl der Kleinstädterinnen unter ihnen

---

75 Von den Mischungsarbeitern stammten 1891 57,2 % aus Dorf und Landstadt, 1908 18,4 %.
76 Zu vgl. die Zahlen der Dörfler und Landstädter.
77 Rauher und Passierer haben eine starke Zunahme der Kleinstädter; sonst unregelmäßige Zahlen.
78 Es ist hier darauf aufmerksam zu machen, dass neben der ziemlichen Gleichmäßigkeit der Entfernungsprovenienz eine entschiedene Veränderung der Ortsgrößenprovenienz einhergeht. Also scheint letztere für die Auslese vorwiegend maßgebend.
79 Zu vergleichen Teil II, Abschnitt I: Die einzelnen Arbeitskategorien und ihre Anforderungen.

von 11,3 % im Jahre 1891 auf 16,2 % im Jahre 1900 und 20,4 % im Jahre 1908. Das Dorf dagegen hat in den beiden ersten Jahren die zweitgrößte Bedeutung als Rekrutierungsgebiet dieser Arbeiterinnengruppe und verliert diese Bedeutung nur langsam. Da die Mittelstadt (M.-Gladbach) in dieser Gruppe schwächer vertreten ist, als bei den Ringspinnerinnen, ist die Bedeutung der beiden kleinsten Ortsgrößenklassen als Rekrutierungsgebiete ziemlich viel größer als bei den Ringspinnerinnen. Aus Orten mit weniger als 5.000 Einwohnern stammten im Jahre 1891 von den Vorspinnerinnen 40,3 %; von den Ringspinnerinnen 33,2 %; im Jahre 1908 von den Vorspinnerinnen 28,7 %; von den Ringspinnerinnen 14,3 %.

Während bei den Hasplerinnen die relative Bedeutung der einzelnen Ortsgrößenklassen mit der für sämtliche Arbeiterinnen dargestellten zusammenfällt – 1908 ist die Zahl der Kleinstädterinnen unter ihnen größer als die der Landstädterinnen, geringer als die der Dorfmädchen – können wir bei den übrigen angelernten Arbeiterinnengruppen deutlich eine immer steigende Verwendung von Landmädchen auf Kosten der Stadtmädchen verfolgen. Die Unterschiede von »lokaler« und »entfernter« Rekrutierung der einzelnen Arbeiterinnengruppen, die wir oben erwähnten, lassen sich in solche »städtischer« und »ländlicher« Rekrutierung umwandeln. Die Zahlen sind dabei fast dieselben geblieben; die Zahl der Dorfmädchen unter den Zwirnerinnen stieg von 14 % im Jahre 1891 auf 40 % im Jahre 1908; unter den Streckerinnen von 22 % im Jahre 1891 auf 33 % im Jahre 1908; die Zahl der Mittelstädterinnen sank in derselben Periode bei den Zwirnerinnen von 51,8 % auf 24,3 %; bei den Streckerinnen von 32 % auf 15,6 %. Die Spulerinnen waren schon 1891 ganz überwiegend »ländlich« rekrutiert.[80]

Fassen wir zusammen:
1. Für die Gruppen der gelernten und der ungelernten Maschinenarbeiter sowohl, wie für die Spinnerinnen und die Hasplerinnen zeigt sich eine deutliche Tendenz Arbeitskräfte, die aus Orten mit über 5.000 Einwohnern stammen, mehr und mehr auf Kosten derjenigen zu verwenden, die in noch kleineren Orten geboren sind. Am ausgeprägtesten kommt diese Tendenz in den letzten 20 Jahren bei den Selfactorspinnern und den Ringspinnerinnen zum Ausdruck.
2. Bei den angelernten Teilarbeiten werden im Gegensatz dazu Landmädchen in immer wachsender Zahl verwandt.
3. Handwerker und Werkmeister haben eine, vom Gesamtresultat verschiedene, aber in allen drei Jahren sich ungefähr gleich bleibende Ortsgrößenprovenienz. Für die Hofarbeiter und die Weberinnen[81] lässt sich weder ein Gleichbleiben noch eine »Entwicklung« in bestimmter Richtung konstatieren.

---

80 Großstädterinnen hat nur die Gruppe der Ringspinnerinnen in allen drei Jahren aufzuweisen. Im letzten Jahr finden sie sich in allen Arbeiterinnengruppen, in größerer Zahl bei den angelernten als bei den gelernten Arbeiten. Bei den Weberinnen ist keine einheitliche Entwicklung zu konstatieren. Die Prozentzahlen der Ortsgrößenklassen wechseln von Jahrzehnt zu Jahrzehnt stark und anscheinend regellos. Die Kleinstadt ist, ebenso wie bei den Webern, in jedem Jahr am schwächsten vertreten.
81 Vgl. Einleitung: Die Schwierigkeit der Beschaffung von Weberinnen.

Deutlicher als die Einordnung der Arbeitskräfte nach Entfernungsklassen hat diese Zusammenstellung nach Ortsgrößenklassen gezeigt, dass die einzelnen Arbeiterschichten der Fabrik eine meist voneinander verschiedene und was noch wichtiger ist, sich im Laufe der Jahre immer mehr differenzierende Ortsgrößenprovenienz haben.

Wenn nun auch hervorgehoben werden muss, dass es nicht ausschließlich Rentabilitätsgesichtspunkte sind, die die Zuweisung eines Arbeiters in diese oder jene Arbeitskategorie bestimmen,[82] so ist doch klar, dass diese Differenzen keine rein zufälligen sein können, sie müssen auf einer Auslese der Betriebsleitung beruhen,[83] die die Erfahrung belehrt, dass bestimmte, durch eine gewisse Kindheitsumgebung gegebene Qualitäten die Menschen für diese oder jene Teilarbeit am rentabelsten machen.[84]

5. Die Entfernungsprovenienz der Restzahl

In einem anderen Zusammenhang wurde darauf hingewiesen, dass vielleicht die geographische Provenienz der Arbeiterschaft ein weiterer Faktor zur Erklärung ihrer Mobilität werden könne. Die Beantwortung dieser Frage ist natürlich nur auf dem Boden von Untersuchungen möglich, die sich bemühen, Zusammenhänge zwischen geographischer Provenienz und Mobilität aufzudecken. Daneben wird diese Feststellung der geographischen Provenienz der Restzahl am Ende jedes der drei Jahre die Auslese unter Heimatgesichtspunkten noch schärfer präzisieren. Ebenso wie oben bei der Einordnung der Arbeiterschaft nach Altersklassen können wir auch hierbei die am Ende jedes Jahres »Übriggebliebenen« als die brauchbarsten ansehen.

Wir fragen also auch hier wieder zuerst nach der relativen Mobilität der einzelnen Entfernungsklassen und deren Veränderungen im Laufe der letzten 20 Jahre, wobei wir uns erinnern wollen, dass die absolute Mobilität der gesamten Arbeiterschaft im Laufe der letzten zwei Jahrzehnte stetig zugenommen hat.[85]

---

82 Zu den anderen Gründen gehört wohl auch der Wunsch der schon in der Fabrik beschäftigten Eltern oder Verwandten; daneben auch die Erfahrung, dass Leute aus ein und derselben Gegend sich besser miteinander vertragen, was für die Fabrik nicht unwichtig ist (siehe unten Abschnitt II, Kapitel III: Die Werkstatt-Gemeinschaft).

83 Dass dabei diese Auslese ganz bewusst unter örtlichen Gesichtspunkten vorgenommen wurde, ist natürlich nicht gesagt. Es ist anzunehmen, dass vorwiegend die äußere Erscheinung, an der man aber auch wieder leicht die städtische Proletarierin vom Bauernmädchen unterscheiden kann, den Ausschlag gibt. Immerhin würde auch dieses nichts anderes bedeuten, als die Nutzbarmachung bestimmter, durch die Provenienz gegebener Qualitäten für bestimmte Arbeiten. Nach meiner eigenen Erfahrung kann ich sagen, dass ich bei meiner Aufnahme durch den Obermeister nur nach zwei Dingen gefragt wurde: nach Alter und Heimat. Diese Tatsache gibt mir vielleicht eine gewisse, sehr subjektive Berechtigung, diese beiden »Fragen« an den Anfang meiner Arbeit zu stellen.

84 Ob dies wirklich der Fall ist, ist hier nicht zu erörtern, sondern gehört in Teil II.

85 Natürlich treffen auch hier wieder die für mich leider nicht unterscheidbaren beiden Momente der Entlassung und des freiwilligen Austritts zusammen. Darum mache ich auch hier wieder ebenso wie in Kapitel I die Restzahlen zum Einteilungsprinzip. Zu vgl. Kapitel I, 4: Der Wechsel innerhalb der Arbeiterschaft.

Tabelle 9 Entfernungsprovenienz der Restzahl am Jahresschluss

	Aus M.-Gladbach			Aus Kreis Gladbach			10–30 km			30–100 km			100–400 km			Ostbelien			Ausland		
	1891	1900	1908	1891	1900	1908	1891	1900	1908	1891	1900	1908	1891	1900	1908	1891	1900	1908	1891	1900	1908
	%	%	%	%	%	%	%	%	%	%	%	%	%	%	%	%	%	%	%	%	%
Handwerker	81,8	88,8	96,1	80,0	50,0	100,0	100,0	71,4	75,0	80,0	100,0	60,0	75,0	100,0	100,0	–	33,3	–	–	–	–
Werkmeister	86,6	92,8	83,3	100,0	100,0	100,0	100,0	100,0	100,0	100,0	100,0	80,0	100,0	100,0	66,6	–	100,0	–	–	–	–
Weber	56,9	50,0	62,8	15,3	54,5	66,6	60,0	35,5	46,6	41,3	88,8	76,9	65,4	51,5	33,3	35,7	33,3	25,0	41,8	50,0	60,8
Spinner	77,7	64,2	61,3	54,8	58,3	67,8	85,0	44,4	50,0	50,0	58,0	66,6	74,5	29,1	21,2	66,6	100,0	–	37,5	100,0	44,4
Rauher, Passierer, Schlichter	85,7	100,0	80,0	100,0	100,0	77,7	90,0	100,0	46,0	66,6	100,0	100,0	100,0	–	100,0	–	100,0	–	50,0	–	100,0
Batteur, Mischung, Karden	60,9	42,8	55,5	64,7	40,0	43,5	61,0	56,2	60,0	80,0	40,0	40,0	93,0	42,9	66,6	50,0	100,0	100,0	100,0	16,6	28,5
Hofarbeiter, Packer, Heizer, Öler	69,4	46,3	77,1	100,0	100,0	57,1	50,0	65,4	66,6	75,0	100,0	44,0	62,3	58,3	75,0	50,0	25,0	–	50,0	50,0	–
Weberinnen	65,4	83,3	79,1	66,6	80,0	40,0	46,6	33,3	33,3	81,1	83,3	100,0	62,0	66,6	64,2	40,0	75,0	–	16,6	25,0	16,6
Ringspinnerinnen	71,8	56,3	51,5	65,2	39,1	47,0	58,3	65,2	46,4	37,5	60,0	50,0	72,7	46,4	30,0	–	–	50,0	–	50,0	33,3
Vorspinnerinnen	68,1	62,9	51,4	55,5	82,3	48,2	53,3	38,4	63,1	85,7	60,0	41,7	51,8	52,6	48,3	100,0	100,0	–	–	80,0	–
Hasplerinnen	74,6	64,2	69,0	71,4	44,4	40,0	60,0	66,6	35,7	61,5	57,1	37,5	72,4	75,0	66,2	20,0	66,6	–	–	100,0	–
Kreuzspulerinnen	–	–	44,4	–	–	71,4	–	–	50,0	–	–	25,0	–	–	–	–	–	–	–	–	100,0
Spulerinnen	72,7	72,7	81,8	54,5	40,0	20,0	–	85,7	100,0	66,6	40,0	50,0	70,0	72,7	41,0	–	–	–	–	–	50,0
Zwirnerinnen	61,5	64,2	77,7	50,0	33,3	50,0	75,0	25,0	100,0	100,0	50,0	20,0	75,0	37,0	46,0	–	100,0	–	100,0	–	–
Streckerinnen	37,5	25,0	41,1	66,6	28,5	33,3	50,0	23,5	8,3	40,0	12,5	36,8	100,0	58,0	28,4	100,0	25,0	–	100,0	37,5	30,7
Ungelernte Arbeiterinnen	78,6	75,0	55,5	100,0	75,0	66,6	–	75,0	50,0	100,0	–	80,0	100,0	33,3	85,0	50,0	100,0	50,0	–	–	–
Männliche Arbeiter	69,3	58,2	69,9	56,2	54,4	62,2	63,0	56,2	56,0	73,0	69,9	49,4	78,2	50,8	42,9	41,7	53,3	57,1	50,0	43,7	49,0
Weibliche Arbeiter	74,5	58,6	57,8	63,6	52,7	46,3	54,8	46,9	50,0	66,1	51,3	41,8	72,0	58,0	45,4	43,7	62,5	20,0	33,3	47,8	25,0
Alle Arbeitskräfte	72,2	58,5	62,2	61,0	53,6	53,8	60,3	51,9	53,2	69,6	60,0	46,3	74,1	55,7	45,3	42,5	57,9	29,6	45,7	45,4	38,2

Suchen wir vorerst einmal die Ergebnisse der drei verschiedenen Jahre soviel als möglich zusammenzufassen,[86] so haben wir in jedem der drei Jahre zwei sehr mobile und drei recht stabile Entfernungsklassen. Letztere sind die drei der Fabrik am nächsten liegenden Gebiete, M.-Gladbach selbst, sein Landkreis und der linksrheinische Industriebezirk, also die Entfernung von 10 bis 30 km. Dagegen sind die beiden entferntesten Gebiete, Ostelbien und das Ausland, in jedem der drei Jahre am mobilsten. Man könnte also vorerst versucht sein, etwas pointiert zu sagen, dass sich die Mobilität der Arbeitskräfte proportional zur Entfernung ihrer Heimat von ihrem Arbeitsplatz verhält.

Für das letzte der von uns besprochenen Jahre, 1908, trifft diese Behauptung allerdings ganz genau zu. Die Restprozente der Arbeiterschaft sind für M.-Gladbach selbst am höchsten, 62,2 % aller in diesem Jahr aus M.-Gladbach stammenden Arbeitskräfte; sie sinken auf 53 % bei den aus Kreis Gladbach und dem linksrheinischen Industriegebiet stammenden Leuten, auf 46 % in der Entfernungsklasse 30 bis 100 km; auf 45 % im letzten unserer Kreise; von den Ausländern endlich waren 38 %, von den Ostelbiern 29 % übrig geblieben. 1891 freilich lag die Situation insofern anders, als die aus dem dritten und vierten der von uns gezogenen Kreise, also aus einer Entfernung von 30 bis 400 km stammenden Arbeitskräfte noch sehr stabil sind. Die Restprozente der in einer Entfernung von 100 bis 400 km geborenen Arbeitskräfte betragen im Jahre 1891 74,1 %; sie sind die höchsten von allen in diesem Jahr und übertreffen die Restzahl der in M.-Gladbach geborenen Leute noch um 2 %. Auch die in einer Entfernung von 30 bis 100 km von M.-Gladbach geborenen Leute sind in diesem Jahr noch stabiler als die, welche aus einer Entfernung von weniger als 30 km von M.-Gladbach stammen.

Die Mobilitätszunahme innerhalb der Arbeiterschaft in den letzten 20 Jahren kommt also ganz vorwiegend auf Rechnung derjenigen Leute, die aus einer Entfernung von 30 bis 400 km von M.-Gladbach stammen. Ihre Restprozente sanken von 69 % resp. 74 % im Jahre 1891 auf 60 % resp. 55 % im Jahre 1900 und auf 46 % resp. 45 % im Jahre 1908.[87]

Die Mobilität der aus M.-Gladbach und seiner näheren Umgebung stammenden Arbeitskräfte hat viel schwächer zugenommen; die Differenz zwischen der Restzahl des Jahres 1891 und der des Jahres 1908 beträgt 8 % bis 10 %. Ähnlich klein ist auch die Mobilitätszunahme der Ostelbier und der Ausländer; sie sind aber, wie schon gesagt, in allen drei Jahren die absolut mobilsten Arbeitskräfte.

Wenn es nun auch, namentlich wegen der stets abweichenden Zahlen des Jahres 1900 schwer möglich ist,[88] einen durch zwei Jahrzehnte hindurch unveränderten

---

86 Selbstverständlich wird bei dieser Darstellung, noch mehr als bei den anderen, nur auf die wirklich wichtigsten Zahlen hingewiesen werden. Eine Berechnung der Mobilität nach Ortsgrößenklassen wird noch folgen, dagegen ist die Berechnung nach geographisch-politischen Einheiten weggelassen worden. Sie ist für diese Fragestellung natürlich wertlos. Nur M.-Gladbach selbst und sein Landkreis werden auf dieser Tabelle gesondert berechnet, da ihre Zahlen von Interesse sind.
87 Die Restprozente der aus einer Entfernung von 100–150 km stammenden Leute sanken von 71,9 % im Jahre 1891 auf 56,8 % im Jahre 1900 und auf 42,8 % im Jahre 1908.
88 Wie in den anderen Zusammenstellungen kommen auch hier die außergewöhnlichen Verhältnisse des Jahres 1900 in den Restzahlen zum Ausdruck. Noch stärker, wie wir wissen, bei den Zahlen der männlichen Arbeiter allein.

Zusammenhang zwischen geographischer Provenienz und Mobilität der Arbeiterschaft festzustellen, so scheint doch aus den soeben gegebenen Zahlen deutlich hervorzugehen, dass Mobilität eher Funktion einer entfernteren, als einer näheren geographischen Provenienz ist.

Wollen wir in den Restprozenten einen durch die Betriebsleitung zum mindesten geförderten Ausleseprozess sehen, so könnte man geneigt sein, die überdurchschnittlich rasche Mobilitätszunahme der aus unseren letzten beiden Kreisen stammenden Arbeitskräfte dahin zu deuten, dass sie, als die am schlechtesten »angepassten« mehr und mehr von der Industrie[89] abgestoßen werden. Bei den Ostelbiern ist dies wohl, wenigstens nach den mir gemachten Angaben, in ganz bewusster Absicht von der Betriebsleitung geschehen.

Noch schärfer als im Gesamtresultat prägt sich in den Zahlen der männlichen Arbeiter die überdurchschnittliche Mobilitätszunahme der aus den beiden letzten Kreisen stammenden Leute aus. 1891 waren die in einer Entfernung von 30 bis 400 km von M.-Gladbach geborenen Arbeiter die stabilsten von allen. Im Jahre 1908 sind sie die mobilsten. Ihre Restprozente sanken von 78 % resp. 73 % im Jahre 1891 auf 43 % resp. 49 % im Jahre 1908. Da auch die Gesamtzahl der aus diesen beiden Kreisen kommenden überhaupt in der Fabrik im Laufe des Jahres beschäftigten Arbeiter abnimmt, so scheint man wirklich berechtigt, in dieser doppelten Abnahme – der Gesamtzahl sowohl wie der Restprozente – einen Ausleseprozess zu sehen.

Die Restprozente der aus M.-Gladbach stammenden Arbeiter sind im Jahre 1908 ebenso groß wie im Jahre 1891 (69 %). Die Mobilität des Landkreises M.-Gladbach nimmt ein wenig von 1891 bis 1908 ab, die des linksrheinischen Industriegebietes um ungefähr ebensoviel (6 % bis 7 %) zu. Im Jahre 1908 sinken auch die Restprozente der männlichen Arbeiter mit der immer größer werdenden Entfernung, die die Kreise, diesesmal nur auf die westlich der Elbe liegenden Gebiete. Im Gegensatz zum Gesamtresultat steigen die Restprozente der Ostelbier von 41 % im Jahre 1891 auf 57 % im Jahre 1908. Die Restprozente der Ausländer unter den männlichen Arbeitern erhalten sich auf gleicher Höhe. 1891 und 1908 betrugen sie rund 50 % der Gesamtzahl der Ausländer.[90]

Die, wie wir wissen, sehr starke Mobilitätszunahme der weiblichen Arbeiterschaft in den letzten 20 Jahren kommt natürlich auch auf dieser Zusammenstellung zum Ausdruck. In allen drei Jahren sind die aus M.-Gladbach stammenden Arbeiterinnen die stabilsten von allen; dennoch sanken ihre Restprozente von 74 % im Jahre 1891 auf 57 % im Jahre 1908. Die Restzahlen des zweiten großen Rekrutierungsgebietes der weiblichen Arbeiterschaft, der Entfernung von 100 bis 400 km, bleiben in den beiden ersten Jahren kaum hinter denen der M.-Gladbacherinnen zurück. Im Jahre 1908 dagegen hat die Mobilität der aus einer Entfer-

---

89 Ich sage hier absichtlich »Industrie« und nicht Betriebsleitung, da ich nicht feststellen kann, in wie vielen Fällen Entlassung oder Austritt vorliegt. Da aber anzunehmen ist, dass bei der überwiegenden Mehrzahl auch der freiwillige Austritt in irgendeiner Nichtangepasstheit begründet ist, kann man trotzdem von »Abgestoßenwerden« reden.

90 Die Gleichmäßigkeit der Restprozente der Ausländer (vorwiegend Holländer; siehe oben) ist wohl dadurch zu erklären, dass, wie wir wissen, die Betriebsleitung sie als tüchtige Arbeitskräfte ansieht. Die Zunahme der Stabilität der Ostelbier ist schwer erklärlich; freilich handelt es sich um verschwindend kleine absolute Zahlen.

nung von 100 bis 400 km stammenden Arbeiterinnen sehr zugenommen; ihre Restzahl ist auf 45,4 % gefallen.[91] Ebenso groß ist auch die Mobilitätszunahme der aus einer Entfernung von 30 bis 100 km stammenden Arbeiterinnen; ihre Restprozente sanken von 66 % im Jahre 1891 auf 41 % im Jahre 1908. Beide letzten Kreise sind auch bei den weiblichen Arbeitern im Jahre 1908 die mobilsten Entfernungsklassen, doch in umgekehrter Reihenfolge im Vergleich zu den Zahlen der männlichen Arbeiter. Da auch die Mobilität der im Landkreis M.-Gladbach geborenen Arbeiterinnen rascher wächst, als die Mobilität derjenigen, die aus einer Entfernung von 10 bis 30 km stammen, lässt sich für die Restprozente der weiblichen Arbeiter nicht ein ebenso genauer Zusammenhang zwischen Entfernung und Mobilität konstruieren, wie wir dies bei den männlichen Arbeitern tun konnten. Übereinstimmend mit den Zahlen des Gesamtresultats sind die Ostelbierinnen und Ausländerinnen im Jahre 1908 außerordentlich mobil. Ihre große Stabilitätszunahme vom Jahre 1891 bis zum Jahre 1900 scheint mir schwer erklärbar.

Vergleichen wir die Zahlen für männliche und weibliche Arbeiter im Jahre 1908 miteinander, so sind, der uns bekannten größeren Mobilität der Arbeiterinnen in diesem Jahre entsprechend, ihre Restprozente in fast allen Entfernungsklassen niedriger als die der männlichen Arbeiter. Am geringsten sind diese Mobilitätsdifferenzen bei den Arbeitern und Arbeiterinnen, die aus einer Entfernung von 10 bis 30 km stammen. Nur im letzten unserer Kreise, der Entfernung von 100 bis 400 km, sind die Restprozente der weiblichen Arbeiter um 2,5 % höher als die der männlichen Arbeiter.

Nach unseren bisherigen Feststellungen könnte es scheinen, als ob die Bevölkerung des niederrheinischen Gebietes die den Bedingungen der Industrie am besten »angepasste« sei. Doch wurde schon früher hervorgehoben, dass die Auslese nach der Ortsgrößenprovenienz anscheinend ausschlaggebender ist als die nach der Entfernungsprovenienz.

Wir fragen darum weiter, in welchem Maße die hier gefundenen Differenzen aus Ortsgrößendifferenzen abzuleiten sind.[92]

6. Die Ortsgrößenprovenienz[93] der Restzahl

Die Mobilität der aus den verschiedenen Ortsgrößenklassen stammenden Arbeitskräfte nimmt von 1891 bis 1908 verschieden rasch zu, so dass sich die relative Mobilität der einzelnen Ortsgrößenklassen von Jahr zu Jahr etwas verschiebt. In allen drei Jahren freilich sind die Landstädter und Kleinstädter mobiler gewesen, als die Dörfler und Mittelstädter (M.-Gladbacher). Die Großstädter sind im Jahre 1891 die stabilste, im Jahre 1908 die mobilste Ortsgrößenklasse. Ihre Restprozente

91 Die Restzahlen der aus einer Entfernung von 100–150 km stammenden Arbeiterinnen sanken von 69,9 % im Jahre 1891 auf 58,3 % im Jahre 1900 und 42,3 % im Jahre 1908.
92 Die Ergebnisse dieser Zusammenstellung sind nicht präzis und interessant genug, um jede der Arbeitergruppen noch gesondert zu besprechen. Es sei nur darauf hingewiesen, dass das hauptsächlichste Charakteristikum dieser Restprozente, die Mobilitätszunahme im letzten Kreise am schärfsten bei Spinnern und Ringspinnerinnen, etwas abgeschwächt bei Webern und Vorspinnerinnen, gar nicht bei den Weberinnen zur Geltung kommt.
93 Zu vgl. Tabelle 8.

Tabelle 10

Örtliche Provenienz der Restzahl am Jahresschluss

	Aus Orten mit 1–1.000 Einwohnern			Aus Orten mit 1.000–5.000 Einwohnern			Aus Orten mit 5.000–50.000 Einwohnern			Aus Orten mit 50.000–100.000 Einwohnern			Aus Orten mit über 100.000 Einwohnern		
	1891 %	1900 %	1908 %	1891 %	1900 %	1908 %	1891 %	1900 %	1908 %	1891 %	1900 %	1908 %	1891 %	1900 %	1908 %
Handwerker	100,0	100,0	100,0	90,0	50,7	63,6	73,4	63,3	100,0	79,1	88,8	96,1	100,0	50,0	100,0
Werkmeister	100,0	100,0	100,0	100,0	100,0	–	66,6	100,0	100,0	86,6	92,8	83,8	100,0	100,0	100,0
Weber	54,5	75,0	58,8	42,0	38,1	57,8	26,0	44,4	38,4	56,9	50,0	70,2	100,0	100,0	16,6
Spinner	78,2	75,0	50,5	57,5	40,0	37,5	68,1	41,6	60,0	77,7	61,3	61,3	100,0	50,0	50,0
Rauher, Passierer, Schlichter	75,0	100,0	50,0	50,0	100,0	80,0	100,0	100,0	77,7	85,7	100,0	80,0	–	–	–
Batteur, Mischung, Karden	88,8	75,0	60,0	58,3	27,7	35,3	61,1	51,7	50,0	60,0	42,8	55,5	–	66,6	–
Hofarbeiter, Packer, Heizer, Öler	64,6	94,1	55,1	75,0	67,8	56,2	80,0	34,8	58,4	69,4	47,0	77,0	100,0	60,0	60,0
Weberinnen	66,6	62,5	50,0	55,0	100,0	12,5	80,0	50,0	66,6	65,4	83,3	79,1	–	–	–
Ringspinnerinnen	61,9	53,5	53,3	50,0	52,9	17,6	69,2	50,0	51,1	71,8	56,3	51,1	50,0	–	62,5
Vorspinnerinnen	68,4	66,6	63,6	57,8	44,4	43,5	68,7	59,1	50,0	68,1	62,9	51,1	100,0	–	25,0
Haspelrinnen	65,5	65,4	56,5	64,3	71,4	36,3	50,0	40,0	50,0	74,6	63,8	65,2	–	50,0	25,0
Kreuzspulerinnen	–	–	100,0	–	–	20,0	–	–	62,5	–	–	44,4	–	–	33,3
Spulerinnen	86,3	62,5	58,8	11,1	55,5	25,0	72,7	55,5	20,0	75,0	58,8	90,9	–	50,0	33,3
Zwirnerinnen	50,0	62,5	53,5	100,0	–	25,0	33,3	40,0	40,0	64,2	64,2	77,7	–	100,0	–
Streckerinnen	100,0	58,0	33,3	41,6	23,8	26,0	63,6	20,0	16,7	37,5	25,0	41,0	–	–	28,5
Ungelernte Arbeiterinnen	100,0	40,0	90,0	100,0	100,0	60,0	66,6	66,6	40,0	78,6	75,0	33,3	–	–	33,3
Männliche Arbeiter	71,4	83,1	54,6	57,9	45,4	59,5	56,2	50,9	60,1	69,5	58,6	70,9	81,8	66,6	38,8
Weibliche Arbeiter	72,8	66,4	54,2	52,0	50,0	31,4	63,0	46,4	43,8	69,1	61,3	55,9	66,6	40,0	34,3
Alle Arbeitskräfte	72,2	71,5	54,4	55,6	47,4	45,1	59,7	48,7	51,7	69,2	60,3	61,1	78,5	58,0	35,8

sanken von 78,5 % im Jahre 1891 auf 58 % im Jahre 1900 und 35,8 % im Jahre 1908. Eine ähnlich starke Mobilitätszunahme hat neben dieser größten auch die kleinste Ortsgrößenklasse, das Dorf, gehabt, aber nur im Laufe des letzten Jahrzehntes. Die aus Orten mit weniger als 1.000 Einwohnern stammenden Arbeitskräfte waren im Jahre 1891 nur wenig mobiler als die Großstädter, im Jahre 1900 waren sie die stabilsten von allen. Von 1900 bis 1908 sinken ihre Restprozente von 71,5 % auf 54,4 %; sie sind in diesem Jahr mobiler als die Mittelstädter. Landstädter und Kleinstädter sind 1891 und 1900 die mobilsten Arbeitskräfte; 1908 wird ihre Mobilität von der der Großstädter übertroffen. Die Restprozente der Landstädter bleiben dabei stets noch etwas hinter denen der Kleinstädter zurück. Die Mobilitätszunahme in diesen beiden Ortsgrößenklassen ist gering. Ihre Restprozente sanken von 59 % resp. 56 % im Jahre 1891 auf 51 % resp. 45 % im Jahre 1908.

Tabelle 8 hat gezeigt, dass auch die Gesamtzahl der überhaupt im Laufe des Jahres in der Fabrik beschäftigten Dörfler prozentual zur Gesamtzahl aller Arbeitskräfte von 1900 bis 1908 abnahm. Rechnen wir dazu die eben dargestellte Abnahme der Restprozente in derselben Zeit, so sind wir berechtigt zu sagen, dass seit 1900 die Beschäftigung von Landleuten von immer geringerer Bedeutung für die Fabrik geworden ist. Das Dorf einerseits, die Großstadt andererseits scheinen die beiden »unbrauchbarsten« Ortsgrößenklassen zu sein.[94]

Für die männlichen Arbeiter gilt diese Behauptung in noch verstärktem Maße. Im Laufe der letzten 20 Jahre sind nur Dörfler und Großstädter mobiler, die aus den drei anderen Ortsgrößenklassen stammenden männlichen Arbeiter dagegen stabiler geworden. Die schon vorher erwähnte Verschiebung der relativen Mobilität der verschiedenen Ortsgrößenklassen kommt daher bei den männlichen Arbeitern noch deutlicher zum Ausdruck als im Gesamtresultat. Dörfler und Großstädter waren im Jahre 1891 und im Jahre 1900 die beiden stabilsten Ortsgrößenklassen;[95] 1908 sind sie die mobilsten. Die Restprozente der Großstädter sanken von 81,8 % im Jahre 1891 auf 38,8 % im Jahre 1908. Die Restprozente der Dörfler unter den männlichen Arbeitern sanken in derselben Periode von 71,4 % auf 54,6 %.

Die aus den drei übrigen Ortsgrößenklassen stammenden Arbeiter sind im Jahre 1908 nicht nur im Vergleich zu 1900 (was nicht überraschend wäre), sondern auch zu 1891 stabiler geworden. Die geringste Stabilitätszunahme zeigt die Mittelstadt; ihre Restprozente stiegen von 69,5 % im Jahre 1891 auf 70,9 % im Jahre 1908. Sie ist also in diesem Jahr für die männlichen Arbeiter, ebenso wie im Gesamtresultat, die stabilste Ortsgrößenklasse. Die Stabilitätszunahme der Kleinstädter ist etwas größer; ihre Restprozente stiegen von 56,2 % im Jahre 1891 auf 60,1 % im Jahre 1908. Die Kleinstadt war im Jahre 1891 die mobilste Ortsgrößenklasse, im Jahre 1908 ist sie nach der Mittelstadt die stabilste von allen. Im Jahre 1908 nimmt in den vier kleineren Ortsgrößenklassen die Stabilität der männlichen Arbeiter proportional der Größe ihrer Heimatorte ab. Nur die größte Ortsgrößenklasse ist zugleich auch die mobilste von allen.[96]

---

94 Vergleichen wir die auf Tabelle 10 gegebenen Restprozente der Mittelstädter mit denen der M.-Gladbacher auf Tabelle 9, so ergibt sich, dass 1891 und 1908 die M.-Gladbacher ein klein wenig stabiler waren als die übrigen Mittelstädter; im Jahre 1900 ist das umgekehrte der Fall.
95 Dabei wechselt ihre Reihenfolge. 1891 ist die Großstadt, 1900 das Land am stabilsten.
96 Diese Ausnahme ist um so weniger wichtig, da, wie wir wissen, die Zahl der Großstädter unter

Erinnern wir uns, dass von der Gesamtzahl der männlichen Arbeiter des Jahres 1908 (ohne Berücksichtigung der Großstädter) die Landleute den kleinsten, die Kleinstädter den zweitgrößten Bruchteil ausmachten, und verbinden wir dieses Resultat gedanklich mit dem soeben gewonnenen, so können wir wohl von einer vorwiegenden und stets wachsenden »Angepasstheit« der Kleinstädter, einer »Unangepasstheit« der Dörfler sprechen.[97]

Bei den weiblichen Arbeitern nimmt die Stabilität in den verschiedenen Ortsgrößenklassen im Laufe der letzten 20 Jahre ziemlich gleichmäßig ab. In den Jahren 1891 und 1900 sind die aus Orten mit weniger als 1.000 Einwohnern stammenden Arbeiterinnen die stabilsten von allen, die Restprozente der Mittelstädterinnen sind ein wenig niedriger, Landstadt und Kleinstadt die beiden mobilsten Ortsgrößenklassen. Von 1900 bis 1908 sinkt die Stabilität der Dorfmädchen schneller als die der Mittelstädterinnen. Letztere sind in diesem Jahre mit einer Restzahl von 55,9 % die stabilsten Arbeiterinnen; die Dorfmädchen, von denen 54,2 % übrig blieben, folgen erst an zweiter Stelle. Während die Restprozente der Kleinstädterinnen seit dem Jahre 1900 sich nur wenig gesenkt haben (von 46 % im Jahre 1900 auf 43 % im Jahre 1908) sind von den Landstädterinnen weniger als ein Drittel, 31,4 %, am Ende des Jahres übrig geblieben. Ihre Mobilität übertrifft sogar die der Großstädterinnen, welche im Jahre 1900 die mobilsten von allen Arbeiterinnen gewesen waren.[98] Ebenso wie auf Tabelle 8 zeigt sich auch hier bei dieser Zusammenstellung die relativ noch große, wenn auch gegen frühere Jahre etwas verringerte Bedeutung der Dorfmädchen innerhalb der weiblichen Arbeiterschaft. Ebenso spricht sich die wachsende Bedeutungslosigkeit der Landstädterinnen unter den Arbeiterinnen nicht nur durch die Abnahme ihrer Gesamtzahl prozentual zur Gesamtzahl aller Arbeiterinnen aus, sondern auch durch die Abnahme ihrer Stabilität in den letzten 20 Jahren. Bei den männlichen Arbeitern fallen hohe Restprozente und hohe Gesamtprozente bei den Kleinstädtern, niedrige Restprozente und niedrige Gesamtprozente bei den Landleuten zusammen.

Die Resultate dieser Tabelle ergänzen also diejenigen von Tabelle 8 in allen wesentlichen Punkten. Auch die hier gewonnenen Restprozente scheinen darzutun, dass unter den männlichen Arbeitern eine Auslese wirksam ist, die die Dorfleute mehr und mehr abstößt, die Kleinstädter heranzieht. Bei den weiblichen Arbeitern hat das Dorf noch hohe Bedeutung. Doch angesichts der geringen Mobilitätszunahme der Kleinstädterinnen, der raschen der Dörflerinnen seit 1900 (3 % gegen 12 %) scheint auch hier die Kleinstadt langsam über das Dorf zu siegen.

---

den Arbeitern außerordentlich stark hinter der Zahl der aus anderen Ortsgrößenklassen stammenden Leute zurückbleibt.

97 Beim Vergleich der Restprozente der männlichen Arbeiter in den einzelnen Ortsgrößenklassen mit denen der männlichen Arbeiter überhaupt (Tabelle 3) ergibt sich: es waren überdurchschnittlich stabil 1891: Dorf, Mittelstadt, Großstadt; 1900: Dorf, Mittelstadt, Großstadt; 1908: Kleinstadt, Mittelstadt. Es waren überdurchschnittlich mobil 1891: Landstadt, Kleinstadt; 1900: Landstadt, Kleinstadt; 1908: Dorf, Großstadt.

98 Der Vergleich der Restprozente der Arbeiterinnen in den einzelnen Ortsgrößenklassen mit denen der Arbeiterinnen überhaupt (Tabelle 3) ergibt: es waren überdurchschnittlich stabil 1891: Dorf, Mittelstadt; 1900: Dorf, Mittelstadt; 1908: Dorf, Mittelstadt. Die übrigen Ortsgrößenklassen waren in allen drei Jahren überdurchschnittlich mobil.

Würde man die Verteilung der Gesamtprozente sowohl wie der Restprozente auf die verschiedenen Ortsgrößenklassen im Jahre 1908 graphisch darstellen, so würden diese beiden Kurven bei männlichen sowohl wie bei weiblichen Arbeitern durchaus parallel verlaufen, in denselben Ortsgrößenklassen steigen und sinken.[99]

Für die Beantwortung unserer oben gestellten Frage nach den Zusammenhängen zwischen der zunehmenden Mobilität der Arbeiterschaft und den Veränderungen ihrer geographischen Provenienz in den letzten 20 Jahren ergibt sich folgendes: Nur die Zunahme der, wie wir wissen, sehr mobilen Großstädter und Ausländer innerhalb der Arbeiterschaft in den letzten 20 Jahren könnte als ein Moment angesehen werden, das vielleicht, allerdings nur in sehr bescheidener Weise bei der Mobilisierung der Arbeiterschaft mitgewirkt hat. Die übrigen Veränderungen der Ortsgrößenprovenienz der Arbeiterschaft sollten dagegen, isoliert betrachtet, eher auf eine Stabilisierung hinwirken, da Gesamtprozente und Restprozente zusammen in den verschiedenen Ortsgrößenklassen steigen und fallen. Die Veränderungen der Entfernungsprovenienz der Arbeiterschaft sind überhaupt zu geringfügig, um zur Erklärung der gestiegenen Mobilität herangezogen zu werden.

Wir werden also wohl bei der Ansicht bleiben müssen, dass die innerhalb der Arbeiterschaft wirksamen Mobilisierungskräfte die Qualität der Arbeiter[100] und die Qualität der Arbeit sind.

Nachdem wir so zwei der wichtigsten Auslesefaktoren[101] während eines Zeitraums von 20 Jahren in ihrer Wirkung festgestellt haben, gehen wir zu denjenigen

---

99 Die einzelnen Arbeitergruppen: die Mobilitätszunahme der aus Dörfern stammenden Arbeitskräfte zeigt sich besonders deutlich bei Spinnern, Mischungsarbeitern, Ringspinnerinnen und Weberinnen. Dagegen sind die aus Dörfern stammenden Handwerker und Werkmeister in allen drei Jahren absolut stabil. Bei diesen beiden Gruppen und bei den Webern zeigt sich eine bedeutende Stabilitätszunahme der Kleinstädter.
Es ist wahrscheinlich, dass die bei Tabelle 9 festgestellte Abnahme der Restprozente der aus dem letzten und vorletzten Kreise stammenden Leute mit der Abnahme der Restprozente der Dörfler und Landstädter identisch ist.

100 Auch zur Erklärung der relativen Mobilität der einzelnen Arbeiterkategorien kann ihre geographische Provenienz nicht herangezogen werden. Sind doch z. B. zwei mobile Gruppen, die Spinner und die Ringspinnerinnen, vorwiegend lokal und städtisch, also aus stabilen Provenienzklassen rekrutiert.

101 Die Auslese nach der Religion spielt bei der hier behandelten Arbeiterschaft so gut wie gar keine Rolle. Schon aus der geographischen Provenienz ist ersichtlich, dass es sich hier fast ausschließlich um katholische Arbeiter handeln muss. So waren im Jahre 1891 92 oder 6,7 %, im Jahre 1900 100 oder 7,3 % im Jahre 1908 104 oder 7,3 % der Gesamtzahl der Arbeiterschaft evangelisch. (Im Stadtkreis M.-Gladbach waren nach der Volkszählung vom Jahre 1905 von je 1.000 Personen 825,73 katholisch, 158,33 evangelisch.)
Die Prozentzahl der Evangelischen ist in allen drei Jahren unter den Arbeitern größer als unter den Arbeiterinnen; bei den ersteren schwankt sie zwischen 9 % und 10 %, bei den letzteren steigt sie von 3,7 % im Jahre 1891 auf 5,8 % im Jahre 1908. Die größere Zahl der Evangelischen unter den Arbeitern kommt auf Rechnung der Handwerker, Werkmeister und Weber, von denen in jedem Jahre 15–20 % evangelisch waren, also auf Rechnung der drei höchststehenden Arbeitergruppen. Die geringste Anzahl von Evangelischen unter den männlichen Arbeitern findet sich bei den Spinnern. Die große Zahl der evangelischen Weber erklärt sich wohl zum größten Teil aus ihrer geographischen Provenienz.

Resultaten über, die aus der persönlichen Befragung der Arbeiter und Arbeiterinnen aufgrund der Fragebogen gewonnen sind.[102]

Anmerkungen von Christian Wolfsberger (2012):

[1] Im Original steht 100,1[!].
[2] Holland: gemeint ist das Königreich der Niederlande.
[3] Elsass: Teil des Reichslands Elsass-Lothringen, 1871–1918 Teil des Deutschen Reiches.
[4] Bayern: Das (bis 1918) Königreich Bayern umfasste bis 1945 auch den Rheinkreis, d. h. den südlichen Teil des heutigen Landes Rheinland-Pfalz mit Verwaltungssitz in Speyer.
[5] Insterburg, heute Tschernjachowsk: damals Stadt in Ostpreußen, heute in der russischen Exklave Kaliningrad.
[6] Österreicher: gemeint sind wohl Deutsche aus den Ländern der Habsburger Monarchie.

---

102 Die Fragebogenenquete wurde am 3. Januar 1909 angefangen und umfasst, mit geringen Ausnahmen, die gleichzeitig beschäftigte Arbeiterschaft der Fabrik. 720 Fragebogen (320 von Männern, 400 von Frauen) wurden in genügender Weise beantwortet. Befragt wurden: 41 Handwerker, 70 Weber, 59 Spinner (darunter 26 Aufstecker und 19 Anmacher), 23 Rauher, Passierer und Schlichter, 17 Meister, 110 ungelernte Arbeiter, 30 Weberinnen, 109 Ringspinnerinnen, 84 Vorspinnerinnen, 63 Hasplerinnen, 88 angelernte Arbeiterinnen, 26 ungelernte Arbeiterinnen.
Auf den Ergebnissen dieser Enquete beruhen die nun folgenden Darstellungen des zweiten Abschnitts. Es ist also ein von den eben behandelten wesentlich verschiedenes, numerisch weit kleineres und inhaltlich weit umfangreicheres Material.

Zweiter Abschnitt
Die Auslese nach beruflicher Provenienz und Lebensschicksal

Erstes Kapitel
Abstammung und Familie

1. Der Beruf des Vaters

Unter unseren Gesichtspunkten betrachtet, erscheint der berufliche Lebenslauf der Arbeiter, der im vorliegenden Abschnitt genauer charakterisiert werden soll, als eine Art von »Etappenstraße«, auf der sie sich von bestimmten örtlichen, sozialen und kulturellen Ausgangspunkten aus ihrer schließlich erreichten Arbeitsstellung genähert haben. Nachdem der vorige Abschnitt die geographische Provenienz der Arbeiterschaft darzustellen versuchte, soll nun ein anderer der Ausgangspunkte dieser Etappenstraße, nämlich die soziale Provenienz der Arbeiterschaft besprochen werden. Wir wollen feststellen, welchen sozialen Schichten die Leute entstammen, die in der Fabrik zur Zeit der Enquete beschäftigt waren und ob sich dabei bestimmte Unterschiede für die einzelnen Arbeitskategorien, die eventuell mit den Anforderungen der betreffenden Arbeitsleistung in Verbindung zu bringen wären, nachweisen lassen.

Aus dem hier zur Verfügung stehenden Material wählen wir den Beruf des Vaters als Merkmal der sozialen Schicht, der der Arbeiter oder die Arbeiterin entstammt und unterscheiden danach folgende sieben Abstammungskategorien: 1. Proletarierfamilien im engeren Sinne des Wortes, also Fabrikarbeiterfamilien, unter denen wir aber den Textilarbeitern einen besonderen Platz einräumen; es ist von Interesse für uns, festzustellen, ob eine Neigung besteht, die Kinder dem Beruf des Vaters folgen zu lassen. Die beiden folgenden Kategorien, Handwerker und Landleute, erhalten im Gegensatz zu den beiden vorhergehenden die althergebrachten »traditionellen« Berufe. Es ist wichtig zu sehen, welche Rolle die Arbeitskräfte dieser Abstammung innerhalb des Fabrikbetriebes spielen und vielleicht könnten die hier gefundenen Tatsachen einen – allerdings nur symptomatischen – Hinweis dafür abgeben, inwieweit diese ursprünglich »selbständigen« Berufe sich in ihren Nachkommen mehr und mehr »proletarisieren«.

Von den drei letzten Abstammungskategorien ist die der Erd- und Bauarbeiter wesentlich durch äußere, im Material liegende Gründe bedingt; die Unterscheidung der »sonstigen« Berufe in höhere und niedere soll einerseits natürlich dem Zwecke dienen, festzustellen, welchen Anteil Arbeitskräfte dieser Abstammung überhaupt an der Arbeiterschaft der Fabrik haben, andererseits auch einen gewissen – freilich etwas äußerlichen – Maßstab zur Charakterisierung des Kulturniveaus einer Arbeitergruppe abgeben.[1]

---

[1] Zu den höheren Berufen zählen wir hier diejenigen, mit denen entweder eine etwas bessere Vorbildung oder eine gewisse soziale Position verbunden ist. Z. B. Obermeister, Feldwebel, Küster, Lehrer, Steuereinnehmer, Gastwirt, Geschäftsmann, Kontorist. Zu den niederen Berufen

Tabelle 11

Beruf des Vaters

	Textilarbeiter		Fabrikarbeiter		Handwerker		Landleute		Erd- und Bauarbeiter		Sonstiges (höhere Berufe)		Sonstiges (niedere Berufe)	
		%		%		%		%		%		%		%
Handwerker	6 oder	15,4	6 oder	15,4	15 oder	38,4	5 oder	12,8	1 oder	2,5	4 oder	10,2	2 oder	5,1
Werkmeister	3 oder	17,6	1 oder	5,8	5 oder	29,4	3 oder	17,6	–	–	4 oder	23,5	1 oder	5,8
Weber	26 oder	37,6	14 oder	20,6	7 oder	10,4	6 oder	8,6	5 oder	7,2	7 oder	10,4	4 oder	5,8
Spinner	18 oder	31,0	12 oder	20,6	12 oder	20,6	6 oder	10,3	4 oder	6,9	3 oder	5,1	3 oder	5,1
Rauher, Passierer, Schlichter	3 oder	13,6	4 oder	18,0	4 oder	18,1	2 oder	9,1	3 oder	13,6	1 oder	4,6	5 oder	22,7
Batteur, Mischung, Karden	16 oder	32,0	5 oder	10,0	8 oder	16,0	8 oder	16,0	4 oder	8,0	2 oder	4,0	7 oder	14,0
Hofarbeiter, Packer, Heizer, Öler	11 oder	18,3	6 oder	10,0	10 oder	16,6	14 oder	23,3	6 oder	10,0	2 oder	3,3	12 oder	20,0
Weberinnen	11 oder	36,6	6 oder	20,0	–	–	3 oder	10,0	1 oder	3,3	5 oder	16,6	4 oder	13,3
Ringspinnerinnen	23 oder	21,3	27 oder	25,0	15 oder	13,8	5 oder	4,6	10 oder	9,2	–	–	33 oder	30,5
Vorspinnerinnen	21 oder	25,0	11 oder	13,0	10 oder	11,9	17 oder	20,2	6 oder	7,1	4 oder	4,7	11 oder	13,0
Hasplerinnen	18 oder	28,5	10 oder	15,8	3 oder	4,7	5 oder	7,9	3 oder	4,7	14 oder	22,2	9 oder	14,2
Kreuzspulerinnen	2 oder	12,5	3 oder	18,7	3 oder	18,7	2 oder	12,5	–	–	4 oder	24,5	2 oder	12,5
Spulerinnen	1 oder	6,6	3 oder	20,0	1 oder	6,6	7 oder	46,6	1 oder	6,6	1 oder	6,6	1 oder	6,6
Zwirnerinnen	3 oder	18,7	2 oder	12,5	1 oder	6,3	5 oder	31,2	–	–	–	–	5 oder	31,2
Streckerinnen	6 oder	20,6	4 oder	13,9	2 oder	6,9	7 oder	24,1	2 oder	6,9	–	–	8 oder	27,8
Ungelernte Arbeiterinnen	6 oder	23,0	1 oder	3,8	4 oder	15,3	10 oder	38,4	–	–	–	–	5 oder	19,2
Männliche Arbeiter	83 oder	25,9	48 oder	14,3	61 oder	19,0	44 oder	13,7	23 oder	7,1	23 oder	7,1	34 oder	10,6
Weibliche Arbeiter	91 oder	22,7	67 oder	16,7	39 oder	9,7	61 oder	15,2	23 oder	5,7	28 oder	7,0	74 oder	18,5
Alle Arbeitskräfte	174 oder	24,2	115 oder	15,9	100 oder	13,9	105 oder	14,5	46 oder	6,3	51 oder	7,0	108 oder	15,0
Gelernte Arbeiter	50 oder	30,1	31 oder	18,7	28 oder	16,8	17 oder	10,2	12 oder	7,2	15 oder	9,0	13 oder	7,8
Gelernte Arbeiterinnen	55 oder	24,6	44 oder	19,7	25 oder	11,2	25 oder	11,2	17 oder	7,6	9 oder	4,0	48 oder	21,5

Betrachten wir nun, wie immer, auch hier zuerst die für alle Arbeitskräfte zusammengenommen errechneten Zahlen, so haben wir vor allem das immerhin bedeutsame Resultat, dass fast ein Viertel, 174 oder 24,2 %, aller Arbeitskräfte aus Textilarbeiterfamilien stammt. Die aus Fabrikarbeiterkreisen stammenden Arbeitskräfte machen den zweitgrößten, allerdings gegenüber dem vorigen wesentlich verkleinerten Teil der Gesamtheit aus, 15,9 %. 289 oder 40,1 % aller Arbeitskräfte stammen also selbst schon aus »proletarischen« Familien. Dazu kommen noch 6,3 % von Erd- und Bauarbeitern abstammende Leute. Von den beiden »traditionellen« Abstammungskategorien sind die Bauernkinder, die 14,5 % der Gesamtheit ausmachen, ein wenig stärker vertreten als die Handwerkerkinder. Beide Abstammungskategorien zusammen bilden 28,4 % der Gesamtzahl, um 12 % weniger als die von proletarischen Eltern abstammenden Arbeitskräfte. Beim Vergleich der Zahl der aus höheren und der aus niederen Berufen stammenden Leute ergibt sich, dass die Zahl der letzteren mehr als doppelt so groß ist als die der ersteren. Die aus den tiefsten sozialen Schichten stammenden Arbeitskräfte machen 15 % der Gesamtzahl aus, also fast ebensoviel wie die Fabrikarbeiterkinder, während nur noch die Zahl der von Erd- und Bauarbeitern stammenden Leute, 6,3 % der Gesamtzahl, kleiner ist als die der Arbeitskräfte aus einem »besseren« Elternhaus.

Die soziale Provenienz der männlichen Arbeiter unterscheidet sich in einigen nicht unbedeutsamen Punkten von derjenigen, die wir soeben für sämtliche Arbeitskräfte festgestellt haben. Die Zahl der aus Handwerkerfamilien stammenden Arbeiter ist weit größer als im Gesamtresultat. Die Handwerkersöhne machen den zweitgrößten Bruchteil innerhalb der männlichen Arbeiterschaft aus, 19 % aller männlichen Arbeiter; ihre Zahl wird nur von der der Textilarbeitersöhne übertroffen, die mehr als ein Viertel, 25,9 % aller männlichen Arbeiter bilden. Der zweite hauptsächliche Unterschied in der sozialen Provenienz der männlichen Arbeiter von der der Gesamtheit besteht in der Verringerung der Zahl der aus »niederen« Berufen stammenden Leute. Sie machen 10,6 % der männlichen Arbeiterschaft aus und übertreffen daher die Zahl der aus besseren sozialen Schichten stammenden Leute, die dieselbe wie im Gesamtresultat bleibt, nur mehr um 3,5 %. Die Zahlen der Fabrikarbeiter- und der Landarbeitersöhne sind beide im Vergleich zum Gesamtresultat ein wenig gesunken und fast gleich groß; erstere machen 14,3 %, letztere 13,7 % der Gesamtzahl aller männlichen Arbeiter aus.

Die soziale Provenienz der weiblichen Arbeiter ist von der der männlichen Arbeiter ziemlich stark verschieden. Schien es als ob die Söhne von Handwerkern sich verhältnismäßig oft zur Fabrikarbeit wendeten, so ist für die Töchter der Handwerker das Gegenteil der Fall. Ihre Zahl, 9,7 % aller weiblichen Arbeiter, gehört zu den kleinsten von allen. Der zweite Gegensatz in der sozialen Provenienz der weiblichen Arbeiter im Vergleich zu den männlichen Arbeitern ist die große Zahl der weiblichen Arbeitskräfte, die aus den tiefsten sozialen Schichten stammt. Die dahin gehörenden Arbeiterinnen machen den zweitgrößten Bruchteil aller weiblichen Arbeiter, 18,5 %, aus und erreichen damit fast die Zahl der Textilarbeitertöchter, die 22,7 % aller weiblichen Arbeiter beträgt. Sind also unter

---

gehören z. B. Holzhauer, Lumpensammler, Korbflechter, Fuhrmann, Stallknecht, Nachtwächter, Totengräber.
[Kontorist: Büroangestellter in einem kaufmännischen Betrieb]

den weiblichen Arbeitern prozentual etwas weniger Textilarbeiterkinder als unter den männlichen Arbeitern, so ist bei ersteren die Zahl der Fabrikarbeiter- und der Landarbeiterkinder ein wenig größer als bei letzteren; doch bleiben beide Zahlen bei beiden Geschlechtern in demselben Verhältnis zueinander. Die Fabrikarbeitertöchter machen 16,7 %, die Landarbeitertöchter 15,2 % aller weiblichen Arbeiter aus.

Wir können daher sagen, dass bei männlichen sowohl wie weiblichen Arbeitern die aus Textilarbeiterfamilien stammenden Arbeitskräfte den größten Bruchteil, die aus »höheren« sozialen Schichten herkommenden den kleinsten Bruchteil der Gesamtheit ausmachen. Neben dieser Übereinstimmung in der sozialen Provenienz beider Geschlechter finden wir aber ziemlich bedeutende Verschiedenheiten. Nimmt man – wohl etwas willkürlich, aber immerhin mit einem Anspruch auf Wahrscheinlichkeit – die beiden Kategorien »Fabrikarbeiter« und »niedere Berufe« als das kulturell tiefststehende Milieu an, so gehören von den Arbeiterinnen 35,2 %, von den Arbeitern nur 24,9 % in diese beiden Abstammungskategorien. Dagegen stammen von den Arbeitern 26,1 % aus Handwerkerkreisen und »besseren« Familien, von den Arbeiterinnen nur 16,7 %. Diese immerhin nicht unerheblichen Unterschiede[2] in der sozialen Provenienz beider Geschlechter erklären sich natürlich außerordentlich leicht aus der Abneigung, die irgend besser situierte Leute gegen die Fabrikarbeit ihrer T ö c h t e r aus gesundheitlichen sowohl wie aus sittlichen Gründen haben; vor allem scheint, in der dortigen Gegend wenigstens, bei Handwerkerfamilien diese Abneigung noch sehr ausgesprochen zu sein.

Ehe wir die vielleicht auffindbaren Eigentümlichkeiten der sozialen Provenienz irgendeiner einzelnen Arbeitergruppe besprechen, wollen wir uns die Frage vorlegen, ob die soziale Provenienz der g e l e r n t e n Arbeiter, verglichen mit der Gesamtheit, nicht irgendwelche deutlichen, eventuell mit der Art ihrer Arbeit in Verbindung zu bringenden Charakteristiken aufweist. Rechnen wir zu den gelernten Arbeitern Werkmeister[3], Weber, Spinner und Rauher – lassen also einerseits die Handwerker, andererseits die beiden Kategorien ungelernter Arbeiter bei Seite – so ergibt sich die doch wohl beachtenswerte Tatsache, dass bei diesen vier Arbeitergruppen zusammengenommen die Zahl der aus proletarischen Familien stammenden Arbeiter größer, die der Handwerker- und Bauernsöhne kleiner ist als bei sämtlichen männlichen Arbeitern. 30,1 %, also fast ein Drittel aller gelernten Arbeiter sind Söhne von Textilarbeitern, 18,7 % sind Söhne von Fabrikarbeitern. Die beiden proletarischen Abstammungskategorien umfassen daher fast die Hälfte aller gelernten Arbeiter. Während die Zahl der Handwerkersöhne innerhalb der gelernten Arbeiterschaft noch 16,8 % beträgt, also nur wenig im Vergleich zu der für sämtliche Arbeiter festgestellten Zahl gesunken ist, machen die Bauernsöhne nur mehr ein Zehntel der gelernten Arbeiter aus; ihre Zahl wird fast von derjenigen der aus »höheren« Schichten stammenden Arbeiter erreicht, die unter den gelernten Arbeitern einen etwas größeren Prozentsatz bilden als bei sämtlichen

---

2   Ich möchte dabei auf das im vorigen Abschnitt, S. 111, über die Differenzierung des Kulturniveaus beider Geschlechter Gesagte hinweisen. Die hier gefundenen Tatsachen könnten als Verstärkung des dort Gesagten gelten.
3   Man muss die Werkmeister zu den gelernten Akkordarbeitern rechnen, weil sie in diesem Fall fast alle frühere Weber oder Spinner waren.

Arbeitern und die Zahl der aus den niederen Berufen stammenden Arbeiter sogar etwas übertreffen.

Die große Zahl der aus Proletarierfamilien stammenden gelernten Arbeiter erklärt sich hauptsächlich aus der sozialen Provenienz der gelernten Akkordarbeiter, der Weber und Spinner. Bei beiden Kategorien sind mehr als die Hälfte aller Arbeiter, bei den Webern 58,2 %, bei den Spinnern 51,5 % Proletariersöhne; beide »Berufe« scheinen dabei in ziemlich hohem Grade erblich zu sein, denn 37,6 % aller Weber und 31 % aller Spinner waren Söhne von Textilarbeitern. Bei beiden Arbeitergruppen sind die Söhne von Landleuten nur in geringer, die von Handwerkern in etwas größerer Zahl vertreten. Trotz der sehr kleinen Zahlen ist es vielleicht doch bezeichnend, dass die größte Zahl der Werkmeister aus Handwerkerfamilien und aus »höheren Berufen« stammt; man möchte versucht sein anzunehmen, dass Qualitäten, wie wir sie immer noch mit dem Handwerkerstand, namentlich in kleineren Städten verbinden, wie Zuverlässigkeit, eine gewisse Intelligenz für den Posten eines Werkmeisters besonders geeignet machen.

Ebenso wie die Weber sind auch die Handwerker eine Gruppe mit sehr großer Inzucht: 38,4 % aller Handwerker waren Söhne von Handwerkern; es wird wohl nicht verwundern, dass sich unter den Handwerkern ebenso wie unter den Werkmeistern und Webern mehr Arbeiter aus »höheren« als aus »niederen« Berufen finden. Die soziale Provenienz der ungelernten Arbeiter endlich ist von der der gelernten recht verschieden; unter ihnen überwiegen die Söhne von Landleuten und die aus unqualifizierten Berufen stammenden Arbeiter; ebenso sind die Söhne von Erd- und Bauarbeitern zu diesen Arbeiten anscheinend am besten zu gebrauchen. Unter den ungelernten Maschinenarbeitern finden sich dabei noch mehr Proletariersöhne als unter den ungelernten Draußenarbeitern. Die Zahl der aus höheren Schichten stammenden Arbeiter ist in diesen beiden Gruppen kleiner als in irgendeiner anderen der von uns besprochenen Arbeiterkategorien.

Es ist gelungen Unterschiede der sozialen Provenienz für gelernte und ungelernte Arbeiter festzustellen; es fragt sich nun, ob dasselbe auch bei den Arbeiterinnen möglich ist.

Vergleichen wir die soziale Provenienz der gelernten Arbeiterinnen, also der Weberinnen, Ringspinnerinnen und Vorspinnerinnen mit der aller Arbeiterinnen, so haben wir (ebenso wie bei den männlichen Arbeitern) einen größeren Bruchteil von Proletariertöchtern als bei sämtlichen weiblichen Arbeiterinnen, einen kleineren Bruchteil von Landmädchen. 24,6 % aller gelernten Arbeiterinnen sind Töchter von Textilarbeitern, 19,7 % Töchter von Fabrikarbeitern; diese beiden Abstammungskategorien umfassen also 44,3 % aller gelernten Arbeiterinnen. Während die geringe Zahl der von Landleuten abstammenden gelernten Arbeiterinnen (11,2 %), ebenso wie bei den männlichen Arbeitern im Vergleich zur Gesamtzahl stark gesunken ist, machen die Handwerkertöchter einen etwas größeren Prozentsatz unter den gelernten als unter sämtlichen Arbeiterinnen aus. Freilich bleibt die Zahl der von Handwerkern abstammenden Arbeiterinnen noch immer ziemlich stark hinter der Zahl der Handwerkersöhne unter den gelernten Arbeitern zurück. Konnten wir es als bezeichnend für die gelernten Arbeiter ansehen, dass unter ihnen die Zahl der aus »höheren« sozialen Schichten stammenden Arbeiter die der aus den niedersten Schichten stammenden Arbeiter übertraf, so ist bei den gelernten Arbeiterinnen gerade das Gegenteil der Fall. Die Zahl der aus »besserem« Elternhaus stammenden Arbeiterinnen ist sehr klein, die der Arbeiterinnen, die aus der untersten sozialen Schicht herkommen, mehr als fünfmal so groß; sie machen 21,5 % der Gesamtheit aller gelernten Arbeiterinnen aus, also fast ebensoviel wie die Textilarbeitertöchter.

Unsere bisherigen Feststellungen berechtigen uns wohl zu der Annahme, dass innerhalb der männlichen sowohl wie der weiblichen Arbeiterschaft die aus Proletarierkreisen und besonders die aus Textilarbeiterfamilien stammenden Arbeitskräfte in größerem Maße zu den gelernten Arbeitern verwandt werden als die Kinder von Landarbeitern und Erdarbeitern.

Nehmen wir eine, sei es wie auch immer geartete »Auslese« als unter der Arbeiterschaft wirksam an, so könnte man vielleicht von einer größeren Geeignetheit der Proletarierkinder für die gelernten Arbeiten sprechen.[4]

Dass die berufliche Provenienz der gelernten Arbeiter uns auf ein etwas höheres Kulturniveau unter ihnen schließen lässt, bei den gelernten Arbeiterinnen dagegen eher vom Gegenteil die Rede sein kann, erklärt sich wohl am besten aus den Anforderungen der betreffenden Arbeitsarten. Für die gelernten Teilarbeiten der männlichen Arbeiter sind gewisse »moralische« Qualitäten, namentlich bei den Werkmeistern, Spinnern und Rauhern erforderlich; für die Spinnerinnen dagegen sind sie bedeutungslos.

Diese eben aufgestellte Hypothese von einem Zusammenhang der Erfordernisse der Arbeit und des Kulturniveaus der Arbeiter gewinnt an Wahrscheinlichkeit, wenn wir sehen, dass die Weberinnen, deren Arbeit ja derjenigen der Weber in jeder Hinsicht in Bezug auf ihre Anforderungen zu vergleichen ist, auch dieselbe soziale Provenienz haben wie diese. Sie sind zu 36,6 % Töchter von Textilarbeitern, zu 56,6 % Proletariertöchter; die Zahl der aus »besseren« Familien stammenden Arbeiterinnen ist unter den Weberinnen größer als bei den anderen gelernten Arbeiterinnen und übertrifft die Zahl der aus niederen sozialen Schichten stammenden Weberinnen ein wenig.

Es ist auch bei den Arbeiterinnen leicht ein Zusammenhang zwischen Qualifiziertheit der Arbeit und proletarischer Abstammung zu konstruieren; so sind von den Ringspinnerinnen noch 46,3 % Töchter von Proletariern, von den Vorspinnerinnen 38 %; mit der zunehmenden Unqualifiziertheit der Arbeit nimmt dagegen der Prozentsatz von Landarbeitertöchtern innerhalb einer Arbeiterinnengruppe zu. So machen diese unter den Streckerinnen 24,1 %, unter den Spulerinnen 46,6 %, unter den Zwirnerinnen 51,2 % aus.[5]

Unter den angelernten Arbeiterinnenkategorien ist noch besonders auf die von den übrigen verschiedene berufliche Provenienz der Hasplerinnen hinzuweisen. Bei dieser in hohem Maße Fingerfertigkeit erfordernden Teilarbeit waren sehr viele Proletariertöchter, wenige Handwerker- und Bauerntöchter beschäftigt. Die

---

4   Inwieweit diese größere Geeignetheit w i r k l i c h vorhanden und zahlenmäßig nachzuweisen ist, siehe Teil II, Abschnitt 2: Abstammung und Familie.
5   Es ist hier einer der Fälle, wo die im vorigen Abschnitt aus der Erörterung des weit größeren Materials gefundenen Resultate zur Unterstützung der kleinen hier gegebenen Zahlen herangezogen werden können (vgl. das im Anfang des vorigen Abschnitts darüber Gesagte). Dass der größere Anteil der Landmädchen an den Gruppen der angelernten Arbeiterinnen kein augenblicklicher Zufall ist, ergibt sich aus der Feststellung der geographischen Provenienz in den Jahren 1891, 1900, 1908.

ersteren machten 44,3 %, die letzteren zusammen 12,6 % aller Hasplerinnen aus. Die große Anzahl der aus »höheren« Schichten[6] stammenden Hasplerinnen ist auf ein mehr irrationelles Moment zurückzuführen; es handelt sich dabei vorwiegend um Töchter von in der Fabrik angestellten Meistern, die diese Arbeit wohl des guten Verdienstes und der Sauberkeit halber, vielleicht auch infolge irgendwelcher »Tradition« für ihre Töchter den anderen Arbeiten vorziehen.[7]

2. Der Beruf des Großvaters

Wir verfolgen nun die Abstammung der Arbeiterschaft der Fabrik noch um eine Stufe weiter zurück, indem wir soweit als möglich die Berufe der Großväter väterlicherseits feststellen. Auch hierbei sind es natürlich wiederum die Fragen der »Erblichkeit« und der »Proletarisierung« der Berufe, die im Vordergrund des Interesses stehen.

Es ist selbstverständlich, dass wir bei dieser Aufstellung, wieder um einen Vergleich mit der vorhergehenden Tabelle machen zu können, die oben erläuterten sieben Abstammungskategorien auch für die Abstammung der Väter der Arbeiter ebenso wie vorher für die der Arbeiter selbst benützen.

Gehen wir zunächst von der Gesamtzahl der Großväter der männlichen Arbeiter aus, so war der größte Bruchteil von ihnen, 28,7 %, Bauern; der zweitgrößte Bruchteil, 23,1 %, waren Textilarbeiter. Die Handwerker machen 16,6 % der Gesamtzahl, die »niederen Berufe« 12,2 % der Gesamtzahl aus. Die Zahl der Fabrikarbeiter ist sehr klein und beträgt nur 7,8 % der Gesamtzahl. Sie übertrifft die der Leute »besserer« Familie um 1 %, während nur 3,4 % der Großväter der männlichen Arbeiter Erd- und Bauarbeiter sind.

Wenn wir die Ergebnisse dieser Zusammenstellung mit derjenigen vergleichen, die die Berufe der Väter der männlichen Arbeiter enthielt, so haben wir folgende beiden Resultate. Während e r s t e n s die Zahl der Textilarbeiter sowohl wie der Handwerker unter den Großvätern der männlichen Arbeiter schon fast ebenso groß ist als unter den Vätern (die Zunahme von der vorletzten auf die letzte Generation beträgt rund 2,5 % der Gesamtzahl) ist z w e i t e n s die Zahl der Landleute unter den Großvätern der Arbeiter mehr als doppelt so groß als unter den Vätern; die Zahl der ungelernten Fabrikarbeiter dagegen um die Hälfte kleiner.

Die Zahlen der drei letzten Abstammungskategorien sind auf beiden Tabellen fast dieselben geblieben; die aus »besseren« Familien stammenden Leute machen unter den Großvätern der männlichen Arbeiter einen kleineren Bruchteil, die aus niederen Berufen stammenden einen größeren Bruchteil der Gesamtheit aus als unter den Vätern der Arbeiter.

---

6   Immerhin ist darauf aufmerksam zu machen, dass die im vorigen Abschnitt aufgestellte Vermutung eines Zusammenhangs zwischen Qualität der Arbeiterschaft und relativer Mobilität der Gruppe durch diese Ergebnisse an Wahrscheinlichkeit gewinnt. Die Hasplerinnen gehören zu den stabilsten Gruppen; Ringspinnerinnen, Zwirnerinnen und Streckerinnen, die die größte Zahl von Arbeiterinnen aus »niedrigen« Abstammungskategorien haben, zu den mobilsten Gruppen.

7   Von den 720 hier aufgezählten Vätern waren 89 oder 12,3 % in der Fabrik selbst schon beschäftigt oder beschäftigt gewesen; und zwar 24 Weber, 11 Spinner, 41 ungelernte Arbeiter, 9 Meister, 3 Handwerker, 1 Obermeister. Ein Kontorist schickte seinen Sohn in die Schlosserwerkstätte.

Tabelle 12

Beruf des Großvaters

	Textilarbeiter		Fabrikarbeiter		Handwerker		Landleute		Erdarbeiter		Höhere Berufe		Niedere Berufe		Unbekannt
		%		%		%		%		%		%		%	%
Handwerker	6 oder	15,4	5 oder	12,8	12 oder	30,8	6 oder	15,4			4 oder	10,3	6 oder	15,4	
Werkmeister	2 oder	11,7			5 oder	29,4	9 oder	52,9			1 oder	5,8			
Weber	20 oder	28,9	5 oder	7,2	5 oder	7,2	20 oder	28,9	3 oder	4,3	7 oder	10,1	9 oder	13,0	
Spinner	12 oder	20,3	6 oder	10,2	13 oder	22,3	16 oder	27,5	3 oder	5,2	3 oder	5,2	5 oder	8,6	
Rauher, Passierer, Schlichter	5 oder	22,7	2 oder	9,0	4 oder	18,1			7 oder	31,8					
Batteur, Mischung, Karden	15 oder	30,0	3 oder	6,0	6 oder	12,0	10 oder	20,0	2 oder	4,0	6 oder	12,0	8 oder	16,0	
Hofarbeiter, Packer, Heizer, Öler	14 oder	23,3	4 oder	6,6	8 oder	13,2	27 oder	45,0	3 oder	5,0	1 oder	1,6	4 oder	6,6	
Weberinnen	1		1		2		12				2				12
Ringspinnerinnen	9		3		8		9				6		8		66
Vorspinnerinnen	6		2		3		12		2		2		4		53
Hasplerinnen	3		4		19		15		1		5		3		13
Kreuzspulerinnen	1				3		3								9
Spulerinnen	2				1		7				1				4
Zwirnerinnen	1		2		2		7				1		1		3
Streckerinnen	2		1		2		11				2		1		10
Ungelernte Arbeiterinnen	1		1		2		11						1		10
Gelernte Arbeiter	39 oder	23,5	13 oder	7,8	27 oder	16,3	49 oder	29,5	6 oder	3,6	11 oder	6,6	21 oder	12,7	
Männliche Arbeiter	74 oder	23,1	25 oder	7,8	53 oder	16,6	92 oder	28,7	11 oder	3,4	22 oder	6,8	39 oder	12,2	
Weibliche Arbeiter	26 oder	6,5	14 oder	3,5	42 oder	15,0	87 oder	21,7	3 oder	0,7	19 oder	4,7	18 oder	4,5	180 oder 45
Alle Arbeitskräfte	100 oder	13,9	39 oder	5,4	95 oder	13,2	179 oder	24,8	14 oder	1,9	41 oder	5,7	57 oder	7,9	180 oder 25

Das soeben Ausgeführte lässt sich vielleicht kurz in folgenden Worten zusammenfassen: vor zwei Generationen waren von einer bestimmten Anzahl erwachsener Männer 28,7 % Landleute; in der vorigen Generation waren von einer ebenso großen Anzahl nur mehr 13,7 % Landleute; in der jetzigen Generation ist unter derselben Anzahl kein Landmann mehr. Dagegen betrug die Zahl der Fabrikarbeiter unter derselben Anzahl erwachsener Männer vor zwei Generationen 30,9 %, in der vorigen Generation 40,2 %.[8]

Die Abstammung der gelernten Arbeiten hat sich uns als in manchen Punkten von derjenigen der ungelernten Arbeiter verschieden gezeigt; für die Abstammung der Väter der gelernten Arbeiter ist dagegen ein derartiger Unterschied nicht mehr festzustellen. Der Beruf des Großvaters scheint – im Gegensatz zum Beruf des Vaters – kein in seinen Wirkungen deutlich erkennbarer Auslesefaktor für die einzelnen Arbeitskategorien der Spinnerei und Weberei zu sein, denn wir finden in der Abstammung der Väter der gelernten Arbeiter keine Unterschiede gegenüber der Abstammung der Väter aller männlichen Arbeiter überhaupt.

Dies ist natürlich durch die Ähnlichkeit der sozialen Provenienz der Väter der Arbeiter in den einzelnen Gruppen bedingt, die der für sämtliche Arbeiter festgestellten Provenienz nur mit geringen Abweichungen folgt. Als vielleicht charakteristisch wäre dabei auf die große Zahl von Landleuten unter den Großvätern der Hofarbeiter hinzuweisen und ebenso auf die Tatsache, dass die Werkmeister auch in der vorletzten Generation zum allergrößten Teil aus den traditionellen Berufen der Landleute und Handwerker stammen, während es unter ihnen keine Enkel von ungelernten Fabrikarbeitern, Erdarbeitern und sonstigen ganz unqualifizierten Berufstätigen gibt. Die große Zahl von Handwerkern, die Enkel von Handwerkern waren, im ganzen 30,8 % der Gesamtzahl der Handwerker, wird uns wohl bei der in dieser sozialen Schicht bekannten Neigung der Vererbung des Berufes durch mehrere Generationen hindurch nicht verwundern.

Die soziale Provenienz der Väter der Arbeiterinnen lässt sich nicht mit derjenigen der Arbeiterinnen selbst vergleichen, weil 45 %, also fast die Hälfte aller weiblichen Arbeiter, den Beruf ihres Großvaters nicht anzugeben vermochten.

Doch ist nicht nur diese Tatsache an sich charakteristisch für die größere Indolenz[1] und Stumpfheit der weiblichen Arbeiterschaft im Vergleich zu den männlichen Arbeitern, sondern auch einige der aus ihren Angaben zusammengestellten Tatsachen sind nicht ohne Interesse. Nur für zwei Abstammungskategorien ergaben sich bei den weiblichen Arbeitern größere Zahlen: 21,7 % sind Enkelinnen von Landleuten, 15 % Enkelinnen von Handwerkern. Selbst bei dem Fehlen so vieler Angaben tritt hier schon ebenso deutlich wie bei den männlichen Arbeitern die starke Proletarisierung von Bauernsöhnen von einer Generation zur anderen hervor. Auffallend ist ferner, dass in dieser (unvollständigen!) Zusammenstellung die Zahl der Handwerker unter den Großvätern der weiblichen Arbeiter so viel größer ist als unter den Vätern. Es scheint also von der vorletzten auf die letzte Generation eine etwas stärkere Proletarisierung von Handwerkersöhnen eingetreten zu sein. Die übrigen Angaben über die Berufe der Großväter der Arbeiterinnen machen

---

8   Natürlich ist dies sehr schematisiert; es drückt aber doch diesen wohl typischen Vorgang deutlich aus.

Tabelle 13
Beruf des Vaters und des Großvaters

	Textilarbeiter							Fabrikarbeiter							Handwerker						
	Textilarbeiter	Fabrikarbeiter	Handwerker	Landleute	Erdarbeiter	Höhere Berufe	Niedere Berufe	Fabrikarbeiter	Textilarbeiter	Handwerker	Landleute	Erdarbeiter	Höhere Berufe	Niedere Berufe	Handwerker	Textilarbeiter	Fabrikarbeiter	Landleute	Erdarbeiter	Höhere Berufe	Niedere Berufe
Handwerker	3		1			2		3	2				1		9		1			3	2
Werkmeister	2		1							1					3		2				
Weber	15	1		4	1	3	2	4	3	3	2			2	2		5				
Spinner	10	3	2	2	1			2	1	4	1	1	1	2	4	1		6			1
Rauher, Passierer, Schlichter	2							1	2		1	1			2	1					1
Batteur, Mischung, Karden	11		1	1		2	1	2	2	1					4		1			1	2
Hofarbeiter, Packer, Heizer, Öler	10		1					3	2	1					4		6				
Alle Arbeiter	53	4	4	9	2	5	6	16	10	10	5	1	1	5	28	2	21			4	6

einen zu unvollständigen Eindruck, um aus ihnen irgendwelche – wenn auch noch so unsichere – Schlüsse zu ziehen. Nur darauf möchte ich noch hinweisen, dass es mir nicht als zufällig, sondern im Gegenteil als charakteristisch erscheint, dass die Mehrzahl der Mädchen, die den Beruf ihres Großvaters anzugeben wussten, aus den alten traditionellen Lebenskreisen der Handwerker und der Landleute herkam. Man möchte fast versucht sein, diese Tatsache mit dem so oft behaupteten engen Familienzusammenhang der traditionellen Berufe im Gegensatz zu dem »Losgelöstsein« der echt proletarischen Existenzen in Verbindung zu bringen.[9]

3. Die Generationsschicksale

Einer noch genaueren Präzisierung der sozialen Provenienz der Arbeiterschaft soll eine Zusammenstellung dienen, die nicht mehr, wie es oben geschah, die Berufe der Väter und der Großväter miteinander vergleicht, sondern versucht, die Reihenfolge der Berufe in derselben Familie durch drei Generationen hindurch festzustellen, also eine Art von »Familienschicksal« der in der Fabrik zur Zeit der Enquete beschäftigten Arbeiter zu geben.

Zu diesem Zweck teilen wir jede der uns von den früheren Tabellen her bekannten sieben Abstammungskategorien, die den Beruf des Vaters der Arbeiter bezeich-

---

[9] Selbstverständlich wäre hier einzuwenden, dass ja doch auch ungefähr der gleiche Prozentsatz von Mädchen jeder Abstammungskategorie den Beruf ihrer Großväter gewusst haben und die Landleute und Handwerker unter ihnen eben einen so sehr großen Prozentsatz ausgemacht hätten. Wäre dies richtig, so wären nur ungefähr 13 % Enkelinnen von Textilarbeitern, 11 % aus niederen Berufen; ich halte diese Annahme jedoch für unwahrscheinlich.

Die Generationsschicksale

Landleute							Erd- u. Bauarbeiter							Höhere Berufe							Niedere Berufe						
Landleute	Textilarbeiter	Fabrikarbeiter	Handwerker	Erdarbeiter	Höhere Berufe	Niedere Berufe	Erdarbeiter	Textilarbeiter	Fabrikarbeiter	Handwerker	Landleute	Höhere Berufe	Niedere Berufe	Höhere Berufe	Textilarbeiter	Fabrikarbeiter	Handwerker	Landleute	Erdarbeiter	Niedere Berufe	Niedere Berufe	Textilarbeiter	Fabrikarbeiter	Handwerker	Landleute	Erdarbeiter	Höhere Berufe
4					1		1							1		1	2					1	1				
3														1		2	1								1		
5			1	2					2					2	4	2			1		3				1		
6				1				1	1		1	2				1					1		1	1			
2							3									1					2	2			1		
5	1	1		1			1	1		1	1	2									4			2			1
14							2	1		1	1		1			1		1			3	1	1	1	5	1	
39	1	1	1	2	6	3	2	5		8	11	2	1	6	3						13	3	3	3	10	1	1

nen, in sieben Unterabteilungen, die sich auf den Beruf des Großvaters der Arbeiter beziehen und sehen dann zu, welche dieser Spalten die größten Zahlen aufweist.

Natürlich kann es sich hier nur wieder aus den oben angegebenen Gründen um die soziale Provenienz der männlichen Arbeiter handeln und hier ist es nun vor allem die Erblichkeit der Berufe vom Vater auf den Sohn, die uns interessiert.

Wenden wir uns zuerst der Beantwortung dieser Frage zu, so sehen wir, dass 15,6 % aller befragten Arbeiter Söhne und Enkel von Textilarbeitern waren. Bei den Maschinenarbeitergruppen ist dieser Prozentsatz noch größer: 21 % der Weber, 17 % der Spinner und 22 % der Mischungsarbeiter waren Söhne und Enkel von Textilarbeitern, so dass man wohl bei sämtlichen männlichen Arbeitern und vor allem bei diesen drei Arbeiterschichten von einem in bemerkenswertem Grade sich durch Generationen hindurch vererbenden »Beruf« sprechen kann.

Die zweite Frage, die wir hier stellen, betrifft die Berufsverschiebungen, die sich erst von der letzten auf die jetzige Generation vollzogen haben. Hier handelt es sich natürlich wieder vorwiegend um die Proletarisierung von Bauern- und Handwerkersöhnen: 12,2 % der befragten Arbeiter waren Söhne und Enkel von Landleuten, 8,7 % Söhne und Enkel von Handwerkern. Erstere waren zur Hälfte ungelernte Arbeiter geworden, von letzteren hatte sich ein Drittel als Fabrikhandwerker immerhin einen schwachen Schein der Selbständigkeit ihrer Väter und Großväter bewahrt.

Viel kleiner als die eben genannten Zahlen ist die Zahl derjenigen Arbeiter, die Söhne und Enkel von ungelernten Fabrikarbeitern waren; sie machten 5 % der Gesamtheit aus und verteilten sich mit Ausnahme der Gruppe der Werkmeister ziemlich gleichmäßig auf alle Arbeitergruppen. Die Arbeiter »niederer« Abstammung bilden 3,4 %, die Söhne und Enkel besser situierter Leute einen ebenso großen Bruchteil der Gesamtheit. Unter ersteren finden sich weder Handwerker noch Werkmeister; letztere sind zum größten Teil Maschinenarbeiter.[10]

Wir fragen nun noch schließlich nach typischen Berufsverschiebungen von jeder der drei Generationen zur anderen. Da scheint das, für jene Gegend wenigstens, häufigste Generationsschicksal den Sohn vom Land in die Werkstätte, den Enkel von der Werkstätte in die Fabrik zu führen, denn bei 6,6 % aller befragten Arbeiter war der Vater Handwerker, der Großvater Landmann gewesen. Nach dem, was wir aus der vorigen Tabelle über die große Anzahl von Landleuten unter den Großvätern der Arbeiter wissen, kann es uns nicht verwundern, dass auch andere typische, durch größere Zahlen vertretene Generationsschicksale auf dem Lande ihren Anfang nehmen; so findet sich häufig der Übergang des Bauernsohnes zu niederen Berufen und des Enkels zur Fabrikarbeit; ebenso oft freilich ist die Reihenfolge von Handwerk, Ungelernter Fabrikarbeit und Gelernter Textilarbeit zu konstatieren.

Beachtenswert sind auch diejenigen der möglichen Berufsabfolgen, die auf unserer Tabelle keine Vertreter gefunden haben. Dass die Landarbeit in fast allen Fällen nur der Ausgangspunkt, nicht ein Mittelglied der Generationsschicksale ist, ist ja leicht verständlich. Auch dass die Söhne von Fabrikarbeitern, die es zum Handwerker gebracht haben, ihre eigenen Kinder nur selten wieder zur Fabrik schicken, ist leicht erklärlich.

Der leichteren Übersicht halber stellen wir noch zum Schluss die neun Generationsschicksale, die von den 49 nach unserer Tabelle möglichen Schicksalen am häufigsten vorkommen, nach der Anzahl ihrer Vertreter geordnet untereinander.[11]

	Großvater:	Vater:	Sohn:
1.	Textilarbeiter	Textilarbeiter	Textilarbeiter
2.	Landmann	Landmann	Textilarbeiter
3.	Handwerker	Handwerker	Fabrikhandwerker
4.	Landmann	Handwerker	Akkordarbeiter
5.	Fabrikarbeiter	Fabrikarbeiter	Textilarbeiter
6.	Niedere Berufe	Niedere Berufe	Ungelernter Textilarbeiter
7.	Handwerker	Fabrikarbeiter	Gelernter Textilarbeiter
8.	Landmann	Niedere Berufe	Ungelernter Textilarbeiter
9.	Landmann	Textilarbeiter	Akkordarbeiter

Inwieweit nun diese Generationsschicksale ein Aufsteigen der betreffenden Familie auf der sozialen Leiter oder das Gegenteil davon bedeuten, ist natürlich kaum zu sagen und die Entscheidung darüber könnte von persönlichen Anschauungen nicht unbeeinflusst bleiben. Nur soviel lässt sich wohl behaupten, dass der Über-

---

10 Unter ihnen finden sich die »verkrachten« Existenzen: Leute, die in ihren eigentlichen Beruf aus irgendwelchen äußeren oder inneren Gründen entgleisten. So war unter den Befragten ein früherer Lehrer, der mir versicherte, dass er sich in der Fabrik weit weniger ärgere als beim Unterrichten; ein früherer Klosterschüler, dem die Fabrik ebenfalls sehr gut behagte und der mir nur mit viel Stolz die Reste seines Latein und Griechisch auftischte.

11 Selbstverständlich sind die hier gegebenen Zahlen kein B e w e i s, dafür sind sie zu klein. Trotzdem können wir sie typisch nennen, da gar kein Grund vorliegt anzunehmen, dass es unter einer anderen Arbeiterschaft in dieser Gegend anders sei.

gang von der Landarbeit zur Fabrikarbeit – vielleicht – Möglichkeiten der Erweckung und Befriedigung höherer Kulturbedürfnisse bringt, dabei aber, in diesem konkreten Fall wenigstens, einen Verlust der Selbständigkeit.[12]

Ebenso wird mit dem Übergang vom Handwerk zur gelernten Fabrikarbeit dort, wo er eben erfolgt, eine Steigerung des Verdienstes und damit vielleicht auch der äußeren Lebensbedingungen Hand in Hand gehen, die aber von jenen, durch den Verlust der Selbständigkeit bedingten psychischen Veränderungen begleitet sein werden, die aus dem modernen Fabrikarbeiter ein von dem alten Handwerker innerlich ganz verschiedenes Wesen gemacht haben.

Während man wohl den Übergang von »niedrigen« Berufen zu Fabrikarbeit und ebenso den von der ungelernten zur gelernten Fabrikarbeit als einen – wenn auch schwachen – Aufstieg bezeichnen darf, scheint mir wenigstens die Berufsfolge von Landarbeit, Handwerk und gelernter Akkordarbeit diejenige zu sein, die die hauptsächlichsten Entwicklungstendenzen unserer Zeit am deutlichsten zum Ausdruck bringt: die stetig sich vergrößernde Entfernung des Lebens von seinen natürlichen Grundlagen, die immer enger werdende Eingliederung jedes Einzelnen in einen Arbeitsmechanismus, unsere immer steigende Abhängigkeit von den Dingen, die wir selber machten.[13]

4. Die Geographische Provenienz der Eltern

Die letzte Frage, die wir noch im Zusammenhang dieser Untersuchungen über die Abstammung der befragten Arbeiter und Arbeiterinnen erörtern müssen, betrifft die geographische Provenienz ihrer Eltern, also mit anderen Worten den Wohnort der Großeltern, von deren Berufstätigkeit wir soeben gesprochen haben.

Wir bestimmen diesen Wohnort in der aus Abschnitt I Kapitel 2 bekannten Weise, indem wir erstens seine Entfernung von M.-Gladbach in Kilometer ausdrücken und zweitens die georgraphisch-politische Einheit nennen, in die er gehört.[14]

---

12 Da für die geographische Provenienz der Arbeiter und ihrer Eltern (siehe unten) Ostelbien fast gar nicht, das Rheinland fast ausschließlich in Betracht kommt, handelt es sich nicht um Landarbeiter, sondern um Parzellisten und Kleinbauern, die seit den Rheinbundzeiten frei, stets, weil der europäischen Verkehrsachse am nächsten gelegen, zu den relativ begünstigten Landleuten gehört haben. [Rheinbund: Zusammenschluss deutscher Fürsten 1806–1813 als Teil des französischen Bündnissystems unter Napoleon; in den Rheinbundstaaten wurden viele französische Gesetze übernommen, so z. B. auch die persönliche Freiheit des Einzelnen und der freie Besitz.]

13 Ich verwerte hier nur diejenigen Angaben der Arbeiter, die vollständig und klar genug waren, um aus ihnen wahrscheinliche Schlüsse zu ziehen. Deswegen lasse ich hier erstens den Beruf der Mutter, zweitens den Beruf des Vaters der Mutter außerhalb der Besprechung. Was den ersteren anlangt, so wurde die Berufstätigkeit der Mutter in den allermeisten Fällen überhaupt verneint; und bei Angaben über dieselbe war es fast nie möglich, genau festzustellen, ob eine solche nicht nur v o r , sondern auch w ä h r e n d der Ehe stattgefunden habe: zwei natürlich sehr verschiedene Dinge. Was den zweiten Punkt anlangt, so war für die befragte Arbeiterschaft der Großvater mütterlicherseits teilweise ein so unklarer Begriff und sie wussten soviel weniger von ihm, als von dem Vater des Vaters, dass die Frage nach seinem Beruf in vielen Fällen gar nicht beantwortet wurde.

14 Für nähere Erläuterung s. oben Abschnitt I Kap. 2: Geographische Provenienz der Arbeiterschaft 1891, 1900, 1908.

Von den Eltern[15] der befragten Arbeiter und Arbeiterinnen stammte der größte Prozentsatz, 24 %, aus einer Entfernung von weniger als 10 km von M.-Gladbach, also aus Stadt und Landkreis. Von 24 % der in der Fabrik zur Zeit der Enquete beschäftigten Arbeitskräfte hatten also schon die Großeltern in M.-Gladbach und seiner nächsten Umgebung gewohnt. Der zweitgrößte Prozentsatz der Eltern der Arbeitskräfte, 18,8 %, ist in einer Entfernung von 30 bis 100 km von M.-Gladbach geboren. Eine fast ebenso große Zahl, 17,9 %, im linksrheinischen Industriegebiet, der Entfernung von 10 bis 30 km. Mit der größeren Entfernung von M.-Gladbach nimmt auch die Zahl der von dorther stammenden Eltern ab; 15,5 % der Großeltern der befragten Arbeitskräfte lebten in einer Entfernung von 100 bis 400 km von M.-Gladbach; nur 1,3 % östlich der Elbe. Die Zahl der im Ausland geborenen Eltern ist etwas größer und beträgt 5,4 % der Gesamtzahl.[16]

Fassen wir zusammen, so stammten von den Eltern der befragten Arbeitskräfte 24 % aus einer Entfernung von weniger als 10 km von M.-Gladbach, 41,9 % aus einer Entfernung von weniger als 30 km, 60,7 % aus einer Entfernung von weniger als 100 km, 76,2 % aus einer Entfernung von weniger als 400 km; 1,3 % aus Ostelbien, 5,4 % aus dem Ausland.

Trennen wir männliche und weibliche Arbeiter und fragen dann nach der geographischen Provenienz ihrer Eltern, so ergeben sich dabei nur sehr geringe Unterschiede. Bei beiden Geschlechtern stammt die größte Zahl der Eltern aus Stadt und Landkreis M.-Gladbach, die kleinste aus Ostelbien, die nächst größere aus dem Ausland. Bei dieser letzten Zahl lässt sich ein Unterschied zwischen der geographischen Provenienz der Eltern bei beiden Geschlechtern feststellen. Unter den Großeltern der männlichen Arbeiter hatte eine größere Anzahl im Ausland gelebt als unter den Großeltern der weiblichen Arbeiter; dagegen war eine größere Anzahl von den Eltern der Arbeiterinnen in einer Entfernung von 100 bis 400 km von M.-Gladbach geboren als unter den Eltern der männlichen Arbeiter. Als immerhin charakteristisch für die größere Indolenz der Arbeiterinnen, die wir auch schon früher berührten, soll hier noch darauf hingewiesen werden, dass die Prozentzahl der Leute, die den Geburtsort von Vater oder Mutter nicht anzugeben wussten, bei den Arbeiterinnen um ein Drittel größer ist als bei den männlichen Arbeitern.

Die Unvollständigkeit der Angaben muss bei der Besprechung der geographischen Provenienz der Eltern in einer bestimmten Arbeitergruppe natürlich sehr zur Vorsicht veranlassen, da hier bei weit kleineren Zahlen etwaige Unrichtigkeiten von weit größerer Bedeutung werden als bei den großen Gesamtzahlen. Darum möchte ich nur auf anscheinende Ähnlichkeiten in der geographischen Provenienz

---

15 Wie die Tabelle zeigt, ist die geographische Provenienz von Vater und Mutter in den Gesamtresultaten zum mindesten so außerordentlich ähnlich, dass sie als Einheit angesehen werden können. In den meisten Fällen, wenn auch natürlich nicht notwendigerweise, waren wohl auch die in derselben Gegend geborenen »Väter« und »Mütter« tatsächlich miteinander verheiratet, so dass der Ausdruck E l t e r n im Großen und Ganzen zutreffend sein wird.
16 Leider sind auch hier die Angaben wieder etwas unvollständig: von 182 Vätern und Müttern konnte der Geburtsort nicht angegeben werden. Diese Zahl macht freilich nur 12,6 % der Gesamtzahl aus und ist also nicht groß genug, um die Besprechung ganz wertlos zu machen. Doch muss man im Auge behalten, dass die Resultate dadurch etwas unsicher werden. Aus demselben Grunde werden auf Tabelle 14 nur die Gesamtresultate für männliche und weibliche Arbeiter angegeben.

Die Geographische Provenienz der Eltern   175

Tabelle 14

Geographische Provenienz der Eltern

	0–10 km		10–30 km		30–100 km		100–400 km		Ostelbien		Aus M.-Gladbach		Aus Kreis Gladbach		Aus Rgbz. Düsseldorf		Aus dem Rheinland		Aus Preußen		Aus Deutschland		Aus Holland		Aus dem übrigen Ausland	
	Vater	Mutter	Vater	Mutter	Vater	Mutter	Vater	Mutter	Vater	Mutter	Vater	Mutter	Vater	Mutter	Vater	Mutter	Vater	Mutter	Vater	Mutter	Vater	Mutter	Vater	Mutter	Vater	Mutter
Männl. Arbeiter	77	85	74	54	63	67	42	44	5	4	28	36	49	49	53	56	106	85	17	25	8	10	20	16	6	4
Prozent	24,0	26,5	23,1	16,8	19,7	20,9	13,1	13,7	1,5	1,2	8,7	11,2	15,3	15,3	16,5	17,5	33,1	26,5	5,3	7,8	2,5	3,1	6,2	5,0	1,8	1,2
Weibl. Arbeiter	91	93	61	70	83	59	61	77	5	6	41	52	53	41	52	55	138	135	24	19	6	7	14	21	1	2
Prozent	22,7	23,2	15,2	17,5	20,7	14,7	15,8	19,2	1,2	1,5	10,2	13,0	13,2	10,2	13,0	13,7	34,5	33,7	6,0	4,7	1,5	1,7	3,5	5,2	0,2	0,5
Alle Arbeitskräfte	168	178	135	124	146	126	103	121	10	10	69	88	102	90	105	111	244	220	41	44	14	17	34	37	7	6
Prozent	23,3	24,7	18,7	17,2	20,2	17,5	14,3	16,8	1,3	1,3	9,5	12,2	14,0	12,5	14,5	15,4	33,8	30,5	5,6	6,1	1,9	2,3	4,7	5,1	0,9	0,8
Geographische Provenienz 1909																										
Männl. Arbeiter	169		70		31		25		2		123		46		56		52		8		11		13		6	
Prozent	52,8		21,8		9,7		7,8		0,6		38,4		14,3		17,5		16,2		2,5		3,4		4,0		1,9	
Weibl. Arbeiter	223		66		32		46		5		199		24		65		72		8		4		11		4	
Prozent	55,7		16,5		8,0		11,5		1,2		49,7		6,0		16,2		18,0		2,0		1,0		2,7		1,0	
Alle Arbeitskräfte	392		136		63		71		7		322		70		121		124		16		24		10			
Prozent	54,4		18,8		8,7		9,8		0,9		44,7		9,7		16,8		17,2		2,2		2,0		3,3		1,4	

der Eltern in einzelnen Arbeitskategorien hinweisen. So hat – wahrscheinlich – eine größere Zahl der Großeltern der Spinner und Spinnerinnen schon in M.-Gladbach und seiner nächsten Umgebung gewohnt; bei den Webern und Weberinnen dagegen eine größere Zahl in einer Entfernung von mehr als 30 km von M.-Gladbach und dasselbe gilt von den Großeltern der angelernten Arbeiterinnen.

Die geographische Provenienz der Eltern der befragten Arbeitskräfte nach politischen Einheiten geordnet ergibt folgendes Bild: der weitaus größte Prozentsatz, fast ein Drittel, 32,3 % aller Eltern stammte aus der Rheinprovinz mit Ausschluss des Regierungsbezirks Düsseldorf; die zweitgrößte Zahl aus dem Regierungsbezirk Düsseldorf, im ganzen 15 % der Gesamtzahl, in M.-Gladbach selbst waren 10,9 % der Eltern der Arbeitskräfte geboren. Alle anderen Gebiete sind nur mit sehr kleinen Zahlen vertreten: 5,9 % der Eltern stammen aus dem übrigen Preußen, davon 4,6 % aus den fünf westlichen Provinzen; eine noch geringere Zahl 2,1 % aus den süddeutschen Staaten; 5 % der Eltern waren in Holland, 0,9 % im übrigen Ausland geboren.

Vergleichen wir die geographische Provenienz der Eltern der männlichen und weiblichen Arbeiter miteinander, so stammte ein etwas größerer Teil von ersteren aus Preußen, Deutschland und dem Ausland, von letzteren aus der Rheinprovinz und aus M.-Gladbach selbst. Bei dieser letzten Angabe ist darauf hinzuweisen, dass bei männlichen sowohl wie weiblichen Arbeitern die Zahl der in M.-Gladbach geborenen Mütter erheblich größer zu sein scheint als die Zahl der dort geborenen Väter.

Im ersten Abschnitt (s. oben) konnten wir zwei entscheidende Merkmale für die geographische Provenienz der Arbeiterschaft feststellen: nämlich erstens eine starke lokale Rekrutierung und zweitens die außerordentlich große Bedeutung der Rheinprovinz für die Rekrutierung der Arbeiterschaft. Wenn wir nun dazu übergehen die Frage zu erörtern, inwieweit diese Merkmale auch schon für die geographische Provenienz der Eltern der Arbeiter und Arbeiterinnen gelten, können wir nicht die soeben besprochene geographische Provenienz der Eltern einfach mit der im vorigen Abschnitt gegebenen geographischen Provenienz der Arbeiterschaft im Jahre 1908 vergleichen. Da es sich dort um die Gesamtzahl der im Laufe des Jahres in der Fabrik überhaupt beschäftigt gewesenen Arbeiter, hier dagegen nur um die kleinere Zahl der befragten Arbeiter resp. die Zahl ihrer Eltern handelt, würde ein solches Vorgehen ungenau sein.[17]

Um daher eine exakte Vergleichung der geographischen Provenienz der Arbeiter und der ihrer Eltern zu ermöglichen, gibt Tabelle 14 noch die geographische Provenienz der befragten Arbeitskräfte unter den beiden bekannten Gesichtspunkten der Entfernung und der Zugehörigkeit zu einer politischen Einheit an. Eine genaue Erörterung derselben ist freilich nicht nötig, da ihre Resultate prinzipiell mit denjenigen, die wir im ersten Abschnitt bei der Behandlung derselben Fragen gewonnen haben, übereinstimmen. Wir haben auch auf dieser Tabelle wiederum die starke lokale Rekrutierung, die große Bedeutung der Rheinprovinz nament-

---

17 Dies um so mehr, als gar nicht einmal alle befragten Arbeiter für die Zusammenstellung im ersten Abschnitt in Betracht kommen. Die Enquete wurde in den ersten Monaten des Jahres 1909 gemacht; die erst in diesem Jahr eingetretenen Arbeitskräfte gehören also nicht zur oben erwähnten Gesamtzahl.

lich für die Provenienz der weiblichen Arbeiter, die geringe Bedeutung Ostelbiens, die größere des Auslands, namentlich Hollands, als Rekrutierungsgebiete.[18]

Vergleichen wir nun die geographische Provenienz der Eltern der befragten Arbeiter mit der der Arbeiter selbst, so hat eine Abwanderung aus der südlichen Rheinprovinz nach M.-Gladbach und seine nächste Umgebung stattgefunden. Wie schon oben gesagt, waren 32,3 % der Eltern der befragten Leute in der Rheinprovinz südlich vom Regierungsgebiet Düsseldorf geboren, von den Arbeitskräften selbst nur mehr 17 %. Dagegen waren in M.-Gladbach selbst 10,9 % der Eltern der Arbeitskräfte geboren, von den Arbeitern und Arbeiterinnen aber 44,7 %, also viermal so viel.

Der in diesen Zahlen doch sehr wahrscheinlicherweise zum Ausdruck kommende, viel besprochene »Zug zur Stadt« ist natürlich eine Parallelerscheinung und Ergänzung der im vorigen Kapitel dargestellten Verdrängung der Landarbeit durch die Fabrikarbeit.[19]

Bei den weiblichen Arbeitern sind diese Unterschiede der geographischen Provenienz von Eltern und Kindern größer als bei den männlichen Arbeitern. Von den Eltern der weiblichen Arbeiter waren 34 % in der südlichen Rheinprovinz geboren, von den Arbeiterinnen 18 %; 49,7 % stammten aus M.-Gladbach, von ihren Eltern nur 11,6 %. Von den Eltern der männlichen Arbeiter waren in der südlichen Rheinprovinz geboren 29,8 %, von ihnen selbst 16,2 %; dagegen waren 38,4 % der männlichen Arbeiter in M.-Gladbach geboren, von ihren Eltern 9,9 %.

Die Zuwanderung nach M.-Gladbach hat nicht nur aus einer Entfernung von 100 bis 400 km, sondern fast noch stärker aus einer Entfernung von 30 bis 100 km stattgefunden. 18,8 % der Eltern stammten aus einer Entfernung von 30 bis 100 km, 8,7 % der Kinder; 15,1 % der Eltern waren in einer Entfernung von 100 bis 400 km von M.-Gladbach geboren, 9,8 % der Kinder. Auch aus der allernächsten Umgebung M.-Gladbachs, aus seinem Landkreis hat ein, wenn auch nur schwacher Zuzug nach der Stadt stattgefunden; 13,5 % der Eltern der Arbeitskräfte waren dort geboren, 9,7 % der Arbeiter und Arbeiterinnen selbst.

Die hier angeführten Zahlen geben uns also sozusagen ein »Miniaturbeispiel« der so oft erwähnten »Anziehungskraft«, die die Fabrikstadt auf das sie umgebende Land ausübt. Für weitere Entfernungen freilich scheint diese Anziehungskraft in der vorigen Generation noch wenig wirksam gewesen zu sein: denn während die Zahlen der in den westlichen preußischen Provinzen geborenen Eltern die der dort geborenen Arbeitskräfte noch etwas übertreffen, sind für Ostelbien und das Ausland die Zahlen in beiden Generationen fast dieselben geblieben.

Die Arbeiterschaft der Fabrik stammt also zum ganz überwiegenden Teil aus Familien, die sowohl väterlicher- wie mütterlicherseits seit mindestens der Mitte des vorigen Jahrhunderts[20] – also aller Wahrscheinlichkeit nach schon früher – in

---

18   Hier ist wieder einer der schon mehrfach erwähnten Fälle, bei denen die Übereinstimmung der aus den kleineren Zahlen gewonnenen Resultate mit denen, die sich aus den großen Zahlen des ersten Abschnitts ergaben, erstere vor dem Einwand der Zufälligkeit schützt.
19   Was über beides gesagt wird, hat natürlich nie beweisende, sondern nur typische Bedeutung. Die hier angeführten Zahlen sind natürlich keine Ausnahme, das beweist schon die starke Zunahme der Einwohnerzahl von M.-Gladbach.
20   Nehmen wir als Durchschnittsalter der Arbeiterschaft 28 Jahre an (s. oben Abschnitt I, Kapitel I: Der Altersaufbau der Arbeiterschaft), so war ihr Durchschnittsgeburtsjahr 1880; rechnen wir die

der Rheinprovinz ansässig waren; sie ist also ganz einheitlich rheinländisch, mit sehr wenig fremden Elementen durchsetzt.

Für die einzelnen Arbeitskategorien können typische Zuwanderungserscheinungen der Unvollständigkeit der Angaben halber (s. oben) nur mit Vorsicht festgestellt werden. Es wäre dabei darauf hinzuweisen, dass von den Eltern der Spinner nur vier in M.-Gladbach, von den Spinnern selbst 29 dort geboren waren. Die Zuwanderung hat hauptsächlich aus der südlichen Rheinprovinz stattgefunden, denn die Zahl der dort geborenen Eltern der Spinner übertrifft die Zahl der dort geborenen Spinner sehr stark. Bei den Webern dagegen ist die Zuwanderung zum größten Teil aus einer Entfernung von 30 bis 100 km erfolgt und dasselbe gilt auch für die Gruppe der Handwerker.

Bei dem Vergleich der geographischen Provenienz der Eltern der Arbeiterinnen mit der der Arbeiterinnen selbst ergeben sich für gelernte und für angelernte Arbeiterinnen gänzlich verschiedene Resultate. Die Eltern der ersteren sind in sehr großer Zahl namentlich aus der südlichen Rheinprovinz nach M.-Gladbach gezogen; so waren von den Eltern bei Spinnerinnen noch 27, von den Ringspinnerinnen selbst nur noch sieben in der südlichen Rheinprovinz geboren. Die geographische Provenienz der angelernten Arbeiterinnen dagegen ist fast dieselbe wie die ihrer Eltern; beide Generationen stammen zum größten Teil aus einer Entfernung von 100 bis 400 km von M.-Gladbach (vgl. Abschnitt I, Kapitel II).

Wir können daher vermuten, dass es sich bei den gelernten Arbeiterinnen zum größten Teil um proletarische Familien handelt, bei denen schon die vorige Generation den Übergang von der alten in die neue Lebensweise vollzogen hat; die angelernten Arbeiterinnen dagegen stammen noch zum größten Teil aus traditioneller Umgebung.[21]

Wir sehen, auch in diesen Zahlen steckt etwas vom »Familienschicksal« der Arbeiterschaft verborgen, wenn auch etwas undeutlicher als in der vorigen Zusammenstellung. An die möglichen Wirkungen dieses Schicksals auf die Psyche der von ihm Betroffenen werden wir uns später noch manchmal erinnern müssen, um psychische Differenzen innerhalb der Arbeiterschaft zu verstehen.

Eltern wieder als durchschnittlich 30 Jahre älter, so wurden sie im Jahre 1850 geboren; die Großeltern lebten also damals schon in den angegebenen Orten.

21 Vgl. auch berufliche Provenienz der angelernten Arbeiterinnen. Auf andere Zahlen gehe ich absichtlich ihrer Unvollständigkeit halber nicht ein; alles hier Angeführte ist zu deutlich in den Zahlen ausgesprochen, um durch das Fehlen einiger Angaben verändert zu werden.

Zweites Kapitel
Das Berufsschicksal

1. Die Gründe der Berufswahl

Gleichsam[22] als letzte innerliche Richtlinie zieht sich durch diese ganzen Untersuchungen die Frage hindurch, ob das Berufsschicksal der heutigen Arbeiter die Möglichkeit einer »Persönlichkeitsentfaltung« in sich enthalte. Die Beantwortung dieser Frage ist wohl nur vor dem Hintergrunde einer bestimmten Weltanschauung aus möglich und kann von ihr nicht unbeeinflusst bleiben.

Schon deshalb geht es nicht an bei allen Einzelheiten dieser Untersuchung, die sich doch wenigstens bemüht, möglichst objektiv zu bleiben, nachdrücklich auf ihren Zusammenhang mit diesem Grundproblem, dessen Lösung wir uns durch die hier gegebenen Tatsachen doch nur von fern annähern können, hinzuweisen.

Diejenigen Antworten der Arbeiter aber, die die Gründe ihrer Berufswahl betreffen und zu deren Besprechung wir jetzt übergehen, enthüllen in höherem Grade als andere Angaben das Maß von »Freiheit«, das dem Einzelnen in Bezug auf die Richtung, die er seinem Schicksal gibt, gewährt ist. Sie stehen also in ganz offenkundigem Zusammenhang mit unserem Grundproblem und darum ist es wohl berechtigt, wenn dasselbe hier etwas deutlicher in den Vordergrund des Bewusstseins tritt als bei manchen anderen Erörterungen.

Um die sehr verschiedenartigen Antworten, die auf die Frage nach den Gründen der Berufswahl gegeben wurden, gedanklich leichter zu beherrschen, können wir sie in zwei Hauptkategorien teilen: nämlich erstens diejenigen Eintrittsgründe, bei denen außer und neben dem Verdienst noch andere »persönliche« Momente maßgebend sind; sie lassen sich zusammenfassen als Berufswahl »aus eigenem Wunsch«,[23] auf »Wunsch der Eltern« oder veranlasst durch die Tätigkeit der Eltern oder Geschwister. Ihnen stehen als zweite Hauptkategorie diejenigen Angaben gegenüber, die eine Berufswahl aus rein »pekuniären« Motiven, also aus ökonomischem Zwang erkennen lassen: nämlich des »guten und raschen Verdienstes« wegen, aus »Mangel an anderem Verdienst« und »aus Not oder Armut«. Diejenigen, die Gründe des Eintritts betreffenden Antworten, die sich nicht in einer der beiden Hauptkategorien unterbringen lassen, müssen natürlich besonders beachtet werden; und ebenso ist es nicht uninteressant zu erfahren, ein wie großer Prozentsatz der Arbeiterschaft überhaupt die Frage nach dem Grunde ihrer Berufswahl unbeantwortet ließ.

---

22 Was im Lebenslauf der Arbeiter vor dem Eintritt in den Beruf liegt, nämlich die Schulzeit, bietet hier kein besonderes Interesse. Von den 720 Arbeitskräften waren neun, nämlich sieben Handwerker und zwei Meister, in die Fortbildungsschule gegangen. Ein Handwerkslehrling, Sohn eines Kontoristen, hatte fünf Jahre lang die Oberrealschule besucht. Alle anderen Arbeitskräfte hatten nur vom sechsten bis 14. Lebensjahr die Volksschule besucht. Analphabeten gab es unter den Ausländern vier oder fünf.
23 Die einzelnen Kategorien sind soweit als möglich wörtlich nach den Angaben der Arbeiter genannt.

Tabelle 15

Gründe der Berufswahl

Beruf	Der eigene Wunsch		Der Wunsch der Eltern		Beruf des Vaters oder Geschwister		Der gute und rasche Verdienst		Die Not		Kein anderes Verdienst		Der Zufall		Verschiedenes		Kein Grund	
		%		%		%		%		%		%		%		%		%
Handwerker	21 oder	53,8	4 oder	10,2	3 oder	7,7	2 oder	5,1	–	–	–	–	2 oder	5,1	–	–	7 oder	17,9
Werkmeister	2 oder	11,7	1 oder	5,8	1 oder	5,8	6 oder	35,3	1 oder	5,8	–	–	–	–	–	–	6 oder	35,3
Weber	6 oder	8,7	6 oder	8,7	20 oder	28,9	4 oder	5,8	–	–	4 oder	5,8	–	–	1 oder	1,4	28 oder	40,5
Spinner	6 oder	10,3	3 oder	5,2	5 oder	8,6	12 oder	20,6	11 oder	18,9	–	–	3 oder	5,2	6 oder	10,3	12 oder	20,6
Rauher, Passierer, Schlichter	3 oder	13,6	1 oder	4,5	–	–	–	–	2 oder	9,0	1 oder	4,5	–	–	–	–	15 oder	67,1
Batteur, Mischung, Karden	–	–	2 oder	4,0	2 oder	4,0	3 oder	6,0	–	–	2 oder	4,0	3 oder	6,0	7 oder	14,0	31 oder	62,0
Hofarbeiter, Packer, Heizer, Öler	2 oder	3,3	–	–	–	–	4 oder	6,6	3 oder	5,0	4 oder	6,6	1 oder	1,6	–	–	46 oder	76,6
Weberinnen	2 oder	6,6	–	–	8 oder	26,6	3 oder	10,0	3 oder	10,0	–	–	–	–	1 oder	3,3	13 oder	43,3
Ringspinnerinnen	10 oder	9,2	8 oder	7,4	13 oder	12,0	13 oder	12,0	29 oder	26,8	–	–	–	–	6 oder	5,5	29 oder	26,8
Vorspinnerinnen	3 oder	3,5	6 oder	7,0	7 oder	8,3	12 oder	14,2	22 oder	26,2	–	–	–	–	6 oder	7,0	28 oder	33,3
Hasplerinnen	6 oder	9,5	4 oder	6,3	30 oder	47,5	4 oder	6,3	2 oder	3,2	1 oder	1,7	3 oder	4,7	9 oder	14,2	4 oder	6,3
Kreuzspulerinnen	–	–	–	–	1 oder	6,2	3 oder	18,7	2 oder	12,4	1 oder	6,2	–	–	3 oder	18,7	6 oder	37,5
Spulerinnen	–	–	–	–	1 oder	6,6	8 oder	53,3	2 oder	13,3	–	–	–	–	4 oder	26,7	–	–
Zwirnerinnen	1 oder	6,2	1 oder	6,2	–	–	7 oder	43,7	5 oder	31,2	–	–	–	–	1 oder	6,2	1 oder	6,2
Streckerinnen	3 oder	12,0	1 oder	4,0	–	–	–	–	2 oder	8,0	–	–	1 oder	4,0	5 oder	20,0	13 oder	52,0
Ungelernte Arbeiterinnen	–	–	–	–	1 oder	3,8	3 oder	10,5	8 oder	30,7	–	–	–	–	4 oder	15,4	10 oder	38,4
Gelernte Arbeiter	17 oder	10,2	11 oder	6,6	26 oder	15,6	22 oder	13,2	14 oder	8,4	5 oder	3,0	3 oder	1,8	7 oder	4,2	61 oder	36,3
Gelernte Arbeiterinnen	15 oder	6,7	14 oder	6,2	28 oder	12,6	28 oder	12,6	54 oder	24,2	–	–	–	–	13 oder	5,8	70 oder	31,3
Alle Arbeiter	40 oder	12,5	17 oder	5,3	31 oder	9,6	31 oder	9,6	17 oder	5,3	11 oder	3,4	9 oder	2,8	14 oder	4,3	145 oder	45,0
Alle Arbeiterinnen	25 oder	6,2	20 oder	5,0	61 oder	15,2	53 oder	13,2	75 oder	18,7	2 oder	0,5	4 oder	1,0	39 oder	9,7	104 oder	26,0
Alle Arbeitskräfte	65 oder	9,0	37 oder	5,1	92 oder	12,7	84 oder	11,6	92 oder	12,7	13 oder	1,8	13 oder	1,8	53 oder	7,3	249 oder	34,5

Für die Berufswahl aller Arbeitskräfte zusammengenommen, waren, wie unsere Tabelle uns zeigt, zwei Gründe von größerem Einfluss als alle anderen. Nämlich erstens der Beruf von Vater oder Geschwistern und zweitens die Not. Beide Antworten kommen gleich häufig vor und wurden von je 12,7 % der befragten Arbeiterschaft gegeben. Der gute und rasche Verdienst waren bei 11,6 %, der eigene Wunsch bei 9 % der Befragten maßgebend gewesen; alle anderen Kategorien dagegen sind nur mit kleinen Zahlen vertreten. 26,8 % der Antworten gehörten also in unsere erste Hauptkategorie; 26,1 %, also fast ebensoviel, in die zweite Hauptkategorie.

Die große Zahl derjenigen, die keine Gründe für ihre Berufswahl angaben, 34,5 % der Gesamtzahl, besteht natürlich zu einem Bruchteil aus Leuten, die aus irgendwelchen Motiven heraus diese Frage nicht beantworten wollten; meiner Meinung nach aber zum weit größeren Teil aus solchen, denen einerseits die Fabrikarbeit etwas »Selbstverständliches« war oder die andererseits intellektuell zu unentwickelt oder zu abgestumpft waren, um Fragen zu beantworten, die ein gewisses Nachdenken erforderten. Wir werden bei der Besprechung der einzelnen Arbeitergruppen noch darauf zurückkommen.

Fragen wir nach den Angaben, die Arbeiter und Arbeiterinnen getrennt über die Gründe ihrer Berufswahl machten, so haben wir vor allem zwei charakteristische, aber leicht erklärliche Unterschiede und zwar in Bezug auf die beiden Antworten, die einander am meisten entgegengesetzt sind: der eigene Wunsch war bei den Arbeitern prozentual zur Gesamtzahl doppelt so oft für die Berufswahl maßgebend als bei den Arbeiterinnen; dagegen haben von den Arbeitern nur 5,3 %, von den Arbeiterinnen 18,7 %, also mehr als dreimal so viel, die Not als den Grund ihres Eintritts in die Fabrik angegeben. Da die Arbeiterinnen auch den »guten und raschen Verdienst« häufiger als die Arbeiter als Eintrittsgrund bezeichneten, waren von ihnen 32,4 % der Gesamtzahl aus nur »pekuniären« Gründen zur Fabrik gekommen, von den männlichen Arbeitern dagegen prozentual weniger als die Hälfte, 15,1 % der Gesamtzahl.

Da wir wohl mit einiger Berechtigung annehmen dürfen, dass sich in diesen Angaben über die Eintrittsgründe nicht nur ein verschiedenes Maß von Selbstbestimmung, sondern auch eine verschiedene innerliche Stellung zur Arbeit widerspiegelt, bieten die soeben besprochenen Zahlen eine Verstärkung und Ergänzung dessen, was bei der Erörterung der beruflichen Provenienz der Arbeiterschaft über die verschiedene charakterologische[2] Qualität bei männlichen und weiblichen Arbeitern gesagt wurde. Die uns hier noch deutlicher als dort entgegentretende Tatsache, dass die Fabrikarbeit der Frau in den meisten Fällen eine Folge der Not und daher wohl auch – meistens wenigstens – zerrütteter häuslicher Verhältnisse ist, kann dazu beitragen, uns die Differenzen des Lebensstandards bei beiden Geschlechtern etwas klarer zu machen. Der Bruchteil derjenigen Leute, die die Frage nach dem Grunde ihres Eintritts nicht beantworten, war unter den männlichen Arbeitern größer als unter den weiblichen Arbeitern. Dass diese Differenz aber fast nur auf das Fehlen der Antworten bei den ungelernten Arbeitern zurückzuführen ist, ergibt sich, wenn wir die nur von gelernten Arbeitern und Arbeiterinnen gegebenen Antworten zusammenstellen. Bei diesen beiden Hauptgruppen hat jeweils rund ein Drittel der Befragten einen Grund der Berufswahl nicht angeben wollen oder können.

Eine Trennung der Arbeiterschaft in gelernte und un- oder angelernte Arbeitskräfte scheint hier noch mehr geboten als bei der Besprechung von anderen Antworten der Arbeiter. Bei den vier Kategorien gelernter Arbeiter (natürlich in noch höherem Grade bei den Handwerkern, die wir aber gesondert betrachten, s. oben) handelt es sich ganz überwiegend um die Angabe des Grundes, aus dem der bestimmte Beruf des Webers oder des Spinners ergriffen wurde, bei den ungelernten Arbeitern dagegen, deren Tätigkeit auch wohl nur in sehr erweitertem Sinn »Beruf« genannt werden kann, um die Gründe der Aufnahme der Fabrikarbeit überhaupt. Dasselbe gilt natürlich in fast noch erhöhtem Maße von den un- und angelernten Arbeiterinnen, während die gewerbliche Tätigkeit der gelernten Arbeiterin, vor allem der Weberin, sowohl durch die notwendigerweise vorangehende Lehrzeit wie durch ihre größere Ausschließlichkeit[24] in höherem Grade den Charakter eines »Berufes« erhält, für den sich das Mädchen aus den oder jenen Gründen entscheidet.

Dass mit dieser Entscheidung freilich eine »Selbstbestimmung« im höheren Sinn durchaus nicht verbunden ist, wird uns sofort klar, wenn wir sehen, dass fast ein Viertel, 24,2 %, der gelernten Arbeiterinnen als Motiv ihrer Berufswahl die Not, nur 6,7 % den eigenen Wunsch angegeben haben. Ebenso wie es bei sämtlichen Arbeitern und Arbeiterinnen der Fall war, sind auch unter den gelernten Arbeitern prozentual mehr Leute auf eigenen Wunsch, weniger aus Not eingetreten als unter den gelernten Arbeiterinnen. Dabei muss freilich hervorgehoben werden, dass der letztere Eintrittsgrund unter den gelernten Arbeitern häufiger, der erstere Eintrittsgrund seltener angeführt wurde als unter allen Arbeitern. Der Grund dieser Verschiebung ist darin zu suchen, dass die weitaus größte Zahl der Handwerker (die wir ja nicht zu den gelernten Textilarbeitern rechnen) 53,8 % auf eigenen Wunsch ihren Beruf wählte, während keiner von ihnen aus Not sich seiner Tätigkeit zuwandte.

Können wir vielleicht in dieser Berufswahl »aus eigenem Wunsch« einen charakteristischen Überrest der früheren Selbständigkeit des alten Handwerks und natürlich auch einen Hinweis auf gesicherte wirtschaftliche Verhältnisse erblicken, so haben auch manche der anderen Arbeitskategorien für sie typische, am häufigsten wiederkehrende Gründe der Berufswahl. Nach dem, was wir von den Generationsschicksalen der Weber wissen (s. oben), kann es uns nicht verwundern, dass der größte Bruchteil von ihnen, 28,9 %, die Tätigkeit des Vaters als Grund ihrer Berufswahl angab. Bei den Webern ebenso wie bei den Handwerkern treten die rein »pekuniären« Eintrittsgründe noch stark zurück, bei den Spinnern dagegen sind sie in hohem Grade maßgebend gewesen. Die meisten unter ihnen, 20,6 %, gaben den guten und raschen Verdienst, die zweitgrößte Anzahl, 18,9 %, die Not als Motiv ihres Eintritts in die Fabrik an.

Wie schon oben gesagt, waren unter den beiden Gruppen der ungelernten Arbeiter so viele, die keinen Eintrittsgrund angeben konnten oder wollten, dass die anderen Eintrittskategorien nur sehr schwach besetzt sind. Ich glaube mit ziemlicher Sicherheit sagen zu können, dass es sich bei diesen meist älteren gutmütigen Leuten weit weniger um Unwilligkeit als um Unfähigkeit auch zur ober-

---

24 Vgl. unten 7: Die Berufskombinationen.

flächlichsten Selbstanalyse handelte. Sie hatten größtenteils noch nicht den Kulturstandpunkt erreicht – oder auch vielleicht im Laufe mühevoller Jahre wieder verloren – auf dem der Mensch über die Ereignisse seines Lebens urteilend nachdenkt. Ein Kopfschütteln, ein Achselzucken, in einigen Fällen ein halb spöttisches, halb wehmütiges Lächeln über die Dummheit derartiger Fragen war meist die einzige und doch vielleicht beredte Antwort, die ich von ihnen auf meine Frage nach den Gründen ihrer Berufswahl erhielt.[25]

Schon in mehreren Fällen konnte eine Übereinstimmung der Angaben der Weber und Weberinnen einerseits, der Spinner und Spinnerinnen andererseits festgestellt werden. Auch bei den die Gründe der Berufswahl betreffenden Antworten ist diese Übereinstimmung in gewissem Maße vorhanden. Ebenso wie bei den Webern überwiegt auch bei den Weberinnen die Zahl derjenigen, die den Beruf des Vaters als Motiv ihrer Berufswahl angaben. Bei den Spinnerinnen dagegen sind ebenso wie bei den Spinnern die »pekuniären« Gründe vorherrschend gewesen. Bei beiden Gruppen von Spinnerinnen waren mehr als ein Viertel, 26 %, aus Not, 12 % bis 14 % des guten und raschen Verdienstes wegen eingetreten.

Unter den angelernten Arbeiterinnen scheinen einerseits weder »persönliche« Gründe noch andererseits die Not im vorwiegenden Maße für die Aufnahme der Fabrikarbeit maßgebend gewesen zu sein. Der gute und rasche Verdienst wurde von ihnen am häufigsten als Grund des Eintritts in die Fabrik angegeben; so von 53,3 % der Spulerinnen, von 43,7 % der Zwirnerinnen. Die Hasplerinnen machen hiervon eine Ausnahme; 47,5 % unter ihnen gaben den Beruf des Vaters als Grund ihres Eintritts in die Fabrik an, eine Tatsache, die wir uns aus dem oben (siehe S. 116) über die soziale Provenienz der Hasplerinnen Gesagten leicht erklären können.[26]

Als trotz der kleinen Zahlen vielleicht doch charakteristische Tatsache wäre hervorzuheben, dass unter den weiblichen Arbeitern weit seltener (unter den gelernten Arbeiterinnen überhaupt nicht) der Mangel an anderem Verdienst als Grund der Aufnahme der Fabrikarbeit genannt wurde. Es würde dies mit der oft gehörten Bemerkung übereinstimmen, dass die Frau auch in schlechten Zeiten leichter Arbeit finde als der Mann.

Überdenken wir noch einmal diese von der Arbeiterschaft gegebenen Gründe ihrer Berufswahl, so können wir nur bei den qualifizierteren Arbeitskräften teilweise von einer Berufswahl nach individueller Neigung und Fähigkeit sprechen. Bei den anderen Arbeiterkategorien scheint der innerhalb der Bevölkerung wirk-

---

25   Teilweise freilich waren die Antworten gerade dieser Kategorie von Arbeitern recht charakteristisch. So z. B. folgende, die in sehr ähnlicher Fassung einige Male wiederkehrte: »Warum ich zur Fabrik ging? Ja, das kann ich Ihnen g a n z genau sagen: wir waren viele zu Hause und wir hatten kein Geld, und da sagte der Vater zu mir: ›Junge, du musst zur Fabrik!‹ Ja – sonst« –

26   Unter die Kategorie »Verschiedenes«, die ich im Text weiter nicht erwähne, weil manches dort Gesagte bei den Gründen des Berufswechsels wiederkehrt, gehört eine charakteristische Antwort, die mir von angelernten Arbeiterinnen mehrere Male gegeben wurde: »Ich wollte die Welt sehen; ich wollte mal sehen, wie es draußen sei.« Es scheint fast, als ob diese Landmädchen (s. geographische Provenienz) auch von der Sehnsucht nach Neuem ergriffen würden, die ja in höheren Gesellschaftsschichten deutlich fühlbar ist.

same Auslesefaktor, der den einzelnen zur Fabrikarbeit bestimmt, der Geldmangel und die Not zu sein.[27]

Es fragt sich nun, wie sich das aus den eben besprochenen Gründen begonnene Berufsschicksal für die einzelnen weiter ausgestalten wird.

2. Die Stellenwechsel

Äußerlich betrachtet setzt sich das Berufsschicksal eines gewerblichen Arbeiters zusammen aus der Zahl der Stellungen, die er im Laufe seines Berufslebens ausfüllte; der Orte, an denen er bei der Ausübung seiner Tätigkeit lebte und der verschiedenen Berufe, die er betrieb. Diese Feststellung des Betriebs-, Orts- und Berufswechsels, verbunden mit der zeitlichen Dauer der zur Zeit der Enquete innegehabten Stellung ergibt den äußeren Rahmen des Berufsschicksals, innerhalb dessen es seinem psychischen Inhalt nach als Aufstieg oder Abstieg oder als Verbleiben in derselben Situation zu charakterisieren wäre.

Beginnen wir also mit der farblosesten Tatsache: der Zahl der Stellungen, die der Arbeiter oder die Arbeiterin während der Dauer ihres Berufslebens innegehabt hat.[28] Von vornherein ist es klar, dass wir das verschiedene Alter der Arbeitskräfte berücksichtigen müssen, um eine deutliche Vorstellung von der Wichtigkeit oder Unwichtigkeit der Rolle zu erhalten, die der Betriebswechsel in ihrem Berufsleben gespielt hat. Um uns daher einen deutlichen Zusammenhang zwischen Alter und Berufsdauer der Arbeitskräfte einerseits und der Häufigkeit ihres Stellenwechsels andererseits zu verschaffen, teilen wir die Arbeiterschaft in vier Alterskategorien und berechnen die durchschnittliche Berufsdauer jeder Alterskategorie. Wir fassen einerseits die 14- bis 21jährigen Arbeitskräfte mit einer durchschnittlichen Berufsdauer von drei Jahren, andererseits alle über 40 Jahre alten Leute zusammen, deren Durchschnittsberufsdauer 36 ½ Jahre beträgt. Die beiden Jahrzehnte, die zwischen der ersten und der letzten der von uns gebildeten Altersklassen liegen, werden wegen der Wichtigkeit, die sie für das Leben des gewerblichen Arbeiters haben, gesondert betrachtet. Die in diese beiden Altersklassen gehörenden Arbeitskräfte haben ein Berufsleben von durchschnittlich 11 ½ resp. 21 ½ Jahren hinter sich. Für die beiden ersten Kategorien stellen wir fest, ob die Arbeitskräfte des betreffenden Alters durchschnittlich alle zwei Jahre ihre Stellung wechselten oder ob ein solcher Wechsel öfter vorkam. Für die 31–40jährigen Leute wird berechnet, ob sie durchschnittlich alle sieben Jahre, alle drei Jahre, oder mindestens alle zwei Jahre von einem Betrieb in den anderen zogen. Für die 41–70jährigen Leute fragen

---

27 Dies gilt natürlich für die Frauen noch weit mehr als für die Männer; ebenso wie es ja auch selbstverständlich ist, dass mit der Fabrikarbeit der Frau nicht diejenige innere Hebung verbunden sein kann, die wir sonst gerne als die Wirkung selbständiger Frauenarbeit auf anderem (geistigem) Gebiet ansehen. Von Entfaltung i h r e r Persönlichkeit durch Fabrikarbeit kann wohl kaum ernsthaft die Rede sein; freilich aber hatte früher fast keine Frau und haben auch heute noch die wenigsten Frauen anderer Kreise das Recht und die Möglichkeit durch selbst gewählte Arbeit ihre Individualität zu entwickeln.

28 Für das, was über die B e r u f s l e h r e zu sagen wäre, verweise ich auf die Einleitung S. 87 ff. Eine andere Frage, nämlich wie viele von den beschäftigten Arbeitskräften in der Fabrik selbst lernten, wird besser in anderem Zusammenhang weiter unten behandelt.

Die Stellenwechsel 185

Stellenwechsel

Tabelle 16

	Vom 14.–21. Lebensjahr Berufsdauer: 3 Jahre				Vom 22.–30. Lebensjahr Berufsdauer: 11 ½ Jahre				Vom 31.–40. Lebensjahr Berufsdauer: 21 ½ Jahre						Vom 41.–70. Lebensjahr Berufsdauer: 36 ½ Jahre					
	In 1–2 Stellungen	%	In mehr als 2 Stellungen	%	In 1–2 Stellungen	%	In mehr als 5 Stellungen	%	In 1–5 Stellungen	%	In 6–9 Stellungen	%	In mehr als 9 Stellungen	%	In 1–5 Stellungen	5	In 1–5 Stellungen	%	In mehr als 9 Stellungen	%
Handwerker	5 oder	55,5	4 oder	44,4	4 oder	57,1	3 oder	42,9	4 oder	40,0	3 oder	30,0	3 oder	30,0	5 oder	38,4	5 oder	38,4	3 oder	24,2
Werkmeister	–	–	–	–	–	–	–	–	4 oder	57,1	3 oder	42,9	–	–	5 oder	50,0	3 oder	30,0	2 oder	20,0
Weber	29 oder	80,5	7 oder	19,5	4 oder	44,4	5 oder	55,5	4 oder	57,1	2 oder	28,5	1 oder	14,4	12 oder	75,0	2 oder	12,5	2 oder	12,5
Spinner	17 oder	62,9	10 oder	37,1	7 oder	58,4	5 oder	41,6	5 oder	83,3	1 oder	16,7	–	–	8 oder	61,5	3 oder	23,1	2 oder	15,4
Rauher, Passierer, Schlichter	4 oder	36,3	7 oder	63,7	–	–	4 oder	100,0	–	–	–	–	1 oder	100,0	8 oder	83,3	–	–	1 oder	16,7
Batteur, Mischung, Karden	8 oder	34,8	15 oder	65,2	6 oder	100,0	–	–	3 oder	60,0	2 oder	40,0	–	–	5 oder	50,0	4 oder	25,0	4 oder	25,0
Hofarbeiter, Packer, Heizer, Öler	9 oder	56,2	7 oder	43,8	8 oder	88,8	1 oder	11,2	3 oder	75,0	–	–	1 oder	25,0	25 oder	80,6	4 oder	13,0	2 oder	6,5
Weberinnen	12 oder	63,1	7 oder	36,9	6 oder	100,0	–	–	1 oder	100,0	–	–	–	–	2 oder	50,0	–	–	2 oder	50,0
Ringspinnerinnen	53 oder	64,6	29 oder	35,4	16 oder	94,3	3 oder	5,7	5 oder	100,0	–	–	–	–	2 oder	100,0	–	–	–	–
Vorspinnerinnen	20 oder	51,2	19 oder	48,8	13 oder	65,0	7 oder	35,0	13 oder	92,8	1 oder	7,2	–	–	9 oder	81,8	1 oder	9,0	1 oder	9,0
Hasplerinnen	38 oder	90,4	4 oder	9,6	16 oder	100,0	–	–	4 oder	100,0	–	–	–	–	1 oder	100,0	–	–	–	–
Kreuzspulerinnen	2 oder	33,3	4 oder	66,6	6 oder	85,7	1 oder	14,3	2 oder	100,0	–	–	–	–	1 oder	100,0	–	–	–	–
Spulerinnen	6 oder	66,6	3 oder	33,3	3 oder	100,0	–	–	–	–	–	–	–	–	2 oder	66,6	1 oder	33,3	–	–
Zwirnerinnen	3 oder	50,0	3 oder	50,0	7 oder	100,0	–	–	3 oder	100,0	–	–	–	–	–	–	–	–	–	–
Streckerinnen	–	–	9 oder	100,0	7 oder	70,0	3 oder	30,0	3 oder	60,0	1 oder	20,0	1 oder	20,0	3 oder	60	1 oder	20,0	1 oder	20,0
Ungelernte Arbeiterinnen	2 oder	40,0	3 oder	60,0	2 oder	100,0	–	–	5 oder	100,0	–	–	–	–	14 oder	100,0	–	–	–	–
Männliche Arbeiter	55 oder	52,4	50 oder	47,6	29 oder	61,7	8 oder	38,3	23 oder	57,5	11 oder	27,5	6 oder	15,0	68 oder	64,7	21 oder	20,0	16 oder	15,3
Weibliche Arbeiter	136 oder	62,5	81 oder	37,5	76 oder	84,4	14 oder	15,6	36 oder	92,3	2 oder	5,1	1 oder	2,6	34 oder	82,9	3 oder	7,3	4 oder	9,7
Alle Arbeitskräfte	191 oder	59,3	131 oder	40,7	105 oder	77,2	32 oder	22,8	59 oder	74,6	13 oder	16,4	7 oder	9,0	102 oder	69,8	24 oder	16,4	20 oder	13,7

wir nach der Häufigkeit eines durchschnittlich alle 12 Jahre, alle fünf Jahre oder mindestens alle vier Jahre erfolgenden Stellenwechsels.

Bei allen zur Zeit der Enquete in der Fabrik beschäftigten Arbeitskräften übertrifft in allen Altersklassen die Zahl derjenigen, die ihre Stellung relativ selten wechselten, die Zahl derjenigen Leute, bei denen ein solcher Wechsel häufiger vorkam. Am deutlichsten tritt dieser Unterschied in der zweiten der von uns gebildeten Altersklassen zutage. Von den 22- bis 30jährigen Arbeitskräften hatten 22,8 % öfters als durchschnittlich alle zwei Jahre im Laufe ihres Berufslebens einen Betrieb mit einem anderen vertauscht; 77,2 % dagegen waren in weniger als fünf Stellungen gewesen. Auch unter den 31- bis 40jährigen Arbeitskräften ist die Zahl derjenigen, die ihre Stellung durchschnittlich alle sieben Jahre wechselten, die weitaus größte von allen. 74,6 % aller Arbeitskräfte dieses Alters gehören hierher, nur 16,4 % von ihnen waren in sechs bis neun Stellungen, eine noch kleinere Zahl, 9 %, in mehr als neun Stellungen, hatten also ihre Stellung mindestens alle zwei Jahre gewechselt. Unter den Arbeitskräften der letzten Altersklasse (die, wie wir uns stets erinnern müssen, drei Jahrzehnte und Leute sehr hohen Alters umfasst) ist der Betriebswechsel ein wenig reger gewesen. Die Prozentzahl derjenigen Leute, die mindestens alle vier Jahre ihre Stellung wechselten, ist auf 13,7 % gestiegen, während ebenso wie in der vorigen Altersklasse, 16,4 % durchschnittlich alle fünf Jahre einen Betrieb mit dem anderen vertauschten.

Vergleichen wir die Häufigkeit des Stellenwechsels bei männlichen und weiblichen Arbeitern getrennt, so ergibt sich, dass in allen Altersklassen die Zahl derjenigen, die ihre Stellung am seltensten gewechselt hatten, bei den Männern prozentual kleiner ist als bei den Frauen desselben Alters. Das Berufsschicksal der Arbeiterin scheint also in geringerem Maße durch das Wandern von einem Betrieb in den anderen variiert zu werden, als dies beim Manne der Fall ist. In der ersten Altersklasse ist der Unterschied in der Häufigkeit des Betriebswechsels bei beiden Geschlechtern am kleinsten; er vergrößert sich schon ziemlich stark in der folgenden Alterskategorie, um bei den 31- bis 40jährigen Leuten eine eigentlich überraschende Weite anzunehmen. Während unter den 22- bis 30jährigen männlichen Arbeitern 38,3 %, unter den weiblichen Arbeitern desselben Alters 15,6 % durchschnittlich öfter als alle zwei Jahre ihre Stellung gewechselt hatten, ist in der nächsten Alterskategorie der Betriebswechsel unter den Männern viel reger, unter den Frauen viel seltener gewesen. Die Prozentzahl der Arbeiter, die in weniger als fünf Stellungen waren, beträgt 57,5 %, diejenige der Arbeiterinnen mit der durchschnittlich gleichen Häufigkeit des Stellenwechsels 92,3 %. Bei den über 40 Jahre alten Arbeitern und Arbeiterinnen erscheinen die Unterschiede in der Häufigkeit des Stellenwechsels wieder etwas mehr ausgeglichen; doch ist noch immer die Zahl derjenigen weiblichen Arbeiter, die mehr als sechs Stellungen im Laufe ihres Berufslebens innehatten, prozentual um mehr als die Hälfte kleiner als die Zahl der gleichaltrigen Arbeiter mit entsprechender Häufigkeit des Stellenwechsels.

Ehe wir zu der Frage übergehen, ob ähnliche starke Differenzen des Berufsschicksals sich auch bei den anderen Komponenten desselben bei beiden Geschlechtern feststellen lassen, wollen wir noch einen Blick auf etwa vom Gesamtresultat verschiedene Häufigkeit des Betriebswechsels bei einzelnen Arbeiterkategorien werfen.

Schon bei früheren Zusammenstellungen konnten wir in den die Fabrikhandwerker betreffenden Angaben Züge entdecken, die uns an längst bekannte Eigentümlichkeiten des alten freien Handwerkerstandes erinnerten. Denken wir hier nun an die »Wanderzeit« der Handwerksburschen, so wird es nicht erstaunen, dass wir bei den Fabrikhandwerkern einen größeren Stellenwechsel im Laufe des Berufslebens feststellen können als bei irgendeiner anderen Arbeitergruppe. Nicht nur ist bei ihnen die Zahl derjenigen, die selten den Betrieb wechselten, im Vergleich zu den für sämtliche männlichen Arbeiter festgestellten Zahlen klein, sondern sie haben auch die prozentual größte Anzahl von Leuten aufzuweisen, die mehr als neun Stellungen im Laufe ihres Berufslebens eingenommen haben. Inwieweit freilich dieser häufige Stellenwechsel ein »Wandern« im eigentlichen Sinn, d. h. von häufigem Ortswechsel begleitet ist, wird sich erst weiterhin ergeben.

Von den befragten Arbeitern hatten außer den Handwerkern die Weber am häufigsten ihre Stelle gewechselt. Doch fällt dieser rege Betriebswechsel fast ausschließlich in die zwei Jahrzehnte zwischen dem 20. und dem 40. Jahr und ist am Anfang und am Ende von zwei Perioden der Sesshaftigkeit eingeschlossen. 80,5 % der weniger als 21 Jahre alten Weber waren in weniger als drei Stellungen gewesen: 75 % der über 40 Jahre alten Weber in weniger als sechs Stellungen. Dagegen hatten von den 22- bis 40jährigen Leuten rund die Hälfte mehr als sechsmal im Laufe ihres Berufslebens einen Betrieb mit dem anderen vertauscht.

Bei den anderen Arbeitergruppen erscheint die Häufigkeit des Stellenwechsels geringer als bei den beiden soeben besprochenen Kategorien; man möchte fast versucht sein zu sagen, dass die Zahl der während des Berufslebens eingenommenen Stellungen die Tendenz habe, mit der abnehmenden Qualifiziertheit der Arbeit zu sinken.

Die verhältnismäßig große Sesshaftigkeit der 31- bis 40jährigen Spinner im Vergleich zu den Webern desselben Alters wäre hervorzuheben und ebenso die außerordentliche Häufigkeit des Stellenwechsels unter den jugendlichen Mischungsarbeitern. 65,2 % der 14- bis 21jährigen Arbeiter dieser Gruppe hatten durchschnittlich jedes Jahr einen Betrieb mit einem anderen vertauscht.

Wie schon oben gesagt, hat nur eine sehr geringe Zahl von Arbeiterinnen mehr als fünf Stellungen im Laufe ihres Berufslebens eingenommen. Dieser etwas häufigere Berufswechsel ist fast ausschließlich bei den beiden Gruppen von Spinnerinnen zu finden, während sowohl die Weberinnen wie die angelernten Arbeiterinnen relativ wenige Stellungen innegehabt haben. Am deutlichsten spricht sich diese Tatsache bei den Haspelrinnen aus, wo auch die 14- bis 21jährigen Mädchen zu 90,4 % in nur ein bis zwei Stellungen waren, während in einigen anderen angelernten Arbeitskategorien der Stellenwechsel unter den Mädchen gerade dieses Alters etwas häufiger vorkam. Eine Ausnahme von der durchschnittlich sehr großen Sesshaftigkeit der angelernten Arbeiterinnen machen nur diejenigen Mädchen, welche die leichteste der angelernten Arbeiten verrichten: die Streckerinnen; sie scheinen in allen Altersklassen die

Tabelle 17

Ortswechsel

	Vom 14.–21. Lebensjahr Berufsdauer: 3 Jahre		Vom 22.–30. Lebensjahr Berufsdauer: 11 ½ Jahre		
	In M.-Gladbach	In 2–5 Orten	In M.-Gladbach	In 2–5 Orten	In mehr als 5 Orten
	%	%	%	%	%
Handwerker	5 od. 100,0	– –	2 od. 25,0	5 od. 62,5	1 od. 13,5
Werkmeister	– –	– –	– –	– –	– –
Weber	30 od. 83,3	6 od. 16,7	1 od. 10,0	8 od. 80,0	1 od. 10,0
Spinner	24 od. 88,8	3 od. 11,2	4 od. 33,3	6 od. 50,0	2 od. 16,7
Rauher, Passierer, Schlichter	9 od. 75,0	3 od. 25,0	1 od. 25,0	3 od. 75,0	– –
Batteur, Mischung, Karden	16 od. 72,7	6 od. 27,3	1 od. 14,3	6 od. 85,7	– –
Hofarbeiter, Packer, Öler	14 od. 87,5	2 od. 12,5	6 od. 66,6	3 od. 33,3	– –
Weberinnen	17 od. 85,0	3 od. 15,0	5 od. 100,0	– –	– –
Ringspinnerinnen	71 od. 85,6	12 od. 14,4	14 od. 77,8	4 od. 22,2	– –
Vorspinnerinnen	31 od. 79,5	8 od. 20,5	12 od. 66,6	6 od. 33,3	– –
Haspelrinnen	39 od. 95,1	2 od. 4,9	14 od. 87,5	2 od. 12,5	– –
Kreuzspulerinnen	6 od. 100,0	– –	5 od. 71,5	2 od. 28,5	– –
Spulerinnen	4 od. 44,4	5 od. 55,5	– –	2 od. 66,6	1 od. 33,3
Zwirnerinnen	3 od. 50,0	3 od. 50,0	3 od. 42,8	4 od. 57,2	– –
Streckerinnen	6 od. 66,6	3 od. 33,3	4 od. 40,0	5 od. 50,0	1 od. 10,0
Ungelernte Arbeiterinnen	4 od. 80,0	1 od. 20,0	– –	2 od. 100,0	– –
Männliche Arbeiter	98 od. 83,0	20 od. 17,0	15 od. 30,0	31 od. 62,0	4 od. 8,0
Weibliche Arbeiter	164 od. 81,0	37 od. 18,4	57 od. 66,2	27 od. 31,4	2 od. 2,4
Alle Arbeitskräfte	262 od. 82,1	57 od. 17,9	72 od. 52,8	58 od. 42,6	6 od. 4,6

Neigung zu haben, die Monotonie ihres Daseins durch häufigen Stellenwechsel zu unterbrechen.[29]

Die Darstellung der Häufigkeit des Stellenwechsels hat bis jetzt erst nur schattenhafte Umrisse des Bildes ergeben, das vom Berufsschicksal der Arbeiterschaft gezeichnet werden soll. Es wird schon etwas mehr an Farbe und Lebendigkeit gewinnen, wenn wir feststellen, in wie vielen Fällen mit dem eben besprochenen S t e l l e n w e c h s e l zugleich ein O r t s w e c h s e l oder ein B e r u f s w e c h s e l verbunden war. Ehe wir jedoch in unserer Erörterung zu der Kombination von je zwei dieser drei Komponenten des äußeren Berufsschicksals der Arbeiter fortschreiten, wollen wir uns g a n z k u r z die tatsächlichen Verhältnisse des Ortswechsels und Berufswechsels innerhalb der befragten Arbeiterschaft g e s o n d e r t vorführen.[30]

---

29 Vgl. Abschnitt I, Kapitel I, 7.
  Hier ist natürlich zu beachten, dass diese angelernten Arbeiten nur in den seltensten Fällen Lebensberuf sind. Auf alles, was damit zusammenhängt, wird später bei der inhaltlichen Charakterisierung eingegangen. Hier handelt es sich zuerst nur um die bloße Feststellung von Tatsachen.
30 Ich hebe bei dieser und der folgenden Darstellung nur die bedeutendsten Zahlen heraus. Für alle anderen verweise ich auf die Tabelle; jede dieser Zahlen hier zu besprechen, würde ermüdend werden.

Die Ortswechsel

Vom 31.–40. Lebensjahr Berufsdauer: 21 ½ Jahre				Vom 41.–70. Lebensjahr Berufsdauer: 36 ½ Jahre			
In M.-Gladbach	In 2–5 Orten	In 6–9 Orten	In mehr als 9 Orten	In M.-Gladbach	In 2–5 Orten	In 6–9 Orten	In mehr als 9 Orten
%	%	%	%	%	%	%	%
4 od. 44,4	4 od. 44,4	1 od. 11,2	– –	6 od. 42,8	6 od. 42,8	1 od. 7,1	1 od. 7,1
1 od. 12,5	6 od. 75,0	1 od. 12,5	– –	3 od. 33,3	4 od. 44,4	2 od. 22,2	– –
1 od. 14,3	2 od. 28,5	1 od. 14,3	3 od. 42,8	6 od. 40,0	8 od. 53,3	1 od. 6,6	– –
4 od. 66,6	2 od. 33,3	– –	– –	6 od. 46,1	5 od. 38,4	2 od. 15,5	– –
– –	1 od. 100,0	– –	– –	2 od. 33,3	4 od. 66,6	– –	– –
3 od. 60,0	2 od. 40,0	– –	– –	3 od. 18,7	12 od. 75,0	1 od. 6,3	– –
2 od. 50,0	2 od. 50,0	– –	– –	10 od. 33,3	19 od. 63,4	1 od. 3,3	– –
1 od. 100,0	– –	– –	– –	1 od. 25,0	3 od. 75,0	– –	– –
5 od. 100,0	– –	– –	– –	2 od. 100,0	– –	– –	– –
7 od. 50,0	7 od. 50,0	– –	– –	6 od. 50,0	6 od. 50,0	– –	– –
2 od. 50,0	2 od. 50,0	– –	– –	– –	1 od. 100,0	– –	– –
2 od. 100,0	– –	– –	– –	– –	1 od. 100,0	– –	– –
– –	– –	– –	– –	1 od. 33,3	2 od. 66,6	– –	– –
2 od. 66,6	1 od. 33,3	– –	– –	– –	– –	– –	– –
4 od. 80,0	1 od. 20,0	– –	– –	3 od. 60,0	2 od. 40,0	– –	– –
2 od. 40,0	3 od. 60,0	– –	– –	8 od. 57,1	6 od. 42,9	– –	– –
15 od. 37,5	19 od. 47,5	3 od. 7,5	3 od. 7,5	36 od. 34,9	58 od. 62,3	8 od. 8,6	1 od. 1,0
25 od. 64,1	14 od. 35,9	– –	– –	21 od. 50,0	21 od. 50,0	– –	– –
40 od. 50,6	33 od. 41,7	3 od. 3,8	3 od. 3,8	57 od. 39,2	79 od. 54,5	8 od. 5,6	1 od. 0,7

3. Die Ortswechsel

Aus den oben erwähnten Gründen ist auch hier wieder eine Kombination von Alter und durchschnittlicher Berufsdauer mit der Häufigkeit des Ortswechsels angebracht, so dass wir die von der vorigen Tabelle her bekannten vier Altersklassen beibehalten. Da es natürlich von hauptsächlichem Interesse ist, festzustellen, ein wie großer Prozentsatz der Arbeitskräfte während des ganzen Berufslebens M.-Gladbach nicht verlassen hat, hat jede der Altersklassen (mit Ausnahme der ersten) eine Unterabteilung mehr als in der vorigen Tabelle. Die Zahl der Orte, in denen die Arbeitskräfte gelebt haben ist mit dieser eben erwähnten einzigen Ausnahme ebenso abgeteilt wie auf der vorigen Tabelle die Zahl der Stellungen. Dies geschah teils aus im Material liegenden Gründen, teils um den Vergleich des Ortswechsels und des Stellenwechsels zu erleichtern.

Wir fragen zuerst bei sämtlichen Arbeitskräften nach der prozentualen Anzahl derjenigen Leute, die während ihres ganzen Berufslebens nur in M.-Gladbach gearbeitet hatten. Wie selbstverständlich ist ihre Zahl in der ersten Altersklasse sehr groß und beträgt 82,1 % aller Arbeitskräfte dieses Alters, sinkt dann aber mit zunehmendem Alter der Arbeiterschaft, so dass unter den 41- bis 70jährigen

Tabelle 18

Berufswechsel

	Vom 14.–21. Lebensjahr Berufsdauer: 3 Jahre			Vom 22.–30. Lebensjahr Berufsdauer: 11 ½ Jahre			
	Ein Beruf	Zwei Berufe	Drei Berufe	Ein Beruf	Zwei Berufe	Drei Berufe	Vier Berufe
	%	%	%	%	%	%	%
Handwerker	5; 55,5	4; 44,4	– –	6; 85,7	– –	– –	1; 14,3
Weber	32; 88,8	4; 11,2	– –	7; 77,7	2; 22,2	– –	– –
Spinner	12; 46,1	13; 50,0	1; 3,9	9; 69,2	4; 30,8	– –	– –
Rauher, Passierer, Schlichter	2; 20,0	4; 40,0	4; 40,0	– –	– –	– –	3; 100,0
Batteur, Mischung, Karden	12; 52,1	10; 43,3	1; 4,3	4; 66,6	2; 33,3	– –	– –
Hofarbeiter, Packer, Öler	9; 60,0	6; 40,0	– –	3; 33,3	4; 44,4	2; 22,2	– –
Weberinnen	12; 80,0	4; 23,5	1; 5,9	5; 83,3	1; 16,7	– –	– –
Ringspinnerinnen	59; 71,9	21; 25,6	2; 2,2	12; 63,1	6; 31,6	1; 5,2	– –
Vorspinnerinnen	19; 50,0	16; 42,1	3; 7,9	14; 77,7	3; 16,6	1; 5,5	– –
Hasplerinnen	31; 73,8	8; 19,0	3; 0,7	7; 43,7	7; 43,7	2; 12,6	– –
Kreuzspulerinnen	3; 42,8	3; 42,8	1; 14,4	3; 50,0	2; 33,3	– –	1; 16,7
Spulerinnen	3; 33,3	3; 33,3	3; 33,3	– –	3; 100,0	– –	– –
Zwirnerinnen	– –	5; 83,3	1; 16,7	1; 14,3	4; 57,1	2; 28,5	– –
Streckerinnen	– –	6; 66,6	3; 33,3	2; 16,7	7; 58,3	3; 25,0	– –
Männl. Arbeiter	72; 60,5	41; 34,4	6; 5,1	29; 61,7	12; 25,5	2; 3,2	4; 6,5
Weibl. Arbeiter	127; 60,4	66; 31,4	17; 8,0	44; 50,5	33; 37,9	9; 10,3	1; 1,1
Alle Arbeitskräfte	199; 60,5	107; 32,6	23; 6,5	73; 56,7	45; 31,7	11; 6,8	5; 3,8

Leuten nur mehr 39,3 % nur in M.-Gladbach selbst gearbeitet hatten. Während die Zahl derjenigen Leute, die mehr als fünfmal ihren Wohnort wechseln, in allen Altersklassen recht klein ist und auch ein mehr als neunmaliger Ortswechsel nur ganz vereinzelt festzustellen ist, möchte man das Arbeiten an zwei bis fünf Orten fast für die dortige Arbeiterschaft typisch nennen. Von allen über 22 Jahre alten Leuten war rund die Hälfte an zwei bis fünf verschiedenen Orten beschäftigt gewesen. Diese Tatsache erklärt sich wohl leicht, wenn man die Lage M.-Gladbachs als Zentrum verschiedener kleinerer Industrieorte bedenkt.

Die vorige Tabelle ergab für männliche und weibliche Arbeiter gesondert ziemlich bedeutende Verschiedenheiten in Bezug auf die Häufigkeit ihres Stellenwechsels; für die Häufigkeit des Ortswechsels ergeben sich für beide Geschlechter kaum geringere Unterschiede. Die Zahl derjenigen, die nur in M.-Gladbach arbeiteten, ist bei männlichen und weiblichen Arbeitern in fast allen Altersklassen sehr verschieden. Am größten ist diese Differenz des Ortswechsels bei den 22- bis 30jährigen Leuten: von den weiblichen Arbeitern dieses Alters hatten 66,2 % nur in M.-Gladbach, 31,4 % in zwei bis fünf anderen Orten gearbeitet, während von den Männern desselben Alters 30 % stets in M.-Gladbach geblieben waren, 62 % dagegen ihren Wohnsitz durchschnittlich alle vier Jahre gewechselt hatten. Trotzdem waren von den befragten Arbeiterinnen die 22- bis 30jährigen Mädchen am meisten von allen umhergezogen, wenn man die Häufigkeit des Stellenwechsels relativ zur Berufsdauer berechnet. Mehr als bei den Arbeitern handelt es sich bei

Vom 31.–40. Lebensjahr Berufsdauer: 21 ½ Jahre				Vom 41.–70. Lebensjahr Berufsdauer: 36 ½ Jahre			
Ein Beruf	Zwei Berufe	Drei Berufe	Vier Berufe	Ein Beruf	Zwei Berufe	Drei Berufe	Vier Berufe
%	%	%	%	%	%	%	%
8; 72,7	– –	3; 27,3	– –	13; 92,8	1; 7,2	– –	– –
3; 37,5	5; 62,5	– –	– –	10; 58,8	6; 35,3	– –	1; 5,8
5; 83,3	1; 16,7	– –	– –	6; 50,0	4; 33,3	1; 8,3	1; 8,3
– –	2; 100,0	– –	– –	1; 16,7	3; 50,0	2; 33,3	– –
– –	5; 100,0	– –	– –	6; 37,5	7; 43,7	2; 12,5	1; 6,2
3; 75,0	– –	1; 25,0	– –	8; 25,8	21; 67,7	1; 3,2	1; 3,2
1; 100,0	– –	– –	– –	3; 50,0	1; 16,7	2; 33,3	– –
5; 100,0	– –	– –	– –	2; 100,0	– –	– –	– –
11; 78,5	2; 14,2	1; 7,2	– –	8; 72,7	2; 18,1	1; 9,1	– –
2; 40,0	3; 60,0	– –	– –	– –	– –	– –	– –
1; 50,0	1; 50,0	– –	– –	1; 100,0	– –	– –	– –
– –	– –	– –	– –	1; 33,3	1; 33,3	1; 33,3	– –
2; 66,6	1; 33,3	– –	– –	– –	– –	– –	– –
2; 40,0	1; 20,0	1; 20,0	1; 20,0	2; 33,3	2; 33,3	– –	2; 33,3
19; 52,8	13; 36,1	4; 11,1	– –	44; 46,8	42; 44,8	4; 4,2	4; 4,2
24; 68,5	8; 22,3	2; 5,7	1; 2,9	17; 58,6	6; 20,6	4; 13,4	2; 6,8
43; 60,7	21; 27,2	6; 8,4	1; 1,4	61; 53,9	48; 32,8	8; 8,9	6; 5,5

den Arbeiterinnen um einen Wechsel zwischen zwei bis fünf Wohnorten. Ein mehr als sechsmaliger Ortswechsel kommt nur bei den männlichen Arbeitern und unter diesen auch nur bei Handwerkern und Webern ein mehr als neunmaliger Heimatwechsel vor. Unter den weiblichen Arbeitern haben Weberinnen und Ringspinnerinnen einen sehr geringen Ortswechsel aufzuweisen, dagegen sind von den angelernten Arbeiterinnen verhältnismäßig viele (bei geringem Stellenwechsel) in zwei bis fünf Orten beschäftigt gewesen.

Wir wollen es mit diesen wenigen Bemerkungen über die Häufigkeit des Ortswechsels vorderhand genug sein lassen, um ebenso kurz den dritten der Faktoren, aus denen das Berufsschicksal der Arbeiter sich äußerlich zusammensetzt, den Berufswechsel zu besprechen.

4. Die Berufswechsel

Wir bringen diesen Berufswechsel auch hier in der bekannten Weise mit Alter und Berufsdauer in Verbindung und geben daher jeder der Alterskategorien verschiedene Unterabteilungen, die die Zahl der Berufe[31] bezeichnet, die der Arbeiter im Laufe seines Lebens ausgeübt hat.

---

31 Hier ist natürlich der Begriff »Beruf« nur in sehr erweitertem Sinn zu verstehen; es handelt sich

Hatte uns bei der vorigen Zusammenstellung vor allem die Zahl derjenigen Leute interessiert, die nur in M.-Gladbach selbst gearbeitet hatten, so ist hier nun wichtig zu erfahren, wie viele der befragten Arbeitskräfte demselben Beruf im Laufe ihres ganzen Berufslebens treu geblieben waren.[32] Ihre Zahl ist in jeder Altersklasse die größte von allen und beträgt in den drei ersten Altersklassen rund 60 % der überhaupt jeweils in diesem Alter stehenden Leute; bei den über 40 Jahre alten Arbeitskräften ist sie ein wenig, auf 53,9 %, gesunken. Dass eine Berufsverbindung um so seltener vorkommt, je mehr verschiedene Berufe sie umschließt, kann uns eigentlich als selbstverständlich erscheinen, da eines der Merkmale eines Berufes ja doch seine »Ausschließlichkeit« anderen Betätigungen gegenüber ist. Eine Tatsache dagegen, die bei der hier vorliegenden Zusammenstellung verwundern muss, ist die außerordentlich häufige Verbindung von zwei Berufen innerhalb desselben Berufslebens, während drei oder vier Berufe nur von sehr wenigen Arbeitskräften ausgeübt worden sind. Rund 30 %, also fast ein Drittel der gesamten befragten Arbeiterschaft, hatten zwei verschiedene gewerbliche Tätigkeiten im Lauf ihres Berufslebens verrichtet, und zwar ist auch ihre Prozentzahl in allen Altersklassen eine sehr ähnliche. 32,6 % der 14- bis 21jährigen Leute hatten durchschnittlich alle 1½ Jahre ihren Beruf gewechselt, während unter den mehr als 40jährigen Leuten ebenfalls nur 32,8 % in zwei Berufen tätig gewesen waren.

Dies in allen Altersklassen gleichmäßig häufige Vorkommen der beiden eben besprochenen (am weitaus stärksten vertretenen) Berufswechselklassen scheint darauf hinzuweisen, dass der Berufswechsel hauptsächlich bis zum 21. Lebensjahr erfolgt und von da ab eine gewisse Berufsstabilität einsetzt. Betrachten wir aber den Berufswechsel bei männlichen und weiblichen Arbeitern gesondert, so zeigt sich, dass die eben aufgestellte Vermutung eines Zusammenhangs zwischen steigendem Alter und steigender Berufsstabilität sich nur in eingeschränktem Maße für die weiblichen Arbeiter bewahrheitet. Bei den männlichen Arbeitern muss dagegen ein geradezu entgegengesetzter Zusammenhang zwischen Alter und Berufswechsel festgestellt werden, so dass die in allen Altersklassen so ähnlichen Zahlen Resultate einer verschiedenen sich gegenseitig aufhebenden Häufigkeit des Berufswechsels bei beiden Geschlechtern sind.

Bis zum 21. Lebensjahr freilich zeigen männliche und weibliche Arbeiter eine ungefähr gleiche Häufigkeit des Berufswechsels, nur ist die Prozentzahl der weiblichen Arbeiter dieses Alters, die drei verschiedene Berufe ausgeübt, also durchschnittlich jedes Jahr ihren Beruf gewechselt hatten, größer als die der männlichen Arbeiter in demselben Alter mit gleich großer Häufigkeit des Berufswechsels. Zwischen dem 21. und 30. Lebensjahr scheint das Berufsschicksal bei beiden Geschlechtern am meisten zu differieren. Die vorige Tabelle zeigte uns eine große Verschiedenheit des Ortswechsels bei männlichen und weiblichen

---

um eine Verbindung ähnlicher Tätigkeiten in einer Berufskategorie. So z. B. jeder Art ungelernter Arbeit im Freien als verschieden von Landarbeit und ungelernter Fabrikarbeit.

32 Unter »demselben Beruf« muss hier »dieselbe Teilarbeit« verstanden werden; also lebenslängliches Spinnen, Haspeln usw. Die Bezeichnung Berufswechsel ist ein wenig schief; es handelt sich mehr um Berufsverbindung als um Wechsel; doch ist diese Bezeichnung der folgenden Tabellen wegen nicht günstig. Tatsächlich sind ja auch die verschiedenen Berufe im Laufe des Berufslebens selten öfter als einmal ausgeübt worden. Näheres darüber s. unten: Berufskombinationen.

Arbeitern dieses Alters und in Bezug auf die Häufigkeit des Berufswechsels ist der Unterschied fast noch größer. Der Berufswechsel ist bei den 21- bis 30jährigen Männern geringer als in den anderen Altersklassen, bei den Frauen dieses Alters am stärksten. Nur 50 % von ihnen hatten ihr ganzes Leben lang denselben Beruf ausgeübt; unter den männlichen Arbeitern dieses Alters dagegen waren 61,7 % stets mit derselben gewerblichen Tätigkeit beschäftigt gewesen. Bei den über 30jährigen nimmt die Berufsstabilität bei den weiblichen Arbeitern zu, bei den männlichen Arbeitern ab; doch finden sich unter den Leuten der höchsten Altersklasse eine größere Prozentzahl von Arbeiterinnen als von Arbeitern mit einem mehr als zweimaligen Berufswechsel. Letzterer ist also unter den weiblichen Arbeitern kaum geringer als unter den männlichen Arbeitern, während im Gegenteil das Wandern von einer Stellung zur anderen und namentlich von einem Ort in den anderen unter den männlichen Arbeitern öfter festzustellen war als unter den weiblichen Arbeitern.

Bei der Erörterung der Häufigkeit des Stellenwechsels innerhalb der Arbeiterschaft konnten wir ein gesteigertes Vorkommen desselben bei steigender Qualifiziertheit der Arbeit feststellen; die Häufigkeit des Berufswechsels scheint dagegen eher im umgekehrten Verhältnis zur Qualifiziertheit der Arbeit zu stehen. So haben vor allem die Handwerker eine außerordentlich große Berufsstabilität bei, wie wir uns von früher erinnern, sehr starkem Orts- und Stellenwechsel; bei den Webern kommen in allen Altersklassen neben der überwiegenden Anzahl derjenigen, die diesen Beruf ihr Leben lang ausübten, nur noch in geringem Maße Verbindungen von zwei Berufen in Betracht. Letztere sind unter den Spinnern, namentlich unter den 14- bis 21jährigen, schon viel stärker vertreten und nehmen bei den ungelernten Arbeitern noch an Bedeutung zu; unter diesen kommt auch ein Wechseln zwischen drei und vier Berufen etwas häufiger vor.

Bei den weiblichen Arbeitern lässt sich derselbe Zusammenhang zwischen Qualifiziertheit der Arbeit und Häufigkeit des Berufswechsels feststellen wie bei den männlichen Arbeitern. So haben Ringspinnerinnen und Weberinnen in allen Altersklassen eine sehr große Berufsstabilität; von den Spulerinnen, Zwirnerinnen und Streckerinnen dagegen war die weit überwiegende Mehrzahl in mindestens zwei Berufen beschäftigt gewesen. So hatten z. B. 83,3 % der 14- bis 21jährigen Zwirnerinnen und 66,6 % der Streckerinnen desselben Alters durchschnittlich alle 1½ Jahre einen Beruf mit dem anderen vertauscht.

Geben wir uns noch einmal Rechenschaft über die Resultate, die diese kurze Erörterung der drei Hauptkomponenten des Berufsschicksals der Arbeiter gebracht hat. Neben einer deutlichen Tendenz zum stetigen Verbleiben in Stellung, Heimatort und Beruf zeigte sich innerhalb der befragten Arbeiterschaft vor allem ein Wechseln zwischen zwei bis sechs Stellungen, ein Herumwandern in zwei bis fünf Orten und eine Verbindung von zwei Berufen. Ein häufigerer Orts-, Berufs- und Stellenwechsel kam nur in seltenen Fällen vor und dann vorwiegend bei den männlichen Arbeitern, deren Berufsschicksal überhaupt in Bezug auf die drei besprochenen Faktoren desselben bewegter ist als das der weiblichen Arbeiter. Die Differenz in der Häufigkeit des Ortswechsels ist bei beiden Geschlechtern am größten, die der Häufigkeit des Berufswechsels am geringsten. Bei männlichen sowohl wie weiblichen Arbeitern nimmt die Häufigkeit des Stellenwechsels mit der zunehmenden Qualifiziertheit der Arbeit zu, die Häufigkeit des Berufswechsels ab.

Tabelle 19

Stellen- und Ortswechsel

	In 1 und 2 Stellungen		In 2–5 Stellungen	
	In M.-Gladbach	An 2 Orten	In M.-Gladbach	An 2–5 Orten
	%	%	%	%
Handwerker	9 oder 23,0	1 oder 2,5	8 oder 20,5	4 oder 10,3
Werkmeister	3 oder 17,6	1 oder 5,8	– –	5 oder 29,4
Weber	32 oder 46,3	5 oder 7,2	4 oder 5,7	12 oder 17,3
Spinner	24 oder 41,4	3 oder 5,1	8 oder 13,8	10 oder 17,2
Rauher, Passierer, Schlichter	6 oder 28,5	1 oder 4,7	2 oder 9,5	6 oder 28,5
Hofarbeiter, Packer, Öler	14 oder 23,3	10 oder 16,6	15 oder 25,0	13 oder 21,6
Mischung, Batteur, Karden	8 oder 16,0	4 oder 8,0	8 oder 16,0	21 oder 42,0
Weberinnen	19 oder 63,3	1 oder 3,3	5 oder 16,6	4 oder 13,3
Ringspinnerinnen	55 oder 50,9	1 oder 0,9	34 oder 31,4	15 oder 13,8
Vorspinnerinnen	27 oder 32,1	5 oder 5,9	27 oder 32,1	19 oder 22,5
Hasplerinnen	46 oder 73,0	4 oder 6,3	10 oder 14,2	3 oder 4,7
Kreuzspulerinnen	6 oder 37,5	1 oder 6,2	8 oder 50,0	1 oder 6,2
Spulerinnen	6 oder 40,0	2 oder 13,3	– –	6 oder 40,0
Zwirnerinnen	6 oder 37,5	5 oder 31,2	2 oder 12,5	3 oder 18,7
Streckerinnen	3 oder 10,3	2 oder 6,9	8 oder 27,7	11 oder 38,9
Ungelernte Arbeiterinnen	10 oder 38,4	2 oder 7,6	6 oder 23,0	7 oder 26,9
Männliche Arbeiter	96 oder 30,0	25 oder 7,8	45 oder 14,0	71 oder 22,1
Weibliche Arbeiter	178 oder 44,5	48 oder 12,0	100 oder 25,0	69 oder 17,5
Alle Arbeitskräfte	274 oder 38,0	73 oder 10,1	145 oder 20,1	140 oder 19,4

Es fragt sich nun, welche Verbindungen der hier gesondert dargestellten Tendenzen unter den erfragten Berufsschicksalen am häufigsten vorkamen und also für die betreffende Arbeiterschaft vielleicht typisch sind.

5. Die Stellenwechsel und Ortswechsel

Wir geben zuerst der oben besprochenen Tatsache des Stellenwechsels innerhalb der Arbeiterschaft einen etwas ausgeprägteren Inhalt, indem wir feststellen, ob und in welchen Fällen mit einer bestimmten Häufigkeit des Stellenwechsels eine ebenso große oder eine geringere Häufigkeit des Ortswechsels verbunden war. Um diesen Zweck zu erreichen, kombinierten wir Tabelle 16 und Tabelle 17 derart, dass die Stellenwechselklassen der ersteren als Unterabteilungen jeweils die Ortswechselklassen der letzteren haben, wobei natürlicherweise die Häufigkeit des Ortswechsels diejenige des Stellenwechsels nicht übertreffen kann.[33]

---

33 Die Berücksichtigung des Alters wird auf dieser Tabelle weggelassen, der zu großen Kompliziertheit wegen. Ich bin mir bewusst, dass das Fortfallen des Alters auf den drei folgenden Tabellen eventuell als methodischer Fehler gerügt werden kann. Doch würden bei der immerhin kleinen Anzahl der Befragten die Zahlen in einzelnen Unterabteilungen zu klein. Es sind eben stets die drei vorhergehenden Tabellen zu vergleichen.

Die Stellenwechsel und Ortswechsel

In 6–9 Stellungen			In mehr als 9 Stellungen			
In M.-Gladbach	An 2–5 Orten	An 6–9 Orten	In M.-Gladbach	An 2–5 Orten	An 6–9 Orten	In mehr als 9 Orten
%	%	%	%	%	%	%
1 oder 2,5	7 oder 17,9	4 oder 10,3	1 oder 2,5	2 oder 5,0	1 oder 2,5	1 oder 2,5
–	3 oder 17,6	3 oder 17,6	1 oder 5,8	1 oder 5,8	– –	– –
3 oder 4,3	7 oder 10,1	1 oder 1,4	– –	– –	– –	4 oder 5,7
2 oder 3,4	6 oder 10,2	1 oder 1,8	– –	– –	3 oder 5,1	– –
2 oder 9,5	1 oder 4,7	– –	1 oder 4,7	2 oder 9,5	– –	– –
1 oder 1,6	4 oder 6,6	– –	– –	1 oder 1,6	1 oder 1,6	– –
4 oder 8,0	2 oder 4,0	– –	– –	2 oder 4,0	1 oder 2,0	– –
– –	– –	1 oder 3,3	– –	– –	– –	– –
2 oder 1,9	1 oder 0,9	– –	– –	– –	– –	– –
2 oder 1,3	3 oder 3,5	– –	– –	– –	1 oder 0,7	– –
– –	– –	– –	– –	– –	– –	– –
– –	– –	– –	– –	– –	– –	– –
– –	– –	1 oder 6,7	– –	– –	– –	– –
– –	– –	– –	– –	– –	– –	– –
– –	3 oder 10,3	1 oder 3,7	1 oder 3,7	– –	– –	– –
– –	– –	– –	– –	– –	– –	– –
13 oder 4,0	30 oder 9,3	9 oder 2,1	3 oder 0,9	8 oder 2,5	6 oder 1,8	5 oder 1,5
4 oder 1,0	7 oder 3,7	3 oder 0,7	1 oder 0,5	– –	1 oder 0,5	– –
17 oder 2,3	37 oder 5,1	12 oder 1,7	4 oder 0,6	8 oder 1,2	7 oder 0,9	5 oder 0,6

Bei allen Arbeitskräften zusammen kommt ein einmaliger Stellenwechsel bei einem Verbleiben in M.-Gladbach selbst am häufigsten vor. 38 % aller befragten Leute hatten dieses sehr einfache Berufsschicksal hinter sich, eine Tatsache, die wohl noch in höherem Maße der großen Jugend eines beträchtlichen Teiles der Arbeiterschaft wie der schon oben erwähnten Tendenz zur Stabilität innerhalb derselben zuzuschreiben ist. Erinnern wir uns an die Resultate, die die Einzelbesprechung des Stellenwechsels und des Ortswechsels ergab, so kann es nicht verwundern, dass auch die übrigen größeren Prozentzahlen sich bei den drei nach unserer Tabelle möglichen Kombinationen von einem weniger als sechsmaligen Stellenwechsel mit einem weniger als sechsmaligen Ortswechsel finden. Zwei dieser drei Kombinationen sind gleich oft vertreten und kommen jeweils bei einem Fünftel der erfragten Berufsschicksale vor: 20,1 % der Gesamtzahl der Arbeitskräfte hatten in M.-Gladbach selbst den Betrieb drei- bis fünfmal gewechselt, 19,4 % waren bei einem ebenso häufigen Stellenwechsel in einer gleichen Anzahl von Orten gewesen. Die Zahl derjenigen Leute, die an zwei Orten in zwei Stellungen arbeiten, ist um die Hälfte kleiner als die eben genannten Zahlen und umfasst nur mehr ein Zehntel der Arbeiterschaft. Die möglichen Berufsschicksale, die durch die Verbindung des Ortswechsels mit einem mehr als sechsmaligen Stellenwechsel charakterisiert sind, sind innerhalb der befragten Arbeiterschaft nur in kleinen Zahlen vertreten. Am relativ häufigsten unter ihnen ist ein Arbeiten in sechs bis neun Stellungen an zwei bis fünf verschiedenen Orten; am seltensten kommt ein mehr als neunmaliger Stellenwechsel ohne Ortswechsel und derselbe häufige Stellenwechsel, begleitet von ebenso regem Ortswechsel vor.

Bei männlichen und weiblichen Arbeitern ist die Kombination der beiden Faktoren, die ihr Berufsschicksal äußerlich umgrenzen, des Stellenwechsels und des Ortswechsels, eine etwas verschiedene. Schon bei früheren Erörterungen wurde auf die geringe Häufigkeit des Stellenwechsels und namentlich des Ortswechsels innerhalb der weiblichen Arbeiterschaft im Vergleich zu den männlichen Arbeitern hingewiesen. Übereinstimmend mit dieser Tatsache finden wir auch auf dieser vorliegenden Tabelle, dass die möglichen Kombinationen eines bestimmten größeren oder geringeren Ortswechsels mit einem mehr als sechsmaligen Stellenwechsel unter den Berufsschicksalen der Arbeiter weit häufiger sind als unter denen der Arbeiterinnen und dass ferner die Zahl der Arbeiterinnen, die bei einem weniger als sechsmaligen Stellenwechsel in M.-Gladbach selbst blieben, bedeutend größer ist als die der Arbeiter mit gleichem Stellenwechsel und gleich großer Ortsstabilität. So ist unter männlichen sowohl wie weiblichen Arbeitern der einmalige Stellenwechsel in M.-Gladbach selbst das häufigste Berufsschicksal; doch betrifft es nur 30 % der befragten Arbeiter, dagegen 44,5 % der befragten Arbeiterinnen; so hat ein volles Viertel der Arbeiterinnen nur in M.-Gladbach in zwei bis fünf Stellungen gearbeitet, während von den männlichen Arbeitern 22,1 % zwei- bis fünfmal im Laufe ihres Berufslebens Wohnort und Stellung gewechselt haben und nur 14 %, also 11 % weniger als bei den Arbeiterinnen, drei bis fünf Stellungen in M.-Gladbach innegehabt haben.

Die oben erwähnte verschiedene Häufigkeit des Orts- und Betriebswechsels bei beiden Geschlechtern spricht sich ebenso deutlich wie in den beiden ersten Hauptspalten auch in den beiden letzten Hauptspalten von Tabelle 19 aus. Die möglichen Kombinationen des Ortswechsels mit einem mehr als fünfmaligen Stellenwechsel sind unter den Berufsschicksalen der Arbeiterinnen alle nur äußerst spärlich, bei denjenigen der Arbeiter dagegen teilweise durch etwas größere Zahlen vertreten. Fast ein Zehntel aller befragten männlichen Arbeiter hatte in sechs bis neun Stellungen an zwei bis fünf Orten gearbeitet; unter den weiblichen Arbeitern findet sich diese Verbindung von Betriebswechsel und Ortswechsel nur bei 3,7 %. Hat auch fast dieselbe äußerst unbedeutende Prozentzahl von männlichen und weiblichen Arbeitern in mehr als neun Stellungen ohne jeden Ortswechsel gearbeitet, so zeigt sich doch die größere Wanderlust der männlichen Arbeiter wiederum darin, dass eigentlich nur ihre Berufsschicksale und nicht diejenigen der Arbeiterinnen Kombinationen eines mehr als neunmaligen Stellenwechsels mit häufigerem Ortswechsel enthalten.

Neben der großen Betriebs- und Ortsstabilität, die sich bei beiden Geschlechtern, freilich in verschiedenem Maße, bemerkbar macht, können wir als bedeutsam für den äußeren Rahmen des Berufsschicksals der männlichen Arbeiter das Arbeiten in zwei bis fünf Stellungen an zwei bis fünf Orten ansehen. Für die weiblichen Arbeiter dagegen einen zwei- bis fünfmaligen Stellenwechsel in M.-Gladbach selbst.

Sehen wir nun noch zu, welche Kombinationen von Stellenwechsel und Ortswechsel in den Berufsschicksalen der einzelnen Arbeitergruppen am häufigsten enthalten sind.

Die schon einige Male erwähnte »Wanderlust« der Handwerker sowohl wie die anscheinend größere Differenziertheit ihrer Schicksale denjenigen der echt proletarischen Existenzen gegenüber zeigt sich vor allem darin, dass nur in ihrer Gruppe sich Vertreter für sämtliche nach unserer Tabelle möglichen Kombinationen von Stellenwechsel und Ortswechsel finden. Obwohl auch bei ihnen wie in fast allen Gruppen ein weniger als fünfmaliger Stellenwechsel in M.-Gladbach selbst am häufigsten vertreten war, so ist doch die Bewegtheit ihres Berufsschicksals durch einige andere Zahlen deutlich charakterisiert. 17,9 % aller Handwerker hatten in sechs bis neun Stellungen an zwei bis fünf Orten gearbeitet; ein sechs- bis neunmaliger Stellen- und Ortswechsel war noch ebenso oft wie ein zwei- bis fünfmaliger Stellen- und Ortswechsel vertreten, beide von je ein Zehntel der befragten Handwerker und selbst ein mehr als neunmaliger Stellenwechsel an zwei bis fünf Orten kam noch bei 5 % von ihnen vor. Die Kombination des Stellenwechsels und des Ortswechsels bei den gelernten Akkordarbeitern, den Webern und den Spinnern ergibt im Allgemeinen dieselben Resultate. Neben einer sehr großen Betriebs- und Ortsstabilität (viele jugendliche Arbeiter, siehe Altersaufbau) sind die für das äußere Berufsschicksal dieser beiden Arbeiterkategorien wohl charakteristischsten Tatsachen der zwei- bis fünfmalige Betriebswechsel und Ortswechsel einerseits und andererseits ein Arbeiten in sechs bis neun Stellungen an zwei bis fünf Orten. Die erste dieser beiden Kombinationen von Betriebswechsel und Ortswechsel fand sich bei je 17 %, die zweite bei je 10 % der Arbeiter dieser beiden Gruppen. Während von den Spinnern sowohl wie von den Webern nur ein sehr kleiner Prozentsatz einmal Wohnort und Stellung zugleich gewechselt hatten, kommt die bei der Besprechung des Ortswechsels erwähnte größere Ortsstabilität der Spinner darin zum Ausdruck, dass von ihnen 13,8 %, von den Webern dagegen nur 5,7 % in zwei bis fünf Stellungen ohne Ortswechsel gestanden hatten. Ebenso finden sich unter den Schicksalen der Weber noch Kombinationen des höchstmöglichen Stellen- und Ortswechsels zugleich, während der bewegteste Lebenslauf der Spinner nur eine Kombination eines mehr als neunmaligen Stellenwechsels mit einem Aufenthalt an sechs bis neun Orten aufweisen kann.

Wie wir schon wissen, scheinen sich mit der abnehmenden Qualifiziertheit der Arbeit jene äußeren Grenzen des Berufsschicksals, die durch Betriebswechsel und Ortswechsel gebildet werden, immer mehr zu verengen. Für die beiden Gruppen ungelernter Arbeiter kommt in größerem Maße nur mehr ein zwei- bis fünfmaliger Stellenwechsel in Betracht, der bei 42 % der ungelernten Maschinenarbeiter noch von einem ebenso häufigen Ortswechsel, bei den ungelernten Draußenarbeitern dagegen von einer großen Ortsstabilität begleitet ist.

Geben wir also für jede Arbeitergruppe ein oder zwei Kombinationen von Betriebswechsel und Ortswechsel als typisch an, so können wir eine Skala bilden, die die abnehmende Bedeutung dieser beiden Faktoren für das Berufsschicksal bei abnehmender Qualifiziertheit der Arbeit veranschaulicht.[34] Für die Handwerker können wir als typisch eine Verbindung von sechs- bis neunmaligem Stellenwechsel mit zwei- bis fünfmaligem Ortswechsel einerseits und sechs- bis neunmali-

---

34 Die Betriebs- und Ortsstabilität, die in allen Fällen sehr groß ist, wird nicht besonders erwähnt, sondern nur die außerdem großen Zahlen.

gem Ortswechsel andererseits ansehen; unter den gelernten Akkordarbeitern ist ein zwei- bis fünfmaliger Ortswechsel am häufigsten, der teils von einem ebenso großen teils von einem sechs- bis neunmaligen Stellenwechsel begleitet ist; für die ungelernten Maschinenarbeiter ist ein zwei- bis fünfmaliger Orts- und Stellenwechsel charakteristisch, während man das Verbleiben in M.-Gladbach bei einem nicht mehr als fünfmaligen Stellenwechsel als für die ungelernten Draußenarbeiter typisch bezeichnen kann.

Für die einzelnen Arbeiterinnengruppen, die, wie wir wissen, überhaupt in Bezug auf Stellen- und Ortswechsel weniger differenziert sind als die Gruppen der männlichen Arbeiter, ist es schwerer, aber doch nicht unmöglich, typische Verbindungen von Stellenwechsel und Ortswechsel aufzufinden. Vor allem wäre auf die schon oben angeführte Tatsache hinzuweisen, dass sich nur unter den Gruppen der gelernten Arbeiterinnen Berufsschicksale finden (mit einer einzigen Ausnahme), die einen mehr als sechsmaligen Orts- und Betriebswechsel enthalten. Neben diesem Resultat ist für die Weberinnen eine außerordentlich große Betriebs- und Ortsstabilität typisch: für die beiden Kategorien von Spinnerinnen ein zwei- bis fünfmaliger Stellenwechsel in M.-Gladbach selbst, der von rund einem Drittel der Spinnerinnen angegeben wurde. Die angelernten Arbeiterinnen haben bei ebenso starkem Stellenwechsel einen regeren Ortswechsel; für die Spulerinnen und Streckerinnen ist ein zwei- bis fünfmaliger Orts- und Stellenwechsel typisch und ebenso kam auch bei den angelernten Arbeiterinnen ein einmaliger Orts- und Stellenwechsel häufiger vor als bei den gelernten Arbeiterinnen. Dass bei den unqualifiziertesten angelernten Arbeiterinnen, den Streckerinnen, sich eine Tendenz zum »Wandern« zeigt, wurde schon erwähnt; ein Zehntel von ihnen hat in sechs bis neun Stellungen an zwei bis fünf Orten gearbeitet.

Wir verzichten darauf, hier eine Erklärung der teilweise wohl befremdenden Tatsachen des Orts- und Stellenwechsels unter den Arbeiterinnen zu geben.

Diese Erklärung würde dem vorgreifen, was später bei der Erörterung der Berufskombination zu sagen ist und wird daher besser bis dahin verschoben.

Stellenwechsel und Ortswechsel der männlichen Arbeiter

	Stellungen			
	1 und 2	3–5	6–9	Über 9
Orte 1	96	45	13	3
2	25	—	—	—
2–5	—	71	30	8
6–9	—	—	9	6
Über 9	—	—	—	5

Stellenwechsel und Ortswechsel der weiblichen Arbeiter

	Stellungen			
	1 und 2	3–5	6–9	Über 9
Orte 1	178	100	4	1
2	48	—	—	—
2–5	—	69	7	—
6–9	—	—	3	1
Über 9	—	—	—	—

Obgleich hier noch keine inhaltliche Charakterisierung des Berufsschicksals der Arbeiterschaft versucht, sondern nur die tatsächlichen Umrisse gezogen werden, innerhalb deren es sich entwickelt, möchte ich doch hier ganz kurz, ehe wir zu der Erörterung der nächsten Frage übergehen, den Begriff »Ortswechsel« ein wenig veranschaulichen. Dieser Ortswechsel, der für das Proletariat der dortigen Gegend anscheinend eine größere Rolle spielt als für die meisten anderen sozialen Schichten, darf in seiner Bedeutung für Innenleben und Entwicklung der Arbeiter nicht überschätzt werden, und zwar aus dem einfachen Grunde, weil er in den seltensten Fällen eine wirkliche Veränderung bringt. Bei mehreren Handwerkern und bei einigen wenigen gelernten Arbeitern handelt es sich freilich um ein Wandern durch die Schweiz, Tirol und Süddeutschland, das geeignet ist, neue Eindrücke zu bringen und das Verständnis für Welt und Menschen zu erweitern. Auch die gelegentlichen Abstecher, die einige Weber nach Westfalen oder Hannover machten, dürfen wir wohl noch, wenn auch in geringerem Maße, als wirkliche einen Einfluss ausübende Veränderung im Leben des Arbeiters bezeichnen. Für die überwiegende Masse der befragten Arbeiterschaft aber bedeutet der Ortswechsel nur ein Herumwandern in den kleineren linksrheinischen Industrieorten, die ihre Proletarierbevölkerung ständig miteinander austauschen. Er bedeutet ein Hin- und Herwogen der Arbeiterbevölkerung zwischen Neuss und Rheydt, Viersen und Dülken, vielleicht auch einmal Düren und Krefeld, Städte, denen allen in derselben Weise der Stempel der Hässlichkeit und der Kulturlosigkeit aufgedrückt ist.

6. Die Stellenwechsel und Berufswechsel

Nachdem wir uns so die hauptsächlichsten Verbindungen von Ortswechsel und Betriebswechsel in ihrer Bedeutung für die befragte Arbeiterschaft klar gemacht haben, wollen wir den äußeren Rahmen ihres Berufsschicksals durch eine Besprechung der möglichen Kombinationen von Stellenwechsel und Berufswechsel vollenden. Da es sich bei dieser Erörterung ebenso wie bei der vorhergegangenen Darstellung darum handelt, den farblosen Begriff des Stellenwechsels etwas inhaltsreicher zu machen, ist die vorliegende Tabelle in derselben Weise eine Kombination von Tabellen 16 und 18, wie die vorhergehende aus Tabellen 16 und 17 zusammengestellt war.[35]

Aus der gesonderten Besprechung des Berufswechsels innerhalb der befragten Arbeiterschaft (siehe oben Tabelle 18) wissen wir, dass neben einer sehr großen Berufsstabilität nur noch eine Verbindung von zwei Berufen während eines Berufslebens in höherem Maße in Betracht kommt. Nehmen wir dazu noch die uns über die Häufigkeit des Stellenwechsels bekannten Tatsachen, so kann es nicht verwundern, dass von den 14 nach unserer Tabelle möglichen Kombinationen

---

35   Auf dieser Tabelle sind ebenso wie auf Tabelle 18 die Zahlen der Werkmeister und der ungelernten Arbeiterinnen weggelassen. Das Berufsschicksal beider ist von dem der übrigen recht verschieden und schwerer nach nur äußerlichen Merkmalen zu bestimmen. Über die ungelernten Arbeiterinnen s. unten Kapitel V. Für die Werkmeister ist darauf aufmerksam zu machen, dass für ihre »Auslese« im Wesentlichen andere Gesichtspunkte maßgebend sind als für die übrigen Arbeiter. Nicht der »geschickteste«, sondern »zuverlässigste« und »anständigste« Mann wird zum Werkmeister gewählt. Es ist also eine Auslese nach »moralischen« Qualitäten.

Tabelle 20
Stellen- und Berufswechsel

	In 1 und 2 Stellungen		In 2–5 Stellungen			
	Ein Beruf	Zwei Berufe	Ein Beruf	Zwei Berufe	Drei Berufe	Vier Berufe
	%	%	%	%	%	%
Handwerker	6 od. 15,3	2 od. 5,1	10 od. 25,6	– –	1 od. 2,5	– –
Weber	31 od. 44,9	6 od. 8,7	13 od. 18,8	4 od. 5,7	– –	– –
Spinner	18 od. 31,0	9 od. 15,5	10 od. 17,2	7 od. 12,0	1 od. 1,7	– –
Rauher, Passierer, Schlichter	3 od. 14,3	4 od. 19,0	1 od. 4,7	2 od. 9,5	5 od. 23,8	– –
Batteur, Mischung, Karden	5 od. 10,0	7 od. 14,0	11 od. 22,0	13 od. 26,0	3 od. 6,0	– –
Hofarbeiter, Packer, Öler	13 od. 21,6	9 od. 15,0	9 od. 15,0	17 od. 28,3	5 od. 8,3	– –
Weberinnen	18 od. 60,0	3 od. 10,0	1 od. 3,3	6 od. 20,0	1 od. 3,3	– –
Ringspinnerinnen	44 od. 40,7	11 od. 10,1	34 od. 31,4	16 od. 14,8	– –	– –
Vorspinnerinnen	25 od. 29,7	8 od. 9,5	26 od. 30,9	16 od. 19,0	3 od. 3,5	– –
Hasplerinnen	40 od. 63,3	13 od. 20,6	2 od. 3,0	5 od. 7,9	3 od. 4,7	– –
Kreuzspulerinnen	3 od. 18,7	2 od. 12,5	4 od. 25,0	5 od. 31,2	1 od. 6,3	2 od. 12,5
Spulerinnen	3 od. 20,0	4 od. 26,6	1 od. 6,6	2 od. 13,2	3 od. 20,0	– –
Zwirnerinnen	3 od. 18,7	8 od. 50,0	– –	3 od. 18,7	2 od. 12,5	– –
Streckerinnen	4 od. 13,8	1 od. 3,4	– –	13 od. 48,3	3 od. 20,6	– –
Männl. Arbeiter	76 od. 23,7	37 od. 11,5	54 od. 16,8	43 od. 13,4	15 od. 4,6	– –
Weibl. Arbeiter	140 od. 35,0	50 od. 12,5	68 od. 17,0	66 od. 16,5	19 od. 4,7	2 od. 0,5
Alle Arbeitskräfte	216 od. 30,0	87 od. 12,0	122 od. 16,9	109 od. 15,1	34 od. 4,7	2 od. 0,2

von Stellenwechsel und Berufswechsel vier in der ganz überwiegenden Mehrzahl der erfragten Berufsschicksale vertreten sind. Ebenso wie auf der vorhergehenden Tabelle und wwohl aus denselben Gründen kommt auch hier die einfachste Verbindung von Stellenwechsel und Berufswechsel am häufigsten vor. 30 % der befragten Arbeiterschaft hatten in ein bis zwei Stellungen stets denselben Beruf ausgeübt. Die drei übrigen der vier oben erwähnten hauptsächlichsten Kombinationen von Berufswechsel und Stellenwechsel sind um rund die Hälfte seltener vertreten als die soeben charakterisierte häufigste Verbindung und kommen alle drei fast gleich oft unter der befragten Arbeiterschaft vor. 16,9 % der Arbeitskräfte hatten in drei bis fünf Stellungen stets dieselbe Arbeit getan; eine etwas kleinere Anzahl, 15,1 %, hatte ebenso oft ihre Stellung und einmal ihren Beruf gewechselt; 12 % endlich hatten Beruf und Betrieb zugleich einmal im Laufe ihres Berufslebens für einen anderen eingetauscht.

Alle anderen möglichen Kombinationen von Stellenwechsel und Berufswechsel sind nur in seltenen Fällen vertreten und machen in keinem Falle 5 % der erfragten Berufsschicksale aus. Dabei ist es bezeichnend für die schon berührte große Berufsstabilität der Arbeiterschaft, dass ebenso wie in den beiden ersten Hauptspalten unserer Tabelle auch in den beiden letzten Hauptspalten stets diejenigen Zahlen die relativ größten sind, die einen häufigen Stellenwechsel ohne jeden Berufswechsel betreffen. 4,4 % der Arbeiterschaft waren ohne Berufswechsel in sechs bis

Die Stellenwechsel und Berufswechsel

	In 6–9 Stellungen				In mehr als 9 Stellungen			
Ein Beruf	Zwei Berufe	Drei Berufe	Vier Berufe		Ein Beruf	Zwei Berufe	Drei Berufe	Vier Berufe
%	%	%	w %		%	%	%	%
13 od. 33,3	1 od. 2,5	1 od. 2,5	1 od. 2,5		3 od. 7,6	– –	1 od. 2,5	– –
7 od. 10,1	4 od. 5,7	– –	1 od. 1,4		2 od. 2,8	– –	– –	1 od. 1,4
5 od. 8,6	3 od. 5,1	1 od. 1,7	– –		1 od. 1,7	– –	– –	2 od. 3,4
– –	1 od. 4,7	– –	2 od. 9,5		– –	1 od. 4,7	– –	2 od. 9,5
1 od. 2,0	3 od. 6,0	3 od. 6,0	– –		1 od. 2,0	– –	2 od. 4,0	– –
1 od. 1,6	1 od. 1,6	– –	2 od. 3,2		1 od. 1,6	1 od. 1,6	– –	– –
– –	– –	– –	– –		2 od. 6,6	– –	– –	– –
2 od. 1,8	– –	1 od. 0,9	– –		– –	– –	– –	– –
3 od. 3,5	1 od. 1,2	– –	– –		1 od. 1,2	1 od. 1,2	– –	– –
– –	1 od. 1,5	– –	– –		– –	– –	– –	– –
– –	– –	– –	– –		– –	– –	– –	– –
– –	2 od. 13,2	– –	– –		– –	– –	– –	– –
– –	– –	– –	– –		– –	– –	– –	– –
– –	1 od. 3,4	3 od. 10,3	– –		– –	1 od. 3,4	– –	– –
27 od. 8,4	13 od. 4,1	5 od. 1,5	6 od. 1,8		8 od. 2,5	2 od. 0,6	3 od. 0,9	5 od. 1,5
5 od. 1,2	5 od. 1,2	4 od. 1,1	– –		3 od. 0,7	2 od. 0,5	– –	– –
32 od. 4,4	18 od. 2,5	9 od. 1,3	6 od. 0,9		11 od. 1,6	4 od. 0,5	3 od. 0,4	5 od. 0,6

neun Stellungen gewesen; 1,6 % ohne Berufswechsel in mehr als neun Stellungen. Dagegen zeigen nur 1,3 %% die Kombination von sechs bis neun Stellungen und drei Berufen innerhalb ihres Berufslebens, nur 0,4 % diejenige von drei Berufen in mehr als neun Stellungen. Die Häufigkeit des Berufswechsels geht also durchaus nicht mit der Häufigkeit des Stellenwechsels Hand in Hand, sondern bleibt in höherem Maße hinter letzterem zurück als die Häufigkeit des Ortswechsels.

Aus der Besprechung von Tabelle 18 wissen wir, dass das Berufsleben der weiblichen Arbeiter in nur sehr wenig geringerem Maße durch Wechsel des Berufes variiert wird als das Berufsleben der männlichen Arbeiter, während die Häufigkeit des Stellenwechsels unter letzteren eine ziemlich viel größere ist. So ist es natürlich leicht erklärlich, dass auf der vorliegenden Tabelle, die ja nur diese beiden Faktoren des Berufsschicksals der Arbeiterschaft miteinander verbindet, alle möglichen Kombinationen des Berufswechsels mit einem weniger als fünfmaligen Stellenwechsel unter der weiblichen Arbeiterschaft häufiger sind als unter den männlichen Arbeitern. In den Schicksalen der letzteren sind dagegen die möglichen Verbindungen des Berufswechsels mit einem mehr als fünfmaligen Stellenwechsel öfter vertreten als bei den Arbeiterinnen. Freilich sind die Unterschiede nur in zwei Fällen beträchtlich groß: 35 % der weiblichen Arbeiter hatten bei einmaligem Stellenwechsel stets denselben Beruf ausgeübt; die Zahl der männlichen Arbeiter mit gleich einfachem Berufsschicksal ist weit geringer und beträgt nur 23,7 % aller männlichen Arbeiter. Die nächste große Differenz findet sich bei sechs- bis neunmaligem Stellenwechsel ohne Berufswechsel. 8,4 % der befragten Arbeiter hatten ein solches Berufsschicksal hinter sich, dagegen nur 1,2 % der befragten Arbeiterinnen.

Für das Berufsleben der weiblichen Arbeiter kommt fast ausschließlich ein Ausüben von ein oder zwei Berufen bei einem ein- bis fünfmaligen Stellenwechsel in Betracht; auch für die männlichen Arbeiter sind diese Verbindungen von Berufswechsel und Stellenwechsel die häufigsten, doch kommen daneben noch in etwas höherem Maße Verbindungen eines zahlreicheren Stellenwechsels vor.

Bei der Besprechung der vorhergehenden Tabelle gelang es für die einzelnen Arbeiterkategorien typische Verbindungen von Stellenwechsel und Ortswechsel aufzustellen; es fragt sich nur, ob sich solche typischen[36] Zahlen auch bei der Kombination von Stellenwechsel und Berufswechsel finden lassen.

Nachdem wir die Häufigkeit von Stellenwechsel und Berufswechsel gesondert erörtert hatten, kamen wir zu dem Resultat, dass mit steigender Qualifiziertheit der Arbeit der Stellenwechsel zunehme, der Berufswechsel dagegen abnehme. Eine deutliche Illustration für diese Behauptung bietet sich uns in der Gruppe der Handwerker: ein volles Drittel unter ihnen hatte stets denselben Beruf in sechs bis neun Stellungen ausgeübt, ein weiteres Viertel war mit derselben gewerblichen Tätigkeit in zwei bis fünf Stellungen beschäftigt gewesen; und selbst die Prozentzahl derjenigen Handwerker, die mehr als neun Stellungen ohne jeden Berufswechsel inne hatten (7,6 %) übertrifft noch die Zahl derer, bei denen neben öfterem Stellenwechsel auch ein Berufswechsel vorkam.

Die Berufsschicksale der gelernten Akkordarbeiter der Spinner und Weber werden (neben einer sehr großen Betriebs- und Berufsstabilität[37]) zu 17–18 % durch das Ausüben desselben Berufes in zwei bis fünf Stellungen charakterisiert. Außerdem zeigt noch eine fast gleiche Prozentzahl der Arbeiter beider Gruppen eine Verbindung von ein bis zwei Berufen und sechs bis neun Stellungen. Während die Kombinationen eines regen Berufswechsels mit einem mehr als fünfmaligen Stellenwechsel bei beiden Arbeiterkategorien ungefähr gleich oft vertreten sind, ist unter den Spinnern die Kombination von zwei Berufen mit ein bis fünf Stellungen weit häufiger als bei den Webern. So hatten 12 % der Spinner einmal ihren Beruf und zwei- bis fünfmal ihre Stellungen gewechselt, dagegen hatten nur 5,7 % der Weber das gleiche äußere Berufsschicksal gehabt. Bei den Hofarbeitern ist die größte Berufsstabilität von großer Betriebsstabilität, bei den ungelernten Maschinenarbeitern von einem zwei- bis fünfmaligen Stellenwechsel begleitet; doch hat der größte Prozentsatz dieser beiden ungelernten Arbeitergruppen gleichmäßig einmal den Beruf und zwei- bis fünfmal die Stellung gewechselt. Diese Verbindung von Berufswechsel und Stellenwechsel findet sich bei 26 % der Mischungsarbeiter, bei 28 % der Hofarbeiter. Außer durch diese beiden Zahlen wird der zunehmende Berufswechsel bei abnehmender Qualifiziertheit des Arbeiters durch verhältnismäßige Häufigkeit von Berufsschicksalen zum Ausdruck gebracht, die

---

36 Diese Zahlen können natürlich nichts beweisen; dazu sind sie zu klein, aber sie können als symptomatisch gelten.
37 Vgl. Abschnitt I Kapitel I. Diese ein für allemal erwähnte Tendenz zur Stabilität wird auch hier nicht besonders berührt.

sich aus einer Verbindung von drei Berufen mit zwei- bis fünfmaligem Stellenwechsel zusammensetzen; und ebenso durch die größere Zahl von ungelernten Arbeitern, die in mehr als fünf Stellungen mit drei oder vier gewerblichen Tätigkeiten beschäftigt waren.

Die Skala, die wir aus den für jede Arbeiterkategorie typischen Verbindungen von Stellenwechsel und Ortswechsel bilden konnten, veranschaulichte die gleichmäßig abnehmende Bedeutung dieser beiden Komponenten des Berufsschicksals der Arbeiterschaft bei abnehmender Qualifiziertheit der Arbeit. Bilden wir nun eine Skala aus den für jede Arbeiterkategorie bedeutsamen Kombinationen von Stellenwechsel und Berufswechsel, so wird dieselbe die, trotz vermindertem Stellenwechsel, größerer Häufigkeit des Berufswechsels bei sinkender Qualität der Arbeitsleistung deutlich machen: Für die Handwerker ist ein sechs- bis neunmaliger Stellenwechsel bei absoluter Berufsstabilität typisch; für die beiden Gruppen gelernter Arbeiter das Ausüben eines Berufes in zwei bis fünf Stellungen; daneben kommt für die qualifizierten Akkordarbeiter, die Weber, ein sechs- bis neunmaliger Stellenwechsel ohne Berufswechsel, für die Spinner dagegen eine Kombination von zwei Berufen und zwei bis fünf Stellungen in Betracht. Für die ungelernten Arbeiter endlich ist das Verrichten von zwei und drei gewerblichen Tätigkeiten in zwei bis fünf Stellungen vorwiegend charakteristisch.

Stellenwechsel und Berufswechsel der männlichen Arbeiter

	Stellungen			
	1 und 2	3–5	6–9	Über 9
Berufe 1	76	54	27	8
2	37	48	13	2
3	—	15	5	3
4	—	—	6	56

Stellenwechsel und Berufswechsel der weiblichen Arbeiter

	Stellungen			
	1 und 2	3–5	6–9	Über 9
Berufe 1	140	68	5	3
2	55	66	5	2
3	—	19	4	—
4	—	2	—	—

Für die einzelnen weniger scharf differenzierten Arbeiterinnenkategorien lassen sich typische Verbindungen von Betriebs- und Berufswechsel schwerer hervorheben als bei den männlichen Arbeitern. Bei den gelernten Arbeiterinnen wäre einerseits auf große Berufs- und Betriebsstabilität, andererseits auf relativ öfteres Vorkommen eines Stellenwechsels ohne Berufswechsel hinzuweisen. Bei den angelernten Arbeiterinnen ist der Berufswechsel häufiger und bleibt nur wenig hinter dem Stellenwechsel zurück. Wollte man für die einzelnen Arbeiterinnenschichten charakteristische Verbindungen von Stellenwechsel und Berufswechsel bezeichnen, so wäre für die Weberinnen Berufs- und Betriebsstabilität typisch, für die Spinnerinnen das Ausüben von einem oder zwei Berufen in zwei bis fünf Stellungen und für die angelernten Arbeiterinnen neben einem einmaligen Stellen- und Berufswechsel eine Kombination von drei Berufen und zwei bis fünf Stellungen.

Tabelle 21

Berufskombinationen

	Dieselbe Arbeit	Andere Textilarbeit	Fabrikarbeit	Bauarbeit	Landarbeit	Handwerk
		Nur				
	%	%	%	%	%	%
Handwerker	31; 79,5	1; 2,5	2; 5,0	– –	–	– –
Werkmeister	– –	9; 52,9	1; 5,8	– –	–	– –
Weber	52; 75,2	– –	1; 1,4	– –	–	– –
Spinner	33; 51,7	5; 8,6	– –	– –	–	– –
Rauher, Passierer, Schlichter	4; 18,1	6; 27,2	1; 4,6	1; 4,6	–	1 4,6
Batteur, Mischung, Karden	23; 46,0	10; 20,0	– –	– –	–	– –
Hofarbeiter, Packer, Öler	24; 40,0	11; 18,3	– –	2; 3,3	–	– –
Alle Arbeiter	167; 52,1	42; 13,1	5; 1,5	3; 0,9	–	1 0,3
Weber und Spinner	85; 66,9	5; 3,9	1; 0,8	– –	–	– –

Die Bedeutung, die der Berufswechsel für die betreffende Arbeiterschaft hat, kann natürlich erst dann wirklich erörtert werden, wenn wir diesem Begriff des Berufswechsels einen ausgeprägten Inhalt gegeben haben. Indem wir nun also dazu übergehen, die verschiedenen im Laufe eines Berufslebens ausgeübten Tätigkeiten, die wir hier nur numerisch nannten, inhaltlich zu charakterisieren, verlassen wir schon die Besprechung des äußeren Rahmens des Berufsschicksals der Arbeiterschaft, um uns seinem wirklichen Inhalt zuzuwenden.

7. Die Berufskombinationen

Schon bei der Besprechung von Tabelle 18 wurde darauf hingewiesen, dass unter dem Wort »Beruf« hier große Kategorien von Tätigkeiten zu verstehen sind, die sich sowohl nach den Anforderungen, die sie an den Arbeiter stellen, wie nach der Umgebung, in der sie ausgeführt werden, gänzlich voneinander unterscheiden. Diese beiden Gesichtspunkte der »Umgebung« und der »Anforderungen« sind für die Zusammenfassung der gewerblichen Tätigkeiten in Berufskategorien maßgebend gewesen, weil die nun folgende Darstellung der Berufskombinationen einen doppelten Zweck hat. Sie will erstens das Berufsschicksal der befragten Arbeiter veranschaulichen durch die Schilderung der (eventuell) inhaltlich und äußerlich verschiedenen Tätigkeiten, aus denen sich ihr Berufsleben zusammensetzt; und sie will zweitens festzustellen versuchen, ob und inwieweit ein durch frühere Tätigkeit inhaltlich bestimmtes Berufsschicksal als positiver oder negativer Auslesefaktor für die einzelnen Arbeitskategorien der Spinnerei und Weberei gelten kann. Sowohl aus den soeben erwähnten wie auch aus praktischen Gründen umfasst jede der von uns gebildeten Berufskategorien mehrere, sonst meist mit verschiedenen Namen bekannte Tätigkeiten, die sich aber in Bezug auf die beiden genannten für uns wichtigen Faktoren der »Umgebung« und der »Anforderungen« der Arbeitsleistung nicht voneinander unterscheiden.

So stellen wir jede Art von ungelernter Fabrikarbeit die ungelernte Arbeit im Freien gegenüber und trennen von dieser natürlich wieder die in Bezug auf Milieu

| | Fabrikarbeit | | | Bauarbeit und Fuhrleute usw. | | | Ackerarbeit | | Hand- |
Nur	Bauar-beit	Landar-beit	Hand-werk	Nur	Landar-beit	Hand-werk	Nur	Hand-werk	werk und Gewerbe
%	%	%	%	%	%	%	%	%	%
3; 7,6	1; 2,5	– –	– –	– –	– –	– –	– –	– –	1; 2,5
3; 18,5	– –	– –	1; 5,8	– –	– –	– –	– –	– –	3; 18,5
10; 14,5	– –	– –	– –	4; 5,7	– –	– –	1; 1,4	– –	2; 2,8
7; 12,0	– –	3; 5,1	– –	4; 6,9	– –	– –	– –	– –	5; 8,6
1; 4,6	– –	– –	1; 4,6	1; 4,6	– –	– –	– –	– –	2; 9,2
– –	– –	– –	– –	3; 6,0	2; 4,0	– –	5; 10,0	– –	7; 14,0
4; 6,6	– –	– –	– –	2; 3,3	4; 6,6	1; 1,6	6; 10,0	1; 1,6	4; 6,6
28; 8,7	1; 0,3	3; 0,9	2; 0,6	14; 4,3	6; 1,8	1; 0,3	12; 3,7	1; 0,3	24; 7,5
17; 13,4	– –	3; 2,4	– –	8; 6,3	– –	– –	1; 0,8	– –	7; 5,9

und Arbeitsanforderungen unter ganz anderen Bedingungen stehende Ackerarbeit. Während die Feststellung derjenigen Zahl von Leuten, die während ihres Berufslebens in Handwerk oder Gewerbe tätig waren, unter jedem der beiden von uns aufgestellten Gesichtspunkte von Interesse ist, handelt es sich bei der Rubrik »Andere Textilarbeit« vor allem um Beantwortung der Frage, ob und in welchem Maße ein Arbeiter verschiedene Teilarbeiten derselben Industrie beherrsche.[38]

Diese fünf soeben besprochenen Berufskategorien kombinierten wir nun, wie Tabelle 21 zeigt, derart, dass sie zusammen mit dem zur Zeit der Enquete innerhalb der Fabrik ausgeübten »Beruf« Verbindungen von zwei und drei verschiedenen Tätigkeiten innerhalb eines Berufslebens deutlich machen.[39]

Obgleich wir schon bei der Besprechung der äußeren Komponenten des Berufsschicksals der Arbeiterschaft die Berufsstabilität derselben mehrmals erwähnt, waren doch stets diejenigen Zahlen, in denen sie zum Ausdruck kam, noch von einem zweiten Faktor des Alters oder des Stellenwechsels beeinflusst. Es dürfte darum nicht nur eine zur Vollständigkeit unserer Tabelle nötige, sondern doch noch interessante Angabe sein, wenn wir ohne Rücksicht auf irgendein anderes Moment nochmals die Zahl der Leute nennen, die einem Beruf während ihres ganzen Berufslebens treu geblieben waren. Es waren dies etwas mehr als die Hälfte der gesamten Arbeiterschaft, 52,1 %.

Gehen wir zu den Kombinationen von zwei Berufen über (d. h. also eines anderen neben dem zur Zeit der Enquete ausgeübten), so war der am meisten vorkommende zweite Beruf eine andere Teilarbeit der Textilindustrie, der seltenste die Ackerarbeit. 13,1 % der befragten Arbeiter waren in verschiedenen Arbeitskategorien der Spinnerei und Weberei beschäftigt gewesen; nur 3,7 % hatten vorher auf

---

[38] Diese Angabe kann auch als Antwort auf die Frage der Enquete nach der Zahl der Berufsgeschicklichkeiten eines Arbeiters angesehen werden, die sonst nicht weiter erwähnt wird.
[39] Eine Kombination von vier Berufen war zu selten (s. Tab. 18), um berücksichtigt zu werden. Die wenigen Fälle werden später gesondert erwähnt. Selbstverständlich müssen für männliche und weibliche Arbeiter gänzlich verschiedene Zusammenstellungen gemacht werden.

dem Lande gearbeitet. Die Zahl der früheren Handwerker unter den Arbeitern beträgt 7,5 % der Gesamtzahl und erreicht fast die Zahl derjenigen, die außer ihrer jetzigen Tätigkeit noch andere ungelernte Fabrikarbeit getan hatten und die 8,7 % der Gesamtzahl ausmachen, während die Zahl der ungelernten Draußenarbeiter die der Landarbeiter nur um wenig übertrifft.

Stellen wir die verschiedenen Berufe nach der Häufigkeit ihres Vorkommens in den Berufsschicksalen der Arbeiter geordnet zusammen, so bilden sie folgende Reihe: Textilarbeit, Fabrikarbeit, Handwerk, Bauarbeit, Landarbeit. Bei Mitberücksichtigung derjenigen Leute, die nie einen anderen Beruf ausübten, waren 74 % aller befragten Arbeiter ihr ganzes Leben lang mit irgendeiner Art von Fabrikarbeit beschäftigt gewesen; 8 % hatten schwere Arbeit im Freien, 7,5 % höher qualifizierte Arbeit getan.

Unter den Kombinationen von drei Berufen, die, wie wir uns erinnern verhältnismäßig spärlich vorkommen, ist diejenige von Landarbeit und Bauarbeit mit der »jetzigen« Arbeit am häufigsten und kommt in 1,8 % der erfragten Berufsschicksale vor, und ebenso ist auch die Verbindung von Landarbeit, Fabrikarbeit und Textilarbeit noch bei 0,9 % der Arbeiter vertreten, während ein direkter Übergang von der Landarbeit zur Textilarbeit nicht vorkommt. Alle übrigen möglichen Kombinationen sind nur in ein oder zwei Fällen vertreten.

Da jede der sieben Arbeitergruppen in Bezug auf ihr Berufsschicksal von den anderen recht verschieden ist, werden die oben genannten Tatsachen erst dann an Interesse gewinnen, wenn wir zu der Feststellung der Berufskombinationen innerhalb der einzelnen Arbeitergruppen übergehen.

Während nun bei den Handwerkern, wie wir wissen und, wie diese Tabelle auch wieder zeigt, kaum von Berufskombinationen, sondern nur von Berufsstabilität reden kann, ist der Vergleich der Berufskombinationen der Weber und Spinner mit den für sämtliche Arbeiter festgestellten Zahlen immerhin von Interesse. Auch bei diesen beiden Gruppen ist die Berufsstabilität noch recht groß. Zwei Drittel, 66,9 %, der Weber und Spinner, haben stets dieselbe Arbeit getan. Stark vergrößert im Vergleich zum Gesamtresultat hat sich die Zahl derjenigen Leute, die ungelernte Fabrikarbeit getan haben. Sie beträgt 13,4 % der Gesamtzahl der Weber und Spinner und charakterisiert die häufigste Kombination von zwei Berufen. Auch die zeitweiligen Erd- und Bauarbeiter sind unter den gelernten Akkordarbeitern prozentual stärker vertreten als unter den sämtlichen Arbeitern; dagegen hat nur eine sehr geringe Anzahl von ihnen, 3,9 %, jemals andere als die »jetzige« Textilarbeit getan und der Übergang von der Ackerarbeit zu der gelernten Textilarbeit ist nur in einem Fall zu verzeichnen.

Die auf den ersten Blick vielleicht überraschende Häufigkeit des Vorkommens ungelernter Fabrikarbeit und ungelernter Arbeit im Freien in den Berufsschicksalen der Akkordarbeiter erklärt sich leicht, wenn wir die ungelernte Arbeit nur als durch Arbeitslosigkeit erzwungene Unterbrechung des »Hauptberufs« ansehen. Da ferner diese beiden qualifizierten Textilarbeiten der Textilindustrie die deutliche Tendenz zeigen, ausschließlicher Lebensberuf eines Mannes zu werden und jeder von ihnen eine längere Lehrzeit vorangehen muss, besteht für den Arbeiter nur geringere Veranlassung, sich diese beiden Berufsgeschicklichkeiten zugleich anzueignen. Tatsächlich kommt auch noch bei der weniger qualifizierten dieser beiden Teilarbeiten, dem Spinnen eine Verbindung mit dem

Weben vor. Von den Webern hatte dagegen nur ein einziger jemals eine andere Textilarbeit getan.

Durften wir die ungelernte Arbeit als eine erzwungene Unterbrechung der eigentlichen Tätigkeit der gelernten Akkordarbeiter bezeichnen, so handelt es sich bei denjenigen von ihnen, die unter der Rubrik »Handwerk« zu finden sind, ausschließlich um Handwerkslehrlinge, die infolge »schlechter Zeiten« nach ihren eigenen Angaben zum raschen Verdienst der Fabrikarbeit übergehen mussten. Als Unterbrechung der Berufstätigkeit der gelernten Arbeiter kommt das Handwerk in keinem Falle vor.

Fragen wir nun schließlich nach den typischen Berufskombinationen der ungelernten Arbeiter,[40] so finden wir als solche die Verbindung von anderer Textilarbeit und von Ackerarbeit mit der ungelernten Fabrikarbeit. Die erste Berufskombination kam bei 18 bis 20 % der Arbeiter dieser beiden Gruppen vor, die zweite bei 10 %. Auch die Prozentzahl der früheren Handwerker in diesen beiden Gruppen ist verhältnismäßig groß. Hier handelt es sich natürlich nicht um Handwerkslehrlinge, die einen neuen Beruf erwählen, sondern um ältere Handwerker, die aus irgendeinem Grund einen anderen Verdienst suchen müssen.[41]

Die größere Prozentzahl derjenigen ungelernten Arbeiter, die früher andere, d. h. gelernte Textilarbeit getan hatten, setzt sich einerseits wohl zusammen aus einer Auslese der schlechten Textilarbeiter, andererseits aus früheren Handwebern, die sich in zu vorgeschrittenem Alter von ihrem Handwebstuhl getrennt hatten, um sich noch an die Anforderungen des mechanischen Webstuhls anzupassen.[42]

Wir fassen noch einmal die Resultate zusammen, die sich bei der Erörterung der Berufskombinationen der männlichen Arbeiter ergeben haben. Deutlich trat uns hier nochmals die steigende Berufsstabilität bei steigender Qualifiziertheit des Arbeiters entgegen, da von den Handwerkern 80 %, von den gelernten Akkordarbeitern 66 %, von den ungelernten Arbeitern 43 % nur einen Beruf im Laufe ihres Lebens ausgeübt hatten. So ist für die Handwerker eigentlich nur ihre Berufsstabilität typisch; für die gelernten Akkordarbeiter die Unterbrechung ihrer Tätigkeit durch ungelernte Arbeit; für die ungelernten Arbeiter endlich frühere Textilarbeit einerseits und frühere Ackerarbeit andererseits.

Beim Vergleich der für gelernte und für ungelernte Arbeiter auf dieser Tabelle festgestellten Zahlen möchte man versucht sein zu sagen, dass die durch die Berufskombinationen gebildeten positiven Auslesefaktoren der ungelernten Arbeitskategorien negative Auslesefaktoren der gelernten Arbeitskategorien sind.[43]

---

40   Bei den ungelernten Arbeitern bedeutet »dieselbe Arbeit« ungelernte Fabrikarbeit überhaupt, nicht nur in einer Spinnerei. Die sie betreffenden Zahlen unter der Rubrik »Fabrikarbeit« beziehen sich auf gelernte Arbeit (Eisenarbeit).
41   Näheres darüber s. unten 9: Die Gründe des Stellen- und Berufswechsels.
42   Die Werkmeister sind auch hier schwer mit den anderen Gruppen zu vergleichen, da die Gesichtspunkte, nach denen sie »ausgewählt« werden, ganz andere sind (vgl. oben). Natürlich war keiner von ihnen stets Werkmeister gewesen. Charakteristisch ist wohl das Fehlen von Acker- und Bauarbeit in ihren Berufsschicksalen.
43   Über den wirklichen Einfluss des früheren Berufes auf die Arbeitsleistung s. unten Teil II Abschnitt 3: Die frühere Tätigkeit.

Tabelle 22

Berufskombinationen

	Dieselbe Arbeit	Andere Textilarbeit			Näherin	Feldarbeit
		Nur	ungelernte Fabrikarbeit	Dienstmädchen		
	%	%	%	%		
Weberinnen	21; 70,0	3; 10,0	– –	– –	–	–
Ringspinnerinnen	78; 72,2	12; 11,1	1; 0,9	– –	–	–
Vorspinnerinnen	54; 64,3	15; 17,8	– –	3; 3,5	–	–
Haspelerinnen	40; 63,5	6; 9,5	– –	1; 1,5	–	–
Kreuzspulerinnen	6; 37,5	4; 25,0	– –	– –	–	–
Spulerinnen	4; 26,6	1; 6,6	– –	1; 6,6	–	–
Zwirnerinnen	3; 18,7	3; 18,7	– –	1; 6,3	–	–
Streckerinnen	4; 13,8	3; 10,3	2; 6,9	2; 6,9	–	–
Alle Arbeiterinnen	210; 56,1	49; 13,8	3; 0,8	8; 2,1	–	–
Gelernte Arbeiterinnen und Haspelerinnen	193 67,8	36; 11,9	1; 0,3	4; 1,4	–	–

Auf den zweiten der früher erwähnten beiden Gesichtspunkte, die für die Aufstellung dieser Tabelle maßgebend waren, nämlich auf die Bedeutung dieses Berufswechsels im Leben des Arbeiters werden wir erst später zurückkommen und vorher die Berufskombinationen der weiblichen Arbeiter besprechen.[44]

Natürlich sind auch bei der Zusammenstellung dieser Tabelle dieselben beiden Gesichtspunkte der »Umgebung« und der »Anforderungen« der früheren Berufe maßgebend gewesen, welche die Anordnung der Berufskategorien auf der früheren Tabelle bestimmten. Dabei ist es selbstverständlich, dass einige der Berufskombinationen der männlichen Arbeiter für die weiblichen Arbeiter keine Gültigkeit haben können. Wir ersetzen darum die beiden Berufskategorien der männlichen Arbeiter »Bauarbeit« und »Handwerk« bei den weiblichen Arbeitern durch die Berufe des Dienstmädchens[45] und der Näherin. Die übrigen vier Berufskategorien gelten für männliche und weibliche Arbeiter gleichmäßig.

Aus denselben Gründen, die wir bei der Besprechung der Berufskombinationen der männlichen Arbeiter angaben, dürfte es auch bei den weiblichen Arbeiterinnen nicht ohne Interesse sein, nochmals die Zahl derjenigen Arbeiterinnen festzustellen, die ihr ganzes Berufsleben hindurch stets dieselbe Teilarbeit der Textilindustrie getan haben. Ihre Zahl beträgt 56,1 % aller weiblichen Arbeiter, ist also prozentual etwas, aber nur wenig größer als bei den männlichen Arbeitern die Zahl der Leute mit gleich großer Berufsstabilität.

---

44 Wo vier Berufe vorkamen, war der eine davon meist ganz außergewöhnlich und nur einmal vertreten wie Matrose, Lehrer, Klosterbruder und ähnliches. Sonst kam einmal eine Verbindung von Handwerk, Textilarbeit und Bauarbeit; ein anderes Mal von Textilarbeit, Bauarbeit und ungelernter Arbeit vor.

45 Hier ist nur die entlohnte häusliche Arbeit in fremden Familien beachtet und nicht auf die Fälle Rücksicht genommen, wo die Frau im eigenen Hause arbeitete, da diese Arbeit doch in Bezug auf ihre »psychische« Bedeutung gänzlich verschieden ist. Sie wird noch nie als Beruf angesehen und hier handelt es sich um »Berufe«.

ungelernte Fabrikarbeit				Dienstmädchen			Näherin		Feldarbeit
Nur	Dienstmädchen	Näherin	Feldarbeit	Nur	Näherin	Feldarbeit	Nur	Feldarbeit	Nur
%	%	%	%	%	%	%	%	%	%
1; 3,3	1; 3,3	–	– –	4; 13,3	– –	– –	– –	–	– –
4; 3,3	– –	–	– –	9; 8,3	– –	– –	4; 3,3	–	– –
1; 1,2	– –	–	1; 1,2	6; 7,0	– –	– –	3; 3,5	–	– –
3; 4,7	– –	–	– –	9; 14,2	– –	– –	4; 6,3	–	– –
– –	1; 6,3	–	– –	1; 6,3	– –	– –	2; 12,5	–	1; 6,3
– –	3; 20,0	–	– –	4; 26,6	– –	– –	2; 13,3	–	– –
2; 12,5	– –	–	– –	5; 31,2	1; 6,3	– –	1; 6,3	–	– –
2; 6,9	1; 3,5	–	– –	9; 31,0	1; 3,5	3; 10,3	– –	–	2; 6,9
13; 3,4	6; 1,6	–	1; 0,2	47; 12,6	2; 0,5	3; 0,8	16; 4,2	–	3; 0,8
8; 3,1	1; 0,3	–	1; 0,3	28; 9,8	– –	– –	11; 3,9	–	– –

Von den nach unserer Tabelle möglichen Kombinationen der zur Zeit der Enquete ausgeführten Arbeit mit e i n e r anderen sind zwei Kombinationen in den Berufsschicksalen der weiblichen Arbeiter häufig, drei sehr selten.

Ebenso wie bei den männlichen Arbeitern ist auch bei den weiblichen die Zahl derer am größten, die während ihres Berufslebens noch in einer anderen Teilarbeit der Textilindustrie beschäftigt gewesen waren. 12,8 % der Arbeiterinnen gehören in diese Rubrik; ihre Zahl wird aber fast von der Zahl derjenigen Mädchen erreicht, die in häuslichen Diensten gestanden hatten und die nur 0,2 % der Gesamtzahl weniger ausmachen. Die übrigen Kombinationen von zwei Berufen kommen außerordentlich viel seltener vor; 4,2 % der Arbeiterinnen waren vorher Näherin gewesen, die geringste Anzahl, 0,8 %, hatte Feldarbeit getan. Die Zahl der zeitweiligen ungelernten Fabrikarbeiterinnen steht zwischen den beiden eben genannten Zahlen und beträgt 3,4 % der Gesamtzahl.

Nach der Häufigkeit ihres Vorkommens in den Berufsschicksalen der Arbeiterinnen geordnet ergibt sich folgende Reihe von Berufskombinationen: Andere Textilarbeit, Hausarbeit, Näherin, ungelernte Fabrikarbeit, Feldarbeit. 72,6 % aller Arbeiterinnen hatten in ihrem ganzen Berufsleben nur Fabrikarbeit getan; eine nur sehr wenig kleinere Zahl als bei den männlichen Arbeitern. Übereinstimmend kommt bei beiden Geschlechtern die Kombination einer anderen Teilarbeit der Textilindustrie mit der »jetzigen« Teilarbeit am häufigsten, die Feldarbeit am seltensten in den Berufsschicksalen vor. Unter den Kombinationen von drei Berufen, die, wie wir wissen, auch bei den weiblichen Arbeitern nicht häufig sind, sind wiederum diejenigen am stärksten vertreten, die die Berufskategorien »Dienstmädchen« und »andere Textilarbeit« enthalten. Diese Kombination machte das Berufsschicksal von 2,1 % der weiblichen Arbeiter aus; 1,6 % der Arbeiterinnen hatte häusliche Arbeit und ungelernte Fabrikarbeit getan. Die Feldarbeit kommt nur in ganz seltenen Fällen in Verbindung mit ungelernter Fabrikarbeit und häuslicher Arbeit vor. Dass der Beruf der Näherin in keinem der erfragten Berufsschicksale in Verbindung mit ungelernter Fabrikarbeit und Feldarbeit vorkam, erklärt sich leicht aus der der Fabrikarbeit gegenüber etwas höheren sozialen Stellung, die dieser Beruf involviert, für den daher die gelernte Fabrikarbeit die nächst tiefere Stufe auf der sozialen Leiter ist (vgl. Handwerk bei den männlichen Arbeitern).

Die Feststellung der Berufskombinationen in den einzelnen Gruppen der weiblichen Arbeiter geht am besten von einer Trennung der einzelnen Arbeiterinnenkategorien in zwei Hauptgruppen aus. In die erste Hauptgruppe rechnen wir neben den drei gelernten Arbeiterinnengruppen auch noch die Hasplerinnen,[46] in die zweite Hauptgruppe die übrigen angelernten Arbeiterinnen.

Wie die Arbeit der Weber und Spinner, so hat auch die gelernte Frauenarbeit in der Textilindustrie die Tendenz, Lebensberuf zu sein. 67,8 %, also mehr als zwei Drittel der Arbeiterinnen der ersten Hauptgruppe, hatten ihr ganzes Leben lang nur dieselbe Teilarbeit getan. Die Berufsstabilität steht in deutlichem Zusammenhang mit der Qualifizierung der Arbeit, steigt und fällt mit ihr. So hatten von den Weberinnen 70 %, von den Ringspinnerinnen 72 % (viele jugendliche Arbeiterinnen), von den Vorspinnerinnen 64 %, von den Haspelrinnen 63 % nur einen Beruf im Laufe ihres Berufslebens gehabt.

Verglichen mit den für sämtliche Arbeiterinnen festgestellten Zahlen sind alle Berufskombinationen in der ersten der von uns gebildeten Hauptgruppe prozentual seltener vertreten, doch sind die Unterschiede zwischen beiden Zahlen bei verschiedenen Berufskombinationen verschieden groß. Während die Differenz in den die Fabrikarbeit und Textilarbeit betreffenden Kategorien kaum 1 % beträgt, waren von den gelernten Arbeiterinnen 3 % weniger in häuslicher Arbeit beschäftigt gewesen als von sämtlichen Arbeiterinnen. Die unqualifizierteste Berufskategorie Feldarbeit kommt als Vorstufe zur gelernten Textilarbeit überhaupt nicht vor; dagegen war die Zahl der Mädchen, die früher den sozial höher gewerteten Beruf der Näherin ausgeübt hatten, unter den gelernten Arbeiterinnen prozentual fast ebenso groß als unter sämtlichen Arbeiterinnen. Auch unter den nach unserer Tabelle möglichen Kombinationen von drei Berufen sind diejenigen im Vergleich zum Gesamtresultat am seltensten vertreten oder fehlen ganz, in denen Hausarbeit oder Feldarbeit vorkommt. Diese beiden Tätigkeiten scheinen also nur eine geringe Rolle im Berufsleben der gelernten Fabrikarbeiterin zu spielen.

Der eine der beiden eben genannten Berufe, die Feldarbeit, hat auch für das Berufsleben der angelernten Arbeiterin nur geringe Bedeutung; der zweite dagegen, die häusliche Arbeit, kommt in ihren Berufsschicksalen außerordentlich häufig, sowohl als direkte Vorstufe der angelernten Textilarbeit sowie in Verbindung mit anderen Berufen, vor allem mit der ungelernten Fabrikarbeit, vor. 20 % der Spulerinnen waren Dienstmädchen und ungelernte Arbeiterinnen, weitere 26,6 % nur Dienstmädchen und ungelernte Arbeiterinnen, weitere 26,6 % nur Dienstmädchen gewesen; von den Zwirnerinnen waren 31 % in häuslichen Diensten beschäftigt gewesen; von den Streckerinnen hatten ebenfalls 31 % in häuslichen Diensten gestanden, 10,3 % Feldarbeit und Hausarbeit getan. Dass die angelernten Teilarbeiten der Textilindustrie durchaus nicht einen »Berufscharakter« haben, diese Tatsache spricht sich außer in den

---

46 Obwohl die Hasplerinnen formell zu den angelernten Arbeiterinnenkategorien gehören, sind sie in Bezug auf ihre Berufskombinationen den gelernten Arbeiterinnen so ähnlich, dass sie zu ihnen gerechnet werden müssen. Die Hasplerinnen bilden ja überhaupt sozusagen einen Übergang von gelernter zu angelernter Arbeit.

eben genannten Zahlen noch ebenso deutlich in dem geringen Prozentsatz derjenigen Arbeiterinnen aus, die nur einen »Beruf« im Laufe ihres Lebens gehabt haben. Bei der qualifizierteren dieser angelernten Arbeiten, dem Kreuzspulen, hatte noch 37,5 % der Arbeiterinnen immer dieselbe Arbeit getan; bei der unqualifiziertesten angelernten Arbeit, dem Strecken, waren nur mehr 13,8 % der Arbeiterinnen berufsstabil gewesen.[47] Am auffallendsten an dieser Tabelle ist wohl die verhältnismäßig große Zahl der Arbeiterinnen, die Dienstmädchen gewesen, also einen von dem der Fabrikarbeiterin gänzlich verschiedenen Beruf ausgeübt hatten. Man erklärt sich diese Tatsache am besten, wenn man sie einerseits (wie die ungelernte Arbeit der gelernten Akkordarbeiter) als eine Folge von Arbeitslosigkeit ansieht, andererseits ist sie aber auch sehr wahrscheinlich in dem sehr ausgesprochenen Abwechslungsbedürfnis der Mädchen begründet. Bei den gelernten Arbeiterinnen ist die häusliche Arbeit fast stets eine, wohl aus den eben genannten Ursachen zu erklärende Unterbrechung der eigentlichen Tätigkeit. Bei den angelernten Arbeiterinnen dagegen, die, wie wir wissen, zum großen Teil aus der südlichen Rheinprovinz aus bäuerlichem Milieu stammen, ist der Eintritt in häusliche Dienste meist der erste Schritt auf dem Berufsweg. Gleich als könnten sie sich nicht zu plötzlich von der Heimat und der gewohnten Beschäftigung trennen, nehmen die meisten der aus Eifel und Hunsrück stammenden Mädchen zuerst einen Dienst in einer näher gelegenen Stadt, vielleicht Zell, vielleicht Koblenz an, ziehen dann im Laufe einiger Jahre von Stelle zu Stelle den Rhein hinab, um endlich im niederrheinischen Industriegebiet zur ungelernten oder angelernten Fabrikarbeit überzugehen.[48]

Während wir früher verrichtete Feldarbeit wohl mit ziemlicher Sicherheit als negativen Auslesefaktor der Spinnerei und Weberei, namentlich der gelernten Arbeitskategorien ansehen dürfen und uns dies auch leicht durch die mehr Kraft als Geschicklichkeit erfordernde Art der Landarbeit und ihre ungünstige Einwirkung auf die Feinheit der Hände und die Beweglichkeit der Gelenke erklären können, scheint der Übergang von der Näharbeit zur Fabrikarbeit aus rein pekuniären Gründen zu erfolgen. Auf die letzte der wichtigeren Berufskombinationen, der Verbindung mehrerer Teilarbeiten der Textilindustrie werden wir noch eingehender zu sprechen kommen, wenn wir uns jetzt der Frage nach der Bedeutung diese Berufswechsels im Leben der Arbeiterschaft zuwenden.[49]

8. Die Bedeutung des Berufswechsels

Ist der Berufswechsel überhaupt und in welchem Maße ist er geeignet, als Gegenwirkung der Monotonie zu dienen, die uns wie ein ewig grauer Himmel das Leben des Fabrikproletariats zu überspannen scheint?

Gewöhnt, eines der Merkmale eines Berufes in seiner Ausschließlichkeit anderen Tätigkeiten gegenüber zu sehen, möchte man im ersten Augenblick versucht sein,

---

47 Die ungelernten Arbeiterinnen werden hier nicht erwähnt, da sie kein eigentliches »Berufsschicksal« haben. Näheres darüber s. unten.
48 Zu vergleichen hier soziale und geographische Provenienz der ungelernten Arbeiterinnen und ihrer Eltern, sowie Alter der angelernten Arbeiterinnen.
49 Über die Wirkung der früheren Berufe auf die Arbeitsleistung s. Teil II, Abschnitt 3: Frühere Tätigkeit.

die oben gestellte Frage einfach zu bejahen und die Berufslaufbahn eines Proletariers abwechslungsreich zu nennen, gegenüber dem ewigen Einerlei beruflicher Pflichten, in die das Leben der nächst höheren sozialen Schichten eingespannt ist. Es bleibt abzuwarten, ob diese Meinung sich auch bei genauerem Nachdenken über den wirklichen »Inhalt« jeder der einzelnen der von uns gebildeten Berufskategorien wird behaupten können.

Um einer möglichen Überschätzung der Bedeutung, die der Berufswechsel im Leben der befragten Arbeiterschaft spielt, von vornherein zu begegnen, muss hier nochmals festgestellt werden, dass bei mehr als der Hälfte der befragten Arbeiterschaft und ganz besonders bei den Höherstehenden unter ihnen ein Berufswechsel überhaupt nicht stattfand. Ihre ganze Berufstätigkeit beschränkte sich auf das stete Verrichten derselben Teilarbeit. Ob dabei diese so zum Lebensberuf eines Menschen gewordene Teilarbeit durch gerade diesen Umstand einen neuen inhaltlichen »Wert« erlangen kann, der für den Verlust an »Abwechslung« vielleicht Gewinn an Arbeitsinteresse bringt, ist eine Frage, die in einen anderen Zusammenhang gehört.

Mussten wir aus den Schicksalen eines großen Teiles der Arbeiterschaft den Berufswechsel und seine Wirkungen gänzlich streichen, so ist andererseits nicht zu verkennen, dass zwei der von uns gebildeten Berufskategorien Tätigkeiten umfassen, die im Vergleich zur Fabrikarbeit eine gänzliche Veränderung bedeuten: Nämlich die Draußenarbeit[50] der männlichen Arbeiter, die häusliche Arbeit der Frauen. Beide unterscheiden sich sowohl äußerlich wie innerlich von der Arbeit an der Maschine. Beide sind weniger monoton, weniger geregelt, weniger isolierend als die Fabrikarbeit; beide bringen den Arbeiter häufiger in Kontakt mit Angehörigen anderer sozialer Schichten und beide fordern eine gleichmäßigere Anspannung aller Fähigkeiten als bei der Maschinenarbeit (wenigstens in der Textilindustrie) notwendig ist. Beide nur lose dem kapitalistischen Arbeitsmechanismus eingegliedert, sind sie ihrem psychischen Inhalt nach voneinander und von der Fabrikarbeit verschieden. Ich glaube, dass man mit einiger Berechtigung behaupten kann, dass der »Draußenarbeiter« auch bei ebenso großer t a t s ä c h l i c h e r Abhängigkeit von einem anderen Willen sich unabhängiger f ü h l t als der Fabrikarbeiter und sicherlich weniger überwacht ist als dieser.[51] Bei dem Mädchen, das in häusliche Dienste tritt, scheint mir gerade das Gegenteil der Fall zu sein. Sie ist sich ihrer oft bis zur Unentbehrlichkeit steigenden Bedeutung für den Haushalt der »Herrschaft« meist in weit geringerem Maße bewusst als die gelernte Fabrikarbeiterin ihre Wichtigkeit für den Betrieb – eine Tatsache, die wohl mit der geringen sozialen Wertung der häuslichen Frauenarbeit überhaupt zusammenhängt. In vielen Fällen nur unter Angehörigen anderer sozialer Schichten arbeitend und ihnen gehorchend, fühlt sie sich, auch wo dies in Wahrheit nicht der Fall ist, oft gebundener und bewachter als das Fabrikmädchen, das mit Leuten ihres Standes zusammen arbeitet und Leuten ihres Standes, den Werkmeistern, gehorcht.[52]

---

50 Zu der Draußenarbeit gehört, wie oben gesagt, nicht nur Bauarbeit, sondern auch Fuhrarbeit und ähnliches.
51 So z. B. ein Fuhrmann auf seinen Fahrten fühlt sich doch sicher in weit höherem Maße als »Herr« über sein Gefährt als der Arbeiter über seine Maschine und ähnliches mehr.
52 Selbstverständlich soll hier durchaus nicht eine Wertung beider Berufe vorgenommen werden;

Wie weit die hier berührten, natürlich aus den Aussagen der Mädchen selbst zusammengestellten Tatsachen den Übergang aus der einen Stellung in die andere beeinflussen, wird erst weiter unten besprochen werden. Für unsere jetzigen Zwecke genügt es, die äußerliche und innerliche Verschiedenheit der Draußenarbeit und der Hausarbeit von der Fabrikarbeit veranschaulicht zu haben. So sind wir wohl berechtigt, die Berufsschicksale, die sich aus der Verbindung dieser beiden, nicht zu kurze Zeit ausgeübten Berufe mit der gelernten oder angelernten Textilarbeit zusammensetzen, als verhältnismäßig abwechslungsreich zu bezeichnen.

Auf die äußeren und innerlichen Verschiedenheiten des Handwerks von der Fabrikarbeit ist schon einige Male im Laufe dieser Untersuchungen hingewiesen worden. Wo, wie in unserem Falle bei den ungelernten Arbeitern, ein langjähriger Handwerker zum Fabrikarbeiter wird, hat dieser Wechsel natürlich für sein Außen- und Innenleben die größte Bedeutung. Ganz anders liegen aber die Verhältnisse, wenn, wie es bei der hier befragten Arbeiterschaft am häufigsten vorkam, das Handwerk nur ganz kurze Zeit zu Beginn des Berufslebens ausgeübt und dann kaum oder nur teilweise erlernt, aus pekuniären Gründen wieder aufgegeben wurde. Dann möchte ich dem Beruf des Handwerkers und ebenso dem der Näherin bei den weiblichen Arbeitern, der, wie schon oben gesagt, nur »Vorstufe« der Fabrikarbeit ist, keine zu große Bedeutung im Berufsleben der befragten Arbeiterschaft beimessen.

Da die Feldarbeit einerseits zu selten vorkommt, andererseits ihre Verschiedenheit von der Fabrikarbeit zu augenfällig ist, um in diesem Zusammenhang ein Wort darüber zu verlieren, gehen wir zu der inhaltlichen Schilderung derjenigen Berufsschicksale über, die sich nur hinter den Fabrikmauern abspielen.

Über die Rolle, die die ungelernte Fabrikarbeit, die bei den weiblichen Arbeitern überhaupt sehr selten zu verzeichnen war, als durch Arbeitslosigkeit erzwungene Unterbrechung des Hauptberufes der Weber und Spinner spielt, wurde schon bei der Darstellung der Berufskombinationen der männlichen Arbeiter besprochen. Wir können uns daher sofort der weit wichtigeren, bei männlichen sowie weiblichen Arbeitern am häufigsten vorkommenden Berufskombination zuwenden, die mehrere Teilarbeiten der Textilindustrie umfasst.

Bekannt ist das oft ausgesprochene soziale Postulat, das in Erinnerung an die Tätigkeit des Handwerkers die Selbständigkeit des Arbeiters erhöhen und sein Interesse an der Arbeit dadurch steigern will, dass man ihn mit verschiedenen, zum mindesten mit zwei oder drei Teilarbeiten seiner Industrie vertraut macht. Dieses Postulat scheint bei der hier befragten Arbeiterschaft in verhältnismäßig hohem Maße erfüllt zu sein; doch glaube ich, dass es eine nicht geringe Verdrehung des Sachverhaltes bedeuten würde, wenn man aus dieser Tatsache einen Schluss auf die wachsende Selbständigkeit der Arbeiterschaft und die Steigerung ihres Arbeitsinteresses zöge. Es soll nicht geleugnet werden, dass eine wenigstens teilweise Kenntnis des Produktionsprozesses einem intelligenten männlichen oder weiblichen Arbeiter seine Teilarbeit weniger unverständlich und darum – vielleicht – interessanter erscheinen lassen kann, und dass die Beherrschung meh-

---

sondern der ganzen Absicht dieser Erörterung entsprechend, werden nur die Punkte hervorgehoben, die mir, nach den Angaben der Leute selbst, für u n s e r e Fragestellung hier und für keine andere maßgebend scheinen.

rerer Teilarbeiten einen Arbeiter zukunftssicherer und damit wohl selbständiger macht. Doch hieße es den Wert einer solchen Berufskombination und vor allem die technische Verschiedenheit der einzelnen Teilarbeiten der Textilindustrie überschätzen, wenn an ihre Vereinigung in einer Hand weitergehende sozialpolitische Hoffnungen geknüpft würden.[53]

Wir wissen, dass eine Verbindung der beiden wirklich verschiedenen, sozusagen eine Individualität besitzenden Arbeiten, des Webens und des Selfactorspinnens nur in ganz vereinzelten Fällen vorkommt und haben uns auch die Ursachen der Trennung dieser beiden Berufe klar gemacht.[54]

Unter der »anderen Textilarbeit« der gelernten Arbeiterinnen haben wir meist angelernte Arbeit, unter derselben Bezeichnung bei den angelernten Arbeiterinnen oft gelernte Arbeit zu verstehen. Bei den ersteren handelt es sich also um »Aufstieg« der tüchtigen Mädchen, für den z. B. der Übergang der geschickten Streckerin zur Vorspinnerin typisch ist; bei den letzteren um eine »Degradierung« der unfähigeren. Ruft auch dieser »Aufstieg« und »Abstieg« innerhalb der Fabrik selbst Befriedigung oder Ärger hervor, so ist doch die Veränderung, die er in das Leben der Arbeiterin bringt, zu gering,[55] um einen wirklichen Einfluss auszuüben. Handelt es sich endlich bei der Kombination verschiedener Teilarbeiten der Textilindustrie nur um angelernte Arbeiten, z. B. Spulen und Zwirnen – Arbeiten, die meist sogar in demselben Saal ausgeführt werden, so ist von einer »Veränderung« eigentlich gar nicht mehr zu reden.[56]

Ich habe mich bemüht, die Ansichten der Arbeiter und Arbeiterinnen selbst über einen zeitweiligen, vielleicht vierteljährlich, vielleicht halbjährlich eintretenden Wechsel in ihrer Beschäftigung, natürlich innerhalb derselben Fabrik, festzustellen und durchweg den Eindruck gehabt, dass ein solcher Wechsel der überwiegenden Mehrzahl der Arbeiter und Arbeiterinnen unerwünscht sein würde. Selbstverständlich und eine natürliche Folge der innerlichen Stellung der Leute zu ihrer Arbeit ist es, dass jeder Wechsel unwillkommen sein würde, der auch nur die geringste Verminderung des Verdienstes mit sich brächte. War diese Furcht aber beseitigt, so entsprang die durchaus nicht verminderte Abneigung der Arbeiterschaft gegen einen Arbeitswechsel – wenigstens meinen dortigen Erfahrungen nach – einer recht starken Anhänglichkeit an den einmal gewohnten Arbeitsplatz und seine Umgebung, von dem man sich nur ungern trennte. »Man will doch genau wissen, wohin man gehört«, meinten die Arbeiterinnen; und es ist wahrscheinlich, dass sich in diesen Worten das Verlangen ausdrückt, innerhalb eines solchen Massenbetriebes, in einem von Menschen wimmelnden Arbeitssaal ein wohlbekanntes kleines Reich für sich zu haben, wenn es auch nur drei Schritte lang war und seine Grenzen aus leeren Kisten und Kasten bestanden.

---

53 In qualifizierten Industrien kann es natürlich anders sein.
54 Bei den ungelernten Arbeitern hat die früher ausgeführte gelernte Textilarbeit natürlich wieder ganz andere Bedeutung; bei ihnen handelt es sich, wie schon oben gesagt, um einen »Abstieg« der untüchtigen Elemente.
55 Namentlich, da sich der Lohn kaum ändert; vgl. Einleitung.
56 Ein Beweis dafür ist die Möglichkeit, bei der Lohnberechnung die angelernten Arbeiten zusammenzufassen, s. Teil II.

Die Abneigung der Arbeiterschaft gegen Arbeitswechsel kommt noch in der Tatsache zum Ausdruck, dass für mehrere unter ihnen das an sie gestellte Verlangen »verschiedene Arbeit« zu tun, Grund zum Verlassen einer früheren Stellung gewesen war. »Ich wollte doch bei dem bleiben, was ich gelernt hatte«, hieß es; und wenn wohl auch in einigen Fällen diese Abneigung wahrscheinlicherweise hauptsächlich in vermindertem Lohn begründet war, so musste doch bei anderen z. B. im Tagelohn arbeitenden Leuten, die Ursache dazu in anderen, den oben geschilderten ähnlichen »Stimmungen« zu suchen sein.

9. Die Gründe des Wechsels der Stellungen und Berufe

Im Allgemeinen war es nicht leicht, von der Arbeiterschaft die Gründe, die sie zum Wechsel der Stellungen oder der Berufe bewogen, deutlich zu erfahren.

Namentlich der doch immerhin häufig vorkommende Stellenwechsel ohne Berufswechsel war der dortigen Arbeiterschaft eine so selbstverständliche Tatsache, dass die Angabe irgendwelcher Gründe dafür als völlig »unnötig« erscheinen musste. Mochte auch in manchen Fällen die Verweigerung einer klaren Antwort auf die Frage nach den Gründen des Stellenwechsels durch bestimmte Motive in ganz bewusster Weise bedingt sein, so glaube ich doch, dass die immer wiederkehrenden lakonischen Sätze wie: Da hörte ich eben auf; da ging ich fort; da habe ich gekündigt; und ähnliches mehr, charakteristische Zeichen für die uns oft unbegreifliche Gleichgültigkeit sind, mit der das Proletariat seinen eigenen Lebensschicksalen gegenübersteht.[57]

Wenn wir auch hier wieder einen der schon bekannten Fälle haben, wo das Schweigen der befragten Leute zu deutlicher Antwort wird, die Auskunft über ihre innere Attitüde zu ihrer Lebenslage gibt, so sind doch auch einige der von ihnen angegebenen Gründe des Stellenwechsels interessant genug.

Weniger charakteristisch freilich, sowohl für die von uns behandelte Industrie wie für die dortige Arbeiterschaft ist das, ja wohl auch in anderen sozialen Schichten vorkommende Verlassen der Stellung wegen schlechtem Verdienst. Ebenso sind für uns diejenigen ziemlich vereinzelten Fälle belanglos, in denen der Stellenwechsel aus einer ganz konkreten Tatsache heraus erfolgte, wie aus dem Abbrennen oder Bankrottwerden der Fabrik. Von drei anderen oftmals wiederkehrenden Gründen glaube ich aber, dass sie sowohl für die hier behandelte Industrie sowie für die befragte Arbeiterschaft immerhin charakteristisch sind.

Der erste dieser Gründe wurde nur von den gelernten Spinnerinnen angegeben und bestand in einer Abneigung gegen die an sie in der betreffenden Fabrik gerichtete Forderung »alles selbst zu tun«; d. h. die sogenannten Neben- und Vorarbeiten des Spinnens zu besorgen, die leeren Spulen zu holen, die vollen selbst wegzutragen. Da diese Arbeiten leicht zu der Zeit verrichtet werden können, in der die Maschine läuft, brauchen sie bei einiger Geschicklichkeit und Umsicht der Arbeiterin keinen Lohnverlust im Gefolge zu haben. Ich glaube auch, dass die Unlust zu diesen Vorarbeiten weniger der Furcht vor dadurch hervorgerufe-

---

57 Da so viele Leute keine Gründe angaben, ist von der Zusammenstellung einer Tabelle abgesehen worden.

nem geringeren Verdienst entsprang, als einem ihnen wohl selbst ganz unklaren Gefühl einer mit dieser Vorarbeit verbundenen »Degradation« einerseits, und der Angst vor etwas größerer Ermüdung andererseits.[58]

Auch der zweite Grund hängt mit dem Wesen des Betriebes selbst zusammen und brachte eine Vorliebe der dortigen Arbeiterschaft, der männlichen sowohl wie der weiblichen, für große Betriebe in Gegensatz zu kleineren zum Ausdruck; eine Vorliebe, die mir auch sonst noch dort häufig entgegentrat und in anderem Zusammenhang eingehender besprochen werden wird. »Es war nicht schön in der Fabrik, sie war zu klein«, hieß es einige Male auf meine Fragen nach den Gründen, die für einen Stellenwechsel maßgebend waren.

Waren die beiden eben erwähnten Ursachen des Verlassens einer Stellung in der Organisation der Betriebe gelegen, so ist der dritte charakteristische Grund des Stellenwechsels im außerberuflichen Leben der dortigen Arbeiterschaft zu suchen. Die öfters auftretende Erscheinung, dass die gewollte oder ungewollte Kündigung eines Verwandten des Arbeiters oder der Arbeiterin für diese selbst zum Grund des Austritts wurde, kann wohl als vielleicht überraschendes Symptom eines in der dortigen Gegend noch bestehenden engen Familienzusammenhaltes gelten.[59]

Deutlicher als über die Gründe des Stellenwechsels war sich die befragte Arbeiterschaft über die Gründe des Berufswechsels klar, namentlich wenn derselbe einen gänzlich neuen Abschnitt ihres Lebens bezeichnete. So war es leicht, die allerdings ziemlich selbstverständlichen Gründe zu erfahren, die den früheren kleinen Handwerker oder Hausweber zur ungelernten Fabrikarbeit getrieben hatten. Bei letzteren war es natürlich die verlorene Arbeitsgelegenheit durch die Einführung der mechanischen Webstühle, bei ersteren ein irgendwie gearteter wirtschaftlicher Rückgang, bei beiden oft die Absicht, den Kindern eine gute Gelegenheit zum Verdienst zu geben.

Dass die ungelernte Arbeit der gelernten Arbeiter meist durch Arbeitslosigkeit, der Übergang des jugendlichen Handwerkers zum Fabrikarbeiter durch schlechte Zeiten bedingt ist, wurde schon mehrmals hervorgehoben; so wäre bei den Gründen des Berufswechsels der männlichen Arbeiter nur noch zu erwähnen, dass manche der früheren »Draußenarbeiter«, also städtische Arbeiter, Fuhrleute, deshalb zur Fabrik gekommen sein wollten, weil sie für andere Arbeit »zu alt und schwach« seien. Diese Auffassung der Fabrik als eines Altersasyls kann auf den ersten Augenblick wohl befremdend wirken; dagegen ist es leichter zu verstehen, dass der Handwerker seine oft nur scheinbare Selbständigkeit aufgibt, um als Fabrikhandwerker »eine sichere Einnahme« und »einen geregelten Tag« zu haben.

Da die weiblichen Arbeiter keinen Grund für ihren Wechsel unter verschiedenen Teilarbeiten der Textilindustrie angaben – dieser Wechsel ist auch meist nur im Mangel der Fabrik an bestimmt qualifizierten Arbeitskräften begründet – und,

---

58 Dass die Mädchen derartige Nebenarbeit wirklich beschämend finden, kommt komischerweise darin zum Ausdruck, dass Arbeiterinnen, die in verschiedenen Sälen oder auch in verschiedenen Fabriken arbeiten, wenn sie in Streit geraten, sich gegenseitig vorwerfen »sie müssten ja in ihrer Fabrik oder in ihrem Saal alles selbst tun«.

59 Wenn das Verlassen der Arbeitsstätte aus Scham etwa über die Entlassung des Angehörigen und deren Gründe erfolgt – wie es geschieht, – so ist diese Tatsache, wenn auch für uns verständlich, immerhin überraschend unter einer sittlich tief stehenden Arbeiterschaft, wie es diese war (vgl. Kapitel V).

wie wir wissen, der Übergang von der Näharbeit zur Fabrikarbeit in pekuniären Motiven zu suchen ist, bleibt uns hier nur noch übrig, auf die schon oben berührten Gründe einzugehen, die das Mädchen veranlassen, die Fabrikarbeit der häuslichen Arbeit vorzuziehen. Hierher gehören natürlich die allbekannten und bis zum Überdruss erörterten Tatsachen der geregelteren Arbeit und der größeren persönlichen Freiheit des Fabrikmädchens; ebenso der besseren Behandlung[60] in der Fabrik als im häuslichen Dienst, ein Unterschied, den eines der Mädchen in den immerhin deutlichen Worten zum Ausdruck brachte: »dass die Werkmeister lange nicht so grob seien wie die gnädigen Frauen«.

Wenn auch diese Angaben und noch mehr die öfters wiederkehrende Ansicht, dass häuslicher Dienst anstrengender und für die Sittlichkeit gefährdender sei als die Fabrikarbeit, als Gegensatz zu der meist herrschenden Meinung über die Stellung der Dienstmädchen nicht ohne Interesse sind, so möchte ich doch als für unsere Fragestellung wichtig zwei andere Gründe des Berufswechsels herausheben, die mir mehr in der Eigenart des kapitalistischen Großbetriebs begründet zu sein scheinen als die oben genannten Angaben.

Der erste dieser Gründe besteht in der Tatsache, die ja eigentlich als die letzte Ursache der ganzen Entstehung des Proletariats angesehen werden kann, nämlich in der ausschließlichen Geldentlohnung der Fabrikarbeit. Mag auch in einigen Fällen nachgewiesen sein, dass die Arbeiterin sich tatsächlich schlechter steht als das Dienstmädchen, so ist doch die Tatsache zum mindesten nicht zu bezweifeln, dass das Verdienst der letzteren eine viel geringere Unterstützung ihrer Familie bedeutet als der Lohn der ersteren, wenn sie bei ihren Eltern lebt.

Wichtiger, weil öfter von den Mädchen angeführt, erscheint mir der zweite Grund, der den Übergang von der häuslichen Arbeit zur Fabrikarbeit bedingte, und der sich teilweise mit dem berührt, was bei der inhaltlichen Charakterisierung des Berufswechsels über die Stellung des Dienstmädchens und der Fabrikarbeiterin gesagt wurde. Ich habe dort die Abneigung erwähnt, die die Fabrikarbeiterin gegen das Verlassen ihres gewohnten Arbeitsplatzes hat, und es ist wohl derselbe Wunsch nach Ungestörtsein bei der Arbeit, der ihnen die Fabrikarbeit begehrenswerter erscheinen lässt als die Hausarbeit, »weil man dabei nicht so viel herumgeschickt wird«.

»Wenn man seine Arbeit tut, sagt einem niemand den ganzen Tag lang ein Wort«, meinen die Mädchen befriedigt; und in der Tat, unter einem freundlichen Werkmeister hat die einmal erlernte Arbeit an der Maschine trotz ihrer wirklichen Unselbständigkeit einen größeren Anschein von Selbständigkeit als die Arbeit im Hause, die weit mehr von augenblicklichen Befehlen beherrscht ist.

Indem wir so die Gründe des Stellen- und Berufswechsels besprachen, haben wir schon verschiedene Male Dinge berührt, die mit der subjektiven Stellungnahme der Arbeiterschaft zu ihrer Arbeit zusammenhängen, also mit dem letzten Licht und Schatten, den wir unserem Bild des Berufsschicksals der Arbeiterschaft noch hinzufügen müssen. Doch bevor wir zu diesen letzten Fragen übergehen,

---

[60] Selbst die kulturell noch wenig vorgeschrittenen Arbeiterinnen empfanden die Bezeichnung »Dienstmädchen« als beschämend und gebrauchten sie nicht.

müssen wir durch die Erörterung der Dauer der zur Zeit der Enquete innegehabten Stellung die Schilderung des Berufsschicksals der Arbeiterschaft vollenden.

10. Die Dauer der Stellung in der Fabrik

Wir können uns hierbei freilich kurz fassen: denn nachdem wir im ersten Abschnitt Mobilität und Stabilität der gesamten Arbeiterschaft im Laufe der letzten 20 Jahre eingehend besprochen haben, bleibt uns hier nur noch übrig, diese Frage zu Alter und durchschnittlicher Berufsdauer der befragten Arbeiterschaft in Beziehung zu setzen. So zeigt auch Tabelle 23 wieder dieselbe Einteilung der Arbeiterschaft in verschiedene Altersklassen mit durchschnittlicher Berufsdauer, die auch bei der Erörterung der übrigen Komponenten des äußeren Berufsschicksals der Arbeiterschaft vorgenommen wurde. Für die beiden ersten Altersklassen stellen wir fest, ob die Stellung in der »Gladbacher Spinnerei und Weberei« mehr oder weniger als die Hälfte des Berufslebens ausgefüllt hat. Für die zwei letzten Alterskategorien wird berechnet, ob die betreffenden Arbeitskräfte weniger als 1/3, weniger als 2/3 oder mehr als 2/3 ihres Berufslebens in der »Gladbacher Spinnerei und Weberei« verbrachten.

Wie schon oben gesagt, kann uns die vorliegende Tabelle keine wesentlich neuen Tatsachen bieten; ihre Resultate müssen vielmehr als teilweise selbstverständliche Ergänzung dessen aufgefasst werden, was uns aus früheren Zusammenstellungen über das Berufsschicksal der Arbeiterschaft bekannt ist. So kann es uns im Hinblick auf die Häufigkeit des Stellenwechsels bei der befragten Arbeiterschaft nicht wundernehmen, dass in allen Altersklassen die Prozentzahl derjenigen die größte ist, die weniger als die Hälfte resp. weniger als ein Drittel ihres Berufslebens in derselben Fabrik gearbeitet hatten. Selbstverständlich ist es aber auch ferner, dass die Stabilität der Arbeiterschaft nach dem 30. Lebensjahr stark zunimmt und entsprechend die Prozentzahl derjenigen Leute wächst, die mehr als die Hälfte, ja mehr als zwei Drittel ihres Berufslebens in der »Gladbacher Spinnerei und Weberei« zugebracht haben.[61] Von den 14- bis 30jährigen Leuten waren 84 % weniger als die Hälfte ihres Berufslebens in der »Gladbacher Spinnerei und Weberei« gewesen; von den älteren Leuten dagegen hatte ein Viertel mindestens die letzten zwei Drittel ihres Berufslebens in derselben Fabrik verbracht.

Schon bei einigen früheren Zusammenstellungen konnten wir die Beobachtung machen, dass die Berufsschicksale der 22- bis 30jährigen männlichen und weiblichen Arbeiter größere Unterschiede zeigen, als dies in anderen Altersklassen der Fall ist. Auch für die Dauer der Stellung in der Fabrik trifft diese Behauptung zu. Während die weniger als 21 Jahre alten Arbeiter und Arbeiterinnen in Bezug auf diesen Faktor ihres Berufsschicksals ebenso wenig differieren, wie in Bezug auf frühere Komponenten desselben, hatten von den 22- bis 30jährigen Arbeitern nur 4,3 %, von den Arbeiterinnen desselben Alters dagegen 21,1 % mehr als die Hälfte ihres Berufslebens in der »Gladbacher Spinnerei und Weberei« gearbeitet. Nach dem 30. Lebensjahr nimmt die Stabilität der männlichen Arbeiter gleichmäßig

---

61 Hier ist natürlich auf das zu verweisen, was in Abschnitt I, Kapitel I über Mobilität und Stabilität der Arbeiterschaft gesagt wurde. Wir können hier kurz sein, weil alles dort Gesagte hier herangezogen werden muss.

Tabelle 23: Dauer der Stellung in der Fabrik

	Vom 14.–21. Lebensjahr Berufsdauer: 3 Jahre			Vom 22.–30. Lebensjahr Berufsdauer: 11 ½ Jahre			Vom 31.–40. Lebensjahr Berufsdauer: 21 ½ Jahre			Vom 41.–70. Lebensjahr Berufsdauer: 36 ½ Jahre		
	Weniger als 2 Jahre / %	Über 2 Jahre / %		Bis 6 Jahre / %	Über 6 Jahre / %		Bis 8 Jahre / %	Bis 12 Jahre / %	Über 12 Jahre / %	Bis 12 Jahre / %	Bis 24 Jahre / %	Über 24 Jahre / %
Handwerker	5 od. 62,5	3 od. 37,5		7 od. 100,0	–		5 od. 45,4	5 od. 45,4	1 od. 9,2	5 od. 38,4	3 od. 23,2	5 od. 38,4
Werkmeister	–	–		–	–		3 od. 42,8	4 od. 57,2	–	5 od. 50,0	2 od. 20,0	3 od. 30,0
Weber	29 od. 80,6	7 od. 19,4		9 od. 100,0	–		7 od. 87,5	–	1 od. 12,5	3 od. 18,7	3 od. 18,7	10 od. 62,5
Spinner	23 od. 85,2	4 od. 14,8		10 od. 83,3	2 od. 16,7		3 od. 50,0	–	3 od. 50,0	5 od. 38,4	1 od. 7,7	7 od. 53,8
Rauher, Passierer, Schlichter	9 od. 81,8	2 od. 18,2		4 od. 100,0	–		1 od. 100,0	–	–	4 od. 66,6	1 od. 16,7	1 od. 16,7
Batteur, Mischung, Karden	22 od. 95,6	1 od. 4,4		6 od. 100,0	–		3 od. 60,0	2 od. 40,0	–	13 od. 81,2	3 od. 18,8	–
Hofarbeiter, Packer, Öler	16 od. 100,0	–		9 od. 100,0	–		2 od. 50,0	–	–	15 od. 50,0	10 od. 33,3	5 od. 16,7
Weberinnen	13 od. 68,5	6 od. 31,5		2 od. 33,3	4 od. 66,6		–	–	1 od. 100,0	3 od. 75,0	–	1 od. 25,0
Ringspinnerinnen	75 od. 91,4	7 od. 8,6		18 od. 94,7	1 od. 5,3		3 od. 60,0	1 od. 20,0	1 od. 20,0	1 od. 50,0	1 od. 50,0	–
Vorspinnerinnen	30 od. 76,9	9 od. 23,1		17 od. 85,0	3 od. 15,0		6 od. 37,5	2 od. 12,5	8 od. 50,0	3 od. 27,2	3 od. 27,2	5 od. 45,5
Haspelrinnen	35 od. 83,3	7 od. 16,7		7 od. 43,8	9 od. 56,2		–	2 od. 66,6	1 od. 33,3	1 od. 100,0	–	–
Kreuzspulerinnen	5 od. 83,3	1 od. 16,7		6 od. 85,7	1 od. 14,3		1 od. 50,0	1 od. 50,0	–	2 od. 66,6	–	1 od. 20,0
Spulerinnen	7 od. 77,7	2 od. 22,3		3 od. 100,0	–		2 od. 66,6	–	1 od. 33,3	–	–	1 od. 33,3
Zwirnerinnen	3 od. 50,0	3 od. 50,0		6 od. 85,7	1 od. 14,3		5 od. 100,0	–	–	5 od. 100,0	–	–
Streckerinnen	9 od. 100,0	–		10 od. 100,0	–		2 od. 40,0	1 od. 20,0	2 od. 40,0	–	–	–
Ungelernte Arbeiterinnen	4 od. 80,0	1 od. 20,0		2 od. 100,0	–		24 od. 57,1	11 od. 24,7	2 od. 40,0	11 od. 78,5	3 od. 21,5	–
Männliche Arbeiter	104 od. 85,9	17 od. 14,1		45 od. 95,7	2 od. 4,3		24 od. 57,1	11 od. 24,7	7 od. 16,6	50 od. 48,0	23 od. 22,1	31 od. 29,0
Weibliche Arbeiter	181 od. 83,4	36 od. 16,6		71 od. 78,8	19 od. 21,1		19 od. 47,5	7 od. 17,5	14 od. 35,0	26 od. 63,4	7 od. 17,0	8 od. 19,5
Alle Arbeitskräfte	285 od. 84,3	53 od. 15,7		116 od. 84,0	22 od. 16,0		43 od. 52,4	18 od. 21,9	21 od. 25,6	76 od. 52,5	30 od. 20,7	39 od. 26,9

zu, so dass von den 31- bis 40jährigen Leuten 16,6 %, von den 41- bis 70jährigen Leuten 29 % mehr als zwei Drittel ihres Berufslebens in der »Gladbacher Spinnerei und Weberei« gearbeitet haben. Die weiblichen Arbeiter der höchsten der von uns gebildeten Altersklassen sind weit weniger stabil, nur 19,5 % unter ihnen waren länger als 24 Jahre, 17 % zwischen 12 und 24 Jahre in der Fabrik beschäftigt gewesen. Können wir also sagen, dass bei den männlichen Arbeitern die Dauer der Stellung relativ zur Berufsdauer von der ersten auf die zweite Altersklasse sinkt und von da ab mit steigendem Alter stetig wächst, so haben wir bei den weiblichen Arbeitern eine Zunahme der Stellungsdauer relativ zur Berufsdauer bis zum 40. Lebensjahr, dann aber wieder eine, wenn auch nur geringe Abnahme derselben.

Auch die Arbeiter und Arbeiterinnen der einzelnen Gruppen unterscheiden sich in Bezug auf die Dauer ihrer Stellung in der Fabrik voneinander.

Um früher Gesagtes hier nicht wiederholen zu müssen, kann man vielleicht am besten kurz darauf hinweisen, dass die Stabilität der Arbeiter mit ihrer Qualifiziertheit wächst.[62] Nach einem, wie wir wissen ziemlich bewegten Berufsleben in jüngeren Jahren scheint der über 30 und namentlich der über 40 Jahre alte Weber und Spinner gerne in der einmal eingenommenen Stellung zu bleiben. So waren von den über 40 Jahre alten Webern 62 %, von den Spinnern desselben Alters 53 % mehr als zwei Drittel ihres Berufslebens in der »Gladbacher Spinnerei und Weberei« gewesen; auch bei den weiblichen Arbeitern steht die Dauer der Stellung in der Fabrik in einem Zusammenhang mit der Qualifiziertheit ihrer Arbeit; so sind die gelernten Arbeiterinnen stabiler als die angelernten; unter den ersteren sind, wie auch schon bekannt, die Weberinnen am stabilsten, unter letzteren die Streckerinnen am mobilsten.

Über die wahrscheinlichen Gründe der verschiedenen Stellungsdauer der einzelnen Arbeitergruppen und über die Bedeutung, die eine stabile Gruppe für den Betrieb hat, ist schon im ersten Abschnitt gesprochen worden. Hier, wo es sich ja hauptsächlich um die Bedeutung des Berufsschicksals, für das Innenleben der Arbeiterschaft handelt, ist noch auf die Tatsache aufmerksam zu machen, dass dieselbe Fabrik im Laufe eines Berufslebens zweimal, ja oft dreimal wieder aufgesucht wurde. Ein solches Hin- und Herwandern zwischen denselben Fabriken, das geeignet ist, dem Stellenwechsel jede Bedeutung als »Veränderung« im Leben der Arbeiterschaft zu nehmen, kam hauptsächlich bei den gelernten Arbeiterinnen vor: so waren 14,8 % der Ringspinnerinnen, 22,6 % der Vorspinnerinnen mehr als einmal im Laufe ihres Berufslebens in der »Gladbacher Spinnerei und Weberei« beschäftigt gewesen.

Als beinahe typisch, für die dortige Arbeiterschaft wenigstens, möchte ich es bezeichnen, dass die gelernte Arbeiterin nach vollendeter »Berufslehre« ihre erste Stellung verlässt, eine zweite und vielleicht auch dritte Stellung annimmt, nach ihrer Heirat aber wieder in diejenige Fabrik zurückkehrt, in der sie ihre Lehrzeit durchgemacht hat.

Es ist natürlich leicht verständlich, dass die Betriebsleitung Arbeitskräfte, die in der Fabrik selbst gelernt hatten, anderen bei einer späteren Bewerbung vorzieht; daneben scheinen aber auch die Arbeiterinnen selbst gerne in ihre erste Stellung

---

62 Vgl. Abschnitt I, Kapitel I, 7: Die Mobilität und Stabilität der einzelnen Arbeitergruppen.

zurückzukehren. »Es ist am besten da, wo man gelernt hat«, meinten sie. Warum es da am besten ist, können sie freilich nicht angeben; es scheint sich dabei um irgendwelche, ihnen selbst unklare Gemütsstimmungen zu handeln. Man möchte annehmen, dass die am besten innerlich und äußerlich angepasst an das Milieu und die Art der Betriebsführung sind.

Aus diesen Tatsachen heraus ist es verständlich, dass eine ziemlich große Anzahl der zur Zeit der Enquete in der Fabrik beschäftigten Arbeiter und Arbeiterinnen in der Fabrik selbst gelernt hatten. Von den Ringspinnerinnen und Vorspinnerinnen waren es fast die Hälfte; von den Weberinnen noch erheblich mehr: 73,3 %.[63] Auch unter den männlichen Arbeitern hatten 44,9 % der Weber und 67,2 % der Spinner in der »Gladbacher Spinnerei und Weberei« gelernt.[64]

11. Die Zusammenfassung der Berufsschicksale

Wir stellen hier noch einmal ganz kurz und systematisch die Resultate zusammen, die sich in diesem und dem vorhergehenden Abschnitt bei der Erörterung von Alter, Provenienz und Berufsschicksal als Auslesefaktoren der Spinnerei und Weberei und ihrer einzelnen Arbeitskategorien ergeben haben.[65]

Wir wollen dabei soweit als möglich ein »typisches« Bild, das sich aus den oben genannten Faktoren zusammensetzt, geben und zwar erstens: für die gesamte Arbeiterschaft; zweitens: für männliche und weibliche Arbeiter gesondert; drittens: für Spinner und Weber; viertens: für gelernte und angelernte Arbeiterinnen.[66]

I. Unter der gesamten Arbeiterschaft der Fabrik sind die 17- bis 30jährigen Leute am stärksten vertreten; auch die größte Zahl der im Laufe eines Jahres neu eintretenden und austretenden Arbeitskräfte stehen zwischen dem 17. und 30. Lebensjahr. Über 40 und namentlich über 50 Jahre alte Leute sind nur in geringer Anzahl in der Fabrik beschäftigt, doch scheint sich die Brauchbarkeit sowohl wie die Eintrittschancen der Arbeitskräfte dieses Alters im Laufe der letzten 20 Jahre langsam zu heben.

---

63 Bei den »angelernten« Arbeitskategorien hat das Lernen natürlich nicht diese Bedeutung.
64 Es sollten hier nur die Tatsachen des Berufsschicksals der Leute geschildert werden und deshalb ist alles fortgelassen, was zu derselben Zeit in ihrem außerberuflichen Leben sich ereignete, wie Dienstpflicht oder Heirat. Auch die Arbeiterin ist in diesem Kapitel so viel als möglich nur als »Arbeitskraft« angesehen worden. Dies war freilich um so leichter, als die hier behandelten weibliche Arbeiterschaft zum überwiegenden Teil aus »Berufsarbeiterinnen« bestand, deren Berufsleben sich mit dem der Arbeiter leicht vergleichen lässt und deren Verheiratet- oder Unverheiratetsein keinen entscheidenden Einfluss auf ihr Berufsleben ausübt.
65 Diese Zusammenfassung, die die hauptsächlichsten Ergebnisse des ersten Hauptteils dieser Arbeit zu »Typen« zu vereinigen versucht, passt wohl am besten an diese Stelle. Die nun noch folgenden Kapitel des ersten Teils betreffen vorwiegend das außerberufliche Leben der Arbeiterschaft, sind also von unserem Gesichtspunkt aus als Schilderung der »Anpassung« der Arbeiter an die durch die Industrie gegebenen Verhältnisse zu betrachten.
66 Diese Auswahl ist getroffen worden, weil erstens Weber und Spinner die beiden für unsere Fragestellung wichtigsten Gruppen sind und weil sie sowohl wie die beiden Kategorien der gelernten und der angelernten Arbeiterinnen auch in den Darstellungen des zweiten Teils dieser Arbeit wiederkehren. Dort wird oft auf die hier gewonnenen Resultate, namentlich soweit sie Schlüsse auf das Kulturniveau der Leute erlauben, hingewiesen werden müssen.

Die überwiegende Mehrzahl der Arbeiter und Arbeiterinnen sind in der Rheinprovinz geboren;[67] das übrige Preußen und das nichtpreußische Deutschland haben eine sehr geringe Bedeutung als Rekrutierungsgebiete der Arbeiterschaft; dagegen hat die Zahl der in der Fabrik beschäftigten Ausländer, namentlich der Holländer, in den letzten zwei Jahrzehnten langsam aber stetig zugenommen.

Die Auslese nach der örtlichen Provenienz hat sich im Laufe der letzten 20 Jahre dahin entwickelt, dass Kleinstädter mehr und mehr an die Stelle von Dörflern und Landstädtern treten. Die Zahl der Mittelstädter (M.-Gladbacher) ist natürlich die größte von allen.

Die Arbeiterschaft stammt vorwiegend von Textil- und Fabrikarbeitern ab.

Neben einer deutlichen Tendenz zum Verbleiben in Stellung, Heimatort und Beruf wird das bei der gesamten Arbeiterschaft am häufigsten vorkommende Berufsschicksal durch ein Arbeiten in zwei bis fünf Stellungen an ebenso vielen Orten und durch die Unterbrechung des Hauptberufes durch einen anderen charakterisiert.

II Verglichen mit dem Gesamtresultat, erscheint das Durchschnittsalter der **männlichen Arbeiter** etwas höher, das der **weiblichen Arbeiter** etwas niedriger. Bei beiden Geschlechtern stand der größte Prozentsatz der im Laufe eines Jahres ein- und Austretenden zwischen dem 17. und 30. Lebensjahr; nach dem 40. Lebensjahr sind die Eintrittschancen für die Arbeiter besser als für die Arbeiterinnen, nach dem 50. Lebensjahr für beide verschwindend klein. Jugendliche und über 40 Jahre alte Arbeiter und Arbeiterinnen sind sehr stabil, die 17- bis 30jährigen Leute am mobilsten von allen.

Während die Entfernungsprovenienz beider Geschlechter fast die gleiche ist (der einzige größere Unterschied betrifft die Zahl der Ausländer), unterscheiden sie sich in Bezug auf ihre Ortsgrößenprovenienz voneinander. Der zweitgrößte Bruchteil der Arbeiterinnen sind Landmädchen; bei den Arbeitern übertrifft nur noch die Zahl der Mittelstädter (M.-Gladbacher) die der in Kleinstädten geborenen Leute.

Ebenso wie in der örtlichen, machen sich auch in der sozialen Provenienz beider Geschlechter Unterschiede geltend, die auf ein tieferes Kulturniveau der Arbeiterinnen im Vergleich zu den Arbeitern schließen lassen; so stammt von den ersteren ein größerer Prozentsatz von Fabrikarbeitern und unqualifizierten Berufstätigen ab als dies bei letzteren der Fall ist.

Unterschiede in der wirtschaftlichen Situation der Familien der Arbeiter und der Arbeiterinnen sprechen sich auch in den Gründen der Berufswahl aus, die bei den Arbeitern zum größten Teil aus »persönlichen«, bei den Arbeiterinnen aus »pekuniären« Gründen erfolgt.

Das Berufsschicksal der männlichen Arbeiter ist in Bezug auf seine beiden Komponenten des Stellen- und namentlich des Ortswechsels bewegter als das der weiblichen Arbeiter; für letztere ist das Arbeiten in zwei bis fünf Stellungen in M.-Gladbach selbst typisch; für die ersteren das Arbeiten in zwei

---

67 Selbstverständlich ist es, dass hier von allen Ausnahmen abstrahiert, und nur die am häufigsten vorkommenden Tatsachen zusammengestellt werden. Die Angaben über Alter und geographische Provenienz gelten, wie wir wissen, für die letzten 20 Jahre.

bis fünf Stellungen an ebenso vielen Orten; doch kommt bei ihnen auch noch häufigerer Orts- und Stellenwechsel vor. Suchen wir einen Zusammenhang des Stellenwechsels mit der Berufsdauer, also dem Alter der Arbeitskräfte festzustellen, so ergibt sich: Bei den männlichen Arbeitern wächst die Häufigkeit des Stellenwechsels im Verhältnis zur Berufsdauer bis zum 40. Lebensjahr und nimmt erst nach dieser Altersgrenze entschieden ab. Bei den Arbeiterinnen setzt schon nach dem 21., vor allem aber nach dem 30. Lebensjahr eine große Betriebsstabilität ein. Eine Erklärung der verschiedenen Häufigkeit des Stellenwechsels bei männlichen und weiblichen Arbeitern verschiedenen Alters hätte wohl vor allem an die Tatsache anzuknüpfen, dass das Heiratsalter der Frau niedriger ist als das des Mannes und dass sie nach dem 24. oder 25. Lebensjahr unter ganz anderen ökonomischen Bedingungen steht als dieser. Bleibt die Arbeiterin unverheiratet, so ist sie in der Überzahl der Fälle auf sich allein angewiesen und ein Ausfallen des Verdienstes wäre ihr sehr nachteilig. Hat sie doch, im Gegensatz zum jüngeren Mädchen nur wenig Chancen, in etwas höherem Alter in häusliche Dienste treten zu können. Die ältere verheiratete Frau geht meistens nur aus Not zur Fabrik und wird sehr ungern das Risiko der Stellenlosigkeit auf sich nehmen (zu vgl. Abschnitt I, Kapitel I, 7).

Der Berufswechsel ist bei beiden Geschlechtern gleich häufig, entfällt aber auf verschiedene Jahre. Bei den weiblichen Arbeitern ist die Häufigkeit des Berufswechsels im Verhältnis zur Berufsdauer zwischen dem 21. und 30. Lebensjahr am größten, bei den männlichen Arbeitern zwischen dem 31. und 40. Lebensjahr. Da auch die Unterschiede in der Häufigkeit des Ortswechsels bei beiden Geschlechtern in diesen beiden Jahrzehnten am größten sind, so lässt sich wohl die Entwicklung des Berufsschicksals der männlichen und weiblichen Arbeiter folgendermaßen vergleichen: Während die Berufsschicksale der jugendlichen Arbeiter und Arbeiterinnen sich so gut wie gar nicht unterscheiden, umschließt das Jahrzehnt vom 21. bis 30. Lebensjahr die Zeit der größten Veränderungen im Berufsschicksal der Arbeiterinnen; nach dem 30. Lebensjahr wird ihr Berufsleben einförmig. Bei den Arbeitern dagegen bedeutet erst das 31. bis 40. Lebensjahr die bewegteste Periode ihres Berufsschicksals. Nach dem 40. Lebensjahr, das ja überhaupt bei der Arbeiterbevölkerung eine Grenze bedeutet, mit deren Überschreitung das »Alter« anfängt, ist bei beiden Geschlechtern das Berufsschicksal durch große Stabilität charakterisiert. Für männliche und weibliche Arbeiter ist die Unterbrechung ihres Hauptberufes durch e i n e n anderen typisch. Neben der »anderen Textilarbeit«, die bei Arbeitern und Arbeiterinnen am häufigsten als »zweiter Beruf« vorkommt, handelt es sich dabei für die Arbeiter um ungelernte Fabrikarbeit, für die Arbeiterinnen um häusliche Dienste.

Bei männlichen sowohl wie weiblichen Arbeitern nimmt der Stellenwechsel mit steigender Qualifiziertheit der Arbeit zu, der Berufswechsel ab, so dass sich ein deutlicher Zusammenhang zwischen Q u a l i f i z i e r t h e i t der Arbeit, B e r u f s s t a b i l i t ä t und B e t r i e b s w e c h s e l nachweisen lässt. Die größte Berufsstabilität bei größerer Qualifiziertheit des Arbeiters ist wohl leicht erklärlich: die im steigenden Maße den Charakter des »Berufes« annehmende Tätigkeit wird immer ausschließlicher einzige Lebensarbeit eines Menschen. Der häufigere Stellenwechsel der qualifizierten Arbeitskräfte kann wohl einerseits als Kompensation der Monotonie des Berufslebens aufgefasst werden, die den intellektuell entwickelteren Menschen deutlicher zum Bewusstsein kommt. (Zu vgl. Abschnitt I, S. 126.) Außerdem findet wohl auch der gelernte Arbeiter leichter wieder eine neue Stellung als der ungelernte, da er ja im Notfall mit letzterem in ungelernter Arbeit konkurrieren kann (vgl. Berufskombination), dieser aber natürlich nie mit ihm.[68]

III. Die – nach unserem Material wenigstens – »typischen« Weber und Spinner unterscheiden sich nach Alter, Herkunft und Berufsschicksal ziemlich stark voneinander.

Das Durchschnittsalter der Spinner ist viel geringer als das der Weber; letztere gehören zu denjenigen Arbeiterkategorien, in denen auch über 30 und über 40 Jahre alte Arbeiter noch gute Eintrittschancen haben, bei ersteren ist dagegen die größte Zahl der im Laufe eines Jahres neu eingetretenen Leute zwischen 14 und 21 Jahre alt. Diese Verschiedenheit in dem Altersaufbau beider Gruppen ist vor allem dadurch bedingt, dass die Zahl der Spinner eine geringe, die ihrer Hilfskräfte dagegen (die wir alle unter denselben Namen zusammenfassen, vgl. Einleitung S. 126) eine große ist. Selbstverständlich sind die Hilfskräfte vorwiegend jüngere Leute. Da sie hoffen, später in derselben Fabrik zum Spinner zu avancieren, werden sie meist schon nach dem 30. Jahre sehr stabil; die Weber dagegen zeigen bis zum 40. Jahre eine große Mobilität.

Die Unterschiede der Entfernungsprovenienz beider Gruppen sind erheblich; die Spinner stammen ganz vorwiegend aus Stadt und Landkreis M.-Gladbach, unter den Webern findet sich dagegen eine größere Zahl nicht rheinländischer, vor allem ausländischer Arbeiter als in irgendeiner anderen Arbeitergruppe. In Bezug auf die Ortsgrößenprovenienz sind die Unterschiede kleiner; immerhin sind die Orte mit weniger als 5.000 Einwohnern für die Rekrutierung der Weber von größerer Bedeutung als für die der Spinner. Nach geographischer und örtlicher Provenienz verschieden, haben die Gruppen der Spinner und Weber eine ähnliche berufliche Provenienz. In beiden Gruppen machen die Söhne von Textil- und Fabrikarbeitern den größten Bruchteil der Arbeiter aus; verhältnismäßig wenige Weber und Spinner stammen von Landleuten ab.

Wenn auch von den Webern vorwiegend »persönliche«, von den Spinnern »pekuniäre« Gründe ihrer Berufswahl angegeben wurden, gestaltet sich doch das Berufsschicksal der gelernten Akkordarbeiter sehr ähnlich. Bei Webern und Spinnern kommt ein zwei- bis fünfmaliger Ortswechsel am häufigsten vor, der von einem ebenso großen, oder von einem sechs- bis neunmaligen Stellenwechsel begleitet ist. Bei beiden Arbeiterkategorien ist die Berufsstabilität sehr groß, doch kommt bei den Spinnern noch öfters ein Ausüben von zwei Berufen in zwei bis fünf Stellungen in Betracht; dieser zweite Beruf ist in den meisten Fällen ungelernte Fabrikarbeit.

---

68 Bei einer hoch qualifizierten Arbeiterschaft wie die Buchdrucker Deutschlands scheint die Häufigkeit des Stellenwechsels wiederum vermindert zu sein, verglichen mit den von mir untersuchten Handwerkern und Webern; ein Beweis, dass die oben gemachten Ausführungen nicht auf jede beliebige Arbeiterschaft übertragen werden dürfen. Zu vgl. Walter Abelsdorff, Beiträge zur Sozialstatistik der deutschen Buchdrucker, Volkswirtschaftl. Abhandlungen der badischen Hochschulen, IV. Band.

Um ein noch deutlicheres Bild von dem Berufsschicksal der qualifizierten Akkordarbeiter zu erhalten, vergleichen wir es mit dem der Handwerker einerseits, mit dem der ungelernten Arbeiter andererseits. Die Handwerker sind fast gänzlich berufsstabil, dafür aber in allen Altersklassen sehr geneigt, einen Betrieb mit dem anderen zu vertauschen. Im Verhältnis zur Berufsdauer berechnet, wechseln die 31- bis 40jährigen Handwerker am häufigsten ihre Stellung. Dagegen lässt sich bei den ungelernten Arbeitern nur für die weniger als 21jährigen Leute von einem Stellenwechsel reden. In Bezug auf ihre Betriebsstabilität in verschiedenem Lebensalter stehen also die gelernten Arbeiter zwischen den beiden eben besprochenen Kategorien; der im Verhältnis zur Berufsdauer häufigste Stellenwechsel entfällt bei den Spinnern auf die Zeit zwischen dem 22. bis 40. Lebensjahr. Sagten wir oben, dass die Betriebsstabilität sich umgekehrt proportional zur Qualifiziertheit der Arbeit verhalte, so können wir jetzt dies Resultat noch durch die Feststellung ergänzen, dass diese Stabilität nicht nur absolut größer wird, sondern auch zeitlich desto früher einsetzt, je unqualifizierter der Arbeiter ist.[69]

IV. Gelernte und angelernte Arbeiterinnen unterscheiden sich durch ihren Altersaufbau insofern, als die überwiegende Mehrzahl der letzteren zwischen dem 17. und 30. Lebensjahr steht, während sich unter den gelernten Arbeiterinnen sowohl Gruppen mit niedrigerem Durchschnittsalter (Ringspinnerinnen) als mit höherem Durchschnittsalter (Vorspinnerinnen) finden.

Geographische, örtliche und soziale Provenienz sind bei gelernten und angelernten Arbeiterinnen gänzlich verschieden. Diese Unterschiede lassen sich kurz dahin ausdrücken, dass die gelernten Arbeiterinnen vorwiegend »echte Proletarierinnen«, die angelernten Arbeiterinnen vorwiegend Landmädchen sind. Erstere stammen größtenteils aus Stadt und Landkreis M.-Gladbach, also aus der Mittelstadt; letztere aus der südlichen Rheinprovinz, aus Orten mit weniger als 1.000 Einwohnern. Entsprechend finden wir unter den ungelernten Arbeiterinnen viele Töchter von Bauern, unter den gelernten Arbeiterinnen Töchter von Fabrikarbeitern und unqualifizierten Berufstätigen.

Diese verschiedene Provenienz der gelernten und angelernten Arbeiterinnen macht uns auch ihr verschiedenes Berufsschicksal verständlich. Die gelernten Arbeiterinnen wechseln häufig die Stellung, selten den Beruf und am seltensten den Wohnort. Bei den angelernten Arbeiterinnen geht Stellen-, Orts- und Berufswechsel meistens Hand in Hand. Während die gelernten Arbeiterinnen sehr berufsstabil sind, kommt in den Berufsschicksalen der angelernten Arbeiterinnen der Beruf des Dienstmädchens oft vor.

Diese kurze Übersicht hat nochmals gezeigt, dass die hauptsächlichsten Arbeiter- und Arbeiterinnengruppen der Spinnerei und Weberei sich in Bezug auf Alter, Provenienz und Berufsschicksal voneinander unterscheiden. Diese deutlichen Unterschiede als zufällige anzusehen, ist wohl nicht möglich; wir sind daher berechtigt, eine »Auslese« als wirksam anzunehmen, die Leute bestimmten Alters und bestimmter Provenienz den einzelnen Arbeitskategorien mit ihren charakteristisch verschiedenen Berufsschicksalen zuführt.

---

69 Dabei ist freilich für gelernte und ungelernte Arbeiter Berufsstabilität vorausgesetzt.

Drittes Kapitel
Die Werkstatt-Gemeinschaft

1. Die Gruppenbildung innerhalb der Arbeiterschaft

Wir haben auf den vorigen Blättern die Schilderung des Berufsschicksals der Arbeiterschaft zu Ende geführt, die Arbeiter und Arbeiterinnen auf ihrem Lebensweg bis zu der Stellung hin begleitet, die sie zur Zeit der Enquete in der Fabrik selbst innehatten. Die letzte Frage, die wir uns in diesem Zusammenhang noch vorzulegen haben, lautet: Wie gestaltet sich nun das Leben der Arbeiterschaft innerhalb der Fabrik? Welche Prägung erfährt es durch den technisch-organisatorischen Apparat, dem die Arbeiter eingegliedert sind?

Um der Beantwortung dieser Frage näher zu kommen, müssen wir von der uns längst bekannten Tatsache ausgehen, dass die große Arbeitermasse des Betriebes kein einheitliches Ganzes ist, sondern in einzelne Arbeitskategorien zerfällt, die sich vor allem je nach der Art der Teilarbeit, um die es sich dabei handelt, voneinander unterscheiden. Diese durch die Verschiedenheit der Arbeitsleistung bedingte Gruppenbildung innerhalb der Fabrik, die wir angenommen haben, ist aber nicht nur unter unserem Gesichtspunkt der Auslese von Bedeutung, sondern spielt im Leben der Arbeiterschaft eine Rolle. Die Arbeitskategorie wird dadurch zur »sozialen Gruppe«, dass die mit derselben Teilarbeit beschäftigten Arbeiter oder Arbeiterinnen sich untereinander und den anderen gegenüber als Einheit fühlen.

Diese von vornherein sicherlich nicht ganz selbstverständliche Erscheinung kann uns durch das, was wir über die Verschiedenheit von Abstammung und Lebensschicksal der Arbeiter der verschiedenen Arbeitskategorien wissen, begreiflicher werden. Man möchte versucht sein, die »soziale« Gruppenbildung innerhalb der Fabrik als indirekten Beweis der Auslese anzusehen, die die einzelnen Arbeitskategorien an der Arbeiterschaft vornehmen und die das Gleichartige zu gleicher Arbeit zusammenführt. So wird die Verschiedenheit von Herkunft und Schicksal der Leute nicht nur zum Auslesefaktor der einzelnen Arbeitskategorien, sondern auch ein wichtiger Faktor der Fabrikgemeinschaft.

Erinnern wir uns an die »typischen« Merkmale jeder Arbeitskategorie in Bezug auf geographische und soziale Provenienz, Alter und Berufsschicksal, so ist es leicht zu erklären, dass jede dieser Arbeitskategorien sich als einheitliche Gruppe fühlt, die durch ähnliche Herkunft und ähnliche Sitten zusammengehalten wird und etwaige Fremdkörper zur Anpassung an sich zwingt.[70]

Aus diesen Tatsachen heraus ist es zu verstehen, dass die einzelnen Säle der Fabrik einen bestimmten Charakter tragen, der sich im Aussehen und Wesen der Leute, ja selbst bis in ihre Kleidung hinein äußert, so dass man beinahe versucht sein könnte von bestimmten »Saalmoden« in der Fabrik zu reden. Wie überall, so kommt auch in der Fabrik der höhere Lebensstandard einer Gruppe in der Klei-

---

[70] Selbstverständlich kann auch andererseits das Charakteristikum einer Gruppe darin liegen, dass, wie in unserem Fall bei den Webern, viele verschiedene Elemente sie zusammensetzen und ihr dadurch ein besonderes, aber doch nach außen und den anderen gegenüber einheitliches Gepräge geben.

dung deutlich zum Ausdruck. So unterscheiden sich vor allem die Weberinnen durch eine ordentlichere Kleidung von den Arbeiterinnen der Spinnerei; so gehen die Spinner sehr leicht bekleidet und barfuß oder in Holzschuhen, während die Weber als Zeichen ihrer höheren sozialen Position Jacken und Stiefel tragen, und der Handwerker am blauen Leinenanzug kenntlich ist. – Wie jeder anderen Mode, so liegt auch dieser wohl schließlich der Wunsch zugrunde, den betreffenden Kreis unter sich enger zusammen- und anderen gegenüber fester abzuschließen.

Nehmen wir dazu, dass einzelne körperliche[71] Eigenschaften sozusagen Vorbedingungen einer bestimmten Teilarbeit sind, dass andere Eigenschaften durch sie entwickelt werden, so kann es nicht verwundern, dass lang anhaltende Arbeit in derselben Arbeitskategorie dem Arbeiter einen eigentümlichen Typ verleiht, der jede Gruppe gegenüber den anderen charakterisiert. So ist es z. B. leicht, die ungelernten Arbeiter, also die Tagelöhner, von den gelernten, also den Akkordarbeitern, zu unterscheiden: große Gemächlichkeit und Gleichgültigkeit gegen Zeitverlust charakterisieren die Bewegungen des Tagelöhners, große Hastigkeit und Nervosität die des Akkordarbeiters, auch in Fällen, wo er keinen Geldverlust durch Langsamkeit erleidet.

Nach einiger Zeit schon kann man den Arbeiter seiner äußeren Erscheinung nach, als dieser oder jener Gruppe zugehörig erkennen; zuerst freilich muss uns diese Beobachtung um so mehr befremden, als wir uns gewöhnt haben, in den Scharen von Leuten, die jeden Tag nur zu bestimmten Stunden die Straßen unserer Städte durchziehen, eine homogene Masse – Fabrikarbeiter – zu sehen.

Dieses Zerfallen der großen Arbeitermasse eines Betriebes in einzelne kleine Gruppen spielt für die Psyche des Arbeiters eine nicht zu unterschätzende Rolle: ich möchte sagen, es rette ihn vor dem gänzlichen Versinken in der Masse, vor dem völligen Nummerwerden, indem es ihm einen kleinen Kreis gibt, dem er sich anschließen und in dem er eine gewisse Bedeutung gewinnen kann.

Vom Standpunkt des Betriebes aus meist nur gleichgültige Nummer, ohne viele Worte irgendeiner Arbeitskategorie zugesellt, findet der Neueintretende meist bei Werkmeister wie Arbeitern seiner »Gruppe« ein äußerst freundliches Entgegenkommen, eine sofortige Aufnahme als neues Glied der kleinen Gemeinschaft, für das man in den ersten Tagen sorgen und das man mit den verschiedenen Fabrikgewohnheiten und Gebräuchen bekannt machen muss.[72]

Die Zugehörigkeit zur kleinen Gruppe ist das Band, das den Arbeiter mit dem ganzen Betrieb verbindet, von dem er sonst wenig genug weiß und hört, denn das Betreten aller anderen Säle außer seines eigenen ist ihm verboten. Da ist es natürlich kein Wunder, dass sich unter den Leuten einer »Gruppe« ein starkes Solidaritätsgefühl ausbildet, das sich bis zum Stolz auf »ihren Saal« und zur Verachtung anderer Säle steigert. Auch in dieser Hinsicht identifizieren sich die Werkmeister –

---

71 So sind doch Hofarbeiter meistens kräftig, Weber lang und Spinner dünn und schmal.
72 Das hier Gesagte bezieht sich auf meine eigenen Erfahrungen. Greifbar deutlich, wie fremdartige Bilder im Gedächtnis haften bleiben, sehe ich auch heute noch den großen lärmerfüllten Arbeitssaal mit den vielen Menschen vor mir, wie er war, als ich ihn zum ersten Male betrat; und dazwischen beruhigend in dieser Fülle neuer Eindrücke, zwei freundliche Gesichter, das des Werkmeisters, eines alten weißhaarigen Mannes, der gutmütig lächelnd auf mich zukam, und dasjenige der Arbeiterin, die mich spulen lehren sollte, und die der angekündigten »Neuen« schon von weitem aufmunternd zunickte.

wie auch in manchen anderen Dingen – mit den Leuten ihrer Gruppe, indem sie die unter ihnen stehenden Arbeiter als tüchtiger und besser als den Durchschnitt rühmen. – Scheint es nun einerseits, dass der Arbeiter im Drange nach Selbstbehauptung sich gerne in die kleine Gruppe flüchtet, so scheint ihm doch andererseits seine persönliche Freiheit – namentlich die Freiheit davonzulaufen – besser im großen als im kleinen Betriebe gewahrt zu sein.

Die schon oben erwähnte Tatsache, dass die befragte Arbeiterschaft den Großbetrieb als etwas entschieden Angenehmes empfand, möchte ich darauf zurückführen, dass im Großbetrieb die einzelne Arbeitskraft schon, weil sie gleichgültiger ist, sich auch freier fühlt, persönlichen Schikanen weniger ausgesetzt ist und bei vielleicht strafferer Disziplin die beamtliche Hierarchie des Kapitalismus als weniger drückend empfindet, als dies im kleinen Betrieb der Fall ist. So glaube ich auch, dass die nicht feindselige, höchstens gleichgültige Stimmung, mit der die Arbeiterschaft dem Betrieb gegenüberstand, neben der politischen Unaufgeklärtheit der Leute und der humanen Behandlung, die in der sehr gut gehenden Fabrik langjährige Tradition war, Resultat des sehr geschickten Systems der Über- und Unterordnung war, das dort bestand.

Die Regierungsform des aufgeklärten Absolutismus, die die herrschende war, vereinigte sich mit dem Prinzip von der Teilung der Gewalten. Für die Empfindungsweise der Arbeiter war das Resultat dieser letzteren, dass übereinstimmend mit den aus allen anderen größeren Betrieben bekannten Tatsachen auch in diesem Fall der technische Betriebsleiter, den die Leute täglich mehrere Male sahen, derjenige war, den sie als Kontrollinstanz fürchteten. Die Würde des Betriebes und ihre höchste Appellationsinstanz verkörperte sich den Arbeitern in einem älteren Herrn, der nur alle fünf bis sechs Wochen einmal durch die Säle ging, freundlich mit ihnen sprach, ihnen in persönlichen Angelegenheiten helfen konnte und ihre Kinder zu Weihnachten beschenkte. Dass dieser Direktor auch jetzt noch immer »bezahlt« wurde, berührte sie entschieden sympathisch und sie neigten sogar in einigen Fällen dazu, die Schuld für unangenehme Dinge von ihm ab und auf die ihnen gänzlich unklaren »Aktionäre« hinzuwälzen: »Er könne auch nicht so wie er wolle«, meinten sie, »er ist auch bezahlt.«

Während den Arbeitern also ihre letzten »Vorgesetzten« unbekannt waren, eine Tatsache, die sicher ihr Selbständigkeitsgefühl angenehm berührte, so war es andererseits im Wesen des großen Betriebes gelegen, dass sie die direkte Abhängigkeit von ihren nächsten Vorgesetzten, den Meistern, nicht als drückend empfanden. Dies vor allen Dingen dadurch, dass nur der Obermeister (die Fabrik hatte deren zwei) über die beiden wichtigsten Dinge, Lohn und Entlassung, zu verfügen hatte. So blieb den Werkmeistern nichts übrig, als die Arbeitsleistung zu überwachen. Selbst alle frühere Arbeiter, standen sie den Leuten meist kameradschaftlich gegenüber und fühlten sich durch gleiche Bildung und gleiches Schicksal eins mit ihnen.

2. Der Arbeiter und seine Arbeitsgenossen

Wir haben versucht, das Zerfallen der großen Arbeitermasse des Betriebes in einzelne kleine Gruppen zu schildern und uns die Bedeutung klar zu machen, die diese Gruppenbildung für das Leben des Arbeiters innerhalb der Fabrik hat. Trotzdem würde es verkehrt sein, wenn man in einer Gruppe eine »Arbeitsgemeinschaft« schlechthin sehen würde. Es liegt wohl im Wesen der Textilindustrie und ihrer Technik begründet, dass in den langen, lärmerfüllten Spinnsälen nicht von einer wirklichen »Arbeitsgemeinschaft« zwischen den Menschen gesprochen werden kann, die, durch große Maschinen voneinander getrennt, mit derselben Arbeit beschäftigt sind. Vor allem ist es das stete Geräusch, das unaufhörliche Surren der vielen sich drehenden Spindeln, das einen Arbeiter tatsächlich von dem ihm zunächst stehenden isoliert, jede Unterhaltung unmöglich macht, so dass der einzelne sozusagen durch eine undurchdringliche Mauer von Lärm von allen Vorgängen im Fabriksaal abgeschlossen ist, diejenigen ausgenommen, zu deren Verständnis das Auge genügt.

Nimmt auch diese Isolierung des Arbeiters an seiner Maschine, der in demselben Raum verrichteten Tätigkeit jeden Zug des Gemeinsamen, so bedeutet sie doch auch andererseits ein weitgehendes Ungestörtsein bei der Arbeit. Schon in einem anderen Zusammenhang wurde hervorgehoben, dass namentlich die Arbeiterin diese »Herrschaft« über das kleine Bereich, das von der Maschine und ihrem Zubehör gebildet wird, als eine Annehmlichkeit des Fabriklebens empfindet.[73]

Wollen wir uns darüber klar werden, welche Eigenschaften sich im Verkehr der Arbeiter untereinander entwickeln, so ist es natürlich außerordentlich schwer, ja fast unmöglich, diejenigen Eigenschaften, die durch den Volkscharakter der dortigen Gegend überhaupt bedingt sind, von denen zu scheiden, die wir als Resultat des Zusammenlebens in der Fabrik aufzufassen haben.

Ich möchte die beiden Charakterzüge, die mir dort im Verkehr der Arbeiter miteinander am deutlichsten entgegentraten und die ich daher hier erwähne, als sowohl durch Volkscharakter wie durch Fabrikleben ausgebildet, ansehen.

So ist es wohl sicher nicht nur die im rheinischen Volkscharakter gelegene Gutmütigkeit, man möchte fast sagen Liebenswürdigkeit, die die Leute so bereit macht, sich gegenseitig bei der Arbeit zu unterstützen. Diese für Angehörige anderer Kreise zuerst gänzlich befremdende Hilfsbereitschaft muss daneben noch einem durch jahrelange gemeinsame Arbeit hervorgerufenen Abhängigkeitsgefühl der Leute voneinander entspringen.[74]

Neben dieser Hilfsbereitschaft war es vor allem die Toleranz der Arbeiter und Arbeiterinnen gegen die Laster und Vergehen ihrer Arbeitsgenossen, die mir als Eigenschaft der befragten Arbeiterschaft auffiel. Vorwiegend Resultat des erzwungenen Zusammenlebens in einer stets wechselnden Menschenmasse, führte diese Toleranz oft bis zum gänzlichen Versinken nicht nur »ethischer Werturteile«, sondern auch des natürlich sittlichen Gefühls.

Unter den älteren Leuten hatte sich im Laufe der Jahre eine Art »Lebensphilosophie« den Fehlern der Arbeitsgenossen gegenüber herausgebildet, die auch ihre ansprechenden Züge nicht entbehrte. Deutlicher kann ich sie wohl nicht zum Ausdruck bringen als durch die Wiederholung der Worte eines alten Arbeiters: »Wenn man so 50 Jahre unter den Leuten gewesen ist«, sagte er zu mir, indem er über den großen Arbeitssaal hinschaute, »da sieht und erlebt man gar vieles. Aber ich denke immer, sie sind alle Menschen und wollen alle leben und das erklärt alles.«

---

73 Um so mehr, da die Maschinen lang sind und Gänge bilden, in denen die Arbeiterin allein steht.
74 Diese Hilfsbereitschaft ist oft sogar stärker als ihre Lohnbegier und veranlasst sie, die Akkordarbeit zu verlassen, um anderen zu helfen.

Für die Ausübung einer solchen Toleranz bot sich nun freilich Gelegenheit genug.[75] Ein leichtlebiger Volksschlag, ein gänzlicher Mangel höherer Interessen, dazu die Vereinigung junger Männer und Frauen in demselben Betrieb, oft in denselben lärmerfüllten, überhitzten Sälen bei eintöniger und doch nervenerregender Arbeit – ist es zu verwundern, dass sexuelle Interessen und Gespräche innerhalb der Arbeiterschaft vorherrschend waren? Gefühle und Stimmungen, die der Angehörige gebildeter Kreise – namentlich die höherstehende Frau – in irgendwelche Winkel des Lebens zurückdrängt, traten in der Fabrik so nackt und offen hervor, dass man sie an manchen Tagen bei einem Gang durch die Fabriksäle fast zu fühlen glaubte, dass manchmal selbst im menschenerfüllten Arbeitssaal die sexuelle Begierde sich auf die hässlichste Weise austobte.

Obgleich die Entwicklung des Gefühls, die Richtung sittlicher Werturteile und ihr Einfluss auf die Lebensführung der Arbeiterschaft eingehender erst in einem folgenden Kapitel besprochen werden wird, möchte ich doch hier schon hervorheben, dass allem Anschein nach die psychischen und sittlichen Kräfte des männlichen Arbeiters besser in den Umwälzungen, die der kapitalistische Großbetrieb brachte, standhalten, als dies bei den weiblichen Arbeitern der Fall ist. Wir können uns die Tatsache des tieferen sittlichen Niveaus der Arbeiterin im Vergleich zum Arbeiter wohl aus verschiedenen Faktoren ihres von uns aufgezeigten Lebensschicksals erklären. Jedenfalls bedeutet die Fabrikarbeit der Frau auch heute noch einen solchen Gegensatz zu aller Tradition, dass das Mädchen mit dem Verlust ihrer traditionellen Beschäftigung sehr oft auch jeden inneren Halt verliert.[76]

3. Der Arbeiter und seine Arbeit

Wir haben den Arbeiter in seiner Stellung zum ganzen Betrieb, in seinem Verkehr mit den Arbeitsgenossen geschildert; wir wollen ihn schließlich noch seiner Maschine gegenüberstellen und uns fragen, welche Interessen und welche Gefühle sein Verhältnis zu seiner Arbeit vorwiegend regeln.

Viel bleibt für uns hier freilich nicht zu sagen. Über die speziellen Anforderungen, die die einzelnen Teilarbeiten der Textilindustrie an die Arbeitskräfte stellen, wird im zweiten Teil eingehend gehandelt werden; andererseits sind gerade die beiden Faktoren, die die Tätigkeit des Arbeiters in der Textilindustrie äußerlich am stärksten beeinflussen, die bis ins kleinste gehende Arbeitsteilung und die Akkordarbeit, Gegenstand so mannigfaltiger Diskussionen gewesen, dass über sie prinzipiell nichts mehr hier zu sagen ist.

Wir wissen, dass gerade in der Textilindustrie die Abhängigkeit des Menschen von den von ihm selbst geschaffenen Dingen sehr deutlich zutage tritt; dass die Arbeit an der Maschine hier durchweg zu einem Bedienen derselben wird, dass

---

[75] Das hier Gesagte gilt natürlich nicht nur für die betreffende Fabrik, sondern für die ganze dortige Gegend und Arbeiterschaft.

[76] Dabei finden sich entschiedene Unterschiede zwischen den einzelnen »Gruppen«, wobei die angelernten Arbeiterinnen teilweise auf einem höheren sittlichen Niveau stehen (Streckerinnen ausgenommen) als die gelernten Arbeiterinnen. (Zu vergleichen mit geographischer und sozialer Provenienz.)

von einer Betätigung individueller Fähigkeiten, von einem Sichausprägen des Arbeiters in seiner Arbeit hier nicht die Rede sein kann.

Wenn die Akkordarbeit, wie es geschah, fast stets von der befragten Arbeiterschaft dem Tagelohn vorgezogen wurde, so entsprang diese Vorliebe natürlich einerseits aus dem bekannten Grunde, dass die Arbeiter bei der Akkordarbeit in Bezug auf ihre Entlöhnung mehr von ihrem eigenen als von einem fremden Willen abhängig zu sein glauben und auch natürlicherweise ihre Arbeit weniger überwacht wird, als dies bei Tagelöhnern nötig ist.

Ein anderer Grund ihrer Vorliebe für die Akkordarbeit scheint mir dagegen weniger bekannt und – für die dortigen Verhältnisse wenigstens – charakteristisch zu sein. Manchmal behaupteten die Leute, die Akkordarbeit vorzuziehen, »weil ihnen dabei die Zeit rascher vergeht«. Ich glaube, dass dieser Ausspruch ein neuer Beweis der oft bestrittenen Tatsache ist, dass Akkordarbeit an der Maschine (vorausgesetzt, dass der Arbeiter gut verdienen will), die vollste Anpassung seiner ganzen Aufmerksamkeit erfordert, für »eigenes« Denken keinen Raum übrig lässt. Ganz abgesehen davon, dass die Maschine eine strenge Herrin ist, die jede unachtsame Bewegung mit schweren Verletzungen bestrafen kann, muss man, um jede einzelne Bewegung mit möglichster Zeitersparnis auszuführen, seine ganze Willenstätigkeit fest auf dies eine Ziel richten. Daher auch der gleichsam abgeschlossene starre Blick, den man an sehr eifrigen Akkordarbeitern beobachten kann.

Zeigt uns nun dieser Ausspruch auch, dass die Akkordarbeit – eben weil sie dem Menschen keine Zeit lässt, sich auf sich selbst zu besinnen – von den Arbeitern als Gegengewicht gegen die Öde ihres Berufslebens aufgefasst wird, so legen andererseits diese Worte doch nur zu deutlich das Fehlen jeglichen Arbeitsinteresses dar. Abgesehen von einigen der höchststehenden Arbeiter – Weber und Spinner – war die Arbeit für die mit ihr beschäftigten Leute bloßes Mittel zum Gelderwerb, das Geld das einzige Band, das sie mit ihrer Tätigkeit verknüpfte. Jede Bewegung verkörperte für sie ein minimales Teilchen des Lohnes, ihre Arbeitsfreude war da, wo sie überhaupt auftrat, im letzten Grunde »Lohnfreude«. Ebenso war es durch die Individualitätslosigkeit ihrer Arbeit und durch den Akkordlohn bedingt, dass sie ihre Leistung bloß quantitativ schätzten und schätzen konnten. Gleitet diese Arbeit nicht ganz von ihrem inneren Sein ab, so muss doch, möchte man sich fragen, diese von Kindheit an geübte Gewöhnung, Quantität an die Stelle der Qualität zu setzen – eine Anschauungsweise, die uns weit ferner liegt, als wir im ersten Augenblick vermuten können – einen eigentümlichen Einfluss auf die innere Stellung der Leute zu den sie umgebenden Dingen ausüben.

Setzen wir nun die so charakterisierte Tätigkeit hinein in den Rahmen eines Arbeitstages, der um ½ 7 Uhr morgens begann und mit einer fünfviertelstündigen Mittagspause bis ½ 7 Uhr abends dauerte, denken wir uns eine lange Reihe solcher Tage ohne Veränderung, und in der Überzahl der Fälle ohne Hoffnung auf ein Vorwärtskommen, so muss uns das Leben, das die Leute in den großen Arbeitssälen verbringen, ebenso farblos erscheinen wie die Mauern des Fabrikgebäudes, ebenso klanglos wie das eintönige Brausen der Dampfmaschine, das von morgens bis abends jeden anderen Laut im ganzen Bereich der Fabrik übertönt.

Viertes Kapitel
Der Militärdienst

1. Die Militärtauglichkeit der Arbeiter

Bekannt ist die Ansicht, die die allgemeine Wehrpflicht als fordernden Faktor unserer Industrieentwicklung ansieht, da die für einen erfolgreichen Fabrikbetrieb notwendige Disziplinierheit, Pünktlichkeit und Ordnungsliebe der Arbeitskräfte durch die Gewöhnung der Militärjahre erweckt und gestärkt werde.

Schon um dieses Zusammenhanges willen, der zwischen Fabrikarbeit und Militärdienst vorausgesetzt wird, dürfte es interessant sein, die Zahl der Militärgedienten innerhalb einer Arbeiterschaft festzustellen. Daneben aber sind für uns, der ganzen Fragestellung dieser Arbeit entsprechend, noch zwei besondere Gesichtspunkte hier, wie auch bei früheren Darstellungen maßgebend: in der Schilderung des Berufsschicksals der Arbeiter und seines psychischen Inhaltes darf der Militärdienst nicht unerwähnt bleiben, weil er entschieden als Unterbrechung der Monotonie des Berufslebens, vielleicht als Förderung, sicherlich aber als Vermittlung neuer Eindrücke anzusehen ist. Ferner kann uns die Feststellung der Zahl der Militärtauglichen einen wohl annäherungsweise richtigen Maßstab zur »gesundheitlichen«[77] Charakterisierung der Arbeiterschaft und der einzelnen Arbeiterkategorien abgeben, deren Resultate dann mit anderen Faktoren ihres Lebensschicksals zu kombinieren und versuchsweise durch sie zu erklären wären.

Da auch die Militärtauglichkeit der Väter der befragten Arbeiter festgestellt wurde, gliedert sich unsere Besprechung der Militärtauglichkeit der Arbeiter am besten in drei Teile: Wir fragen erstens nach der Zahl der militärtauglichen Arbeiter und vergleichen diese zweitens mit der Zahl der Väter, die gedient haben. Drittens stellen wir noch die Zunahme, Abnahme oder Unverändertheit der Militärtauglichkeit von der letzten auf diese Generation fest, indem wir die Zahl der Familien nennen, die eines dieser drei Merkmale in Bezug auf ihre Militärtauglichkeit aufweisen.

Von sämtlichen zur Zeit der Enquete in der Fabrik beschäftigten Arbeitern, die in militärpflichtigem Alter standen,[78] hatten 29 % gedient, 71 % nicht gedient. Unter den Vätern der Arbeiter war die Militärtauglichkeit ein wenig größer gewesen; von ihnen hatten 38,1 % ihrer Dienstpflicht genügt. Die Abnahme der Militärgedientheit von der letzten auf diese Generation, die schon durch die eben angegebenen Zahlen charakterisiert wird, kommt noch deutlicher in der Tatsache zum Ausdruck, dass bei 26,9 % der Arbeiter der Vater gedient, der Sohn dagegen nicht gedient hatte. Da eine Zunahme der Militärgedientheit von der letzten Generation auf die jetzige nur bei 17,7 % der befragten Arbeiter festzustellen war, waren

---

77 Hier kann mit »Gesundheit« freilich nur, den Anforderungen des Militärdienstes entsprechend, eine gewisse Kräftigkeit, Breite des Körpers usw. gemeint sein.
78 Die Zahl der noch nicht militärpflichtigen Arbeiter ist auch angegeben, aber nicht von Interesse.

Die Militärtauglichkeit der Arbeiter

Tabelle 24

	Gedient	Nicht gedient	Von den Vätern hatten gedient	Vater und Sohn gedient
	%	%	%	%
Handwerker	11 od. 36,6	19 od. 63,4	17 od. 56,6	7 od. 23,3
Werkmeister	9 od. 52,9	8 od. 47,1	5 od. 29,4	3 od. 17,6
Weber	5 od. 18,5	22 od. 81,5	12 od. 44,4	2 od. 7,4
Spinner	4 od. 13,7	25 od. 86,3	9 od. 31,0	1 od. 3,4
Rauher, Passierer, Schlichter	5 od. 38,4	8 od. 61,6	4 od. 30,7	1 od. 7,7
Batteur, Mischung, Karden	5 od. 19,2	21 od. 81,8	8 od. 30,7	1 od. 3,8
Hofarbeiter, Packer, Öler	15 od. 34,0	29 od. 65,9	16 od. 36,3	6 od. 13,6
Alle Arbeiter	54 od. 29,0	132 od. 71,0	71 od. 38,1	21 od. 11,3
Weber und Spinner	9 od. 16,0	47 od. 84,0	21 od. 37,5	3 od. 5,3
Handwerker und Werkmeister	20 od. 44,7	27 od. 55,3	22 od. 46,7	10 od. 21,8

	Vater und Sohn nicht gedient	Vater gedient und Sohn nicht gedient	Vater nicht gedient und Sohn gedient	Noch nicht militärpflichtig
	%	%	%	
Handwerker	9 od. 30,0	10 od. 33,3	4 od. 13,3	6
Werkmeister	6 od. 35,3	2 od. 11,8	6 od. 35,3	–
Weber	12 od. 44,4	10 od. 37,0	3 od. 11,1	35
Spinner	17 od. 58,5	8 od. 27,5	3 od. 10,3	27
Rauher, Passierer, Schlichter	5 od. 38,4	3 od. 23,0	4 od. 30,7	8
Batteur, Mischung, Karden	14 od. 53,8	7 od. 26,9	4 od. 15,3	22
Hofarbeiter, Packer, Öler	19 od. 43,1	10 od. 22,7	9 od. 20,4	15
Alle Arbeiter	82 od. 44,0	50 od. 26,9	33 od. 17,7	113
Weber und Spinner	29 od. 51,8	18 od. 32,1	6 od. 10,7	–
Handwerker und Werkmeister	15 od. 31,9	12 od. 25,5	10 od. 21,8	–

bei 44 % von ihnen Vater und Sohn militäruntauglich, bei dem vierten Teil dieser Zahl, 11,3 %, Vater und Sohn militärtauglich gewesen.[79]

Obgleich dieses Gesamtresultat an sich schon wichtig genug und wohl eines Erklärungsversuches bedürftig ist, soll letzterer vorerst verschoben und erst die Militärgedientheit der einzelnen Arbeitergruppen festgestellt werden. Trotz der Kleinheit der betreffenden Zahlen, auf die hier ausdrücklich nochmals hingewiesen werden muss, ergeben sich doch für die einzelnen Arbeiterkategorien sehr bedeutende Unterschiede in der Militärgedientheit; man möchte versucht sein, vorläufig einmal die Militäruntauglichkeit als Funktion der Maschinenarbeit anzusehen.

Vergleichen wir die Gedientheitsziffern der qualifizierten Akkordarbeiter, der Weber und Spinner, mit denen, die wir für sämtliche Arbeiter festgestellt haben,

[79] Es sind hier natürlich nur die aus Preußen stammenden Arbeiter gezählt.

so bleibt die Militärgedientheit dieser beiden Arbeitergruppen stark hinter der des Durchschnitts der Arbeiterschaft zurück. Nur 16 % der Weber und Spinner hatten gedient, 84 % nicht gedient. Diese überdurchschnittlich große Abnahme der Militärgedientheit hat sich aber in diesen beiden Gruppen erst von der letzten auf diese Generation vollzogen; denn von den Vätern der Weber und Spinner hatten prozentual ebenso viele gedient wie von den Vätern sämtlicher Arbeiter. Entsprechend ist bei ihnen die Zahl derjenigen Familien sehr groß, in denen eine Abnahme der Militärgedientheit vom Vater auf den Sohn stattgefunden hat; dagegen ist nur bei 10,7 % eine Zunahme der Militärgedientheit von der letzten auf diese Generation zu konstatieren. Die Zahl der Familien, die in zwei Generationen militäruntauglich waren, ist in den Gruppen der Weber und Spinner fast zehnmal so groß als die Zahl der Familien mit durch zwei Generationen unveränderter Militärgedientheit.

Hatten die beiden Gruppen der gelernten Akkordarbeiter eine stark unterdurchschnittliche Militärgedientheit gezeigt, so ist diese in den beiden »aristokratischen« Arbeitergruppen, bei den Handwerkern und den Werkmeistern, soviel größer als bei dem Durchschnitt der Arbeiter, dass, trotz der Kleinheit der Zahlen, diese bedeutenden Unterschiede nicht vom Zufall herbeigeführt sein können.

Von den Webern und Spinnern hatten kaum ein Sechstel, von allen Arbeitern nicht ganz ein Drittel gedient, von den Handwerkern und Werkmeistern dagegen waren fast die Hälfte, 44,7 %, militärtauglich gewesen. Die Tauglichkeitsabnahme von der letzten auf diese Generation ist nur sehr gering, da von den Vätern der Handwerker und Werkmeister 46,7 % gedient hatten, also ebenfalls mehr als von den Vätern sämtlicher Arbeiter. Diese geringe Veränderung in der Militärtauglichkeit der in diese beiden Gruppen gehörenden Arbeiter und ihrer Väter kommt deutlich in den beiden Zahlen zum Ausdruck, die die Zunahme oder Abnahme der Militärtauglichkeit innerhalb derselben Familien bezeichnen. Bei 25,5 % der militäruntauglichen Handwerker und Werkmeister hatte der Vater gedient; bei einer fast ebenso großen Zahl, 21,8 %, der tauglichen Arbeiter dieser beiden Gruppen, hatte der Vater nicht gedient.

Obgleich Werkmeister und Handwerker die beiden militärtauglichsten Gruppen sind, unterscheiden sie sich doch insofern voneinander, als bei den Handwerkern eine immerhin ziemlich starke Abnahme der Militärgedientheit von der letzten auf diese Generation stattfand, bei den Werkmeistern dagegen eine Zunahme.

Letztere sind auch die einzige unter allen Gruppen, bei denen die Zahl der Militärtauglichen ein wenig größer ist als die Zahl der Untauglichen. Sollte diese Erscheinung sich noch in anderen Fabriken wiederholen, so könnte man vielleicht schließen, dass gewisse Eigenschaften wie Zuverlässigkeit und Pünktlichkeit, vielleicht auch gewisse Gedankenrichtungen, so Loyalität gegen bestehende Zustände, alles Dinge, die einem Werkmeister wohl anstehen, durch die Dienstjahre in hervorragendem Maße entwickelt werden. Die hier gegebenen Zahlen sind natürlich wie stets viel zu klein, um irgendetwas zu beweisen.

Die beiden Gruppen ungelernter Arbeiter stehen in Bezug auf ihre Militärgedientheit zwischen den gelernten Akkordarbeitern einerseits, den Handwerkern und Werkmeistern andererseits; dabei erreicht freilich die Tauglichkeit der Hofarbeiter fast die der beiden letztgenannten Gruppen, während diejenigen der ungelernten Maschinenarbeiter die der Weber nur wenig übertrifft.

Ordnen wir die einzelnen Gruppen nach der Militärgedientheit ihrer Arbeiter, so ergibt sich folgende Reihe: Werkmeister, Handwerker, Hofarbeiter, Mischungsarbeiter, Weber, Spinner.

Zu erklären – wenigstens versuchsweise – bliebe uns, wenn wir die Resultate dieser Besprechung zusammenfassen: Erstens die Militärtauglichkeit der Arbeiterschaft und die Zunahme dieser Erscheinung von der vorigen Generation auf die heutige; zweitens: die Unterschiede in der Militärtauglichkeit der einzelnen Arbeiterkategorien; drittens: die Abnahme der Militärtauglichkeit in den Gruppen der Weber und Spinner, ihre Zunahme bei den Werkmeistern.[80]

Zur Erklärung des ersten Punktes, nämlich der geringen Tauglichkeit der Arbeiterschaft überhaupt, wäre auf die Tatsache hinzuweisen, dass die Textilindustrie im allgemeinen diejenigen Arbeiter anzieht, die für schwerere Industrien wie Eisen- und Kohleindustrie, nicht gut zu gebrauchen sind, also – in gewissem Umfang – eine Auslese der Mindestkräftigen darstellt. Dürfen wir also mit einer gewissen Berechtigung annehmen, dass in einer Familie der jeweils »zarteste«[81] Sohn sich zur Textilindustrie wendet, so hätten wir in der geringen Militärgedientheit der Arbeiter mindestens so sehr eine U r s a c h e, als eine W i r k u n g ihrer Arbeit vor uns.

Diese hier für sämtliche Arbeiter versuchte Erklärung ihrer Militärgedientheit gilt natürlich noch in weit höherem Maße für die beiden Gruppen der qualifizierten Akkordarbeiter und ihre unterdurchschnittliche Militärtauglichkeit, während sie selbstverständlicherweise für Handwerker sowohl wie Hofarbeiter weit geringere Bedeutung haben kann. Körperliche »Zartheit« kann wohl kaum ein Auslesefaktor für diese beiden Arbeiterkategorien sein.

Es wäre also vielleicht möglich, die Unterschiede in der Militärgedientheit der einzelnen Arbeitergruppen dadurch zu verstehen, dass man eine Auslese als wirksam annimmt, die schwächlicheren Leuten der Spinnerei und Weberei zuführt, wo dann diese Art der Arbeit in den dem Militärdienst vorausgehenden Jahren die körperliche Entwicklung noch weiter hemmt; für die nicht an Maschinen beschäftigten Arbeiter scheint diese Auslese in geringerem Maße wirksam; bei den Werkmeistern könnte man die Erfüllung der Dienstpflicht als günstige Vorbedingung zur Erlangung dieses Postens bezeichnen.

2. Der Militärdienst und die örtliche Provenienz

Diese, nur versuchsweise gemachten Erklärungen können wir noch dadurch vervollständigen, dass wir einen Zusammenhang zwischen der Größe des Ortes, aus dem der Arbeiter stammt, und seiner Militärgedientheit feststellen. Vielleicht gibt die Verschiedenheit der örtlichen Provenienz der einzelnen Arbeitergruppen noch Anhaltspunkte zur Erklärung ihrer Diensttauglichkeit.[82]

---

80 Im Durchschnitt der letzten drei Jahre wurden im Bezirk M.-Gladbach-Stadt von 4371 militärpflichtigen Leuten 750 oder 17,1 % ausgehoben. Natürlich kann man diese Zahl nicht mit der oben gegebenen direkt vergleichen. Sie dient nur zur Charakterisierung der jetzigen Militärtauglichkeit.
81 Natürlich nicht der »ungesundeste« vom medizinischen Standpunkt aus, aber wohl der unbrauchbarste vom militärischen Standpunkt.
82 Die Zahlen werden außerordentlich klein; sie sind darum hauptsächlich ein Hinweis dafür, was mit größeren Zahlen durch diese Fragestellung gezeigt werden kann. Auf die Großstadt kommen zu kleine Zahlen, um erwähnt zu werden.

Tabelle 25

Militärdienst und örtliche Provenienz

	Gedient	Nicht gedient	Von den Vätern hatten gedient	Vater und Sohn gedient	Vater und Sohn nicht gedient	Vater gedient und Sohn nicht gedient	Vater nicht gedient und Sohn gedient
	\multicolumn{7}{c}{Aus Orten mit 1–1000 Einwohnern}						
	%	%	%	%	%	%	%
Handwerker	3; —	3; —	4; —	2; —	1; —	2; —	1; —
Werkmeister	0; —	3; —	0; —	0; —	3; —	0; —	0; —
Weber	2; —	3; —	3; —	1; —	1; —	2; —	1; —
Spinner	0; —	1; —	1; —	0; —	0; —	1; —	0; —
Rauher, Schlichter	0; —	2 —	0; —	0; —	2; —	0; —	0; —
Mischung, Batteur, Karden	1; —	6; —	1; —	0; —	5; —	1; —	1; —
Hofarbeiter, Packer, Öler	5; —	8; —	4; —	1; —	5; —	3; —	4; —
Alle Arbeiter	11; 29,8	26; 70,2	13; 35,1	4; 10,8	17; 45,9	9; 24,3	7; 18,9
Weber und Spinner	2; 33,3	4; 66,6	4; 66,6	1; 16,7	1; 16,7	3; 50,0	1; 16,7
	\multicolumn{7}{c}{Aus Orten mit 1000–5000 Einwohnern}						
Handwerker	3; —	3; —	2; —	2; —	3; —	0; —	1; —
Werkmeister	2; —	2; —	2; —	1; —	1; —	1; —	1; —
Weber	0; —	7; —	1; —	0; —	6; —	1; —	0; —
Spinner	1; —	2; —	1; —	1; —	2; —	0; —	0; —
Rauher, Schlichter	2; —	0; —	0; —	0; —	0; —	0; —	2; —
Mischung, Batteur, Karden	0; —	3; —	0; —	0; —	3; —	0; —	0; —
Hofarbeiter, Packer, Öler	4; —	8; —	5; —	4; —	7; —	1; —	0; —
Alle Arbeiter	12; 32,4	25; 67,6	11; 29,8	8; 21,6	22; 59,4	3; 8,1	4; 10,8
Weber und Spinner	1; 10,0	9; 90,0	2; 20,0	1; 10,0	8; 80,0	1; 10,0	0; —
	\multicolumn{7}{c}{Aus Orten mit 5000–50000 Einwohnern}						
Handwerker	1; —	5; —	5; —	1; —	1; —	5; —	0; —
Werkmeister	2; —	0; —	0; —	0; —	0; —	0; —	2; —
Weber	3; —	4; —	3; —	1; —	2; —	2; —	2; —
Spinner	1; —	9; —	3; —	0; —	6; —	3; —	1; —
Rauher, Schlichter	1; —	4; —	4; —	1; —	1; —	3; —	0, —
Mischung,, Batteur, Karden	3; —	9; —	4; —	1; —	6; —	3; —	2; —
Hofarbeiter, Packer, Öler	2; —	3; —	1; —	0; —	2; —	1; —	2; —
Alle Arbeiter	13; 27,6	34; 72,4	20; 42,5	4; 8,5	18; 38,3	17; 36,1	9; 19,1
Weber und Spinner	4; 23,5	13; 76,5	6; 35,3	1; 5,8	8; 4,7	5; 29,4	3; 17,7
	\multicolumn{7}{c}{Aus Orten mit 50000–100000 Einwohnern}						
Handwerker	4; —	7; —	6; —	2; —	3; —	4; —	2; —
Werkmeister	4; —	3; —	2; —	1; —	2; —	1; —	3; —
Weber	0; —	7; —	4; —	0; —	3; —	4; —	0; —
Spinner	2; —	13; —	4; —	0; —	9; —	4; —	2; —
Rauher, Schlichter	2; —	1; —	0; —	0; —	1; —	0; —	2; —
Mischung, Batteur, Karden	0; —	3; —	3; —	0; —	0; —	3; —	0; —
Hofarbeiter, Packer, Öler	3; —	10; —	6; —	1; —	5; —	5; —	2; —
Alle Arbeiter	15; 25,4	44; 74,6	25; 42,3	4; 6,8	23; 38,9	21; 35,6	11; 18,6
Weber und Spinner	2; 9,0	20; 91,0	8; 36,3	0; —	12; 54,5	8; 36,3	2; 9,0

	Gedient	Nicht gedient	Von den Vätern hatten gedient	Vater und Sohn gedient	Vater und Sohn nicht gedient	Vater gedient und Sohn nicht gedient	Vater nicht gedient und Sohn gedient
Aus Orten mit über 100000 Einwohnern							
Handwerker	0; —	1; —	0; —	0; —	1; —	0; —	0; —
Werkmeister	1; —	0; —	1; —	1; —	0; —	0, 0	— —
Weber	0; —	1; —	1; —	0; —	0; —	1; —	0; —
Spinner	— —	— —	— —	— —	— —	— —	— —
Rauher, Schlichter	0; —	1; —	0; —	0; —	1; —	0; —	0; —
Mischung, Batteur, Karden	1; —	0; —	0; —	0; —	0; —	0; —	1; —
Hofarbeiter, Packer, Öler	1; —	0; —	0; —	0; —	0; —	0; —	1; —
Alle Arbeiter	3; 50;0	3; 50,0	2; 33,3	1; 16,7	2; 33,3	1; 16,7	2; 33,3
Weber und Spinner	0; —	1; —	0; —	0; —	0; —	1; —	0; —

Freilich scheint die Ortsgrößenprovenienz der befragten Arbeiter keine großen Unterschiede ihrer Militärgedientheit zu bewirken. Die Landstadt hat die größte Prozentzahl militärtauglicher Leute geliefert, 32,4 % aller dort geborenen Arbeiter. Die Tauglichkeit der Mittelstädter (hier meistens M.-Gladbacher) ist am geringsten; von ihnen hatten nur 25,4 % gedient; Dorf und Kleinstadt nehmen eine Mittelstellung ein, wobei die Militärtauglichkeit der Dörfler, von denen 29,8 % diensttauglich gewesen waren, diejenige der Kleinstädter um rund 2 % übertrifft. Die Orte mit weniger als 5.000 Einwohnern haben also einen größeren Prozentsatz militärtauglicher Leute gestellt als die Orte mit größerer Einwohnerzahl; von den in den kleinen Orten geborenen Einwohnern hatten 31,1 % gedient, von den Arbeitern aus den zwei größeren Ortsklassen 26,5 %.

Die Diensttauglichkeit der Väter der Arbeiter nach demselben Gesichtspunkt geordnet,[83] bietet ein gänzlich verschiedenes Bild; von den in Mittelstädten und Kleinstädten lebenden Vätern hatte ein ziemlich großer Prozentsatz gedient, 42,5 %; von den Dorfleuten dagegen nur 35,1 %; von den in der Landstadt lebenden Vätern der Arbeiter der geringste Bruchteil, 29,8 %. In fast allen Ortsgrößenklassen hat also die Militärtauglichkeit von der vorigen auf diese Generation abgenommen, dabei in der Mittelstadt am stärksten; nur in der Landstadt hat die Diensttauglichkeit ein wenig zugenommen.

Die großen Unterschiede in der Militärgedientheit der beiden Generationen, die die Kurve untenstehend veranschaulicht, lassen sich in einigen Ortsgrößenklassen leichter, in anderen ziemlich viel schwerer erklären; so ist wohl bei den Landleuten auf die schon oben hervorgehobene Tatsache hinzuweisen, dass möglicherweise der schwächlichste Sohn vom Lande in die Textilindustrie geht; ebenso lässt sich die große Abnahme der Militärtauglichkeit der in M.-Gladbach geborenen Leute ihren Vätern gegenüber aus zwei Gründen wenigstens annäherungsweise verstehen: ein-

---

83 D. h. nach der Provenienz der Arbeiter selbst; es handelt sich also um Wohnort, nicht um Geburtsort der Väter.

mal aus der starken Zunahme der Stadt in den letzten 50 Jahren und den dadurch jedenfalls bedingten in hygienischer Beziehung ungünstigen Wohnungsverhältnissen;[84] zweitens lässt sich die mit diesem ersten Erklärungsversuch natürlich zusammenhängende Tatsache heranziehen, dass, wie uns bekannt, viele der Eltern der befragten Arbeiter aus ländlichen Gebieten nach M.-Gladbach gezogen sind. Diese stellten also vielleicht selbst schon eine Auslese der »schwächlichen« dar; die gänzliche Veränderung ihrer Lebensweise, die in der ersten Generation, die sie vollzieht, meist von einem Sinken des Lebensstandards begleitet ist, könnte in der geringen Militärtauglichkeit der Söhne dieser Familien zum Ausdruck kommen.[85]

Tauglichkeitskurve der Arbeiter und ihrer Väter nach der geographischen Provenienz der Arbeiter.

	Orte mit 1-1000 Einwohner	1000-5000 Einw.	5000-50000 Einw.	50000-100000 Einw.
42%				
41%				
40%				
39%				
38%				
37%				
36%				
35%				
34%				
33%				
32%				
31%				
30%				
29%				
28%				
27%				
26%				
25%				

———— Söhne.
- - - - - - Väter.

Haben wir auch in den hier gegebenen Erklärungsversuchen nur einige Hauptsachen dargestellt, während wir natürlich alle, namentlich bei so kleinen Zahlen, möglicherweise wichtigen Nebenumstände außer acht lassen müssen, so konnten diese Hauptsachen doch dazu dienen, uns die Veränderungen der Militärgedientheit in den betreffenden Ortsgrößenklassen von einer Generation auf die andere verständlicher zu machen.

Schwer ist es dagegen, die, wenn auch nur geringe Zunahme der Militärtauglichkeit in der Landstadt aus anderen Ursachen als den anscheinend der Gesundheit günstigen Lebensbedingungen dieser Ortsgrößenklasse zu erklären.

Die Besprechung der einzelnen Arbeitergruppen ist nicht von Interesse, da sich zu kleine Zahlen ergeben, als dass man aus ihnen das Geringste schließen könnte. Nur bei den beiden Gruppen der qualifizierten Akkordarbeiter, der Weber und der Spinner, wollen wir die Militärtauglichkeit im Zusammenhang mit ihrer Ortsgrößenprovenienz besprechen, um aus ihr vielleicht eine neue Erklärung der so stark unter dem Durchschnitt stehenden Militärtauglichkeit dieser beiden Gruppen zu bekommen. Leider ist die Zahl der vom Lande stammenden Akkordarbeiter so gering, dass sie in der Darstellung wohl übergangen werden muss. In den drei übrig bleibenden Ortsgrößenklassen ist die Militärtauglichkeit der Akkordarbeiter

---

84 Auf jedes Haus in M.-Gladbach entfällt durchschnittlich eine Bewohnerzahl von 10,65 Personen.
85 Zu vergleichen Teil II Abschnitt 2: Die Größe von Geburtsort und Kindheitsort.

stets geringer als die sämtlicher Arbeiter. Die niedrigste Militärtauglichkeit hat die Mittelstadt aufzuweisen. Nur zwei der 22 von dort stammenden Weber und Spinner hatten ihrer Dienstpflicht genügt. Diese äußerst geringe Militärtauglichkeit der gelernten Akkordarbeiter in der Ortsgrößenklasse, aus der die meisten von ihnen stammen, dürfte wohl zur Erklärung ihrer unterdurchschnittlichen Militärtauglichkeit, die das Gesamtresultat zeigte, dienen (siehe oben Tabelle 24).

Es wirken hier wohl alle früher genannten Faktoren, die die Militäruntauglichkeit herbeiführen, zusammen: die Auslese, die den schwächlicheren Mann in der vorigen Generation vom Lande in die Stadt, seinen schwächlichsten Sohn zur Textilindustrie führt; die ungünstigen Lebensbedingungen der rasch anwachsenden Stadt; die Veränderung der Lebensführung und schließlich die von Jugend an geübte Arbeit in dumpfer Luft, deren Anforderungen einer gleichmäßigen Entwicklung der Körperkräfte nicht günstig sind.[86]

3. Der Militärdienst und die berufliche Provenienz

Die Zusammenstellung der Militärgedientheit der Arbeit mit ihrer örtlichen Provenienz hat trotz der Kleinheit der Zahlen einige nicht uninteressante Resultate ergeben. Es fragt sich nun, ob andere hereditäre[3] oder aus der Umgebung hervorgehenden Kindheitseinflüsse, die wir nur sehr oberflächlich durch den »Beruf des Vaters« des Arbeiters hier andeuten können, irgendwelchen aufweisbaren Einfluss auf die Diensttauglichkeit der Leute ausüben.

Wir teilen die Väter der Arbeiter in die uns von Tabelle 11 her bekannten Berufsklassen[87] und fragen dann nach der größeren oder geringeren Militärtauglichkeit der Söhne der verschiedenen Berufstätigen.

Die Unterschiede der Militärgedientheit in den einzelnen Rubriken sind ein wenig größer als bei der vorhergehenden Zusammenstellung, die von der örtlichen Provenienz der Arbeiter ausging: In der »tauglichsten« Berufsklasse hatte die Hälfte der Arbeiter, in der »untauglichsten« ein Viertel der Arbeiter gedient. Man könnte fast versucht sein, die größere Militärtauglichkeit als Funktion eines etwas höheren Lebensstandards anzusehen, da die eben erwähnte tauglichste Berufsklasse die Söhne aus »höheren« Berufen, die untauglichste die Söhne aus »niederen« Berufen enthält. Auch sonst könnte die relative Militärgedientheit der einzelnen Berufsklassen a priori gemachten Annahmen wohl entsprechen. Von den Söhnen aus den beiden »traditionellen« Berufen, Landleute und Handwerker, haben rund ein Drittel gedient, und zwar von den Söhnen der Landleute 34,5 %, von den Söhnen der Handwerker etwas weniger, 32,5 %. Die Militärtauglichkeit der Söhne der Textilarbeiter ist nur wenig größer als die der Söhne aus »niederen Berufen«; 28,2 % der Söhne der Textilarbeiter hatten ihrer Dienstpflicht genügt.

---

86 Es soll hier noch darauf hingewiesen werden, dass das Angebot an Rekruten im Verhältnis zum Bedarf je nach der Relation von Präsenzstärke des Heeres und Bevölkerung schwankt. Da dies nicht beachtet werden konnte, sind die Zahlen natürlich nicht ganz schlüssig. Sie bleiben in u n - s e r e m Sinne immerhin brauchbar.

87 Nur sind hier »Fabrikarbeiter« und »niedere Berufe« in eins zusammengefasst worden, damit die einzelnen Rubriken nicht zu kleine Zahlen erhalten. Dadurch ist erreicht, dass in allen Berufsklassen die Zahlen groß genug sind, um, wenn auch mit Vorsicht, erwähnt zu werden.

Tabelle 26

Militärdienst und berufliche Provenienz

	Gedient	Nicht gedient	Von den Vätern hatten gedient	Vater und Sohn gedient	Vater und Sohn nicht gedient	Vater gedient und Sohn nicht gedient	Vater nicht gedient und Sohn gedient
	\multicolumn{7}{c}{Textilarbeiter}						
	%	%	%	%	%	%	%
Handwerker	1; —	6; —	2; —	0; —	3; —	2; —	1; —
Werkmeister	1; —	3; —	1; —	0; —	2; —	1; —	1; —
Weber	2; —	6; —	4; —	1; —	3; —	3; —	1; —
Spinner	2; —	5; —	2; —	0; —	3; —	2; —	2; —
Rauher, Schlichter	1; —	2; —	0; —	0; —	2; —	0; —	1; —
Batteur, Mischung, Karden	3; —	6; —	2; —	1; —	5; —	1; —	2; —
Hofarbeiter, Packer, Öler	3; —	5; —	2; —	2; —	5; —	0; —	1; —
Alle Arbeiter	13; 28,2	33; 71,8	13; 28,2	4; 8,7	23; 50,0	8; 17,4	9; 19,6
Weber und Spinner	4; 26,6	11; 73,4	6; 40,0	1; 6,6	6; 40,0	5; 33,3	3; 20,0
	\multicolumn{7}{c}{Handwerker}						
Handwerker	6; —	3; —	7; —	5; —	1; —	2; —	1; —
Werkmeister	2; —	2; —	3; —	2; —	1; —	1; —	0; —
Weber	0; —	1; —	0; —	0; —	1; —	0; —	0; —
Spinner	2; —	8; —	1; —	1; —	8; —	0; —	1; —
Rauher, Schlichter	0; —	3; —	1; —	0; —	2; —	1; —	0; —
Batteur, Mischung, Karden	1; —	4; —	1; —	0; —	3; —	1; —	1; —
Hofarbeiter, Packer, Öler	3; —	8; —	5; —	2; —	5; —	3; —	1; —
Alle Arbeiter	14; 32,5	29; 67,5	18; 41,8	10; 23,2	23; 53,5	8; 18,6	4; 9,3
Weber und Spinner	2; 18,2	9; 81,8	1; 9,1	1; 9,1	9; 81,8	0; —	1; 9,1
	\multicolumn{7}{c}{Landleute}						
Handwerker	2; —	2; —	1; —	1; —	2; —	0; —	1; —
Werkmeister	0; —	2; —	0; —	0; —	2; —	0; —	0; —
Weber	0; —	6; —	2; —	0; —	4; —	2; —	0; —
Spinner	— —	— —	— —	— —	— —	— —	— —
Rauher, Schlichter	1; —	1; —	1; —	0; —	0; —	1; —	1; —
Batteur, Mischung, Karden	2; —	3; —	0; —	0; —	3; —	0; —	2; —
Hofarbeiter, Packer, Öler	5; —	5; —	4; —	2; —	3; —	2; —	3; —
Alle Arbeiter	10; 34,5	19; 65,5	8; 27,5	3; 10,3	14; 48,2	5; 17,2	7; 24,1
Weber und Spinner	0; —	6; 100,0	2; 33,3	0; —	4; 66,6	2; 33,3	0; —
	\multicolumn{7}{c}{Höhere Berufe}						
Handwerker	2; —	1; —	2; —	1; —	0; —	1; —	1; —
Werkmeister	3; —	1; —	2; —	2; —	1; —	0; —	1; —
Weber	4; —	1; —	2; —	2; —	1; —	-; —	2; —
Spinner	0; —	2; —	1; —	0; —	1; —	1; —	0; —
Rauher, Schlichter	— —	— —	— —	— —	— —	— —	— —
Batteur, Mischung, Karden	0; —	2; —	1; —	0; —	1; —	1; —	0; —
Hofarbeiter, Packer, Öler	0; —	2; —	0; —	0; —	2; —	0; —	0; —
Alle Arbeiter	9; 50,0	9; 50,0	8; 44,4	5; 27,7	6; 33,3	3; 16,7	4; 22,2
Weber und Spinner	4; 57,1	3; 42,9	3; 42,9	2; 28,5	2; 28,5	1; 14,3	2; 28,3

Der Militärdienst und die berufliche Provenienz

	Gedient	Nicht gedient	Von den Vätern hatten gedient	Vater und Sohn gedient	Vater und Sohn nicht gedient	Vater gedient und Sohn nicht gedient	Vater nicht gedient und Sohn gedient
Niedere Berufe	%	%	%	%	%	%	%
Handwerker	3; —	5; —	5; —	2; —	2; —	3; —	1; —
Werkmeister	2; —	1; —	0; —	0; —	1; —	0; —	2; —
Weber	0; —	4; —	1; —	0; —	3; —	1; —	0; —
Spinner	0; —	8; —	3; —	0; —	5; —	3; —	0; —
Rauher, Schlichter	2; —	3; —	2; —	1; —	2; —	1; —	1; —
Batteur, Mischung, Karden	0; —	5; —	4; —	0; —	1; —	4; —	0; —
Hofarbeiter, Packer, Öler	4; —	6; —	3; —	0; —	4; —	3; —	3; —
Alle Arbeiter	11; 25,6	32; 74,4	18; 41,8	3; 7,0	18; 41,8	15; 34,8	7; 16,2
Weber und Spinner	0; —	12; 100,0	4; 33,3	0; —	8; 66,6	4; 33,3	0; —

Wollen wir einer präzisen Formulierung zuliebe ein wenig Ungenauigkeit mit in Kauf nehmen, so können wir den Zusammenhang zwischen dem Beruf des Vaters und der Diensttauglichkeit des Sohnes, wie er sich aus Tabelle 26 ergibt, folgendermaßen zusammenfassen: Von den Arbeitern »höherer« Herkunft hatten die Hälfte, von denen »traditioneller« Herkunft ein Drittel, von denen »proletarischer« Herkunft ein Viertel im Heer gedient.

Tauglichkeitskurve der Arbeiter und ihrer Väter nach dem Beruf der Väter.

	Textilarbeiter	Handwerker	Landleute	Höhere Berufe	Niedere Berufe

——— Söhne.
— — — Väter.

Wir ziehen nun zum Vergleich die Diensttauglichkeit der Väter der Arbeiter heran, deren Beruf ja als Einteilungsprinzip dieser Tabelle diente. Es ergibt sich ein von dem vorigen ziemlich verschiedenes Bild. Die höchste Militärtauglichkeit hatten die Väter, die höhere Berufe ausübten, von ihnen hatten 44,4 % gedient. Dann folgen mit gleicher Prozentzahl der Diensttauglichen, 41,8 %, Handwerker und »niedere« Berufstätige; die Militärgedientheit der Väter in den übrigen beiden Berufsklassen ist außerordentlich viel geringer: von den Textilarbeitern hatten 28,2 %, von den Landarbeitern am wenigsten von allen, 27,5 %, gedient.

Ein Vergleich der Militärgedientheit der Väter mit der ihrer Söhne unter dem Gesichtspunkt des Berufs des Vaters geordnet, zeigt uns, dass die Militärtauglichkeit in den Familien der Textilarbeiter von der vorigen auf diese Generation die gleiche blieb. Die Söhne der Handwerker und der »niederen« Berufstätigen, die sich zur Textilarbeit wandten, sind weniger tauglich als ihre Väter; die Söhne der Landleute und aus »höheren« Berufen dagegen tauglicher als ihre Väter.

Unter den Tauglichkeitsverschiebungen von einer Generation zur anderen ist wohl die Tatsache am merkwürdigsten, dass bei immerhin nicht allzu kleinen Zahlen von den Söhnen der Textilarbeiter ebenso viel gedient hatten, wie von letzteren selbst. Die Abnahme der Militärgedientheit vom Vater auf den Sohn in der Berufsklasse »Handwerker« könnte man vielleicht als Ergebnis einer zunehmenden Proletarisierung des Handwerkerstandes erklären; vielleicht aber auch, wie schon bei der Besprechung der vorigen Tabelle gesagt wurde, einfach annehmen, dass die schwächlicheren Handwerkersöhne zur Textilindustrie übergehen. Während die Veränderungen der Militärgedientheit in den Rubriken »höhere und niedere Berufe« wohl kaum der Erklärung bedürfen, ist es schwer, eine Erklärung der Tatsache zu finden, dass von den Söhnen der Landleute, die zur Fabrikarbeit übergingen, etwas mehr gedient haben, als von den Landleuten selbst. Tabelle 25 zeigte uns für die Dörfler das entgegen gesetzte, für die Landstädter allerdings dasselbe Resultat: eine Zunahme der Militärtauglichkeit vom Vater auf den Sohn. Vielleicht kommen wir einer Erklärung dieses Punktes näher, wenn wir die Militärgedientheit der Söhne der Landleute in den einzelnen Arbeiterkategorien betrachten. Wir sehen dann, dass die Zunahme der Militärtauglichkeit vom Vater auf den Sohn nur bei den Handwerkern und den ungelernten Arbeitern vorkommt; bei den übrigen Arbeitskategorien dagegen, die wir meist unter dem Namen »gelernte Arbeiter« zusammenfassten, hat eine entschiedene Abnahme der Militärgedientheit von der letzten auf diese Generation stattgefunden. Die eigentlichen Textilarbeiter also, die Spinner und Weber, die Söhne von Landleuten waren, sind weit weniger militärtauglich als ihre Väter. Diese Tatsache stimmt mit der oben aufgestellten Hypothese wiederum zusammen, dass die »zartesten« Söhne der Landleute zur Fabrikarbeit sich wenden. Wie wir wissen (siehe S. 204 ff. Die Berufskombinationen) haben viele der ungelernten Arbeiter früher andere, oft Kraft erfordernde Berufe ausgeübt; ihre relative Diensttauglichkeit kann daher nicht verwundern.

Wie schon bei der Besprechung der vorigen Tabelle sehen wir auch jetzt, der zu kleinen Zahlen wegen, von einer Erörterung der Militärgedientheit der einzelnen Arbeitergruppen ab. Nur für die gelernten Akkordarbeiter, die Spinner und Weber, ist noch auf die Tatsache hinzuweisen, dass nicht nur die Söhne der Landleute unter ihnen, sondern auch die Söhne der Handwerker sowohl wie der niederen Berufstätigen fast gänzlich militäruntauglich sind. Von den Söhnen der Textilarbeiter dagegen, die Spinner oder Weber wurden, hatten noch 26,6 % gedient. Am stärksten ist die Militärgedientheit auch in diesen beiden Arbeitskategorien bei denjenigen, deren Väter »höhere« Berufe ausgefüllt hatten. Ihre Militärtauglichkeit hat sogar im Vergleich zu der ihrer Väter zugenommen, während in den anderen Berufsklassen die Väter militärtauglicher waren als ihre Söhne.

Auf der vorigen Tabelle sahen wir, dass die überdurchschnittliche Militäruntauglichkeit der Weber und Spinner sich zum Teil aus der geringen Militärtauglichkeit der Mittelstädter (M.-Gladbacher) unter ihnen erklärte. Bei der Einordnung nach den verschiedenen Berufsklassen dagegen tritt uns (mit der oben erwähnten einzigen Ausnahme) in allen Berufsklassen ziemlich gleichmäßig die unterdurchschnittliche Militärgedientheit der Akkordarbeiter entgegen.

Wir können, die Resultate dieser Tabelle zusammenfassend, sagen, dass sich ein Zusammenhang zwischen Militärgedientheit und sozialer Provenienz anscheinend wohl feststellen lässt. Die Militärtauglichkeit scheint eine Funktion eines etwas höheren Lebensstandards zu sein und namentlich mit der zunehmenden Proletarisierung abzunehmen.

Diese Tatsachen erscheinen sehr verständlich, da, wie nochmals hervorgehoben werden soll, Militärtauglichkeit doch weniger Gesundheit vom medizinischen Standpunkt, sondern eine gewisse Körperbreite, Größe und Robustheit bedeutet; diese körperlichen Eigenschaften sollen nun aber gerade in ziemlichem Maße durch Kindheitseinflüsse, Ernährung usw. bedingt sein.[88]

Wieweit wir es nun freilich mit Kindheitseinflüssen, wieweit mit Vererbungstatsachen, wieweit mit der »Auslese der Zarten« für die Textilindustrie und wieweit endlich mit dem Einfluss der Arbeit in den sechs bis sieben der Militärpflichtigkeit vorhergehenden Jahren zu tun haben, lässt sich hier nicht sagen. Möglicherweise wirken in den meisten Fällen alle vier Faktoren vereint.

4. Die Militärtauglichkeit der Väter

Wie wir uns von früher her erinnern, sind uns die Berufe der Großväter der Arbeiter bekannt. Es ist uns daher leicht, auch für die Väter der Arbeiter einen Zusammenhang zwischen Militärtauglichkeit und Beruf ihres Vaters festzustellen, wie es soeben für die Arbeiter selbst geschah. Ein Vergleich dieser beiden Zusammenstellungen wird dann ergeben, ob von der vorletzten auf die letzte Generation sich schon dieselben Erscheinungen bemerkbar machen, die wir von der letzten auf diese Generation nachweisen konnten.[89]

Ordnen wir also die Väter der Arbeiter nach den Berufen der Großväter in die bekannten fünf Berufsklassen und fragen dann nach der Militärgedientheit der Väter in jeder Berufsklasse.

Unter den Vätern der Arbeiter hatten am meisten von denjenigen gedient, die aus »höheren« Berufen stammten. Diese Tatsache stimmt mit dem überein, was wir für die Arbeiter selbst festgestellt haben. Die übrigen Resultate weichen dagegen von denen der vorhergehenden Tabelle ziemlich ab. Während dort die beiden

---

88 Vgl. z. B. Ranke: Der Mensch Bd. II, S. 129, Einflüsse äußerer Lebensumstände auf die Körpergröße.
89 Tabelle 26 handelte von der Militärtauglichkeit des Vaters der Arbeiter in Bezug auf seinen eigenen Beruf. Jetzt ist es die Militärtauglichkeit, zusammengestellt nach dem Beruf des Großvaters und des Vaters; also der Einfluss der beruflichen Provenienz auf den Vater des Arbeiters ebenso wie auf diesen selbst.

»traditionellen« Berufe in Bezug auf die Militärgedientheit ihrer Nachkommen an zweiter Stelle standen, haben hier, wo es sich um die Väter der Arbeiter handelt, nur die Söhne der Handwerker eine ziemlich hohe Militärtauglichkeit; von ihnen hatten 41,8 % gedient. Von den Söhnen der Landleute dagegen war nur ein Drittel militärtauglich gewesen, so dass sie in Bezug auf Militärgedientheit von den Söhnen der unqualifizierten Berufstätigen übertroffen werden, von denen 38,8 % im Heere gestanden hatten.[90] Die militäruntauglichste unserer Berufsklassen in der vorigen Generation waren die Söhne der Textilarbeiter, von ihnen hatten 31,8 % gedient. Der höheren Militärgedientheit der Väter der Arbeiter entsprechend sind die Unterschiede in den einzelnen Berufsklassen nicht so groß wie in der folgenden Generation. Was den Zusammenhang des Berufs des Vaters und seiner beruflichen Provenienz mit seiner Militärtauglichkeit betrifft, so ist vor allem auf die trotz der kleinen Zahlen wohl charakteristische Tatsache hinzuweisen, dass von den Söhnen der Handwerker, die selbst Handwerker wurden, fast ebenso viele gedient als nicht gedient hatten. Von den Söhnen der Landleute dagegen, die Textilarbeiter wurden, hatte kein einziger gedient; von den Söhnen der Landleute, die der Arbeit des Vaters treu blieben, waren 40 % militärtauglich gewesen.

——— Arbeiter.
– – – – Väter der Arbeiter.

90 Zu vergleichen mit der obigen Kurve. Von der Zusammenstellung einer Tabelle ist abgesehen worden, da die wichtigen Resultate auch in der Kurve deutlich genug zum Ausdruck kommen.

Im allgemeinen können wir also auch bei den Vätern der Arbeiter einen gewissen Zusammenhang zwischen Lebensstandard und Militärtauglichkeit konstatieren, der wohl aus ähnlichen Gründen zu erklären sein dürfte, wie bei den Arbeitern selbst.

Der leichten Übersicht halber stellen wir noch schließlich die Militärgedientheit der Arbeiter und ihrer Väter nach der beruflichen Provenienz beider Generationen geordnet dar.

Fünftes Kapitel
Das außerberufliche Leben der Arbeiterschaft

Der Darstellung der Berufsschicksale der Arbeiterschaft soll sich eine Schilderung ihres außerberuflichen »Lebensstils« anschließen.

Wir beginnen mit einer Erörterung derjenigen Faktoren, die das außerberufliche Leben der Arbeiterschaft äußerlich bestimmen und suchen uns über ihre Bedeutung klar zu werden, um schließlich das Innenleben der Arbeiterschaft durch die Vergnügungen, die sie aufsuchen, die Lebensziele, die sie erstreben und die Hoffnungen, die ihnen bleiben, zu charakterisieren.

Das außerberufliche Leben des Proletariats ist mehr als das anderer Volksschichten in seinem äußeren Zuschnitt durch Lohn- und Arbeitsbedingungen bestimmt; wir können darum in den hier darzustellenden Tatsachen eine teils unwillkürliche, teils erzwungene Anpassung des Außen- und Innenlebens der Arbeiterschaft an die Industrie, der sie angegliedert sind, sehen.

Selbstverständlich ist, dass nur für einen Teil dieser Schilderungen die Antworten der Arbeiter selbst vollkommen ausreichend sind; bei den übrigen muss teilweise persönlicher Eindruck und eigene Anschauung zur Ergänzung des tatsächlichen Materials herangezogen werden.

1. Die Wohnung

Ehe wir zu den wichtigeren Tatsachen im Leben der Arbeiterschaft übergehen, wollen wir kurz ihre Wohnungsverhältnisse besprechen. Durch zahlreiche Diskussionen ist sich wohl jeder über die Bedeutung der Wohnung für das Kulturniveau der Arbeiter klar. Wollen wir in der Art ihrer Wohnung einen Maßstab für den Lebensstandard der Arbeiterschaft sehen, so können wir wohl in den meisten Fällen das Wohnen im eigenen Hause oder das Wohnen im Hause des Arbeitgebers als Zeichen einer wirtschaftlich gesicherteren Existenz ansehen, als das Wohnen in der Mietwohnung; die beiden übrigen Rubriken »Kost und Logis« und »Arbeiterinnenheim« beziehen sich natürlich nur auf die unverheirateten Arbeitskräfte.

Auf alle Einzelheiten dieser Tabelle (siehe folgende Seite) einzugehen, ist wohl nicht nötig. Vor allem ist es charakteristisch für den Lebensstandard der Arbeiterschaft, dass in allen drei der von uns gebildeten Altersklassen der größte Teil der dahin gehörenden Arbeiter und Arbeiterinnen zur Miete wohnte. Doch außer dieser einen übereinstimmenden Tatsache sind ziemliche Unterschiede im Wohnen der Arbeiter und der Arbeiterinnen aufzuweisen. Die Zahl der männlichen Arbeiter, die selbst oder deren Eltern im eigenen Hause wohnten, ist stets größer als die der weiblichen Arbeiter, deren Eltern oder Ehemänner Hausbesitzer waren. Besonders groß ist diese Differenz bei den über 40 Jahre alten Leuten: 47,1 % der über 40 Jahre alten Arbeiter wohnten zur Miete, fast ebenso viele, 46,9 % im eigenen Hause oder in der Wohnung des Arbeitgebers; von den Frauen gleichen Alters wohnten 73,1 % zur Miete, 17 % im eigenen Hause oder in dem des Arbeitgebers. Die Zahl der Hausbesitzer ist bei den 22- bis 40jährigen Arbeitern und Arbeiterinnen prozentual am geringsten; dabei freilich bei den Arbeitern noch fast dreimal

Tabelle 27

Wohnung

	Miet-wohnung	Eigenes Haus	Wohnung vom Arbeitgeber	Kost und Logis	Arbeiterinnen-heim
Vom 14.–21. Lebensjahr					
	%	%	%	%	%
Männliche Arbeiter	91; 74,6	24; 19,7	6; 4,9	1; 0,8	–
Weibliche Arbeiter	128; 40,2	33; 10,4	27; 8,5	17; 5,3	13; 4,0
Alle Arbeitskräfte	219; 64,7	57; 16,8	33; 9,7	18; 5,3	13; 3,8
Vom 22.–40. Lebensjahr					
Männliche Arbeiter	61; 69,3	9; 10,2	16; 18,2	2; 2,3	–
Weibliche Arbeiter	94; 73,5	5; 3,9	7; 5,4	15; 11,8	7; 5,4
Alle Arbeitskräfte	155; 71,7	14; 6,4	23; 10,6	17; 7,8	7; 2,3
Vom 40.–70. Lebensjahr					
Männliche Arbeiter	49; 47,1	27; 25,8	22; 21,1	6; 5,7	–
Weibliche Arbeiter	30; 73,1	4; 9,7	3; 7,3	3; 7,3	1; 2,4
Alle Arbeitskräfte	79; 54,4	31; 21,4	25; 17,2	9; 6,2	1; 0,7

so groß als bei den Arbeiterinnen. Da von den jugendlichen männlichen Arbeitern fast ein Fünftel, 19,7 % im eigenen Hause der Eltern lebte, von den weiblichen Arbeitern desselben Alters dagegen nur 10,4 %, kommt in allen Altersklassen deutlich der geringere Lebensstandard der Familie der Arbeiterinnen den Arbeitern gegenüber zum Ausdruck.

Noch auf einen anderen Unterschied in der Wohnweise der Arbeiter und Arbeiterinnen möchte ich hier aufmerksam machen, da er meiner Meinung nach von größerer Bedeutung ist. Von den jugendlichen männlichen Arbeitern wohnten nur 0,8 % nicht bei ihren Eltern; von den weiblichen Arbeitern desselben Alters dagegen 9,3 %; noch größer ist dieser Unterschied in der folgenden Altersklasse. Wir haben hier also die Tatsache vor uns, dass gerade viele der jugendlichen **weiblichen** Arbeitskräfte, die die Textilindustrie braucht, in sehr früherem Alter in einer absolut selbständigen Weise gänzlich wie Erwachsene leben. Dieser krasse Widerspruch zwischen Alter und Lebensweise ruft dann wohl zum Teil Erscheinungen hervor, die wir später bei der Besprechung des sittlichen Niveaus der Arbeiterschaft noch erwähnen werden.[91]

2. Die Zahl der Verheirateten und ihr durchschnittliches Heiratsalter

Da zu den Tatsachen, die die Lebensweise des Arbeiters, wie jedes anderen Menschen, am meisten beeinflussen, sein Familienstand gehört, beginnen wir unsere Erörterungen natürlicherweise mit einer Feststellung der Anzahl der verheirateten Leute innerhalb der Arbeiterschaft.

Von sämtlichen zur Zeit der Enquete in der Fabrik beschäftigten Arbeitskräften in gesetzlich heiratsfähigem Alter waren 260 oder 54,1 %, also wenig mehr

---

91 Siehe auch dort genauere Angaben über die Arbeiterinnenheime.

als die Hälfte verheiratet gewesen. Diese Zahl verteilt sich nun allerdings in sehr ungleicher Weise auf männliche und weibliche Arbeiter. Von den über 21 Jahre alten männlichen Arbeitern waren 155 oder 80,3 % verheiratet, von den über 16 Jahre alten weiblichen Arbeitern absolut und prozentual viel weniger: 105 oder 36,8 %.[92] Teilweise, aber natürlich lange nicht in ausreichendem Maße erklärt sich diese Differenz in der Anzahl der Verheirateten bei beiden Geschlechtern aus dem verschieden hohen Durchschnittsalter der gesetzlich heiratsfähigen Arbeiter und Arbeiterinnen. Der frühen gesetzlichen Heiratsfähigkeit der Frau und dem geringen Durchschnittsalter der befragten Arbeiterinnen im Vergleich zu den Arbeitern entsprechend, beträgt das Durchschnittsalter der über 16 Jahre alten in der Fabrik beschäftigten Frauen nur 26 Jahre, das Durchschnittsalter der über 21 Jahre alten männlichen Arbeiter dagegen 40 Jahre (vgl. Tabelle 32).

Tabelle 28
Zahl der Verheirateten und durchschnittliches Heiratsalter

	Verheiratet	Durchschnitts–Heiratsalter	Verheiratet	Durchschnitts–Heiratsalter
	Von 17–30 Jahren		Von 30–40 Jahren	
	%		%	
Handwerker	4 oder 57,1	23 Jahre	10 oder 100,0	25 Jahre
Werkmeister	– –	–	7 oder 100,0	28 Jahre
Weber	4 oder 44,4	23 Jahre	4 oder 57,1	24 Jahre
Spinner	9 oder 75,0	25 Jahre	5 oder 83,2	26 Jahre
Rauher, Passierer, Schlichter	4 oder 100,0	24 Jahre	1 oder 100,0	25 Jahre
Batteur, Mischung, Karden	2 oder 33,3	23 Jahre	5 oder 100,0	25 Jahre
Hofarbeiter, Packer, Öler	4 oder 44,4	23 Jahre	3 oder 75,0	24 Jahre
Weberinnen	3 oder 50,0	23 Jahre	– –	–
Ringspinnerinnen	11 oder 27,0	21 Jahre	4 oder 80,0	23 Jahre
Vorspinnerinnen	21 oder 39,6	22 Jahre	13 oder 92,8	23 Jahre
Hasplerinnen	6 oder 37,5	24 Jahre	2 oder 50,0	26 Jahre
Kreuzspulerinnen	2 oder 28,5	23 Jahre	2 oder 100,0	29 Jahre
Spulerinnen	1 oder 33,3	21 Jahre	– –	–
Zwirnerinnen	3 oder 23,0	20 Jahre	2 oder 66,6	25 Jahre
Streckerinnen	2 oder 20,0	21 Jahre	5 oder 100,0	23 Jahre
Ungelernte Arbeiterinnen	1 oder 33,3	19 Jahre	3 oder 60,0	24 Jahre
Männliche Arbeiter	27 oder 57,4	24 Jahre	35 oder 85,3	25 Jahre
Weibliche Arbeiter	50 oder 23,2	20 Jahre	31 oder 87,0	23 Jahre
Alle Arbeitskräfte	77 oder 29,1	21 Jahre	66 oder 86,0	24 Jahre

---

92 Das Heiratsalter der Frau muss natürlich vom 16. Lebensjahr ab gerechnet werden; doch kamen Fälle so früher Eheschließung nur ganz vereinzelt vor. Von sämtlichen Arbeiterinnen, die die Fabrik beschäftigte, war gerade ein Viertel verheiratet gewesen. Es war darum leicht möglich, in der Darstellung der Berufsschicksale auf die Verheirateten nicht besonders einzugehen.

Die Zahl der Verheirateten und ihr durchschnittliches Heiratsalter 249

	Verheiratet	Durchschnitts–Heiratsalter	Verheiratet	Durchschnitts–Heiratsalter
	Von 40–50 Jahren		Über 50 Jahre	
Handwerker	5 oder 100,0	28 Jahre	8 oder 100,0	27 Jahre
Werkmeister	6 oder 100,0	25 Jahre	4 oder 100,0	27 Jahre
Weber	3 oder 50,0	30 Jahre	10 oder 100,0	28 Jahre
Spinner	8 oder 88,8	28 Jahre	3 oder 100,0	27 Jahre
Rauher, Passierer, Schlichter	4 oder 100,0	29 Jahre	1 oder 50,0	23 Jahre
Batteur, Mischung, Karden	7 oder 77,7	28 Jahre	7 oder 100,0	33 Jahre
Hofarbeiter, Packer, Öler	19 oder 95,0	31 Jahre	7 oder 63,3	27 Jahre
Weberinnen	–	–	2 oder 100,0	28 Jahre
Ringspinnerinnen	2 oder 100,0	22 Jahre	–	–
Vorspinnerinnen	4 oder 57,1	28 Jahre	4 oder 100,0	26 Jahre
Hasplerinnen	–	–	–	–
Kreuzspinnerinnen	–	–	–	–
Spulerinnen	–	–	2 oder 100,0	30 Jahre
Zwirnerinnen	–	–	–	–
Streckerinnen	3 oder 60,0	24 Jahre	–	–
Ungelernte Arbeiterinnen	5 oder 62,5	27 Jahre	4 oder 66,6	26 Jahre
Männliche Arbeiter	52 oder 88,1	28 Jahre	40 oder 86,9	27 Jahre
Weibliche Arbeiter	14 oder 51,9	26 Jahre	12 oder 85,7	27 Jahre
Alle Arbeitskräfte	66 oder 76,7	27 Jahre	52 oder 86,6	27 Jahre

In den einzelnen Kategorien der männlichen Arbeiter zeigen sich nur geringe Unterschiede in Bezug auf die Anzahl der verheirateten Männer. Unverheiratete Leute werden in allen »besseren« Fabriken überhaupt nicht zu Werkmeistern gemacht, eine Tatsache, die beweist, dass man den verheirateten Mann für sittlicher und für zuverlässiger hält. Im Allgemeinen scheint die Zahl der verheirateten Arbeiter in den qualifizierteren Arbeitskategorien ein wenig höher zu sein, als bei den beiden Gruppen ungelernter Arbeiter. So waren vom letzteren nur 76 %, von den Handwerkern aber 93 %, von den Spinnern 80 % der gesetzlich heiratsfähigen Männer verheiratet. Eine Ausnahme machen die Weber, bei denen nur 63,6 % der Heiratsfähigen eine Ehe geschlossen hatten, und die daher die geringste Heiratsziffer von allen Arbeitergruppen aufweisen. Die Verschiedenheit der Heiratsfrequenz der einzelnen Arbeiterschichten erklärt sich in diesem Falle nicht – wie oben die Differenz bei männlichen und weiblichen Arbeitern – aus einem verschieden hohen Durchschnittsalter der über 21 Jahre alten Leute. Dieses ist in allen Arbeiterkategorien ziemlich gleichmäßig hoch und schwankt nur zwischen dem 37. und 43. Lebensjahr. Das Durchschnittsalter der gesetzlich heiratsfähigen Weber ist 41 Jahre; es ist höher als das mehrerer anderer Arbeitsgruppen und kann also nicht zur Erklärung der relativ geringen Ehefrequenz dieser Arbeiterschicht herangezogen werden. Dagegen wäre es vielleicht möglich, in der uns aus dem zweiten Kapitel bekannten Tatsache des häufigen Orts- und Stellenwechsels auch der älteren Weber eine wenigstens teilweise Erklärung ihrer niedrigen Heiratsziffer zu sehen.

Bei den weiblichen Arbeitern kann das Durchschnittsalter der heiratsfähigen Arbeiterinnen wohl zur Erklärung der Unterschiede der in allen Gruppen nur geringen Ehefrequenz herangezogen werden. So sind von den beiden Arbeiterinnenkategorien, die das höchste Durchschnittsalter der gesetzlich Heiratsfähigen zeigen, den Vorspinnerinnen und den ungelernten Arbeiterinnen auch ein wenig mehr als die Hälfte verheiratet. Auch unter den angelernten Arbeiterinnengruppen treffen höchstes Durchschnittsalter der Heiratsfähigen und höchste Heiratsziffer bei den Streckerinnen zusammen; 35,7 % der gesetzlich heiratsfähigen Streckerinnen sind verheiratet; das Durchschnittsalter der über 16 Jahre alten Streckerinnen beträgt 28 Jahre. In den anderen Arbeiterinnengruppen machen die Verheirateten 22 bis 26 % der Heiratsfähigen aus, deren Durchschnittsalter zwischen dem 22. und dem 27. Jahre schwankt.

Bis jetzt diente uns das Durchschnittsalter der gesetzlich heiratsfähigen Arbeitskräfte nur zur versuchsweisen Erklärung ihrer größeren oder geringeren Ehefrequenz. Um den Zusammenhang zwischen Alter und Häufigkeit der Eheschließung bei der befragten Arbeiterschaft deutlich zu machen, berechnen wir, wie groß die Prozentzahl der verheirateten Leute in verschiedenen Altersklassen war und in welchem Alter sie durchschnittlich die Ehe geschlossen hatten.

Die erste der vier zu dieser Feststellung von uns gebildeten Altersklassen reicht bis zum 30. Lebensjahr, die beiden nächsten Altersklassen umfassen die beiden folgenden Jahrzehnte, die letzte enthält alle über 50 Jahre alten Leute.

Wie selbstverständlich, ist die Prozentzahl der Verheirateten in der ersten Altersklasse weit geringer, als in einer der anderen Altersklassen. Von sämtlichen weniger als 30 Jahre alten heiratsfähigen Arbeitskräften waren 29,1 % verheiratet. In der nächsten Altersklasse hat sich die Prozentzahl der Verheirateten fast verdreifacht und beträgt 86 %. Dieselbe Heiratsziffer findet sich auch bei den über 50 Jahre alten Leuten, während von den zwischen dem 40. und 50. Lebensjahr stehenden Arbeitskräften 10 % weniger, 76 % aller Leute dieses Alters verheiratet sind.

Dieses Gesamtresultat wird sich erst erklären und an Interesse gewinnen, wenn wir die Zahlen für männliche und weibliche Arbeiter gesondert betrachten.

Bei den männlichen Arbeitern haben wir freilich das nur selbstverständliche Ergebnis, dass die Zahl der Verheirateten von der ersten auf die zweite Altersklasse sehr stark, von der zweiten zur dritten Altersklasse nur ganz langsam steigt. Die im Vergleich zu anderen sozialen Schichten frühe Eheschließung der Proletarier kommt in der Tatsache zum Ausdruck, dass von den 21- bis 30jährigen Arbeitern[93] mehr als die Hälfte, 57,4 %, verheiratet waren. In der zweiten Altersklasse beträgt die Zahl der verheirateten Männer 85,3 % aller Arbeiter dieses Alters. In der dritten Altersklasse waren mehr als vier Fünftel der dahin gehörenden Arbeiter verheiratet gewesen, 88,1 %. Die Senkung der Zahl der verheirateten Leute in der höchsten Altersklasse um 1,2 % kann wohl als unwesentlicher Zufall angesehen werden.

Charakteristischer als die eben besprochenen Angaben sind diejenigen Zahlen, die die Prozentzahl der verheirateten Arbeiterinnen in jeder Altersklasse bezeichnen. Sie beweisen uns, dass die prozentuale Verschiedenheit der Ehefrequenz bei beiden Geschlechtern, auf die wir oben hinwiesen, nun in zwei der vier von uns gebildeten Altersklassen besteht, während die Prozentzahl der verheirateten

---

93 Natürlich bezieht sich das »siebzehn« auf der Tabelle nur auf das Alter der Arbeiterinnen.

Frauen in den beiden anderen Altersklassen der der verheirateten Männer dieser Altersklassen mit einem verschwindenden Unterschied gleich ist.

Von den 30- bis 40jährigen Arbeiterinnen waren 87 % (also 1,7 % mehr als bei den Arbeitern dieses Alters) verheiratet; von den über 50 Jahre alten Frauen 85,7 % (also 1 % weniger als von den gleichaltrigen Arbeitern); dagegen waren von den 17- bis 30jährigen Arbeiterinnen nur 23,2 %; von den 40- bis 50jährigen Arbeiterinnen nur 51,9 % verheiratet. In den beiden zuletzt genannten Altersklassen waren also von den Arbeiterinnen rund 33 % weniger in die Ehe getreten als von den Arbeitern, die in demselben Alter standen.

Die niedrige Zahl der verheirateten Arbeiterinnen der ersten Altersklasse erklärt sich wohl annähernd einerseits aus dem frühen gesetzlichen Heiratsalter der Frau (s. oben Anmerkung S. 248); andererseits wohl auch aus dem Umstand, dass die jung verheirateten Frauen in den ersten Jahren ihrer Ehe meistens (lange nicht immer) nicht zur Arbeit gehen. Ebenso wäre die große Zahl der 30- bis 40jährigen verheirateten Arbeiterinnen durch die Sorge für mehrere noch unmündige Kinder zu erklären, die die Frau zwingt, zum Verdienste des Mannes beizutragen.

Schwerer ist es nun, sich die beiden so verschiedenen Heiratsziffern der beiden letzten Altersklassen zu erklären. Wir können wohl annehmen, dass für die verheiratete Frau nach dem 40. Lebensjahr durch das Mitverdienen der Kinder eine geringere Notwendigkeit zu eigenem Erwerb besteht. Von den Frauen der höchsten Altersklasse, deren Zahl überhaupt sehr klein ist, sind ein größerer Teil Witwen oder eheverlassene Frauen, ihre Arbeit also wohl dadurch zu erklären, dass sie sich selbst erhalten müssen.[94]

Über die Häufigkeit der Eheschließung in den einzelnen Arbeitergruppen ist in diesem Zusammenhang wenig zu bemerken: die betreffenden Zahlen stimmen meist mit dem Gesamtresultat überein. Hervorzuheben wäre nur die relativ große Zahl der jugendlich Verheirateten bei den Spinnern und Rauhern, während von den 30- bis 50jährigen Webern verhältnismäßig wenige verheiratet waren. Bei den weiblichen Arbeitern ist darauf hinzuweisen, dass die über 40 Jahre alten verheirateten Arbeiterinnen entweder mit ganz geringen Ausnahmen gelernte oder ungelernte Arbeiterinnen sind. Dass es sich bei letzteren meist um alleinstehende Frauen handelt, wurde soeben erwähnt; in Bezug auf die ersteren kommt also auch in diesen Zahlen die im zweiten Kapitel berührte Tendenz der gelernten weiblichen Textilarbeit zum Lebensberuf zu werden, deutlich zum Ausdruck. Über das Durchschnittsheiratsalter der Arbeiterschaft ist ebenfalls wenig zu sagen. Es schwankt bei den männlichen Arbeitern zwischen dem 24. und 28., bei den weiblichen Arbeitern zwischen dem 20. und 27. Lebensjahr. In jeder Altersklasse bleibt das Durchschnittsheiratsalter der Arbeiterinnen ein paar Jahre unter dem der männlichen Arbeiter, ausgenommen bei den über 50 Jahre alten Leuten, die bei beiden Geschlechtern mit durchschnittlich 27 Jahren die Ehe geschlossen hatten. Das langsame Steigen des durchschnittlichen Heiratsalters von einer Altersklasse zur anderen erklärt sich wohl bei den immerhin kleinen Zahlen am einfachsten aus der späten Eheschließung einiger Leute.

---

94 Von den verheirateten Arbeiterinnen waren 12,4 % Witwen und 4,7 % eheverlassene oder geschiedene Frauen. Unter den männlichen Arbeitern fanden sich nur so wenige Witwer, dass sie nicht besonders erwähnt werden.

Irgendwelche Charakteristika für die einzelnen Arbeitskategorien lassen sich aus dem Durchschnittsheiratsalter nicht entnehmen. Das Alter, in dem die Ehe geschlossen wurde, steht in keinem erkennbaren Zusammenhang mit der Qualifiziertheit der Arbeitskräfte.

Ein Vergleich mit der Heiratsstatistik des ganzen Stadtkreises M.-Gladbach dürfte nicht uninteressant sein. Nach der Volkszählung vom Jahre 1905 (siehe preußische Statistik) waren im Stadtkreis M.-Gladbach verheiratet von den 21- bis 30jährigen Personen: 80,5 % der Männer, 76,3 % der Frauen; von den 40- bis 50jährigen Personen: 87,8 % der Männer, 82,7 % der Frauen; von den 50- bis 70jährigen Personen: 89,4 % der Männer, 87,0 % der Frauen. Verglichen mit den Heiratsziffern der Arbeiterschaft zeigt sich die frühere Eheschließung der Proletarier in der gegenüber der Durchschnittsziffer von M.-Gladbach erhöhten Heiratsziffer der 21- bis 30jährigen Arbeiter. Bei den weiblichen Arbeitern sind die Heiratsziffern der 21- bis 30jährigen und der 40- bis 50jährigen Arbeiterinnen kleiner als die Durchschnittsziffern für M.-Gladbach; die Heiratsziffer der 30- bis 40jährigen Arbeiterinnen größer (Erklärung siehe oben S. 252).

In der ganzen Rheinprovinz ist die Heiratsfrequenz der 21- bis 30jährigen Männer geringer, die der Frauen desselben Alters größer als in M.-Gladbach. Es waren verheiratet von den 21- bis 30jährigen Männern: in der Rheinprovinz 30,8 %; im Stadtkreis M.-Gladbach 38,3 %; von den Arbeitern der »Gladbacher Spinnerei und Weberei« 57,4 %. Von den Frauen dieses Alters dagegen waren verheiratet: in der Rheinprovinz 53,2 %; im Stadtkreis M.-Gladbach 43,1 %, von den Arbeiterinnen der »Gladbacher Spinnerei und Weberei« 23,2 %. Je näher wir also (geographisch) an die Textilindustrie heranrücken, desto früher wird die Eheschließung der Männer, desto mehr unverheiratete Mädchen im gesetzlich heiratsfähigen Alter finden sich.[95] Diese Zahlen sind wohl geeignet, uns manche der später zu schildernden Dinge verständlich zu machen.

3. Die Zahl der verheirateten Arbeiterinnen in den Jahren 1891, 1900, 1908

Schon mehrere Male im Verlauf dieser Darstellungen haben wir zur Unterstützung und Erklärung der hier aus kleinen Zahlen gewonnenen Angaben auf die Resultate hingewiesen, die die Besprechung der Gesamtzahl der Arbeiterschaft in drei verschiedenen Jahren ergab (siehe Abschnitt I). Wir wollen nun auch die hier gewonnenen Resultate dadurch ergänzen, dass wir die Zahl der verheirateten in der Fabrik beschäftigten Frauen in den drei Jahren 1891, 1900, 1908 feststellen.[96] Die Fragen, die uns dabei vorerst interessieren, sind: Hat die Zahl der verheirateten Arbeiterinnen seit 20 Jahren prozentual zur Gesamtzahl der Arbeiterinnen

---

95 Die Angaben werden dadurch nicht unrichtig, dass auf unserer Tabelle die Arbeiterinnen vom 17. Lebensjahr ab, nach der preußischen Statistik vom 21. Lebensjahr ab genommen sind. Erstens ist die Zahl der 15- bis 21jährigen Verheirateten nach den Angaben der Statistik im Rheinland und im Stadtkreis M.-Gladbach verschwindend klein. Zweitens ist dasselbe bei den Arbeiterinnen der Fabrik der Fall.

96 Diese Feststellung passt besser hierher als in Abschnitt I, da leider die Zahl der verheirateten Männer für diese drei Jahre nicht dargestellt werden kann. Über die Bezeichnung »Gesamtzahl« vgl. Abschnitt I, Kapitel I.

zugenommen oder abgenommen? Welche Altersklassen zeigen diese Zunahme oder Abnahme am deutlichsten?

Von den 592 im gesetzlich heiratsfähigen Alter stehenden Arbeiterinnen, die im Laufe des Jahres 1891 in der Fabrik beschäftigt gewesen waren, waren 22,1 % verheiratet gewesen; im Jahre 1900 gab es unter den 674 Arbeiterinnen 28,2 % verheiratete Frauen; im Jahre 1908 hat die Zahl der verheirateten Frauen stark zugenommen: von den 691 im gesetzlich heiratsfähigen Alter stehenden Arbeiterinnen waren 40 % verheiratete Frauen. Wir können also die erste der oben gestellten Fragen dahin beantworten, dass die Zahl der verheirateten Arbeiterinnen prozentual zur Gesamtzahl der gesetzlich heiratsfähigen Arbeiterinnen vom Jahre 1891 bis zum Jahre 1908 sich fast verdoppelt hat.

Diese Gesamtzahl der verheirateten Arbeiterinnen verteilt sich derart auf die einzelnen Altersklassen, dass die Prozentzahl der Verheirateten mit dem höheren Durchschnittsalter der Altersklasse wächst; und zwar ist in allen drei Jahren der Unterschied in der Zahl der Verheirateten zwischen der ersten und der zweiten Altersklasse ziemlich groß, zwischen der dritten und vierten Altersklasse kleiner.

Fragen wir uns nun, auf welche Altersklasse die Zunahme in der Zahl der verheirateten Frauen, die wir soeben festgestellt, am meisten entfällt.

Obgleich in allen vier Altersklassen die Zahl der Verheirateten prozentual zur Gesamtzahl vom Jahre 1891 bis zum Jahre 1908 gewachsen ist, hat sie doch in den beiden ersten Altersklassen außerordentlich viel stärker zugenommen als in den beiden letzten Altersklassen; da von der Gesamtzahl der 17- bis 30jährigen Arbeiterinnen im Jahre 1891 14,2 %, im Jahre 1900 24 %, im Jahre 1908 29 % verheiratet waren, hat sich die Zahl der weniger als 30 Jahre alten verheirateten Arbeiterinnen prozentual zur Gesamtzahl der Arbeiterinnen dieses Alters im Laufe der letzten 20 Jahre mehr als verdoppelt. Die Zunahme der Zahl der verheirateten Frauen in der nächsten Altersklasse ist geringer; von 48,5 % der Gesamtzahl der 30- bis 40jährigen Arbeiterinnen im Jahre 1891 auf 76,6 % der Gesamtzahl im Jahre 1908.[97] Bei den 41- bis 50jährigen Frauen ist die prozentuale Zunahme der Zahl der verheirateten Arbeiterinnen am geringsten und beträgt nur 3 % der Gesamtzahl. Dagegen haben die verheirateten Frauen in der höchsten Altersklasse vom Jahre 1891 bis zum Jahre 1900 um 12 % prozentual zur Gesamtzahl zugenommen, und ihre Prozentzahl ist auch von 1900 bis 1908 fast dieselbe geblieben.

Da nun die Arbeiterinnen der höchsten Altersklasse ihrer sehr geringen Gesamtzahl wegen, die Zufälligkeiten nicht ausschließt, kaum in Betracht kommen, und wie wir wissen, die Prozentzahl der Verheirateten in der zweithöchsten Altersklasse im Laufe der letzten 20 Jahre sich kaum verändert hat, können wir wohl das Resultat unserer bisherigen Besprechungen kurz so zusammenfassen: Die Zahl der weniger als 40 Jahre alten verheirateten Arbeiterinnen hat prozentual zur Gesamtzahl der gesetzlich heiratsfähigen Arbeiterinnen dieses Alters im Laufe der letzten 20 Jahre stets zugenommen, so dass sie im Jahre 1908 ungefähr doppelt so groß ist als im Jahre 1891.[98]

---

97 In dieser und in der folgenden Altersklasse ist ebenso wie bei anderen Zusammenstellungen die Zahl des Jahres 1900 eine Unterbrechung des regelmäßigen Verlaufs.

98 Die einzelnen Arbeiterinnengruppen: In allen drei Jahren haben Weberinnen, Vorspinnerinnen, Streckerinnen und ungelernte Arbeiterinnen eine große Prozentzahl verheirateter Frauen; die

Tabelle 29
Zahl der Verheirateten und ihre relative Mobilität 1891

	Von 17–30 Jahren				Von 31–40 Jahren			
	Gesamtzahl		Restzahl am Ende des Jahres		Gesamtzahl		Restzahl am Ende des Jahres	
	Alle Arbeiterinnen	der Verheirateten in Prozent der Gesamtzahl aller	Aller Arbeiterinnen	der Verheirateten in Prozent der Restzahl aller	der Verheirateten in Prozent ihrer Gesamtzahl	Alle Arbeiterinnen	der Verheirateten in Prozent der Gesamtzahl aller	Aller Arbeiterinnen	der Verheirateten in Prozent der Restzahl aller	der Verheirateten in Prozent ihrer Gesamtzahl
		%		%	%		%		%	%
Weberinnen	62	20,8	54,8	17,6	46,1	11	63,6	45,0	60,0	42,8
Ringspinnerinnen	91	9,8	68,1	6,4	44,4	9	55,5	44,4	50,0	40,0
Vorspinnerinnen	105	16,1	64,7	13,2	52,9	26	38,5	69,2	22,2	40,0
Hasplerinnen	106	13,2	65,0	13,0	64,3	8	25,0	75,0	16,7	50,0
Spulerinnen	40	2,5	67,5	0	0	9	33,3	55,5	20,0	33,3
Zwirnerinnen	23	8,7	65,2	13,3	100,0	–	–	–	–	–
Streckerinnen	40	20,0	55,0	18,1	50,0	5	60,0	60,0	33,3	33,3
Ungelernte Arbeiterinnen	9	44,4	77,7	28,5	50,0	4	75,0	50,0	50,0	33,3
Alle Arbeiterinnen	496	14,2	71,0	10,6	52,9	68	48,5	58,9	28,3	39,3

Tabelle 30
Zahl der Verheirateten und ihre relative Mobilität 1900

	Von 17–30 Jahren				Von 31–40 Jahren			
	Gesamtzahl		Restzahl am Ende des Jahres		Gesamtzahl		Restzahl am Ende des Jahres	
	Alle Arbeiterinnen	der Verheirateten in Prozent der Gesamtzahl aller	Aller Arbeiterinnen	der Verheirateten in Prozent der Restzahl aller	der Verheirateten in Prozent ihrer Gesamtzahl	Alle Arbeiterinnen	der Verheirateten in Prozent der Gesamtzahl aller	Aller Arbeiterinnen	der Verheirateten in Prozent der Restzahl aller	der Verheirateten in Prozent ihrer Gesamtzahl
		%		%	%		%		%	%
Weberinnen	27	40,7	62,9	35,3	54,5	3	66,6	66,6	50,0	50,0
Ringspinnerinnen	132	23,4	50,7	22,4	48,4	16	31,2	43,7	14,3	20,0
Vorspinnerinnen	105	30,4	58,0	34,6	63,6	13	30,7	53,8	28,5	50,0
Hasplerinnen	127	11,8	57,5	9,6	46,6	13	61,5	69,4	55,5	62,5
Spulerinnen	48	31,2	56,2	25,9	46,6	6	66,6	50,0	33,3	25,0
Zwirnerinnen	29	17,2	51,7	6,6	20,0	5	–	0	–	–
Streckerinnen	78	24,3	34,1	14,8	21,0	6	50,0	16,6	100,0	33,3
Ungelernte Arbeiterinnen	8	25,0	75,0	33,3	100,0	2	0	100,0	–	–
Alle Arbeiterinnen	554	24,0	55,6	20,3	47,3	64	40,6	52,9	30,6	42,3

Die Zahl der verheirateten Arbeiterinnen in den Jahren 1891, 1900, 1908

Von 41–50 Jahren				Von 51–70 Jahren				Zusammen			
Gesamtzahl	Restzahl am Ende des Jahres			Gesamtzahl	Restzahl am Ende des Jahres			Gesamtzahl	Restzahl am Ende des Jahres		
Aller Arbeiterinnen	der Verheirateten in Prozent der Gesamtzahl aller	Aller Arbeiterinnen	der Verheirateten in Prozent der Restzahl aller	der Verheirateten in Prozent ihrer Gesamtzahl	Aller Arbeiterinnen	der Verheirateten in Prozent der Gesamtzahl aller	Aller Arbeiterinnen	der Verheirateten in Prozent der Restzahl aller	der Verheirateten in Prozent ihrer Gesamtzahl	Aller Arbeiterinnen	der Verheirateten in Prozent der Gesamtzahl aller	Aller Arbeiterinnen	der Verheirateten in Prozent der Restzahl aller	der Verheirateten in Prozent ihrer Gesamtzahl
	%		%	%		%		%	%		%		%	%
11	45,4	63,5	28,5	40,0	1	100,0	100,0	100,0	100,0	85	30,6	55,3	25,5	46,1
1	–	0	–	–	–	–	–	–	–	101	13,8	65,3	9,1	42,8
4	75,0	100,0	75,0	100,0	–	–	–	–	–	135	22,2	66,6	17,7	53,3
3	66,6	66,6	50,0	50,0	5	40,0	100,0	40,0	100,0	122	16,4	67,2	15,8	65,0
2	100,0	100,0	100,0	100,0	1	100,0	100,0	100,0	100,0	52	13,4	67,4	11,4	57,1
–	–	–	–	–	2	100,0	100,0	100,0	100,0	25	16,0	68,0	23,5	100,0
2	50,0	50,0	0	0	2	–	100,0	–	–	49	24,5	57,1	17,8	41,6
5	100,0	80,0	100,0	100,0	5	100,0	100,0	80,0	80,0	23	78,2	78,3	66,6	66,6
28	67,8	76,1	56,3	68,4	16	68,8	100,0	55,5	99,0	592	22,1	71,4	17,0	55,4

Von 41–50 Jahren				Von 51–70 Jahren				Zusammen			
Gesamtzahl	Restzahl am Ende des Jahres			Gesamtzahl	Restzahl am Ende des Jahres			Gesamtzahl	Restzahl am Ende des Jahres		
Aller Arbeiterinnen	der Verheirateten in Prozent der Gesamtzahl aller	Aller Arbeiterinnen	der Verheirateten in Prozent der Restzahl aller	der Verheirateten in Prozent ihrer Gesamtzahl	Aller Arbeiterinnen	der Verheirateten in Prozent der Gesamtzahl aller	Aller Arbeiterinnen	der Verheirateten in Prozent der Restzahl aller	der Verheirateten in Prozent ihrer Gesamtzahl	Aller Arbeiterinnen	der Verheirateten in Prozent der Gesamtzahl aller	Aller Arbeiterinnen	der Verheirateten in Prozent der Restzahl aller	der Verheirateten in Prozent ihrer Gesamtzahl
	%		%	%		%		%	%		%		%	%
7	71,4	57,1	100,0	100,0	3	66,6	100,0	33,3	50,0	40	50,0	65,0	46,1	60,0
3	100,0	66,6	100,0	66,6	–	–	–	–	–	151	25,8	50,3	23,7	46,1
13	46,1	76,9	50,0	83,3	1	100,0	100,0	100,0	100,0	132	33,3	59,0	36,7	65,9
2	–	100,0	–	–	1	100,0	100,0	100,0	100,0	143	16,8	59,4	15,3	54,1
2	–	100,0	–	–	1	100,0	100,0	100,0	100,0	57	35,0	57,9	27,2	45,0
1	100,0	100,0	100,0	100,0	1	100,0	100,0	100,0	100,0	36	19,4	47,2	5,8	42,8
3	66,6	66,6	50,0	50,0	2	50,0	50,0	–	–	89	28,0	34,8	19,3	24,0
4	100,0	75,0	100,0	75,0	2	100,0	50,0	100,0	50,0	26	30,7	46,1	50,0	75,0
35	62,8	82,0	53,1	77,2	11	81,8	81,9	66,6	66,6	674	28,2	57,2	27,8	51,0

Tabelle 31
Zahl der Verheirateten und ihre relative Mobilität 1908

	Von 17–30 Jahren				Von 31–40 Jahren			
	Gesamtzahl		Restzahl am Ende des Jahres		Gesamtzahl		Restzahl am Ende des Jahres	
	Alle Arbeiterinnen	der Verheirateten in Prozent der Gesamtzahl aller	Aller Arbeiterinnen	der Verheirateten in Prozent der Restzahl aller	der Verheirateten in Prozent ihrer Gesamtzahl	Aller Arbeiterinnen	der Verheirateten in Prozent der Gesamtzahl aller	Aller Arbeiterinnen	der Verheirateten in Prozent der Restzahl aller	der Verheirateten in Prozent ihrer Gesamtzahl

		%		%	%		%		%	%
Weberinnen	37	29,5		48,6	22,2	36,3	4	75,0	50,0	50,0	33,3
Ringspinnerinnen	129	24,0		48,0	16,1	32,2	14	92,8	35,7	80,0	30,7
Vorspinnerinnen	104	49,0		45,1	42,5	39,2	30	83,3	53,3	75,0	48,0
Hasplerinnen	69	20,3		50,7	14,3	35,7	11	54,5	45,4	40,0	33,3
Kreuzspulerinnen	23	30,4		56,5	23,0	42,8	3	100,0	33,3	100,0	33,3
Spulerinnen	30	6,6		50,0	13,3	100,0	4	25,0	50,0	50,0	100,0
Zwirnerinnen	29	24,1		41,4	25,0	42,8	5	60,0	60,0	66,6	66,6
Streckerinnen	94	26,5		25,5	16,6	16,0	14	78,5	21,4	100,0	27,2
Ungelernte Arbeiterinnen	12	21,6		33,3	75,0	60,0	9	77,7	55,5	80,0	57,1
Alle Arbeiterinnen	527	29,0		32,5	24,0	35,3	94	76,6	45,5	65,2	41,6

Wie wir uns erinnern, haben wir bei früheren Zusammenstellungen die Restzahl der Arbeiterschaft am Ende des Jahres mit ihrer Gesamtzahl im Laufe des Jahres verglichen und aus dem Resultat dieses Vergleichs auf die größere oder geringere Mobilität der Arbeiterschaft geschlossen (vgl. Abschnitt I, Kapitel I).

Es dürfte nun noch von Interesse sein kurz zu besprechen, ob die Mobilität der verheirateten Arbeiterinnen die gleiche, größer oder geringer ist, als die Mobilität aller Arbeiterinnen; ob sie sich von Jahr zu Jahr in gleicher oder anderer Weise verändert, wie letztere; und schließlich, ob die mobilsten Altersklassen bei verheirateten und unverheirateten Arbeiterinnen die gleichen sind.

Gehen wir zuerst, ohne Berücksichtigung des Alters von allen verheirateten Arbeiterinnen aus. In jedem der drei besprochenen Jahren machen sie einen geringeren Bruchteil der Restzahl als der Gesamtzahl aller Arbeiterinnen aus (zu vgl. Teilspalte 2 und 4). Die Differenz zwischen Gesamtzahl und Restzahl der Verheirateten beträgt durchschnittlich 3 %. Wir sind also berechtigt zu sagen, dass in den letzten 20 Jahren die Mobilität der verheirateten Arbeiterinnen ein wenig größer war als die sämtlicher Arbeiterinnen.

angelernten Arbeiterinnengruppen wenige. Die stärkste Zunahme in der Zahl der Verheirateten von 1891 bis 1908 entfällt auf Ringspinnerinnen und Vorspinnerinnen: 1891 13,8 resp. 22,2 %; 1908 32,9 resp. 67,1 % verheiratete Frauen. In allen anderen Gruppen hat die Prozentzahl der Verheirateten (mit ganz geringen Ausnahmen) langsamer zugenommen.

Die Zahl der verheirateten Arbeiterinnen in den Jahren 1891, 1900, 1908

Von 41−50 Jahren				Von 51−70 Jahren				Zusammen			
Gesamtzahl	Restzahl am Ende des Jahres			Gesamtzahl	Restzahl am Ende des Jahres			Gesamtzahl	Restzahl am Ende des Jahres		
Aller Arbeiterinnen	der Verheirateten in Prozent der Gesamtzahl aller	Aller Arbeiterinnen	der Verheirateten in Prozent der Restzahl aller	der Verheirateten in Prozent ihrer Gesamtzahl	Aller Arbeiterinnen	der Verheirateten in Prozent der Gesamtzahl aller	Aller Arbeiterinnen	der Verheirateten in Prozent der Restzahl aller	der Verheirateten in Prozent ihrer Gesamtzahl	Aller Arbeiterinnen	der Verheirateten in Prozent der Gesamtzahl aller	Aller Arbeiterinnen	der Verheirateten in Prozent der Restzahl aller	der Verheirateten in Prozent ihrer Gesamtzahl
	%		%	%		%		%	%		%		%	%
3	33,3	66,6	0	0	5	100,0	40,0	100,0	40,0	49	40,8	48,9	30,0	35,0
7	85,7	42,8	100,0	50,0	2	−	50,0	−	−	152	32,9	46,7	25,3	34,0
8	87,5	62,5	60,0	42,8	7	100,0	83,7	100,0	85,7	149	67,1	49,6	55,4	45,5
5	40,0	60,0	0	0	2	−	100,0	−	−	87	25,3	52,8	15,2	31,8
−	−	−	−	−	−	−	−	−	−	26	38,5	53,8	28,5	40,0
3	−	100,0	−	−	1	100,0	0	0	0	38	10,5	52,7	15,0	75,0
1	−	100,0	−	−	1	−	100,0	−	−	36	27,7	47,2	29,4	50,0
7	85,7	100,0	85,7	100,0	1	100,0	100,0	100,0	100,0	116	37,0	30,2	40,0	32,5
10	90,0	60,0	83,3	55,5	7	100,0	83,3	100,0	75,0	38	76,3	55,2	85,7	62,0
44	70,4	65,9	58,5	54,6	26	80,8	80,7	71,4	71,4	691	40,0	46,6	36,0	41,8

Frühere Darstellungen haben gezeigt, dass die Mobilität aller Arbeiterinnen im Laufe der letzten 20 Jahre stark zugenommen hat. Entsprechend waren auch von der Gesamtzahl der gesetzlich heiratsfähigen Arbeiterinnen am Ende des Jahres 1891 71,4 %, am Ende des Jahres 1900 57,2 %, am Ende des Jahres 1908 46,6 % in der Fabrik beschäftigt gewesen (siehe Teilspalte 3). Die Mobilität der verheirateten Arbeiterinnen hat ebenfalls von Jahrzehnt zu Jahrzehnt zugenommen, doch in geringerem Maße als die sämtlicher Arbeiterinnen. Von der Gesamtzahl der **verheirateten** Arbeiterinnen waren am Ende des Jahres 1891 55,4 %, am Ende des Jahres 1900 51 %, am Ende des Jahres 1908 41,8 % in der Fabrik beschäftigt gewesen (siehe Teilspalte 5).

Ist also die Mobilität aller gesetzlich heiratsfähigen Arbeiterinnen vom Jahre 1891 bis zum Jahre 1908 um 25 % gestiegen, so stieg die der **verheirateten** Arbeiterinnen in derselben Zeit um 14 %.

Dieses verschieden rasche Anwachsen der Mobilität bei verheirateten und bei allen Arbeiterinnen hat die natürliche Folge, dass die Restzahl der verheirateten Arbeiterinnen von Jahrzehnt zu Jahrzehnt einen größeren Bruchteil der Restzahl aller Arbeiterinnen ausmacht: am Ende des Jahres 1891 waren von allen Arbeiterinnen 17 % verheiratet, am Ende des Jahres 1900 27 %, am Ende des Jahres 1908 36 % (siehe Teilspalte 4). Die Zunahme der Mobilität in den letzten 20 Jahren entfällt vorzugsweise auf die unverheirateten Arbeiterinnen; infolgedessen scheinen die verheirateten Arbeiterinnen einen immer größeren Bruchteil des festen Arbeiterbestandes der Fabrik zu bilden, ebenso wie auch ihre Gesamtzahl stetig zunimmt.

Wir wissen, dass die 17- bis 40jährigen Arbeiterinnen nicht nur überhaupt die mobilsten sind, sondern dass auch die größte Zunahme der Mobilität im Laufe der letzten 20 Jahre auf ihre Kosten kommt. Bei den verheirateten Arbeiterinnen ist es, was den ersten Punkt betrifft, nicht anders. Im Jahre 1891 und 1900 sind die 31- bis 40jährigen Frauen am mobilsten, im Jahre 1908 diejenigen der jüngsten Altersklasse; die über 40 Jahre alten Frauen sind, ebenso wie alle Arbeiterinnen dieses Alters sehr stabil. Die, wie schon gezeigt, nicht sehr große Mobilitätszunahme bei den verheirateten Frauen kommt vor allem in der jüngsten Altersklasse zum Ausdruck. Von der Gesamtzahl der weniger als 30 Jahre alten Frauen waren im Jahre 1891 am Ende des Jahres noch 52,9 %, im Jahre 1908 35,3 % in der Fabrik beschäftigt. Die verheirateten Frauen der nächsten Altersklasse dagegen sind nicht mobiler, sondern eher etwas stabiler im Laufe der letzten 20 Jahre geworden.

Da seit dem Jahre 1891 in allen Altersklassen die Mobilität aller Arbeiterinnen rascher angewachsen ist als die der Verheirateten, machen auch in sämtlichen Altersklassen die verheirateten Frauen im Jahre 1908 einen größeren Prozentsatz der Restzahl aller Arbeiterinnen aus, als vor 20 Jahren. Freilich mit ziemlich großen Unterschieden. So haben die Restzahlen der verheirateten Frauen prozentual zur Restzahl aller gesetzlich heiratsfähigen Arbeiterinnen in der ersten und in der letzten Altersklasse fast gleich stark zugenommen: bei den weniger als 30 Jahre alten Arbeiterinnen stieg die Restzahl der Verheirateten von 10 % im Jahre 1891 auf 24 % im Jahre 1908; bei den ältesten Arbeiterinnen von 55 % im Jahre 1891 auf 71 % im Jahre 1908. In den beiden dazwischen liegenden Altersklassen zeigen sich große Verschiedenheiten. Während die Restzahl der 41- bis 50jährigen verheirateten Arbeiterinnen prozentual zur Restzahl aller sich im Laufe der letzten 20 Jahre fast gar nicht verändert hat, beschäftigte die Fabrik am Ende des Jahres 1908 mehr als doppelt so viel verheiratete 30- bis 40jährige Frauen als am Ende des Jahres 1891. Doch ebenso wie ihre Gesamtzahl hat auch die Restzahl der 30- bis 40jährigen verheirateten Arbeiterinnen erst seit dem Jahre 1900 so stark zugenommen. Sie betrug im Jahre 1891 28,3 % der Restzahl aller Arbeiterinnen dieses Alters, im Jahre 1900 30,6 % und schnellt dann im Jahre 1908 auf 65,2 % empor.

Wir können die Resultate dieser ganzen Erörterung so zusammenfassen: Die Teilnahme der Ehefrauen an der Arbeit in der Fabrik hat von Jahrzehnt zu Jahrzehnt zugenommen; nicht nur hat sich ihre Gesamtzahl prozentual zur Gesamtzahl aller verdoppelt, sondern infolge ihrer schwachen Mobilitätszunahme, verglichen mit der aller Arbeiterinnen, machen die Ehefrauen auch von Jahrzehnt zu Jahrzehnt einen größeren Bruchteil der Restzahl aller Arbeiterinnen aus. Die Beschäftigung von Ehefrauen ist also im Laufe der letzten 20 Jahre für die Fabrik von immer größerer Bedeutung geworden. Diese soeben gemachten Angaben kommen besonders für die weniger als 40 Jahre alten Arbeiterinnen in Betracht; namentlich hat die Gesamtzahl sowohl wie die Restzahl der 30- bis 40jährigen beschäftigten Ehefrauen vom Jahre 1900 bis zum Jahre 1908 außerordentlich stark zugenommen.[99]

---

[99] Die einzelnen Arbeiterinnengruppen: in allen Gruppen ist die Restzahl der Verheirateten im Laufe der letzten 20 Jahre gestiegen, und zwar am stärksten bei Ringspinnerinnen, Vorspinnerinnen und Streckerinnen. Die Mobilität der verheirateten Arbeiterinnen in einer Gruppe geht meist mit der Mobilität der ganzen Gruppe parallel. Nur im Jahre 1908 sind die angelernten und ungelernten verheirateten Arbeiterinnen im Vergleich zu allen Arbeiterinnen dieser Kategorien stabiler als die gelernten Arbeiterinnen.

Besonders die gelernte Textilarbeit einerseits (weben, ringspinnen, vorspinnen), die ganz ungelernte Arbeit andererseits (Streckerinnen, ungelernte Arbeiterinnen) scheint mehr und mehr in die Hände von verheirateten Frauen überzugehen.

Ich glaube, dass wir in dieser Zunahme der Arbeit der Ehefrauen neben einer immer fortschreitenden Durchlöcherung alter Traditionen auch das Resultat eines psychischen Anpassungsprozesses der Frau an die Fabrikarbeit zu sehen haben. So schwer es der Frau, die in ihrer Jugend nie die Fabrik betreten, fällt, in höherem Alter darin Arbeit zu suchen, so leicht kehrt die Fabrikarbeiterin auch nach der Heirat wieder zur gewohnten Arbeit zurück. Ja, wie schon erwähnt wurde, sie vermisst in ihrer stillen Wohnung, vor allem wenn sie keine Kinder hat, die »Ereignisse« des Fabriksaals, das Zusammensein mit den anderen, das sie seit dem 13. oder 14. Jahre gewöhnt, und greift auch ohne direkte Notwendigkeit aus »Langeweile« wieder nach der früheren Beschäftigung. Man mag diese Tatsache beurteilen wie man will; zu bestreiten ist sie, glaube ich, nicht und man wird wohl in immer steigendem Maße mit ihr zu rechnen haben, wenn man fortfährt, das Mädchen vom 14. Jahre an an die Maschine zu stellen.

Daneben ist allerdings die so außerordentlich s t a r k e Zunahme in der Zahl der verheirateten 30- bis 40jährigen Arbeiterinnen im Jahre 1908 eine Folge der Arbeitslosigkeit in diesem Jahr, die wohl viele Frauen gerade dieses Alters zwangen, zum Verdienst des Mannes beizutragen oder gar allein die Familie zu erhalten. Aber die Fabrikarbeit der Ehefrauen nur als Folge steigender sozialer Not anzusehen, haben wir wohl keine Berechtigung.[100]

Die Besprechung der Restzahlen des Jahres 1908 hat uns ungefähr[101] dieselben Resultate ergeben, die wir aus dem von den Arbeiterinnen selbst erfragten Material zusammenstellten. Durch den Rückblick auf die vorhergegangenen 20 Jahre, den wir soeben machten, haben wir diese Zahlen als vorläufiges Schlussergebnis einer gleichmäßigen Entwicklung erkannt und zu verstehen versucht. Wir sind nun mit diesem Rückblick zu Ende und wenden uns einer neuen Frage zu: der Frage nach der Kinderzahl und Kindersterblichkeit in den Familien der Arbeiter und Arbeiterinnen.

4. Die Kinderzahl und Kindersterblichkeit

In den 260 Familien, aus denen entweder Mann oder Frau zur Zeit der Enquete in der Fabrik beschäftigt waren, waren 1.134 Kinder geboren worden, also 4,4 Kinder pro Familie.[102] Diese Zahl muss selbstverständlich mit der Durchschnittsdauer der Ehe in den betreffenden Familien verglichen werden: Da diese 16 Jahre beträgt,

---

100 Zur Erklärung der zunehmenden Mobilität überhaupt s. Abschnitt I Kapitel I. Das langsamere Anwachsen der Mobilität der verheirateten Arbeiterinnen im Vergleich zu allen Arbeiterinnen erklärt sich wohl durch das größere Verantwortlichkeitsgefühl der verheirateten Frau. Sie hat mehr zu verlieren beim Verlust ihrer Stellung als das Mädchen.
101 Freilich nicht ganz. Namentlich ist die Zahl der 30- bis 40jährigen verheirateten Arbeiterinnen auf Tabelle 28 viel größer, es scheint sich dabei um einen Zufall, vielleicht das Fehlen einiger Leute, zu handeln.
102 Natürlich beziehen sich diese Angaben nur auf die ehelichen oder zum mindesten in der Ehe geborenen Kinder.

Tabelle 32

Kinderzahl und Kindersterblichkeit

	Durchschnittsalter der gesetzl. Heiratsfähigen	Zahl der Verheirateten	Zahl der Verheirateten in Prozent	Durchschnittsdauer der Ehe	Gesamtzahl der Kinder	Zahl der Kinder pro Familie	Zahl der lebenden Kinder
			%				%
Handwerker	40 Jahre	28	93,3	17 Jahre	161	5,8	119 oder 74
Werkmeister	43 Jahre	17	100,0	17 Jahre	99	5,8	74 oder 74
Weber	41 Jahre	21	63,6	20 Jahre	145	6,9	102 oder 70
Spinner	37 Jahre	25	80,6	11 Jahre	88	3,5	61 oder 69
Rauher, Passierer, Schlichter	38 Jahre	10	90,9	12 Jahre	54	5,4	37 oder 68
Batteur, Mischung, Karden	42 Jahre	21	77,7	17 Jahre	119	5,7	72 oder 60
Hofarbeiter, Packer, Öler	40 Jahre	33	75,0	16 Jahre	165	5,0	112 oder 67
Weberinnen	22 Jahre	5	22,6	14 Jahre	13	2,6	5 oder 38
Ringspinnerinnen	22 Jahre	15	25,6	8 Jahre	24	1,6	15 oder 62
Vorspinnerinnen	30 Jahre	42	53,8	10 Jahre	139	3,3	79 oder 56
Hasplerinnen	22 Jahre	8	25,0	3 Jahre	10	1,3	7 oder 70
Kreuzspulerinnen	24 Jahre	4	26,6	4 Jahre	7	1,8	7 oder 100
Spulerinnen	27 Jahre	3	25,0	24 Jahre	11	3,7	7 oder 64
Zwirnerinnen	24 Jahre	5	31,2	7 Jahre	13	2,6	8 oder 61
Streckerinnen	28 Jahre	10	35,7	13 Jahre	47	4,7	18 oder 39
Ungelernte Arbeiterinnen	39 Jahre	13	54,1	19 Jahre	38	2,9	12 oder 32
Männliche Arbeiter	40 Jahre	155	80,3	17 Jahre	832	5,3	577 oder 69
Weibliche Arbeiter	26 Jahre	105	36,8	10 Jahre	302	2,8	158 oder 52
Alle Arbeitskräfte	32 Jahre	260	54,1	16 Jahre	1.134	4,4	735 oder 65

wurde in den in der Fabrik vertretenen Familien durchschnittlich alle drei bis vier Jahre ein Kind geboren.

Wie bei allen auf die Ehe bezüglichen Angaben sind auch in Bezug auf die Kinderzahl ziemlich große Unterschiede bei männlichen und weiblichen Arbeitern zu verzeichnen. Von den 105 verheirateten Arbeiterinnen wurden 302 Kinder geboren, also durchschnittlich 2,8 Kinder in jeder Familie. Dagegen waren die 155 männlichen Arbeiter Väter von 832 Kindern; jeder hatte also durchschnittlich 5,3 Kinder. Diese Unterschiede erklären sich nun wieder größtenteils durch die verschiedene Durchschnittsdauer der Ehe bei männlichen und weiblichen Arbeitern, die bei den ersteren 17 Jahre, bei den letzteren zehn Jahre beträgt. Immerhin waren die Geburten in den Familien der männlichen Arbeiter etwas häufiger als bei den weiblichen Arbeitern. In ersteren wurde durchschnittlich alle 3,2 Jahre, in letzteren durchschnittlich alle 3,7 Jahre ein Kind geboren. In den meisten Gruppen der männlichen Arbeiter kommen fünf bis sechs Kinder auf eine Familie bei einer durchschnittlichen Ehedauer von 16,5 Jahren. Zuerst scheinen die Weber und Spinner eine ausnahmsweise hohe, resp. niedrige Geburtenziffer zu haben, da bei den Webern 6,9 Kinder, bei den Spinnern 3,5 Kinder in einer Familie geboren wurden. Vergleichen wir jedoch diese Zahlen mit der verschiedenen durchschnittlichen Ehedauer in beiden Arbeitergruppen, so ergibt sich, dass auch von den Frauen der Spinner und Weber, wie von den Frauen der anderen Arbeiter, ungefähr durchschnittlich alle drei Jahre ein Kind geboren wurde.

Bei denjenigen Arbeiterinnengruppen, bei denen die Zahl der Verheirateten und die Zeitdauer der Ehe groß genug ist, um Zufälligkeiten auszuschließen, bleibt die Kinderzahl meist ziemlich stark hinter der der männlichen Arbeiter zurück. Die Weberinnen hatten bei einer Ehedauer von 13 Jahren 2,6 Kinder, also durchschnittlich alle fünf Jahre ein Kind gehabt; die Ringspinnerinnen bei einer Ehedauer von acht Jahren 1,6 Kinder, also ebenfalls alle fünf Jahre eins. Größer ist die Fruchtbarkeit der Vorspinnerinnen und der Streckerinnen; erstere hatten in durchschnittlich zehnjähriger Ehe 3,3 Kinder geboren, letztere in 13jähriger Ehe 4,7 Kinder; die Geburten der Kinder erfolgten also in einem Abstand von zwei bis drei Jahren. Die geringste Kinderzahl findet sich in der Gruppe der ungelernten Arbeiterinnen; die betreffenden Frauen hatten in durchschnittlich 19jähriger Ehe durchschnittlich 2,9 Kinder, also alle sechs bis sieben Jahre ein Kind geboren.

Die geringere Kinderzahl in den Arbeiterinnengruppen kann nun teils Wirkung, teils Ursache der Fabrikarbeit sein. Es ist sofort einleuchtend, dass, namentlich bei den gelernten Arbeiten, die von Kind an geübte Tätigkeit die Frau entkräftet; andererseits ist es aber auch möglich, dass gerade kinderlose verheiratete Frauen, die die Arbeit in der Fabrik als Mädchen gewöhnt waren, »aus Langeweile«, wie sie sagen, wieder zur Fabrik gehen. Dieser Tatsache wirkt freilich wieder die andere entgegen, dass gerade die kinderreiche Frau in vielen Fällen aus Not zur Fabrikarbeit gezwungen wird. Es ist vielleicht nicht ohne Interesse darauf hinzuweisen, dass die qualifizierten Arbeiterinnen, die Weberinnen und Ringspinnerinnen, anscheinend die unfruchtbarsten Frauen sind. Die Fruchtbarkeitsdifferenzen zwischen diesen beiden Gruppen und den ebenfalls gelernten Vorspinnerinnen lassen sich wohl teilweise aus der geographischen Provenienz erklären: wie schon in anderem Zusammenhang hervorgehoben (s. geographische und soziale Provenienz) sind die Ringspinnerinnen und Weberinnen weit »echtere« Proletarierinnen als die Vorspinnerinnen. Von letzteren waren 21 % in Orten mit weniger als 5.000 Einwohnern geboren, von den Ringspinnerinnen 11 %; von den Weberinnen 16 %. Auch bei den angelernten Arbeiterinnen scheint sich ein Zusammenhang zwischen Provenienz und Fruchtbarkeit feststellen zu lassen, da von den kinderreichsten angelernten Arbeiterinnen, den Streckerinnen, 44 % auf dem Lande und in Landstädten geboren waren; freilich waren auch, wie wir wissen, nur die wenigsten von ihnen ihr Leben lang Fabrikarbeiterinnen gewesen.

Noch weit bezeichnender für die Lebenshaltung der Arbeiterschaft, als die soeben angegebenen Zahlen, sind diejenigen, welche sich auf die Kindersterblichkeit beziehen.

Hier tritt vor allem deutlich – wenn man in der Kindersterblichkeit einen Maßstab für die Kulturhöhe des Haushalts sieht – deren schon öfters angedeutete Verschiedenheit bei männlichen und weiblichen Arbeitern zutage.

Von den 1.134 Kindern, deren Vater oder Mutter zur Arbeiterschaft der Fabrik gehörten, waren zur Zeit der Enquete noch 735 oder 65 %, also fast zwei Drittel am Leben. Dabei waren von den 832 Kindern der männlichen Arbeiter noch 577 oder 69 % lebend, von den 302 Kindern der Arbeiterinnen nur noch 158 oder 52 %, also ein wenig mehr als die Hälfte. Auch die einzelnen Gruppen der männlichen Arbeiter zeigen einen bei der Kleinheit der Zahlen überraschenden Zusammenhang zwischen dem Lebensstandard der Arbeiterschicht und der Kindersterblichkeit. So blieben in den beiden Gruppen, die wohl die gesündeste Arbeit und die besten Lebensverhältnisse haben, bei den Handwerkern und Werkmeistern 74 % der Kinder am Leben; dann nimmt die Kindersterblichkeit langsam zu und ist schließlich am höchsten bei den ungelernten Maschinenarbeitern, von deren Kindern nur 60 % am Leben blieben.[103]

Bei den Arbeiterinnengruppen ist es charakteristisch, dass die Kindersterblichkeit (bei allerdings sehr kleinen Zahlen!) bei den angelernten Arbeiterinnen durchschnittlich geringer ist als bei den gelernten. Ebenso scheint, selbst bei diesen kleinen Zahlen, der bekannte Zusammenhang zwischen hoher Geburtsziffer und hoher Kindersterblichkeit sich bemerkbar zu machen. So ist die Kindersterblichkeit bei den Vorspinnerinnen größer als bei den Ringspinnerinnen; bei den Streckerinnen größer als bei den übrigen angelernten Arbeiterinnen. Allerdings ist die große Kindersterblichkeit bei den Streckerinnen auch als Wirkung des tiefen Kulturniveaus dieser Arbeiterinnen anzusehen; und das gleiche gilt sicher für die ungelernten Arbeiterinnen, die bei geringster Kinderzahl dennoch die größte Sterblichkeitsziffer aufweisen. Von je drei Kindern, die sie geboren hatten, sahen sie zwei sterben.[104]

5. Die Bedeutung von Ehe und Familie im Leben der Arbeiterschaft

Ausführlich über die Bedeutung der Ehe für Leben und Kulturhöhe der Arbeiterschaft zu handeln, würde nur auf der Basis von Beobachtungen möglich sein, die weit umfassender sind, als diejenigen, die ich machen konnte. Trotzdem glaube ich, dass das Bild des außerberuflichen Lebens der Arbeiterschaft, das hier gegeben werden soll, nicht vollständig sein kann, wenn wir nicht wenigstens annäherungsweise darzustellen versuchen, welchen Einfluss die Ehe als Kulturfaktor auf die hier geschilderte Arbeiterschaft hat.

Dabei bin ich mir bewusst, dass bei einer Erörterung wie dieser, die sich gänzlich auf persönliche Beobachtungen stützt, die Gefahr des Generalisierens sehr

---

103 Von den 150 Ehefrauen der männlichen Arbeiter verdienen 27 oder 18 %. Davon 23 als Textilarbeiterinnen, von diesen waren 18 in der »Gladbacher Spinnerei und Weberei« beschäftigt. Es verdienten von den Frauen der Handwerker: 17 %; der Werkmeister: keine; der Weber: 23,8 %; der Spinner: 20 %; der Rauher: 20 %; der Mischungsarbeiter: 13,3 %; der Hofarbeiter: 21,2 %. Ein Zusammenhang zwischen Beschäftigung der Frau und Sterblichkeit der Kinder lässt sich also bei den männlichen Arbeitern nicht genau nachweisen. Die Kindersterblichkeit scheint mehr Funktion des allgemeinen Lebensstandards der Gruppe überhaupt, vor allem wohl des Lohnes zu sein.

104 Über Geburtenzahl und Säuglingssterblichkeit in M.-Gladbach zu vergleichen: Dr. Marie Baum, Sterblichkeit und Lebensbedingungen der Säuglinge in den Stadtkreisen M.-Gladbach und Rheydt und in dem Landkreis Gladbach. Zeitschrift für soziale Medizin, Säuglingsfürsorge und Krankenhauswesen. 8. Bd. Leipzig 1909.
Die dort gegebenen Zahlen lassen sich mit den meinigen nicht gut vergleichen, weil mir das Alter der gestorbenen Kinder nicht angegeben wurde, und sich unter ihnen sicherlich auch über ein Jahr alte Kinder finden. Näher auf diese und ähnliche Fragen einzugehen, liegt nicht im Wesen meiner Arbeit.

groß ist. Macht ja doch das U n g e w o h n t e in der Lebensweise anderer Volksschichten dem Beobachtenden natürlicherweise einen größeren Eindruck als das, was uns aus den Erfahrungen des eigenen Lebenskreises gewohnt ist. So bin ich überzeugt, dass auf manches, das hier gesagt werden wird, mit gerade entgegengesetzten E i n z e l beispielen selbst für dieselbe Arbeiterschaft geantwortet werden kann. Diese ist natürlich in Bezug auf ihre sittlichen Handlungen und Urteile genau so wenig ein einheitliches Ganzes, wie irgendeine andere Gesellschaftsklasse. Immerhin aber glaube ich, hier diejenigen Tatsachen wiederzugeben, die den Durchschnitt der Arbeiterschaft charakterisieren und die einen Angehörigen anderer sozialer Schichten bei der Berührung mit der dortigen Arbeiterschaft am deutlichsten entgegentreten.

Ein Verständnis dessen, was die Ehe für die Arbeiterschaft bedeutet und was sie nicht bedeuten kann, ist freilich nur durch die Kenntnis der gegenseitigen Stellung von Mann und Frau, auch vor der Ehe, innerhalb des dortigen Proletariats möglich.

Wie schon in anderem Zusammenhang hervorgehoben wurde (siehe oben Kapitel 3), war in der jugendlichen Arbeiterschaft wenigstens, das sexuelle Interesse aneinander vorherrschend. In allem, was die Beziehungen zwischen Mann und Frau betraf, war ihr »ethisches« Empfinden – selbst nur an »gut bürgerlichen Durchschnittsnormen« gemessen – absolut unentwickelt; die gegenseitige Beurteilung, wie wir wissen, äußerst milde.

Man kann wohl sagen, dass die Arbeiterin, zum mindesten diejenige, die nicht bei ihren Eltern lebte, in sexueller Beziehung fast ebenso ungebunden war wie der Mann. Abgesehen natürlich von den physiologischen und eventuell auch von den pekuniären Folgen, die die Frau natürlich allein zu tragen hatte, war in den allermeisten Fällen keine soziale Ächtung mit der unehelichen Mutterschaft verbunden. Sie galt unter den Arbeiterinnen der Gegend als etwas so ziemlich Selbstverständliches, eine Tatsache, nach der man sich bei der ersten Bekanntschaft mit einem anderen Mädchen gesprächsweise erkundigte, wie in unseren Kreisen etwa nach der Badereise oder der Lektüre eines neuen Buches.[105]

Wollte man nun freilich aus dieser »männlichen« Ungebundenheit der Frau auf ihre bessere Stellung oder vielleicht gar höhere Wertung schließen, so würde man sehr irren. Dass für die gegenseitige Stellung von Mann und Frau ausschließlich das Herrenbewusstsein des Mannes maßgebend war, dem sich die Frau als etwas Natürlichem und Selbstverständlichem unterwarf, ist wohl teilweise Folge der Tatsache, dass sie sich n u r als Geschlechtswesen fühlt.[106]

Andererseits ist wohl – und das ist wahrscheinlich für Gegend und Industrie charakteristischer, als die soeben gemachten Angaben, die geringe Wertung der Frau auch auf den Umstand zurückzuführen, dass durch den Bedarf der Textilindustrie an jugendlichen Arbeiterinnen die Zahl der unverheirateten Mädchen in jeder Fabrik und natürlich auch in der ganzen Gegend größer ist, als die der

---

105 Vgl. z. B. Göhre, Drei Monate Fabrikarbeiter.
106 Die Frauenverachtung ist ja auch bei deutschen Männern anderer Gesellschaftsschichten üblich. Sie tritt aber in den Proletarierkreisen deshalb in ihrer ganzen Hässlichkeit hervor, weil der schützende Mantel jeder Galanterie und Ritterlichkeit fehlt, mit dem diese Verachtung in anderen Gesellschaftsschichten oft bis zur Unkenntlichkeit verdeckt wird.

Männer im heiratsfähigen Alter; dieser Frauenüberschuss wird dann zur Ursache eines heftigen Kampfes um den Mann.[107]

Im Wesen der Textilindustrie als vorwiegender Frauenarbeit ist es nun wiederum begründet, dass sie viele Mädchen von auswärts an sich zieht, die dann, wie schon früher erwähnt, aus aller Tradition und Gewohnheit losgerissen, in Arbeiterinnenheimen oder in »Kost und Logis« leben und allen Versuchungen meistens ohne äußeren und inneren Halt ausgesetzt sind (s. oben S. 247).

In Bezug auf die Wohnung der Mädchen macht sich ein circulus vitiosus[4] geltend, wie er ja so oft im Leben der ärmeren Frauen vorkommt; da die schlechte Lebensführung der meisten Mädchen bekannt ist, ist es auch für die anständigen unter ihnen fast unmöglich, Wohnung in einem »besseren« Hause zu bekommen. Es ist ja wohl kaum glaublich, dass in einer Stadt wie M.-Gladbach, die von ihrer Industrie lebt, eine Bäckersfrau es eigentlich als »Schande« empfindet, wenn ein Fabrikmädchen im fünften Stock ihres Hauses ein Zimmer hat.[108] Durch diese ablehnende Haltung – man möchte fast sagen Feindschaft – der nächst höheren sozialen Schicht, die in M.-Gladbach wenigstens ängstlich bemüht ist, eine feste Grenzlinie zwischen sich und dem Proletariat zu ziehen, ist der jungen Arbeiterin natürlich das Bleiben auf dem rechten Wege wesentlich erschwert.

Die starke »Isolierung« der Arbeiterschaft von anderen sozialen Klassen, die wir soeben bedauerten, hat nun in anderer sittlicher Beziehung einen – man möchte sagen – günstigen Einfluss: der Geschlechtsverkehr blieb fast ausschließlich auf Angehörige der eigenen sozialen Schicht, also auf Arbeiter beschränkt. Sowohl »Verhältnisse mit Herren«, wie sie bei Ladenmädchen z. B. häufig sind, wie Prostitution als Erwerb kamen wohl nur in den allerseltensten Fällen vor. Die Arbeiterin sucht im Geschlechtsverkehr – so scheint es mir wenigstens – nur den Genuss und die Aufregung; nicht den Gelderwerb, wie die Prostituierte, und auch nicht Geschenke, Kleider oder Schmuck. Sie will auch eine, sei es wie auch immer geartete »Zuneigung«, wenn dieselbe auch nur einen Tag dauert, für den Mann empfinden, dem sie sich hingibt, und die Möglichkeit haben, dass er sie heiratet, wenn der Verkehr Folgen haben sollte.

Alles, was bis jetzt über den Sexualverkehr der Arbeiter und Arbeiterinnen gesagt wurde und sich wohl nicht wesentlich von den Tatsachen unterscheidet, die auch bei der Arbeiterbevölkerung in anderen Gegenden beobachtet werden, lässt auf eine ungezügelte, aber doch »gesunde« Sinnlichkeit schließen. Es muss darum wohl überraschen, dass bei einem Teil der Arbeiterschaft von M.-Gladbach – der meiner Meinung nach nicht allzu klein sein kann, denn sonst hätten

---

107 In M.-Gladbach waren nach der Volkszählung des Jahres 1905 4.610 unverheiratete Männer im gesetzlich heiratsfähigen Alter; dagegen 9.281 unverheiratete Frauen im gesetzlich heiratsfähigen Alter. Vgl. auch die bei Tabelle 28 gemachten Angaben.
108 Das ist eine Tatsache meiner eigenen Erfahrung. Die – nebenbei gesagt – bettelarme Bäckersfrau, die mir, als ich Arbeiterin war, auf vieles Zureden ein kleines Zimmer in ihrem Hause überließ, tat dies nur unter der Bedingung, dass ich nie »ohne Hut« (das Charakteristikum des Fabrikmädchens) im Hause erscheine, gab mich im Hause für eine Kontoristin aus, »da die Leute natürlich nicht mit einer Arbeiterin wohnen wollten« und behandelte mich miserabel. Ich glaube nicht, dass diese sonst gutmütige Frau irgendwie engherziger war als die meisten anderen Frauen ihres Standes. Charakteristisch sind auch ihre Worte: »Wie kann man sich für die Anständigkeit von einem Fabrikmädchen verbürgen!«

die Dinge weniger von sich reden gemacht – die geschlechtlichen Perversitäten vorkamen, die man meistens auf die höheren Gesellschaftsklassen beschränkt glaubt und dort teils als »Resultate überspannter Sexualmoral«, teils als Degenerationserscheinungen übertriebener Zivilisation bezeichnet.

Wie überhaupt die Arbeiterschaft ihr eigentümliches Gepräge dadurch erhält, dass sie ihre Kulturlosigkeit mit ein paar meist gänzlich wertlosen Errungenschaften der Zivilisation zu verdecken sucht – um ein ganz banales Beispiel zu gebrauchen, möchte ich sagen: die Mädchen haben von den Frauen anderer Stände die Anwendung falscher Haare, aber nicht den ausgiebigen Gebrauch der Seife gelernt – so stehen auch ein primitiv derber Sexualverkehr und ein Raffinement im geschlechtlichen Genuss unvermittelt nebeneinander.

Diese Tatsachen beweisen wohl, dass Perversität nicht durch Sexualmoral und Zivilisation hervorgerufen wird, aber sie zu erklären ist mir nicht möglich. Vielleicht genügt es einfach anzunehmen, dass in jeder größeren Anzahl von Menschen sich einige perverse Individuen finden und dann vielleicht andere anstecken, vielleicht hat die nervenerregende Arbeit der Textilindustrie Mitschuld, vielleicht macht auch gerade die Ungebundenheit des normalen Sexualverkehrs die Arbeiter und Arbeiterinnen abgestumpft und begierig nach anderer Aufregung.

Nach allem, was gesagt wurde, ist es wohl eigentlich selbstverständlich, dass beim Abschluss der Ehe in den meisten Fällen weder »Liebe« noch Überlegung eine Rolle spielen kann. Meist ist dort, wie ja wohl in vielen Proletarierschichten, erst die Geburt eines Kindes Veranlassung zur Heirat mit dem Vater desselben. Da die Frau ebenso wohl wie der Mann vor der Heirat ausgiebig Gelegenheit gehabt hatte, sich auszuleben, konnte die Ehe für sie nichts anderes mehr sein als eine Wirtschaftsgemeinschaft. Aber selbst in dieser hauptsächlichen Eigenschaft ist die Ehe doch, bei dem intellektuellen und sittlichen Tiefstand der Arbeiterschaft, eine der stärksten Triebkräfte zu ihrer Hebung.

Die Zugehörigkeit zur Familie bildet noch ein festes Band, das den Arbeiter mit seiner Umgebung verknüpft. Schon früher wurde der Anhänglichkeit von Familienmitgliedern untereinander gedacht; aber auch zwischen Mann und Frau entwickelt sich unter Umständen ein Zusammengehörigkeits- und gegenseitiges Verpflichtungsgefühl.

Vor allem bedeutet der Abschluss der Ehe für beide Geschlechter in weitem Maße eine Regelung ihrer Lebensweise, und schon dieser Umstand kann dazu beitragen, die älteren Leute innerhalb der Arbeiterschaft so viel sympathischer erscheinen zu lassen, als es die jüngeren Leute sind.

Wir haben die Arbeiterehe, auch ihrem inhaltlichen Wert nach, als Wirtschaftsgemeinschaft charakterisiert. Doch glaube ich, dass einer der Gründe, die den Arbeiter zur Heirat trieb, hier ebenso wie in anderen Ständen die Sehnsucht nach einer Heimat war, in der er Ruhe und Erholung finden konnte. So hat wohl ein Arbeiter nur die Meinung von vielen ausgedrückt, wenn er der Erzählung von der jahrelangen Krankheit seiner Frau die Worte hinzufügte: »Ich wollte eine Heimat haben, hatte aber keine.«

Sucht also der Arbeiter beim Abschluss der Ehe in einigen Fällen schon neben der Erleichterung seines Lebens auch einzelne, wenn auch primitive, seelische Werte, so könnte man wirklich versucht sein, sich die Frage vorzulegen, warum die Arbeiterin eine Ehe eingeht. Natürlich sprechen wir nicht von der Arbeiter-

Tabelle 33
Berufe der Kinder

	Textilarbeit		Ungelernte Fabrikarbeit	
	Söhne	Töchter	Söhne	Töchter
	%	%	%	%
Handwerker	6 od. 25,0	2 od. 10,0	– –	5 od. 25,0
Werkmeister	1 od. 12,5	9 od. 75,0	– –	– –
Weber	13 od. 60,9	11 od. 73,3	3 od. 14,2	– –
Spinner	– –	5 od. 71,4	– –	– –
Rauher	3 od. 42,8	3 od. 50,0	3 od. 42,8	– –
Batteur, Mischung	2 od. 13,3	5 od. 71,4	7 od. 46,6	2 od. 28,6
Hofarbeiter, Packer	8 od. 36,3	1 od. 5,0	10 od. 45,4	15 od. 75,0
Männliche Arbeiter	33 od. 31,1	36 od. 41,4	23 od. 21,7	22 od. 25,3

frau, die selbst nicht zur Fabrik geht oder vielleicht sogar nie Fabrikarbeit getan hat. Ihre Ehe ist wohl von der der Frauen der nächst höheren sozialen Schichten wenig verschieden, und sie hat wohl dieselben Gründe zur Heirat wie diese. Anders ist es dagegen für die immerhin große Anzahl derjenigen Frauen, die auch nach Abschluss der Ehe den Verdienst des Mannes durch eigene Arbeit vergrößern müssen. Die Tatsache, dass der Doppelberuf der Hausfrau und Arbeiterin äußerst drückend auf der Frau lastet, ist schon Gegenstand so mannigfaltiger Diskussionen gewesen, dass in diesem Zusammenhang wenigstens kein Wort darüber zu verlieren ist.[109]

Dass die Fabrikarbeit der Frau zum größten Teil Folge der Not ist,[110] zeigt auch ein kurzer Überblick über die Berufe, die von den Männern der Arbeiterinnen ausgeübt wurden. 36,1 % von ihnen waren Textilarbeiter, davon 19 % in der »Gladbacher Spinnerei und Weberei« selbst beschäftigt oder beschäftigt gewesen; 30,4 % waren Fabrikarbeiter; 19 % in irgendwelchen anderen Berufen beschäftigt

---

109 Von einem anderen Gesichtspunkt als demjenigen, der für diese Arbeit maßgebend ist, wäre vielleicht folgendes zu sagen: Da bei der stetigen Zunahme der Frauenarbeit in den letzten Jahren wohl keine Aussicht auf eine Abschaffung derselben, selbst für die verheirateten Frauen besteht, sollte man alle Fortschritte der Technik in Bezug auf die Führung des Haushalts der Arbeiterin zugute kommen lassen. Statt ihr armselige Fetzen freier Zeit »für ihre Hausfrauenpflichten« zuzubilligen, sollte man sie von allen demjenigen entlasten, mit denen in diesen Familien – und überhaupt wohl in keinen – irgendwelche Gemütswerte verbunden werden können, wie kochen, waschen, putzen usw. Muss die Frau durch Umstände, über die wir keine Macht haben, außer dem Hause arbeiten, so glaube ich, dass man sie auf dem Altar des Götzen »Tradition« opfert, wenn man ihr, wie viele es wollen, die Hausfrauenpflichten sorglichst überlässt, weil man in ihnen irgendwelche »Werte« zu sehen glaubt.
Tatsächlich hat sich ein großer Teil der Arbeiterinnen von M.-Gladbach von den alten Anschauungen in weitem Maße emanzipiert. Zahlreiche Arbeiterehepaare essen Tag für Tag in der Volksküche von M.-Gladbach, wo man für 30 oder 40 Pfg. (je nach der Qualität) einen Teller Suppe, wenig Fleisch, viel Gemüse und Kartoffel und für weitere 10 Pfg. eine Tasse Kaffee mit Milch ganz sauber und ordentlich auf einem Tablett mit zwei Tellern serviert bekommt.
110 Das widerspricht nicht der oben (siehe S. 259) gemachten Bemerkung über die »Anpassung« der Frau an die Fabrikarbeit. »Aus Langeweile« geht natürlich nur die junge Frau zur Fabrik; bei der älteren spricht sich diese Anpassung wohl darin aus, dass sie statt Wasch- oder Putzfrau zu werden, im Falle der Not lieber wieder zur Fabrik geht.

Gelernte Fabrikarbeit		Erd- und Bauarbeiter	Dienstmädchen	Handwerk	Näherin und Verkäuferin	Höhere Berufe (Söhne)	Zu Hause und höhere Berufe
Söhne	Töchter						
%	%	%	%	%	%	%	%
2 od. 8,3	1 od. 5,0	– –	– –	10 od. 41,7	9 od. 45,0	6 od. 25,0	3 od. 12,0
1 od. 12,5	– –	– –	– –	3 od. 37,5	– –	3 od. 37,5	3 od. 25,0
– –	– –	1 od. 4,7	– –	1 od. 4,7	3 od. 20,0	3 od. 14,2	1 od. 6,6
4 od. 44,4	– –	3 od. 33,3	– –	2 od. 33,3	1 od. 14,3	– –	1 od. 14,3
– –	– –	– –	– –	1 od. 14,2	3 od. 50,0	– –	– –
1 od. 6,6	– –	4 od. 26,6	– –	1 od. 6,6	– –	– –	– –
– –	– –	– –	1 od. 5,0	2 od. 9,1	2 od. 10,0	2 od. 9,1	1 od. 5,0
8 od. 7,5	1 od. 1,2	8 od. 7,5	1 od. 1,2	20 od. 18,9	18 od. 20,7	14 od. 13,2	9 od. 10,3

gewesen. Es könnte auf den ersten Blick vielleicht erstaunen, dass ein immerhin nicht kleiner Bruchteil der Arbeiterinnen, 17,1 % Handwerkerfrauen waren. Zum Teil handelt es sich dabei um heruntergekommene Handwerkerfamilien; zum anderen Teil sind diese Frauen Witwen oder Verlassene. Die meisten von ihnen sind nur als ungelernte Arbeiterinnen zu gebrauchen; selbst Handwerkertöchter, waren sie vor der Heirat »stets daheim bei Vater und Mutter« und müssen nun im Alter in der einst so verachteten Fabrik Arbeit suchen.

6. Die Berufe der Kinder

War also bei den Arbeitern die Liebe zwischen Mann und Frau, an unseren ethischen Maßstäben gemessen, noch recht unentwickelt, so war dagegen ein wenig kompliziertes und mehr primäres Gefühl, die Liebe der Eltern zu den Kindern, von großer Stärke. In dieser selbstlosen Hingabe an die Kinder ist wohl weit mehr als in der Gemeinschaft von Mann und Frau das veredelnde Element der Ehe zu sehen.

So spielt in den Antworten, die mir auf meine Frage nach den Lebenszielen der Leute gegeben wurden, die Zukunft der Kinder stets eine große Rolle.

»Dass meine Kinder keine solchen Sklaven werden wie ich«, dieser Wunsch, den ein höher stehender Arbeiter klar formulieren konnte, ruhte wohl unklar in den Gedanken der meisten von ihnen.

Wie stand es nun bei der Arbeiterschaft mit der tatsächlichen Verwirklichung der Pläne und Hoffnungen, mit denen sie die Zukunft ihrer Kinder umgab?

Wie wir uns nach dem nicht hohen Durchschnittsalter der verheirateten Arbeiter und Arbeiterinnen denken können, war die überwiegende Mehrzahl ihrer Kinder noch nicht der Schule entwachsen. Von den Kindern der männlichen Arbeiter waren 106 Söhne und 87 Töchter über 14 Jahre alt; es ist daher möglich ihre Berufe mit denen ihrer Väter zu vergleichen.

Von den sechs Berufskategorien, nach denen wir die Berufe der Söhne der männlichen Arbeiter gliedern, können wir natürlicherweise die Textilarbeit als Verbleiben in derselben Situation, zwei weitere Kategorien, die ungelernte Fabrikarbeit und die Erd- und Bauarbeit als »Abstieg« im Vergleich zur Situation des Vaters bezeichnen. Die drei übrigen Berufe bedeuten einen Aufstieg: einer, die gelernte

Fabrikarbeit (Eisenarbeit) freilich nur innerhalb des Proletariats selbst; Handwerk und höhere Berufe führen dagegen in andere soziale Schichten über. Zu den höheren Berufen gehörten in diesem Fall nicht nur Kommis[5] und Kaufmann, sondern auch Stellungen, die bessere Vorbildung und ein Einjährigenzeugnis[6] verlangen, wie Postassistent und Lehrer.

Von den Söhnen der männlichen Arbeiter hatten 39,6 % einen der drei Berufe ergriffen, die sozial höher gewertet werden, als der des Vaters. Die größte Zahl unter ihnen, 18,9 %, waren Handwerker; die kleinste Zahl, 7,5 %, gelernte Fabrikarbeiter geworden. 13,2 % waren in höhere Berufe eingetreten. Auch von der »jetzigen« auf die »nächste« Generation scheint sich der Beruf des Vaters ebenso zu vererben, wie es von der vorigen auf diese Generation der Fall war: fast ein Drittel der Söhne der in der Fabrik beschäftigten Leute waren wieder Textilarbeiter geworden.

Wenn wir ein klein wenig auf die Genauigkeit verzichten, können wir sagen, dass von den Söhnen der männlichen Arbeiter rund ein Drittel dem Berufe des Vaters treu blieben; das zweite Drittel qualifiziertere und höher gewertete Berufe ergriff; das letzte Drittel endlich sich zu unqualifizierteren Arbeiten wandte.

Da wir wissen, dass zwischen dem Lebensstandard der einzelnen Arbeitergruppen große Verschiedenheiten bestehen, können wir es wohl nicht umgehen, nach den Berufen der Söhne in den einzelnen Arbeitergruppen zu fragen, trotzdem die Zahlen dort meist sehr klein werden.

Aus der Besprechung der beruflichen Provenienz der Arbeiterschaft erinnern wir uns, dass Handwerker und Weber die beiden Gruppen mit der stärksten Inzucht waren; auch bei den Berufen der Söhne der Arbeiter tritt uns dieselbe Tatsache entgegen; von den Söhnen der Handwerker waren 41,7 % wieder Handwerker, von den Söhnen der Weber 60,9 % wieder Weber geworden. Diese beiden Arbeiterkategorien und die der Werkmeister sind die einzigen, bei denen von einem Übergang der Söhne in höhere Berufe wirklich gesprochen werden kann; am größten (bei allerdings kleinen absoluten Zahlen) ist der Prozentsatz der Söhne, die höhere Berufe ergriffen, bei den Werkmeistern. Für die übrigen Arbeiterkategorien kommt ein Aufstieg fast gar nicht in Betracht; überwiegend ist das Verbleiben in der Situation des Vaters.

Sollten diese Zahlen, was allerdings infolge ihrer Kleinheit zweifelhaft ist, wirklich einen symptomatischen Wert haben, so wären wir berechtigt aus ihnen zu folgern, dass für die qualifizierten Arbeiter die Möglichkeit, ihren Kindern eine bessere Erziehung, als die eigene war, zu geben, nicht allzu schwer ist; für die Kinder der unqualifizierten Arbeiter scheint dagegen diese Möglichkeit fast ausgeschlossen. Ich glaube fast, dass von allen Verschiedenheiten, die wir für die einzelnen Arbeitergruppen, ihre Abstammung und ihr Lebensschicksal feststellen konnten, diese Verschiedenheit des Ausblicks in die Zukunft die psychologisch bedeutsamste ist.

Wenn wir nun dazu übergehen, kurz die Berufsarbeit der Töchter der männlichen Arbeiter zu besprechen, müssen wir uns vor Augen halten, dass in diesem Fall natürlich der höchste Lebensstandard durch das »Zuhausebleiben« der Töchter gekennzeichnet wird. Ebenso wie bei den Fragen nach der Berufskombination sind hier die männlichen Berufe »Handwerk« und »Bauarbeit« bei den Töchtern der männlichen Arbeiter durch »Näherin« und »Verkäuferin« und »Dienstmädchen« ersetzt worden. Wir wollen, um einen, wenn auch nur oberflächlichen Vergleich der Berufe der Söhne und Töchter der männlichen Arbeiter anstellen zu können, die beiden neuen Berufskategorien »gleichwertig« mit demjenigen, die sie ersetzen, ansehen, und auch hier wieder nach Abstieg und Aufstieg fragen.[111]

Teilweise sind die Resultate denen nicht unähnlich, die wir für die Söhne der Arbeiter festgestellt haben. Fast ein Drittel, 32,2 % der Töchter war in höheren Berufen als in Fabrikarbeit beschäftigt gewesen; davon der weitaus größte Teil, 20,7 %, als Näherin und Verkäuferin; 10,3 % waren zu Hause und in ein oder zwei Fällen als Telegraphistinnen und Lehrerinnen angestellt. Textilarbeit und ungelernte Fabrikarbeit sind beide prozentual etwas stärker vertreten als bei den Söhnen der männlichen Arbeiter; 41,4 % der Mädchen hatten Textilarbeit, 25,3 % ungelernte Fabrikarbeit getan. Charakteristisch ist wohl das fast gänzliche Fehlen der gelernten Fabrikarbeiterin und des Dienstmädchens unter den Töchtern der männlichen Arbeiter.

Die Aufstiegsmöglichkeiten jeder Arbeitergruppe würden uns noch klarer werden, wenn wir jeweils die Berufe der Söhne und Töchter in derselben Familie miteinander verglichen. Leider sind aber die Zahlen zu klein, um tabellarisch geordnet irgend bedeutsame Resultate zu ergeben. Nur soviel lässt sich sagen, dass im Allgemeinen die Berufe der Kinder sozial gleichwertig sind. Es zeigt sich keine Benachteiligung der Töchter oder der Söhne. Mehr als das Geschlecht, scheint dagegen das Alter der Kinder einen Unterschied in dem Beruf, zu dem sie bestimmt werden, zu machen. So ist es häufig, dass der jüngste Sohn ein Handwerk lernen oder Kaufmannslehrling werden kann, weil die älteren Geschwister eben schon verdienen. Genaues lässt sich auch darüber nicht sagen, weil, wie wir wissen, ein großer Teil der Kinder in jeder Familie noch schulpflichtig war.

7. Die Erholungen und Vergnügen der Arbeiterschaft

Mehr noch als durch die Art ihrer beruflichen Tätigkeiten unterscheiden sich die einzelnen Gesellschaftsschichten, selbst auch die einzelnen Menschen nach den Vergnügungen und Erholungen, mit denen sie ihre freie Zeit ausfüllen. Sind diese doch für den größten Teil der Kulturmenschen wenigstens, das einzige Gebiet, auf dem sie in etwas weiterem Maße autonom sein können und nicht, wie bei der Berufstätigkeit Tatsachenkomplexen und heteronomem Willen unterworfen sind. Wie wir aus früheren Kapiteln wissen, gilt das eben Gesagte von der befragten Arbeiterschaft in hervorragendem Maße, da ihnen ihre Tätigkeit in der Fabrik keinen Spielraum zu individueller Gestaltung ihrer Arbeit lässt. So hätten wir also in den Vergnügungen der Arbeiter und Arbeiterinnen den Inhalt desjenigen Bruchteils ihres Lebens vor uns, in dem sie mit relativer Freiheit nach ihrem eigenen Willen handeln. Freilich ist auch in diesem Punkt ihre Freiheit im Vergleich zu der anderer Gesellschaftsschichten nur gering, denn die Freuden, die sie sich verschaffen können und die Genussfähigkeit, die ihnen bleibt, sind von Faktoren bedingt, über die die

---

111 Natürlich haben diese Angaben eine viel geringere Bedeutung als bei den Söhnen der männlichen Arbeiter, da man nicht weiß, ob es sich um einen Lebensberuf, oder nur um vorübergehende Arbeit vor der Ehe handelt.

Arbeiter keine Macht haben. Diese Faktoren sind, außer dem selbstverständlichen Einfluss des Lohnes, der ja aber überhaupt ihr ganzes außerberufliches Leben betrifft, vor allem die Länge der Arbeitszeit und die Anstrengung der Arbeit. Der erste dieser beiden Faktoren regelt naturgemäß die Dauer der Zeit, die dem Arbeiter oder der Arbeiterin für außerberufliche Beschäftigung übrig bleibt; der zweite Faktor bestimmt die größere oder geringere Aufnahmefähigkeit der Leute für »geistige« Genüsse.

Wie es mit diesen beiden Tatsachen, über deren Bedeutung für die Entwicklung des Proletariats schon viel geredet und geschrieben worden ist, bei der befragten Arbeiterschaft bestellt war, wissen wir: Der langen Arbeitszeit wegen blieb der Sonntag und die übrigen kirchlichen Festtage als einzige Zeiten übrig, an denen der Arbeiter sich selbst und nicht der Maschine leben konnte; ebenso haben wir, wenn auch nur kurz, die Arbeit der Textilarbeiter als monoton und »geistig« abstumpfend, dabei aber durch Luft und Lärm in den Arbeitsräumen, als im höchsten Grade nervenerregend charakterisiert.

Die kurze Zeit, die den Arbeitern für ihre Erholung übrig blieb, zusammen mit der Gleichgültigkeit der Leute ihrem eigenen Tun gegenüber, scheint mir nun die Ursache zu sein, dass die Antworten, die auf die Frage nach der Art der »Erholung« und »Vergnügungen« gegeben wurden, in vielen Fällen die nichtssagendsten und farblosesten von allen Antworten waren. Man möchte vielleicht sagen, dass der Mensch erst in seiner Arbeit sein eigener Herr sein muss, ehe er sich in seiner Erholung individualisiert.

Im Gegensatz zu fast allen anderen Tatsachen aus ihrem Leben, die für diese Darstellung in Betracht kommen, ist für die einzelnen Arbeiterschichten kein Unterschied in Bezug auf ihre Vergnügungen und Erholungen zu konstatieren.

Im Hinblick auf diese beiden Momente, die Farblosigkeit vieler Antworten und die Undifferenziertheit der einzelnen Gruppen in Bezug auf diesen Punkt, glaube ich berechtigt zu sein, von der Zusammenstellung einer Tabelle abzusehen, einzelne Zahlen nur als gelegentlichen Hinweis zu verwerten und im übrigen ein teilweise durch eigene Erfahrung ergänztes Bild des »Arbeitersonntags« (denn um diesen handelt es sich ja ausschließlich) zu geben.[112]

Von anderen Faktoren, wie es scheint, in weitem Maße unbeeinflusst, differenzieren sich die Sonntagsvergnügen natürlicherweise stark nach dem Alter der betreffenden Leute. Wir müssen selbstverständlich auch auf diesen Faktor Rücksicht nehmen und beginnen darum mit dem »Sonntag« der älteren, wie wir wissen, in den allermeisten Fällen verheirateten Arbeiter.

Was mir bei diesen Leuten, wenn sie von ihrem sonntäglichen Tun erzählen, am meisten auffiel und am deutlichsten im Gedächtnis geblieben ist, war eine behagliche Breite, aus der man die Zufriedenheit zu spüren glaubte, die der Mann empfand, an einem Tag der Woche sich nicht eilen zu müssen. Vielen schien, schon allein durch diese Tatsache, alles, was sie am Sonntag taten, erfreulich zu sein. So wurden oft die gleichgültigsten Dinge sorgsam und nachdenklich aufgezählt: »Da schlafe ich lang – dann wasche ich mich – und ziehe mich an – und frühstü-

---

112 Erholung und Vergnügung war für die Leute ein Begriff. Ich stellte die Frage überhaupt am häufigsten in folgender Form: »Was tun Sie am Sonntag am liebsten?« So bekam ich die klarsten Antworten.

cke langsam – und rauche langsam meine Pfeife –« und so entrollt sich dann ein Tag aus lauter kleinen Einzelheiten zusammengesetzt, der nach dem Gang in die Messe, als Hauptsache wohl »einen Spaziergang mit der Frau« oder »ein Sitzen im Garten« oder »ein Spielen mit den Kindern« bringt, und in einigen Fällen wohl auch mit der Lektüre einer Zeitung, meist eines katholischen Volksblatts schließt.

Welche dieser Einzelheiten nun auch in den Antworten der Arbeiter durch irgendeinen Zufall mehr oder weniger hervortreten mochte, in der Überzahl der Fälle bildete ihre Gesamtheit den Inhalt des »Ruhetages« der älteren Arbeiter.[113]

Dieser Sonntag mag für unsere Begriffe eintönig genug sein; er mag, verglichen mit Hoffnungen für das Aufsteigen der Arbeiterschaft, vielleicht sogar etwas trostlos erscheinen, soviel ist jedenfalls sicher, dass er dem einzelnen Mann bescheidene Freuden, eine gewisse Behaglichkeit und eine, wenn auch rein körperliche Erholung von den Anstrengungen der Woche brachte.[114] Der Sonntag der verheirateten Arbeiterin dagegen ist nicht mit diesen Worten zu charakterisieren, ja es ist zweifelhaft, ob er überhaupt den Namen »Ruhetag« verdient.

Die Worte einer der verheirateten Arbeiterinnen: »Man muss des Sonntags für Montags sorgen« galten wohl für alle von ihnen; denn »Hausarbeit« wurde von der ganz überwiegenden Mehrzahl als »Sonntagsvergnügen« angegeben. Von Menschen, die nach ihren eigenen Worten »nie eine Erholung, nie freie Zeit für sich« haben, auch nur die bescheidensten »höheren« Interessen zu erwarten, ist unmöglich. Die ganze Lächerlichkeit derartiger Voraussetzungen, sowie die äußere und innere Abgetriebenheit dieser Frauen kam mir am deutlichsten zum Bewusstsein, als eine der Arbeiterinnen auf meine Frage, was sie am liebsten zu ihrer Erholung täte, antwortete: »Ach du lieber Gott, hinsetzen und ausruhen!«

Gehen wir nun zu den Vergnügungen der jungen Leute über, so lassen sie sich ganz überwiegend als »Spazierengehen« und als »Lesen« charakterisieren. Beiden Begriffen möchte ich einen ausgeprägteren Inhalt geben, und sie zugleich soweit als möglich mit der Berufstätigkeit der Leute in Verbindung bringen.

Wenn man die Bedeutung, die das Spazierengehen für die Arbeiter hat, ganz verstehen will, muss man sich in die Lage von Leuten hinein versetzen, die jahraus jahrein die ganze Woche über, von der übrigen Welt gleichsam abgeschlossen, unter einer der militärischen nicht unähnlichen Disziplin in lärm- und menschenerfüllten Arbeitssälen leben. Die tatsächliche Isolierung des Proletariats während seiner Arbeit, eine Isolierung, die kein anderer Beruf in diesem Maße kennt und die größer und fühlbarer ist als man vielleicht denken könnte, ist wohl die Ursache der Isolierung des vierten Standes von den anderen in Bezug auf Sitten und Gebräuche, ja auch in Bezug auf Weltanschauung geworden.[115]

---

113 Es ist sehr wahrscheinlich, dass viele Arbeiter mir auf meine Frage nach ihrer Erholung einfach die zufällige Beschäftigung des letzten Sonntags nannten, so dass wirklich eine Kombination derselben ein besseres Bild gibt.
114 Natürlich gilt auch hier wieder das oben bei der »Bedeutung der Ehe« (siehe S. 262). Gesagte. Es handelt sich um eine Schilderung des Durchschnitts der Vergnügen, von denen es Ausnahmen gibt. So wussten einige Leute gar keine Erholungen, andere nur Essen und Trinken, noch andere nur den Geschlechtsverkehr mit der Frau. Doch für die überwiegende Mehrzahl der Fälle gilt das oben Dargestellte.
115 So muss doch z. B. – um nur eine der Einzelheiten herauszuheben, die den Tag des Arbeiters zusammensetzen – die morgendliche Wanderung zur Fabrik durch die noch halb dunklen leeren

Manche der Leute, die ihr Mittagessen in der Fabrik einnahmen, kamen von Oktober bis März die Woche über überhaupt kaum an die Sonne, fast nicht ans Tageslicht. Wenn sie zur Fabrik gingen, war es noch nicht hell, wenn sie heraus kamen, schon wieder dunkel. Da ist es wohl zu verstehen, wenn sich bei diesen Menschen ein glühendes Verlangen nach Luft, Licht und Sonne entwickelt, ein Verlangen, das wir oft kaum verstehen können. Für die Arbeiter war der reiche Mann nicht der, der gut aß und trank, sondern der, der spazieren geht: »Ich möchte auch den ganzen Tag spazieren gehen, wie die reichen Leute«, war ein oft gehörter Wunsch.[116]

Können wir also einerseits in diesem Drang nach Spazierengehen eine begreifliche Reaktion gegen die Art der Arbeitsumgebung sehen, so erhält wohl andererseits dieser Zeitvertreib, dessen wahres Wesen ja gerade in seiner äußeren »Zwecklosigkeit« besteht, für den Arbeiter seinen besonderen Reiz durch den Gegensatz zu ihrem kasernenmäßig geordneten, stets fremden Zwecken unterworfenen Arbeitsleben.

Aus diesen Gesichtspunkten heraus ist es wohl zu verstehen, dass das Spazierengehen für den größten Teil der jüngeren Arbeiter und Arbeiterinnen das hauptsächlichste Sonntagsvergnügen war, dass es für alle von ihnen einen bedeutenden Teil der Sonntagsfreude ausmachte.

Dieses Spazierengehen hatte nun allerdings neben den eben genannten, vielleicht in manchen Fällen den einzelnen Leuten nur unklar bewussten Ursachen noch verschiedenartige Zwecke und dementsprechend auch einen recht verschiedenen Wert für Erholung und Erhebung der Arbeiter. Bei denjenigen jungen Leuten freilich, bei denen schon der Sport – Turnen, Fußballspiel usw. – den Spaziergang ersetzte, waren neben der Freude am freien Spiel jedenfalls nur die oben charakterisierten Reaktionserscheinungen gegen die Fabrikarbeit maßgebend. Dass nun nicht der größte Teil der jungen Arbeiter und Arbeiterinnen sich bei einem Spaziergang in freundlicher Umgebung wahrhaft erholte, ist durch zwei Hauptfaktoren bedingt: einen psychischen, nämlich durch den sittlichen Tiefstand der Arbeiterschaft, von dem wir schon gesprochen haben und über den daher hier nichts weiter zu sagen ist; und zweitens durch einen ganz äußerlichen Umstand, nämlich durch die Lage von M.-Gladbach: eine hässliche, zu rasch gewachsene, lärmerfüllte Stadt, auf einer öden Ebene gelegen, über die im Winter der Sturm saust und im Sommer der Staub wirbelt, hat es dem Arbeiter wenig zu bieten. Freilich ist der innerhalb der Stadt gelegene »Volksgarten«[7] hübsch angelegt und zum Spaziergang wohl geeignet; doch vielen der jungen Burschen und Mädchen behagt ein wüstes Umherziehen von Kneipe zu Kneipe, von Tanzlokal zu Tanzlokal besser.

Straßen, auf denen nur noch andere Proletarier der Arbeitsstätte zueilen, den Leuten ein eigentümliches Gefühl des Abgetrenntseins von denjenigen geben, die da hinter den geschlossenen Fensterläden noch schlafen dürfen.

116 Besonders groß war natürlich diese Sehnsucht bei denjenigen, die selbst noch auf dem Lande aufgewachsen waren. Im Frühling waren die Leute, wie die Meister sagen, oft »kaum mehr zu halten«. Ist man einmal aus der Frühlingspracht in die Arbeitssäle gekommen und hat die feindseligen Blicke gesehen, mit denen man betrachtet wird, bloß weil man »spazieren gehen« kann, so begreift man, warum eines der proletarischen Kampflieder mit den Worten anfängt: »Es soll ein Maitag uns erscheinen, ein Feiertag der ganzen Welt.«

Angesichts der häufigen Debatten, ob ein mit langer monotoner Arbeit beschäftigter Mensch noch irgendwelche »geistigen« Interessen und Aufnahmefähigkeit haben könnte, kann es erstaunen, dass ein großer Bruchteil der Arbeiterschaft das Lesen als seine Erholung bezeichnete. Ebenso kann es auf den ersten Blick befremden, dass von den jugendlichen Arbeiterinnen prozentual mehr lasen als von den Arbeitern desselben Alters. Um mit der letzteren Tatsache anzufangen, so stimmt sie mit dem überein, was wir auch bei anderen Gesellschaftsschichten beobachten können. Mädchen auch der gebildeten Kreise lesen schon Romane in einem Alter, in dem sich Knaben in den seltensten Fällen für die darin enthaltenen Dinge interessieren, wohl weil das Leben für sie überhaupt weiter ist als für die Mädchen. Obgleich man das soeben Gesagte aus den verschiedensten Gründen nicht einfach von den Mädchen der begüterten Klassen auf die jungen Arbeiterinnen übertragen kann, ist doch die »Lesewut« der jungen Mädchen kein typischer Zug des Proletariats, sondern wäre in einem viel weiteren Zusammenhang zu erklären, auf den wir hier jedoch nicht eingehen können.

Die »Lesenden« waren zum größten Teil die 14- bis 16jährigen Arbeiter und Arbeiterinnen; also diejenigen, die noch zu jung waren, um an den »Bällen« Gefallen zu finden. Im allgemeinen ist man berechtigt zu sagen, dass bei den Arbeiterinnen – wie ja schließlich auch heute noch in den meisten Fällen bei den jungen Mädchen der begüterten Klassen – die »geistigen« Interessen rapide abnehmen, wenn die Teilnahme an den Vergnügen beginnen.

Über die Gegenstände der Lektüre der jungen Leute ist nun freilich herzlich wenig zu sagen: sie unterschied sich nicht von dem, was junge Menschen aller Gesellschaftsklassen gerne lesen. So versenkten sich die Knaben in Räubergeschichten und Lederstrumpferzählungen[8], lasen auch, aber freilich nur selten, Dichterwerke.[117] Märchen schienen sowohl Knaben als Mädchen gerne zu haben, dagegen unterschied sich die Lektüre der Mädchen von der der Knaben in zwei Punkten: wie schon gesagt, lasen die Arbeiterinnen mit Vorliebe Hintertreppenromane[9], daneben aber außerordentlich häufig biblische Geschichten und Lebensbeschreibungen von Heiligen und Märtyrern, die ihnen von den Priestern gegeben wurden. Man mag nun über den Wert und die Wirkung derartiger Lebensbeschreibungen als Lektüre für junge, durch Arbeit und Umgebung zur Nervosität beinahe prädestinierte Mädchen denken, wie man will, soviel ist jedenfalls sicher, dass die katholische Kirche sich nach Kräften bemühte, den Mädchen zu helfen.[118]

Damit komme ich zu der Bedeutung der katholischen Religion im Leben der Arbeiterschaft. Der geradezu übermächtige Einfluss der katholischen Kirche in

---

117 So z. B. ein junger Mann, der als seine zwei Lieblingsdichter stolz Heinrich Heine und Karl May nannte.
118 So sorgt z. B. das katholische Hospiz, in dem im Jahre 1909 ungefähr 50 Arbeiterinnen wohnten, durch kleine Feste für eine angebrachte Sonntagsunterhaltung und erreicht auch, dass seine Bewohnerinnen sittlich etwas höher stehen als die anderen Arbeiterinnen. [Das katholische Arbeiterinnenhospiz wurde 1866 gegründet und konnte 1868 in ein eigenes Gebäude (Albertusstraße neben der Kirche) einziehen. Dort bot es zur Jahrhundertwende rund 80 Arbeiterinnen Platz.]
In derselben Weise wirkt das evangelische Heim; doch ist es selbstverständlich kleiner und wurde im Jahre 1909 leider nur mehr von Ladenmädchen, Näherinnen usw. bewohnt. [Am Fliescherberg neben dem »Haus Erholung« gelegen, trug später den Namen »Haus Zoar«.]

der dortigen Gegend ist bekannt genug. Bewerte man ihn von allgemeinen Kulturgesichtspunkten, wie immer man wolle – eine solche Wertung habe ich hier natürlich nicht vorzunehmen. Vom Standpunkt der dortigen Arbeiter – und nur von diesem aus gesehen – glaube ich, dass für sie die katholische Kirche bis jetzt der einzige Kulturfaktor und ein mächtig wirkender ist. Die Arbeiterschaft, deren Lebensschicksale ich zu schildern hatte, ist noch völlig unselbständig und unentwickelt, dem politischen und öffentlichen Leben in weitem Maße fremd. Sicher ist diese allgemeine Geistesverfassung sowohl Wirkung wie Ursache der übermächtigen Herrschaft der katholischen Kirche.

Dennoch glaube ich, dass die Grundpfeiler der Macht der Kirche in der dortigen Gegend nicht etwa Dummheit auf der einen und Klugheit auf der anderen Seite sind, sondern dass sie, wie ja schließlich jede Macht über die Seelen anderer, noch in einem wirklichen Bedürfnis der Massen wurzelt: ich möchte sagen, in der Sehnsucht nach Schönheit, die wohl in jeder Menschenseele lebt.

Die Woche über in hässlicher Umgebung, bei stumpfsinniger Beschäftigung, umgeben den Arbeiter beim sonntäglichen Gottesdienst im großen Dom[10] schöne Bilder und schöne Musik; sich selbst vielleicht unbewusst, fühlt er sich gehoben durch den Zusammenhang mit einer Jahrtausende alten Kultur, die auch den von aller Tradition losgerissenen Angehörigen des vierten Standes umschlingt und einschließt.

So möchte ich es verstehen, wenn gerade unter den höher stehenden Arbeitern einige den Kirchgang als ihre Erholung bezeichnen. Und sicherlich ist es verständlich, dass die durch Elend stumpf gewordenen Frauen, denen auch die geringste Abstraktionsfähigkeit, die zum Verständnis der evangelischen Religion doch gehört, völlig mangelt, sich am liebsten an die »schmerzensreiche Frau und Mutter« wenden.

Die katholische Religion ist wohl recht eigentlich die Religion der Sünder und der Elenden; daher ihre Herrschaft über das dortige Proletariat. »Da wir doch das soziale Elend und den Kummer des einzelnen nicht wegschaffen können, verlange ich auch neben dem heiteren Neubau der Religion der Zukunft die gothische Kapelle für bekümmerte Gemüter.«[119]

8. Frühere Wünsche und jetzige Lebensziele der Arbeiter

Nachdem wir die Lebensschicksale der befragten Arbeiter soweit als möglich an uns haben vorüberziehen lassen, wollen wir uns am Schluss fragen, welche Richtung diese Menschen ihrem Leben gegeben hätten, wenn ihr Wille allein bestimmend gewesen, welchen Beruf sie gewählt hätten, wenn ihnen eine freie Wahl möglich gewesen wäre.

---

119 Friedrich Albert Lange, Geschichte des Materialismus. Bd. II, S. 651.

Tabelle 34
Zukunftswünsche

	Textilarbeiter %	Fabrikarbeiter %	Handwerker %
Handwerker	2 oder 5,1	1 oder 2,8	25 oder 64,1
Werkmeister	9 oder 60,0	– –	2 oder 13,3
Weber	32 oder 50,0	1 oder 1,5	19 oder 29,7
Spinner	25 oder 43,8	– –	14 oder 24,5
Rauher, Passierer, Schlichter	7 oder 35,0	– –	7 oder 35,0
Mischung, Batteur, Karden	9 oder 19,4	13 oder 28,2	15 oder 32,6
Hofarbeiter, Packer, Öler	4 oder 6,6	21 oder 35,0	18 oder 30,0
Alle Arbeiter	88 oder 29,1	37 oder 12,2	100 oder 33,1
Weber und Spinner	57[120] oder 47,1	1 oder 0,8	33 oder 27,2
Mischungsarbeiter und Hofarbeiter	13 oder 12,2	34 oder 32,0	33 oder 31,1

	Landleute %	Höhere Berufe %	Niedere Berufe %
Handwerker	– –	11 oder 28,2	– –
Werkmeister	– –	4 oder 26,6	– –
Weber	– –	12 oder 18,8	– –
Spinner	– –	18 oder 31,7	– –
Rauher, Passierer, Schlichter	– –	5 oder 25,0	1 oder 5,0
Mischung, Batteur, Karden	2 oder 4,3	6 oder 13,1	1 oder 2,2
Hofarbeiter, Packer, Öler	4 oder 6,6	11 oder 18,3	2 oder 3,3
Alle Arbeiter	6 oder 1,9	67 oder 22,1	4 oder 1,3
Weber und Spinner	– –	30 oder 24,8	– –
Mischungsarbeiter und Hofarbeiter	6 oder 5,6	17 oder 16,1	3 oder 2,8

Im Gegensatz zu manchen anderen Punkten ihres Lebensschicksals waren sich die Arbeiter meist über ihre früheren Wünsche vollkommen klar, so dass wir aus ihren Antworten deutlich ersehen können, welche Berufe und Stellungen ihnen als die begehrenswertesten vorschwebten. Die Zusammenstellung derselben kann sich natürlich nur auf die männlichen Arbeiter beziehen, da bei den Frauen von einem Wunsch nach einer bestimmten Berufstätigkeit in diesem Sinne nicht geredet werden kann. Ebenso ist es selbstverständlich, dass bei den ganz jungen Leuten der »frühere Wunsch« und das »augenblickliche Lebensziel« noch zusammenfallen kann.[121]

Teilen wir die erwünschten Berufe der männlichen Arbeiter in der bekannten Weise in proletarische, traditionelle, höhere und niedere Berufe ein, um uns vorläufig wenigstens oberflächlich zu orientieren, so haben wir vor allem die Tatsache vor uns, dass von den beiden traditionellen Berufen der des Handwerkers

---

120 Davon 33 weniger als 21. Jahre alt
121 Es handelt sich bei dieser Besprechung vorerst aber ausschließlich um Lebensziele, die außerhalb der Fabriktätigkeit liegen. Diejenigen, die sich auf das Vorwärtskommen in der Textilindustrie selbst beziehen, werden erst weiterhin erörtert. Selbstverständlich können bei denselben Menschen beide Arten von Wünschen vorkommen.

am häufigsten, der des Landmanns am seltensten als Lieblingsberuf angegeben wurde. 33,1 % der befragten Arbeiter wären gerne Handwerker, nur 1,9 % gerne Landleute geworden. Wie wir aus der Zusammenstellung über die Berufe der Kinder wissen, strebten die Arbeiter danach, sie in eine höhere soziale Schicht hinüberzuführen; so kann es uns auch nicht verwundern, dass viele von den Arbeitern selbst in ihrer Jugend von Stellungen geträumt hatten, die eine größere Selbständigkeit und eine höhere soziale Wertung verschaffen. Die Stellungen, die hier unter dem Namen »höhere Berufe« zusammengefasst sind, bilden nun freilich eine Skala vom einfachen Kleinbürger bis hinauf zur akademischen Bildung. Vorwiegend wurden freilich die kleinen Staatsanstellungen genannt, die bei freilich eintöniger aber körperlich nicht anstrengender Arbeit eine Pensionsberechtigung mit sich bringen: also Anstellungen bei Post und Eisenbahn. Nach den Worten der Arbeiter war die Aussicht auf eine sichere Versorgung im Alter der Hauptgrund ihrer Vorliebe für die Staatsanstellungen.

Daneben fanden sich und zwar in allen Arbeiterkategorien ziemlich gleichmäßig einige Männer, die in ihrer Jugend gerne ein Studium, vorzugsweise das der Theologie oder Musik, ganz vereinzelt auch die Jurisprudenz, ergriffen hätten. Es handelt sich hier wohl um den Prozentsatz von überdurchschnittlich begabten, den es in jeder Unterschicht gibt und von denen stets nur ein kleiner Teil die ökonomischen Hindernisse überwinden und an die Oberfläche der Gesellschaft kommen kann.

Wie wir uns aus früheren Erörterungen erinnern, hatte stets eine gewisse Anzahl von Arbeitern keine Antwort auf Fragen geben können oder wollen, die auch nur das geringste Nachdenken verlangen. So kann es uns auch nicht verwundern, dass die ziemlich große Zahl unter der Rubrik »Textilarbeiter« zu beweisen scheint, dass eine große Anzahl von Leuten sich nie ein anderes Schicksal gewünscht, also mit ihrer augenblicklichen Stellung ganz zufrieden waren. Um aber diese Zahl richtig zu verstehen, müssen wir von der Betrachtung der Gesamtheit der Arbeiter zu der der einzelnen Arbeitergruppen übergehen. Verknüpfen wir einen Augenblick in Gedanken den Anfang und das Ende des Berufsschicksals der Leute und denken an die Gründe, die sie für ihre Berufswahl angaben (siehe S. 179 ff.).

Wir erinnern uns, dass bei den Handwerkern in der Überzahl der Fälle der eigene Wunsch für die Berufswahl maßgebend gewesen war. Ganz übereinstimmend finden wir auch hier wieder, dass die größte Zahl der Handwerker, 64,1 %, nie hatte etwas anderes werden wollen. Von ihnen kann man daher einen größeren Teil als mit ihrem Beruf und Schicksal zufrieden bezeichnen. Ein ähnliches gilt von den Werkmeistern, bei denen 60 % den innegehabten Beruf als stetes Lebensziel angaben; die geringe Zahl der Leute unter ihnen, die Handwerker werden wollten – sie ist kleiner, als in irgendeiner anderen Gruppe – erklärt sich daraus, dass, wie ein Werkmeister sagte, seine Stellung der des Handwerkers vorzuziehen sei.

Gehen wir zu den gelernten Akkordarbeitern über, so haben wir hier, schon durch das geringe Durchschnittsalter dieser Arbeiterkategorie bedingt, eine große Anzahl von Leuten, denen die Fabrikarbeit anscheinend stets als der einzig mögliche Beruf erschienen war. Bei den ungelernten Arbeitern steht es ähnlich; einige wenige von ihnen wollten gelernte Textilarbeiter werden; 32 % wussten keinen früheren Wunsch anzugeben (vgl. oben Kapitel II: S. 182).

Tabelle 35
Beruf des Vaters und Zukunftswunsch

	Textilarbeiter						Fabrikarbeiter					
	Textilarbeiter	Fabrikarbeiter	Handwerker	Landmann	Höhere Berufe	Niedere Berufe	Textilarbeiter	Fabrikarbeiter	Handwerker	Landmann	Höhere Berufe	Niedere Berufe
Handwerker	1	–	6	–	2	–	1	1	6	–	1	–
Werkmeister	6	–	–	–	–	–	–	–	–	–	2	–
Weber	16	–	4	–	6	–	2	1	6	–	–	–
Spinner	7	–	4	–	7	–	6	–	2	–	4	–
Rauher, Passierer, Schlichter	1	–	1	–	–	1	–	–	1	–	3	–
Batteur, Mischung, Karden	5	4	5	–	–	–	–	1	1	–	2	–
Hofarbeiter, Packer, Heizer, Öler	–	5	2	1	1	1	1	2	1	–	1	–
Alle Arbeiter	36	9	22	1	16	2	10	5	17	–	13	–
Prozente	42,0	10,0	26,0	1,1	19,0	2,2	22,0	13,0	37,0	–	28,0	–

	Handwerker						Landleute					
Handwerker	–	–	7	–	4	–	–	–	5	–	–	–
Werkmeister	1	–	2	–	–	–	2	–	–	–	1	–
Weber	5	–	1	–	2	–	3	–	3	–	–	–
Spinner	7	–	4	–	4	–	1	–	1	–	3	–
Rauher, Passierer, Schlichter	3	–	1	–	–	–	1	–	1	–	–	–
Batteur, Mischung, Karden	2	2	4	–	1	–	–	4	3	–	–	1
Hofarbeiter, Packer, Heizer, Öler	1	6	5	–	2	1	–	1	9	1	3	–
Alle Arbeiter	19	8	24	–	13	1	7	5	22	1	7	1
Prozente	29,0	12,0	37,0	–	20,0	1,5	28,0	12,0	51,0	2,3	16,0	2,3

	Höhere Berufe						Niedere Berufe					
Handwerker	–	–	1	–	2	–	–	–	–	–	2	–
Werkmeister	–	–	–	–	1	–	–	1	–	–	–	–
Weber	4	–	1	–	2	–	2	–	3	–	2	–
Spinner	2	–	1	–	–	–	2	–	2	–	–	–
Rauher, Passierer, Schlichter	–	–	–	–	1	–	2	–	3	–	1	–
Batteur, Mischung, Karden	1	–	–	–	1	–	1	2	2	2	2	–
Hofarbeiter, Packer, Heizer, Öler	–	2	–	–	2	–	2	5	1	2	–	–
Alle Arbeiter	7	2	3	–	9	–	9	7	12	4	7	–
Prozente	33,3	10,0	14,0	–	43,0	–	24,0	18,0	31,0	10,0	18,0	

Nicht uninteressant ist wohl die Tatsache, dass von den ungelernten Arbeitern eine etwas größere Prozentzahl gerne Handwerker geworden wäre, als von den Akkordarbeitern; bei letzteren dagegen ist die Neigung zu höheren Berufen prozentual viel stärker, als bei den ungelernten Arbeitern.

Ehe wir auf die soeben dargestellten, allerdings größtenteils ziemlich selbstverständlichen Wünsche der Arbeiter noch näher eingehen, wollen wir uns noch die Frage vorlegen, ob und in welcher Weise diese Wünsche vielleicht durch den

Beruf des Vaters des Arbeiters beeinflusst waren. Wir stellen darum auf Tabelle 35 den Zusammenhang zwischen dem Beruf des Vaters und dem Wunsch des Sohnes in der bekannten Weise dar, indem wir jeder der Hauptabteilungen, die sich auf den Beruf des Vaters beziehen, Unterabteilungen geben, die den Berufswunsch des Sohnes bezeichnen.

Hier sind es vor allem drei Fragen, an deren Beantwortung uns gelegen sein muss. Erstens: zeigen die Söhne im Allgemeinen die Neigung, dem Beruf des Vaters zu folgen? Zweitens: ist dies nicht der Fall, welche Kombinationen sind dann die häufigsten? Drittens: welche Kombinationen kommen am seltensten vor?

Beginnen wir mit der ersten Frage: In drei der von uns gebildeten Rubriken fallen der Beruf des Vaters und der Wunsch des Sohnes in der Mehrzahl der Fälle zusammen: nämlich bei den Textilarbeitern, bei den Handwerkern und bei den Söhnen aus etwas »besserer« Familie. Alle drei Tatsachen können wohl nicht überraschen, wenn man die Erblichkeit des Berufes bei den Handwerkern und, wie wir festgestellt haben, auch bei den Textilarbeitern bedenkt. Da ferner wohl nur wenige eine Stufe auf der sozialen Leiter herabsteigen wollen, ist es selbstverständlich, dass die Mehrzahl der Söhne aus höheren Berufen sich wieder höhere Berufe wünschte.[122]

In Bezug auf die zweite Frage, den häufigsten der möglichen Kombinationen ist vor allem darauf hinzuweisen, dass mehr als die Hälfte von den Söhnen der Landleute Handwerker werden wollte. Stellen wir uns vor, dass in vielen Dörfern diese beiden Berufe tatsächlich zusammen ausgeübt werden, so ist diese Kombination vom Beruf des Vaters und Wunsch des Sohnes leicht verständlich. Wie wir oben gesehen haben (Kapitel I Tabelle 13) folgen Landarbeit und Handwerk oft in den Generationsschicksalen aufeinander. Selbstverständlich ist es aber wohl auch andererseits, dass die Verbindung dieser beiden traditionellen Berufe in umgekehrter Reihenfolge auch als Wunsch so selten vorkam, wie als Wirklichkeit. Keiner der Söhne der Handwerker wünschte Landmann zu werden, ebenso wie wir keinen Übergang vom Handwerk zum Ackerbau feststellen konnten.

Im Übrigen ist der Wunsch Handwerker zu werden prozentual am häufigsten bei den Söhnen der Fabrikarbeiter, am seltensten bei den Söhnen aus höheren Berufen. Höhere Berufe dagegen wurden am seltensten von den Söhnen der Landleute und von denen einfachster Herkunft erstrebt, eine Tatsache, die zu beweisen scheint, dass in den meisten Fällen der Wunsch in den Schranken des immerhin »möglichen« zurückgehalten wird.

Bei den weiblichen Arbeitern ist nun von einem »Zukunftswunsch« in diesem Sinne überhaupt nicht zu reden. Die an sie gestellten Fragen beschränkten sich auch darauf, zu erfahren, ob die Arbeiterinnen in der Fabrik bleiben, oder was sie sonst tun wollten. Zum Teil wurden diese Fragen recht unbefriedigend beantwortet. Von den 14- bis 21jährigen Mädchen wollte ein kleiner Teil nicht in der Fabrik bleiben, einige Näherin, andere Dienstmädchen werden. Fast zwei Drittel der Mädchen hatten vor, in der Fabrik zu bleiben. Ich möchte diesen Antworten

---

122 Es könnte vielleicht erstaunen, dass sie überhaupt noch andere Wünsche hatten: doch ist der Wunsch Handwerker zu werden beim Sohn eines Lehrers z. B. wohl zu erklären. Die beiden anderen Zahlen dieser Rubrik beziehen sich sehr wahrscheinlich auf Leute, die keine Auskunft geben wollten.

indes keinen allzu großen Wert beilegen, da einerseits die Absicht, die Fabrik zu verlassen, durch einen augenblicklichen Ärger hervorgerufen sein könnte; andererseits war doch auch bei vielen Mädchen, das in der Fabrik bleiben »wollen«, durch ein »müssen« oder »sollen« zu ersetzen und ein klar ausgeprägter Wunsch überhaupt nicht vorhanden.

Während die unverheirateten älteren Arbeiterinnen meist die Absicht hatten, noch »einige Jahre« in der Fabrik zu bleiben, um dann später »in der Heimat« vom »Ersparten« zu leben, trat auch in diesen Antworten der älteren verheirateten Arbeiterinnen der Zwang als Ursache ihrer Fabrikarbeit deutlich zutage. »Solange ich eben kann«, »Was soll ich sonst machen«, »weil Not Eisen bricht« waren häufige Antworten bei älteren Frauen auf meine Frage, ob sie bei der Fabrikarbeit bleiben wollten. Bei den jüngeren verheirateten Arbeiterinnen lagen die Dinge wiederum anders. Zum größten Teil betrachteten sie ihre Arbeit als ein Übergangsstadium, das solange dauern würde, als sie in Mutter oder Verwandten Ersatz für ihre häuslichen Pflichten hatten; »solange die Mutter lebt«, »solange die Schwester bei mir ist« usw. wollten viele nur in der Fabrik bleiben. Ebenso kommt auch hier die schon berührte Tatsache zum Ausdruck, dass die kinderlose Frau leichter und lieber zur Fabrik geht als die Mutter.[123]

Aus der vorhergehenden Zusammenstellung haben wir ersehen, dass ein großer Teil der Arbeiter, zum mindesten die aufgeweckteren unter ihnen, ihr Leben in andere Bahnen gelenkt hätten, wenn nicht die ökonomischen Hindernisse dabei zu unüberwindlich gewesen wären. Welche Hoffnungen bleiben ihnen nun in der einmal ergriffenen Laufbahn? Welche Forderungen machen sie, welche Ansprüche stellen sie an die Zukunft?

Es ist selbstverständlich, dass auch hier wieder zwischen jüngeren und älteren Arbeitern geschieden werden muss. Wie schon oben gesagt, führte bei vielen der jüngeren Leute der Wunsch noch über die Fabrikmauern hinaus zu selbständiger oder sozial höher gewerteter Tätigkeit und ist daher schon in anderem Zusammenhang besprochen worden. Daneben gab es unter den jugendlichen Arbeitern mehrere, die in dem nun einmal ergriffenen Beruf vorwärts zu kommen hofften, Werkmeister, Obermeister, Fabrikdirektor werden wollten. Freilich besitzen verhältnismäßig nur wenige diejenige Seelenenergie, die nötig ist, um aus der Tiefe auf ein weit entferntes Ziel loszustreben. Bei den ungelernten Arbeitern kam ein solches selbstbewusstes Streben fast gar nicht vor, dagegen hatten die jugendlichen Weber und Spinner teilweise recht schöne Luftschlösser erbaut.[124]

Mit dem zunehmenden Alter verschwinden nun diese Hoffnungen und Wünsche mehr und mehr; was übrig bleibt ist ein bescheidenes Sichgenügenlassen an den zum Leben notwendigen Dingen. Dass die Sorge für die Kinder und der Wunsch später durch sie unterstützt zu werden, unter den Lebenszielen der Arbei-

---

123 Recht charakteristisch sind wohl die beiden Antworten, die mir direkt hintereinander von einer verheirateten und einer unverheirateten Spinnerin gleichen Alters (25 Jahre) gegeben wurden. Die verheiratete Spinnerin wollte in der Fabrik bleiben, »weil sie kein Kind habe«, die unverheiratete Spinnerin »weil sie ein Kind habe«.

124 So vor allem ein ungefähr 15jähriger Weber, der auf die Frage nach seinem Lebensziel frischweg und zuversichtlich antwortete: »Meister – Obermeister – Betriebsleiter – Fabrikdirektor – Automobilbesitzer.« Über den Einfluss solchen Wünschens auf die Arbeitsleistung s. Teil II Abschnitt 3: Die Arbeitsneigung.

ter überaus häufig vorkam, wurde schon früher erwähnt. Daneben wiederholen sich immer wieder Aussprüche, die sich auf das Verdienst beziehen: Man möchte mehr verdienen, eine leichtere Arbeit haben, manchmal auch »in der Luft« arbeiten; aber vor allem und wichtiger als dies alles kehrt der Wunsch »immer Verdienst zu haben« wieder.[125]

Neben den vollkommen resignierten Leuten, die keine Lebensziele anzugeben wussten, »denn was soll man als Arbeiter hoffen«, »man kann doch nicht höher kommen«, gab es noch solche, die ein »ruhiges Alter«, »gute Tage später« ersehnten oder im Alter in der Heimat leben wollten.

Bei einigen Leuten reichten auch die Wünsche, die im Diesseits wohl keinen genügenden Halt fanden, vertrauensvoll in das Jenseits hinüber: der Wunsch: »dass ich in den Himmel komm und endlich meine Ruhe habe« entbehrt wohl nicht eines gewissen unfreiwilligen Pathos und charakterisiert besser als manches andere Wort Lebensschicksal und Hoffnungsmöglichkeiten mancher Arbeiter.

Anmerkungen von Christian Wolfsberger (2012):

[1] Indolenz: Unempfindlichkeit, Schmerzfreiheit, aber auch Gleichgültigkeit gegenüber körperlichem oder psychischem Schmerz.
[2] Charakterologische: Charakterologie ist die Lehre vom Wesen und Entwicklungsgang des Charakters.
[3] hereditäre: ererbte.
[4] circulus vitiosus: Teufelskreis (lat.: »schädlicher Kreis«); bezeichnet ein System, in dem sich mehrere Faktoren gegenseitig beeinflussen und so einen Zustand immer weiter verschlechtern.
[5] Kommis: Handlungsgehilfe oder kaufmännischer Angestellter.
[6] Einjährigenzeugnis: Schulabschluss, der den Eintritt in den einjährigen Freiwilligen Militärdienst statt der Allgemeinen Wehrpflicht von drei Jahren erlaubte.
[7] Volksgarten: Vom Unternehmer Peter Krall (1826–1893) gestiftete und von anderen Unternehmern ergänzte Grundstücke, welche seit 1895 zu einer Parkanlage ausgebaut wurden, 1898 der Öffentlichkeit übergeben, 1902 Eröffnung des Restaurants, in den 1920er Jahren dann mit Sportflächen und Schwimmbad versehen.
[8] Lederstrumpferzählungen: Fünf Romane des amerikanischen Autors James Fenimore Cooper (1789–1851) haben als Haupthandlungsträger den Waldläufer Natty Bumppo, genannt »Lederstrumpf«. In den Lederstrumpfromanen klangen erstmals die Genres des Western an.
[9] Hintertreppenromane: anderer Ausdruck für Kolportageromane, d. h. Literatur, die auf niedrigem Niveau produziert wurde. Anderer Ausdruck »Groschenromane«.
[10] Großer Dom: hier wohl generelle Betrachtung und keine Anspielung auf das Gladbacher Münster, die Hauptpfarrkirche oder ein sonstiges Kirchengebäude.

---

125 Bei diesen Lebenszielen der Arbeiter muss man wohl an die bekannten Verse G. Herweghs denken:
»Was wir erwarten von der Zukunft Fernen?
Dass Brot und Arbeit uns gerüstet stehn.
Dass unsere Kinder in der Schule lernen,
Und unsere Greise nicht mehr betteln gehen.«
Ich zitiere diese Worte nur, weil es mir charakteristisch erscheint, dass auf die besprochene Arbeiterschaft auch heute noch Worte genau passen, die vor mehr als 60 Jahren geschrieben wurden.
[Georg Herwegh, 1817–1875; dt. Dichter, seit 1839 in der Schweiz, 1848 in der dt. Demokratiebewegung aktiv, nach 1866 wieder in Deutschland und für Vorläufer der SPD aktiv.]

Zweiter Teil
Die Psychophysik der Textilarbeit

Erster Abschnitt
Allgemeine Erörterungen

1. Die einzelnen Arbeitskategorien und ihre Anforderungen

Wir wollen hier den Versuch machen, Zusammenhänge zwischen der Rentabilität der Arbeitskräfte und ihrer geographischen und beruflichen Provenienz, ihrer Eigenart und ihren Lebensverhältnissen, kurzum, den Hauptmomenten ihres Lebensschicksals aufzudecken. Es ist klar, dass das Fundament einer solchen Untersuchung die Kenntnis der Maschinen sein muss, denen sich der Arbeiter anzupassen hat und der Arbeitstätigkeit, die diese ihm vorschreibt. Es ist darum wichtig, hier in eingehenderer Weise, als es im ersten Teil dieser Arbeit nötig war, auf die Technik der Spinnerei und Weberei einzugehen. Natürlich aber ist die folgende Darstellung in keiner Weise Selbstzweck und macht auch nicht den geringsten Anspruch, die L e i s t u n g e n der Maschinen irgendwie t e c h n o l o g i s c h zu erklären. Sie kann vielmehr nur das eine bezwecken: auf Grund einer Beschreibung der Maschinen und ihrer Tätigkeit eine Analyse[1] derjenigen Manipulationen zu geben, welche die Arbeiter an den Maschinen vorzunehmen haben, und zwar l e d i g l i c h unter der Fragestellung: Auf die Anspannung welcher speziellen Fähigkeiten kommt es bei den konkreten Hantierungen jeder einzelnen Arbeiterkategorie an?

Da es sich bei den folgenden Untersuchungen nur um Akkordarbeiter handeln kann, müssen wir aus den im ersten Teil besprochenen Arbeitsgruppen für unsere jetzigen Zwecke diejenigen ausscheiden, die nach der Zeit entlohnt werden. Wir behalten dann unter den männlichen Arbeitern Spinner und Weber; unter den Arbeiterinnen Weberinnen, Ringspinnerinnen und Vorspinnerinnen; Hasplerinnen, Spulerinnen, Zwirnerinnen und Streckerinnen übrig.

Suchen wir uns also im folgenden kurz Rechenschaft über die Anforderungen zu geben, die jede dieser Arbeitskategorien an den männlichen oder weiblichen Arbeiter stellt, und begleiten wir dabei die Baumwolle von Stufe zu Stufe ihres Verfeinerungsprozesses, um uns damit sofort über die Stellung der betreffenden Maschine im ganzen Spinnprozess klar zu sein.[2]

1. Das Strecken.[3] Das Strecken hat den Zweck, den Baumwollbändern, die aus den Karden[1] genommen werden, einerseits den erforderlichen Grad von Gleichförmigkeit zu geben, andererseits die Gespinstfasern vollkommen parallel

---

1 Max Weber, Erhebungen über Auslese und Anpassung der Arbeiterschaft der geschlossenen Großindustrie, S. 9 ff.
2 Für die hier nicht besprochenen Arbeitskategorien siehe Einleitung S. 87 ff.
3 Joseph Rasmith, The Students Cotton Spinning; Kamarsch, Handbuch der mechanischen Technologie, Bd. 9–11; H. Grothe, Bilder und Studien zur Geschichte der Industrie.
   Was über die Anforderungen der Arbeit, die Zeit, in der einzelne Hantierungen ausgeführt werden, die Tagesleistungen usw. gesagt wird, ist aus der Literatur im ganzen bekannt. Ich habe mir diese Dinge nur in ihrer Bedeutung veranschaulicht durch eigene Arbeit an den betreffenden Maschinen und durch Befragen der Arbeiter und Angestellten der Fabrik.

miteinander zu legen. Dies wird dadurch erreicht, dass die Bänder auf der Strecke zwischen drei bis sechs aufeinander folgenden Paaren von Streckwalzen hindurchgehen, welche durch ihre ungleiche Umfangsgeschwindigkeit die Bänder bedeutend in der Länge ausdehnen, wobei die Baumwollhaare genötigt sind, sich mehr und mehr nebeneinander und parallel zu legen. Diese Behandlung wird mehrere Male wiederholt; da aber die Bänder dabei leicht zu dünn werden würden, dubliert man sie; d. h. legt beim Eintritt in die Streckwalzen vier bis acht Bänder zusammen, die dann zu einem Bande vereinigt hervorgehen. Die einfachen Bänder werden aus den Kannen, in denen sie von den Karden zur Streckmaschine gebracht und hinter letzterer aufgestellt werden, zwischen die Walzen geleitet und fallen vorn in ähnliche Kannen.

Sind nun, wie in diesem Falle, Strecken mit elektrischer Abstellung[4] vorhanden, so ist der persönliche Anteil der Arbeiterin an dem Resultat des sehr wichtigen Streckprozesses ein äußerst geringer. Sie holt die an den Karden gefüllten Kannen, stellt sie hinter der Strecke auf, möglichst nahe den Walzen und achtet darauf, dass die Bänder aus den Kannen nicht übereinander, sondern möglichst nebeneinander auf die Walzen zulaufen. Das Legen der Bänder zwischen die Walzen beansprucht fast gar keine Geschicklichkeit, außer einer gewissen Leichtigkeit der Hand, damit die sehr lockeren Baumwollbänder beim Berühren nicht reißen. Ebenso ist eine gewisse Körperkraft zum Schieben und Tragen der Kannen erforderlich. Das Verdienst der Arbeiterin erhöht sich naturgemäß, einen je geringeren Teil der Arbeitszeit die Maschine stillsteht. Letzteres kann sie verhüten durch Aufmerksamkeit auf leer laufende Kannen und abreißende Bänder; sowie durch geschickte Anordnung der ersteren. Eine gute Arbeiterin wird nicht alle Feedingkannen zur selben Zeit leer laufen lassen, sondern stets einen Teil davon ungefähr drei Viertel gefüllt, einen halb voll und einen fast leer haben, damit die Maschine nur ein Minimum von Zeit stillsteht. In unserem Fall bedienten meist zwei Arbeiterinnen eine Strecke mit drei Walzenabteilungen (»Kopf« genannt). Jeder Kopf hatte sechs Vorder- und 36 Feedingkannen; es wurde also sechsfach dubliert. Eine Kanne läuft je nach der Garnnummer in dreiviertel bis eineinhalb Stunden leer.[5]

2. Das Vorspinnen. Das von den Strecken gewonnene Baumwollband ist noch zu zart und locker, um bei der Verfeinerung durch starkes Anziehen nicht zu reißen. Man muss daher den Fasern mehr Zusammenhang dadurch verleihen, dass man sie durch Drehung einander nähert. Dieses geschah in der hier behandelten Fabrik durch drei aufeinander folgende Prozesse am Grobflyer, Mittelflyer und Feinflyer[2]. Auf ihnen läuft der Faden entweder aus den Streckkannen oder von aufrecht stehenden Spulen durch drei bis vier Paar Streckwalzen hindurch und wird auf hölzerne Spulen aufgewickelt. Diese stehen auf eisernen Spindeln, deren jede mit einer Gabel oder einem Flügel zum Einleiten des Fadens versehen

---

4   Bei der elektrischen Abstellung macht man von der Eigenschaft der Baumwolle Gebrauch, im trockenen Zustand ein Richtleiter von Elektrizität zu sein, und trennt durch das Band zwei entgegen gesetzte Pole, so dass, wenn letzteres ausbleibt, durch Schließung des elektrischen Stromes ein Hebel bewegt und so die Abstellung veranlasst wird.
5   Streckmaschinen wurden zuerst angewendet von Arkwright. [Richard Arkwright (1732–1792), Textilindustrieller und (Mit-)Entwickler verschiedener Maschinen zur Textilherstellung.]

ist. Auf dem Mittel- und Feinflyer wurde gedoppelt, d. h. zwei Bänder zusammen unter die Streckwalzen eingelassen, wo sie sich vereinigen.

Die Tätigkeit der Arbeiterin an der Vorspinnmaschine ist eine mannigfaltige und sie kann die Leistung der Maschine weit mehr beeinflussen als die Streckerin. Dies schon durch den Umstand, dass zum Einleiten des Fadens auf die Spule jedes Mal die ganze Maschine abgestellt werden muss. Alle Spulen laufen gleichzeitig voll, das Aufsetzen der neuen muss in einem Minimum von Zeit geschehen, wenn die Arbeiterin den höchsten Verdienst haben will. Sie teilt darum auch diesen Teilprozess ihrer Arbeit stets in derselben Weise in folgende Teilprozesse:

1. Das Abheben der vollen Spulen: Man hebt mit der linken Hand die Gabel ab, schiebt mit der rechten Hand die Spule von unten nach oben aus der Spindel, und legt sie auf die Deckbank der Maschine. (Bei 130 Spulen dauert dies viereinhalb Minuten) Es ist dabei zu beachten, dass der Faden in der Gabel bleibt und nur an dem untersten Ende frei herabhängt, sonst entsteht später Zeitverlust durch die Notwendigkeit, die Fäden wieder anzumachen.
2. Man legt die leeren Holzspulen, je zwei mit jeder Hand, neben die Spindeln (eineinhalb Minuten).
3. Das Einsetzen: Die Gabel wird mit der linken Hand in die Höhe gehoben, mit der rechten Hand die Spule auf den Eisenstab geschoben (vier Minuten).
4. Man befestigt die losen, am Ende der Gabel hängenden Fäden um die Spulen durch eine leichte Drehung mit Daumen und Zeigefinger (drei Minuten).
5. Anstellen des Hebels, erst auf halbe, dann auf dreiviertel, dann auf volle Geschwindigkeit. Abheben einer vollen und Aufsetzen einer neuen Serie Spulen erfordert also bei einer mittelguten Arbeiterin zwölf bis 14 Minuten.

Kann hier schon die Leistungsfähigkeit der Arbeiterin die Quantität der Tagesleistung der Maschine beeinflussen, so ist dies nicht weniger der Fall, während die Maschine sich in Bewegung befindet.

Alsdann ist zu beachten:
1. Das Reißen der Fäden: Die Maschine wird dann sofort abgestellt; der vorher etwas befeuchtete und durch Streichen mit der rechten Hand fester gemachte Faden so schnell als möglich (je schneller, desto seltener reißt er) durch die Gabel geführt und mit einer raschen Bewegung von Daumen und Zeigefinger an den Endfaden der auf der Spule befindlichen Baumwolle angedreht.
2. Das Leerwerden der Vorgespinstspulen: Damit stets Faden durch die Walzen läuft und also kein Abstellen der ganzen Maschine nötig wird, müssen die Feedingspulen schon vor ihrem gänzlichen Leerwerden durch neue ersetzt werden. Auch hierbei ist besonders darauf zu achten, dass der Faden nicht reißt. Man hebt die auf dem Aufsteckboden steckenden Spulen, mitsamt dem Eisenstab, der sie trägt, mit der linken Hand heraus und behält sie in der Hand, während man den Eisenstab herausholt und durch eine volle Spule steckt; ist nun die erste Spule fast abgelaufen, so dreht man den Anfangsfaden der vollen Spule an den Endfaden der leer gelaufenen an und stellt dann erst die volle Spule auf den leer gewordenen Platz, sie möglichst schräg haltend, damit die noch sehr lockeren Baumwollfäden nicht reißen.

Da eine Arbeiterin in unserem Fall zwei Spindelbänke mit im ganzen 260 Spindeln und 520 Vorgespinstspulen zu überwachen hat, so erfordert die Arbeit im ganzen sowohl wie in ihren einzelnen Teilen Umsicht, Aufmerksamkeit und eine gewisse Ruhe, da das noch sehr lockere Baumwollband keine heftige Behandlung verträgt. So darf zum Beispiel beim Ersetzen der leeren Vorgespinstspulen durch volle die erstere weder zu hastig herab genommen, noch die letztere zu hastig aufgesteckt werden, da sonst der Faden reißt. Geschicklichkeit erfordert hauptsächlich das Einleiten des Fadens durch die Gabel, doch erlernt sich dies in einigen Tagen.

Die Häufigkeit des Neueinsetzens hängt ab von der Qualität des Garnes; bei feinem Garn (Nr. 30 bis 20) laufen die Spindeln in zweieinhalb Stunden voll, also ist täglich drei- bis viermal einzusetzen. Bei mittlerem Garn (Nr. 20 bis 10) laufen die Spindeln in eineinhalb Stunden voll, also im Laufe eines Arbeitstages sieben- bis achtmal; bei grobem Garn (Nr. 10 bis 2) in einer Stunde und weniger, so dass elf- bis zwölfmal eingesetzt werden muss.

3. Das Feinspinnen. Diese Arbeit vollendet die Erzeugung des Garnfadens, indem das Vorgespinst auf der Spinnmaschine wieder mittels Streckwalzen zur erforderlichen Feinheit ausgezogen und zugleich so stark als nötig gedreht wird. Das Feinspinnen geschieht auf zwei verschiedenen Maschinen: die gröberen Garne wurden in der behandelten Fabrik von Frauen an der Ringspinnmaschine, die feineren von Männern am Selfactor gesponnen.

Die Ringspinnmaschine[6] enthält zwei parallele Reihen aufrecht stehender Spindeln, die sich an beiden Seiten des Gestelles befinden, in jeder Reihe 120 Spindeln. Die mit dem Vorgespinst angefüllten Spulen sind entsprechend in zwei Reihen im obersten Teil des Gestells, dem Aufsteckboden, stehend angebracht. Etwas niedriger und mehr gegen die Garnspindeln zu liegen auf jeder Seite drei Paar Streckwalzen, durch welche die Vorgespinstfäden vorwärts geführt und dabei im erforderlichen Grade verlängert und verfeinert werden. Beim Austritt aus den vordersten Streckwalzen läuft jeder Faden durch einen Drahtring, der ihm die senkrechte Richtung abwärts nach der Spindel zu gibt. Die Spindeln verrichten ununterbrochen gleichzeitig das Zusammendrehen und Aufwickeln der von den Walzen ihnen zugeführten Fäden. Die Spule, welche den gesponnenen Faden aufnehmen muss, steckt lose auf der oberen Hälfte der Spindel und ruht, unabhängig von deren Umdrehung, auf einer eisernen Schiene. Ihren Namen hat die Ringspinnmaschine erhalten von dem an die Stelle des früheren Flügels getretenen leichten metallenen Öhr (Läufer genannt), der auf einem die Spule in einigem Abstand umschließenden Ring im Kreise geführt wird, und dazu dient, den nahezu in der Richtung auf die Spindelachse ankommenden Faden in waagerechter Richtung abzulenken und auf die Spulen zu leiten. Durch den Umlauf der Spindel erhalten die Fäden, während sie auf dem Wege zwischen den Walzen und dem Ring sich befinden, ihre Drehung.

Im Gegensatz zu der oben besprochenen Vorspinnmaschine ist die Leistung der Ringspinnmaschine weit weniger von der Aufmerksamkeit und Umsicht als

---

6   Die Ringspinnmaschine hat sich entwickelt aus der Waterspinnmaschine von Arkwright, erfunden 1769 (so genannt, weil zuerst durch Wasserkraft getrieben). Das Ringspinnen kam in England nicht früher als 1828 auf.

von der Behändigkeit der Arbeiterin abhängig. Dies vor allem dadurch, dass jede voll gelaufene Spule sofort durch eine leere ersetzt werden kann, ohne dass die Maschine dabei abgestellt werden muss. Ebenso werden natürlich auch die abgerissenen Fäden an der laufenden Maschine angemacht. Man hält dabei die auf der Spindel befindliche Spule mit der linken Hand fest, löst mit der rechten Hand den daran befindlichen abgerissenen Endfaden etwas weiter los, schiebt ihn durch den Ring und hält ihn über den Nagel des rechten Zeigefingers an die vorderste Streckwalze, d. h. an das darunter befindliche Ende des Vorgespinstfadens. Diese Manipulation, die einfach erscheint, und bei einer geschickten Arbeiterin kaum einige Sekunden in Anspruch nimmt, erfordert nun eine außerordentlich große Geschicklichkeit und Fingerfertigkeit, weit mehr, als das Einleiten der Fäden durch die Gabel beim Vorspinnen. Dem Anfänger ist es zuerst schon unmöglich, die 7.500 Touren in der Minute machende Spindel festzuhalten; nicht weniger Behändigkeit erfordert das Schieben des Fadens durch den Ring und hat man ihn dann bis an die Walze gebracht und lässt die Spindel nur den Bruchteil einer Sekunde zu früh los, so reißt sie den Faden durch ihre Umdrehung wieder mit sich und die ganze Arbeit ist vergebens. Eine lange Übungszeit ist wohl nötig, um das Anmachen der Fäden in einem Minimum an Zeit zu verrichten und doch hängt gerade hiervon die Leistung der Maschine und also der Lohn der Arbeiterin ab. Selbstverständlich kann auch hier wieder das Verdienst durch Aufmerksamkeit auf die abgerissenen Fäden und die voll gelaufenen Spulen erhöht werden, sowie durch häufigeres Reinigen der Walzendeckel, damit die Fäden sich nicht darin festhalten und reißen, und durch rechtzeitiges Ersetzen der leer gelaufenen Vorgespinstspulen durch volle; letzteres erfordert hier weniger Behutsamkeit als bei der Vorspinnmaschine, da die Baumwollfäden durch das Vorspinnen schon um vieles fester geworden sind. Überhaupt ist an der Ringspinnmaschine weniger Ruhe und Umsicht, als Schnelligkeit und Geschicklichkeit erforderlich, namentlich da eine Arbeiterin mit zwei jugendlichen Hilfskräften zwei Maschinen, also 480 Spindeln, zu überwachen hat.

Die Häufigkeit des Ersetzens voller Spulen durch leere richtet sich auch hier wieder nach der Qualität des Garns: Garn Nr. 30 bis 32 läuft in vier Stunden von den Vorgespinstspulen ab; Garn Nr. 20 in zweieinhalb Stunden; Garn Nr. 10 in einer Stunde; Garn Nr. 4 in 35 Minuten; und entsprechend werden die Spindelspulen auch rascher oder langsamer voll.

Bei feinem Garn ist die Tagesleistung einer Maschine 1.200 Hancs[7]; bei grobem Garn 2.225 Hancs.

Hatte die eben besprochene Tätigkeit weit überwiegend den Charakter eines »Bedienens« der Maschine, so kann man bei der Arbeit der Männer am Selfactor schon wieder mehr von einem Beeinflussen und Leiten der Maschinenleistung sprechen.

Der Selfactor unterscheidet sich von der Ringspinnmaschine vor allem hinsichtlich der Verbindung des Aufwickelns mit dem Ausziehen und Drehen. Bei letzterer geschah, wie wir wissen, Drehen und Aufwickeln in ununterbrochener Fortdauer; beim Selfactorspinnen dagegen gelangt das Vorgespinst von den

---

7   Der englische Hanc hat eine Länge von 840 Yards. [1 Yard : 0,914 m, d. h. 1 Hanc : rd. 768 m.]

Streckwalzen auf eine fast aufrecht stehende Spindel, die langsam von den Walzen zurückweicht und so den Faden zugleich dreht und anspannt. Die Spindeln befinden sich auf dem sog. »Spindelwagen«, der mittels eiserner Räder auf eisernen Geleisen steht. Ist der Wagen am Ende seines Weges angekommen, so wird durch das Hauptgetriebe das Streckwerk zur Ruhe gebracht, und der Wagen bei beständiger Umdrehung der Spindeln wieder nach den Walzen hingeschoben, um die Garnfäden aufzuwickeln. Das Spinnen und das Aufwinden findet hier also nicht gleichzeitig, sondern abwechselnd statt. Von Anfang des Einfahrens müssen die Garnfäden (welche beim Spinnen, von den Spitzen der Spindeln ablaufend, mit letzteren einen schiefen Winkel bilden) unter nahezu rechtem Winkel gegen den Teil der Spindeln gelenkt werden, von dem sie sich aufwickeln sollen. Dies geschieht durch gleichzeitiges Niederdrücken aller Fäden mittels eines quer über dieselben hergehenden Drahtes (Aufschlagdraht), während zugleich ein unter ihnen liegender Draht (Gegenwinder) sie in mäßiger Spannung hält. Zu Ende des Einfahrens wird sodann der Aufschlagdraht wieder gehoben, damit der Faden zur Spitze der Spindeln steigen kann, ehe das Ausfahren wieder beginnt.

Die Verrichtung des Selfactors[8] von einer Wagenausfahrt zur anderen heißen ein Auszug. Während jedes Auszugs wird auf die Spindel eine neue Fadenschicht gelegt und durch die Aufeinanderfolge solcher Schichten bildet sich der Kötzer oder Cops. Um das Abnehmen derselben von den Spindeln zu erleichtern, schiebt man oft kleine papierene Röhrchen (Hülsen) auf die Spindeln. Unter einem Abzug versteht man dann die sämtlichen Cops, die auf einer Maschine mit einem Male fertig, also gemeinschaftlich abgenommen werden.

Jeder Spinner mit seinen Hilfskräften bedient zwei Maschinen, die einander in der Weise gegenüber stehen, dass zwischen den Endpunkten beider Geleise nur ein ganz enger Raum frei bleibt. Natürlich fährt die eine Maschine ein, während die andere ausfährt. Die Arbeit des Spinners von einem Abzug bis zum anderen gestaltet sich folgendermaßen: Die vollen Cops werden möglichst rasch abgenommen und neue Papierhülsen aufgesteckt, und zwar meist so, dass der Spinner sie nur lose auf die Spindeln setzt, einer der Hilfsleute (Anmacher) ihm folgt und die Hülsen ganz herunter schiebt. (Bei 484 Spindeln dauert dies drei bis vier Minuten.) Die lose auf die Cops gewickelten Fädchen werden unter den Streckwalzen an die Vorgespinstfäden gehalten, was, da der Wagen während all dieser Manipulationen selbstverständlich still steht, nicht schwer ist. Dann wird durch Herunterdrücken eines Hebels der Treibriemen von der Losscheibe des Hauptgetriebes auf die Festscheibe geschoben und der Wagen fährt aus.[9] Die nun reißenden Fäden hat der Spinner anzuknüpfen, während der Wagen sich bewegt. Er hält dann, wenn der Wagen ausfährt, den betreffenden Cops mit der linken Hand fest, löst mit der rechten den abgegriffenen Faden an seinem obersten Ende ein wenig weiter los, legt ihn über den Nagel des Mittelfingers der rechten Hand, während

---

8   Der Selfactor ist entstanden aus der Mulemaschine, erfunden von S. Crompton 1779. Selbsttätig gemacht durch R. Roberts 1825. [Samuel Crompton 1753–1827 Erfinder der Spinnmaschine »spinning mule«; Richard Roberts 1789–1864, entwickelte die »spinning mule« zum selbsttätigen Selfactor weiter.]

9   Natürlich wirkt hier ein sehr komplizierter Mechanismus, den ich aber nicht zu beschreiben habe, da die Tätigkeit des Spinners dabei sich auf das Bewegen des Hebels beschränkt.

der Wagen wieder einfährt und hält den Faden im Augenblick, wo der Wagen sich am nächsten an den Walzen befindet, an die unter den Streckwalzen befindlichen Vorgespinstfäden. Natürlich verfährt nur der ungeübte Anfänger genau in der angegebenen Weise, einem geübten Spinner ist es möglich, die Fäden sowohl bei der Ausfahrt, als bei der Einfahrt des Wagens anzumachen. Manche bringen es sogar so weit, dass sie fünf Fäden zu gleicher Zeit, zwei mit jeder Hand und einen mit dem Mund, anmachen. Erschwerend wirkt für den Anfänger hauptsächlich die Tatsache, dass er gezwungen ist mit dem Wagen vorwärts und rückwärts zu gehen, und der Gedanke, dass er den losgerissenen Faden einen Augenblick zu spät an die Streckwalzen halten könne, macht seine Bewegungen zu hastig und nervös und verdirbt dadurch alles. Hängt auch die Leistung einer Spinnmaschine unmittelbar von der Anzahl der Spindeln, von der Länge des Auszugs und von der Größe der Zeit, welche dieser erfordert, ab, so kann doch der Arbeiter durch Umsicht, Geschicklichkeit und Ruhe seinen Verdienst steigern. Die Überwachung zweier Spinnmaschinen erfordert zudem noch Intelligenz und Zuverlässigkeit, weil die richtige Bedienung der Maschine nicht ohne ein gewisses Verständnis ihrer Technik geleistet werden kann, und dem Arbeiter ein sehr komplizierter und leicht beschädigter Mechanismus anvertraut werden muss. Als Spinner werden nur Männer über 30 Jahre angestellt; jeder von ihnen hat zwei Maschinen unter sich, die jede entweder 484 oder 900 Spindeln tragen. Im ersteren Falle gehören zur »Mannschaft« von zwei Selfactoren außer dem Spinner noch ein Anmacher und zwei Aufstecker; bei den größeren Maschinen dagegen sind zwei bis drei Anmacher und zwei Aufstecker notwendig. Letztere haben vorzugsweise die leer werdenden Vorgespinstspulen durch volle zu ersetzen, die Anmacher helfen dagegen beim eigentlichen Spinnen mit; doch ist die Leitung der Ein- und Ausfahrt des Wagens prinzipiell auf die Spinner beschränkt.[10]

Die in der Spinnerei noch übrig bleibenden vier Arbeitskategorien sind sämtlich angelernte Frauenarbeit. Sie erfordern mehr Geschick und Übung als das Strecken, weniger als das Vorspinnen und Ringspinnen. Als schwierigste unter ihnen kann man wohl das Zwirnen ansehen.

4. Das Zwirnen. Das Zwirnen hat den Zweck, durch Zusammendrehen mehrerer Fäden einen besonders glatten, runden und harten Faden zu erzeugen. Die Zwirnmaschinen sind in ihrem Bau den Ringspinnmaschinen außerordentlich ähnlich: die mit den einfachen Garnfäden angefüllten Spulen sind im oberen Teil des Gestells angebracht. Von je zwei dieser Spulen gehen zwei Fäden gemeinschaftlich durch ein Drahtringelchen hinab, werden zwischen zwei Walzen herausgezogen und gelangen dann auf eine der Zwirnspindeln, von welcher sie zusammengedreht und auf deren Spule sie aufgewickelt werden. Genau so wie bei der Ringspinnmaschine wird auch hier der von den Walzen kommende Faden in einen Ring geschoben, welcher auf einer die Spule umschließenden Platte im Kreise geführt wird. In unserem Fall wurde, um das Garn weicher zu machen, nass gezwirnt; d. h. man ließ die Fäden vor dem Zusammendrehen durch einen direkt unter den Walzen befindlichen Wassertrog gehen. Es ist klar, dass die Arbeit der Zwirnerin

---

10   Natürlich wird auch hier ein Abzug je nach der Feinheit des Garns rascher oder langsamer fertig.

derjenigen der Ringspinnerin sehr ähnlich sein muss. Auch sie hat auf die voll werdenden Zwirnspindeln und die leer werdenden Garnspulen zu achten. Will sie eine vollgelaufene Spule durch eine leere ersetzen, so hebt sie erstere mit der rechten Hand von der Spindel ab, nimmt die leere Spule mit der linken Hand aus der Schürze, wickelt den von den Walzen kommenden Faden um die Spule, drückt sie mit der flachen rechten Hand auf die Eisenspindel, hält den Faden unten an der Spindel ein wenig von derselben ab und schiebt ihn mit dem Zeigefinger in den Ring, der sich unten an der Spindel befindet. Eine durchschnittliche Arbeiterin macht auf diese Weise eine Seite, d. h. 110 Spindeln in 20 Minuten an. Die abgerissenen Fäden werden auf dieselbe Weise angemacht, indem man die Spule von der Spindel nimmt, den Walzenfaden darum wickelt und sie in der oben beschriebenen Weise wieder einsteckt, während man bekanntlich beim Ringspinnen die Spule auf der Spindel fest und den Spulenfaden an die Walzen halten muss. Diese verschiedene Art des Anmachens ist der eine Grund, warum Zwirnen weit leichter ist als Ringspinnen; weitere Gründe sind die verminderte Umdrehungszahl der Spindeln pro Minute (zwischen 4.000 und 5.000 Umdrehungen), die natürlich das Arbeiten sehr erleichtert, und endlich die feste Beschaffenheit der Fäden, die weit seltener reißen, als dies beim Spinnen der Fall ist, und eine hastigere, unachtsamere Behandlung vertragen. Man nimmt daher eine Durchschnittsübungszeit von vier Wochen an, die vergehen muss, ehe eine Arbeiterin imstande ist, 330 bis 400 Zwirnspindeln zu überwachen. Aufmerksamkeit und Fingerfertigkeit sind auch dann noch erforderlich, um einen höheren Akkordsatz zu erreichen. Das Neueinsetzen von Garnspulen kommt hier natürlich noch seltener vor als beim Ringspinnen das der Vorgespinstspulen, ein Umstand, der natürlich die Arbeit wiederum erleichtert. So ist bei grobem Garn (Nr. 12) ein fünfmaliger Wechsel im Tag nötig; bei feinem Garn (Nr. 24) dagegen nur ein zweimaliger.

Nach mir von den Arbeiterinnen gemachten Angaben zwirnt eine mittelgute Zwirnerin bei grobem Garn täglich 70 bis 80 Pfund[3], bei feinem Garn 50 Pfund.

Die Handelsformen der Gespinste endlich werden erhalten durch die Arbeitsverfahren des Haspelns und des Spulens.

5. Das Haspeln. Auf dem Haspel erfolgt die Aufwicklung des Fadens in Form von Strähnen[11]; er besteht aus zwei Hauptteilen, dem Aufsteckboden, auch Tischblatt genannt, das die abzuhaspelnden Spindeln trägt und dem Haspel im engeren Sinn, einer meist aus leichtem Eisen bestehenden Zentralachse, die mehrere hölzerne Arme trägt, die wiederum an ihren Enden durch Holzleisten verbunden sind, welche mit der Zentralachse parallel laufen und alle gleich weit von ihr entfernt sind. Die Arbeiterin hat nun die von den Spindeln kommenden Fäden um die Verbindungsleisten zu legen, dann stellt sie die Maschine an und lässt sie so lange laufen, bis die auf der Zählvorrichtung vorgesehenen Umdrehungen von dem Haspel gemacht sind. Sie stellt dann die Maschine ab, bindet ab, d. h. knüpft jeden der Stränge, die sich durch das Ablaufen des Garns von den verschiedenen Spulen gebildet haben, mit einem Weberknoten zusammen, schiebt dann die ein-

---

11 Der englische Strang wird in 7 Gebinde von je 120 Yards Länge geteilt; ein Gebinde hat 80 Fäden, von je 1 ½ Yards Länge.

zelnen Stränge in Bündeln zusammen, hebt sie von den Leisten ab, hängt sie über den Arm, legt die Fäden von neuem um die Leisten, stellt die Maschine an und knotet die Stücke zusammen, während der Haspel läuft. Bei einer guten Arbeiterin vergehen von einem Anstellen der Maschine bis zum nächsten sieben Minuten.

Man möchte zweifeln, ob das Haspeln noch »Maschinenarbeit« im eigentlichen Sinne des Wortes genannt werden kann; denn die wirkliche Arbeit des Haspelns wird ausschließlich mit der Hand ausgeführt. Der Haspel ist nur das die Arbeit erleichternde Werkzeug. Selbstverständlich ist beim Haspeln die Geschicklichkeit und Fingerfertigkeit der Arbeiterin von höchstem Einfluss auf die Arbeitsleistung. Manche der Mädchen bringen es dabei zu einer solchen Vollendung, dass man ihre Finger beim Abbinden z. B. sich kaum bewegen sieht. Im Durchschnitt ist eine Übungszeit von sechs bis acht Wochen erforderlich, um einen den Tagelohn übersteigenden Akkordlohn zu verdienen. Man nimmt zum Haspeln mit Vorliebe die jüngsten Mädchen, da die Arbeit weder Kraft noch Intelligenz erfordert und am besten von weichen biegsamen Fingerchen ausgeführt wird. Besonders anstrengend ist das Haspeln für die Augen, da man beim Abbinden sehr scharf hinsehen muss, um keine Fehler zu machen und ermüdend durch das fortwährende rasche Bewegen beider Arme, z. B. beim Abbinden, Knoten usw.

Eine Arbeiterin macht 232 Stück Garn im Tag; ein Haspelumlauf ergibt vier Stück; sie hat also durchschnittlich 58 mal täglich die oben beschriebenen Handbewegungen zu verrichten.

6. Das Spulen. Auf den Kettspulmaschinen wird das Garn von den Spindeln auf breite Holzspulen geleitet, die im Zettelrahmen benützt werden können. Die abzuspulenden Spindeln stecken im unteren Teil des Gestelles an waagerecht stehenden Eisenstäben; von ihnen wickeln sich die Fäden dann allmählich in dem Maße ab, wie sie von den über ihnen auf dem Gestell aufrecht auf sich drehenden Eisenstäben stehenden Spulen angezogen werden. Der Punkt, an welchem jeder Faden auf seine Spule gelangt, wird durch einen nahe der letzteren befindlichen Fadenführer bestimmt, durch welchen der Faden geht. Die Tätigkeit der Spulerin besteht nun darin, die vollen Spindeln anzustecken und mit den Spulen zu verknüpfen, die leeren Spindeln und die vollen Spulen durch andere zu ersetzen und die abgerissenen Fäden wieder anzuknüpfen. Sie nimmt dabei die Spindel in die linke Hand, zieht mit der rechten Hand den Endfaden los, steckt die Spindel an, hebt zugleich die betreffende Spule mit der linken Hand ab, zieht den Endfaden los, verknüpft beide Endfäden mittels der Knüpfmaschine, die sie über der linken Hand trägt, stellt die Spule mit der linken Hand hin und hält dabei den Faden mit der rechten Hand etwas auf, damit er nicht sofort reißt, wenn die Spule auf ihrem Eisenstab sich wieder dreht.

Eine geschickte Spulerin kann elf Spulen in einer Minute anmachen. Abstellen der Maschine ist niemals zum Anmachen erforderlich. Eine Arbeiterin hat eine Maschinenseite mit 60 Spindeln zu bedienen. Sie gebraucht zum Anmachen derselben sieben bis acht Minuten; dann sind die zuerst angemachten Spindeln bei grobem Garn schon wieder leer gelaufen. Bei grobem Garn spult eine gute Arbeiterin 250 bis 270 Pfund im Tag, bei feinem Garn entsprechend weniger.

Das Spulen ist leichter als Zwirnen und verlangt nur eine ständige Aufmerksamkeit auf die leer gewordenen Spindeln und die abgerissenen Fäden. Da die

Spindeln sehr rasch leer laufen, muss die Arbeiterin stets in Tätigkeit sein, wenn sie gut verdienen will. Die nötigen Handgriffe erfordern weder beim Erlernen noch beim späteren Ausführen eine besondere Geschicklichkeit, auch das Tempo der Maschine ist kein übermäßig schnelles.

Mit denselben Worten lässt sich auch die zweite Art des Spulens, das K r e u z - s p u l e n charakterisieren. Um das Haspeln und Bündeln zu ersparen, stellt man nämlich besondere Versandspulen auf den Kreuzspulmaschinen her. Als »Seele« für die Spulen verwendet man eine leichte Papierhülse, die im oberen Teil des Gestelles direkt über der ihr die Drehung erteilenden Trommel angebracht ist. Die abzuspulenden Spindeln stecken im unteren Teil des Gestelles fast am Boden auf senkrecht stehenden Eisenstäben; der Faden wird von ihnen durch einen Fadenführer über die Trommel auf die Spule geleitet. Er legt sich dabei in den rechtwinkligen Einschnitt der Trommel und wird darum durch deren Bewegung in so steilen Schraubengängen aufgewickelt, dass die Spule in sich selbst Halt genug bekommt; es halten die stark gekreuzten Fadenlagen sich gegenseitig.

Die Tätigkeit der Arbeiterin ist hier dieselbe wie an der Kettspulmaschine. Sie stellt die Spulen mit der linken Hand auf den Eisenstab, zieht den Endfaden durch den Fadenführer, bringt die Trommel zum Stehen, indem sie beide Oberarme darauf legt, verknüpft den Faden mit der Knüpfmaschine mit der festliegenden Spule, schiebt den Faden in den Spalt der Trommel und lässt diese dann los. Das Anmachen einer Spule dauert ungefähr eine halbe Minute. Jede Arbeiterin hat eine Maschine mit 35 Spulen; 170 bis 200 Pfund gelten als eine Tagesleistung.

Kreuzspulen stellt an die Arbeiterin wohl dieselben Anforderungen wie Kettspulen; es ist einerseits leichter als das letztere, da jede Arbeiterin weniger Spindeln hat, andererseits etwas beschwerlicher, denn das tiefe Bücken beim Einsetzen der Garnspindeln und das Festhalten der Trommel mit den Armen sind ermüdend.

Ehe wir von der letzten Arbeitskategorie, dem Weben, sprechen, erübrigt es, noch ganz kurz auf die Lohnverhältnisse der Spinnerei einzugehen. Die an den von uns betrachteten Maschinen tätigen Arbeitskräfte werden bezahlt nach der Menge des in einer Lohnperiode gelieferten Garnes. Die Menge des Garnes hängt nun ab von der Geschwindigkeit der Maschine, und diese richtet sich nach der Beschaffenheit des Spinngutes. Grobe kurzfaserige indische Wolle braucht mehr Drehungen pro Längeneinheit[12] und kann eine größere Geschwindigkeit der Maschine vertragen als lange, feine amerikanische Wolle. Bei gröberem Garn kann also nicht nur weit mehr pro Zeiteinheit geliefert werden als bei feinerem Garn, sondern dasselbe Gewicht beider stellt auch noch eine gänzlich verschiedene Menge dar.[13] Infolgedessen wird in der ganzen Spinnerei die Gewichtseinheit (hier englisches Pfund[[4]]) groben kurzfaserigen Garnes geringer bezahlt als feinen langfaserigen Garnes.

12 Nehmen wir an, zur festen Vereinigung der Fasern in einem Garnfaden von bestimmter Feinheit sei nötig, dass jede Faser 60 mal in der Schraubenlinie herumgewunden werde, so ist klar, dass eine 50 mm lange Faser 30, hingegen eine 250 mm lange nur 6 Drehungen auf 25 mm Länge bedarf, um zu genügen.
13 So wiegt z. B. ein Bündel Garn 10 Pfund englisch und die darin enthaltene Anzahl Stränge ist gleich der 10fachen Garnnummer. Ein Bündel 30er Garn enthält also 10 x 30 = 300 Stränge; ein Bündel 20er Garn 10 x 20 = 200 Stränge; ein Bündel 4er Garn 10 x 4 = 40 Stränge (je höher die Nummer, desto feiner das Garn).

Wir sind daher berechtigt, bei unseren Untersuchungen die Qualität des Materials, das verarbeitet wurde, außer acht zu lassen und als im Akkordlohn berücksichtigt, anzusehen.[14]

Wenden wir uns nun zu der Weberei, so betreten wir damit ein Arbeitsgebiet, dessen Kenntnis ungleich viel weiter verbreitet ist und das stets das allgemeine Interesse in weit höherem Maße auf sich gezogen hat, als die einzelnen Teilarbeiten der Spinnerei. Ich glaube daher berechtigt zu sein, mich hier wesentlich kürzer zu fassen als früher und darauf verzichten zu können, den mechanischen Webstuhl zu beschreiben, der sich von dem alten Handwebstuhl im großen und ganzen nur dadurch unterscheidet, dass bei ihm die Kraft zunächst immer durch Drehung einer Welle wirkt, von der mittels verschiedener Mechanismen die einzelnen zum Weben erforderlichen Bewegungen hervorgebracht werden. Durch diese mechanischen Vorrichtungen ist bekanntlich die Arbeit des eigentlichen Webens in der Hauptsache auf das Anknüpfen der reißenden Fäden und auf das Ersetzen der leeren Spulen im Schützen durch volle beschränkt.

Auch derjenige Punkt, dem wir hier die meiste Aufmerksamkeit gewidmet haben, die Anforderungen, die der Webstuhl an den Arbeiter stellt, sind schon Thema mancher Erörterungen gewesen.[15] Wir wissen, dass am Webstuhl, weil er selbst heute noch mehr Werkzeug als Maschine ist, Verstand und Aufmerksamkeit sowohl wie Körperkraft und Geschicklichkeit des Arbeiters wesentlich zu dem Erfolg der Arbeit beitragen; ferner, dass das Weben eine der am meisten anstrengenden und nervenangreifenden Textilarbeiten ist, die frühe Kräfteabnahme zur Folge hat.

Gehen wir also gleich näher auf die Verhältnisse der Baumwollweberei ein. Das Baumwollgarn wird zur Nessel[5] (Schirting[6]) verwebt auf Kurbelwebstühlen, die bei 90 cm Breite 180 Schuss in der Minute machen. Zum Weben wurden in unserem Fall männliche und weibliche Arbeiter bei gleichen Akkordsätzen verwandt; sie bedienten durchschnittlich drei, die geübtesten unter ihnen vier Stühle auf einmal.

Eine besondere Abteilung der Weberei bilden die amerikanischen Northorp-Webstühle[7]. Auf ihnen ist der Schützenwechsel derart automatisiert, dass die leer gewordene Spule von selbst aus dem Schützen fällt und sofort durch eine andere ersetzt wird, die mit mehreren zusammen sozusagen die Speichen eines an jedem Ende des Stuhles angebrachten Rades bildet. Außerdem sind auf den einzelnen Fäden sogenannte Kettfadenwächter angebracht, die beim Reißen eines Fadens das sofortige Anhalten des Stuhles bewirken. Die Tätigkeit des Arbeiters oder der Arbeiterin an jedem einzelnen Stuhl ist also durch Entlastung der Aufmerksamkeit wesentlich vereinfacht, so dass sie acht, zehn, ja sogar zwölf und 14 Northrop-Webstühle auf einmal übernehmen können. Doch ist die Arbeit dann nicht nur wegen des vielen Laufens zwischen den Stühlen rein körperlich ermüdend, sondern verlangt auch die Fähigkeit, viele verschiedene Arbeitsplätze zur selben Zeit geistig zu beherrschen.[16]

14 Dies um so mehr, als bei dem raschen Sortenwechsel wohl jede Arbeiterin innerhalb einer 14tägigen Lohnperiode durchschnittlich dieselben Sorten wie jede andere verarbeitet hat.
15 Für unsere Zwecke besonders: Max Weber, Zur Psychophysik der industriellen Arbeit II – IV. Archiv für Sozialwissenschaft, Bd. 28 und 29.
16 Über die Leistung der Stühle ist mir nichts Genaueres bekannt; über die Lohnberechnung nur

2. Allgemeines Verhältnis von Lohnhöhe und Schwankungshöhe

Wir machen hier den Versuch, Leistungshöhe und Leistungsstetigkeit der Arbeiter aus ihrem Lebensschicksal zu erklären und nach dem relativen Verhältnis beider Faktoren zueinander die Rentabilität der Arbeiter für den Betrieb einzuschätzen. Wir berechnen dabei die Leistungshöhe nach dem Akkordverdienst der Arbeiter und Arbeiterinnen, das im Durchschnitt eines Jahres auf die halbe Stunde berechnet ist. Lohnhöhe ist hier also stets ein Synonym von Leistungshöhe und dient nur dazu, letztere anschaulich zu machen.[17]

Die größere oder geringere Leistungsstetigkeit dagegen findet ihren Ausdruck in hohen oder niedrigen Lohnschwankungen. Unter »Lohnschwankungen« verstehen wir die Differenz zwischen den auf die kleinste uns zugängliche Zeiteinheit (der Lohnperiode von 12 Tagen) berechneten Verdiensten eines Arbeiters in zwei aufeinander folgenden Lohnperioden; ihre durchschnittliche Jahreshöhe wird berechnet und dann in Prozenten des in der kleinsten Zeiteinheit während des Jahres erzielten Durchschnittsverdienstes ausgedrückt.[18]

Gilt uns hoher Lohn als Beweis für die Geschicklichkeit, Gewandtheit, mit einem Wort für die Anpassungsfähigkeit des betreffenden Arbeiters oder Arbeiterin an die gegebenen Arbeitsbedingungen, so können wir in niedrigen Lohnschwankungen physisch einen Beweis von Nervenkraft, psychisch ein Symptom größerer Zuverlässigkeit des Arbeiters sehen.

Wenn wir nun, ehe die Einzeluntersuchungen beginnen, ganz kurz das allgemeine Verhältnis von Lohnhöhe und Schwankungshöhe in den einzelnen oben besprochenen Arbeitskategorien berühren, so können wir dadurch sowohl eine vorläufige Orientierung wie Material zu späteren Vergleichen gewinnen. Teilen wir also die Arbeitskräfte nach der Höhe ihres Verdienstes in drei Lohnklassen mit, nach Angabe der Betriebsleitung, durchschnittlichen, unter- und überdurch-

---

folgendes: Vierstuhl-Weber und Northropweber werden nach verschiedenem Prinzip bezahlt, so dass ihre Löhne nicht zusammen, sondern getrennt berechnet werden müssen. Im Allgemeinen steigt der Akkordsatz mit der Dichtigkeit der Kette, der Feinheit des Garns und der Dichtigkeit des Schusses, sinkt mit der Größe der Tourenzahl in der Minute.

17 Die diesen Berechnungen zugrunde liegenden Zahlen beziehen sich auf 200 Arbeiter und Arbeiterinnen. Für jeden derselben sind die zweiwöchentlichen Akkordverdienste im Laufe ungefähr eines Jahres aus den Lohnlisten der Fabrik abgeschrieben worden. Die betreffenden Angaben enthalten jeweils Anfangs- und Enddatum der Lohnperiode, die faktische Arbeitszeit des Arbeiters während derselben in halben Stunden ausgedrückt, den »reinen« Akkordverdienst und die eventuellen Abzüge davon. Natürlich sind nur die »reinen« zweiwöchentlichen Akkordverdienste, ohne Berücksichtigung irgendwelcher Abzüge genommen worden. Diese Zahlen spiegeln also deutlich genug die Quantität der Leistung innerhalb einer Lohnperiode wieder und auf diese allein kommt es hier ja an. Das Verdienst ist auf die kleinste Zeiteinheit berechnet worden, um Ungenauigkeiten möglichst zu vermeiden.

18 Es ist sofort einzusehen, dass diese Berechnung der Lohnschwankung, die einzige, die nach der Beschaffenheit meines Materials möglich war, äußerst »grob« genannt werden muss. Eine genaue Berechnung müsste Angaben von an den Maschinen angebrachten Stuhluhren verwerten und Tagesleistungen der Arbeiter untereinander vergleichen, daneben aber auch die Schwankungen der Leistung innerhalb des Arbeitstages heranziehen. Dies war leider nicht möglich. Nun wird sich aber zeigen, dass sich schon aus unserem groben Material der Lohnschwankungen bestimmte Resultate ergeben, die stets rationell zu erklären sind. Wir müssen uns mit diesem – immerhin doch recht interessanten – Befund begnügen, und die Nachprüfung an anderem Material abwarten.

Tabelle 36
Gegenseitiges Verhältnis von Lohnhöhe und Schwankungshöhe

	Höchste Lohnklasse			Mittlere Lohnklasse			Niedrigste Lohnklasse		
	Höchste	Mittlere	Niedrigste	Höchste	Mittlere	Niedrigste	Höchste	Mittlere	Niedrigste
	Schwankungsklasse			Schwankungsklasse			Schwankungsklasse		
A. Männliche Arbeiter:									
Weber	2	4	6	3	4	3	7	2	1
R. Weber	1	1	2	–	2	2	3	1	–
Spinner	1	2	2	2	2	1	2	1	1
Alle Arbeiter	4	7	10	5	8	6	12	4	2
B. Weibliche Arbeiter:									
Weberinnen	1	2	1	1	3	1	2	–	3
R. Weberinnen	–	1	1	–	1	1	2	–	–
Ringspinnerinnen	4	3	3	2	3	4	4	3	2
Vorspinnerinnen	3	5	–	3	1	5	2	3	4
Hasplerinnen	2	4	2	5	1	3	1	4	3
Spul-, Zwirn-, Streckerinnen	–	3	6	6	3	2	3	4	2
Gelernte Arbeiterinnen	8	11	5	6	8	11	10	6	9
Angelernte Arbeiterinnen	2	7	8	11	4	5	4	8	5
Alle Arbeiterinnen	10	18	13	17	12	16	14	14	14

schnittlichen Verdiensten und geben jeder derselben als Unterabteilung drei in derselben Weise nach der Höhe der Schwankungen gebildete Schwankungsklassen, denen wir die Vertreter der einzelnen Lohnklassen je nach der Höhe ihrer Schwankungen zuweisen, um uns darüber klar zu werden, welche Lohnklassen mit welchen Schwankungsklassen am häufigsten zusammenfallen.

Für sämtliche männliche Arbeiter zeigt sich dann eine Tendenz zum Zusammenfallen von höchster Lohn- und niedrigster Schwankungsklasse einerseits, niedrigster Lohn- und höchster Schwankungsklasse andererseits. Die höchst entlohnten Arbeiter scheinen also am gleichmäßigsten, die Leistungsschwächsten am ungleichmäßigsten zu arbeiten.

Bei den weiblichen Arbeitern ist keine derartige, durch große Zahlen erkennbare Tendenz zu konstatieren. Die Arbeiterinnen der niedrigsten Lohnklasse sind sogar absolut gleichmäßig über die drei Schwankungsklassen verteilt und auch bei den Arbeiterinnen der anderen Lohnklassen findet sich kein deutliches Hinneigen zu dieser oder jener Schwankungsklasse. Teilen wir die Arbeiterinnen in gelernte und in angelernte[19] und betrachten jede dieser Kategorien für sich, so scheint es, als ob unter den gelernten Arbeiterinnen die am niedrigsten entlohnten teils am unregelmäßigsten (wie die männlichen Arbeiter), teils aber am regelmäßigsten arbeiten. Die meisten Arbeiterinnen der mittleren Lohnklasse sind in der niedersten Schwankungsklasse, die der höchsten Lohnklasse in der mittleren Schwankungsklasse zu finden.

19 Zu den gelernten Arbeiterinnen rechnen wir wieder, ebenso wie in Teil I, Weberinnen, Ringspinnerinnen, Vorspinnerinnen; zu den angelernten alle übrigen. Für den Grund dieser Terminologie siehe Einleitung.

Tabelle 37
Lohnhöhe und Lohnschwankung in den einzelnen Arbeitskategorien

	Durchschnitt des Verdienstes pro ½ Stunde	Höchstes Verdienst	Niedrigstes Verdienst	Durchschnitt der Schwankungen in Prozent des Durchschnittverdienstes	Niedrigste Schwankung	Höchste Schwankung	Durchschnitt der absoluten Höhe der Lohnschwankungen
	Pfg.	Pfg.	Pfg.	%	%	%	Mark.
Weber	12,1	20,7	6,9	18,8	8,6	30,9	5,39
R. Weber	15,3	21,5	8,9	10,4	7,0	14,3	4,08
Weberinnen	10,8	15,7	8,6	16,5	9,2	24,5	4,75
R. Weberinnen	16,0	17,9	14,5	12,0	8,3	16,0	4,67
Weber und Weberinnen	11,5	20,7	6,9	17,9	8,6	30,9	5,20
R. Weber und R. Weberinnen	15,5	21,5	8,9	10,9	7,0	16,0	4,23
Spinner	18,9	21,5	14,2	6,7	2,2	15,5	3,05
Ringspinnerinnen	12,3	16,8	9,1	10,4	6,5	28,0	3,30
Vorspinnerinnen	13,1	16,1	10,5	9,7	4,8	16,4	3,17
Hasplerinnen	10,9	15,2	6,8	12,5	7,3	21,1	3,01
Kreuzspulerinnen	12,7	15,8	11,7	9,3	6,0	12,5	2,97
Spulerinnen	10,9	12,3	8,9	9,4	1,8	14,2	2,60
Zwirnerinnen	12,0	13,9	9,9	9,7	7,0	13,5	2,86
Streckerinnen	11,3	12,4	10,5	7,3	5,9	8,4	2,17

Jedenfalls sind also die gelernten Arbeiterinnen der höchsten Lohnklasse nicht derselben Arbeitsstetigkeit fähig wie die höchst entlohnten männlichen Arbeiter.

Bei den angelernten Arbeiterinnen finden wir ein noch farbloseres Resultat. Bemerkenswert ist nur das äußerst seltene Zusammenfallen von höchstem Lohn und höchster Schwankung, das häufige Zusammenfallen von mittlerem Verdienst und höchster Schwankung. Die gut entlohnten angelernten Arbeiterinnen scheinen also im ganzen regelmäßig, die mittelmäßigen sehr unregelmäßig zu arbeiten, ganz im Gegensatz zu den gelernten Arbeiterinnen.

Zweierlei hat uns diese Tabelle gezeigt: Erstens, dass bei den männlichen Arbeitern Lohnkurve und Schwankungskurve die Tendenz haben, umgekehrt proportional zu verlaufen. Zweitens, dass bei den weiblichen Arbeitern irgendwelche Zusammenhänge zwischen Lohnhöhe und Schwankungshöhe sich vorerst nicht ergeben.

Es bleibt nun abzuwarten, ob auch die folgenden Tabellen ein gleich farbloses Resultat zeigen werden, wie es sich hier, besonders für die weiblichen Arbeiter, ergeben hat; oder ob einzelne isoliert betrachtete Momente die Kraft haben, die Zahlen dieses Grundschemas derart zu verschieben, dass ein deutliches Bild des Zusammenhanges von Lohnhöhe und Schwankungshöhe sowohl wie der Bedingungen, welche beide Faktoren regieren, vor uns steht.[20]

20 Tabelle 37 »Lohnhöhe und Lohnschwankungen in den einzelnen Arbeitskategorien« gibt eine

3. Alter und Familienstand in ihrer Wirkung auf die Arbeitsleistung

a. Die Lohnhöhe nach dem Alter[21]

Diejenige Frage, welche wir an den Anfang unserer Untersuchungen stellen wollen, weil wir auch später immer wieder auf sie werden zurückkommen müssen, betrifft den Einfluss des Alters auf die Leistungsfähigkeit der Arbeitskräfte. Wir verweisen dabei einerseits die 14- bis 16jährigen, anderseits die über 50 Jahre alten Arbeitskräfte in besondere Kategorien und teilen die übrigen in drei Klassen, von denen die erste das 17. bis 24., die zweite das 25. bis 40., die dritte das 40. bis 50. Lebensjahr umschließt.

Männliche und weibliche Arbeiter zeigen denselben Verlauf ihrer Leistungskurve: ruckweises Ansteigen des Verdienstes bis zur Höhe in der Periode vom 25. bis zum 40. Lebensjahr, dann langsameres Sinken in den beiden höchsten Altersklassen. Beide Geschlechter erreichen also in derselben Alterskategorie ihre höchste Leistungsfähigkeit; doch ist die relative Höhe des Ansteigens der Löhne bei den männlichen Arbeitern größer als bei den weiblichen Arbeitern. In Prozenten des Durchschnittsverdienstes ausgedrückt, beträgt der Anfangslohn der männlichen Arbeiter 70,4 %; der höchste Lohn 121,8 %; also eine Differenz von 51,4 %. Der Anfangslohn der Frauen ist wesentlich höher, 90 % des Durchschnittsverdienstes; der höchste Lohn 109 %; also eine Differenz von nur 19 %.

Die stets behauptete Tatsache der früheren Leistungsabnahme der Frauen gegenüber den Männern ist auch in diesen Zahlen erkennbar. Während die Männer im Alter von 17 bis 24 Jahren das Durchschnittsverdienst noch nicht ganz erreichen, sondern um rund 5 % dahinter zurückbleiben, ihn aber dafür im 40. bis 50. Lebensjahr noch um 11,5 % übertreffen, liegt bei den Frauen die Sache umgekehrt: Im 17. bis 24. Lebensjahr übertreffen sie schon das Durchschnittsverdienst um 4,1 %, sind aber dafür im 40. bis 50. Lebensjahr fast wieder auf das Anfangsverdienst zurückgesunken, während die Männer selbst in der höchsten Altersklasse noch um 29 % über dem Anfangsverdienst stehen. Also bei den männlichen Arbeitern r e l a t i v geringeres Verdienst in den ersten zehn Arbeitsjahren, aber nur allmäh-

---

Übersicht über höchstes und niedrigstes überhaupt erreichtes Verdienst, über höchste und niedrigste Lohnschwankungen in jeder Arbeitskategorie und kann gleichfalls zu vorläufiger Orientierung dienen. Eingehende Besprechung dieser Tabelle halte ich nicht für nötig, da ja hier nicht das erreichte Verdienst als solches, sondern die Bedingungen interessieren, unter welchen es erreicht wird. Nur darauf sei noch hingewiesen, dass die sehr hohen Schwankungsextreme der Weber und Weberinnen zum Teil durch äußere Momente bestimmt werden. Sie werden nur nach den a b g e l i e f e r t e n Stücken Gewebe bezahlt; das halb- oder dreiviertel fertige Stück auf ihrem Stuhl wird nicht berücksichtigt, sondern erscheint erst im Verdienst der nächsten Lohnperiode. Doch beeinträchtigt diese Tatsache natürlich die V e r g l e i c h b a r k e i t der Verdienste der Weber und Weberinnen untereinander, während eines vollen Jahres, keineswegs.

Die Kategorien der Spulerinnen, Zwirnerinnen und Streckerinnen werden bei der Berechnung zusammengefasst. Diese Arbeiten stellen sehr ähnliche Anforderungen und werden fast gleichmäßig entlohnt.

21 Auf allen Tabellen, die zu dem zweiten Teil dieser Arbeit gehören (Tabellen 38–61) sind nur die Kursivziffern maßgebend, da nur sie aus einer genügenden Anzahl von Beispielen gewonnen sind. Die gewöhnlichen Zahlen sind auf weniger als vier Beispielen berechnet; die eingeklammerten Zahlen bedeuten Einzelfälle, die manchmal auch als solche von Interesse sein können.

Tabelle 38
Lohnhöhe und Lohnschwankung nach dem Alter der Arbeitskräfte

	14.–16. Lebensjahr		17.–24. Lebensjahr		25.–40. Lebensjahr		40.–50. Lebensjahr		50.–60. Lebensjahr	
	Lohnhöhe	Lohn-schwankung	Lohnhöhe	Lohn-schwankung	Lohnhöhe	Lohn-schwankung	Lohnhöhe	Lohn-schwankung	Lohnhöhe	Lohn-schwankung
	Pfg.	%	Pfg.	%	Pfg.	%	Pfg.	%	Pfg.	%
A. Männliche Arbeiter:										
Weber	6,9	22,6	11,3	22,5	16,2	13,2	13,4	16,1	13,7	15,0
R. Weber	13,1	11,9	16,0	9,7	16,5	11,4	–	–	–	–
Spinner	–	–	–	–	19,3	6,2	19,4	6,2	14,5	9,5
Alle Arbeiter	10,0	17,2	13,4	16,1	17,3	11,2	16,4	11,2	14,1	12,2
B. Weibliche Arbeiter:										
Weberinnen	9,5	15,0	12,3	19,0	14,7	17,0	8,7	12,7	(13,9)	(19,4)
R. Weberinnen	16,2	13,9	16,5	9,2	14,7	16,0	–	–	–	–
Ringspinnerinnen	10,4	7,8	12,2	10,2	13,6	8,9	14,0	18,3	–	–
Vorspinnerinnen	13,9	12,1	12,4	9,6	14,8	11,1	12,6	9,2	12,4	7,3
Hasplerinnen	8,6	10,3	11,7	12,3	12,3	13,8	(8,9)	(7,3)	–	–
Spul-, Zwirn-, Streckerinnen	10,0	6,5	12,0	9,3	11,8	9,6	11,8	7,5	–	–
Gelernte Arbeiterinnen	12,5	12,2	13,5	12,0	14,4	13,2	11,7	13,4	13,1	13,2
Angelernte Arbeiterinnen	9,3	8,4	11,8	10,8	12,1	11,7	10,3	7,4	–	–
Alle Arbeiterinnen	10,9	10,3	12,6	11,4	13,2	12,4	11,0	10,4	13,1	13,2

liches Herabgleiten von der einmal erreichten Höhe; bei den Frauen relativ höheres Verdienst in den ersten zehn Arbeitsjahren und starkes Sinken desselben nach dem 40. Jahr.

Am stärksten sind die Leistungsdifferenzen bei den Webern, entsprechend der verhältnismäßig langen Einübungszeit und der Schwierigkeit der Arbeit. Die Differenz zwischen höchstem und niedrigstem Verdienst beträgt, wiederum in Prozenten des Durchschnittsverdienstes ausgedrückt, 75 %. Das starke Sinken nach dem 40. Lebensjahr erklärt sich zum Teil vielleicht durch Abnahme der Kräfte, vor allem wohl der Augenkraft; zum Teil auch durch äußere Verhältnisse, namentlich durch Selbstverdienen der Kinder. Auch in der höchsten Arbeitskategorie erhält sich die Leistung auf dem gleichen Niveau, rund 10 % über dem Durchschnitt.

Bei der in weit höherem Maße mechanisierten Arbeit der Spinner bedeutet im Gegenteil das 40. Lebensjahr keine Abnahme der Leistungsfähigkeit.

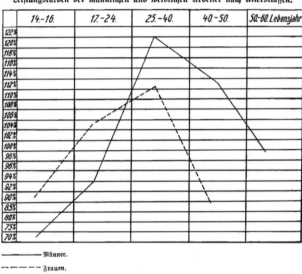

Ein Vergleich der Leistungskurven der gelernten und der angelernten Arbeiterinnen ergibt (natürlich abgesehen von der selbstverständlich größeren absoluten Höhe des Lohnes der ersteren: zwei bis drei Pfennige pro halbe Stunde in jeder Alterskategorie) zunächst denselben typischen Verlauf für jede der beiden mit dem Höhepunkt zwischen dem 25. und 40. Lebensjahr. Doch verläuft die Leistungskurve der gelernten Arbeiterin weniger steil als die der angelernten. Die Differenz zwischen Anfangspunkt und Höhepunkt, in der bekannten Weise ausgedrückt, beträgt bei den ersteren 14,6 %; bei den letzteren 25,7 %.

b. Die Lohnschwankungen nach dem Alter

Vergleichen wir nun den Verlauf der Schwankungskurve mit dem der Lohnkurve in denselben Alterskategorien, so findet sich bei männlichen und weiblichen Arbeitern nicht wie bei der vorhergehenden Darstellung eine Parallel-, sondern eine entgegen gesetzte Entwicklung: bei den männlichen Arbeitern verläuft die Schwankungskurve umgekehrt proportional der Lohnkurve; fallend wenn erstere steigt, und steigend, wenn erstere fällt. Die auf Tabelle 36 für die männlichen Arbeiter schon bemerkbare Tendenz des Zusammenfallens von hohem Lohn und niedriger Schwankung kommt hier bei Einfügung der Altersklassen deutlich zum Ausdruck. Die jüngste Alterskategorie zeigt die höchsten Schwankungen, die dritte leistungsfähigste Alterskategorie die niedrigsten.

Bei den weiblichen Arbeitern dagegen verlaufen Lohnkurve und Schwankungskurve direkt proportional. Mit der Höhe des Lohnes und steigendem Alter bis zum Höhepunkt nimmt der Prozentsatz der Schwankungen zu, mit sinkendem Lohn und höherem Alter ab. Während die Zeit des höchsten Verdienstes bei den Männern auch die Zeit des regelmäßigsten Arbeitens ist, scheint es, als könnten sich die Frauen nicht andauernd in der höchsten Lohnklasse erhalten, sondern nur »stoßweise« mit stets erneuter Anstrengung. Natürlich macht diese Tatsache, wenn sie sich auch anderweitig bewahrheiten sollte, den m ä n n l i c h e n Arbeiter der höchsten Lohnklasse zu einer für den Betrieb weit wertvolleren, weit zuverlässigeren Arbeitskraft, als die A r b e i t e r i n derselben Lohnklasse.

Ebenso wie die Lohndifferenzen sind auch die Schwankungsdifferenzen bei den männlichen Arbeitern erheblicher als bei den weiblichen Arbeitern. Drückt man die Schwankungshöhe in Prozenten der Durchschnittsschwankungshöhe der betreffenden Arbeitskategorie aus, so steht einer Differenz von 44 % zwischen höchster und niedrigster Schwankung bei den männlichen Arbeitern eine solche von nur 18,3 % bei den weiblichen Arbeitern gegenüber. Diese Differenz tritt ebenso stark hervor, wenn wir die Schwankungskurven der gelernten und der angelernten Arbeiterinnen vergleichen. Bei ersteren (hohe Anfangsschwankung beim Erlernen!) beträgt die Differenz zwischen Anfang und Höhepunkt nur 11 %; bei letzteren dagegen 35 %. Betrachten wir die Zahlen der fünften Spalte (40. bis 50. Lebensjahr) für Arbeiter und gelernte Arbeiterinnen gesondert, so zeigt sich hier ein nicht uninteressantes übereinstimmendes Abweichen von dem typischen Verlauf: trotz Abnahme der Leistung bleibt für beide Arbeiterkategorien die in der vorigen Altersklasse bei höherem Lohn erreichte Arbeitsstetigkeit dieselbe bis zum 50. Lebensjahr. Bei den männlichen Arbeitern geht dem abnehmenden Lohn nicht eine zunehmende Schwankung, sondern dieselbe Gleichmäßigkeit wie beim höchsten Verdienst, parallel; bei den gelernten Arbeiterinnen bringt der sinkende Lohn nicht sinkende Schwankungen, sondern dieselben bleiben wiederum auf derselben Höhe wie in der bestentlohnten Altersklasse. Man könnte versucht sein, diese Zahlen dadurch zu erklären, dass die Männer zwischen 40 und 50 Jahren, deren Kinder ja meistens schon verdienen, nicht mehr mit vollster Kraftanstrengung arbeiten und darum bei sinkendem Lohn die alte Arbeitsstetigkeit bewahren, während die Frauen dieser Altersklasse, die meist nur die Not zur Fabrik treibt (Witwen, Verlassene) neben der Hausarbeit[22] sich über ihre Kräfte anstrengen. Dieser Erklärungsversuch dürfte noch an Wahrscheinlichkeit gewinnen, wenn man sieht, dass bei den a n g e l e r n t e n Arbeiterinnen derselben Altersklasse,

---

22 Dass die Hausarbeit auf die Fabrikarbeit hemmend zurückwirkt, trat mir aus Äußerungen entgegen wie: »Ich bin nur müde wenn ich wasche« oder: »meine Mutter tut die Hausarbeit, da bin ich nicht müde« und ähnliches mehr.

Alter und Familienstand in ihrer Wirkung auf die Arbeitsleistung 301

Lohnkurve und Schwankungskurve der Arbeiter.

%	14.-16.	17.-24.	25.-40.	40-50.	50-60.
130					
125					
120					
115					
110					
105					
100					
95					
90					
85					
80					
75					
70					

Lohnkurve und Schwankungskurve der Arbeiterinnen.

%	14.-16.	17.-24.	25.-40.	40-50.	50-60.
110					
105					
100					
95					
90					

———— Lohnkurve.
– – – – – Schwankungskurve.

die in diesem speziellen Fall fast alle un verheiratete Frauen waren, die in Arbeiterinnenheimen oder bei Verwandten für ihre Verhältnisse ganz behaglich lebten (keine Hausarbeit!) die geringere Lohnhöhe wieder von größerer Stetigkeit begleitet ist.

c. Die Lohnhöhe nach dem Familienstand

Die eben gemachte Beobachtung lässt vermuten, dass es wertvoll sein könnte, speziell den Einfluss des Familienstandes auf die Leistungen der Arbeiter und Arbeiterinnen zu untersuchen.

Vergleichen wir zuerst das Verdienst aller ledigen Arbeiter und Arbeiterinnen mit dem aller Verheirateten, so ergibt sich bei beiden Geschlechtern eine, wenn auch nur geringe, Mehrleistung der Verheirateten. In Prozenten des Durchschnittsverdienstes der männlichen Arbeiter ausgedrückt, steht einem Lohne von 93,9 % bei den ledigen Arbeitern ein solcher von 96,9 % bei den verheirateten Arbeitern gegenüber, also eine Differenz von 3 %. Bei den Frauen ist die Differenz nur um weniges größer; die unverheirateten Frauen bleiben mit einem Verdienst von 95,9 % des Durchschnitts hinter dem Verdienst der Verheirateten, das 99,1 % beträgt, wiederum um 3,2 % zurück.

Tabelle 39
Lohnhöhe nach dem Familienstand – Verdienst pro ½ Stunde

	Ledig				Verheiratet				Verwitwet oder geschieden			
	17.–24.	25.–40. Lebensjahr	40.–50. Lebensjahr	50.–60.	17.–24.	25.–40. Lebensjahr	40.–50. Lebensjahr	50.–60.	17.–24.	25.–40. Lebensjahr	40.–50. Lebensjahr	50.–60.
	Pfg.	Pfg.	Pfg.	Pfg.	Pfg.	Pfg.	Pfg.	Pfg.	Pfg.	Pfg.	Pfg.	Pfg.
A. Männliche Arbeiter:												
Weber	10,7	15,4	(15,9)	–	(14,9)	17,5	12,9	13,4	–	–	–	–
R. Weber	16,7	(14,3)	–	–	–	(17,7)	–	–	–	–	–	–
Spinner	–	–	(20,4)	–	–	19,3	18,9	16,5	–	–	(21,5)	–
Alle Arbeiter	13,7	14,8	18,1	–	(14,9)	18,1	15,9	14,9	–	–	(21,5)	–
B. Weibliche Arbeiter												
Ringspinnerinnen	12,2	(10,6)	–	–	(9,5)	14,6	14,0	–	–	–	–	–
Vorspinnerinnen	12,4	14,1	11,6	–	–	15,3	14,0	(11,1)	–	–	(12,3)	–
Hasplerinnen	11,7	11,5	(8,9)	–	–	–	–	–	–	(15,2)	–	–
Spul-, Zwirn-, Streckerinnen	12,2	11,6	12,3	–	11,5	11,6	–	–	–	–	(10,5)	–
Weberinnen	12,1	(15,7)	(8,7)	–	–	14,2	–	11,4	–	–	–	–
R. Weberinnen	16,4	–	–	–	–	–	–	–	–	–	–	–
Gelernte Arbeiterinnen	13,2	13,4	10,1	–	(9,5)	14,7	14,0	11,2	–	–	(12,3)	–
Angelernte Arbeiterinnen	11,9	11,6	10,6	–	11,5	11,6	–	–	–	(15,2)	(10,5)	–
Alle Arbeiterinnen	12,5	12,5	10,4	–	10,5	13,1	14,0	11,2	–	(15,2)	11,4	–

Diese schwachen Unterschiede erreichen aber eine bedeutende Höhe, wenn wir die bei Tabelle 38 besprochenen Altersklassen einfügen und den Einfluss des Familienstandes auf jede dieser Altersklassen gesondert betrachten.

Bei den männlichen Arbeitern zeigen sich dann starke Unterschiede sowohl zwischen den Leistungen der ledigen und der verheirateten Männer derselben Altersklasse, wie auch für die verschiedenen Altersklassen bei gleichem Familienstand. Selbstverständlich erscheint es uns, dass die Lohnhöhe der unverheirateten Männer vom 25. bis 40. Lebensjahr sehr stark hinter der der Verheirateten desselben Alters zurückbleibt: einen Verdienst der Unverheirateten von 89,7 % des Durchschnittsverdienstes sämtlicher Arbeiter übertrifft das Verdienst der Verheirateten von 109,7 % des Durchschnitts um volle 20 %. Das verhältnismäßig sorglose Leben des jungen unverheirateten Arbeiters gegenüber den Sorgen des Mannes, der in diesen Jahren noch schulpflichtige Kinder durch seine Arbeit zu erhalten hat, dürfte diese Differenz wohl ausreichend erklären.

In der darauf folgenden Altersklasse schlägt das soeben festgestellte Lohnverhältnis zwischen Ledigen und Verheirateten um. Die ledigen Arbeiter[23] zeigen diesmal eine Lohnhöhe von 109,7 % des Durchschnittsverdienstes und übertreffen damit das nur 96,3 % des Durchschnitts betragende Verdienst der Verheirateten um 13,4 %. Diese starke Abnahme der Leistungen der Verheirateten, welche gegenüber der vorhergehenden Altersklasse der Verheirateten ebenfalls 13,4 % beträgt, allein aus Abnahme an physischer Leistungsfähigkeit zu erklären, verbietet nicht nur die bei den ledigen Arbeitern desselben Alters gefundene Lohnhöhe, sondern auch die auf Tabelle 38 (siehe oben) aufgeführten Zahlen. Da auf Tabelle 38 der Leistungsunterschied aller (verheirateter und lediger) Arbeiter der betreffenden beiden Altersklassen nur 5,3 % beträgt,[24] so kann die um 8,1 % größere Differenz der Lohnhöhe bei den verheirateten Arbeitern derselben Altersklassen nicht nur durch Kräfteabnahme bedingt sein, sondern ist zum großen Teil aus erleichterten häuslichen Verhältnissen zu erklären. Nach den mir von Arbeitern gemachten Angaben, ist es namentlich das Mitverdienen der Kinder, das den Arbeitseifer der Väter beeinträchtigt.[25] Die Abnahme der Leistung in der höchsten Altersklasse der Verheirateten stimmt mit den auf Tabelle 38 errechneten Zahlen überein und erklärt sich leicht sowohl aus häuslichen, als aus physischen Gründen.

Die einzelnen Arbeiterkategorien folgen dem für alle festgestellten Verlauf der Lohnkurve, so dass die Erörterung derselben nur Wiederholungen bringen würde. Steigender Lohn mit steigendem Alter bei den ledigen Arbeitern, sinkender Lohn mit steigendem Alter bei den Verheirateten ist in kurzen Worten das Resultat unserer Untersuchungen über den Einfluss des Familienstandes auf die Leistungen der männlichen Arbeiter.

Betrachten wir nun die Lohnverhältnisse der weiblichen Arbeiter unter denselben Gesichtspunkten, so finden wir einen gerade entgegengesetzten Verlauf der Lohnkurve. Bei den ledigen Arbeiterinnen sinkt der Lohn mit steigendem Alter,

---

23 Obgleich diese Zahl klein ist, glaube ich doch, sie zur Erklärung heranziehen zu dürfen, weil sie nach mir in der Fabrik mitgeteilten Mitteilungen einen Normalfall darstellt.
24 Diese Differenzzahl ist nicht aus den in Tabelle 38 angeführten Prozentzahlen genommen, da bei diesen die jüngste Altersklasse, die bei unserer jetzigen Erörterung wegfällt, mit berücksichtigt wurde.
25 Zu vergleichen das bei Besprechung von Tabelle 38, Seite 300 Gesagte.

bei den verheirateten Arbeiterinnen dagegen steigt der Lohn mit steigendem Alter. Wiederum in Prozenten des Durchschnittsverdienstes ausgedrückt, bleibt der Lohn der 40- bis 50jährigen ledigen Frauen um 18 % hinter dem Verdienst der 17- bis 24jährigen Mädchen zurück, während die verheirateten Frauen der dritten Altersklasse die jung verheirateten Frauen um 28,7 % übertreffen. Das auffallend niedrige Verdienst der letzteren möchte ich durch eine gewisse sorglose Gleichgültigkeit erklären. Hier ist es nicht, wie bei den älteren Frauen die Not, die zur Fabrik treibt, sondern in vielen Fällen die Langeweile in dem noch kinderlosen Haus.[26] Diese verschiedenen Motive ergeben natürlich grundverschiedene Resultate, aber trotzdem muss die auffallend hohe Leistung der verheirateten Frauen der dritten Altersklasse erstaunen, namentlich wenn wir aus den Ergebnissen von Tabelle 38 ersehen, dass die Altersklasse von 40 bis 50 Jahren ohne Berücksichtigung des Familienstandes ziemlich stark hinter der vorhergehenden Altersklasse zurück bleibt und die Erklärung dafür in dem niedrigen Verdienst der unverheirateten alten Arbeiterinnen finden. Es scheint, als ob der Druck der Not die Frau oder hier vielmehr die Mutter zu übernormalen Leistungen befähigt. Bei vielen dieser Frauen war der Mann arbeitslos, trunksüchtig oder krank, sie selbst also zum – wenigstens zeitweisen – Ernährer der Familie geworden.

Das bei der Betrachtung der Lohnverhältnisse sämtlicher Arbeiterinnen gewonnene Resultat wiederholt sich mit etwas weniger starken Differenzen bei den angelernten Arbeiterinnen. Bei den gelernten Arbeiterinnen zeigt die zweite Altersklasse eine schwache Abweichung: Erhöhung des Lohnes gegenüber der vorhergehenden resp. der nachfolgenden Alterklasse. Die starke Leistungsdifferenz zwischen ledigen und verheirateten Frauen der dritten Altersklasse kommt hier am schärfsten zum Ausdruck, da die Differenz, in der bekannten Weise berechnet, 31,8 % beträgt.[27] Die einzelnen Arbeitskategorien zeigen mit geringen Abweichungen dasselbe Bild.[28]

d. Die Lohnschwankungen nach dem Familienstand

Nachdem wir so den Einfluss des Familienstandes auf die Leistungen der Arbeiter und Arbeiterinnen untersucht haben, vervollständigen wir das gewonnene Bild durch eine Erörterung über den Einfluss desselben Faktors auf die Arbeitsstetigkeit der einzelnen Personen, die sich in der Höhe der Schwankungsprozente ausdrückt.

Wie bei der Erläuterung der vorhergehenden Tabelle beginnen wir auch hier mit einem Vergleich der Schwankungshöhe aller ledigen mit der aller verheirateten Arbeiter und Arbeiterinnen. Ergab sich bei der vorigen Tabelle eine größere

---

26 Im ersten Teil der Arbeit wurde schon öfters darauf hingewiesen, dass die oft bestrittene Behauptung, dass die Frauen auch aus Langeweile zur Fabrik gehen, wenigstens für die hier behandelte Arbeiterschaft zutreffend zu sein scheint.
27 Wie aus der Tabelle ersichtlich, sind die verheirateten Frauen der dritten Altersklasse ausschließlich gelernte Arbeiterinnen; zu vgl. Teil I, Kapitel 5, S. 258–259.
28 Leider sind die Angaben der 3. Abteilung der Tabelle zu dürftig, um hier sowohl wie in der folgenden Tabelle Resultate aus ihnen ziehen zu können. Die geringe Anzahl von Geschiedenen und Verwitweten erklärt sich wohl einerseits aus der Abneigung der katholischen Kirche gegen die Scheidung, andererseits aus der Wiederverehelichung in verhältnismäßig höherem Alter bei Männern und Frauen des Arbeiterstandes.

Leistungsfähigkeit der verheirateten gegenüber den unverheirateten Arbeitern, so können wir hier eine größere Leistungsstetigkeit bei der ersten Kategorie, den Verheirateten konstatieren. In Prozenten der Durchschnittsschwankungshöhe der männlichen Arbeiter überhaupt berechnet, bleiben die Verheirateten mit 85,3 % hinter den Ledigen, die eine Schwankungshöhe von 108,1 % zeigen, um 22,8 % zurück. Dieses Resultat ist nun freilich aus der Vergleichung verschiedener Altersklassen gewonnen, und es könnte dagegen eingewendet werden, dass die Altersklasse von 17 bis 24 Jahren, die bei den Unverheirateten starke Schwankungen zeigt, bei den Verheirateten fortfällt.[29] Wir vermeiden diese mögliche Fehlerquelle, indem wir nur die beiden mittleren Altersklassen, 25 bis 40 und 40 bis 50 Jahre bei verschiedenem Familienstand miteinander vergleichen. Auch hier bleibt die Differenz zugunsten der Verheirateten, wenn auch etwas abgeschwächt bestehen. Die Durchschnittsschwankung der ledigen Arbeiter dieser beiden Altersklassen erreicht eine Höhe von 91 % des Durchschnitts und übertrifft die der Verheirateten noch immer um 11,4 %. Der verheiratete Mann scheint also der in jeder Beziehung bessere Arbeiter zu sein, denn die allerdings schwache Lohn- (= Leistungs-) Differenz zwischen ihm und dem ledigen Arbeiter gewinnt durch die beträchtliche Differenz der Arbeitsstetigkeit an Bedeutung. Diese Tatsache lässt sich sowohl aus »ethischen« Motiven, wie Verantwortlichkeitsgefühl gegen die Familie usw. erklären, als auch aus physischen Gründen. Da wir annehmen dürfen, dass starkes Schwanken der Leistungen zum Teil auch durch Nervosität bedingt ist, können wir das weit geregeltere Leben des verheirateten Mannes als Vorbedingung seiner Arbeitsstetigkeit ansehen.

Bei den Frauen liegt die Sache wesentlich anders und die größere Brauchbarkeit der verheirateten gegenüber den unverheirateten Arbeiterinnen kann nicht unumwunden behauptet werden. Die auf der vorigen Tabelle festgestellte größere Lohnhöhe der verheirateten Frauen verliert durch eine damit zusammenfallende größere Schwankungshöhe sehr an Wert. Wiederum in Prozenten der Durchschnittsschwankung ausgedrückt, bleiben die unverheirateten Frauen mit 89,4 % hinter den verheirateten, die 107,8 % erreichen, um 18,4 % zurück. Es hat also den Anschein, als ob die Ehe, die dem Manne größere Arbeitsstetigkeit verschafft, dieselbe bei der Frau wesentlich beeinträchtigt;[30] während sie bei beiden Geschlechtern gleichmäßig die Tendenz hat, die Leistungsfähigkeit oder Leistungswilligkeit, die sich in der Lohnhöhe ausdrückt, zu steigern.

Wir wollen versuchen, ob auch diesmal die Einfügung der bekannten Altersklassen eine nähere Aufklärung dieser Tendenzen gibt.

Die Besprechung von Tabelle 38 hatte ergeben, dass Lohnkurve und Schwankungskurve bei den männlichen Arbeitern umgekehrt proportional, bei den weiblichen Arbeitern direkt proportional verlaufen. Es fragt sich, ob und inwieweit die Schwankungshöhe auch bei Berücksichtigung eines neuen Faktors vom Alter

---

29 Die nur einen Einzelfall darstellende Zahl der Verheirateten von 17 bis 24 Jahren ist nicht berücksichtigt worden.
30 Hier muss ausdrücklich hervorgehoben werden, dass zur Erklärung der oben erwähnten Zahlen nicht die bekannte Tatsache, dass die verheiratete Frau überhaupt unregelmäßig zur Fabrik geht, d. h. öfters fehlt, als die unverheiratete, herangezogen werden darf. Dieses Moment ist bei der Berechnung natürlich ausgeschieden.

Tabelle 40

Lohnschwankungen nach dem Familienstand – In Prozenten des Verdienstes

	Ledig				Verheiratet				Verwitwet oder geschieden			
	Lebensjahr				Lebensjahr				Lebensjahr			
	17.–24.	25.–40.	40.–50.	50.–60.	17.–24.	25.–40.	40.–50.	50.–60.	17.–24.	25.–40.	40.–50.	50.–60.
	%	%	%	%	%	%	%	%	%	%	%	%
A. Männliche Arbeiter:												
Weber	20,3	19,1	(10,9)	–	(21,1)	11,2	15,0	14,4	–	–	–	–
R. Weber	10,7	(10,1)	–	–	–	(12,7)	–	–	–	–	–	–
Spinner	–	–	(8,9)	–	–	4,1	5,6	9,5	–	–	(5,8)	–
Alle Arbeiter	15,5	14,6	9,9	–	(21,1)	9,3	10,3	11,9	–	–	(5,8)	–
B. Weibliche Arbeiter												
Ringspinnerinnen	10,1	(6,5)	–	–	(8,8)	14,6	18,3	–	–	–	–	–
Vorspinnerinnen	9,5	11,8	7,3	–	–	10,7	10,3	(4,8)	–	–	(8,1)	–
Hasplerinnen	12,4	13,6	(7,2)	–	–	–	–	–	–	(15,3)	–	–
Spul-, Zwirn-, Streckerinnen	8,8	9,3	7,6	–	13,1	9,3	–	–	–	–	(7,4)	–
Weberinnen	15,0	14,0	12,7	–	–	18,6	–	19,1	–	–	–	–
R. Weberinnen	11,3	–	–	–	–	–	–	–	–	–	–	–
Gelernte Arbeiterinnen	11,4	10,7	10,0	–	(8,8)	14,6	14,3	11,9	–	–	(8,1)	–
Angelernte Arbeiterinnen	10,6	11,4	7,4	–	13,1	9,3	–	–	–	(15,3)	(7,4)	–
Alle Arbeiterinnen	11,0	11,0	8,7	–	10,9	11,9	14,3	11,9	–	(15,3)	7,7	–

abhängig bleibt, oder inwieweit sie durch diesen neuen Faktor des Familienstandes mitbedingt ist.

Durch das Einfügen der Altersklassen treten, wie bei der vorigen Tabelle die Lohndifferenzen, hier die Schwankungsdifferenzen zwischen Ledigen und Verheirateten sogleich um vieles stärker hervor. Bei den männlichen Arbeitern ist dieser Unterschied in der zweiten Altersklasse am auffallendsten. In Prozenten der Durchschnittsschwankung aller Arbeiter ausgedrückt, beträgt die Schwankung der ledigen Arbeiter dieses Alters 200 %, also gerade das Doppelte des Durchschnitts, während die verheirateten Arbeiter derselben Altersklasse sehr regelmäßig, mit einer Schwankung von nur 76,4 % des Durchschnitts arbeiten. Die Schwankungshöhe der betreffenden Altersklasse überhaupt ohne Rücksicht auf den Familienstand berechnet, beträgt 91,8 % des Durchschnitts, steht also der Schwankungszahl der verheirateten Arbeiter näher als der der unverheirateten Arbeiter. Die Differenzen zwischen der Schwankungshöhe der betreffenden Altersklasse überhaupt und denjenigen der verheirateten resp. ledigen Arbeiter derselben Altersklasse dürfen wir also wohl auf Rechnung des verschiedenen Familienstandes setzen und können daraus den großen Einfluss verschiedener Lebensführung, vielleicht sogar verschiedener Weltanschauung, auf die Gleichmäßigkeit der Leistung erkennen.

Tabelle 39 hatte gezeigt, dass das 40. bis 50. Lebensjahr einen starken Umschlag der Lohnverhältnisse zwischen Ledigen und Verheirateten zugunsten der Ledigen bringt. Dagegen ist die Differenz der Schwankungshöhe dieser Altersklasse bei verschiedenem Familienstand eine sehr geringe. In der bekannten Weise ausgedrückt, übersteigt die Schwankungshöhe der Verheirateten die der Ledigen nur um 3,3 %, während die Lohndifferenz zwischen beiden 13,4 % beträgt. Eine Erklärung dieser Tendenz liegt für die verheirateten Arbeiter in dem, was bei Besprechung von Tabelle 38 über die gleich bleibende Arbeitsstetigkeit bei aus äußeren sowohl als auch physischen Gründen geschwächtem Arbeitseifer der höheren Altersklassen gesagt wurde; für die unverheirateten Arbeiter kann man als Erklärung der größeren Arbeitsstetigkeit das durch das höhere Alter bedingte regelmäßigere Leben der überhaupt brauchbar gebliebenen Arbeiter anführen.

Abnehmende Schwankungen mit zunehmendem Alter bei den ledigen Arbeitern, zunehmende Schwankungen mit zunehmendem Alter bei den Verheirateten: ein Vergleich mit Tabelle 38 ergibt, dass hier ebenso wie bei der Berücksichtigung des Alters allein Lohnkurve und Schwankungskurve bei den männlichen Arbeitern umgekehrt proportional verlaufen und nur die respektive Höhe jeder derselben, nicht das gegenseitige Verhältnis durch den verschiedenen Familienstand bedingt zu sein scheint.

Bei den weiblichen Arbeitern finden wir dieselbe Regelmäßigkeit. Bei den ledigen Arbeiterinnen nehmen die Schwankungen mit zunehmendem Alter ab, bei den verheirateten Arbeiterinnen mit zunehmendem Alter zu. Im Gegensatz zu der Kurve der männlichen Arbeiter, die nur langsam steigt und fällt, zeigt die dritte Altersklasse der weiblichen Arbeiter eine auffallend starke Differenz gegenüber der vorhergehenden Altersklasse. Bei den 40- bis 50jährigen l e d i g e n Frauen fällt die Schwankungshöhe um 19,4 % des Durchschnitts gegenüber den 25- bis 40jährigen Mädchen; bei den v e r h e i r a t e t e n Frauen steigt sie um 21,1 %. Die Differenz in der Arbeitsstetigkeit zwischen ledigen und verheirateten Frauen der dritten Altersklasse erreicht eine Höhe von 48,3 %; die ledigen Frauen dieses Alters arbeiten also fast doppelt so stetig wie die verheirateten. Dieses Resultat ist umso überraschender, als die jung verheirateten Frauen und die Mädchen von 17 bis 24 Jahren fast gleichmäßig stetig arbeiten und auch in der zweiten Altersklasse die Differenz zwischen ledigen und verheiraten Frauen nur 7,8 % beträgt. Wenn wir die Schwankungshöhe der verheirateten Frauen der dritten Altersklasse mit der Durchschnittsschwankung dieser Altersklasse überhaupt vergleichen und finden, dass erstere die letztere um 36 % übersteigt, so können wir wohl behaupten, dass hier Übermüdung durch Überanstrengung (vergleiche den hohen Lohn dieser Arbeitsklasse) die starke Unregelmäßigkeit bewirkt.

Verglichen mit Tabelle 38 sind die höchsten Schwankungen in andere Altersklassen verschoben worden, fallen aber dabei mit den höchsten Löhnen zusammen. Der Familienstand ist hier wiederum nur maßgebend für Höhe und Verlauf der Schwankungskurve, ändert aber nichts an ihrem Verhältnis zur Lohnkurve.

Beim Vergleich von gelernten und angelernten Arbeiterinnen finden wir, dass bei letzteren die verheirateten Frauen der zweiten Altersklasse eine erheblich geringere Schwankung zeigen als die ledigen Arbeiterinnen derselben Altersklasse, während bei den gelernten Arbeiterinnen das Umgekehrte in starkem Maße der Fall ist. Diese Tatsache, ebenso wie die auffallend hohe Schwankung der jung verheirateten angelernten Arbeiterinnen erklärt sich durch die Betrachtung der einzelnen Arbeitskategorien. Da unter den Verheirateten die Hasplerinnen, eine sehr hohe Schwankungen zeigende Gruppe, ganz wegfallen, erhöhen sich die Schwankungsprozente der Unverheirateten. Die hohe Schwankungsziffer der jungen Frauen erklärt sich ebenso wie der niedrige Lohn derselben Kategorie aus Gleichgültigkeit gegen die Arbeit (siehe oben S. 304). Diese Zahl ist darum interessant, weil die betreffende Gruppe, aus der sie stammt, die angelernten Arbeiterinnen, sonst der verhältnismäßigen Qualitätslosigkeit ihrer Arbeit entsprechend, sehr geringe Differenzen in den Schwankungen und überhaupt sehr geringe Schwankungen zeigen.[31]

Anmerkungen von Christian Wolfsberger (2012):

[1] Karden: Kardieren dient im Spinnprozess dem ersten Ausrichten der losen Textilfasern zu einem Flor oder Vlies.
[2] Flyer: Flügelspinnmaschine.
[3] Pfund: gemeint ist wohl das Zollpfund mit exakt 500 Gramm.
[4] Englisches Pfund: entspricht 454 Gramm.
[5] Nessel: Gewebe in Leinwandbindung aus Baumwolle.
[6] Schirting: leinwandbindiges, relativ leichtes Gewebe.
[7] Northorpwebstuhl: auch Nothorp-Draper-Webstuhl, von dem Amerikaner James Northorp 1889 vorgestellter vollautomatischer Webmaschine.

---

31 Vgl. Tabelle 37: Lohnhöhe und Lohnschwankung in den einzelnen Arbeitskategorien.

Zweiter Abschnitt
Der Einfluss der Kindheitsumgebung auf die Arbeitsleistung

1. Die Größe von Geburtsort und Kindheitsort

In diesem Abschnitt wollen wir versuchen festzustellen, inwieweit die Einflüsse, unter denen die Kindheit des Arbeiters stand, auf seine Rentabilität einwirken. Freilich sind von der ungeheuren Menge dieser Einflüsse nur sehr wenige in einer Enquete statistisch zu fassen. Die von mir hier Verwerteten möchte ich in zwei Hauptkategorien teilen, nämlich erstens den Einfluss der Größe des Ortes, in dem der Arbeiter geboren und aufgewachsen ist; zweitens der Einfluss der sozialen Gruppe oder Schicht, aus der er stammt. Wir suchen also zuerst, an der Hand unserer Tabellen, den Einfluss der Größe unseres Geburtsortes auf die Rentabilität der Arbeitskräfte zu erläutern.

a. Die Lohnhöhe nach der Größe des Geburtsortes[1]

Teilen wir die Heimatsorte unserer Arbeiter in fünf Größenklassen: 1. Dörfer; d. h. Orte mit 1 bis 1.000 Einwohnern; 2. Landstädte, d. h. Orte mit 1.000 bis 5.000 Einwohnern; 3. Kleinstädte mit 5.000 bis 50.000 Einwohnern; 4. Mittelstädte mit 50.000 bis 100.000 Einwohnern und 5. Großstädte mit über 100.000 Einwohnern, so ergeben sich ziemlich erhebliche Differenzen der Lohnhöhe für die Arbeiter und Arbeiterinnen, die aus diesen verschieden großen Orten stammen. Unter den männlichen Arbeitern zeigen die in Landstädten geborenen die entschieden höchste Lohnziffer; sie erreichen 112,1 % des Durchschnittsverdienstes aller Arbeiter; günstig liegen auch noch die Verhältnisse für die aus Kleinstädten kommenden Leute, die 108,1 % des Durchschnitts verdienen. An dritter Stelle folgen die Dörfler mit 106,8 % des Durchschnitts; die Bewohner der Mittelstädte, bei denen in diesem Falle die in M.-Gladbach selbst Heimischen die Hauptrolle spielen, übertreffen den Durchschnitt nur mehr um 1,3 %; die Großstädter endlich zeigen eine ganz erstaunliche Tiefe des Akkordverdienstes; bei einem Verdienst von 71,6 % bleiben sie um 28,4 % hinter dem Durchschnitt zurück.

Wir gewinnen also für die männlichen Arbeiter unter diesem Gesichtspunkt eine ziemlich steil verlaufende Lohnkurve, die vom Dorf zum Landstädtchen ziemlich rasch steigt, wenig zur Kleinstadt und rasch zur Mittelstadt abfällt, um dann im Bereich der Großstadt plötzlich um über 30 % zu sinken.

Übereinstimmend mit den eben gewonnen Resultaten finden wir bei der Betrachtung der Löhne der weiblichen Arbeiter, dass wiederum die Landstadt die besten Arbeitskräfte liefert, deren Verdienst 106,7 % des Durchschnittsverdienstes aller weiblichen Arbeiter steigt; wie bei den männlichen Arbeitern stehen auch hier die in Kleinstädten geborenen Arbeiterinnen an zweiter Stelle der Verdienstskala; doch beträgt der Unterschied zwischen ihnen und der höchstentlohnten Kategorie

---

[1] Zu vgl. Teil I, Abschnitt I, Kapitel II: Die Ortsgrößenprovenienz der Arbeiterschaft.

Tabelle 41
Lohnhöhe und Lohnschwankung nach der Größe des Geburtsortes

	Aus Orten mit 1–1.000 Einw.		Aus Orten mit 1.000–5.000 Einw.		Aus Orten mit 5.000–50.000 Einw.		Aus Orten mit 50.000–100.000 Einw.		Aus Orten mit Über 100.000 Einw.	
	Lohnhöhe	Lohn-schwankung	Lohnhöhe	Lohn-schwankung	Lohnhöhe	Lohn-schwankung	Lohnhöhe	Lohn-schwankung	Lohnhöhe	Lohn-schwankung
	Pfg.	%	Pfg.	%	Pfg.	%	Pfg.	%	Pfg.	%
A. Männliche Arbeiter:										
Weber	14,2	13,7	13,2	22,5	11,4	18,7	15,6	15,2	(9,5)	(22,4)
R. Weber	17,5	10,5	15,8	10,1	–	–	11,4	11,9	11,7	10,6
Spinner	–	–	(20,9)	(2,16)	20,6	6,6	18,0	11,2	–	–
Alle Arbeiter	15,8	12,1	16,6	11,7	16,0	12,6	15,0	12,7	10,6	16,5
B. Weibliche Arbeiter:										
Ringspinnerinnen	9,6	10,2	(9,4)	(10,4)	12,9	10,9	13,4	10,7	(9,1)	(12,9)
Vorspinnerinnen	13,1	14,1	(15,3)	(11,3)	12,5	7,6	13,0	10,4	(11,2)	(8,3)
Weberinnen	8,8	15,9	(10,9)	24,5	–	–	12,5	15,2	–	–
R. Weberinnen	(14,7)	(16,0)	(17,9)	(8,3)	(16,5)	(10,9)	15,8	12,1	–	–
Hasplerinnen	11,5	12,1	–	–	10,7	15,2	11,9	11,5	–	–
Spul-, Streck-, Zwirnerinnen	12,1	8,8	12,1	8,0	12,0	5,5	10,8	12,2	11,9	10,4
Gelernte Arbeiterinnen	11,5	11,5	13,3	13,6	13,9	14,7	13,6	12,1	10,2	10,6
Angelernte Arbeiterinnen	11,8	10,5	12,1	8,0	11,3	10,3	11,3	11,8	10,9	12,5
Alle Arbeiterinnen	11,6	11,0	12,7	10,8	12,6	12,5	12,4	12,0	10,5	11,6

bei den Frauen nur 1 % des Durchschnitts; bei den männlichen Arbeitern dagegen 4 %; Mittelstadt und Land haben bei den weiblichen Arbeitern im Vergleich zur Lohnkurve der Männer ihre Plätze vertauscht, so dass die in Mittelstädten geborenen Frauen, die 104,2 % des Durchschnitts erreichen, die Landmädchen, deren Lohn nur 97,4 % des Durchschnitts beträgt, erheblich übertreffen. An letzter Stelle stehen auch hier wieder die Großstädterinnen mit einem Verdienst von 88,2 % des Durchschnitts. Die Leistungskurve der weiblichen Arbeiter unter dem Gesichtspunkt der Größe der Heimatstadt hat also ihren Höhepunkt in der Landstadt, senkt sich kaum merklich zur Kleinstadt und von da ebenso sanft zur Mittelstadt, um dann sehr steil über das Dorf zur Großstadt abzufallen. Landstadt, Kleinstadt und Mittelstadt zeigen überdurchschnittliche Verdienste, Dorf und Großstadt bleiben unter dem Durchschnitt.

Gehen wir nun zur Betrachtung einzelner Arbeitskategorien unter denselben Gesichtspunkten über, so ist bei den männlichen Arbeitern darauf aufmerksam zu machen, dass die Leistungskurve der Weber anders verläuft als die sämtlicher Arbeiter. Sie hat ihren Höhepunkt in den Mittelstädten, die Bauernburschen scheinen zweitbegünstigt und die Landstädte und kleinen Städte stehen erst an dritter und vierter Stelle. Bei den Spinnern fehlen die erste und letzte Größenkategorie, Dorf und Großstadt, gänzlich; eine Tatsache, die im Zusammenhang mit der hohen Qualifiziertheit der Arbeit und der starken Auslese, die die Betriebsleitung bei dieser wichtigen Arbeiterkategorie vornimmt, immerhin nicht uninteressant ist.

Auch die Lohnkurven der gelernten und angelernten Arbeiterinnen zeigen einige auffallende Zahlen. Bei letzteren stimmt die Stellung der Landstadt als höchst-, der Großstadt als mindestbegünstigter Ort mit der Kurve sämtlicher Arbeiterinnen überein; in charakteristischer Weise abweichend ist dagegen das hohe Verdienst der angelernten Arbeiterinnen; die vom Lande stammen, welche an zweiter Stelle stehen, während Kleinstadt und Mittelstadt beide mit derselben Lohnhöhe dann erst folgen. Bei den gelernten Arbeiten scheint dagegen die Städterin bevorzugt. Die Kleinstadt steht an erster, die Mittelstadt an zweiter, die Landstadt an dritter Stelle; an vierter und fünfter Stelle kommen Land und Großstadt. Gegenüber der Lohnkurve sämtlicher Arbeiterinnen haben die drei höchstentlohnten Orte ihre Plätze untereinander vertauscht.

Bei der Betrachtung der einzelnen Arbeitskategorien der weiblichen Arbeiter möchte ich auf das hohe Verdienst hinweisen, das die Landmädchen in den unqualifiziertesten der angelernten Arbeiten, dem Spulen, Strecken, Zwirnen gegenüber dem Stadtmädchen erreichen; bei den Hasplerinnen, deren Arbeit, obgleich sie auch noch zu den angelernten Arbeiten gezählt wird, doch größere Anforderungen stellt, erscheint dieses Verhältnis schon umgekehrt. Auffallend ist ferner das hohe Verdienst der Vorspinnerinnen, die vom Lande stammen, während bei den Ringspinnerinnen Kleinstadt und Mittelstadt die höchsten Löhne aufweisen.

Bei der Besprechung der vorliegenden Tabelle habe ich mich begnügt, auf die hauptsächlichen Ergebnisse hinzuweisen, ohne eine Erklärung zu versuchen. Da die hier behandelte Frage auf folgenden Tabellen noch eingehender untersucht und dabei manche der hier unverständlichen Resultate deutlich werden, wollte ich dem später zu sagenden nicht hier schon vorgreifen. Ich betrachte diese Tabelle überhaupt mehr als eine Einleitung zu dem, was bei der Besprechung der nächsten Tabelle gesagt werden wird. Aber ehe wir an eine genauere Untersuchung der vorliegenden Frage gehen, ist noch einiges über die Leistungsschwankungen der Arbeiter und Arbeiterinnen aus Orten verschiedener Größe zu sagen, um damit vielleicht die jetzt gewonnenen Resultate noch zu präzisieren.

b. Die Lohnschwankungen nach der Größe des Geburtsortes

Auf den früher besprochenen Schwankungstabellen verlief die Schwankungskurve der männlichen Arbeiter stets umgekehrt proportional zur Leistungskurve (siehe oben Tabellen 38 und 40). Wir wollen sehen, ob sie uns auch jetzt dasselbe Bild liefert.

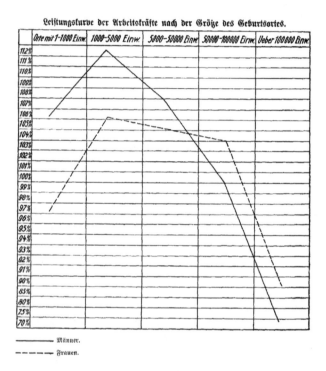

Den niedrigsten Punkt der Schwankungskurve, d. h. die größte Regelmäßigkeit der Leistung, finden wir bei den in Landstädten geborenen männlichen Arbeitern, die eine Schwankungshöhe von nur 90,7 % der Durchschnittsschwankungshöhe aller männlichen Arbeiter zeigen. Die vorige Darstellung hatte diese Arbeiterkategorie als die höchstentlohnte erwiesen, und so fallen hier wiederum, mit früheren Ergebnissen übereinstimmend, höchster Lohn und niedrigste Schwankung zusammen. Der weitere Verlauf der Schwankungskurve ist dagegen anscheinend völlig unabhängig vom Verlauf der Leistungskurve und scheint nur durch die Provenienz der Arbeiter bedingt zu sein. Die zweitniedrigste Schwankung, 93,8 % des Durchschnitts, finden wir bei den in Dörfern geborenen Arbeitern, die in der Lohnskala erst die dritte Stelle von oben einnehmen, während die am zweithöchsten entlohnten Kleinstädter eine Schwankung von 97,6 % des Durchschnitts aufweisen. Die ungünstige Stellung der Mittelstadt, die schon in niedrigem Lohn zum

Ausdruck kam (siehe oben S. 309), wird durch eine Schwankung von 98,4 % des Durchschnitts noch verstärkt. Bei den Großstädtern geht dem uns schon bekannten auffallend niedrigen Lohn eine ebenso auffallend hohe Schwankung, die 127,9 % des Durchschnitts beträgt, parallel.

Teilen wir also die Arbeiter nach der Größe ihrer Heimatstädte in verschiedene Kategorien, so erhalten wir eine Schwankungskurve, die ihren niedrigsten Punkt in der Landstadt hat, von da langsam zum Dorf, zur Kleinstadt und ganz schwach zur Mittelstadt steigt, um in der Großstadt ihren Höhepunkt zu erreichen.

Da die Rentabilität einer Arbeiterkategorie sich in dem Verhältnis von Lohnhöhe und Schwankungshöhe ausdrückt, so können wir hier mit Bestimmtheit nur die Landstadt die für die Arbeitstüchtigkeit günstige Stadtgröße, Mittelstadt und Kleinstadt die beiden unter demselben Gesichtspunkt ungünstigsten Stadtgrößenklassen nennen.[2] Dörfler und Kleinstädter kämpfen um die zweite Stelle: niedriger Lohn und größere Arbeitsstetigkeit der ersten Kategorie stehen höherem Lohn und geringerer Stetigkeit bei der zweiten Kategorie gegenüber.

Bei der Betrachtung des Verlaufs der Schwankungskurven der weiblichen Arbeiter zeigten uns die früheren Tabellen, dass höchster Lohn stets mit höchster Schwankung zusammenfiel. Es schien, als ob die Schwankungshöhe mehr von der Lohnhöhe als von anderen Faktoren abhängig sei. Auf der vorliegenden Tabelle ist diese bisher beobachtete Regelmäßigkeit des Verhältnisses von Lohnkurve und Schwankungskurve zugunsten der aus Landstädten stammenden Arbeiterinnen durchbrochen; diese weisen bei höchstem Verdienst (siehe oben S. 309) die niedrigste Schwankung von nur 93,9 % der Durchschnittsschwankung aller weiblichen Arbeiter auf. Diese gänzliche Übereinstimmung mit den bei der Erörterung der Kurven der männlichen Arbeiter festgestellten Tatsachen scheint zu beweisen, dass in einer Landstadt geboren zu sein, für männliche und weibliche Arbeiter die günstigste Vorbedingung zur stetigen Erreichung hohen Lohns in der Textilindustrie ist.

Die niedrige Schwankung der in Landstädten geborenen Arbeiterinnen gewinnt an Bedeutung, wenn wir bei einem Blick auf die nächst höhere Stadtkategorie, die Kleinstadt, sehen, dass die Schwankungen hiermit 108,7 % der Durchschnittsschwankung aller weiblichen Arbeiter ihre höchste Höhe erreichen, also die der vorhergehenden Kategorie um 14,8 % übertreffen, während die Lohndifferenz zwischen den aus den betreffenden Ortsgrößenklassen stammenden Arbeiterinnen nur 0,9 % des Durchschnitts beträgt (siehe oben S. 309). Hier finden wir wiederum die alte Tendenz des Zusammenfallens von hohem Lohn und hoher Schwankung bei den weiblichen Arbeitern, die sich auch durch die beiden nächsten Ortsgrößenklassen hindurch fortsetzt. Die Mittelstadt zeigt eine Schwankung von 104,3 % des Durchschnitts, das Land bei geringerem Lohn eine geringere Schwankung von nur 95,6 % des Durchschnitts. Die letzte Kategorie, die Großstädterinnen, stören diesen regelmäßigen Verlauf, um sich bei sehr niedrigem Lohn (siehe oben S. 309) mit einer 100,8 % des Durchschnitts betragenden Schwankung als wenig brauchbar zu erweisen. Die Schwankungskurve der weiblichen Arbeiter hat also ihren

---

2 Zwischen beiden besteht aber ein s e h r großer Unterschied der Leistungsfähigkeit.

Tiefpunkt in der Landstadt und steigt dann in ziemlich regelmäßigen Abstufungen über Land, Großstadt und Mittelstadt zur Kleinstadt.

Nehmen wir wiederum wie bei den männlichen Arbeitern das Verhältnis von Lohnhöhe und Schwankungshöhe in den einzelnen Arbeitskategorien als ausschlaggebend für ihre Brauchbarkeit an, so können wir nur die Tüchtigkeit der in Landstädten geborenen Arbeiterinnen und die Untüchtigkeit der Großstädterinnen behaupten. Die anderen Stadtgrößenklassen sind wegen des verschiedenen Verlaufs der Lohn- und Schwankungskurven schwer zu ordnen: Das Land ist durch größere Arbeitsstetigkeit, die Stadt durch die Chancen höheren Lohnes ausgezeichnet.

Sehen wir unseren früheren Erfahrungen gemäß, bei den Arbeiterinnen das Zusammenfallen von hohem Lohn und hoher Schwankung, niedrigem Lohn und niedriger Schwankung als das normale an, so scheint der günstige Einfluss der in einem Landstädtchen verlebten Kindheit, der ungünstige Einfluss des Großstädtertums stark genug zu sein, um der allgemeinen Tendenz entgegenzuwirken, während bei den männlichen Arbeiter die Abstammung von Landleuten, die größere Arbeitsstetigkeit zu verleihen scheint, der sonst beobachteten Tendenz des Zusammenfallens von niedrigem Lohn und hoher Schwankung bei den männlichen Arbeitern entgegenwirkt.

Bei der Betrachtung der einzelnen Arbeitskategorien ist auf die eigentümliche Schwankungskurve der Weber hinzuweisen, die ihren Tiefpunkt auf dem Lande, den nächst höchsten in der Mittelstadt hat, so dass Dörfler und Mittelstädter, da sie auch die höchsten Löhne zeigen, uns als zum Weben besonders geeignet erscheinen müssten. Bei den Spinnern dagegen sind Landstädter und Kleinstädter anscheinend wieder vor den Mittelstädtern (hier M.-Gladbacher) bevorzugt.

Auch die Schwankungskurven der gelernten und angelernten Arbeiterinnen zeigen merkliche Unterschiede. Bei letzteren scheint Landstadt und Kleinstadt vor Mittelstadt und Großstadt entschieden begünstigt, während die auf dem Lande geborenen angelernten Arbeiterinnen eine Mittelstellung einnehmen. Bei den gelernten Arbeiterinnen ist dieses Verhältnis in sein Gegenteil umgeschlagen: Kleinstadt und Landstadt zeigen die höchsten Schwankungen, während die Mittelstadt erheblich hinter ihnen zurückbleibt und die Großstadt entgegen allen sonstigen Berechnungen sogar die niedrigsten Schwankungen aufweist.

Die Schwankungskurve der angelernten Arbeiterinnen zeigt also etwa die Tendenz, sich dem für die Kurve sämtlicher Arbeiterinnen unter gleichem Gesichtspunkt festgestellten Verlauf zu nähern, während bei den gelernten Arbeiterinnen wieder in höherem Maße die uns von früheren Tabellen bekannte Tendenz des Parallelismus von Lohnkurve und Schwankungskurve zur Geltung kommt.

Unter den gelernten Arbeiterinnen zeigen die Ringspinnerinnen eine deutliche Begünstigung in Bezug auf das Verhältnis von Lohnhöhe und Schwankungshöhe für die Arbeiterinnen aus Mittelstädten, die in diesem Fall zum allergrößten Teil aus M.-Gladbach selbst stammten; während bei den Vorspinnerinnen die Kleinstädterinnen stark mit den Arbeiterinnen aus den Mittelstädten konkurrieren; erstere haben die niedrigere Schwankung, letztere den höheren Lohn. Bei dieser Arbeitskategorie ebenso wie bei den Haslerinnen zeigt das Land, entgegen den früheren Beobachtungen, stärkere Schwankungen als die Mittelstadt; bei den Spul-, Streck- und Zwirnerinnen dagegen arbeiten Stadtmädchen und Großstadtmädchen weit unregelmäßiger als die Arbeiterinnen aus den anderen Ortsgrößenklassen, unter denen die Kleinstädterinnen die niedrigsten Schwankungen zeigen. – Wie schon bei der Besprechung der vorigen Tabelle gesagt, verzichte ich hier auf eine genauere Erläuterung der oft überraschenden Zahlen, um die hier vorliegende Frage des Einflusses der Größe der Heimatstadt auf die Tüchtigkeit der Arbeitskraft vorerst noch in anderer Form zu untersuchen.

c. Die Lohnhöhe nach der Größe von Geburtsort und Kindheitsort

Bei unseren bisherigen Betrachtungen haben wir die Größe des Geburtsortes als wichtigen Faktor für die Rentabilität der Arbeitskräfte angesehen, ohne uns die Frage zu stellen, ob überhaupt und wie lange der betreffende Arbeiter oder Arbeiterin in seinem Geburtsort auch aufgewachsen sei, ob also von einem wirklichen Einfluss des durch die Größe seiner Geburtsstadt gegebenen Milieus auf ihn gesprochen werden kann, oder ob nicht vielmehr eine andere zweite Stadtgröße und ihre Einflüsse für seine Entwicklung maßgebend geworden sind.

Wenn wir auch mit der Geburt in gewissen Ortsgrößenklassen, so namentlich auf dem Lande und in der Großstadt meist eine bestimmte Lebensweise der Eltern und eine Anzahl von dadurch bestimmten Einflüssen als dauernd gegeben annehmen dürfen, so wollen wir doch als mindestens ebenso wichtigen Faktor für die Rentabilität des Arbeiters neben der Größe des Geburtsortes diejenige des Ortes, in dem er die Schule besuchte, und den wir der Kürze halber »Kindheitsort« nennen wollen, heranziehen.

Teilen wir also die uns von Tabelle 41 her bekannten Ortsgrößenklassen je wieder in fünf Unterabteilungen, die sich diesmal auf den Kindheitsort der Arbeitskräfte beziehen und suchen wir nun aus der Lohnhöhe zu erkennen, welche Kombination von Geburtsortsgröße und Kindheitsortsgröße die besten Arbeiter und Arbeiterinnen liefert.

Wenn wir uns zuerst der Analyse des Verdienstes der männlichen Arbeiter unter diesen beiden Gesichtspunkten zuwenden, so finden wir die höchste Lohnziffer, die 125 % des Durchschnittsverdienstes aller männlichen Arbeiter beträgt bei denjenigen, die in Mittelstädten geboren und in Kleinstädten aufgewachsen sind; die zweitgünstigste Kombination, deren Vertreter einen Lohn von 118,9 % des Durchschnitts erreichen, scheinen Landstadt als Geburtsort und Mittelstadt als Kindheitsort zu bieten. An dritter und vierter Stelle folgen Kleinstadt und Landstadt als Geburtsort und Kindheitsort zugleich: die betreffenden Arbeiter verdienen 110,8 % und 104,4 % des Durchschnittsverdienstes. Die Bauernjungen, die bis zum Ende ihrer Schulzeit auf dem Lande blieben, übertreffen das Durchschnittsverdienst noch um 3,3 % und stehen damit über den in Mittelstädten geborenen und aufgewachsenen Arbeitern, die bei einem Lohn von 96,6 % unter den Durchschnitt sinken. Am ungünstigsten scheint die Kombination von Großstadt und Mittelstadt zu wirken, da der Lohn der Arbeiter aus der ersteren Stadtgröße, die in letzterer aufwuchsen, um 28,4 % unter dem Durchschnitt steht.

Bei der Berücksichtigung des Einflusses von Geburtsort und Kindheitsort auf die Leistungsfähigkeit der männlichen Arbeiter erhalten wir nach dem Vorhergesagten eine Lohnkurve, die ihren Höhepunkt bei der Verbindung von Mittelstadt und Kleinstadt hat, zu derjenigen von Landstadt und Mittelstadt fällt, um über

Tabelle 42
Verdienst pro ½ Stunde. Größe von Geburtsort und Kindheitsort

	Geboren in Orten mit 1–1.000 Einwohnern Aufgewachsen in Orten mit Einwohnern				Geboren in Orten mit 1.000–5.000 Einwohnern Aufgewachsen in Orten mit Einwohnern			
	1–1.000	1.000–5.000	5.000–50.000	50.000–100.000	Über 100.000	1–1.000	1.000–5.000	5.000–50.000	50.000–100.000	Über 100.000
A. Männliche Arbeiter:									
Weber	14,1	–	(15,9)	(12,8)	–	(12,1)	14,4	–	–	–
R. Weber	(16,5)	–	(18,6)	–	–	–	17,4	–	14,3	–
Spinner	–	–	–	–	–	–	–	–	(20,9)	–
Alle Arbeiter	15,3	–	17,2	(12,8)	–	(12,1)	15,9	–	17,6	–
B. Weibliche Arbeiter:									
Ringspinnerinnen	(9,4)	–	–	(9,8)	–	–	(9,4)	–	–	–
Vorspinnerinnen	13,4	14,4	–	(11,7)	–	–	–	(15,3)	–	–
Weberinnen	8,8	–	–	–	–	–	(10,9)	–	–	–
R. Weberinnen	(14,7)	–	–	–	–	–	(17,9)	–	–	–
Hasplerinnen	11,5	–	–	–	–	–	–	–	–	–
Spul-, Streck-, Zwirnerinnen	11,9	13,1	–	11,5	–	(11,9)	(12,4)	–	–	–
Gelernte Arbeiterinnen	11,6	14,4	–	10,7	–	–	12,7	(15,3)	–	–
Angelernte Arbeiterinnen	11,7	13,1	–	11,5	–	(11,9)	(12,4)	–	–	–
Alle Arbeiterinnen	11,6	13,7	–	11,1	–	(11,9)	12,5	(15,3)	–	–

»nur« Kleinstadt, Landstadt und Dorf bei der Mittelstadt unter den Durchschnitt zu sinken, und schließlich in der Verbindung von Mittelstadt und Großstadt ihren tiefsten Punkt zu erreichen.

Zwei Tatsachen sind es, die ich dabei als auffallend hervorheben möchte: erstens scheint die Verpflanzung in der Jugend eher einen günstigen als einen ungünstigen Einfluss auf die Rentabilität der Arbeiter zu haben, denn die höchsten Löhne zeigen diejenigen Arbeiter, die n i c h t in ihrem Geburtsort aufwuchsen; freilich steht ganz dahin, ob diese Verpflanzung Einfluss gehabt hat, oder ob sich in dem Ortswechsel etwa Qualitäten der Eltern wirksam zeigen. Zweitens nimmt die Mittelstadt, hier, wie schon früher gesagt, M.-Gladbach selbst, eine eigentümliche Doppelstellung ein: mit niedrigen Stadtgrößen als zweitem Faktor kombiniert, liefert sie die besten, allein vorherrschend oder zusammen mit der Großstadt die schlechtesten Arbeiter.

Vergleichen wir das bis jetzt Gesagte mit den auf Tabelle 41 festgestellten Zahlen, so fällt vor allem die weit größere Differenzierung und damit Präzisierung auf, die durch Einfügung des neuen Faktors des Kindheitsortes sich gebildet hat. Nicht nur beträgt die Differenz zwischen höchstem und niedrigstem Lohn auf Tabelle 41 36,2 %, auf Tabelle 42 dagegen 53,4 %, auch die dazwischen liegenden Kategorien sind durch größere Abstände voreinander geschieden, als dies bei der

Die Größe von Geburtsort und Kindheitsort

Geboren in Orten mit 5.000–50.000 Einwohnern Aufgewachsen in Orten mit Einwohnern					Geboren in Orten mit 50.000–100.000 Einwohnern Aufgewachsen in Orten mit Einwohnern					Geboren in Orten mit über 100.000 Einwohnern Aufgewachsen in Orten mit Einwohnern				
1–1.000	1.000–5.000	5.000–50.000	50.000–100.000	Über 100.000	1–1.000	1.000–5.000	5.000–50.000	50.000–100.000	Über 100.000	1–1.000	1.000–5.000	5.000–50.000	50.000–100.000	Über 100.000
–	–	12,2	10,7	–	–	–	–	(19,5)	11,7	–	–	–	(9,5)	–
–	–	–	–	–	–	–	–	–	11,4	–	–	–	11,7	–
–	–	20,6	–	–	–	16,5	17,6	20,0	–	–	–	–	–	–
–	–	16,4	10,7	–	–	16,5	18,5	14,3	–	–	–	–	w	–
–	–	12,9	–	–	–	–	(14,2)	12,6	–	–	–	–	(9,1)	–
–	–	13,1	(12,0)	–	–	–	–	13,0	–	–	–	–	(11,2)	–
–	–	–	–	–	–	–	–	12,5	–	–	–	–	–	–
–	–	(16,5)	–	–	–	–	–	15,8	–	–	–	–	–	–
–	–	–	10,7	–	–	–	–	11,9	–	–	–	–	–	(9,1)
–	–	12,0	–	–	(9,6)	–	–	12,1	–	–	–	–	11,9	–
–	–	14,1	(12,0)	–	–	–	(14,2)	13,3	–	–	–	–	10,1	–
–	–	12,0	10,7	–	(9,6)	–	–	12,0	–	–	–	–	11,9	(9,1)
–	–	13,0	11,3	–	(9,6)	–	(14,2)	12,7	–	–	–	–	10,9	(9,1)

alleinigen Berücksichtigung des Geburtsortes der Fall war. Verändert haben sich ferner die respektiven Stellungen von Landstadt und Kleinstadt: als Geburtsort erschien erstere der letzteren überlegen, dagegen scheint das Aufwachsen in der Kleinstadt für die Leistungsfähigkeit vorteilhafter zu sein. Übereinstimmend mit Tabelle 41 bleibt die Reihenfolge von Land, Mittelstadt und Großstadt als die für die Rentabilität der Arbeiter ungünstigsten Ortsgrößenklassen, wie sich denn überhaupt hier wiederum der günstigere Einfluss von Landstadt und Kleinstadt gegenüber plattem Land und größerer Stadt auf die Leistungsfähigkeit der Arbeiter ausspricht; denn auch der Mittelstädter muss anscheinend in der entscheidenden Zeit seines Lebens mit dem beruhigenden Einfluss des Spießbürgertums in Berührung kommen, um in die Reihe der brauchbarsten Arbeiter aufzusteigen.

Untersuchen wir nun die Lohnverhältnisse der weiblichen Arbeiter unter denselben beiden Gesichtspunkten des Einflusses von Geburtsort und Kindheitsort, so finden wir als höchstentlohnte Arbeiterinnen diejenigen, die, auf dem Lande geboren, in Landstädten aufwuchsen. Sie erreichen 115,1 % des Durchschnittsverdienstes sämtlicher Arbeiterinnen. In den nächsten vier Kategorien fallen Geburtsort und Kindheitsort zusammen: es sind die Kleinstädterinnen mit einem Lohn von 109,2 %; die Mittelstädterinnen mit einem solchen von 106,8 %, dann folgen die Landstädterinnen mit einem Lohn von 105 % des Durchschnitts. Unter dem

Durchschnitt stehen die Bauernmädchen (97,6 %); die auf dem Lande geborenen und in der Mittelstadt (M.-Gladbach) aufgewachsenen Arbeiterinnen (93,2 %) und wiederum an letzter Stelle die Großstädterinnen.[3]

Die aus diesen Zahlen sich bildende Leistungskurve verläuft also in etwas seltsamer Weise: von ihrem Höhepunkt bei der Verbindung von Land und Landstadt, fällt sie über »nur« Kleinstadt, Mittelstadt und Landstadt zum platten Land und erreicht ihre tiefsten Punkte in der Verbindung von Land und Mittelstadt einerseits, von Mittelstadt und Großstadt andererseits. Übereinstimmend mit der Kurve der männlichen Arbeiter ist nur der ungünstige Einfluss der Großstadt, der günstige der Kleinstadt; alle anderen Ortsgrößenklassen, vor allem das Land, scheinen in anderer Weise zu wirken.

Verglichen mit der bei Besprechung von Tabelle 41 festgestellten Leistungskurve der weiblichen Arbeiter bleibt die Superiorität[1] der drei kleineren Ortsgrößen über plattes Land und Großstadt bestehen; doch haben erstere ihre Plätze untereinander vertauscht und zwar zugunsten der Mittelstadt, zuungunsten der Landstadt. Aus den Resultaten beider Tabellen zusammengenommen erscheint uns die Kleinstadt als die der Leistungsfähigkeit günstigste Ortsgrößenklasse.

Bei Vergleichung der drei Zahlen der ersten Hauptspalte stellen wir uns unwillkürlich die Frage: Warum ergibt die Übersiedlung vom Land zur Landstadt die tüchtigsten, vom Land zur Mittelstadt die fast untüchtigsten Arbeiterinnen? Man könnte versucht sein, zur Erklärung dieser auffallenden Zahlen daran zu denken, dass das Aufsteigen vom Land zur Landstadt einerseits wohl ein gewisses Aufsteigen auf der sozialen Leiter bedeuten möge; andererseits dabei vielleicht eine gewisse Intelligenzentwicklung mit noch unverbrauchten Körper- und Nervenkräften Hand in Hand geht; dagegen das Übersiedeln vom Land zur Mittelstadt, die hier sicherlich gleichbedeutend mit F a b r i k s t a d t ist, zum mindesten in der ersten Generation ein Herabsteigen auf der sozialen Leiter mit allen Chancen physischer und psychischer Degeneration, denen der Landgeborene besonders leicht anheimfällt, bedeuten könnte.

Bei der Betrachtung der einzelnen Arbeitskategorien wollen wir uns erinnern, dass wir bei der Besprechung von Tabelle 41 für die Leistungskurve der Weber einen abweichenden Verlauf von dem bei sämtlichen Arbeitern beobachteten feststellen konnten. Auf der vorliegenden Tabelle erscheint durch Mitberücksichtigung der Kindheitsortes der Verlauf der Kurve wesentlich geändert. Als die Tüchtigsten erweisen sich die in Landstädten geborenen und aufgewachsenen Weber, die Bauernjungen nehmen die zweite Stelle ein und die Kleinstädter sind ihnen gegenüber sichtlich im Nachteil. Gänzlich verändert hat sich die Situation für die Kategorie Mittelstadt; während sie auf Tabelle 41 an der Spitze marschierte, zeigt sie sich hier als Geburtsort und Kindheitsort zugleich als höchst ungeeignet für die Produktion von tüchtigen Webern. Nur in Verbindung mit Kleinstadteinfluss scheinen die Weber, wie die Gesamtheit der Arbeiter, wenn sie aus Mittelstädten stammen, Tüchtiges zu leisten.

---

3   Ich ziehe die, wenn auch kleinen Zahlen der Großstädterinnen heran, da ich nach früher Gesagtem glaube, dass sie typisch sind.

Es liegt nahe, die günstigen Lohnverhältnisse der aus kleinen und kleinsten Orten stammenden Weber mit der Eigenart der Arbeit selbst, die Körperkraft sowohl als Nervenkraft erfordert, in Verbindung zu bringen, während ganz besondere Geschicklichkeit beim einfachen Nesselweben weniger erforderlich ist. Vielleicht auch, freilich mit großer Vorsicht, könnte man aus der früher im Lande als Hausindustrie verbreiteten Weberei an vererbte Anlagen denken. Bei den Spinnern hat, wie schon oben bemerkt, eine sorgfältige Auslese nur Kleinstädter und Mittelstädter übrig gelassen, unter denen die »nur« Mittelstädter die brauchbarsten Arbeiter sind. Für das Selfactorspinnen, das Intelligenz und Behändigkeit verlangt, erscheint daher der Stadtjunge vorzugsweise geeignet.

Die Leistungskurven der gelernten und angelernten Arbeiterinnen zeigen auf Tabelle 42 einen dem Verlauf der Gesamtkurve analogen Verlauf, so dass die dort hervorgehobenen Tendenzen für alle Kategorien von Arbeiterinnen gleichmäßig zu gelten scheinen. Auch die einzelnen Arbeitsarten zeigen dieselben Verhältnisse; nur bei den Weberinnen sind bei sonst allerdings geringen Zahlen, die Stadtmädchen die tüchtigsten Arbeiterinnen. Bei den Vorspinnerinnen ist der hohe Lohn der auf dem Lande geborenen Mädchen, der uns auf Tabelle 41 auffiel, jetzt dahin erklärt, dass der höchste Lohn von den Bauernmädchen, die in Landstädten aufwuchsen, verdient wird. Die Kurve dieser Kategorie von Arbeiterinnen verläuft der Leistungskurve der Weber parallel; es kommt auch bei dieser Arbeitsart mehr auf Ruhe und Umsicht, als auf Geschicklichkeit und Behändigkeit an.

d. Die Lohnschwankung nach der Größe des Geburtsortes und des Kindheitsortes

Da die eben besprochene Tabelle zeigte, dass die Berücksichtigung des Einflusses des Kindheitsortes auf die Rentabilität der Arbeitskräfte das Bild an manchen Punkten verändert hat, das wir von der Leistungshöhe der Arbeiter unter alleiniger Berücksichtigung des Einflusses des Geburtsortes erlangten, wollen wir nun auch nicht nur den Geburtsort, sondern auch den Kindheitsort und seine Größe als gleichwertigen Faktor zur Erklärung der Lohns c h w a n k u n g e n der Arbeitskräfte heranziehen.

Betrachten wir also zuerst die Lohnschwankungen der männlichen Arbeiter unter diesen beiden Gesichtspunkten, so finden wir die größte Regelmäßigkeit der Leistung, also die niedrigsten Schwankungen bei denjenigen Arbeitern, die in Landstädten geboren und in Mittelstädten aufgewachsen sind. Die Prozentzahl ihrer Schwankungen, in Prozenten der Durchschnittsschwankung aller männlichen Arbeiter ausgedrückt, beträgt 44,1 %, also noch weniger als die Hälfte; sehr regelmäßig arbeiten ferner diejenigen Arbeiter, bei denen eine Mittelstadt Geburtsort und eine Kleinstadt Kindheitsort war, sie stehen mit einer Schwankungshöhe von 73,6 % des Durchschnitts an zweiter Stelle. Ihnen folgen, sich schon stark dem Durchschnitt nähernd, die Mittelstädter mit einer Schwankung von 93,8 %, der Kleinstädter mit einer solchen von 96,8 %. Über dem Durchschnitt stehende Schwankungen zeigen die auf dem Lande geborenen und aufgewachsenen Arbeiter (108,5 %); die Landstädter übertreffen sie noch mit einer Schwankung von 113,6 % und am unregelmäßigsten arbeiten die Großstädter, die den Durchschnitt um 27,9 % übertreffen.

Die Schwankungskurve der männlichen Arbeiter, die sich aus diesen Zahlen ergibt, bildet eine ziemlich steil ansteigende Linie, die bei der Kombination von

Tabelle 43
Schwankungen in Prozenten des Verdienstes. Größe von Geburtsort und Kindheitsort

	Geboren in Orten mit 1–1.000 Einwohnern Aufgewachsen in Orten mit Einwohnern					Geboren in Orten mit 1.000–5.000 Einwohnern Aufgewachsen in Orten mit Einwohnern				
	1–1.000	1.000–5.000	5.000–50.000	50.000–100.000	Über 100.000	1–1.000	1.000–5.000	5.000–50.000	50.000–100.000	Über 100.000
A. Männliche Arbeiter:										
Weber	16,6	—	(10.9)	(13,6)	—	(26,9)	18,2	—	—	—
R. Weber	(11,5)	—	(9,5)	—	—	—	11,0	—	9,3	—
Spinner	—	—	—	—	—	—	—	—	(2,2)	—
Alle Arbeiter	14,0	—	10,2	(13,6)	—	(26,9)	14,6	—	5,7	—
B. Weibliche Arbeiter:										
Ringspinnerinnen	(10,9)	—	—	(9,5)	—	—	(10,4)	—	—	—
Vorspinnerinnen	9,5	11,4	—	(11,5)	—	—	—	(11,3)	—	—
Weberinnen	15,9	—	—	—	—	—	(24,5)	—	—	—
R. Weberinnen	(16,0)	—	—	—	—	—	(8,3)	—	—	—
Hasplerinnen	12,1	—	—	—	—	—	—	—	—	—
Spul-, Streck-, Zwirnerinnen	9,4	7,5	—	9,5	—	(8,6)	(7,4)	—	—	—
Gelernte Arbeiterinnen	13,0	11,4	—	10,1	—	—	14,4	(11,3)	—	—
Angelernte Arbeiterinnen	10,7	7,5	—	9,5	—	(8,6)	(7,4)	—	—	—
Alle Arbeiterinnen	11,8	9,4	—	9,8	—	(8,6)	10,9	(11,3)	—	—

Landstadt und Mittelstadt als ihren tiefsten Punkt anfängt, zur Verbindung von Kleinstadt und Mittelstadt steigt, dann über Mittelstadt; Kleinstadt und Land zur Landstadt führt, um bei der Großstadt ihren höchsten Punkt zu erreichen. Kleinstädter und Mittelstädter scheinen also, was Regelmäßigkeit der Leistung anbetrifft, die Großstädter sowohl wie die aus kleinen und kleinsten Orten stammenden Leute zu übertreffen.

Erinnern wir uns an die Leistungskurve der männlichen Arbeiter, die die Besprechung von Tabelle 42 ergab, so wird diese durch den eben festgestellten Verlauf der Schwankungskurve an einigen Punkten durchkreuzt. Die bestentlohnten Arbeiter, deren Geburtsort eine Mittelstadt und deren Kindheitsort eine Kleinstadt war, müssen den Ruhm der größten Leistungsstetigkeit denjenigen Arbeitern überlassen, die, in Landstädten geboren und in Mittelstädten aufgewachsen, auf der Lohnskala erst die zweite Stelle einnahmen. Beide Kategorien von Arbeitern können also wohl als für den Betrieb gleich rentabel angesehen werden, die niedrigere Leistung der einen wird durch die größere Stetigkeit ebenso wertvoll, als die höhere aber unregelmäßigere Leistung der anderen.

Auch für andere Ortsgrößenklassen hat sich die auf der Lohnkurve innegehabte Stellung auf der Schwankungskurve geändert; am günstigsten vor allem für

Die Größe von Geburtsort und Kindheitsort

Geboren in Orten mit 5.000–50.000 Einwohnern Aufgewachsen in Orten mit Einwohnern					Geboren in Orten mit 50.000–100.000 Einwohnern Aufgewachsen in Orten mit Einwohnern					Geboren in Orten mit über 100.000 Einwohnern Aufgewachsen in Orten mit Einwohnern				
1–1.000	1.000–5.000	5.000–50.000	50.000–100.000	Über 100.000	1–1.000	1.000–5.000	5.000–50.000	50.000–100.000	Über 100.000	1–1.000	1.000–5.000	5.000–50.000	50.000–100.000	Über 100.000
–	–	18,4	19,0	–	–	–	(13,0)	17,5	–	–	–	–	(22,4)	–
–	–	–	–	–	–	–	–	11,9	–	–	–	–	10,6	–
–	–	6,6	–	–	9,5	6,0	7,0	–	–	–	–	–	–	–
–	–	12,5	19,0	–	–	9,5	9,5	12,1	–	–	–	–	16,5	–
–	–	10,9	–	–	–	(11,5)	9,9	–	–	–	–	–	(12,9)	–
–	–	8,6	(6,6)	–	–	–	–	10,4	–	–	–	–	(8,3)	–
–	–	–	–	–	–	–	–	15,2	–	–	–	–	–	–
–	–	(10,9)	–	–	–	–	–	12,1	–	–	–	–	–	–
–	–	–	15,2	–	–	–	–	11,5	–	–	–	–	–	(14,6)
–	–	5,5	–	–	(14,2)	–	–	10,1	–	–	–	–	–	10,4
–	–	10,1	(6,6)	–	–	–	(11,5)	11,9	–	–	–	–	10,6	–
–	–	5,5	15,2	–	(14,2)	–	–	10,8	–	–	–	–	–	12,5
–	–	7,8	10,9	–	(14,2)	–	(11,5)	11,3	–	–	–	–	10,6	12,5

die Mittelstadt,[4] die nun durch ihre niedrige Schwankung imstande ist, mit dem platten Land, das bei höherem Lohn größere Unregelmäßigkeit zeigt, zu konkurrieren; am ungünstigsten für die Landstadt, die die zweithöchsten Schwankungen aufweist. Die Kluft zwischen ihr und der Kleinstadt, die sich schon auf der vorigen Tabelle fand, wird dadurch noch beträchtlich erweitert, wie uns überhaupt der Fortgang unserer Untersuchungen ein stetiges Abnehmen der Bedeutung der Landstadt, die auf Tabelle 41 uns als die günstigste Ortsgrößenklasse erschien, zugunsten der Kleinstadt zeigt. Das Zusammenfallen von hohem Lohn und niedriger Schwankung, niedrigem Lohn und hoher Schwankung bei den männlichen Arbeitern, das wir auf früheren Tabellen (siehe oben Tabellen 38 und 40) feststellen konnten, ist hier nur manchmal in sehr abgeschwächter Form zu bemerken. Bei einigen Ortsgrößenklassen hat es sich sogar in sein Gegenteil verwandelt (zu vergleichen Mittelstädter einerseits, Landstädter andererseits), so dass wir die

---

[4] Hier ist – vielleicht – zur Erklärung auf das bei Tabelle 38 über große Regelmäßigkeit bei geringer Leistung des alten Arbeiterstammes Gesagte zu verweisen. Die beiden Kategorien decken sich freilich nur teilweise.

Schwankungshöhe als von den Einflüssen der Kindheitsumgebung bedingt und nicht mehr als Funktion der Lohnhöhe ansehen dürfen.

Bei der Analyse der Lohnschwankungen der weiblichen Arbeiter unter denselben Gesichtspunkten des Einflusses des Geburtsortes und des Kindheitsortes auf die Regelmäßigkeit der Leistung finden wir, dass die Kleinstädterinnen entschieden den ersten Anspruch auf Arbeitsstetigkeit erheben dürfen; ihre Schwankungen betragen nur 68,7 % der Durchschnittsschwankung aller weiblichen Arbeiter. An zweiter Stelle stehen die Landmädchen, die in Landstädten aufwuchsen, mit einer Schwankungshöhe von 81,7 %; dann die Landmädchen, die in Mittelstädten aufwuchsen, die um 3,5 % des Durchschnitts unregelmäßiger arbeiten. Es scheint also, als ob Geburt auf dem Dorfe und eine in einem größeren Ort verlebte Kindheit eine günstige Vorbedingung für Stetigkeit in der Arbeitsleistung sei, während diejenigen Mädchen, die erst n a c h Ablauf der Schulzeit oder noch später das Dorf verließen, am unregelmäßigsten von allen Arbeiterinnen arbeiten; ihre Schwankungshöhe übersteigt den Durchschnitt um 2,6 %. Eine Mittelstellung zwischen diesen Kategorien, deren auffallendes Verhältnis zueinander uns noch weiter unten beschäftigen wird, nehmen die Landstädterinnen mit einer Schwankungshöhe von 94,7 % des Durchschnitts und die Mittelstädterinnen mit einer solchen von 98,2 % ein.

Wir erhalten also nach dem soeben Gesagten eine Schwankungskurve der weiblichen Arbeiter, die bei den Kleinstädterinnen ihren tiefsten Punkt hat, dann von der Kombination von Land und Landstadt zu der zweiten von Land und Mittelstadt aufsteigt, um über Landstadt und Mittelstadt ihren Höhepunkt beim platten Land zu erreichen.

Zum Vergleich dieser Kurve mit der auf Tabelle 42 gewonnenen Leistungskurve der weiblichen Arbeiter finden wir, dass in Übereinstimmung mit den bei den männlichen Arbeitern festgestellten Resultaten, auch hier die beiden bestentlohnten Kategorien, die Landmädchen, die in Landstädten aufwuchsen, und die Kleinstädterinnen ihre Plätze auf der Schwankungsskala vertauscht haben, so dass sie beide gleichmäßig als für den Betrieb am rentabelsten gelten können. Ebenso ergibt die Mitberücksichtigung der Schwankungshöhe der Arbeiterinnen eine fast gleiche Brauchbarkeit für Mittelstädterinnen und Landstädterinnen: die ersteren, höher entlohnten, arbeiten unregelmäßiger; die letzteren bei niedrigerem Lohn regelmäßiger. Auf fast derselben Stufe stehend, bleiben sie jedoch ziemlich stark hinter den beiden vorher besprochenen besten Kategorien zurück, sowohl was Höhe, wie auch was Stetigkeit der Leistung betrifft.

Bei der Besprechung der vorigen Tabelle hatte ich versucht, für die auffallenden Zahlen der ersten Spalte eine wenigstens annähernde Erklärung zu geben. Für die Schwankungshöhe, die diesen drei Ortsgrößenklassen entspricht, bin ich dazu nicht imstande. Wenn wir uns auch die große Arbeitsstetigkeit der vom Lande zur Landstadt gekommenen Mädchen aus denselben Gründen, wie vorher ihren hohen Lohn (siehe oben S. 318) erklären können, und darin wohl eine Bestätigung des dort Gesagten finden, so ist doch absolut nicht einzusehen, warum die Übersiedlung zur Mittelstadt, die die Leistungsfähigkeit der Mädchen merklich beeinträchtigt, bei ihnen eine Arbeitsstetigkeit hervorruft, die als das Attribut einer der beiden kombinierten Faktoren, Land oder Mittelstadt anzusehen, uns die sonst bei diesen Ortsgrößenklassen gefundenen Schwankungsprozente verbieten.

Ebenso wenig ist es uns möglich, mit Berufung auf früher festgestellte Tatsachen, das Zusammenfallen von niedrigem Lohn und niedriger Schwankung als den für die weiblichen Arbeiter geltenden »Normalfall« hinzustellen, dem nur manchmal stärkere Tendenzen entgegen wirken (vgl. Tabellen 38 und 40); denn erstens hat die vorliegende Tabelle sowohl wie Tabelle 41 so häufige Abweichungen von diesem »Normalfall« gezeigt, dass nicht mehr von einem solchen, sondern höchstens vielleicht von einer derartigen Tendenz gesprochen werden kann; und zweitens wäre damit auch noch nicht erklärt, warum die Übersiedlung vom Land in die Mittelstadt dieser Tendenz auf einmal wieder so stark zum Durchbruch verhilft.

Bei der Betrachtung der Schwankungskurve der Weber finden wir das bei der vorigen Tabelle festgestellte Resultat noch verstärkt. Die niedrigere Schwankungsziffer der Landjungen erhöht ihre Brauchbarkeit und ist wohl aus den schon bei Tabelle 42 angeführten Gründen zu erklären. Die beiden allein in Betracht kommenden Schwankungsziffern der Spinner scheinen einen deutlichen Beweis für den auf Arbeitsstetigkeit hinwirkenden Einfluss der Kleinstadt zu geben.

Die Schwankungskurven der gelernten und angelernten Arbeiterinnen folgen der allgemeinen Tendenz der für sämtliche Arbeiterinnen festgestellten Kurve. Als schwache, aber vielleicht ganz charakteristische Abweichungen wären nur zwei hervorzuheben. Bei den gelernten Arbeiterinnen ist der Unterschied zwischen den beiden am unregelmäßigsten arbeitenden Kategorien, den Mittelstädterinnen und den Landmädchen, weit größer als bei sämtlichen Arbeiterinnen; bei den angelernten Arbeiterinnen dagegen arbeiten die Landmädchen ein wenig regelmäßiger als die Stadtmädchen. Dasselbe Verhältnis finden wir in noch verstärktem Maße bei den unqualifiziertesten ungelernten Arbeiterinnen, den Spul-, Zwirn- und Streckerinnen, während beim Haspeln, einer Arbeit, die sehr geschickte Finger erfordert, die Stadtmädchen in jeder Beziehung vor den Landmädchen im Vorteil sind. Bei den Vorspinnerinnen ist es wiederum schwer erklärlich, warum entgegen den sonst gemachten Beobachtungen die Übersiedlung vom Land zur Landstadt für die betreffenden Arbeiterinnen neben dem auf Tabelle 42 festgestellten höchsten Lohn auch die höchsten Schwankungen bringt, während die auf dem Lande gebliebenen Arbeiterinnen bei zweithöchstem Lohn (siehe Tabelle 42) sehr regelmäßig arbeiten; wir haben hier das oben besprochene Problem in etwas anderer Form.

Vergleichen wir zusammenfassend die Resultate von Tabellen 42 und 43 mit denen, die wir auf Tabelle 41 gewonnen haben, so erkennen wir, dass durch die Berücksichtigung des Einflusses des Kindheitsortes manche der vorher gewonnenen Ergebnisse sich verändert haben. Darum wollen wir zunächst, um den Einfluss dieses Faktors noch genauer festzustellen, in einer folgenden Tabelle, wie früher den Geburtsort, so jetzt den Kindheitsort i s o l i e r t berücksichtigen, um dann erst auf Grund dieser vier Tabellen zu versuchen, ein Urteil über den Einfluss der Größe des Geburtsortes und des Kindheitsortes auf die Leistungen der Arbeitskräfte abzugeben.

e. Die Lohnhöhe nach der Größe des Kindheitsortes

Wenn wir nun also die Frage nach der Ortsgröße auf die Rentabilität der Arbeitskräfte zuletzt in dieser dritten Form stellen und die Arbeiter nach der Größe ihres Kindheitsortes allein in verschiedene Kategorien teilen, so finden wir bei der

Betrachtung der Löhne der männlichen Arbeiter, dass die höchstentlohnten unter ihnen, deren Verdienst 112,7 % des Durchschnittsverdienstes aller männlichen Arbeiter beträgt, in Kleinstädten aufwuchsen. Die in Landstädten aufgewachsenen Arbeiter stehen an zweiter Stelle mit einem Lohn von 101,9 % des Durchschnitts. Der Lohn er auf dem Lande aufgewachsenen Arbeiter steht unter dem Durchschnitt, er beträgt nur mehr 93,7 % desselben und übertrifft das Verdienst der in Mittelstädten aufgewachsenen Arbeiter, die sich als die unbrauchbarsten erweisen, nur um 0,7 % des Durchschnitts.

Bei ausschließlicher Berücksichtigung des Einflusses des Kindheitsortes auf die Leistungsfähigkeit der männlichen Arbeiter entsteht eine Lohnkurve, die vom Land zur Landstadt und von da zur Kleinstadt als ihrem höchsten Punkt steigt, um bei der Mittelstadt wieder auf ihre Anfangshöhe herabzusinken.

Ebenso wie auf Tabelle 41 – bei ausschließlicher Berücksichtigung des Einflusses des Geburtsortes – sich Kleinstadt und Landstadt dem platten Land und den größten Städten gegenüber als günstigere Ortsgrößenklassen erwiesen, so scheinen sich auch bei dieser neuen Form der Fragestellung ihren fördernden Einfluss auf die Leistungsfähigkeit der Arbeiter zu bewahren. Doch ist dabei nicht zu übersehen, dass die Kleinstadt hier endlich den vollen Sieg über die Landstadt davongetragen hat und deutlich als derjenige Kindheitsort erscheint, der der Rentabilität der Textilarbeiter am günstigsten ist. Der günstige Einfluss des platten Landes erscheint dagegen gegenüber Tabelle 41 ziemlich abgeschwächt, da die auf dem Lande aufgewachsenen Arbeiter durch eine ziemlich große Lohndifferenz von der nächst höher entlohnten Arbeiterkategorie getrennt, und mit den in der ungünstigsten Ortsgrößenklasse aufgewachsenen Arbeitern auf fast gleicher Stufe stehen. Diejenigen Tendenzen, die sich schon auf Tabelle 42 bei gemeinsamer Berücksichtigung des Einflusses des Geburtsortes und des Kindheitsortes auf die Rentabilität der Arbeitskräfte gegenüber den auf Tabelle 41 gewonnenen Resultaten bemerkbar machten, nämlich Erhöhung des günstigen Einflusses der Kleinstadt im Vergleich zur Landstadt, der Mittelstadt im Vergleich zum platten Land sind hier deutlich zum Durchbruch gekommen.

Die größere Differenzierung der Löhne der aus verschiedenen Ortsgrößenklassen stammenden Arbeiter, die uns Tabelle 44 im Vergleich mit Tabelle 41 bringt (die größte Spannung auf der ersteren beträgt 19,7 %, auf der letzteren nur 10,8 % des Durchschnitts),[5] zeigt, dass der Einfluss des Kindheitsortes ausschlaggebender für die Leistungsfähigkeit der Arbeiter ist als der Einfluss des Geburtsortes.

Vergleichen wir die Lohnsätze der weiblichen Arbeiter unter demselben Gesichtspunkt, um auch bei ihnen den Einfluss des Kindheitsortes auf ihre Rentabilität festzustellen, so finden wir, dass für die weiblichen ebenso gut wie für die männlichen die Kleinstadt die günstigste, die Landstadt der zweitgünstigste Kindheitsort ist. Die in diesen Ortsgrößenklassen aufgewachsenen Arbeiterinnen verdienen 110,8 % und 107,4 % des Durchschnittsverdienstes aller weiblichen Arbeiter. Die in Mittelstädten aufgewachsenen Mädchen stehen mit einem Lohn von 100,8 % an dritter Stelle. Unter dem Durchschnitt verdienen die Landmäd-

---

5 Selbstverständlich sind hier nur die ersten vier Ortsgrößenklassen verglichen und die Großstadt ausgeschieden, da der betreffenden Zahl auf Tabelle 41 keine auf Tabelle 44 entspricht.

Tabelle 44   **Lohnhöhe und Lohnschwankung nach der Größe des Kindheitsortes**

	In Orten mit 1–1.000 Einwohnern		In Orten mit 1.000–5.000 Einwohnern		In Orten mit 5.000–50.000 Einwohnern		In Orten mit 50.000–100.000 Einw.		In Orten mit über 100.000 Einwohnern	
	Lohnhöhe Pfg.	Schwankungshöhe %	Lohnhöhe Pfg.	Schwankungshöhe %	Lohnhöhe Pfg.	Schwankungshöhe %	Lohnhöhe Pfg.	Schwankungshöhe %	Lohnhöhe Pfg.	Schwankungshöhe %
A. Männliche Arbeiter:										
Weber	13,1	21,7	14,4	18,2	15,8	14,1	11,2	18,1	—	—
R. Weber	(16,5)	(11,5)	17,4	11,0	(18,6)	(9,5)	12,5	10,6	—	—
Spinner	—	—	16,5	9,5	19,1	6,3	20,4	4,6	—	—
Alle Arbeiter	14,8	16,6	16,1	12,9	17,8	6,6	14,7	11,1	—	—
B. Weibliche Arbeiter:										
Ringspinnerinnen	(9,4)	(10,9)	(9,4)	(10,4)	13,5	11,2	10,9	10,7	—	—
Vorspinnerinnen	13,4	9,5	14,4	11,4	14,2	9,9	11,9	9,2	—	—
Weberinnen	(8,8)	15,9	(10,9)	(24,5)	—	—	12,5	15,2	—	—
R. Weberinnen	(14,7)	(16,0)	(17,9)	(8,3)	(16,5)	(10,9)	15,8	12,1	—	—
Hasplerinnen	11,5	12,1	—	—	—	—	11,3	13,3	(9,1)	(14,6)
Spul-, Streck-, Zwirnerinnen	10,8	10,8	12,7	7,4	12,0	5,5	11,8	9,6	11,9	10,4
Gelernte Arbeiterinnen	11,3	13,0	13,1	13,4	14,7	10,6	12,7	11,8	—	—
Angelernte Arbeiterinnen	11,1	11,4	12,7	7,4	12,0	5,5	11,5	11,4	10,5	12,5
Alle Arbeiterinnen	11,2	12,2	12,9	10,4	13,3	8,0	12,1	11,6	10,5	12,5

chen sowohl wie die Großstadtmädchen: der Lohn der ersteren beträgt 92 %, der der letzteren 87,5 % des Durchschnitts.

Die Lohnkurve der weiblichen Arbeiter unter ausschließlicher Berücksichtigung des Einflusses des Kindheitsortes auf die Lohnhöhe verläuft daher in folgender Weise: sie steigt vom platten Land ziemlich steil zur Landstadt und von dort zu ihrem Höhepunkt bei der Kleinstadt, sinkt dann ziemlich stark zur Mittelstadt und noch stärker zur Großstadt herab. Kleinstadt, Landstadt und Mittelstadt stehen über dem Durchschnitt (letztere freilich um nur mehr 0,8 %), Land und Großstadt unter demselben.

Vergleichen wir diese Kurve mit der bei Berücksichtigung desselben Einflusses festgestellten Leistungskurve der männlichen Arbeiter, so ist zu bemerken, dass für die Leistungsfähigkeit der weiblichen Arbeiter das Aufwachsen in einer Mittelstadt vorteilhafter zu sein scheint, als das Aufwachsen auf dem Lande; während diese beiden Ortsgrößenklassen als Kindheitsorte der männlichen Arbeiter fast gleich vorteilhaft, mit einem schwachen Überwiegen des Landes, sind.

Die auf Tabelle 41 bei Untersuchung des Einflusses des Geburtsortes auf die Lohnhöhe der weiblichen Arbeiter konstruierte Lohnkurve hatte die Löhne der aus den drei mittleren Ortsgrößenklassen stammenden Arbeiterinnen als über dem Durchschnitt, die der Landmädchen und Großstadtmädchen als unter dem Durchschnitt stehend ergeben. Die auf Tabelle 44 enthaltene Lohnkurve bietet uns im allgemeinen dasselbe Bild, nur hat auch hier wiederum, wie vorher bei den männlichen Arbeitern, die Landstadt der Kleinstadt den höchsten Platz einräumen müssen und die Mittelstadt ist auf der Lohnskala herabgesunken.

Wir können daher, wenn wir die Resultate von Tabelle 41 und 44 für männliche sowohl wie weibliche Arbeiter zusammenfassen, Kleinstadt und Landstadt als die für die Rentabilität beider Geschlechter günstigsten Ortsgrößenklassen ansehen, und zwar letztere als günstigsten Geburtsort, erstere als ungünstigsten Kindheitsort. Die auf Tabelle 42 gewonnenen Zahlen sind geeignet, diese Behauptung noch zu unterstützen; denn sie zeigen, dass der Einfluss sonst ungünstiger Ortsgrößenklassen durch Kombination mit Kleinstadt- oder Landstadteinfluss in einem der Leistungsfähigkeit zuträglichen verwandelt wird.[6]

Über die Leistungskurven der einzelnen Arbeitskategorien ist auf dieser Tabelle wenig zu sagen, da sie im Allgemeinen mit den Hauptresultaten übereinstimmen.

Unter den männlichen Arbeitern wäre nur (wie auch schon bei früheren Tabellen) auf die größere Geeignetheit der in der Stadt aufgewachsenen Arbeiter zum Selfactorspinnen hinzuweisen.

Unter den angelernten Arbeiterinnen zeigen die in Landstädten und nicht die in Kleinstädten aufgewachsenen Mädchen den höchsten Lohnsatz, eine Beobachtung, die wir auch bei den Vorspinnerinnen machen können, bei denen nicht nur die Landstadt die Kleinstadt, sondern auch das platte Land die Mittelstadt an günstigem Einfluss auf die Leistungsfähigkeit stark übertrifft.

---

6 Zu vergleichen bei den männlichen Arbeitern Kombination von Mittelstadt und Kleinstadt, von Land und Landstadt; bei den weiblichen Arbeitern ebenfalls von Land und Landstadt.

Die Größe von Geburtsort und Kindheitsort

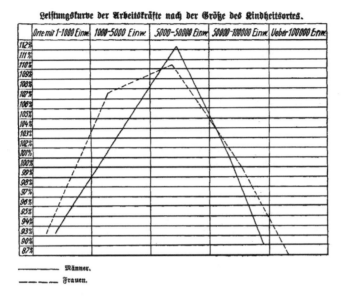

Leistungskurve der Arbeitskräfte nach der Größe des Kindheitsortes.

———— Männer.
— — — Frauen.

f. Die Lohnschwankungen nach der Größe des Kindheitsortes

Die letzte Untersuchung, die wir hier noch einfügen müssen, will den Einfluss der Größe des Kindheitsortes auf die Gleichmäßigkeit der Leistung der männlichen und weiblichen Arbeiter, also auf ihre Lohnschwankungen, deutlich machen.

Ordnen wir nun die Schwankungszahlen der männlichen Arbeiter unter diesem Gesichtspunkt, so erhalten wir eine Schwankungskurve, die außerordentlich steil verläuft. Die Größe des Kindheitsortes scheint also einen sehr energischen Einfluss auf die Stetigkeit der Arbeiter auszuüben. Von den in Kleinstädten aufgewachsenen Arbeitern, deren Lohnschwankungen nur 55,9 % der Durchschnittsschwankung aller männlichen Arbeiter betragen, bis zu denjenigen, deren Kindheitsort eine Mittelstadt war, steigt die Kurve um 38,1 % des Durchschnitts, so dass die Schwankungen dieser Arbeiterkategorie nur noch um 6 % unter dem Durchschnitt stehen. Die dritte und vierte Kategorie, die in Landstädten und die auf dem Lande aufgewachsenen Arbeiter übertreffen mit einer Lohnschwankung von 109,3 % und 140,6 % des Durchschnitts diesen schon bedeutend, und erweisen sich als die unstetigsten männlichen Arbeitskräfte.

Vergleichen wir diese Schwankungskurven mit der auf Tabelle 44 bei Berücksichtigung desselben Einflusses festgestellten Leistungskurve der männlichen Arbeiter, und bemessen wir, wie schon früher, die Rentabilität der Arbeitskräfte nach dem Verhältnis von Lohnhöhe und Schwankungshöhe, so werden die oben gefundenen Resultate durch die jetzigen Ergebnisse teils verstärkt, teils abgeschwächt. Die große Rentabilität der Kleinstädter, die schon in ihrem hohen Lohn zutage trat, wird durch die außerordentlich niedrigen Schwankungsprozente dieser Arbeiterkategorie noch vergrößert, während die Mittelstädter durch die größere Gleichmäßigkeit ihrer Leistung die auf dem Lande aufgewachsenen Arbeiter, die bei zweitniedrigstem Lohn die weitaus höchsten Schwankungen zeigen, an Brauchbarkeit weit übertreffen und fast an Leistungsfähigkeit die Landstädter erreichen, denen nur der beträchtlich höhere Lohn einen sehr kleinen Vorsprung sichert.

Fassen wir die Ergebnisse von Tabelle 44 zusammen, so zeigt sich für Leistungshöhe sowohl als für Leistungsstetigkeit der männlichen Arbeiter die Kleinstadt als der günstigste, das Land als der ungünstigste Kindheitsort, während Landstadt und Mittelstadt zwischen beiden stehen und von beiden der Einfluss der Landstadt nur um ein klein wenig günstiger zu sein scheint.

Wenn wir die Schwankungskurve der weiblichen Arbeiter unter demselben Gesichtspunkt des Einflusses der Größe des Kindheitsortes auf die Gleichmäßigkeit der Leistung feststellen und mit der auf Tabelle 44 gewonnen Leistungskurve der Arbeiterinnen vergleichen, so zeigt sich uns dieses Mal (zum ersten Mal bei der Vergleichung der Lohnkurve und Schwankungskurve der weiblichen Arbeiter!), dass die beiden Kurven umgekehrt proportional verlaufen und ihr gemeinsames Ergebnis völlig mit dem soeben für die männlichen Arbeiter festgestellten Resultat übereinstimmt.

Die Repräsentanten der günstigsten Ortsgrößenklasse, die Kleinstädterinnen, zeigen neben dem höchsten Lohn die niedrigste Schwankung von 73,4 % der Durchschnittsschwankung aller weiblichen Arbeiter; die Landstädterinnen beeinträchtigen ihren zweithöchsten Lohn durch eine Schwankung von 95,4 %; die Mittelstädterinnen stehen hier ebenso wohl wie auf der Lohnskala mit einer Schwankung von 106,4 % an dritter Stelle; Landmädchen und Großstädterinnen zeigen wie vorhin unterdurchschnittliche Verdienste, so hier überdurchschnittliche Schwankungen von 111,9 % und 114,6 % und erweisen sich dadurch sehr deutlich als die unbrauchbarsten Arbeiterinnen.

Für alle Arbeitskräfte, männliche sowohl wie weibliche, zeigt sich die Kleinstadt als der günstigste Kindheitsort, dem in absteigender Linie Landstadt, Mittelstadt, plattes Land und Großstadt folgen, wobei die Mittelstadt einen etwas günstigeren Einfluss auf die Leistungsfähigkeit der männlichen als auf die der weiblichen Arbeiter ausübt.

Vergleichen wir dieses Gesamtresultat mit dem Gesamtresultat von Tabelle 41, so hat die Mitberücksichtigung der Schwankungshöhe der Arbeitskräfte, die schon oben besprochene Tendenz des Zurücktretens des günstigen Einflusses von Landstadt zugunsten von Kleinstadt, von plattem Land zugunsten von Mittelstadt nicht geschwächt, sondern verstärkt.

Wenn wir noch kurz einzelne Arbeitskategorien betrachten, so finden wir, dass bei den Webern die Lohndifferenz zwischen Land und Mittelstadt durch eine beträchtliche Schwankungsdifferenz ausgeglichen ist, und bei den Selfactorspinnern das Aufwachsen in der Mittelstadt das entschieden Vorteilhafteste zu sein scheint. Diese Arbeitskategorie ist die einzige, bei der dies in so ausgesprochenem Maße der Fall ist.

Die Schwankungskurve der angelernten Arbeiterinnen verläuft ebenso wie die sämtlicher Arbeiterinnen, nur dass die Differenz in der Schwankungshöhe zwischen Land und Mittelstadt hier gänzlich verschwindet und daher für angelernte Arbeiten Landmädchen fast ebenso brauchbar sind als Stadtmädchen. Tabelle 44 hat gezeigt, dass unter den angelernten Arbeiterinnen die Landstädterinnen einen etwas höheren Lohn verdienen als die Kleinstädterinnen; dieser Unterschied wird durch die sehr niedrigen Schwankungsprozente der Kleinstädterinnen stark zu ihren Gunsten verändert, so dass die Landstädterinnen als höchstens ebenso tüchtig gelten können.

Bei den gelernten Arbeiterinnen ist, im Gegensatz zu der eben bei den angelernten Arbeiterinnen festgestellten Tatsache, die Differenz der Schwankungshöhe zwischen Land und Mittelstadt sehr groß. Hier arbeiten, ebenso wie bei den männlichen Arbeitern, die Mittelstädterinnen sehr regelmäßig, so dass sie sowohl die auf dem Lande wie die in Landstädten aufgewachsenen Arbeiterinnen an Rentabilität übertreffen und nur hinter den Kleinstädterinnen zurückstehen müssen. Bei den Ringspinnerinnen rücken Mittelstadt und Kleinstadt auf der Rentabilitätsskala noch näher zusammen, da der höhere Lohn der Kleinstädterinnen auch von höheren Schwankungsprozenten begleitet ist. Ganz merkwürdig ist die Schwankungskurve der Vorspinnerinnen, bei denen auf einmal wieder niedrigster Lohn und niedrigste Schwankung bei den in Mittelstädten, höchster Lohn und höchste Schwankung bei den in Landstädten aufgewachsenen Arbeiterinnen zusammenfallen, so dass man versucht sein könnte, die beiden übrig gebliebenen Ortsgrößenklassen: Kleinstadt und Land als die günstigsten Kindheitsorte für die Arbeiterinnen dieser Arbeitskategorie anzusehen, wobei erstere den höheren Lohn, letztere die größere Stetigkeit zeigt. Allem Anschein nach ist diese Schwankungskurve von noch anderen Faktoren als der Größe des Kindheitsortes der Arbeiterinnen bedingt;[7] im Allgemeinen aber hat Tabelle 44 noch deutlicher als Tabelle 43 bewiesen, dass die Schwankungshöhe der Arbeiterinnen nicht als Funktion ihrer Lohnhöhe angesehen werden darf und in diesem Fall ausschließlich von dem Einfluss der Größe des Kindheitsortes der betreffenden Arbeiterin abhängt.[8]

Versuchen wir nun zum, Abschluss ganz kurz die Resultate der letzten vier Tabellen, die alle dasselbe Problem in verschiedenen Fragestellungen behandelten, zusammenzufassen, und das Ergebnis, soweit es uns möglich ist, zu erläutern: Von den fünf Ortsgrößenklassen, nach denen wir die Arbeiterschaft eingeteilt hatten, haben sich uns drei, nämlich Kleinstadt, Landstadt und Mittelstadt als mehr oder weniger günstige, zwei, Land und Großstadt, als in ihrem Einfluss auf Leistungshöhe und Leistungsstetigkeit der Arbeitskräfte ungünstig wirkende Geburtsorte und Kindheitsorte ergeben.

Die Untüchtigkeit der L a n d l e u t e bei der Textilarbeit erklärt sich erstens aus ihren früheren Lebensbedingungen: der beschaulich langsamen Lebensweise mit ihrer Nichtberücksichtigung der Zeit, die die Leute ebenso wenig für die streng auf Pünktlichkeit haltende Fabrikdisziplin im allgemeinen, wie für das starke Aufmerken, das die Maschine erfordert, geeignet macht. Zweitens kommen aber auch noch die besonderen Anforderungen der Textilindustrie in Betracht, die von ihren Arbeitskräften vor allem geschickte, nicht durch schwere Arbeit rau gewordene Finger verlangt.[9]

---

[7] Es ist hier auch daran zu erinnern, dass auch auf Tabellen 41–43 die Zahlen der Vorspinnerinnen nie mit dem Gesamtresultat übereinstimmten.
[8] Auf Tabellen 41–44 sind, um falsche Schlussfolgerungen zu vermeiden, die j u g e n d l i c h e n, noch im ersten Übungsstadium begriffenen Arbeitskräfte weggelassen worden.
[9] Die einzige Arbeitsart, bei der auf dem Lande geborene Mädchen Tüchtiges leisten, ist das Strecken, das eigentlich nur starke Arme zum Heben der Kannen erfordert.

Die schlechte Arbeitsleistung der Großstädter darf man nicht nur mit einem allgemeinen Hinweis auf »Großstadtdegeneration« abtun, sondern man muss in diesem Fall bedenken, dass diejenigen Existenzen, die von der Großstadt zur Mittelstadt zurückströmen, aller Wahrscheinlichkeit nach diejenigen sind, deren ganze physische und geistige Ausstattung ihnen nicht erlaubt hat, sich auf dem Arbeitsmark der Großstadt zu behaupten, die also wohl eine »Auslese der Untüchtigen« darstellen.[10]

Dass für die hier von mir betrachtete Arbeiterschaft die Kleinstadt mit ihrem oft noch an frühere Zeiten erinnernden, schwach bewegten Lebenskreislauf, mit den durch neue Ideen noch wenig erschütterten alten Weltanschauungen, und den durch gegenseitige Überwachung garantierten alten Lebensgewohnheiten diejenigen Menschen erzieht, die später in Fabrikstadtluft und Maschinenlärm am besten und namentlich am stetigsten arbeiten, wirft auf die oft hervorgehobene Bedeutung des Kleinstadt- und Spießbürgertums für die Lebenskraft und vor allem die Nervenkraft unseres Volkes, wiederum ein neues Licht.

Doch möchte ich diese im allgemeinen zutreffende Behauptung ein wenig modifizieren und bei Berücksichtigung auch der einzelnen Arbeitsarten darauf hinweisen, dass mit der größeren Menge an Intelligenz und der geringeren Menge an Kraft, die zur guten Ausführung einer Arbeit erforderlich ist, die aus größeren Orten herkommenden Arbeiter die tauglicheren, die aus kleineren Orten untauglicheren werden. So sind unter den angelernten Arbeiterinnen die Landstädterinnen die besten, die Mittelstädterinnen die schlechtesten Arbeitskräfte, unter den gelernten Arbeiterinnen übertrifft die Kleinstädterin alle anderen und die Mittelstädterin gewinnt an Bedeutung. Und wir können diesen Stufengang weiter verfolgen, über die Ringspinnerinnen und Weberinnen, die gelerntesten der gelernten Arbeiterinnen, bei denen Mittelstadt und Kleinstadt als gleichberechtigt erscheinen, bis hin zu den Selfactorspinnern, für deren, wenig Körperkraft, aber desto mehr Intelligenz und Behändigkeit erfordernde Arbeit, die Mittelstädter am brauchbarsten sind.

Die Textilindustrie braucht heute in den meisten ihrer Arbeitskategorien mehr Kraft und Ausdauer als Intelligenz, daher das Hervortreten des günstigen Einflusses der Kleinstadt im Gesamtresultat.

Es bleibt abzuwarten, ob neue Maschinen mehr die Intelligenz oder mehr die Kraft der Arbeiter in Anspruch nehmen und daher Kleinstädter und Mittelstädter Sieger bleiben werden. Nach den beiden vollkommensten Maschinen, Selfactor und Ringspinnmaschine zu schließen, scheint eher das Letztere der Fall zu sein.

---

10 Es ist sehr wahrscheinlich, dass eine in einer Großstadt gemachte Umfrage ein anderes Bild von den Leistungen der Großstädter ergeben würde.

2. Die Abstammung und Familie

a. Die Lohnhöhe nach dem Beruf des Vaters[11]

Wir haben Geburtsort und Kindheitsort, also den weiteren Kreis, der das Jugendleben des Arbeiters umschloss, in seinen Einflüssen auf dessen spätere Rentabilität untersucht, und wollen nun unsere Aufmerksamkeit dem kleineren Kreis zuwenden, dem der Arbeiter entstammt und in dem er seine ersten Eindrücke empfing: der Familie, dem Milieu im engeren Sinn des Wortes, um auch dessen Wirkung auf spätere Arbeitsleistungen festzustellen.

Es möchte vielleicht scheinen, als ob die Betrachtung der Arbeitslöhne unter diesem Gesichtspunkt nur wenige Ergebnisse bringen könnte: denn allen von uns hier betrachteten Lebensschicksalen ist ja gerade eines gemeinsam: das Hervorgehen aus den unbemittelten, arbeitenden Volksschichten. Die großen Unterschiede in Lebensführung und Weltanschauung, äußerer Kraft und innerem Streben; die auch innerhalb der untersten Klassen wiederum ein Proletariat und eine Aristokratie schaffen, entziehen sich dem Blick des Angehörigen anderer sozialer Klassen freilich ebenso leicht, wie für den auf hohem Berge Stehenden Täler und Hügel zu seinen Füßen in eins verschwimmen. Ich habe schon im ersten Teil der Arbeit auf diese Unterschiede hingewiesen und möchte nun hier ihren Einfluss auf die Leistungen der Arbeitskräfte zahlenmäßig feststellen.

Ordnen wir also die Arbeiter und Arbeiterinnen in Kategorien, wobei der Beruf des Vaters als das geeignetste, freilich etwas äußerliche Merkmal zur Erreichung unseres Zweckes erscheint. Wir unterscheiden dabei folgende sieben Kategorien: Proletarische Familien im engeren Sinn des Wortes, also die Fabrikarbeiter, unter denen wir aber die Textilarbeiter gesondert betrachten; zweitens und im Gegensatz dazu die noch aus früheren Zeiten in unser modernes Leben hereinragenden Berufe: Handwerker und Landleute, welch letztere Kategorie wir in »selbstständige Bauern« und »Landarbeiter« trennen; schließlich noch die wiederum besonderen Bedingungen unterworfenen Erd- und Bauarbeiter, und eine letzte Spalte für die wenigen Familien, die keiner der vorhergehenden Kategorien eingegliedert werden konnten.

Frühere Tabellen haben uns gezeigt, welch großen Einfluss das Alter der Arbeitskräfte auf ihre Leistungen hat. Darum wollen wir jeder der sieben Hauptabteilungen unserer Tabelle noch die aus Tabelle 38 bekannten Altersklassen als Unterabteilungen einfügen. Diese Genauigkeit, die uns vor falschen Folgerungen schützen soll, hat nun freilich den Nachteil, dass sich uns bei der Betrachtung der Löhne der männlichen Arbeiter nur in der ersten Hauptspalte große Zahlen zeigen; alle anderen Zahlen sind klein und können daher nicht als ausschlaggebend angesehen werden, sondern höchstens eine gewisse Tendenz bezeichnen.

Um nun diesem Überstand etwas abzuhelfen und uns wenigstens über die Leistungsfähigkeit der von Textilarbeitern abstammenden Arbeiter im Verhältnis zur Gesamtheit klar zu werden, ist auf Hauptspalte 8 die aus dieser Tabelle gewonnene Durchschnittslohnhöhe der einzelnen Altersklassen angegeben, so

---

11 Zu vergleichen Teil I, Abschnitt II, Kapitel I.

Tabelle 45
Lohnhöhe nach dem Beruf des Vaters. Verdienst pro ½ Stunde

	Textilarbeiter					Fabrikarbeiter				
	14.–16.	17.–24.	25.–40.	40.–50.	50.–60.	14.–16.	17.–24.	25.–40.	40.–50.	50.–60.
	Lebensjahr					Lebensjahr				
	Pfg.	Pfg.	Pfg.	Pfg.	Pfg.	Pfg.	Pfg.	Pfg.	Pfg.	Pfg.
A. Männliche Arbeiter:										
Weber	9,6	12,5	16,8	12,6	(12,1)	8,7	(6,9)	–	–	(19,5)
R. Weber	–	–	–	–	–	(8,9)	14,0	–	–	–
Spinner	–	–	–	18,4	(18,8)	–	–	21,1	20,0	(14,2)
Alle Arbeiter	9,6	12,5	16,8	15,5	15,4	8,8	10,4	21,1	20,0	16,8
B. Weibliche Arbeiter:										
Ringspinnerinnen	–	12,2	–	14,0	–	(10,2)	13,1	14,4	–	–
Vorspinnerinnen	–	–	15,3	(12,0)	–	–	12,0	–	13,5	–
Hasplerinnen	9,1	11,4	–	–	–	7,0	11,6	14,2	–	–
Spul-, Streck-, Zwirnerinnen	–	11,6	12,1	(10,5)	–	(11,1)	12,6	(12,1)	–	–
Weberinnen	9,5	12,8	14,7	(8,7)	–	–	(12,3)	–	–	–
R. Weberinnen	(14,5)	16,4	–	–	–	–	–	–	–	–
Gelernte Arbeiterinnen	12,0	13,8	15,0	11,5	–	(10,2)	12,4	14,4	13,5	–
Angelernte Arbeiterinnen	9,1	11,5	12,1	(10,5)	–	9,0	12,1	13,1	–	–
Alle Arbeiterinnen	10,5	12,6	13,5	11,0	–	9,6	12,2	13,5	13,5	–

	Handwerker					Selbständige Bauern				
A. Männliche Arbeiter:										
Weber	(8,1)	–	–	–	(14,8)	–	–	–	–	–
R. Weber	(9,0)	19,7	–	–	–	–	–	17,4	–	–
Spinner	–	–	19,5	19,0	–	–	–	–	–	–
Alle Arbeiter	8,5	19,7	19,5	19,0	(14,8)	–	–	17,4	–	–
B. Weibliche Arbeiter:										
Ringspinnerinnen	–	10,7	(10,6)	–	–	–	–	–	–	–
Vorspinnerinnen	–	(13,4)	15,1	11,4	–	–	–	–	–	–
Hasplerinnen	–	–	(11,8)	–	–	–	11,5	(10,8)	–	–
Spul-, Streck-, Zwirnerinnen	–	(12,0)	–	(12,4)	–	(8,9)	11,9	12,0	12,4	–
Weberinnen	–	–	–	–	–	–	–	–	–	(8,9)
R. Weberinnen	–	–	–	–	–	–	(17,9)	–	–	–
Gelernte Arbeiterinnen	–	12,0	12,8	11,4	–	–	(17,9)	–	–	(8,9)
Angelernte Arbeiterinnen	–	(12,0)	(11,8)	(12,4)	–	(8,9)	11,7	11,4	12,4	–
Alle Arbeiterinnen	–	12,0	12,3	11,9	–	(8,9)	14,8	11,4	12,4	(8,9)

Die Abstammung der Familie 333

	Landarbeiter					Erd- und Bauarbeiter				
	14.–16.	17.–24.	25.–40.	40.–50.	50.–60.	14.–16.	17.–24.	25.–40.	40.–50.	50.–60.
	Lebensjahr					Lebensjahr				
	Pfg.	Pfg.	Pfg.	Pfg.	Pfg.	Pfg.	Pfg.	Pfg.	Pfg.	Pfg.
A. Männliche Arbeiter:										
Weber	–	–	15,3	(15,9)	(10,7)	–	(9,5)	–	(13,6)	(9,6)
R. Weber	–	–	–	–	–	–	–	–	–	–
Spinner	–	–	–	(21,5)	–	–	–	–	(19,8)	–
Alle Arbeiter	–	–	15,3	(18,7)	(10,7)	–	(9,5)	–	16,7	(9,6)
B. Weibliche Arbeiter:										
Ringspinnerinnen	–	(9,4)	–	–	–	–	–	–	–	–
Vorspinnerinnen	–	11,5	14,6	(12,3)	–	(13,9)	(16,1)	–	–	–
Hasplerinnen	–	–	–	–	–	8,4	–	–	(8,9)	–
Spul-, Streck-, Zwirnerinnen	–	–	–	–	–	–	(11,9)	(10,8)	(12,1)	–
Weberinnen	–	–	–	–	–	–	(10,9)	–	–	–
R. Weberinnen	–	–	–	–	–	–	(14,7)	–	–	–
Gelernte Arbeiterinnen	–	10,4	14,6	(12,3)	–	(13,9)	13,9	–	–	–
Angelernte Arbeiterinnen	–	–	–	–	–	8,4	(11,9)	(10,8)	10,5	–
Alle Arbeiterinnen	–	10,4	14,6	(12,3)	–	11,1	12,9	(10,8)	10,5	–

A. Männliche Arbeiter	Sonstiges					Zusammen				
Weber	7,9	–	–	(14,1)	–	8,5	9,6	16,0	14,0	13,3
R. Weber	–	17,5	(14,3)	–	–	8,9	17,0	15,8	–	–
Spinner	–	–	–	(16,8)	–	–	–	20,3	19,2	16,5
Alle Arbeiter	7,9	17,5	(14,3)	15,3	–	8,7	13,9	17,4	17,5	13,4
B. Weibliche Arbeiter:										
Ringspinnerinnen	–	11,7	(15,8)	–	–	(10,2)	11,4	13,6	14,0	–
Vorspinnerinnen	–	–	–	–	(11,1)	(13,9)	13,2	15,0	12,3	(11,1)
Hasplerinnen	–	–	(10,4)	–	–	8,1	11,5	11,8	(8,9)	–
Spul-, Streck-, Zwirnerinnen	–	12,2	(11,5)	–	–	(10,0)	12,0	11,8	11,8	–
Weberinnen	–	–	–	–	(13,9)	9,5	12,0	14,7	(8,7)	11,4
R. Weberinnen	–	–	–	–	–	(14,5)	16,3	–	–	–
Gelernte Arbeiterinnen	–	11,7	(15,8)	–	12,5	12,0	13,1	14,5	12,1	10,7
Angelernte Arbeiterinnen	–	12,2	10,9	–	–	8,8	12,2	11,6	11,4	–
Alle Arbeiterinnen	–	11,9	13,3	–	12,5	10,4	12,6	13,0	11,7	10,7

das wir feststellen können, ob die auf Spalte eins verzeichneten Löhne über oder unter dem Gesamtdurchschnitt stehen.

Im Allgemeinen scheint das Letztere der Fall zu sein. Nur in den ersten zwei Arbeitsjahren sind die Kinder der Textilarbeiter leistungsfähiger als die aus anderen Familien stammenden jugendlichen Arbeiter; sie übertreffen das Durchschnittsverdienst ihrer Altersklasse um 10,3 %; dagegen blieben die 17- bis 24jährigen Söhne von Textilarbeitern um fast ebensoviel unter der durchschnittlichen Lohnhöhe ihrer Altersklasse; die Differenz zwischen ihnen und der Gesamtheit verringert sich dann auf 3,5 %, um bei den 40- bis 50jährigen mit 11,5 % ihren Höhepunkt zu erreichen. Es scheint also, als ob bei den aus Textilarbeiterfamilien stammenden Arbeitern die Leistungsfähigkeit früher abnähme, als bei Arbeitern anderer Abstammung. Diese Vermutung wird noch bestärkt, wenn wir unter den männlichen Arbeitern die einzige große Zahlen enthaltende Arbeitskategorie, die Weber, betrachten, und auch bei ihnen die Löhne der Söhne der Textilarbeiter mit dem Gesamtlohn nach Altersklassen vergleichen: die Löhne der ersteren zeigen sich hier während der ersten zehn Arbeitsjahre dem Durchschnittslohn beträchtlich überlegen, in der dritten Altersklasse vermindert sich dieser Unterschied stark, um nach dem 40. Jahr völlig zu verschwinden.

Außer diesen Leistungsunterschieden, die wir für die von Textilarbeitern abstammenden Arbeiter je nach dem Alter feststellen konnten, wollen wir versuchen, noch einen wenigstens annähernden Überblick über die Leistungen der Arbeiter, die aus anderen Kategorien stammen, zu gewinnen und daher die drei mittleren Altersklassen in denjenigen Hauptspalten zusammenfassen, wo sie nicht gar zu kleine, d. h. eingeklammerte Zahlen zeigen, also für Textilarbeiter-, Fabrikarbeiter- und Handwerkersöhne. Drücken wir dann die so gewonnene Lohnziffer in Prozenten des Durchschnittslohnes dieser Altersklassen aus, die sich aus Spalte acht ergibt, so finden wir bedeutende Unterschiede: die Löhne der Söhne der Textilarbeiter bleiben um 8,1 % hinter dem Durchschnittslohn zurück, während die Söhne der Fabrikarbeiter letzteren um 5,5 %, die Söhne der Handwerker um 17,2 % übertreffen.

Wenden wir uns nun zu den weiblichen Arbeitern, um auch bei diesen den Einfluss der Abstammung auf Leistungsfähigkeit zu untersuchen, so liegen hier die Verhältnisse wesentlich günstiger als bei den männlichen Arbeitern, da fast jede Abstammungskategorie einige größere Zahlen aufweist. Vergleichen wir zuerst die drei ersten Hauptspalten, je nach Altersklassen untereinander, so scheinen die weiblichen Abkömmlinge der Textilarbeiter im Verhältnis zur Gesamtheit brauchbarer als die männlichen. Nicht nur zeigt uns die erste Altersklasse den höheren Lohn der Textilarbeiter- gegenüber den Fabrikarbeitertöchtern, eine Tatsache, die mit den bei den männlichen Arbeitern gefundenen Löhnen übereinstimmt, sondern wir können auch bei den 17- bis 24jährigen Arbeiterinnen eine, wenn auch schwache Abstufung der Löhne feststellen, wobei die Töchter der Textilarbeiter an erster, der Fabrikarbeiter an zweiter, der Handwerker an dritter Stelle stehen. In den ersten zehn Jahren sind also die dem Proletariat entstammenden Mädchen leistungsfähiger als die Handwerkertöchter, und unter ihnen nehmen wiederum die Kinder von Textilarbeitern die erste Stelle ein. In der folgenden Altersklasse verschwindet die Differenz zwischen den beiden ersten Kategorien und alle Proletarierkinder verdienen denselben Lohn, der, absolut betrachtet, noch gestiegen ist, während die Handwerkerkinder wiederum zurückbleiben. Unter den mehr als 40 Jahre alten Frauen endlich zeigen die aus Fabrikarbeiterfamilien stammenden die höchste Leistungsfähigkeit; ihr Lohn blieb derselbe wie in der vorhergehenden Altersklasse, während die von Textilarbeitern abstammenden Arbeiterinnen in diesem Alter, ebenso wie die männlichen Arbeiter (siehe oben) gänzlich nachlasen und die Handwerkertöchter zwischen den aus Proletarierkreisen stammenden Arbeiterinnen stehen.

Ziehen wir nun noch den Einfluss anderer Kindheitsumgebung in unsere Betrachtung, so können wir, wie bei früheren Tabellen, eine Lohnkurve der 17- bis 24jährigen Arbeiterinnen nach dem Einfluss des väterlichen Berufes auf ihre Leistungsfähigkeit konstruieren. Die Kurve hat ihren Höhepunkt bei dem Verdienst der von Textilarbeitern abstammenden Mädchen (106,7 % des Durchschnitts),[12] senkt sich dann von den Fabrikarbeiterkindern (103,4 % des Durchschnitts) zu den Handwerkerkindern (101,6 % des Durchschnitts). Eine durchschnittliche Lohnhöhe zeigen die Arbeiterinnen aus Spalte 7, während der Lohn der Töchter der Landarbeiter um 10,2 % unter den Durchschnitt sinkt. Die Leistungskurve der folgenden Altersklasse unter demselben Gesichtspunkt wie die eben besprochene Kurve bezogen, bietet ein gänzlich verändertes Bild. Nicht nur hat, wie schon vorher besprochen, die Leistungsfähigkeit der Fabrikarbeiterkinder diejenige der Textilarbeiterkinder erreicht, sondern das Verdienst beider Abstammungskategorien wird von dem der Landarbeitertöchter weit übertroffen, während diejenigen Arbeiterinnen, die von selbstständigen Bauern abstammen, den niedrigsten Lohn zeigen. Wir erhalten also eine Kurve, die Höhepunkt und Tiefpunkt bei den vom Land stammenden Arbeiterinnen hat, die als Landarbeitertöchter 111,4 %, als Bauerntöchter 87 % des Durchschnittsverdienstes der für diese Kurve in Betracht kommenden Arbeiterinnen verdienen, während die echten Proletarierinnen das Durchschnittsverdienst um ein weniges übertreffen (103 %) und der Lohn der Handwerkertöchter etwas darunter sinkt (93,9 %).

Über das Verhältnis der Löhne der letzten Altersklasse in den drei allein für sie in Betracht kommenden Abstammungskategorien haben wir schon oben gesprochen, und können nun dazu übergehen, die Löhne der gelernten und der angelernten Arbeiterinnen unter demselben Gesichtspunkt des Einflusses der Abstammung auf die Arbeitsleistung zu untersuchen.

Bei den gelernten Arbeiterinnen finden wir in der zweiten Altersklasse eine Kurve mit stärkeren Abstufungen, die den Einfluss von Abstammung und Kindheitsumgebung auf diese Kategorie von Arbeiterinnen bedeutender erscheinen lässt, aber sonst ganz mit der sämtlicher Arbeiterinnen übereinstimmt. Die größere Leistungsfähigkeit der Kinder von Textilarbeiter bleibt bestehen und auch noch in der folgenden Altersklasse verdienen diese den höchsten Lohn und die Kinder der Landarbeiter kommen an zweiter Stelle. Wenn hierdurch auch die für die dritte Altersklasse sämtlicher Arbeiterinnen festgestellte Lohnkurve verständlicher geworden ist, bleibt dennoch schwer erklärlich, warum die Landarbeitertöchter in den zwei verschiedenen Altersklassen eine so verschiedene Leistungsfähigkeit

---

12 Hier ist mit Durchschnitt nicht mehr die auf Spalte 8 angeführte Zahl gemeint, sondern, wie auch auf den früheren Tabellen der nur aus den besprochenen großen Zahlen gewonnene Durchschnittsverdienst.

zeigen. Diese überraschende Differenz wird auch dadurch nicht verständlich, dass wir sie bis zu ihrem Ursprung in den Löhnen der Vorspinnerinnen zurück verfolgen. Es liegt nahe, hier noch an andere, außerhalb der Kindheitsumgebung liegende Einflüsse, vor allem an den Familienstand zu denken (siehe oben Tabelle 39).

Haben wir bei den gelernten Arbeiterinnen eine entschiedne Mehrleistung der Kinder der Textilarbeiter bis zum 40. Jahr konstatieren können, so ist dies bei den angelernten Arbeiterinnen, außer in den zwei ersten Arbeitsjahren keineswegs der Fall. Vom 17. bis 24. Jahr verdienen die aus Textilarbeiterfamilien stammenden angelernten Arbeiterinnen sogar am wenigsten, während die Arbeiterinnen aus Spalte 7 sowohl wie die Fabrikarbeitertöchter die höchsten Verdienste, die Bauerntöchter einen mittleren Lohn zeigen. Im 25. bis 40. Jahr scheinen ebenfalls die Fabrik-, in höheren Jahren die Handwerker- und Bauerntöchter die leistungsfähigsten angelernten Arbeiterinnen zu sein, soweit man aus den kleinen Zahlen auf eine derartige Tendenz schließen darf.

Schließlich können wir als Resultate der Untersuchung über Tabelle 45 feststellen: Erstens für männliche und weibliche Arbeiter zusammen eine größere Leistungsfähigkeit der Kinder von Textilarbeitern in den ersten zwei Arbeitsjahren und ebenso bei ihnen eine Tendenz zu verminderter Leistungsfähigkeit nach dem 40. Jahr gegenüber den aus anderen Familien stammenden Arbeitskräften. Für die dazwischen liegenden Altersklassen ergibt sich zweitens für die gelernten Arbeiterinnen und für die Weber eine größere Arbeitsleistung der von Textilarbeitern abstammenden Arbeitskräfte, für die angelernten Arbeiterinnen und die Gesamtheit der männlichen Arbeiter ein Zurückbleiben der Vertreter dieser Abstammungskategorie gegenüber den anderen. Drittens scheinen unter den männlichen Arbeitern die Söhne von Handwerkern, unter den angelernten Arbeiterinnen die Töchter der Fabrikarbeiter den höchsten Lohn zu erreichen.

Ehe wir aber an die verschiedenen Resultate gehen, wollen wir noch den Einfluss von Abstammung und Kindheitsumgebung auf die Gleichmäßigkeit der Arbeitsleistung untersuchen, d. h. also feststellen, welche Abstammungskategorien die größten oder geringsten Lohnschwankungen aufweisen.

b. Lohnschwankungen nach dem Beruf des Vaters

Natürlich bietet uns die Betrachtung der Lohnschwankungen der männlichen Arbeiter unter diesem Gesichtspunkt dieselbe Schwierigkeit der wenigen großen und vielen kleinen Zahlen, der wir schon bei Besprechung von Tabelle 45 begegnen mussten. Es bleibt uns also auch hier wiederum nichts anderes übrig, als die Zahlen von Hauptspalte eins mit denen von Hauptspalte 8 zu vergleichen, um uns über die Arbeitsstetigkeit der von Textilarbeitern abstammenden Arbeiter im Verhältnis zur Gesamtheit klar zu werden.

Dieser Vergleich fällt nicht zugunsten der Textilarbeitersöhne aus und ergibt, wie auf der vorigen Tabelle unterdurchschnittliche Löhne, so hier überdurchschnittliche Schwankungen. Nur in der ersten Altersklasse arbeiten die Kinder der Textilarbeiter um 4,8 % regelmäßiger als die gleichaltrigen Arbeiter anderer Abstammung. Die Lohnschwankung der 17- bis 24jährigen Söhne der Textilarbeiter übertrifft dagegen den Durchschnitt um 48,8 %; diese Differenz verringert sich in der dritten Altersklasse auf 38,5 %, um bei den 40 Jahre alten Arbeitern die beträchtliche Weite von 80 % zu erreichen; die Arbeiter dieses Alters, die von Textilarbeitern abstammen, arbeiten also im 4/5 unregelmäßiger als die Gesamtheit dieser Altersklasse.

Erinnern wir uns an die Ergebnisse der vorigen Tabelle, so hat sich, die erste Altersklasse ausgenommen, die Unrentabilität der von Textilarbeitern abstammenden männlichen Arbeiter noch verstärkt. Bei denjenigen Söhnen von Textilarbeitern, die Weber wurden, ist anscheinend das Gegenteil der Fall. Die erste und dritte Altersklasse dieser Abstammungskategorie zeigt neben den auf der früheren Tabelle zu beobachtenden überdurchschnittlichen Löhnen hier unterdurchschnittliche Schwankungen, und nur bei den 17- bis 24jäfrigen Webern findet sich eine ungewöhnliche, schwer erklärliche Schwankungshöhe.

Wir wollen auch hier wieder, um einen Überblick über die der drei ersten Abstammungskategorien zu gewinnen, in jeder derselben die drei mittleren Altersklassen zusammenfassen und die so gewonnenen Schwankungsprozente untereinander und mit der aus Hauptspalte 8 berechneten Durchschnittsschwankungshöhe dieser Altersklassen vergleichen: als Resultate erhalten wir für die von Textilarbeitern abstammenden Arbeiter eine Schwankungshöhe, die 187 % des Durchschnitts beträgt. Die Fabrikarbeitersöhne arbeiten mit einer Lohnschwankung von 76,8 % schon regelmäßiger als die Gesamtheit und die Handwerkersöhne übertreffen sie noch an Stetigkeit, da ihre Lohnschwankungen nur 54,6 % des Durchschnitts betragen.

Wenn auch die hier zum Vergleich herangezogenen Zahlen nur klein sind, kann man nach dem Verhältnis von Lohnhöhe und Schenkungshöhe in den einzelnen Abstammungskategorien bei den Handwerkersöhnen von einer Tendenz zur Brauchbarkeit, bei den Textilarbeitersöhnen von einer entgegen gesetzten Tendenz sprechen.

Vergleichen wir nun die Gleichmäßigkeit der Arbeitsleistung der Töchter von Textilarbeitern, Fabrikarbeitern und Handwerkern miteinander, so finden wir in allen Altersklassen genau dieselben Resultate, wie oben bei den männlichen Arbeitern:[13] die aus Textilarbeiterfamilien stammenden Mädchen arbeiten am unregelmäßigsten; Fabrikarbeitertöchter schon gleichmäßiger und die Handwerkertöchter am stetigsten. Letztere sind also den »geborenen« Proletarierinnen an Zuverlässigkeit der Leistung entschieden überlegen, wenn sie auch, wie Tabelle 45 zeigte, in Bezug auf die Lohnhöhe ein wenig hinter ihnen zurückbleiben. In den ersten zehn Arbeitsjahren sind Textilarbeiter- und Fabrikarbeitertöchter wohl von der gleichen Rentabilität für den Betrieb: erstere zeigen höhere Löhne, letztere niedrigere Schwankungsprozente; in der dritten Altersklasse verändert sich dieses Verhältnis ein wenig zugunsten der Fabrikarbeitertöchter und unter den über 40 Jahre alten Frauen sind die Fabrikarbeitertöchter höher entlohnt und stetiger bei der Arbeit als die Textilarbeitertöchter

Eine Kurve, die uns den Einfluss von Abstammung und Familie auf die Lohnschwankungen der 17- bis 24jährigen Arbeiterinnen verdeutlichen soll, hat folgenden Verlauf: Von ihrem Höhepunkt bei den Textilarbeitertöchtern, die eine

---

[13] Diese Tatsache gibt den bei den männlichen Arbeitern gefundenen kleinen Zahlen größere Bedeutung.

Tabelle 46
Lohnschwankungen nach dem Beruf des Vaters. In Prozenten des Verdienstes

	Textilarbeiter					Fabrikarbeiter				
	14.–16.	17.–24.	25.–40.	40.–50.	50.–60.	14.–16.	17.–24.	25.–40.	40.–50.	50.–60.
	Lebensjahr					Lebensjahr				
	%	%	%	%	%	%	%	%	%	%
A. Männliche Arbeiter:										
Weber	20,1	24,7	15,1	16,0	(8,6)	19,3	(12,2)	–	–	(13,0)
R. Weber	–	–	–	–	–	(14,3)	10,1	–	–	–
Spinner	–	–	–	5,7	(9,5)	–	–	(5,8)	8,0	(15,2)
Alle Arbeiter	20,1	24,7	15,1	10,8	6,0	16,8	11,1	(5,8)	8,0	14,1
B. Weibliche Arbeiter:										
Ringspinnerinnen	–	9,6	–	18,3	–	(7,8)	10,8	10,9	–	–
Vorspinnerinnen	–	–	11,5	(13,6)	–	–	9,2	–	8,5	–
Hasplerinnen	10,1	14,3	–	–	–	10,7	9,8	13,9	–	–
Spul-, Streck-, Zwirnerinnen	–	10,7	10,2	(7,4)	–	(10,3)	7,9	(9,9)	–	–
Weberinnen	15,0	15,9	17,0	(12,7)	–	–	(13,7)	–	–	–
R. Weberinnen	(15,0)	10,7	–	–	–	–	–	–	–	–
Gelernte Arbeiterinnen	15,0	12,0	14,2	14,8	–	(7,8)	11,2	10,9	8,5	–
Angelernte Arbeiterinnen	10,1	12,5	10,2	(7,4)	–	10,5	8,8	11,9	–	–
Alle Arbeiterinnen	12,5	12,2	12,2	11,1	–	9,1	10,0	11,4	8,5	–

	Handwerker					Selbständige Bauern				
A. Männliche Arbeiter:										
Weber	(24,5)	–	–	–	(16,6)	–	–	–	–	–
R. Weber	(12,3)	7,7	–	–	–	–	11,0	–	–	–
Spinner	–	–	6,5	3,7	–	–	–	–	–	–
Alle Arbeiter	18,4	7,7	6,5	3,7	(16,6)	–	11,0	–	–	–
B. Weibliche Arbeiter:										
Ringspinnerinnen	–	8,1	(6,5)	–	–	–	–	–	–	–
Vorspinnerinnen	–	(7,5)	11,5	7,0	–	–	–	–	–	–
Hasplerinnen	–	–	9,1	–	–	–	13,4	(10,9)	–	–
Spul-, Streck-, Zwirnerinnen	–	(8,7)	–	(9,4)	–	(1,8)	10,6	10,6	(7,4)	–
Weberinnen	–	–	–	–	–	–	–	–	–	(19,2)
R. Weberinnen	–	–	–	–	–	–	(8,3)	–	–	–
Gelernte Arbeiterinnen	–	7,8	9,0	7,0	–	–	(8,3)	–	–	(19,2)
Angelernte Arbeiterinnen	–	(8,7)	(9,1)	(9,4)	–	(1,8)	12,0	10,7	(7,4)	–
Alle Arbeiterinnen	–	8,2	9,0	8,2	–	(1,8)	10,1	10,7	(7,4)	(19,2)

Die Abstammung der Familie

	Landarbeiter					Erd- und Bauarbeiter				
	14.–16.	17.–24.	25.–40.	40.–50.	50.–60.	14.–16.	17.–24.	25.–40.	40.–50.	50.–60.
	Lebensjahr					Lebensjahr				
	%	%	%	%	%	%	%	%	%	%
A. Männliche Arbeiter:										
Weber	–	–	17,2	(10,9)	(16,4)	–	(22,4)	–	(13,1)	(8,1)
R. Weber	–	–	–	–	–	–	(22,4)	–	–	–
Spinner	–	–	–	(5,8)	–	–	–	–	(7,3)	–
Alle Arbeiter	–	–	17,2	8,3	16,4	–	(22,4)	–	10,2	(8,1)
B. Weibliche Arbeiter:										
Ringspinnerinnen	–	(10,9)	–	–	–	–	–	–	–	–
Vorspinnerinnen	–	8,6	10,3	(8,1)	–	(12,1)	(16,4)	–	–	–
Hasplerinnen	–	–	–	–	–	10,5	–	–	(7,3)	–
Spul-, Streck-, Zwirnerinnen	–	–	–	–	–	–	(8,6)	(7,4)	(6,11)	–
Weberinnen	–	–	–	–	–	–	(24,5)	–	–	–
R. Weberinnen	–	–	–	–	–	–	(16,0)	–	–	–
Gelernte Arbeiterinnen	–	9,7	10,3	(8,1)	–	(12,1)	18,9	–	–	–
Angelernte Arbeiterinnen	–	–	–	–	–	10,5	(8,6)	(7,4)	6,7	–
Alle Arbeiterinnen	–	9,7	10,3	(8,1)	–	11,3	13,7	(7,4)	6,7	–

A. Männliche Arbeiter	Sonstiges					Zusammen				
Weber	(22,9)	–	–	–	(24,2)	23,2	19,7	16,1	13,5	14,4
R. Weber	–	10,5	(10,1)	–	–	13,3	9,4	10,5	–	–
Spinner	–	–	–	(7,3)	–	–	–	6,1	6,3	9,3
Alle Arbeiter	(29,1)	10,5	(10,1)	(7,3)	(24,2)	21,1	15,6	10,9	6,0	14,2
B. Weibliche Arbeiter:										
Ringspinnerinnen	–	10,1	(9,7)	–	–	(7,8)	9,9	9,0	18,3	–
Vorspinnerinnen	–	–	–	–	(4,8)	(12,1)	10,4	11,1	9,3	(4,8)
Hasplerinnen	–	–	(21,1)	–	–	10,4	12,5	13,7	(7,3)	–
Spul-, Streck-, Zwirnerinnen	–	8,4	(8,3)	–	–	6,0	9,1	9,2	7,5	–
Weberinnen	–	–	–	–	(19,1)	15,0	18,0	17,0	(12,7)	19,1
R. Weberinnen	–	–	–	–	–	(15,0)	11,6	–	–	–
Gelernte Arbeiterinnen	–	10,1	(9,7)	–	11,8	11,6	11,1	10,8	9,6	15,2
Angelernte Arbeiterinnen	–	8,4	14,7	–	–	8,2	9,8	10,4	7,7	–
Alle Arbeiterinnen	–	9,2	12,2	–	11,8	8,6	10,4	10,4	8,3	15,2

Schwankung von 123,2 % des hier in Betracht kommenden Durchschnitts erreichen,[14] fällt sie langsam zu Bauern- und Fabrikarbeitertöchtern (101 % des Durchschnitts), sinkt bei den Landarbeitertöchtern um 2,1 %, bei den Arbeiterinnen aus Spalte 7 und 7,1 % unter den Durchschnitt, um endlich die Handwerkertöchter, deren Schwankungshöhe nur 82,9 % des Durchschnitts beträgt, als die zuverlässigsten Arbeiterinnen zu erweisen.

Eine für die 25- bis 40jährigen Arbeiterinnen unter denselben Voraussetzungen gezogene Schwankungskurve zeigt (das Wegfallen von Spalte 7 ausgenommen) genau dieselbe Reihenfolge der Abstammungskategorien: Textilarbeiter-, Fabrikarbeiter- und Bauerntöchter haben auch in der höheren Altersklasse überdurchschnittliche Schwankungsprozente, Landarbeiter- und Handwerkertöchter arbeiten am regelmäßigsten. Auch die Lohnschwankungen der gelernten und angelernten Arbeiterinnen zeigen im Wesentlichen dieselben Einflüsse der Abstammung auf die Stetigkeit der Arbeitsleistung, die wir bei sämtlichen Arbeitern und Arbeiterinnen beobachten konnten. Daher wird die günstige Stellung der Textilarbeitertöchter unter den gelernten Arbeiterinnen (siehe Tabelle 45) durch ihre hohen Schwankungsprozente wesentlich beeinträchtigt, ihre ungünstige Stellung unter den angelernten Arbeiterinnen durch dieselbe Tatsache nicht unerheblich verschärft. Außer den aus Handwerkerfamilien stammenden Mädchen zeigen unter den angelernten Arbeiterinnen die Fabrikarbeitertöchter, unter den gelernten die Landarbeitertöchter sehr geringe Schwankungen. Letztere beiden Abstammungskategorien sind auch unter den Vorspinnerinnen durch große Arbeitsstetigkeit ausgezeichnet, während Ringspinnen die einzige Arbeit ist, bei der die Textilarbeitertöchter regelmäßiger als die Fabrikarbeitertöchter arbeiten und nur von den Handwerkertöchtern übertroffen werden.

Als allgemeine Resultate aus den Zahlen der vorliegenden Tabelle ergeben sich nach dem oben Gesagten: Erstens unter den männlichen und weiblichen Arbeitern zeigen die aus Textilarbeiterfamilien stammenden Arbeitskräfte die höchsten, die aus Handwerkerfamilien stammenden die niedrigsten Lohnschwankungen. Von diesem Ergebnis weicht zweitens die erste Altersklasse sämtlicher männlicher Arbeiter und zwei Altersklassen der Weber zugunsten der Textilarbeitersöhne ab. Drittens zeigen unter den weiblichen Arbeitern die Landarbeiter- und Bauerntöchter eine größere Stetigkeit als die Fabrikarbeitertöchter.

Um uns nun noch einmal zusammenfassend über die Ergebnisse von Tabellen 45 und 46 klar zu werden, und den Einfluss der beruflichen Provenienz auf Lohnhöhe und Lohnschwankung wenigstens annäherungsweise zu begründen, teilen wir am besten die fünf ersten Abstammungskategorien[15] in zwei Hauptgruppen und vergleichen die Leistungen der aus dem Proletariat im engeren Sinne entstammenden Arbeiterinnen mit den Leistungen derjenigen, die aus den traditionellen Berufen Handwerk und Landarbeit herkommen.

---

14 Unter Durchschnitt ist hier wiederum, wie bei Tabelle 45, nicht die auf Hauptspalte 8 gegebene Zahl, sondern eine nur aus den angeführten Zahlen gewonnene Durchschnittszahl zu verstehen.
15 Die Kategorie »Erd- und Bauarbeiter« ziehe ich der nur kleinen Zahlen wegen nicht zum Vergleich heran; ebenso wenig die letzte Spalte, da sie als eine Art Rumpelkammer wenig Interesse hat.

Kurz gesagt, finden wir dann bei der ersten Gruppe, den »echten« Proletarierinnen, hohen Lohn und hohe Schwankungen; bei der zweiten Gruppe geringeren Lohn und geringere Schwankungen.

Sehen wir, wie immer, hohen Lohn als Ausdruck von Anpassungsfähigkeit und Geschicklichkeit, niedrige Schwankungen physisch als Zeichen von Nervenkraft, psychisch als Merkmal der Zuverlässigkeit an, so scheinen die Proletarierkinder mehr von den ersteren, Handwerker- und Bauernkinder mehr von den letzteren Eigenschaften mitbekommen zu haben. Beide Tatsachen sind nicht überraschend und lassen sich sowohl rein physisch aus verschiedenen Lebensgewohnheiten und Gesundheit der Eltern, wie aus Beispiel und Einfluss der Umgebung in den Jugendjahren erklären. Außer der dem Handwerker und Landmann anhaftenden Gemächlichkeit, scheinen sich ihre Nachkommen auch noch ein wenig der »moralischen« Qualitäten dieser Stände, selbst unter gänzlich veränderten Arbeitsbedingungen bewahrt zu haben. Dass von beiden Abstammungskategorien die Handwerkerfamilie bessere Arbeiter erzieht als die Landarbeiterfamilie, kann uns nach dem, was über den Einfluss von Land, Landstadt und Kleinstadt gesagt wurde, nicht mehr wundern und erklärt sich aus den günstigen Ernährungs- und Erziehungschancen.

Sehen wir bei der Vergleichung der beiden ersten Abstammungskategorien miteinander, dass die Kinder der Textilarbeiter bei männlichen sowohl als bei weiblichen Arbeitern in den ersten Jahren höhere Löhne verdienen, als Kinder mit anderer beruflicher Provenienz, und dass ferner bei den gelernten Arbeiterinnen die Töchter der Textilarbeiter in Bezug auf den Lohn, bei den Webern die Männer derselben Abstammung sogar in Bezug auf Lohnhöhe und Lohnschwankung vor den anderen Arbeitskräften begünstigt sind, so könnte man an die Vererbung der Berufsgeschicklichkeit als ganz entfernte Möglichkeit denken. Jedenfalls übertreffen in der gelernten Frauenarbeit und beim Weben die Kinder der Textilarbeiter diejenigen anderer Arbeiter an Anpassungsfähigkeit und Geschicklichkeit.

Dass bei den angelernten Arbeiterinnen nicht dasselbe der Fall ist, erklärt sich ersten durch die verschiedenen Anforderungen, die die angelernten Arbeiten stellen. Es kommt, wie im ersten Abschnitt gesagt wurde, hier mehr auf Kraft (Strecken) und Ausdauer (Spulen) als auf besondere Geschicklichkeit an. In derjenigen Arbeitskategorie unter den angelernten Arbeiten, die am meisten Fingerfertigkeit fordert, beim Haspeln, bleibt der Lohn der Textilarbeiterkinder auch nur um einen verschwindenden Prozentsatz hinter dem der Fabrikarbeiterkinder zurück. Ferner darf wohl angenommen werden, dass diejenigen Töchter von Textilarbeitern, die nur angelernte Arbeiterinnen werden, von vornherein die wenigst geschickten und intelligenten sind, denn sonst hätten ihre Eltern sie wahrscheinlich der besser entlohnten gelernten Arbeit zugeführt.[16]

Man könnte versucht sein, die hohen Schwankungsprozente der Kinder von Textilarbeitern mit ihrer starken Leistungsabnahme nach dem 40. Lebensjahr zusammenzubringen, und beide Tatsachen auf den Körperkraft und Nervensystem frühzeitig zerstörenden Einfluss der Weberei zurückzuführen, die hier, wo es sich um den Beruf des Vaters handelt, fast ausschließlich in Betracht kommt.

---

16 Von den männlichen Arbeitern rede ich der so kleinen Zahlen wegen hier nicht besonders.

Da wir wohl annehmen dürfen, dass dieser Einfluss in der vorigen Generation bei niedrigeren Löhnen und schlechteren Arbeitsbedingungen stärker war als heute, können wir vielleicht hieraus annäherungsweise die große Unregelmäßigkeit in den Leistungen der Textilarbeiterkinder zu verstehen versuchen.

Obgleich alles hier Gesagte, der geringen Anzahl der untersuchten Fälle wegen, nicht als B e w e i s , sondern höchstens als H i n w e i s gelten darf, haben die aufgeführten Zahlen doch gezeigt, dass es voraussichtlich lohnen wird, derartige Untersuchungen auch für eine größere Menschenzahl vorzunehmen. Denn auch hier schon hat sich ergeben, dass die Einflüsse, die Arbeiter und Arbeiterin aus Heimatstadt und Familienkreis mit hinaus ins Leben nehmen, ihre beruflichen Leistungen in nicht geringer Weise beeinflussen.

Anmerkung von Christian Wolfsberger (2012):

[1] Superiorität: lat.: Überlegenheit, Übergewicht, hier letzteres.

Dritter Abschnitt
Der Einfluss von Eigenart und Lebensverhältnissen auf die Arbeitsleistung

1. Die frühere Tätigkeit[1]

Wir haben uns hier zur Aufgabe gemacht, aus den Lebensschicksalen der Arbeiter einzelne bedeutsame Momente herauszugreifen und deren Wirkung auf spätere berufliche Leistungen soweit als möglich zahlenmäßig festzustellen.

So hat uns, nach allgemeinen Erörterungen über Einfluss des Alters und des Familienstandes der zweite Abschnitt die Wirkung der Kindheitsumgebung auf die Rentabilität gezeigt und wir können nun, dem Lebensschicksal des Arbeiters folgend, die Frage aufwerfen, welche gleichzeitigen Momente die Arbeitsleistungen der erwachsenen Arbeiters oder der Arbeiterin während ihrer Tätigkeit in der Textilindustrie günstig oder ungünstig beeinflussen.

Sozusagen als Übergang von den früheren zu diesen Untersuchungen können uns zwei Tabellen dienen, die uns die Wirkung verdeutlichen sollen, welche andersgeartete frühere ausgeübte Berufe auf die jetzige Leistungsfähigkeit der Arbeitskraft haben. Wir wollen also das letzte Stadium des Weges, der den Arbeiter zur Spinnerei und Weberei führte, mit seinen Leistungen innerhalb derselben in Verbindung bringen. Diese Untersuchungen haben ein doppeltes Interesse, indem sie nicht nur – dem allgemeinen Gedanken dieser Arbeit folgend – auf vielleicht bemerkbare physische und psychische Einflüsse hinweisen, sondern zugleich die s o z i a l wichtige Frage zu beantworten versuchen, ob das lebenslange Ausüben ein und derselben Teilarbeit, das man oft als eines der größten Übel der Fabrikarbeit bezeichnet, wirklich von pekuniären Vorteilen begleitet ist.[2]

a. Die Lohnhöhe nach früheren Berufen

Ordnen wir also unsere Arbeitskräfte nach sieben Berufskategorien, und stellen in der ersten derselben die Löhne derjenigen Arbeitskräfte fest, die ihr ganzes Leben lang stets dieselbe Teilarbeit getan haben. Die beiden nächsten Spalten zeigen die Einflüsse anderer früher ausgeübter Fabrikarbeit, und zwar trennen wir dabei die ungelernte Fabrikarbeit von der Textilarbeit, da gerade diese letztere Berufskategorie unter dem sozialen Gesichtspunkt einer Abwechslungsmöglichkeit in der Arbeit ein besonderes Interesse beanspruchen darf. Den Einfluss körperlich schwerer, aber meist in frischer Luft ausgeübter und weniger monotoner Arbeit verdeutlichen uns die vierte Berufskategorie für die männlichen, die fünfte und sechste für die weiblichen Arbeiter, während auf der letzten Spalte, leider nur spärlich vertreten, die Wirkung früher ausgeübter »höherer Berufe« zur Geltung kommt.

---

1   Zu vgl. Teil I, Abschnitt II: Die Berufskombinationen.
2   Zu vgl. mit Teil I, Abschnitt II, Kapitel II: Die Bedeutung des Berufswechsels.

Tabelle 47

Einfluss früherer Tätigkeit. Verdienst pro ½ Stunde

	Dieselbe Arbeit					Andere Textilarbeit				
	14.–16.	17.–24.	25.–40.	40.–50.	50.–60.	14.–16.	17.–24.	25.–40.	40.–50.	50.–60.
	Lebensjahr					Lebensjahr				
	Pfg.	Pfg.	Pfg.	Pfg.	Pfg.	Pfg.	Pfg.	Pfg.	Pfg.	Pfg.
A. Männliche Arbeiter:										
Weber	7,7	10,7	17,3	13,7	11,4	–	–	–	–	–
R. Weber	8,9	17,1	(17,7)	–	–	–	–	–	–	–
Spinner	–	–	18,7	19,7	16,5	–	–	–	(19,8)	–
Alle Arbeiter	8,3	13,9	17,9	16,7	13,9	–	–	–	(19,8)	–
B. Weibliche Arbeiter:										
Ringspinnerinnen	(10,2)	12,4	14,0	–	–	10,5	–	–	–	–
Vorspinnerinnen	(13,9)	12,2	15,3	12,9	–	12,7	14,1	(11,2)	–	–
Hasplerinnen	8,8	12,4	11,9	–	–	(7,9)	–	–	–	–
Spul-, Streck-, Zwirnerinnen	10,0	13,5	12,0	–	–	10,9	–	–	–	–
Weberinnen	9,5	12,3	15,0	10,5	–	–	–	–	–	–
R. Weberinnen	16,2	–	–	–	–	(16,5)	–	–	–	–
Gelernte Arbeiterinnen	12,4	12,3	14,7	11,7	–	13,2	14,1	(11,2)	–	–
Angelernte Arbeiterinnen	9,4	12,9	11,9	–	–	(7,9)	10,9	–	–	–
Alle Arbeiterinnen	10,9	12,6	13,3	11,7	–	(7,9)	12,0	14,1	(11,2)	–

A. Männliche Arbeiter:

	Ungelernte Fabrikarbeit				Acker- und Bauarbeit				
Weber	(8,0)	–	–	(13,6)	(19,)	–	(14,9)	–	(12,1)	(12,1)
R. Weber	–	(13,6)	(14,3)	–	–	–	–	–	–
Spinner	–	–	–	18,1	–	–	–	–	(20,9)	–
Alle Arbeiter	(8,0)	(13,6)	(14,3)	15,8	(19,5)	–	(14,9)	–	16,5	(12,1)

B. Weibliche Arbeiter:

Ringspinnerinnen	–	(9,5)	–	–	–	–	–	–	–
Vorspinnerinnen	–	–	–	(12,3)	–	–	–	–	–	–
Hasplerinnen	(7,1)	–	–	–	–	–	–	–	–
Spul-, Streck-, Zwirnerinnen	–	11,4	–	–	–	–	–	–	–
Weberinnen	–	–	–	–	–	–	–	–	–
R. Weberinnen	–	–	–	–	–	–	–	–	–
Gelernte Arbeiterinnen	–	(9,5)	–	(12,3)	–	–	–	–	–
Angelernte Arbeiterinnen	(7,1)	11,4	–	–	–	–	–	–	–
Alle Arbeiterinnen	(7,1)	10,4	–	(12,3)	–	–	–	–	–

Die Abstammung der Familie

	Acker- und Hausarbeit					Hausarbeit				
	14.–16.	17.–24.	25.–40.	40.–50.	50.–60.	14.–16.	17.–24.	25.–40.	40.–50.	50.–60.
	Lebensjahr					Lebensjahr				
	Pfg.	Pfg.	Pfg.	Pfg.	Pfg.	Pfg.	Pfg.	Pfg.	Pfg.	Pfg.
A. Männliche Arbeiter:										
Weber	–	–	–	–	–	–	–	–	–	–
R. Weber	–	–	–	–	–	–	–	–	–	–
Spinner	–	–	–	–	–	–	–	–	–	–
Alle Arbeiter	–	–	–	–	–	–	–	–	–	–
B. Weibliche Arbeiter:										
Ringspinnerinnen	–	–	–	–	–	–	12,1	(11,6)	14,0	–
Vorspinnerinnen	–	–	–	–	–	–	12,6	15,5	(12,0)	13,4
Hasplerinnen	–	–	(10,8)	(8,9)	–	–	9,7	13,5	–	–
Spul-, Streck-, Zwirnerinnen	–	12,5	–	12,3	–	–	–	11,7	(10,5)	–
Weberinnen	–	–	–	–	–	–	–	(14,1)	–	–
R. Weberinnen	–	–	–	–	–	–	16,3	–	–	–
Gelernte Arbeiterinnen	–	–	–	–	–	–	13,6	13,7	13,0	13,4
Angelernte Arbeiterinnen	–	12,5	(10,8)	10,6	–	–	9,7	12,6	(10,5)	–
Alle Arbeiterinnen	–	12,5	(10,8)	10,6	–	–	11,6	13,1	11,7	13,4

A. Männliche Arbeiter	Handwerk oder Nähen					Zusammen				
Weber	–	–	–	–	(14,1)	7,8	12,8	17,3	13,1	14,3
R. Weber	–	–	–	–	–	8,9	15,3	16,0	–	–
Spinner	–	–	(20,4)	–	–	–	–	19,5	19,6	16,5
Alle Arbeiter	–	–	(20,4)	–	(14,1)	8,1	14,1	17,5	17,2	14,9
B. Weibliche Arbeiter:										
Ringspinnerinnen	–	–	–	–	–	–	–	–	–	–
Vorspinnerinnen	–	–	–	–	–	–	–	–	–	–
Hasplerinnen	–	(10,2)	–	–	–	–	–	–	–	–
Spul-, Streck-, Zwirnerinnen	–	–	–	–	–	–	–	–	–	–
Weberinnen	–	–	–	–	–	–	–	–	–	–
R. Weberinnen	–	(15,0)	–	–	–	–	–	–	–	–
Gelernte Arbeiterinnen	–	15,0	–	–	–	–	–	–	–	–
Angelernte Arbeiterinnen	–	(10,2)	–	–	–	–	–	–	–	–
Alle Arbeiterinnen	–	12,6	–	–	–	–	–	–	–	–

Auch hier ist es, ebenso wie auf den Tabellen 45 und 46, der Genauigkeit halber unerlässlich, jeder Berufskategorie die fünf Altersklassen als Unterabteilungen zu geben.

Nach dem, was wir aus Teil I über den Berufswechsel der gelernten Arbeiter wissen, wird es nicht verwundern, bei der Betrachtung der Löhne der männlichen Arbeiter mit einer einzigen Ausnahme nur in der ersten Berufskategorie große Zahlen zu finden. Es bleibt uns daher auch hier wiederum nichts anderes übrig, als ebenso wie bei den Tabellen 45 und 46, die auf Spalte 8 gegebenen Durchschnittslöhne mit denen der ersten Spalte für dieselben Altersklassen zu vergleichen.

Dieser Vergleich ergibt, dass sich für die drei ersten Altersklassen weder ein günstiger noch ein ungünstiger Einfluss anders gearteter früherer Tätigkeit feststellen lässt. Die erste Altersklasse der stets bei derselben Arbeit gebliebenen Arbeiter verdient einen Lohn, der, was ja leicht verständlich, um 2,4 % über dem Durchschnittslohn steht. Das Verdienst der zweiten Altersklasse derselben Berufskategorie bleibt um 1,5 % hinter dem Durchschnitt zurück, während die dritte Altersklasse den Durchschnitt wieder um 2,3 % übertrifft. Fassen wir diese drei Altersklassen zusammen, so steht das Verdienst derjenigen Arbeiter, die stets dieselbe Arbeit taten, um 0,7 % höher als das Gesamtdurchschnittsverdienst derselben Altersklassen. Das 40. Jahr bringt auch hier wieder, wie schon so oft, eine Veränderung. War bis dahin das lebenslängliche Ausüben derselben Arbeit kaum ein Vorteil, so ist es von dieser Altersgrenze an eher ein Nachteil zu nennen, denn fassen wir die beiden höchsten Altersklassen zusammen, so beträgt der Lohn in der ersten Berufskategorie vertretenen Arbeiter nur 87,4 % des Gesamtverdienstes der Arbeiter dieser Altersklassen. Da, wie uns die dritte Spalte zeigt, diejenigen 40- bis 50jährigen Arbeiter, die früher ungelernte Arbeit taten, einen noch geringeren Lohn verdienen, so scheinen früher ausgeübte andere Textilarbeit und ebenso Acker- und Bauarbeit, also Arbeit in frischer Luft, die Leistungsfähigkeit im Alter günstig zu beeinflussen.

Auch für die Spinner lässt sich, freilich nur auf sehr kleine Zahlen gestützt und darum mit größter Vorsicht aufzunehmen, dieselbe Tendenz feststellen, während bei den vierstühligen Webern die Verhältnisse wiederum etwas anders liegen. Ihre Löhne stehen in der ersten und zweiten Altersklasse unter dem Gesamtdurchschnitt, in der vierten ein wenig darüber und in der höchsten weit darunter; also auch bei ihnen kann man kaum von einem durch Beschränkung auf einen einzigen Arbeitsakt erworbenen pekuniären Vorteil sprechen.

Betrachten wir die Löhne der weiblichen Arbeiter, bei denen jede Berufskategorie durch mindestens eine größere Zahl vertreten ist, so scheint hier allerdings das lebenslängliche Gebundensein an dieselbe Teilarbeit eine, wenn auch geringe Erhöhung der Leistungsfähigkeit mit sich zu bringen. Die 17- bis 24jährigen Mädchen, eine Altersklasse, die die meisten großen Zahlen aufweist und die wir darum zuerst betrachten, erreichen ihren höchsten Lohn, 106,7 % des Durchschnitts, wenn sie stets dieselbe Teilarbeit getan haben;[3] aber ihr Verdienst wird fast von dem der Vertreterinnen der Berufskategorie »Acker- und Hausarbeit« erreicht (105,9 % des

---

[3] Das ist in dieser Altersklasse sehr begreiflich, da die Mädchen ja noch im Übungsstadium stehen.

Durchschnitts). Die Beschäftigung mit anderer Textilarbeit scheint einen weniger günstigen Einfluss zu haben, denn die betreffenden Arbeiterinnen verdienen einen fast durchschnittlichen Lohn (101,6 % des Durchschnitts). Unterdurchschnittliche Leistungen endlich zeigen die Mädchen, die früher nur Hausarbeit und solche, die früher nur ungelernte Fabrikarbeit taten. Das Verdienst der ersteren steht um 1,6 %, das der letzteren sogar um 11,9 % unter dem Durchschnittsverdienst ihrer Altersklasse.

Eine Leistungskurve, die also den Einfluss früherer beruflicher Tätigkeit auf die zuletzt ausgeübte verdeutlichen soll, hat ihren Höhepunkt in der ersten Berufskategorie, sinkt kaum merklich zur fünften und etwas rascher zur zweiten und sechsten, um in der dritten ihren Tiefpunkt zu erreichen.

Auch für die anderen Altersklassen ergibt sich, bei allerdings wenigen Zahlen, eine kleine lohndrückende Wirkung früher ausgeübter anders gearteter Tätigkeit.

Bei den angelernten Arbeiterinnen können wir annähernd dieselben Tendenzen für die zweite Altersklasse feststellen, nur ist hier die Berufskategorie »ungelernte Fabrikarbeit« günstiger, diejenige »andere Textilarbeit« (kleine Zahl) ungünstiger gestellt. In der dritten Altersklasse hat früher ausgeübte Hausarbeit sogar außerordentlich lohnsteigernd gewirkt und derselbe günstige Einfluss der Hausarbeit auf die beruflichen Leistungen der Arbeiterinnen macht sich bei den gelernten Arbeiterinnen der zweiten Altersklasse geltend. Unter ihnen sind überhaupt die Vertreterinnen der ersten Berufskategorie die am niedrigsten entlohnten; denn auch diejenigen Mädchen, die früher andere Textilarbeit taten, zeigen sich im Gegensatz zu den bei den angelernten Arbeiterinnen gefundenen Zahlen leistungsfähiger.

Die verschiedene Wirkung früher ausgeübter anderer Teilarbeit bei gelernten und angelernten Arbeiterinnen lässt sich wohl einerseits dadurch erklären, dass die betreffenden Arbeiterinnen unter den gelernten Arbeiterinnen eine Auslese der Besten darstellen; denn sie sind sehr wahrscheinlich von leichteren angelernten Arbeiten zu schwierigeren »befördert« worden. Unter den angelernten Arbeiterinnen dagegen stellen sie aller Wahrscheinlichkeit nach eine Auslese der Schlechten dar, denn hier war wohl das umgekehrte der Fall. Doch können wir andererseits auch die sozial nicht ganz unwichtige Behauptung aufstellen, dass früher erworbene leichtere Berufsgeschicklichkeiten die spätere Leistungsfähigkeit bei komplizierteren Arbeiten nicht beeinträchtigen.

Auch die Erklärung des zweiten Resultates dieser Tabelle, der hohen Löhne der fünften und sechsten Berufskategorie kann nicht sehr schwer fallen; einerseits können wir an die größere Zuträglichkeit dieser Berufe für die Gesundheit, andererseits, da es sich in den höheren Altersklassen hier meist um verheiratete Frauen handelt, an den früher besprochenen hohen Lohn der verheirateten Frauen und die dort dafür angeführten Gründe denken.

Doch ehe wir weiter erläuternde Andeutungen geben, wollen wir den Einfluss früherer Tätigkeit auch auf die Gleichmäßigkeit der Arbeitsleistung feststellen und versuchen, ob wir durch ein Vergleichen von Lohnhöhe und Schwankungshöhe in den verschiedenen Berufskategorien ihre Stellung zueinander nicht deutlicher und namentlich ihre Wirkung im Verhältnis zur lebenslänglich ausgeübten Teilarbeit nicht klarer machen können, als dies bisher gelungen ist.

Tabelle 48
Einfluss früherer Tätigkeit. Schwankungen in Prozenten des Verdienstes

	Dieselbe Arbeit					Andere Textilarbeit				
	14.–16.	17.–24.	25.–40.	40.–50.	50.–60.	14.–16.	17.–24.	25.–40.	40.–50.	50.–60.
	Lebensjahr					Lebensjahr				
	%	%	%	%	%	%	%	%	%	%
A. Männliche Arbeiter:										
Weber	24,7	20,6	13,2	14,3	13,7	–	–	–	–	–
R. Weber	13,3	9,2	(12,7)	–	–	–	–	–	–	–
Spinner	–	–	6,4	6,8	9,5	–	–	–	(5,8)	–
Alle Arbeiter	19,0	14,9	10,7	10,5	11,6	–	–	–	(5,8)	–
B. Weibliche Arbeiter:										
Ringspinnerinnen	(7,8)	10,5	12,2	–	–	–	8,7	–	–	–
Vorspinnerinnen	(12,9)	9,1	9,3	6,9	–	–	11,1	12,5	(8,3)	–
Hasplerinnen	10,5	11,0	15,4	–	–	(8,8)	–	–	–	–
Spul-, Streck-, Zwirnerinnen	(6,0)	8,8	9,7	–	–	–	11,1	–	–	–
Weberinnen	15,0	15,4	16,8	17,0	–	–	–	–	–	–
R. Weberinnen	13,9	–	–	–	–	–	(10,9)	–	–	–
Gelernte Arbeiterinnen	12,4	11,6	12,7	11,9	–	–	10,2	12,5	(8,3)	–
Angelernte Arbeiterinnen	8,2	9,9	12,5	–	–	(8,8)	11,1	–	–	–
Alle Arbeiterinnen	10,3	10,7	12,6	11,9	–	(8,8)	10,6	12,5	(8,3)	–

	Ungelernte Farbikarbeit					Acker- und Bauarbeit				
A. Männliche Arbeiter:										
Weber	(29,3)	–	–	(13,1)	(13,0)	–	(21,1)	–	(26,9)	(8,6)
R. Weber	–	(11,8)	(10,1)	–	–	–	–	–	–	–
Spinner	–	–	–	7,2	–	–	–	–	(2,1)	–
Alle Arbeiter	(29,3)	(11,8)	(10,1)	10,1	(13,0)	–	(21,1)	–	14,5	(8,6)
B. Weibliche Arbeiter:										
Ringspinnerinnen	–	(8,8)	–	–	–	–	–	–	–	–
Vorspinnerinnen	–	–	–	(8,1)	–	–	–	–	–	–
Hasplerinnen	(10,7)	–	–	–	–	–	–	–	–	–
Spul-, Streck-, Zwirnerinnen	–	9,1	–	–	–	–	–	–	–	–
Weberinnen	–	–	–	–	–	–	–	–	–	–
R. Weberinnen	–	–	–	–	–	–	–	–	–	–
Gelernte Arbeiterinnen	–	(8,8)	–	(8,1)	–	–	–	–	–	–
Angelernte Arbeiterinnen	10,7	9,1	–	–	–	–	–	–	–	–
Alle Arbeiterinnen	10,7	8,9	–	(8,1)	–	–	–	–	–	–

Die frühere Tätigkeit

	Acker- und Hausarbeit					Hausarbeit				
	14.–16.	17.–24.	25.–40.	40.–50.	50.–60.	14.–16.	17.–24.	25.–40.	40.–50.	50.–60.
	Lebensjahr					Lebensjahr				
	%	%	%	%	%	%	%	%	%	%
A. Männliche Arbeiter:										
Weber	–	–	–	–	–	–	–	–	–	–
R. Weber	–	–	–	–	–	–	–	–	–	–
Spinner	–	–	–	–	–	–	–	–	–	–
Alle Arbeiter	–	–	–	–	–	–	–	–	–	–
B. Weibliche Arbeiter:										
Ringspinnerinnen	–	–	–	–	–	–	9,2	(11,2)	18,1	–
Vorspinnerinnen	–	–	–	–	–	–	8,2	12,0	(13,5)	7,6
Hasplerinnen	–	–	(10,9)	(7,3)	–	–	14,4	12,2	–	–
Spul-, Streck-, Zwirnerinnen	–	8,3	–	7,8	–	–	–	10,4	(7,4)	–
Weberinnen	–	–	–	–	–	–	–	(17,5)	–	–
R. Weberinnen	–	–	–	–	–	–	12,1	–	–	–
Gelernte Arbeiterinnen	–	–	–	–	–	–	9,8	13,6	15,8	7,6
Angelernte Arbeiterinnen	–	8,3	(10,9)	7,5	–	–	14,4	11,3	(7,4)	–
Alle Arbeiterinnen	–	8,3	(10,9)	7,5	–	–	12,1	12,4	11,6	7,6

A. Männliche Arbeiter	Handwerk oder Nähen					Zusammen				
Weber	–	–	–	–	24,2	27,0	20,8	13,2	18,1	15,5
R. Weber	–	–	–	–	–	13,3	10,5	11,4	–	–
Spinner	–	–	(5,4)	–	–	–	–	5,9	5,4	9,5
Alle Arbeiter	–	–	(5,4)	–	24,2	24,1	15,9	8,7	10,2	14,3
B. Weibliche Arbeiter:										
Ringspinnerinnen	–	–	–	–	–	–	–	–	–	–
Vorspinnerinnen	–	–	–	–	–	–	–	–	–	–
Hasplerinnen	–	(16,2)	–	–	–	–	–	–	–	–
Spul-, Streck-, Zwirnerinnen	–	–	–	–	–	–	–	–	–	–
Weberinnen	–	–	–	–	–	–	–	–	–	–
R. Weberinnen	–	(8,6)	–	–	–	–	–	–	–	–
Gelernte Arbeiterinnen	–	(8,6)	–	–	–	–	–	–	–	–
Angelernte Arbeiterinnen	–	(16,2)	–	–	–	–	–	–	–	–
Alle Arbeiterinnen	–	12,4	–	–	–	–	–	–	–	–

b. Die Lohnschwankungen nach früheren Berufen

Ein Blick auf die Schwankungsprozente der männlichen Arbeiter, nach Berufskategorien und innerhalb derselben nach Altersklassen geordnet, kann uns allerdings in dieser Hoffnung wankend machen, denn auch hier lässt sich keine einheitliche Tendenz feststellen.

Vergleichen wir die Schwankungshöhe derjenigen Arbeiter, die stets bei derselben Arbeit blieben, mit den auf Spalte 8 festgestellten Durchschnittsschwankungsprozenten der betreffenden Altersklassen, so zeigt die erste und zweite Altersklasse der ersten Berufskategorie unterdurchschnittliche Schwankungen (78,8 % und 93,7 % des Durchschnitts); in der dritten und vierten Altersklasse sind die Schwankungen auf Spalte 1 um 22,9 % und um 2,9 % höher als die auf Spalte 8 angegebenen, während unter den über 50 Jahre alten Männern diejenigen die stetigeren sind, die ihr ganzes Leben lang dieselbe Arbeit getan haben. Ihre Schwankungen erreichen nur 81,1 % des Durchschnitts.

Die vierstühligen Weber sind die einzigen männlichen Arbeiter, für die sich eine deutliche Tendenz zu einer den Durchschnitt übertreffenden größeren Arbeitsstetigkeit in allen Altersklassen für diejenigen Arbeiter nachweisen lässt, die der ersten Berufskategorie angehören.

Bei den weiblichen Arbeitern zeigt dagegen die erste Berufskategorie nicht nur für sämtliche Arbeiterinnen, sondern ebenso für gelernte und angelernte gesondert die höchsten Schwankungen. Nur unter den 17- bis 24jährigen Mädchen arbeiten diejenigen, die früher Hausarbeit getan haben, noch unregelmäßiger, während die Vertreterinnen dieser Berufskategorie auch in anderen Altersklassen sehr unregelmäßig, aber doch immerhin regelmäßiger als diejenigen arbeiten, die ihr Leben lang dieselbe Teilarbeit verrichteten. Die Berufskategorie »Acker- und Hausarbeit« zeigt die niedrigsten Schwankungen; da die betreffenden Arbeiterinnen der zweiten Altersklasse auch den zweithöchsten Lohn verdiensten, so scheint diese Art von Beschäftigung eine der späteren Rentabilität sehr günstige zu sein. Freilich handelt es sich hier nur um angelernte Arbeiterinnen; speziell für die gelernten Arbeiterinnen scheint in derselben Altersklasse die nur häusliche frühere Beschäftigung von günstigstem Einfluss begleitet gewesen zu sein. Der höchste Lohn fällt hier mit der größten Gleichmäßigkeit der Arbeitsleistung zusammen. Häusliche, nicht gewerbliche frühere Arbeit, in der Stadt wie auf dem Land, scheint daher für gelernte sowohl als angelernte Arbeiterinnen die beste Voraussetzung zu guten gewerblichen Leistungen zu sein. Dass unter den gelernten Arbeiterinnen diejenigen Mädchen, die früher andere Teilarbeit taten, niedrigere Schwankungen, unter den angelernten Arbeiterinnen hohe Schwankungen zeigen, versteht sich aus denselben Gründen wie die bei beiden Kategorien verschiedenen Löhne.

Wie wir aus Teil I, Kapitel II wissen, kommt gerade bei den Akkordarbeitern und -arbeiterinnen, um die es sich ausschließlich hier handelt, Berufswechsel nur selten, und meist nur als erzwungene Unterbrechung des Hauptberufes vor. Es ist daher nicht zu verwundern, dass die beiden letzten Zusammenstellungen keine sehr markanten Resultate ergeben haben.

2. Die Ermüdung

Wir gehen nun zu Momenten über, die die Arbeitsleistung, während sie ausgeführt wird, günstig oder ungünstig beeinflussen können. Wir begeben uns hier auf ein Gebiet, in dem wir in Bezug auf stete »Behauptungen« noch viel bescheidener sein müssen als bisher. Es kann sich bei der Erläuterung der hierher gehörenden Zahlen immer nur (auch wo dies vielleicht einmal nicht deutlich hervortreten sollte) um Hinweise und Deutungsversuche, nie um wirkliche »Erklärungen« handeln, denn wir haben es hier in weit größerem Maße mit Imponderabilien[1] zu tun als bei der Besprechung früherer Tabellen.

a. Die Lohnhöhe nach der Ermüdbarkeit

Unter den Fragen nun, die wir in diesem Zusammenhang behandeln wollen, steht selbstverständlich die Frage nach dem Einfluss, den Ermüdung auf die Arbeitsleistung ausübt, an erster Stelle.

Tabelle 49

Lohnhöhe und Lohnschwankung nach der Ermüdbarkeit

	Nicht ermüdete Arbeiter		Tagsüber ermüdete Arbeiter		Abends ermüdete Arbeiter	
	Lohn-höhe	Lohn-schwankung	Lohn-höhe	Lohn-schwankung	Lohn-höhe	Lohn-schwankung
A. Männliche Arbeiter:	Pfg.	%	Pfg.	%	Pfg.	%
Weber	9,8	21,8	13,3	15,6	12,8	18,3
R. Weber	11,6	11,5	17,5	8,9	13,5	10,8
Spinner	19,1	5,3	–	–	18,1	9,9
Alle Arbeiter	13,5	12,8	15,4	12,2	14,8	13,9
B. Weibliche Arbeiter:						
Weberinnen	–	–	10,6	17,8	10,6	15,0
R. Weberinnen	16,8	12,3	15,3	11,5	–	–
Ringspinnerinnen	13,4	13,2	11,6	7,6	11,7	10,0
Vorspinnerinnen	13,2	9,1	13,2	10,9	13,0	8,9
Hasplerinnen	9,6	10,5	11,5	11,9	10,8	12,3
Spul-, Streck-, Zwirnerinnen	11,9	7,5	11,8	9,9	11,6	8,3
Gelernte Arbeiterinnen	14,4	11,5	12,7	11,9	11,7	11,3
Angelernte Arbeiterinnen	10,7	9,0	11,7	10,9	11,2	10,3
Alle Arbeiterinnen	12,5	10,2	12,2	11,4	11,4	10,8

Seit[4] den Arbeiten Kraepelins[2] und seiner Schüler scheidet man von der »objektiven«, d. h. auf materiellen Stoffverbrauch- und Stoffersatzvorgängen ruhenden »Ermüdung« das »subjektive« Gefühl der »Müdigkeit«, das auch Funktion

---

4 Max Weber, Zur Psychophysik der industriellen Arbeit I. Archiv für Sozialwissenschaft, Bd. 27, S. 735 ff.

zahlreicher, außerhalb der »wirklichen« Leistung selbst liegender Bedingungen, namentlich des Maßes des Arbeitsinteresses ist.

Natürlich war es mir unmöglich, bei den mir von den Arbeitern auf meine Frage nach ihrer Ermüdung gegebenen Antworten zwischen »objektiver Ermüdung« und »subjektiver Müdigkeit« zu unterscheiden, da auch die Antwortenden selbst wohl nur in den allerseltensten Fällen imstande gewesen wären, diese Unterscheidung zu machen.

Darum gebrauche ich auch im Folgenden die beiden Ausdrücke »Ermüdung« und »Müdigkeit« als gleichwertig, ohne einen anderen als den allgemein landläufigen Sinn damit zu verbinden. Erst nach der Feststellung der hauptsächlisten Tendenzen, die sich in den Zahlen von Tabelle 49 aussprechen, wird es sich zeigen, ob eine Scheidung der Ermüdungserscheinungen in überwiegend physisch oder überwiegend psychisch bedingte zur Erläuterung dieser Zahlen beitragen kann.

Um also vorerst den Einfluss der Müdigkeit auf die Lohnhöhe der Arbeitskräfte zahlenmäßig soweit als möglich festzustellen, ordnen wir diese am besten in drei Kategorien: erstens diejenigen Arbeiter und Arbeiterinnen, die sich nach ihrer eigenen Aussage durch die Arbeit in keiner Weise ermüdet fühlten und vergleichen ihre Leistungen naturgemäß mit denen der ermüdeten Arbeitskräfte, unterscheiden aber bei diesen der größeren Genauigkeit halber, zwischen denjenigen, die erst am Abend, d. h. nach sieben Uhr sich ermüdet fühlten, und denjenigen, bei denen die Ermüdung schon während des Tages sich bemerkbar machte.

Untersuchen wir nun, wie das Verdienst der männlichen Arbeiter durch diese drei verschiedenen Tatsachen beeinflusst wird, so finden wir, dass die Lohnhöhe und zwar in deutlichen Abstufungen, mit der Zunahme der Ermüdung der Arbeiter wächst. Drücken wir den Lohn dieser drei Arbeiterkategorien in Prozenten des Durchschnittslohnes aller männlichen Arbeiter aus, so beträgt er bei den nicht ermüdeten 93,1 %, bei den nur abends ermüdeten 102,0 % und bei den schon tagsüber ermüdeten Arbeitern den höchsten Satz von 106,2 %.

Wir können also bei der Betrachtung der Löhne der männlichen Arbeiter eine ziemlich bedeutende Mehrleistung der Ermüdeten gegenüber den Nichtermüdeten feststellen, und unter ersteren sind wiederum die stärker Ermüdeten die leistungsfähigsten Arbeiter.

Bei den Löhnen der vierstühligen Weber finden wir genau dieselben Tatsachen; hier hat sich der Leistungsunterschied zwischen ermüdet und nicht ermüdeten Arbeitern noch vergrößert, dagegen derjenige zwischen den stärker und schwächer ermüdeten Arbeitern verringert; auch bei den Northropwebern sind die tagsüber ermüdeten Arbeiter die bei weitem brauchbarsten; ihr Verdienst übertrifft dasjenige der abends Ermüdeten schon um 21,1 % des Durchschnittsverdienstes aller Northropweber; das der nicht ermüdeten, die charakteristischerweise nur sehr wenige sind, noch um bedeutend mehr. Nur bei den Selfactorspinnern stand die Lohnhöhe in ganz anderem Verhältnis zu den Ermüdungsempfindungen, als bei allen übrigen männlichen Arbeitern. Während keiner von ihnen zugab, tagsüber Müdigkeit zu fühlen, verdienen die nicht ermüdeten Arbeiter unter ihnen 5,5 % des Durchschnittsverdienstes aller Spinner mehr als die Ermüdeten.

Konnten wir bei der Betrachtung der Löhne der männlichen Arbeiter sagen, dass (die Selfactorspinner ausgenommen) bei ihnen die Lohnhöhe mit der Stärke der Ermüdung steigt und fällt, so verhält sich die Sache bei den weiblichen Arbei-

Die Ermüdung 353

tern wesentlich anders. Betrachten wir zuerst die für sämtliche Arbeiterinnen unter dem Gesichtspunkt des Einflusses der Ermüdung errechneten Verdienste, so ergibt sich, dass die nicht ermüdeten weiblichen Arbeiter ein wenig mehr verdienen als die Ermüdeten, unter diesen aber die schon untertags Ermüdeten die erst am Abend ermüdeten Arbeiterinnen an Brauchbarkeit übertreffen, so dass die letzteren die leistungsschwächsten Arbeiterinnen sind. In Prozenten des Durchschnittsverdienstes aller Arbeiterinnen ausgedrückt, verdienen die abends ermüdeten Arbeiterinnen 95 %, die tagsüber ermüdeten Arbeiterinnen 101,6 %, und die nicht ermüdeten Arbeiterinnen den höchsten Satz von 104,1 %.

Die Frage des Zusammenhangs zwischen Ermüdung und Arbeitsleistung scheint sich noch zu komplizieren, wenn wir bei der Vergleichung der Verdienste der gelernten und der angelernten Arbeiterinnen finden, dass sich bei ersteren zwar Lohnhöhe und Grad der Ermüdung ebenso zueinander verhalten, wie bei sämtlichen Arbeiterinnen, dass dagegen bei den angelernten Arbeiterinnen Verdienst und Müdigkeit in genau derselben Weise miteinander steigen und fallen, wie es bei den männlichen Arbeitern der Fall war. Außerdem können wir beobachten, dass dieses Mal, im Gegensatz zu den meisten anderen unserer Untersuchungen, in fast jeder Arbeitskategorie der Grad der Müdigkeit ein wenig anders auf die Leistungsfähigkeit wirkt. So zeigen, um bei den angelernten Arbeiterinnen zu bleiben, die Verdienste der Hasplerinnen je nach der Müdigkeit bedeutende Unterschiede (aber freilich, wie schon gesagt, im entgegen gesetzten Sinn), während die unqualifiziertesten weiblichen Arbeiter, Spulerinnen, Streckerinnen usw. fast gar keine Differenz in ihren Löhnen aufweisen. Ähnlich steht es bei der einfachsten gelernten Arbeit, dem Vorspinnen, wo nicht ermüdete und tagsüber ermüdete Arbeiterinnen denselben Lohnsatz zeigen, der den der abends ermüdeten Spinnerinnen nur um ein klein wenig übertrifft. Bei den Ringspinnerinnen dagegen nimmt die Höhe des Verdienstes mit steigender Müdigkeit ab; die Leistungsdifferenz zwischen ermüdeten und nicht ermüdeten Arbeiterinnen ist sehr groß; diejenige zwischen den beiden Kategorien von Ermüdeten fast verschwindend. Bei den Weberinnen ist sogar aller Unterschied in der Leistung der tagsüber und der nur abends ermüdeten Arbeiterinnen verschwunden, während die Northropweberinnen entweder gar nicht oder sehr ermüdet zu sein scheinen, und im ersten Fall dann entschieden leistungsfähiger als im letzteren sind.

Auf den ersten Blick könnte es hoffnungslos erscheinen, diese widerstreitenden Angaben von irgendeinem Gesichtspunkt aus zu ordnen. Doch erinnern wir uns nun an die oben besprochene Unterscheidung zwischen physischer »Ermüdung« und psychisch bedingter »Müdigkeit« und versuchen wir mit Hilfe dieser beiden Begriffe, die wir von nun an streng auseinander halten wollen, an die Erklärung der soeben gegebenen Zahlen zu gehen. Man könnte dann versucht sein zu sagen, dass es sich bei den männlichen Arbeitern mehr um M ü d i g k e i t serscheinungen, d. h. um den, vielleicht schwach oder im Augenblick auch gar nicht bewussten Ausdruck der i n n e r l i c h e n Stellungnahme zur Arbeit handelt; bei den Arbeiterinnen dagegen um rein p h y s i s c h bedingte körperliche Ermüdung.

Wie Enqueten über Arbeiterpsychologie gezeigt haben, und auch hier bei folgenden Tabellen noch näher besprochen werden wird, scheint es, dass der aufgeweckte qualifizierte Textilarbeiter (ebenso wie manche andere Arbeiterkategorie) seiner Arbeit oft desto feindseliger gegenübersteht, je tüchtiger er ist, d. h. je höher er bezahlt wird. Arbeitslohn und Arbeitsfreude steigen nicht zusammen, sondern verhalten sich oft – so anscheinend in der Textilindustrie – umgekehrt proportional.

Fassen wir also die Erscheinung, um die es sich hier bei den männlichen Arbeitern handelt, als »Müdigkeit« auf, so würden die hier für Weber und Northropweber angeführten Löhne ganz mit dieser Erfahrung in Einklang stehen: dem höchstbezahlten, also in jeder Hinsicht tüchtigsten Arbeiter wird die Arbeit am meisten zur Qual; er fühlt die größte »subjektive Müdigkeit«.

Dass sich bei den Spinnern eine entgegen gesetzte Tendenz geltend macht, bestärkt mich (in diesem konkreten Fall natürlich nur) weit mehr in meiner vorhin gemachten Annahme, als dass dieselbe dadurch umgestoßen würde. Denn während meines Aufenthalts in der Fabrik hatte ich öfters Gelegenheit, mich über die Verschiedenheit der Spinner- und der Weber-«Psyche« zu wundern. Während erstere in jeder Hinsicht traditionell gebundene, fügsame, meist langjährige Arbeiter der Fabrik waren, bildeten letztere, unter denen sich verhältnismäßig viele Potestanten, Ausländer und Sozialdemokraten befanden, das aufgeweckte und infolgedessen auch aufrührerische Element in der Arbeiterschaft der Fabrik. Dass sich also nur bei ihnen und nicht bei den Spinnern, Erscheinungen zeigen, die größtenteils von sozialdemokratischen Arbeitern berichtet werden, darf uns nicht wundernehmen.

Zur Erklärung der Löhne der männlichen Arbeiter bleibt uns noch der andere Weg offen, die größte »Ermüdung« als selbstverständliche Begleiterscheinung des höchsten Lohnes anzusehen und die niedrig entlohnten, nicht ermüdeten Arbeiter einfach als »faul« zu bezeichnen. Doch abgesehen davon, dass dann das Abweichen der Selfactorspinner unerklärlich wäre (denn warum sollten hier nun die ermüdeten Spinner die »faulen« sein?) glaube ich nicht, dass für qualifizierte Arbeit und eine höherstehende Arbeiterschaft eine solche oberflächliche Erklärung ausreichend ist, zumal auch dann schwer verständlich wäre, wie selbst der fleißigste Arbeiter bei starker, schon am Tage einsetzender körperlicher Ermüdung seine so hohe Leistungsfähigkeit behält.

Diese für die Löhne der männlichen Arbeiter zurückgewiesene Erklärung möchte ich dagegen für die bei den angelernten Arbeiterinnen gefundenen Zahlen, die dasselbe Verhältnis zwischen Ermüdung und Lohnhöhe zeigen, anwenden. Hier, wo es sich, meinen Erfahrungen unter diesen Arbeiterinnen nach, nur um rein körperliche »Ermüdung« und nicht um die, schon größere seelische Kompliziertheit voraussetzenden, vorwiegend psychisch bedingten »Müdigkeits«-Erscheinungen handeln kann, scheint mir die Ermüdung einfach Funktion des den hohen Lohn einbringenden Fleißes, das niedrig entlohnte, nicht ermüdete Mädchen »faul« zu sein. Die Arbeit ist auch fast immer einfach genug, um bei gutem Willen und Fleiß selbst bei größerer Ermüdung rasch verrichtet werden zu können.

Das verschiedene Verhältnis zwischen Grad der Ermüdung und Lohnhöhe bei den gelernten Arbeiterinnen gegenüber den angelernten erklärt sich sowohl aus der besseren Qualität der Arbeiterinnen, wie den größeren Anforderungen der Arbeit. Auch bei ihnen handelt es sich meiner Meinung nach überwiegend um körperliche Ermüdungserscheinungen, doch beeinflussen diese, den größere Intelligenz und Geschicklichkeit fordernden Charakter der Arbeit entsprechend, die Arbeitsleistung in sehr starkem Maße, so dass hier von wirklicher, die Arbeitsfähigkeit schwächender körperlicher Ermüdung geredet werden kann, die Ursache und nicht, wie bei den angelernten Arbeiterinnen, Begleiterscheinung des Lohnes ist. Die Zeit dagegen, an der die Ermüdung eintritt, scheint, wenn wir die einzelnen Arbeitskategorien betrachten, wenig Einfluss auf die Arbeitsleistung auszuüben.

Es bleibt abzuwarten, ob diese hier gegebenen Erklärungsversuche durch Untersuchung der Lohnschwankungen der Arbeitskräfte unter dem Gesichtspunkt des Einflusses der Ermüdung Unterstützung oder Widerspruch erfahren werden.

b. Die Lohnschwankungen nach der Ermüdbarkeit

Untersuchen wir also durch Einordnung der Arbeitskräfte in dieselben drei Kategorien der nicht ermüdeten, abends ermüdeten und tagsüber ermüdeten, welchen Einfluss die Ermüdung[5] auf die Gleichmäßigkeit der beruflichen Leistung hat und betrachten wir zuerst die Lohnschwankungen der männlichen Arbeiter, so finden wir die größte Regelmäßigkeit der Leistung bei denjenigen Arbeitern, die die stärkste Ermüdung fühlten; ihre Schwankungen, in Prozenten der Durchschnittsschwankungshöhe aller männlichen Arbeiter ausgedrückt, betragen 94,6 %; die zweithöchsten Schwankungen zeigen die nicht ermüdeten Arbeiter, 99,2 % des Durchschnitts, und die abends ermüdeten Arbeiter sind am unregelmäßigsten in ihren Leistungen; ihre Schwankungen übertreffen den Durchschnitt um 7,7 %.

Es scheinen also, wenn wir die hier berechneten Schwankungsprozente mit den vorhin gegebenen Verdiensten sämtlicher Arbeiter zusammenstellen, die schon tagsüber ermüdeten Arbeiter die – in jeder Beziehung – brauchbarsten Arbeitskräfte zu sein. Nichtermüdete und abends ermüdete Arbeiter sind ungefähr gleichwertig in ihren Leistungen, denn erstere haben die niedrigeren Schwankungen, letztere den höheren Lohn. Diese anscheinende Unklarheit zwischen den beiden zuletzt besprochenen Kategorien klärt sich sofort auf, wenn wir die einzelnen Arbeitsarten betrachten und erkennen, dass bei Webern und Spinnern die Wirkung der Ermüdung auf die Gleichmäßigkeit der Leistung eine völlig verschiedene ist. Bei den vierstühligen Webern sowohl wie bei den Northropwebern steigt und fällt die Schwankungshöhe entgegengesetzt zur Lohnhöhe; die schon tagsüber ermüdeten Arbeiter arbeiten also am gleichmäßigsten, die gar nicht ermüdeten am ungleichmäßigsten.

Ich glaube, diese Tatsachen würden uns schlechthin unerklärlich bleiben, wenn wir hier nicht »Müdigkeit« im oben definierten Sinn annehmen. Dass der unter starker physischer »Ermüdung« leidende Arbeiter nicht nur schneller, sondern auch noch weit gleichmäßiger arbeitet, als der nicht ermüdete, widerspricht wohl allen, sonst über den Einfluss von Ermüdung auf die Arbeitsleistung gemachten Erfahrungen.

Die Schwankungsprozente der Selfactorspinner dagegen, die bei den Nichtermüdeten eine weit geringere Höhe erreichen als bei den Ermüdeten, scheinen uns die auch schon oben ausgesprochene Vermutung näher zu bringen, dass es sich in dieser Arbeiterkategorie vorwiegend um »Ermüdungs«-, nicht um »Müdigkeits«-Erscheinungen handelt, und genau dieselbe Wirkung der Ermüdung auf

---

5 Die Ausdrücke »Ermüdung« und »Müdigkeit« sind hier vorerst wieder, ebenso wie bei der vorhergehenden Besprechung, als gleichwertig und gleichbedeutend gebraucht.

die Gleichmäßigkeit der Leistung finden wir, wenn wir uns nun zu den Schwankungsprozenten der weiblichen Arbeiter wenden.

Sowohl unter den für sämtliche Arbeiterinnen festgestellten Zahlen, wie für die gelernten und angelernten Arbeiterinnen getrennt, finden wir die stärksten Leistungsschwankungen als Begleiterscheinungen der stärksten »Ermüdung«, eine Tatsache, die wir hier von vornherein als »natürlich« annehmen würden. Bei sämtlichen und im Besonderen bei den angelernten Arbeiterinnen[6] steigt die Regelmäßigkeit der Leistung, je mehr die Ermüdung abnimmt, so dass die nicht ermüdeten die stetigsten Arbeiterinnen sind. Nur bei den gelernten Arbeiterinnen übertreffen die Schwankungsprozente der nicht ermüdeten diejenigen der nur abends ermüdeten Arbeiterinnen ein wenig. Die hohen Schwankungsprozente der nicht ermüdeten Ringspinnerinnen, die mir augenblicklich ebenso wenig erklärlich sind, wie die niedrigeren Schwankungen der ermüdeten, haben diese Erscheinung im Gesamtresultat verursacht. Es ist möglich, dass wir bei der Besprechung späterer Tabellen, die ähnliche Probleme behandeln, auf diese Tatsache zurückkommen werden, die sich auch bei den Northropweberinnen in freilich sehr abgeschwächter Weise bemerkbar macht. Wir werden uns später vielleicht die Frage vorzulegen haben, ab es sich bei diesen am meisten qualifizierten Arbeiterinnen nicht schon um eine Mischung von »Ermüdungs«- und »Müdigkeits«-Erscheinungen handeln kann.

Vorerst können wir sagen, dass die Untersuchungen über den Einfluss der Ermüdung auf die Leistungsstetigkeit der Arbeitskräfte unsere bei Besprechung der Löhne gemachte Annahme nicht geschwächt, sondern im Gegenteil verstärkt hat. Wenn wir sehen, dass bei den männlichen Arbeitern Leistungsfähigkeit und Arbeitsstetigkeit mit zunehmender Ermüdung wachsen, bei den weiblichen Arbeitern dagegen bei Eigenschaften im selben Maße abnehmen, wie die Ermüdung größer wird, dass also unter den männlichen Arbeitern die müdesten die in jeder Hinsicht brauchbarsten, unter den weiblichen Arbeitern dagegen die nicht ermüdeten die besten sind, so haben wir umso mehr Veranlassung anzunehmen, dass es sich um die beiden verschiedenen, aus verschiedener Qualität der Arbeiterschaft zu erklärenden Erscheinungen der »subjektiven Müdigkeit« bei den höherstehenden, der objektiven körperlichen »Ermüdung« bei den Intellektuell weniger entwickelten Arbeitskräften handelt.

Wir wollen sehen, ob die nun folgenden, ähnliche Probleme behandelnden Untersuchungen die hier ausgesprochenen Vermutungen gerechtfertigt oder ungerechtfertigt werden erscheinen lassen.

---

6 Die niedrigen Schwankungen der nichtermüdeten angelernten Arbeiterinnen können also wohl als Begleiterscheinung gemächlichen Arbeitens gelten, die hohen Schwankungen als durch die Ermüdung verursacht und so die bei der vorigen Besprechung gemachten Annahme bestärken.

3. Die Anstrengung

a. Die Lohnhöhe und Anstrengung

Die nächste Frage, die wir kurz besprechen wollen, betrifft den Einfluss der zur Ausführung der Arbeitsleistung notwendigen Anstrengung auf die Qualität der Arbeitsleistung selbst.

Während die »objektive Ermüdung« als rein physiologischer Vorgang von dem Willen der betreffenden Person gänzlich unabhängig ist und auch der Begriff der »Müdigkeit« keine Willens-, sondern – oft halb unbewusste – Empfindungsmomente mit umschließt, haben wir es bei der jetzigen Untersuchung mit einer Erscheinung zu tun, die sich eben dadurch von der vorher besprochenen unterscheidet, dass sie zum großen Teil auf einer bewussten Willenshandlung des Arbeiters selbst beruht. Denn »Anstrengung« sollte hier als ein bewusster Kraftaufwand irgendwelcher – physischer, nervöser oder intellektueller Art – verstanden werden, der zur Ausführung der Arbeit notwendig und stets von einem mehr oder minder großen positiven Unlustgefühl begleitet ist.[7]

Tabelle 50

	Anstrengung			
	Nichtangestrengte Arbeiter		Angestrengte Arbeiter	
	Lohnhöhe	Lohnschwankung	Lohnhöhe	Lohnschwankung
A. Männliche Arbeiter:	Pfg.	%	Pfg.	%
Weber	10,1	22,0	13,3	16,6
R. Weber	13,2	10,9	17,3	9,0
Spinner	18,5	8,2	19,3	7,0
Alle Arbeiter	13,9	13,7	16,6	10,8
B. Weibliche Arbeiter:				
Weberinnen	10,0	16,6	12,6	15,2
R. Weberinnen	16,2	13,0	12,7	14,7
Ringspinnerinnen	12,1	11,2	12,7	9,2
Vorspinnerinnen	12,7	9,0	13,7	11,0
Hasplerinnen	9,5	11,4	11,4	11,7
Spul-, Zwirn-, Streckerinnen	12,0	8,3	12,2	10,3
Gelernte Arbeiterinnen	12,7	12,4	12,9	12,5
Angelernte Arbeiterinnen	10,7	9,8	11,8	11,0
Alle Arbeiterinnen	11,7	11,1	12,3	11,7

Wenn wir erwägen, dass die hier besprochene Fabrikarbeit (schon weil es sich ausschließlich um Akkordarbeit handelt) sicherlich an sich stets »Anstrengung« fordert, und außerdem bedenken, welch geringe Fähigkeit zu Selbstbeobachtung

---

[7] Auch die Arbeiter waren sich bei der Befragung und Besprechung des Unterschiedes zwischen Ermüdung und Anstrengung wohl bewusst, so dass sie oft die Frage nach dem etwaigen Vorkommen der einen verneinten, der anderen dagegen bejahten. Daher sind die nicht angestrengten durchaus nicht mit den nichtermüdeten Leuten identisch.

und Selbstanalyse die von mir befragten Personen notwendigerweise hatten, so leuchtet ein, dass das die »Anstrengung« begleitende Unlustgefühl eine ziemliche Stärke erreicht haben musste, um den Betreffenden bei einer plötzlichen Frage sofort zum Bewusstsein zu kommen.

Vergleichen wir nun die Verdienste der nicht angestrengten mit denen der angestrengten Arbeiter und Arbeiterinnen, so ist das Ergebnis dieses Vergleichs in dem einen Satz zusammenzufassen, dass bei männlichen sowohl wie weiblichen Arbeitern in sämtlichen Arbeitskategorien stets das Verdienst der »Angestrengten« dasjenige der »Nichtangestrengten« übertrifft.

Diese Differenz des Lohnes ist verschieden groß und wächst anscheinend mit der Kompliziertheit der Arbeit: So ist sie bei sämtlichen Arbeitern größer als bei sämtlichen Arbeiterinnen; bei den Webern größer als bei den Spinnern; unter den gelernten Arbeiterinnen zeigen die Weberinnen eine größere Leistungsverschiedenheit zwischen angestrengten und nicht angestrengten Arbeiterinnen als die Ringspinnerinnen, unter den angelernten Arbeiterinnen die Hasplerinnen eine größere als die Streckerinnen.

b. Die Lohnschwankungen und Anstrengung

Waren nun die »angestrengten« Arbeitskräfte in jeder Arbeitskategorie auch zugleich die höchstentlohnten, so scheint der Einfluss der Anstrengung auf die Arbeitsstetigkeit ein in den verschiedenen Arbeitskategorien verschiedener zu sein. Denn wenn wir die Lohnschwankungen der Arbeiter und Arbeiterinnen nun unter diesem Gesichtspunkt berechnen, so ergibt sich, dass unter den männlichen Arbeitern freilich die Angestrengten auch am gleichmäßigsten arbeiten, bei den weiblichen Arbeitern dagegen sich die Anstrengung anscheinend in erhöhten Schwankungsprozenten äußerst. Doch ist auch dies nicht gleichmäßig für alle weiblichen Arbeiter der Fall; sondern bei den beiden gelerntesten Arbeitskategorien unter ihnen, den Weberinnen und Ringspinnerinnen, stehen Anstrengung und Leistungsstetigkeit in demselben Verhältnis zueinander wie bei den Männern, sie wachsen und sie sinken miteinander.

Der günstige Einfluss der Anstrengung auf die Arbeitsleistung wächst also mit der Kompliziertheit der Arbeit, oder anders ausgedrückt: bei den männlichen Arbeitern und den qualifizierten Arbeiterinnen sind die »Angestrengten« die in jeder Hinsicht tüchtigen Arbeitskräfte, während sich eine absolute Superiorität der unqualifizierten »angestrengten« Arbeiterinnen über die »nichtangestrengten« kaum feststellen lässt.

Man mag nun diese Zahlen deuten wie man will: Entweder kurzweg die »angestrengten« mit den »faulen« Arbeitern identifizieren und sagen, der Arbeiter strengt sich an, weil er diesen hohen Lohn verdienen will, also fleißig ist, oder andererseits die Ursache in die Wirkung verwandeln und behaupten, dass der Arbeiter, weil er diesen hohen Lohn verdient, d. h. weil er einen geschulteren Willen einzusetzen vermag, sich seines Willens- und Kraftaufwands bewusst wird und diesen sowohl wie die ganze Arbeit als Unlust empfindet – eine Ansicht, die mir nach der vorhergegangenen Tabelle als die wenigstens für die männlichen Arbeiter richtigere erscheint –, soviel ist jedenfalls sich, dass auch die auf Tabelle 50 gefundenen Tatsachen der Annahme einer mit steigendem Lohn steigenden Arbeitsfreude entschieden widersprechen. Nicht nur geht dem höheren Lohn in jeder einzelnen Arbeitskategorie eine, sei es wie auch immer entstandene, größere Unlust parallel, sondern diese Tendenz kommt in höher entlohnten Arbeitskategorien noch deutlicher zum Ausdruck als in geringer entlohnten.

Fast wäre man versucht zu sagen: Je höher (natürlich nur für die hier betrachtete Arbeiterschaft) entlohnt die Arbeit und je tüchtiger der Arbeiter, desto mehr wird ihm seine Tätigkeit zur Anstrengung, also desto größere Unlustgefühle entstehen in ihm.

4. Die Arbeitsneigung

a. Die Lohnhöhe und Arbeitsneigung

Bei den Untersuchungen über den Einfluss von Ermüdung und Anstrengung auf die Arbeitsleistung konnten wir nur versuchen, aus den sich ergebenden Tatsachen mehr oder weniger unsichere Schlüsse auf die innerliche Einstellung der Arbeiter zu ihrer Arbeit zu ziehen.

Tabelle 51

Arbeitsneigung

	»Zufriedene« Arbeiter		»Unzufriedene Arbeiter		Arbeiter, die in der Fabrik selbst Vorwärts kommen wollen	
	Lohn-höhe	Lohn-schwankung	Lohn-höhe	Lohn-schwankung	Lohn-höhe	Lohn-schwankung
A. Männliche Arbeiter:	Pfg.	%	Pfg.	%	Pfg.	%
Weber	11,5	19,5	12,8	18,8	–	–
R. Weber	(14,3)	(10,1)	13,5	10,9	17,3	9,7
Spinner	19,1	7,3	19,4	5,1	19,8	6,6
Alle Arbeiter	14,9	12,3	15,2	11,6	18,5	8,1
B. Weibliche Arbeiter:						
Weberinnen	11,3	16,7	13,6	13,4	–	–
R. Weberinnen	(15,0)	(16,0)	16,3	11,1	–	–
Ringspinnerinnen	12,9	11,0	11,1	9,0	–	–
Vorspinnerinnen	13,1	9,5	13,4	9,7	–	–
Hasplerinnen	10,5	10,2	10,5	13,5	–	–
Spul-, Zwirn-, Streckerinnen	12,1	8,5	11,1	9,2	–	–
Gelernte Arbeiterinnen	13,0	13,3	13,6	10,8	–	–
Angelernte Arbeiterinnen	11,3	9,3	10,8	11,3	–	–
Alle Arbeiterinnen	12,2	11,3	12,3	11,0	–	–

Die vorliegende Tabelle dagegen beruht auf denjenigen Antworten der Arbeiter, die uns ermöglichen, innere Stellungnahme zur Arbeit und Lohnhöhe in direkten Zusammenhang zu bringen, also festzustellen, ob und in welcher Weise die »Arbeitsneigung« die »Arbeitseignung« beeinflusst. Es handelt sich hier weder um unwillkürlich auftretende physische, noch um bewusste psychische, sich stets wiederholende Vorgänge, sondern die »ethische« Grundstimmung des Arbeiters – sein Charakter, ich möchte fast sagen seine Weltanschauung ist es, deren Ausprägung in der Arbeitsleistung hier untersucht werden soll.

Die Fragen, deren Beantwortung uns dies, wenn auch nur annäherungsweise, ermöglicht, betreffen bei den männlichen Arbeitern die früheren, bei den jüngeren die jetzigen Wünsche und Lebensziele. Es war leicht, die Arbeiter je nach ihren Antworten in drei Gruppen zu teilen: die erste Gruppe umfasst diejenigen Arbeiter, denen die Fabrikarbeit stets als die selbstverständliche Tätigkeit erschienen ist, oder die vielleicht auch intellektuell zu unentwickelt waren, um sich über andere Wünsche und Ziele klar zu werden.[8] In die zweite Gruppe gehören diejenigen, deren Streben von der Maschine weg, auf meist a u ß e r h a l b der Großindustrie liegende Ziele gerichtet war. Die vollständige Ausbildung zum Handwerker nahm unter diesen Wünschen die erste Stelle ein, während eine, wenn auch niedrige Staatsanstellung durch ihre Pensionsberechtigung das Verlangen auf sich zog und sich besonders unter den jüngeren Leuten der Wunsch, Kaufmann zu werden, häufig bemerkbar machte. Die dritte Gruppe endlich konnte ich aus denjenigen Arbeitern bilden, die wohl in der Fabrik bleiben, aber von ihren untergeordneten Stellungen rasch in die höheren des Werkmeisters, Obermeisters, Betriebsleiters aufsteigen wollten.

Vergleichen wir nun die Verdienste dieser drei Gruppen, die wir kurz als die der »Zufriedenen«, der »Unzufriedenen« und der »Streber« bezeichnen können, so finden wir bei den Zufriedenen das niedrigste Verdienst, 91,9 % des Durchschnittsverdienstes sämtlicher Arbeiter. Die Unzufriedenen übertreffen sie etwas mit einem Verdienst von 93,8 % des Durchschnitts, während die Streber den höchsten Lohn aufzuweisen haben, der 114,1 % des Durchschnittsverdienstes beträgt.

Betrachten wir die einzelnen Arbeitskategorien, so ist die Leistungsdifferenz zwischen Zufriedenen und Unzufriedenen bei den Spinnern kleiner als bei den Webern, unter welchen es überhaupt keine »Streber« gibt; dagegen hat diese letzte Gruppe unter den Northropwebern anscheinend besonders tüchtige Vertreter, während nur ein einziger »zufrieden« ist.

Jedenfalls berechtigen uns die hier gefundenen Zahlen zu der Annahme, dass der Mangel an anders gerichtetem Streben, der doch stets eine Art von »Zufriedenheit« mit den jetzigen Lebensverhältnissen involviert, keine die Leistungsfähigkeit der männlichen Arbeiter günstig beeinflussende Grundstimmung ist, sondern dass diejenigen Arbeiter die brauchbarsten sind, die ihren Willen auf höhere Ziele – und hier vor allem i n n e r h a l b ihrer Industrie selbst – gerichtet haben.

Bei den weiblichen Arbeitern fällt die dritte Gruppe der »Streber« gänzlich weg, und es handelt sich hier nur um eine Scheidung zwischen denjenigen Arbeiterinnen, die die Frage, ob sie in der Fabrik bleiben möchten, bejahend und denjenigen, die dieselbe Frage verneinend beantworteten.

Wenn wir zuerst für sämtliche Arbeiterinnen das Verdienst der ersteren, der »Zufriedenen«, mit dem der letzteren, der »Unzufriedenen«, vergleichen, so scheint

---

8   Ein langsames »sich befreien« zum bewussten Wollen aus gedankenloser Stumpfheit trat mir in der Antwort eines Arbeiters entgegen, der, gefragt, was er sich wünsche, sagte: »Etwas anderes als dies hier«, dann, nach einigem Besinnen halblaut: »Was, das weiß ich nicht.« Zu vgl. Teil I, Abschnitt II, Kapitel V, Frühere Wünsche und jetzige Lebensziele der Arbeiter.

es auf den ersten Blick, als ob die Arbeitsneigung der weiblichen Arbeiter ihre Arbeitseignung weit weniger beeinflusse, als dies bei den männlichen Arbeitern der Fall ist, denn die Lohndifferenz zwischen beiden Gruppen ist verschwindend klein.

Diese Tatsache wird aber keineswegs durch mangelnde Wirkung der Arbeitsneigung auf die Leistungsfähigkeit verursacht, sondern im Gegenteil durch die sehr verschiedene Wirkung dieser selben Eigenschaft auf die gelernten und auf die angelernten Arbeiterinnen. Bei der ersteren Kategorie – den gelernten – scheint nämlich, ebenso wie bei den männlichen Arbeitern, die »Zufriedenheit« keine, vom Rentabilitätsstandpunkt angesehen, wünschenswerte Eigenschaft zu sein. Das Verdienst derjenigen gelernten Arbeiterinnen, die lieber aus der Fabrik heraus möchten, übertrifft dasjenige der Zufriedenen um 4 % des Durchschnittsverdienstes aller gelernten Arbeiterinnen. Bei den angelernten Arbeiterinnen dagegen ist die Sache umgekehrt; das Verdienst derjenigen unter ihnen, die in der Fabrik bleiben wollen, übertrifft das Verdienst der Unzufriedenen um 4,6 % des Durchschnittsverdienstes aller angelernten Arbeiterinnen.

Betrachten wir die einzelnen Kategorien, so zeigt sich auch innerhalb derselben eine, anscheinend mit der Qualität der Arbeit sich verändernde verschiedene Wirkung der Arbeitsneigung auf die Arbeitsleistung. Bei den Weberinnen ist die Lohndifferenz zwischen Zufriedenen und Unzufriedenen zugunsten der letzteren am größten; bei den Vorspinnerinnen schon weit geringer; bei den Hasplerinnen verdienen beide Gruppen denselben Lohn, während die Spul-, Zwirn- und Streckerinnen eine verhältnismäßig große Lohndifferenz zugunsten der Zufriedenen zeigen.

Je qualifizierter also die Arbeit ist, desto geeigneter dazu erscheinen diejenigen, welche ihrer Tätigkeit innerlich ablehnend gegenüberstehen, während die unqualifizierten Arbeiten von denjenigen besser verrichtet werden, die mit ihrer Stellung zufrieden sind.

Ehe wir uns dieses etwas eigentümliche Resultat zu erläutern versuchen und es namentlich mit den Ergebnissen von Tabellen 49 und 50 in Verbindung bringen, ist es nötig, dass wir auch hier erst wieder den Einfluss der Arbeitsneigung auf die Arbeitsstetigkeit, also auf die Lohnschwankungen, untersuchen, da wir in allen unseren Erklärungsversuchen die Brauchbarkeit der Arbeitskräfte nach dem Verhältnis von Lohnhöhe und Lohnschwankung, nicht nach einem dieser Faktoren allein, beurteilt haben.

b. Die Lohnschwankung und Arbeitsneigung

Betrachten wir also zuerst die Lohnschwankungen der männlichen Arbeiter, so sind sie nicht geeignet, unsere Meinung über die Wirkung der Arbeitsneigung auf die Arbeitsleistung zu schwächen, sondern im Gegenteil sie noch zu verstärken. Die Schwankungsprozente der Zufriedenen sind die höchsten. Sie betragen 116 % der Durchschnittsschwankungen aller männlichen Arbeiter; die Unzufriedenen arbeiten schon stetiger; ihre Schwankungen übertreffen den Durchschnitt nur mehr um 9,6 %, während die Streber neben ihrem hohen Lohn eine sehr niedrige Schwankungsziffer von 76,4 % des Durchschnitts zeigen. Dieselben Tatsachen finden sich auch in den einzelnen Arbeitskategorien der männlichen Arbeiter wieder, so dass in Bezug auf Leistungsfähigkeit die gleichgültig Zufriedenen die schlechtesten, die Höherstrebenden die besseren Arbeitskräfte sind, und unter ihnen wieder die Hoffnung, in der Fabrik selbst höher zu steigen, eine besondere Steigerung der Arbeitsleistung mit sich bringt.

Die vorhergehende Besprechung hat gezeigt, dass die Arbeitsneigung einen anscheinend anderen Einfluss auf die Leistungsfähigkeit der gelernten Arbeiterinnen ausübt, als auf die der angelernten. Genau dasselbe finden wir bei der Betrachtung der Lohnschwankungen der weiblichen Arbeiter. Unter den Weberinnen, den Northropweberinnen und den Ringspinnerinnen haben die Unzufriedenen eine gleichmäßigere Arbeitsleistung aufzuweisen als die Zufriedenen; bei den Vorspinnerinnen und den beiden Kategorien der angelernten Arbeiterinnen sind dagegen die Zufriedenen stetiger bei der Arbeit als die Unzufriedenen. So ist es leicht erklärlich, dass unter allen gelernten Arbeiterinnen die Schwankungsprozente der Unzufriedenen nur 90 % der Durchschnittsschwankungshöhe aller gelernten Arbeiterinnen betragen, die der Zufriedenen dagegen 110,8 %; bei den angelernten Arbeiterinnen aber übertreffen die Schwankungsprozente der Unzufriedenen die der Zufriedenen um 19,4 % der Durchschnittsschwankung aller angelernten Arbeiterinnen.

Kombinieren wir nun in gewohnter Weise Lohnhöhe und Lohnschwankung, so können wir eine Skala bilden, auf der »der günstige Einfluss der Unzufriedenheit auf die Arbeitsleistung« (wir wollen diese Tendenz vorerst einmal so nennen) mit der Schwierigkeit der Arbeit und der Qualität der Arbeiterschaft abnimmt.[9]

Bei sämtlichen männlichen Arbeitern übertrifft die Leistungsfähigkeit der Unzufriedenen die der Zufriedenen in Bezug auf Lohnhöhe sowohl wie Lohnschwankung; dasselbe ist unter den weiblichen Arbeitern noch bei Weberinnen und Northropweberinnen der Fall; bei Ringspinnerinnen und Vorspinnerinnen scheint die Arbeitsneigung keinen bedeutenden Einfluss auf die Leistung auszuüben: die Unzufriedenen haben unter den ersteren niedrigeren Lohn und niedrige Schwankungen, unter den letzteren höheren Lohn und höhere Schwankungen als die Zufriedenen. Bei den Hasplerinnen zeigt sich zum ersten Mal ein entschieden ungünstiger Einfluss der »Unzufriedenheit« auf die Arbeitsleistung: bei gleichem Lohn haben die Unzufriedenen höhere Schwankungen als die Zufriedenen; und die Spul-, Zwirn- und Streckerinnen endlich zeigen sowohl was Lohnhöhe wie was Schwankungshöhe anbetrifft, eine deutliche Superiorität der Zufriedenen gegenüber den Unzufriedenen.

Konnte man bei der Besprechung früherer Tabellen eine tiefer suchende Erklärung eventuell dadurch abwehren, dass man Ermüdung und Anstrengung einfach als Vorbedingung des höheren Lohnes, als Begleiterscheinung des Fleißes ansah, so ist es hier nun schlechterdings unmöglich, die aus höherem Streben entstehende Unzufriedenheit in einem derartig einfachen Zusammenhang mit guten gewerblichen Leistungen zu bringen.

War es eine, wenn auch wohl oberflächliche, aber immerhin doch nicht unvernünftige Ansicht zu sagen: der Arbeiter ist ermüdet und angestrengt, weil er diesen

---

9 Ich vergleiche hier vorerst nur die beiden bei männlichen u n d weiblichen Arbeitern vorhandenen Gruppen. Die dritte Gruppe wird später gesondert erwähnt.

höheren Lohn verdient, – so wäre hier der Analogieschluss sinnlos: der Arbeiter ist unzufrieden, weil er diesen hohen Lohn verdient.

Der höhere Lohn kann hier nur aus den, im Vergleich mit ihren Arbeitsgenossen höheren »ethischen und intellektuellen« Eigenschaften der betreffenden Arbeiter erklärt werden, die sie aber zugleich mit ihrer Umgebung innerlich in Widerspruch bringen, und den Wunsch nach einer anderen Tätigkeit und Lebensweise in ihnen wachrufen. Dasselbe gilt auch noch für die höherstehenden Arbeiterinnen; die geschicktesten, fleißigsten und ordentlichsten Mädchen unter ihnen wünschen sich begreiflicherweise eine andere Umgebung, obgleich gerade eben diese Fähigkeiten und Eigenschaften sie zu wertvollen und darum hoch entlohnten Arbeitskräften machen.

Die guten Leistungen der zufriedenen angelernten Arbeiterinnen gegenüber den unzufriedenen lassen sich meiner Meinung nach auf zwei Arten erklären: entweder kann man bei diesen (meiner Erfahrung nach intellektuell sehr wenig entwickelten Mädchen, wie schon früher gesagt) die Unzufriedenheit mit der jetzigen Arbeit als einfach durch Ungeschicklichkeit und daraus folgendem geringem Verdienst bedingt ansehen, oder annehmen, dass diejenigen Mädchen, die sich aus der Fabrik fortsehnen, überhaupt infolge »ethischer« Minderwertigkeit zu anhaltender Arbeit ungeeignet sind.

Die auf dieser Tabelle gefundenen Tatsachen sind darnach angetan, manche unserer früheren Annahmen zu rechtfertigen. Nachdem wir hier in dem seiner Arbeit ablehnend gegenüberstehenden Mann den tüchtigen Arbeiter erkannt haben, brauchen wir, glaube ich, nicht mehr zu zögern, die »Müdigkeit« und »Anstrengung« der höchstentlöhnten Arbeiter als Resultate eben derselben, bewusster oder unbewusster auftretenden Arbeitsunlust anzusehen, die mit wachsendem Verdienst nicht zu sinken, sondern zu steigen scheint. Ebenso findet die Vermutung, dass innerhalb der Arbeiterschaft und speziell innerhalb der weiblichen, auf verschiedener Qualität der Arbeitskräfte beruhende Differenzen in der Stellung zur Arbeit bestehen, durch die auf Tabelle 51 gefundenen Zahlen neue Verstärkung und manches früher unklar gebliebene erklärt sich daraus.[10]

Fassen wir die Hauptresultate aus den letzten drei Tabellen[11] zusammen, so ergibt sich:
1. Die »nicht ermüdeten«, die »nicht angestrengten« und die »zufriedenen« Arbeiter sind die in jeder Hinsicht untüchtigsten, die »müdesten«, »angestrengten« und »unzufriedenen« Arbeiter die brauchbarsten.

Das Fabrikarbeitertum scheint also die eigentümliche Antinomie[12]/[3] einzuschließen, dass dieselben ethischen und intellektuellen Eigenschaften, die den Arbeiter zum höchsten Verdienst verhelfen, ihn innerlich zu dieser Arbeit unge-

---

10 So können wir in den bei Tabelle 49 besprochenen Zahlen der Ringspinnerinnen und Weberinnen eine Tendenz erkennen, die erst bei der schärferen Fragestellung dieser Tabelle ganz deutlich wird.
11 Auch auf Tabellen 49–51 sind die noch in der Übung begriffenen Arbeitskräfte weggelassen worden.
12 Gruppe drei der männlichen Arbeiter scheint diese Antinomie zu lösen, doch nur für die außerordentlich wenigen, die wirklich in führende Stellung gelangen. Alle anderen bleiben erst recht »unzufrieden«.

eignet machen. Bei der hier betrachteten Arbeiterschaft verstärkt sich mit der Kompliziertheit der Arbeit dieser Widerspruch zwischen äußerer und innerer Anpassung. Es wäre sehr interessant zu sehen, ob er in den höchstqualifizierten Industrien verschwindet und durch welche Einflüsse. Wo er bestehen bleibt, streitet er selbstverständlich aufs entschiedenste gegen jede Annahme von mit steigendem Lohn steigender Arbeitsfreude.

2. Auf Grund des eben über die männlichen Arbeiter Gesagten kann man die weiblichen in zwei Kategorien teilen, die ungefähr, nicht ganz, mit denen der gelernten und der angelernten Arbeiterinnen zusammenfallen. Bei den ersteren zeigen sich schon dieselben, auf fortschreitender, seelischer und geistiger Entwicklung beruhenden Widersprüche zwischen Arbeitsneigung und Arbeitseignung, die wir hier bei den männlichen Arbeitern beobachtet haben; bei der zweiten Gruppe dagegen ist von all diesen Zeichen eines geistigen Erwachens noch nichts zu spüren.

Es müsste reizvoll sein, diesem auf innerlichen Vorgängen beruhenden Differenzierungsprozess innerhalb einer Arbeiterschaft, ja schon zwischen Personen gleichen Geschlechts, in möglichst vielen Betrieben nachzugehen und seine Ursachen, Wirkungen und Fortschritte nach allen Seiten hin zu untersuchen, um so einen Einblick in die Entstehung und das Wesen der »Aristokratie des Proletariats« zu gewinnen.

5. Die Erholungen

a. Der Einfluss der Erholungen auf die Lohnhöhe

Den Bestrebungen, die Arbeiterschaft sittlich zu heben, indem man sie für höhere als die grobsinnlichen Genüsse aufnahmefähig und empfänglich macht, stellt man oft die Behauptung entgegen, dass ein solcher Versuch in vielen Fällen notwendigerweise fast aussichtslos sein müsse. Die Nerven erregende und zugleich abstumpfende Maschinenarbeit mache den Arbeiter nicht nur seelisch unfähig, verfeinerte als solche zu genießen, sondern sie erwecke auch zugleich in ihm das Bedürfnis nach starken physischen Reaktionen und Aufregungen. Es sei nicht unmöglich, dass das sonntägliche »Austoben«, sofern es nicht gar zu weit gehe, eine notwendige Vorbedingung für gute Arbeitsleistungen während der Wochentage und eine aus der physischen Natur des Menschen entspringende und darum fast unvermeidliche Parallelerscheinung wenigstens mancher Maschinenarbeit sei.

Es würde eine interessante Aufgabe sein, für möglichst viele Industrien festzustellen, ob und inwieweit der Mann mit höherem Kulturniveau auch der bessere Arbeiter ist. Es könnte sich vielleicht ergeben, dass in einigen Industrien »Kultur« und »Rentabilität« unversöhnliche Gegensätze sind, in anderen Industrien dagegen miteinander steigen und sinken. Durch eine spezielle Untersuchung wären dann die Gründe dieser Gegensätze oder dieses Zusammenwirkens, größtenteils aus der Technik, vielleicht auch teilweise aus dem Volkscharakter der betreffenden Gegend zu erklären. Erst ein derartiges empirisches Material würde eine feste Basis abgeben, von der aus man Versuche zur sittlichen Hebung der Arbeiterschaft unternehmen könnte, ohne befürchten zu müssen, dass unser

Hoffen und Streben von natürlichen und darum unüberwindlichen Tatsachen durchkreuzt wird.[13]

Was wir hier unternehmen wollen und können, bewegt sich natürlich in außerordentlich viel engeren Grenzen, und kann im besten Fall nur als Hinweis darauf dienen, was mit einem Durchrechnen eines sehr großen Zahlenmaterials unter dieser oder einer ähnlichen Fragestellung geleistet werden könnte.

Wir haben im ersten Teil die Erholungen der Arbeiterschaft unter Kulturgesichtspunkten zu werten versucht, wir wollen nun den Zusammenhang zwischen Erholung und Rentabilität zahlenmäßig feststellen.

Wir fassen dabei unter der Rubrik »Spazierengehen und Vergnügen« vorwiegend diejenigen Leute zusammen, denen anscheinend jedes höhere Interesse fehlte,[14] und stellen ihnen unter der Rubrik »Lesen und Musik« die aufgeweckteren und bildungsfähigeren Arbeiter entgegen. Im Hinblick auf den beschaulichen Sonntag der älteren Arbeiter folgt eine Rubrik mit den Erholungen in »Haus und Garten«; für die Arbeiterinnen die Beschäftigung mit »Hausarbeit und Handarbeit«. Endlich wird noch in einer letzten Kategorie die Rentabilität derjenigen Leute festgestellt, die als Sonntagsvergnügen den Sport oder den Besuch von Vereinen angaben. Erstere Antwort wurde natürlich nur von Arbeitern, letztere ganz vorwiegend von Arbeiterinnen gegeben.

Selbstverständlich müssen wir auch bei dieser Untersuchung wieder, wie bei den meisten anderen, die verschiedenen Altersklassen als Unterabteilungen der einzelnen Rubriken einführen. Wir behalten dabei die wichtigste Altersklasse, die das 25. bis 40. Lebensjahr umfasst, bei, und bilden daneben aus den 14- bis 24jährigen Leuten einerseits und den über 40 Jahre alten Leuten andererseits zwei weitere Altersklassen.

Wenn wir so verfahren, behalten wir für die jüngste Altersklasse der Arbeiter nur zwei große Zahlen zum Vergleich übrig; nämlich die Verdienste der »vergnügungslustigen« und die der »sporttreibenden« Arbeiter. Erstere sind dabei die rentabelsten; sie verdienen 13,6 Pfennige in der halben Stunde; das Verdienst der sporttreibenden Arbeiter beträgt 13 Pfennige in der halben Stunde, ist also um einen halben Pfennig niedriger.

Auch bei den 25- bis 40jährigen Arbeitern sind wir (wie ja schon oft bei den Zahlen der Arbeiter) in Bezug auf die Vergleichsmöglichkeiten nicht viel günstiger gestellt. Ziehen wir notgedrungen auch die kleineren Zahlen der ersten und dritten Rubrik mit zum Vergleich heran, so scheinen die »lesenden« Arbeiter die entschieden brauchbarsten zu sein; ihr Verdienst, in Prozenten des Durch-

---

13 Damit soll natürlich weder Verdienst noch Wert aller Bestrebungen zur Hebung der Arbeiterschaft geleugnet werden. Doch glaube ich, dass das so häufige Fehlschlagen vieler dieser Versuche, namentlich soweit sie nicht vom Proletariat selbst ausgehen, nicht nur in unserer gänzlichen Unkenntnis der tieferen Schichten unseres Volkes überhaupt, sondern auch in unserer Unkenntnis über die psychophysische Wirkung der Maschinenarbeit liegt. An die natürlichen Tendenzen müsste man anknüpfen und diese, wenn möglich, zu verfeinern versuchen, nicht unsere Vergnügungen »importieren«.
14 Vgl. hierzu Teil I, Abschnitt II, S. 270: Dort wurde auf die Farblosigkeit vieler Antworten hingewiesen. Für die viel kleinere Zahl der hier in Betracht kommenden Leute liegen teils deutliche Antworten vor, teils weiß ich aus eigener Bekanntschaft und durch Auskunft von Seiten der Betriebsleitung, in welche Rubrik die einzelnen Leute einzustellen sind.

Tabelle 52   **Einfluss der Erholungen auf die Lohnhöhe. Verdienst pro ½ Stunde**

	Spazierengehen und Vergnügen			Lesen oder Musik			Haus und Garten			Handarbeit und Hausarbeit			Sport und Vereine		
	14.–24.	25.–40.	40.–60.	14.–24.	25.–40.	40.–60.	14.–24.	25.–40.	40.–60.	14.–24.	25.–40.	40.–60.	14.–24.	25.–40.	40.–60.
	\ Lebensjahr			Lebensjahr			Lebensjahr			Lebensjahr			Lebensjahr		
	Pfg.	Pfg.	Pfg.	Pfg.	Pfg.	Pfg.	Pfg.	Pfg.	Pfg.	Pfg.	Pfg.	Pfg.	Pfg.	Pfg.	Pfg.
A. Männliche Arbeiter:															
Weber	10,3	(17,8)	13,6	–	19,3	16,0	–	(14,4)	11,6	–	–	–	9,3	–	–
R. Weber	16,9	(14,3)	–	(17,2)	(17,7)	–	–	–	–	–	–	–	16,7	–	–
Spinner	–	–	18,9	–	18,9	18,5	–	(20,4)	18,9	–	–	–	–	–	–
Alle Arbeiter	13,6	16,0	16,2	(17,2)	18,6	17,2	–	17,9	15,2	–	–	–	13,0	–	–
B. Weibliche Arbeiter:															
Weberinnen	11,8	14,2	–	11,4	–	–	–	–	–	(9,9)	–	10,5	(10,9)	(15,7)	–
R. Weberinnen	14,7	–	–	–	–	–	–	–	–	17,4	–	–	–	–	–
Ringspinnerinnen	11,8	(16,8)	–	11,3	(11,6)	–	–	–	–	13,1	13,1	14,0	–	–	–
Vorspinnerinnen	11,4	–	12,0	12,8	14,1	–	–	–	–	13,4	15,3	12,7	–	–	–
Hasplerinnen	10,6	13,0	(8,9)	10,7	–	–	–	–	–	9,9	11,8	–	(8,4)	–	–
Spul-, Zwirn-, Streckerinnen	11,2	11,9	12,3	12,7	(12,1)	–	–	–	–	12,7	11,4	11,5	10,5	–	–
Gelernte Arbeiterinnen	12,4	15,5	12,0	11,8	12,8	–	–	–	–	13,4	14,2	12,6	(10,9)	(15,7)	–
Angelernte Arbeiterinnen	10,9	12,5	10,6	11,7	(12,1)	–	–	–	–	11,3	11,6	11,5	9,5	–	–
Alle Arbeiterinnen	11,6	14,0	11,3	11,8	12,5	–	–	–	–	12,4	12,9	12,1	10,2	(15,7)	–

schnittsverdienstes der Arbeiter dieses Alters ausgedrückt, beträgt 106,2 %; das der »häuslichen« Arbeiter (kleine Zahlen) ist etwas niedriger und übertrifft den Durchschnitt nur mehr um 2,2 %. Das Verdienst der vergnügungslustigen 25- bis 40jährigen Arbeiter endlich bleibt unter dem Durchschnitt; sie verdienen 91,4 % des Durchschnittsverdienstes. Sollte man nun auch, der zwei kleinen Zahlen wegen, die eben gemachten Angaben für etwas nichtssagend halten, so geht doch jedenfalls schon aus der einen größeren Zahl hervor, dass »höhere«[15] Interessen den Arbeiter nicht am Erreichen hohen Lohnes verhindern.

Ebenso wie unter den 25- bis 40jährigen Leuten sind auch unter den Arbeitern der höchsten Altersklasse die »lesenden« entschieden die rentabelsten, eine Behauptung, die wir hier mit größerer Sicherheit machen können als in der vorigen Altersklasse, da wir imstande sind, drei große Zahlen miteinander zu vergleichen. Das Verdienst der »lesenden« 40- bis 60jährigen Arbeiter übertrifft das Durchschnittsverdienst ihrer Altersklasse um 6 %; die »spazieren gehenden« Arbeiter dieses Alters verdienen genau die Durchschnittssumme, während das Verdienst der »zu Hause bleibenden« alten Arbeiter nur 93,7 % des Durchschnittsverdienstes ihrer Altersklasse beträgt. Wenn man nun wohl auch annehmen muss, dass es sich bei letzteren vorwiegend um die ältesten, 50- bis 60jährigen Leute handelt, deren Zuhausebleiben am Sonntag wie ihr geringeres Verdienst durch diese Tatsache hinreichend erklärt wird, so steht doch jedenfalls fest, dass die über 25 Jahre alten Arbeiter durch »geistige« Interessen nicht an Rentabilität verlieren. Bei den jüngsten Arbeitern ist es freilich möglich von einem, wenn auch nicht großen, günstigen Einfluss des »Vergnügens« auf die Arbeitsleistung zu sprechen.

Bei den vierstühligen Webern finden wir denselben Einfluss der Erholungen auf die Arbeitsleistung wie im Gesamtresultat; doch durch größere Lohndifferenzen in den einzelnen Rubriken stärker markiert. Bei den 14- bis 24jährigen Webern ist die Lohndifferenz zwischen den »vergnügungslustigen« und den »sporttreibenden« Arbeitern doppelt so groß als im Gesamtresultat, mach also einen Pfennig in der halben Stunde aus; bei den 25- bis 40jährigen Webern haben wir freilich nur eine brauchbare Zahl, doch vergleichen wir diese zur Aushilfe mit dem Durchschnittsverdienst aller Weber dieses Alters, das wir auf Tabelle 38 feststellten (siehe oben). Dieser Vergleich ergibt, dass das Verdienst der »lesenden« 25- bis 40jährigen Weber das Durchschnittsverdienst der Weber dieses Alters um rund 19 % übertrifft. In der höchsten Altersklasse der Weber haben wir je nach der Art der Erholung recht bedeutende Leistungsunterschiede. Das Verdienst der »lesenden« 40- bis 60jährigen Weber beträgt 116,7 % des Durchschnittsverdienstes der Weber dieses Alters, das Verdienst der »spazieren gehenden« Weber bleibt um 0,8 % unter dem Durchschnitt; das Verdienst der »zu Hause bleibenden« Weber ist gering und macht nur 84,7 % des Durchschnittsverdienstes der Weber dieses Alters aus. Die Spannung zwischen höchstem und niedrigstem Verdienst beträgt also bei den 40- bis 60jährigen Webern 32 % des Durchschnittsverdienstes, bei sämtlichen Arbeitern dieses Alters 12,4 % des Durchschnittsverdienstes.

---

15 Höhere Interessen hier selbstverständlich nur im bescheidensten Sinn. Zu vgl. Teil I, Abschnitt II, S. 269 ff.

Während bei den Northropwebern die beiden großen Zahlen fast keinen Leistungsunterschied zwischen den »vergnügungslustigen« und den »sporttreibenden« jungen Leuten anzeigen, scheinen die allerdings sehr kleinen Zahlen der zweiten Rubrik eine Leistungsüberlegenheit der intelligenteren Leute, wenn auch hier nur im Einzelfall, anzudeuten. Bei den Spinnern dagegen ist kein zahlenmäßig wahrnehmbarer Einfluss der Art ihrer Erholung auf ihre Arbeitsleistung zu konstatieren. Die drei großen Zahlen geben genau das gleiche Verdienst, sogar für verschiedene Altersklassen an. In etwas gewagter Weise könnte man die beiden kleineren Zahlen mit zum Vergleich heranziehend, von einer etwas geschwächten Leistungsfähigkeit der »lesenden« Spinner reden.

Verbinden wir die hier gewonnen Resultate in Gedanken mit dem, was wir bei der Berechnung des Einflusses der Lebensziele auf die Arbeitsleistung feststellten, so haben wir hier wie dort das Ergebnis, dass unter den Webern der höherstehende Mann auch entschieden der bessere Arbeiter ist, bei den Spinnern dagegen sich Zusammenhänge zwischen Arbeitsleistung und Kulturhöhe des Arbeiters viel schwerer aufdecken lassen.

Die Feststellung des Einflusses der Art der Erholung auf die Arbeitsleistung ist bei den weiblichen Arbeitern dadurch sehr erleichtert, dass fast jede Spalte größere Zahlen aufweist. Freilich zeigen – wenigstens vorerst bei den 14- bis 24jährigen Arbeiterinnen – die unter dem oben genannten Gesichtspunkt berechneten Löhne nur unerhebliche Differenzen. Das höchst Verdienst findet sich bei denjenigen 14- bis 24jährigen Arbeiterinnen, die in ihrer freien Zeit vorwiegend im Hause beschäftigt sind; sie verdienen 107,8 % des Durchschnittsverdienstes aller Arbeiterinnen dieses Alters. Auch das Verdienst der »lesenden« Arbeiterinnen steht noch um 2,6 % über dem Durchschnitt, während diejenigen Arbeiterinnen, die sich sonntags nur vergnügen, einen durchschnittlichen Verdienst aufweisen. Hatten die drei eben genannten Kategorien nur geringe Leistungsdifferenzen aufzuweisen, so bleiben dagegen diejenigen Mädchen, die des Sonntags Vereine besuchen, mit einem Verdienst von 80,8 % des Durchschnitts ziemlich stark hinter den übrigen zurück.

Eine Kurve, die den Einfluss der Erholung auf die Arbeitsleistung bei den 14- bis 24jährigen Arbeiterinnen darstellen sollte, würde ihren Höhepunkt bei den »häuslichen« Mädchen haben und von dort langsam zu den »lesenden«[16] und noch schwächer zu den »vergnügungslustigen« Mädchen sinken, um bei den in Vereine gehenden Mädchen außerordentlich stark zu fallen. Bis auf diese letzte Angabe, die nur schwer zu verstehen ist,[17] sind diese Zahlen wohl leicht zu erklären. Es ist verständlich, dass das »häusliche« Mädchen auch bei der Arbeit tüchtiger sein wird als die übrigen.

Die beiden großen Zahlen der nächsten Altersklasse zeigen nun das gerade entgegen gesetzte Verhältnis: die »häuslichen« 25- bis 40jährigen Arbeiterinnen

---

16 Über den Wert des Lesens bei den jugendlichen Arbeiterinnen vgl. Teil I, Abschnitt II, S. 273.
17 Es handelt sich hier meist um den katholischen Arbeiterinnenverein. Es ist möglich, jedoch keineswegs beweisbar, dass diesem vorwiegend die noch am meisten traditionell gebundenen Mädchen angehören, die sich deshalb am schwersten an die Bedingungen der Großindustrie »anpassen«.

Die Erholungen   369

sind mit einem Verdienst von 12,9 Pfennigen in der halben Stunde unrentabler als diejenigen Arbeiterinnen desselben Alters, die sich am Sonntag vergnügten und deren Verdienst 14 Pfennige in der halben Stunde beträgt. Diese Zahlen sowohl wie diejenigen der höchsten Altersklasse, bei denen sich wieder die »häuslichen« Frauen als die brauchbareren Arbeiterinnen erweisen, werden uns vielleicht durch die gesonderte Erörterung der Verdienste der gelernten und der angelernten Arbeiterinnen verständlicher werden.

In der ersten unserer Altersklassen finden sich bei gelernten und angelernten Arbeiterinnen abweichende Zahlen und zwar besonders in derjenigen Rubrik, die den Einfluss des Lesens auf die Arbeitsleistung deutlich machen soll. Bei den 14- bis 24jährigen angelernten Arbeiterinnen ist dieser Einfluss anscheinend recht günstig, bei den gelernten Arbeiterinnen desselben Alters ungünstig.[18] Dabei zeigen letztere die stärkeren Leistungsdifferenzen. Wie im Gesamtresultat, so sind auch bei den gelernten Arbeiterinnen allein die »häuslichen« Mädchen die leistungsfähigsten; sie verdienen 107,2 % des Durchschnittsverdienstes aller gelernten Arbeiterinnen dieses Alters. Dann folgen die »vergnügungslustigen« Arbeiterinnen mit einem Verdienst, das 99,2 % des Durchschnitts beträgt, und die »lesenden« gelernten Arbeiterinnen erweisen sich mit einem Verdienst, das nur 94,4 % des Durchschnitts erreicht, als die unrentabelsten von allen. Unter den angelernten Arbeiterinnen sind dagegen die »lesenden« die brauchbarsten, die »vergnügungslustigen« die unbrauchbarsten Arbeitskräfte. Freilich sind die Differenzen nur klein: erstere verdienen 105,3 % des Durchschnittsverdienstes der angelernten Arbeiterinnen dieses Alters, letztere 96,4 % des Durchschnitts. Die »häuslichen« angelernten Arbeiterinnen nehmen mit einem gerade den Durchschnitt erreichen Verdienst eine Mittelstellung zwischen beiden ein. Eine Erklärung dieser Zahlen zu geben ist schwer: es wäre vielleicht möglich, in sehr hypothetischer Form darauf hinzuweisen, dass auf die angelernten Arbeiterinnen, die, wie wir wissen, großenteils Landmädchen sind, die ungewohnten städtischen »Vergnügen« einen nachteiligen Einfluss haben, als auf die Stadtmädchen.

Die Zahlen der letzten beiden Altersklassen verhalten sich denen des Gesamtresultats bei gelernten sowohl wie bei angelernten Arbeiterinnen analog. Ziehen wir die teilweise kleinen Zahlen mit zum Vergleich heran, so scheinen die »häuslichen« Frauen der zweiten Altersklasse weniger brauchbar, die der dritten Altersklasse dagegen brauchbarer als die »vergnügungslustigen« Frauen der betreffenden Altersklassen zu sein.

In den einzelnen Arbeiterinnenkategorien wäre auf die große Leistungsdifferenz bei »vergnügungslustigen« und bei »häuslichen« Northropweberinnen zugunsten der letzteren hinzuweisen. Bei den jugendlichen Ringspinnerinnen ist diese Differenz schon stark vermindert; bei den Hasplerinnen sind die »häuslichen« die unbrauchbarsten Arbeiterinnen.

---

18 Man könnte sich hier fragen, ob nicht vielleicht b e i d e s, Lesebedürfnis u n d Leistung, Ausfluss derselben geistigen Veranlagung sei, und ob statt von Einfluss nicht besser vom Zusammenfallen beider Erscheinungen geredet würde. Immerhin wäre auch dann das verschiedene Resultat bei gelernten und angelernten Arbeiterinnen noch nicht erklärt. Wir kommen später darauf zurück.

Trotz der großen Undifferenziertheit und teilweisen schweren Verständlichkeit mancher Angaben aus dieser Tabelle, lässt sich wenigstens jetzt schon folgendes sagen: Ein vorwiegend günstiger Einfluss der oberflächlichen Vergnügen auf die Arbeitsleistung kann nicht konstatiert werden; heben wir die jüngste der drei Altersklassen heraus, so sind unter den gelernten Arbeiterinnen dieses Alters die »häuslichen«, unter den angelernten »lesenden« Mädchen die rentabelsten Arbeitskräfte. Nur auf die Leistungen der jugendlichen Arbeiter scheint das Vergnügen, im Gegensatz zum Sport, einen günstigen Einfluss zu haben; unter den älteren Arbeitern sind dagegen die aufgeweckteren die entschieden rentabelsten Arbeitskräfte.

Eine genauere Erklärung dieser Angaben wollen wir erst dann versuchen, wenn wir den Einfluss der Art der Erholung auf die Arbeitsstetigkeit der Leute festgestellt haben.

b. Der Einfluss der Erholungen auf die Lohnschwankungen

Wir ordnen zu diesem Zweck die Arbeitskräfte natürlich wieder in die fünf Hauptspalten, die uns von der vorigen Tabelle her bekannt sind, ein und fragen dann, welche dieser Rubriken die höchsten Lohnschwankungen zeigen.

Die Vergleichung der Löhne der 14- bis 24jährigen Arbeiter hatte eine kleine Leistungsdifferenz zugunsten der »vergnügungslustigen« Leute ergeben. Auf die Arbeitsstetigkeit dagegen scheint das »Vergnügen« einen nachteiligen Einfluss zu haben. Während der Schwankungshöhe der »sporttreibenden« jugendlichen Arbeiter nur 15,8 % ihres Durchschnittslohnes beträgt, haben die »vergnügungslustigen« Arbeiter dieses Alters eine Durchschnittsschwankung von 17,5 % ihres Durchschnittsverdienstes. Die Vergnügen der jugendlichen Arbeiter haben also nicht auf ihre Leistungshöhe, wohl aber auf ihre Leistungsstetigkeit einen ungünstigen Einfluss.

Da bei den männlichen Arbeitern, wie schon öfters hervorgehoben, Lohnhöhe und Schwankungshöhe die Tendenz haben, umgekehrt proportional zu verlaufen, scheint hier die Einwirkung der Art der Erholung auf die Arbeitsleistung stark genug zu sein, um diese Tendenz zu durchbrechen.

Auch bei den 25- bis 40jährigen männlichen Arbeitern können wir, wenn wir die Zahlen auf Tabelle 53 mit denen der vorigen Tabelle vergleichen, ein Zusammenfallen von hohem Lohn und hoher Schwankung feststellen und zwar bei den »lesenden« Arbeitern. Ihre Schwankung beträgt 114,9 % der Durchschnittsschwankungshöhe aller Arbeiter dieses Alters.

Ziehen wir, wie auch schon bei Besprechung der vorigen Tabelle, die beiden kleinen Zahlen in den anderen Rubriken mit zum Vergleich heran, so ergibt sich für die »vergnügungslustigen« 25- bis 40jährigen Arbeiter eine durchschnittliche Schwankungshöhe; die »zu Hause bleibenden« Arbeiter sind die stetigsten; ihre Schwankungen bleiben um 14,1 % unter dem Durchschnitt.

In der dritten Altersklasse ist die Situation verändert und zwar entschieden zugunsten der »lesenden«, zuungunsten der »vergnügungslustigen« über 40 Jahre alten Arbeiter. Letztere, deren Schwankungshöhe 112,5 % der Durchschnittsschwankungshöhe aller Arbeiter dieses Alters erreicht, sind die unregelmäßigsten Arbeitskräfte, während die »lesenden« älteren Arbeiter nur mit einer

Tabelle 53

Einfluss der Erholung auf die Lohnschwankungen. In Prozenten des Verdienstes

	Spazierengehen und Vergnügen			Lesen oder Musik			Haus und Garten			Handarbeit und Hausarbeit			Sport und Vereine		
	14.-24.	25.-40.	40.-60.	14.-24.	25.-40.	40.-60.	14.-24.	25.-40.	40.-60.	14.-24.	25.-40.	40.-60.	14.-24.	25.-40.	40.-60.
	Lebensjahr			Lebensjahr			Lebensjahr			Lebensjahr			Lebensjahr		
	%	%	%	%	%	%	%	%	%	%	%	%	%	%	%
A. Männliche Arbeiter:															
Weber	24,2	11,4	14,5	–	17,8	11,9	–	(13,1)	16,2	–	–	–	21,8	–	–
R. Weber	10,9	(10,1)	–	(9,4)	(12,7)	–	–	–	–	–	–	–	9,7	–	–
Spinner	–	–	9,0	–	6,4	6,2	–	(5,4)	5,0	–	–	–	–	–	–
Alle Arbeiter	17,5	10,7	11,7	(9,4)	12,3	9,0	–	9,2	10,6	–	–	–	15,8	–	–
B. Weibliche Arbeiter:															
Weberinnen	10,4	18,6	–	19,2	–	–	–	–	–	(11,5)	–	17,0	(13,1)	(14,0)	–
R. Weberinnen	13,2	–	–	–	–	–	–	–	–	10,6	–	–	–	–	–
Ringspinnerinnen	9,4	(8,2)	–	11,5	(11,2)	–	–	–	–	8,8	8,1	18,3	–	–	–
Vorspinnerinnen	10,0	–	10,8	8,9	10,8	–	–	–	–	10,1	10,7	7,7	–	–	–
Hasplerinnen	12,8	13,1	(7,3)	12,5	–	–	–	–	–	9,9	14,3	–	(13,6)	–	–
Spul-, Zwirn-, Streckerinnen	9,2	10,5	6,7	7,7	(9,9)	–	–	–	–	9,6	8,0	8,4	11,6	–	–
Gelernte Arbeiterinnen	10,7	13,4	10,8	13,2	1,4	–	–	–	–	10,2	9,4	14,3	(13,1)	(14,0)	–
Angelernte Arbeiterinnen	11,0	11,8	7,0	10,1	(9,9)	–	–	–	–	9,8	11,2	8,4	12,6	–	–
Alle Arbeiterinnen	10,8	12,6	8,9	11,7	10,6	–	–	–	–	10,0	10,3	11,4	12,8	(14,0)	–

Durchschnittsschwankung von 86,5 % des Durchschnitts arbeiten. Die »zu Hause bleibenden« alten Arbeiter nehmen in Bezug auf ihre Leistungsstetigkeit eine Mittelstellung zwischen den beiden anderen Kategorien ein; ihre Schwankungen übertreffen den Durchschnitt noch um 1,9 %.

Obgleich diese Schwankungsdifferenzen, die wir eben besprachen, nicht groß sind, so haben sie doch deutlich genug gezeigt, dass auf keinen Fall den oberflächlichen Vergnügen ein günstiger Einfluss auf die Leistungsstetigkeit der Arbeiter zugeschrieben werden kann. In keinem Lebensalter sind die vergnügungslustigen Leute die gleichmäßigsten Arbeiter; in der ersten und letzten Altersklasse sind sie die ungleichmäßigsten von allen. Dieses Resultat kann wohl nicht erstaunen; denn da wir in niedrigen Schwankungsprozenten physisch einen Beweis größerer Nervenkraft, psychisch den Ausdruck größerer Zuverlässigkeit sehen, können wir von vornherein erwarten, beide Eigenschaften nur in geringem Maße bei den »vergnügungslustigen« Leuten zu finden.

Vergleichen wir diese Zahlen mit denen der vorhergehenden Tabelle, so haben wir bei den mehr als 40jährigen Arbeitern eine durch Leistungshöhe sowohl wie durch Leistungsstetigkeit gekennzeichnete größere Rentabilität der »lesenden«, also der geistig etwas höherstehenden Männer. Bei den 25- bis 40jährigen Arbeitern dagegen scheinen »geistige« Interessen wohl die Höhe der Leistung, aber nicht ihre Stetigkeit günstig zu beeinflussen.

Ebenso wie oben die Leistungsdifferenzen sind auch die Schwankungsdifferenzen bei den Webern je nach der Art ihrer Erholung größer als bei sämtlichen Arbeitern. So tritt bei den Webern der jüngsten Altersklasse die größere Leistungsstetigkeit der »sporttreibenden« Leute sehr ausgesprochen hervor. Ihre Schwankungsprozente betragen 21,8 % ihres Durchschnittsverdienstes, die der »vergnügungslustigen« Weber desselben Alters dagegen 24,2 % des Durchschnittsverdienstes. Während in Übereinstimmung mit dem Gesamtresultat die 25- bis 40jährigen »lesenden« Weber sehr hohe Schwankungen aufweisen, sind unter den Webern der höchsten Altersklasse die »lesenden« in Beziehung sowohl auf Lohnhöhe wie auf Lohnstetigkeit die rentabelsten, die »zu Hause bleibenden« in beiden Beziehungen die unrentabelsten Arbeiter. Die Lohnschwankungen der ersteren betragen 83,3 % der Durchschnittsschwankungshöhe dieser Altersklasse; die Lohnschwankungen der letzteren übertreffen den Durchschnitt um 14 %.

Die Art der Erholung schien, nach den Zahlen der vorhergehenden Tabelle, keinen Einfluss auf die Leistungsfähigkeit der Spinner zu haben; dagegen können wir jetzt bei ihnen einen sehr deutlichen Einfluss ihrer Erholungen auf ihre Leistungsstetigkeit konstatieren. Bei den mehr als 40jährigen Spinnern arbeiten die »vergnügungslustigen« fast doppelt so unregelmäßig wie die »zu Hause bleibenden« und auch die »lesenden« Spinner der zweiten Altersklasse zeigen bei einem Lohn, der dem der »vergnügungslustigen« Spinner gleich ist, eine ziemlich viel größere Regelmäßigkeit der Leistung.

Dass die Art der Erholung auf die Leistungsstetigkeit einen größeren Einfluss hat als auf die Leistungshöhe ist ja eigentlich selbstverständlich und von vornherein zu erwarten.

Für die männlichen Arbeiter können wir zusammenfassend sagen, dass die »geistigen« Interessen eine günstige Wirkung auf die Leistungshöhe, die Erholung im Hause eine günstige Wirkung auf die Leistungsstetigkeit haben. Die üblichen »Sonntagsvergnügen« scheinen dagegen weder Leistungsfähigkeit noch Leistungsstetigkeit der Arbeiter günstig zu beeinflussen, wenn auch nicht in allen Fällen von einem ausgesprochen ungünstigen Einfluss dieser Erholungsart geredet werden kann.

Der Einfluss der Art der Erholung auf die Leistungsstetigkeit der Arbeiterinnen ist in der jüngsten Altersklasse durch vier große, miteinander vergleichbare Zahlen charakterisiert.

Die größte Gleichmäßigkeit der Leistung zeigen die »häuslichen« 14- bis 24jährigen Arbeiterinnen; ihre Schwankungsprozente betragen nur 88,5 % der Durchschnittsschwankungshöhe aller Arbeiterinnen dieses Alters; die »vergnügungslustigen« Arbeiterinnen arbeiten ein wenig unregelmäßiger, doch blieben ihre Schwankungen noch unter dem Durchschnitt um 4,6 % zurück. Überdurchschnittlich unregelmäßig arbeiten die »lesenden« und die in Vereine gehenden Mädchen. Die Schwankungsprozente der ersteren übertreffen freilich die Durchschnittsschwankungshöhe der Arbeiterinnen dieses Alters nur um 3,5 %; die letzteren erweisen sich dagegen mit einer Schwankungshöhe von 11,2 % des Durchschnitts als sehr unregelmäßige Arbeiterinnen.

Eine Kurve, die den Einfluss der Art der Erholung auf die Arbeitsstetigkeit bei den 14- bis 24jährigen Arbeiterinnen deutlich machen sollte, würde bei den »häuslichen« Arbeiterinnen ihren Tiefpunkt haben, zu den »vergnügungslustigen« Arbeiterinnen aufsteigen, bei den »lesenden« Arbeiterinnen den Durchschnitt übertreffen und endlich bei den Vereine besuchenden Mädchen eine ziemliche Höhe erreichen. Es könnte also auf den ersten Blick scheinen als ob die Berührung mit der »Kultur« – hier durch Bücher und Vereine vertreten – einen ungünstigen Einfluss auf die Arbeitsstetigkeit der jüngeren Arbeiterinnen habe.

Vergleichen wir diese Zahlen mit den entsprechenden Angaben auf Tabelle 52, so sind die »häuslichen« Mädchen die in jeder Beziehung besten Arbeiterinnen; sie haben die höchsten Löhne und die niedrigsten Lohnschwankungen; die in Vereine gehenden Mädchen sind nach den Angaben beider Tabellen die unrentabelsten. Dagegen scheinen die »lesenden« und die »vergnügungslustigen« Arbeiterinnen ungefähr gleich brauchbar zu sein; die größere Leistungshöhe der ersteren wird durch die größere Leistungsstetigkeit der letzteren kompensiert.

Bei der ausgesprochenen Brauchbarkeit der »häuslichen« Arbeiterinnen könnte man an die Ergebnisse von Tabellen 47 und 48 denken, die den günstigen Einfluss früherer Hausarbeit auf die Arbeitsleistung darstellten. Doch ist die Rentabilität der »häuslichen« Mädchen auch ohne dies nicht schwer verständlich. Die sonntägliche Beschäftigung im Hause weist bei diesen jungen, fast durchweg unverheirateten Arbeiterinnen wohl auf Fleiß und Ordnungsliebe, daneben – vielleicht – auch auf eine etwas sorgsamere Erziehung, eine etwas größere Kulturhöhe des Haushalts.

In den beiden folgenden Altersklassen der Arbeiterinnen ergeben sich – ebenso wie bei Tabelle 52 – gerade entgegengesetzte Einflüsse der Art der Erholung auf die Arbeitsstetigkeit. Unter den 25- bis 40jährigen Arbeiterinnen sind die »häuslichen«, unter den 40- bis 60jährigen die »spazieren gehenden« die stetigeren Arbeiterinnen. Da sich beim Vergleich dieser Zahlen mit denen von Tabelle 52 ergibt, dass in diesen beiden Altersklassen stets hoher Lohn und hohe Schwankung, niedriger Lohn und niedrige Schwankung zusammentreffen, ist es schwer, ein bestimmtes Urteil über ihre Rentabilität abzugeben. Es ist anzunehmen, dass es sich bei den

»häuslichen« Frauen um unverheiratete handelt. Wie wir aus den Anfangserörterungen dieser Untersuchung wissen (siehe oben Tabellen 39 und 40) und dort auch zu erklären versucht haben, fallen bei den verheirateten Frauen hoher Lohn und hohe Schwankung, bei den unverheirateten niedriger Lohn und niedrige Schwankung zusammen. Wir haben daher in den Zahlen der letzten Altersklasse aus dieser Tabelle sicherlich mehr einen Einfluss des Familienstandes auf die Arbeitsleistung als einen Einfluss der Erholungsart vor uns.

Für die gelernten Arbeiterinnen lassen sich dieselben Einwirkungen der Art der Erholung auf die Arbeitsstetigkeit feststellen, wie bei sämtlichen Arbeiterinnen; nur mit dem Unterschied, dass hier der ungünstige Einfluss des Lesens auf die Gleichmäßigkeit der Arbeitsleistung noch deutlicher hervortritt, als im Gesamtresultat. Während die »häuslichen« gelernten Arbeiterinnen wiederum am stetigsten, mit einer Schwankungshöhe von nur 90,2 % der Durchschnittsschwankungshöhe ihrer Altersklasse arbeiten, und auch bei den »vergnügungslustigen« gelernten Arbeiterinnen die Schwankungshöhe noch um 5,4 % unter dem Durchschnitt bleibt, finden wir bei den »lesenden« gelernten Arbeiterinnen die sehr starke Schwankung von 116,8 % des Durchschnitts.

Unter den angelernten Arbeiterinnen sind dagegen die »vergnügungslustigen« mit einer Schwankungshöhe von 106,7 % des Durchschnitts die ungleichmäßigsten Arbeiterinnen; die »lesenden« Mädchen arbeiten um rund 8 % des Durchschnitts regelmäßiger; die »häuslichen« Arbeiterinnen sind auch hier wieder die stetigsten von allen. Ihre Schwankungsprozente erreichen nur eine Höhe von 95,1 % der Durchschnittsschwankungshöhe der angelernten Arbeiterinnen dieses Alters.

Ein Vergleich dieser Zahlen mit Tabelle 52 ergibt, dass in der ersten Altersklasse der gelernten Arbeiterinnen Leistungshöhe und Leistungsstetigkeit miteinander in denselben Rubriken steigen und fallen. Wir sind daher berechtigt, die »häuslichen« als die in jeder Beziehung rentabelsten, die »lesenden« als die in jeder Beziehung unrentabelsten gelernten Arbeiterinnen anzusehen.

Unter den angelernten Arbeiterinnen lassen sich nur die »vergnügungslustigen«, die neben niedrigem Lohn hohe Schwankungen aufweisen, und daneben natürlich wieder die Vereine besuchenden Arbeiterinnen als in jeder Hinsicht unbrauchbar bezeichnen, während in Bezug auf Lohnhöhe die »lesenden«, in Bezug auf Lohnstetigkeit die »häuslichen« angelernten Arbeiterinnen die rentabelsten sind.

In den einzelnen Arbeiterinnenkategorien finden wir analoge Verhältnisse. Die große Überlegenheit der »häuslichen« über die »vergnügungslustigen« Northropweberinnen, die schon Tabelle 52 zeigte, wird auf Tabelle 53 durch eine große Schwankungsdifferenz noch verstärkt. Auch bei den Hasplerinnen sind die Schwankungsprozente der »häuslichen« Arbeiterinnen niedrig, die der »vergnügungslustigen« Arbeiterinnen hoch. Dagegen finden sich bei den »lesenden« Weberinnen und Ringspinnerinnen sehr hohe Schwankungen.

Ebenso wenig wie bei den männlichen Arbeitern können wir also bei den weiblichen Arbeitern von einem günstigen Einfluss des Sonntagsvergnügens auf die Arbeitsleistung reden.[19] Unter den angelernten Arbeiterinnen sind die »vergnü-

---

19 Ich lasse bei der Zusammenfassung der Zahlen der älteren Arbeiterinnen fort, da, wir ich schon

gungslustigen« die überhaupt untauglichsten, unter den gelernten stehen sie in Bezug auf Brauchbarkeit an zweiter Stelle. Andererseits geht freilich aus diesen Zahlen sowohl wie aus denen der männlichen Arbeiter hervor, dass die Leute mit niederstem Kulturniveau auch nicht die entschieden unbrauchbarsten sind. Ein klares Urteil über die Wirkung der von uns kurz als »Vergnügen« bezeichneten Erholungen auf die Arbeitsleistung abzugeben, ist uns daher nicht möglich. Dagegen scheint der Einfluss des zu Hause verbrachten Sonntags bei männlichen sowohl wie weiblichen Arbeitern ein sehr günstiger zu sein. Unter den Arbeiterinnen dürfen wir wohl die »häuslichen« als die schlechtweg brauchbarsten ansehen, und bei den männlichen Arbeitern hat der »in Haus und Garten« verbrachte beschauliche Sonntag einen guten Einfluss, wenn nicht auf die Leistungshöhe, so doch jedenfalls auf die Leistungsstetigkeit.

Dass das Lesen die Leistungen der Arbeiterinnen ungünstiger beeinflusst als die der Arbeiter, erklärt sich natürlich leicht aus der gänzlich verschiedenen Art der »geistigen« Interessen, die wir hier kurz als »lesen« bezeichneten. Warum aber diese ungünstige Wirkung des Lesens bei den gelernten Arbeiterinnen soviel schärfer zum Ausdruck kommt als bei den angelernten, ist schwer einzusehen. Ich halte es nicht für unmöglich, aber allerdings für unbeweisbar, dass die von uns als aufregend charakterisierte Lektüre die gelernten Arbeiterinnen als »echte« Proletarierinnen (vgl. geographische und soziale Provenienz) psychisch und physisch stärker beeinflusst als die vorwiegend bäuerlichen angelernten Arbeiterinnen. –

Schon diese wenigen Zahlen haben eine mehr oder minder deutliche Wirkung der Art der Erholung auf die Rentabilität der Arbeiter wahrscheinlich gemacht. Es ist zu erwarten, das bei einer differenzierteren und kulturell höherstehenden Arbeiterschaft diese Wirkungen sich noch klarer zeigen würden, als bei derjenigen, die ich hier zu schildern habe.

6. Die Wohnung

a. Der Einfluss der Wohnung auf die Lohnhöhe

Bei der Besprechung der vorigen Tabelle haben wir auf den anscheinend günstigen Einfluss hingewiesen, den der Aufenthalt und die Beschäftigung in Haus und Garten auf die Rentabilität der Arbeiter und Arbeiterinnen hat. Es könnte nun auch von Interesse sein, festzustellen, ob die Beschaffenheit der Wohnung in zahlenmäßig erfassbarer Weise die Leistungen der Arbeiterschaft beeinflusst. Die Bedeutung der Wohnung für Gesundheit und Sittlichkeit der Arbeiterschaft ist ja aus zahlreichen Diskussionen über dieses Thema bekannt genug und bedarf hier keiner weiteren Erörterung.

Der vorhergehenden Untersuchung haben wir die Frage zugrunde gelegt, ob der intelligentere Mann in allen Fällen der bessere Arbeiter sei. Sehen wir nun in der Art des Wohnens ein, wenn auch nicht in allen, so doch in den meisten Fällen zutreffendes Merkmal des Wohlstandes der Familie, so können wir hier nun

---

sagte, sie sicher von noch anderen als den hier auf ihre Wirkung hin untersuchten Faktoren stark abhängig sind.

weiter fragen, ob der wirtschaftlich besser situierte Mann stets die rentablere Arbeitskraft ist.[20]

Wie Tabelle 54 zeigt, unterscheiden wir, um uns den Einfluss der Wohnung auf die Leistungen der Arbeiterschaft deutlich zu machen, drei Hauptarten des Wohnens: das Wohnen im eigenen Haus, in der Mietwohnung und für die unverheirateten Leute in Kost und Logis oder in Heimen.[21] Da der günstige Einfluss des Gartenbesitzes auf das Leben des Proletariats stets betont wird, haben wir dem eigenen Haus mit Garten und der Mietwohnung mit Garten eine besondere Rubrik eingeräumt. Es ist selbstverständlich, dass auch hier wieder, um Fehlschlüsse zu vermeiden, die drei von der vorigen Tabelle her bekannten Altersklassen als Unterabteilungen jeder Rubrik eingeführt werden müssen, wenn auch diese Vorsichtsmaßregel die Zahlen in einzelnen Rubriken leider wieder sehr klein werden.

So haben wir bei den 14- bis 24jährigen männlichen Arbeitern nur zwei große vergleichbare Zahlen, die sich auf das Wohnen im eigenen Haus mit Garten und in der Mietwohnung beziehen. Die letztere Wohnweise scheint der Rentabilität etwas förderlicher zu sein als die erstere; die zur Miete wohnenden Arbeiter verdienen 12,7 Pfennige in der halben Stunde, die in Haus mit Garten wohnenden Arbeiter desselben Alters zwölf Pfennige in der halben Stunde. Auch in den anderen Altersklassen scheint der Einfluss der Mietwohnung auf die Arbeitsleistung kein ungünstiger zu sein. Bei den 25- bis 40jährigen Arbeitern haben wir freilich nur wieder e i n e größere Zahl, die, verglichen mit dem Durchschnittsverdienst aller Arbeiter dieses Alters (siehe Tabelle 38), ergibt, dass die zur Miete wohnenden 25- bis 40jährigen Arbeiter einen gerade durchschnittlichen Verdienst erzielen. Bei den mehr als 40 Jahre alten Arbeitern können wir wieder den Einfluss der Mietwohnung und den des Hauses mit Garten auf die Arbeitsleistung vergleichen. Ebenso wie bei den Arbeitern der jüngsten Altersklasse zeigen sich dabei die zur Miete wohnenden als die brauchbarsten; sie verdienen 16,2 Pfennige in der halben Stunde; die im eigenen Haus wohnenden Arbeiter derselben Alters 15,6 Pfennige in der halben Stunde.

Diese leider etwas dürftigen Angaben scheinen darauf hinzuweisen, dass einerseits die Art des Wohnens bei unserem Material überhaupt keinen großen Einfluss auf die Leistungsfähigkeit der männlichen Arbeiter hat. Andererseits scheint der geringere Wohlstand, der durch das Wohnen zur Miete charakterisiert wird, die Arbeiter zu größerer Anstrengung anzutreiben, ein gewisser Wohlstand eher vermindernd auf die Arbeitsleistung einzuwirken.

Diese für sämtliche Arbeiter gemachte Annahme trifft nun freilich bei den vierstühligen Webern nicht zu. Ziehen wir eine etwas kleinere Zahl mit in unsere Betrachtung herein, so können wir eine Skala bilden, die den günstigen Einfluss der besseren Wohnweise auf die Arbeitsleistung veranschaulicht. In Prozenten

---

20 D. h. selbstverständlich immer n u r für die hier behandelte Arbeiterschaft mit ihrem Kulturniveau und ihren Lebensgewohnheiten. Es soll sich ja gerade bei einem Vergleich mit anderen Arbeitern zeigen, ob und inwiefern die Ergebnisse sich bei einer anderen Arbeiterschaft verändern.
21 Vgl. hierzu Teil I, Abschnitt II, Kapitel V: Die Wohnung. Bei den unverheirateten Leuten handelt es sich dabei natürlich stets um die Wohnung der Eltern; doch ist dies in der Darstellung als selbstverständlich fortgelassen. Die bei diesem Material sehr wenigen Fälle der »Wohnung des Arbeitgebers« sind mit zum eigenen Haus gezählt, da auch sie einen höheren Lebensstandard anzeigen.

des Durchschnittsverdienstes der Arbeiter dieses Alters ausgedrückt, verdienen die im eigenen Haus mit Garten wohnenden 14- bis 24jährigen Weber 109 %; die in Mietwohnung mit Garten wohnenden 97 %; die nur zur Miete wohnenden 94 %. Bei den 40- bis 60jährigen Webern scheint ebenfalls der Einfluss behaglichen Wohnens auf die Arbeitsleistung ein fördernder zu sein; die 40- bis 60jährigen im eigenen Haus mit Garten wohnenden Weber sind die brauchbarsten ihres Alters, deren Verdienst 105,2 % des Durchschnitts beträgt; die in Kost und Logis wohnenden Weber dieses Alters erzielen einen Durchschnittsverdienst, während der Lohn der zur Miete wohnenden Weber um 6 % unter dem Durchschnitt bleibt.

Im Gegensatz zu den für die übrigen Arbeiter festgestellten Tatsachen gehen also bei den vierstühligen Webern höherer Lebensstandard und erhöhte Leistungsfähigkeit miteinander parallel.

Konnten wir für alle männlichen Arbeiter der verschiedenen Altersklassen nur eine verhältnismäßig recht geringe Lohndifferenz je nach der Art des Wohnens feststellen, so ist für die weiblichen Arbeiter eher das Gegenteil der Fall. Ihre Arbeitsleistung scheint von der Wohnweise stärker beeinflusst als die der männlichen Arbeiter – vielleicht ein neuer Miniaturbeweis für die oft gemachte Behauptung, dass die »Wohnungsfrage« recht eigentlich eine »Frauenfrage« sei.

Bei den 14- bis 24jährigen Arbeiterinnen können wir vier große Zahlen miteinander vergleichen, von denen zwei einen überdurchschnittlichen, zwei einen unterdurchschnittlichen Lohn angeben. Die in Heimen oder Kost und Logis wohnenden Mädchen sind die anscheinend leistungsfähigsten; ihr Verdienst beträgt 113 % des Durchschnittsverdienstes aller Arbeiterinnen dieses Alters; an zweiter Stelle stehen die im eigenen Haus wohnenden Arbeiterinnen mit einem Verdienst von 100,8 % des Durchschnitts; unterdurchschnittliche Leistungen zeigen die im eigenen Haus mit Garten und die zur Miete wohnenden Arbeiterinnen; ihre Lohnhöhe erreicht nur 93,4 % und 92,7 % des Durchschnitts.

Eine Kurve, die den Einfluss der Wohnweise auf die Leistungshöhe der 14- bis 24jährigen Arbeiterinnen darstellen sollte, würde also ihren Höhepunkt bei den in Kost und Logis wohnenden Mädchen haben, zu den im eigenen Haus wohnenden Mädchen sinken, im »eigenen Haus mit Garten« unter den Durchschnitt fallen und bei der »Mietwohnung« ihren Tiefpunkt erreichen – ein anscheinend regelloser Verlauf, aus dem nur deutlich hervorgeht, dass die auf sich gestellten, unabhängigsten Mädchen die tüchtigsten Arbeiterinnen sind. Dagegen ist es in den nächsten Altersklassen der Arbeiterinnen sehr leicht verständlich, dass das Verdienst der 25- bis 40jährigen alleinstehenden Arbeiterinnen viel geringer ist, als das der zur Miete wohnenden Arbeiterinnen desselben Alters. Auch hier drückt sich in der Art des Wohnens nur wieder der Familienstand der Arbeiterinnen mit seiner oft besprochenen Wirkung auf ihre Leistungsfähigkeit aus. Mit aller Vorsicht wäre vielleicht auf einige kleine Zahlen in diesen Altersklassen hinzuweisen, die anzudeuten scheinen, dass in Einzelfällen wenigstens der Gartenbesitz einen günstigen Einfluss auf die Leistungen der Arbeiterinnen hat.

Die bei allen Arbeiterinnen etwas unverständlichen Zahlen der jüngsten Altersklasse werden verständlich, wenn wir sie bei gelernten und bei angelernten Arbeiterinnen gesondert betrachten. Auch unter den gelernten Arbeiterinnen sind die allein oder in Heimen wohnenden Mädchen die brauchbarsten; ihr Verdienst übertrifft das Durchschnittsverdienst ihres Alters um 3,8 %; die übrigen

Tabelle 54

Lohnhöhe nach der Wohnung. Verdienst pro ½ Stunde

	Eigenes Haus mit Garten			Eigenes Haus			Mietwohnung mit Garten			Mietwohnung			Kost und Logis; Heime		
	14.–24.	25.–40.	40.–60.	14.–24.	25.–40.	40.–60.	14.–24.	25.–40.	40.–60.	14.–24.	25.–40.	40.–60.	14.–24.	25.–40.	40.–60.
	Lebensjahr						Lebensjahr			Lebensjahr			Lebensjahr		
	Pfg.	Pfg.	Pfg.	Pfg.	Pfg.	Pfg.	Pfg.	Pfg.	Pfg.	Pfg.	Pfg.	Pfg.	Pfg.	Pfg.	Pfg.
A. Männliche Arbeiter:															
Weber	10,9	–	14,2	–	–	–	9,7	(14,4)	–	9,4	16,9	12,7	(11,2)	(16,3)	13,6
R. Weber	13,1	–	–	–	–	–	–	–	–	16,1	16,0	–	–	–	–
Spinner	–	(20,4)	17,1	–	(18,6)	20,3	–	–	17,7	–	19,1	19,7	–	–	–
Alle Arbeiter	12,0	(20,4)	15,6	–	(18,6)	20,3	9,7	(14,4)	17,7	12,7	17,3	16,2	(11,2)	(16,3)	13,6
B. Weibliche Arbeiter:															
Weberinnen	12,5	(15,7)	(13,9)	–	–	(8,7)	–	–	–	10,4	14,3	(8,9)	(10,9)	–	–
R. Weberinnen	16,4	–	–	–	–	–	(14,5)	–	–	(16,5)	–	–	16,3	–	–
Ringspinnerinnen	(10,4)	–	–	14,0	–	–	–	(16,8)	(14,1)	11,8	12,6	(13,9)	10,9	–	–
Vorspinnerinnen	–	–	–	(11,7)	–	11,8	–	15,2	–	12,3	14,9	13,1	(16,1)	–	–
Hasplerinnen	8,8	–	–	11,3	12,6	–	–	–	–	(9,1)	12,8	–	11,5	9,8	–
Spul-, Zwirn-, Streckerinnen	–	(12,0)	–	12,6	–	(12,4)	–	–	–	11,1	12,1	(12,4)	11,3	11,5	11,3
Gelernte Arbeiterinnen	13,1	(15,7)	(13,9)	12,8	–	10,3	(14,5)	16,0	(14,1)	12,7	13,9	11,9	13,5	–	–
Angelernte Arbeiterinnen	8,8	(12,0)	–	12,0	12,6	(12,4)	–	–	–	10,1	12,5	(12,4)	14,4	10,7	11,3
Alle Arbeiterinnen	11,5	13,8	(13,9)	12,4	12,6	11,4	(14,5)	16,0	(14,1)	11,4	13,2	12,2	13,9	10,7	11,3

Zahlen weisen auf eine mit abnehmendem Lebensstandard etwas abnehmende Leistungsfähigkeit hin. So verdienen die im eigenen Haus mit Garten wohnenden Mädchen 100,7 % des Durchschnittsverdienstes; die im eigenen Haus wohnenden 98,4 %; die zur Miete wohnenden 97,6 %.

Bei den angelernten Arbeiterinnen finden sich, im Gegensatz zu den meisten anderen auf sie bezüglichen Angaben, je nach der Art des Wohnens außerordentlich große Leistungsdifferenzen. Die in Kost und Logis oder in Heimen wohnenden Mädchen sind auch als angelernte Arbeiterinnen die weitaus brauchbarsten, deren Verdienst 127,4 % des Durchschnittsverdienstes der angelernten Arbeiterinnen dieses Alters beträgt. Der Lohn der im eigenen Haus wohnenden Mädchen übertrifft den Durchschnitt um 6,2 %; die zur Miete wohnenden Mädchen verdienen 89,3 % des Durchschnittslohnes ihres Alters; die im eigenen Haus mit Garten wohnenden Arbeiterinnen endlich haben den geringsten Verdienst von nur 77,8 % des Durchschnitts. Bis auf diese letzte Angabe verläuft also die Lohnkurve der angelernten Arbeiterinnen derjenigen der gelernten Arbeiterinnen analog. Das geringe Verdienst der im eigenen Haus und Garten wohnenden angelernten Arbeiterinnen ist auf die Hasplerinnen zurückzuführen, bei denen es sich wohl – als einer »vornehmeren« Arbeitskategorie, – um etwas besser situierte Mädchen handelt, die nicht durch Not zu großer Anstrengung gezwungen sind (zu vergleichen berufliche Provenienz der Hasplerinnen).

Im Allgemeinen haben diese Zahlen wahrscheinlich gemacht, dass bei den Arbeiterinnen der etwas höhere Lebensstandard die Tendenz hat, die Leistung zu erhöhen. Daneben aber, und das ist wohl das interessanteste Resultat dieser Tabelle, hat sich bei gelernten sowohl wie bei angelernten Arbeiterinnen eine erhöhte Brauchbarkeit der nicht in ihren Familien lebenden 14- bis 24jährigen Arbeiterinnen gezeigt.

Es scheint also, als ob auch im Proletariat, ebenso wie in anderen Gesellschaftsschichten, das Mädchen erst aus ihrer Familie losgelöst sein müsse, ehe sie im Beruf etwas Tüchtiges leisten könne.[22]

Es ist weniger wahrscheinlich, dass die alleinstehenden Arbeiterinnen sich deshalb mehr anstrengen, weil sie einer häuslichen Unterstützung entbehren – obwohl auch dieser Beweggrund in manchen Fällen vorkommen mag – sondern man kann wohl mit größerer Berechtigung annehmen, dass die freie Verfügung über ihren Verdienst, den sie zu Putz oder Vergnügungszwecken verwerten können, die Mädchen anspornt. Aus diesem Gesichtspunkt würden sich auch die großen Leistungsdifferenzen der älteren und der jüngeren alleinstehenden Arbeiterinnen erklären. Daneben wäre freilich hervorzuheben, dass die Mädchen eben zu solchen guten Leistungen physisch deshalb befähigt sind, weil sie n u r ihre beruflichen Pflichten haben und auch wohl in den Heimen unter für die Gesundheit günstigen Bedingungen leben.

Bei einzelnen Arbeiterinnenkategorien tritt der Einfluss der Wohnweise auf die Arbeitsleistung noch deutlicher hervor als im Gesamtresultat. So arbeiten die im eigenen Haus mit Garten wohnenden Weberinnen entschieden viel besser als die

---

22 Dieselbe Erscheinung findet sich in der Landwirtschaft bei den Sachsengängern. [Sachsengänger sind Landarbeiter, die im Deutschen Kaiserreich die ostelbischen Regionen verließen um in westlichen, vorwiegend sächsischen, Landesteilen besser entlohnte Arbeiten aufzunehmen.]

zur Miete wohnenden. Ebenso ist das Verdienst der Ringspinnerinnen je nach der Art der Wohnung recht verschieden.

b. Der Einfluss der Wohnung auf die Schwankungshöhe

Es bleibt uns nun noch übrig zu fragen, ob und in welcher Weise die Art des Wohnens die Leistungsstetigkeit der Arbeiter beeinflusst.

Ordnen wir zu diesem Zweck die Arbeitskräfte nach den von der vorigen Tabelle her bekannten Rubriken und Altersklassen, so zeigt sich bei den für alle männlichen festgestellten Schwankungsprozenten, dass die Art des Wohnens die Leistungsstetigkeit in anscheinend ebenso geringer Weise beeinflusst wie die Leistungshöhe.

Unter den 14- bis 24jährigen Arbeitern arbeiten die in eigenem Haus mit Garten wohnenden Leute ein wenig regelmäßiger als die zur Miete wohnenden. Die Schwankungen der ersteren betragen 16,1 % ihres Durchschnittsverdienstes; die der letzteren 16,7 %. Dagegen scheinen die zur Miete wohnenden 25- bis 40jährigen Arbeiter in Bezug auf ihre Leistungsstetigkeit brauchbar zu sein. Ihre Schwankungsprozente bleiben ein wenig hinter denen aller Arbeiter dieses Alters zurück (vgl. Tabelle 38).

Bei der Besprechung der vorigen Tabelle haben wir darauf hingewiesen, dass ein gewisser Wohlstand – hier durch den Besitz eines Hauses mit Garten charakterisiert – die Leistungsfähigkeit oder besser gesagt Willigkeit der über 40 Jahre alten Arbeiter abzuschwächen scheint. Auch in Bezug auf ihre Leistungsstetigkeit zeigt sich dieselbe Wirkung. Die Schwankungsprozente der im eigenen Haus mit Garten lebenden 40- bis 60jährigen Arbeiter erreichen eine Durchschnittshöhe von 12,5 % ihres Durchschnittsverdienstes; die Schwankungsprozente der zur Miete wohnenden Arbeiter desselben Alters nur eine Höhe von 11 % ihres Durchschnittsverdienstes.

Unter den über 40 Jahre alten Arbeitern sind also die im eigenen Haus mit Garten wohnenden sowohl in Bezug auf Leistungshöhe wie auf Leistungsstetigkeit am wenigsten rentabel, während von den Arbeitern der jüngsten Altersklasse die im eigenen Haus mit Garten wohnenden Leute niedrigeren Lohn und niedrigere Schwankungen, die zur Miete wohnenden höheren Lohn und höhere Schwankungen aufweisen.

Bei den vierstühligen Webern sind nicht nur die Schwankungsdifferenzen je nach der Art des Wohnens größer als bei sämtlichen Arbeitern, sondern sie zeigen auch deutlich den günstigen Einfluss der besseren Wohnung auf die Leistungsstetigkeit der Weber. Die im eigenen Haus mit Garten wohnenden 14- bis 24jährigen Weber haben eine Durchschnittsschwankungshöhe von 20,3 % ihres Durchschnittsverdienstes; die zur Miete wohnenden Weber desselben Alters eine Schwankungshöhe von 23,8 % des Durchschnittsverdienstes. Dieselbe Wirkung der Wohnweise auf die Leistungsstetigkeit finden wir auch bei den 40- bis 60jährigen Webern. Die im eigenen Haus mit Garten wohnenden Weber dieses Alters arbeiten um 1,5 % ihres Durchschnittsverdienstes regelmäßiger als die zur Miete wohnenden Weber der höchsten Altersklasse.

Da die folgende Tabelle uns gezeigt hat, dass auch die Lohnhöhe der vierstühligen Weber mit ihrem, durch die Art des Wohnens charakterisierten, höherem

Tabelle 55   **Lohnschwankungen nach der Wohnung. In Prozenten des Verdienstes**

	Eigenes Haus mit Garten			Eigenes Haus			Mietwohnung mit Garten			Mietwohnung			Kost und Logis; Heime		
	14.–24.	25.–40.	40.–60.	14.–24.	25.–40.	40.–60.	14.–24.	25.–40.	40.–60.	14.–24.	25.–40.	40.–60.	14.–24.	25.–40.	40.–60.
	Lebensjahr			Lebensjahr			Lebensjahr			Lebensjahr			Lebensjahr		
	%	%	%	%	%	%	%	%	%	%	%	%	%	%	%
A. Männliche Arbeiter:															
Weber	20,3	–	13,7	–	–	–	18,2	(13,1)	–	23,8	15,1	15,2	(30,9)	(21,3)	(13,1)
R. Weber	11,8	–	–	–	–	–	–	–	–	9,6	11,4	–	–	–	–
Spinner	–	(5,4)	11,3	–	(7,7)	4,0	–	–	5,4	–	5,7	6,8	–	–	–
Alle Arbeiter	16,1	(5,4)	12,5	–	(7,7)	4,0	18,2	(13,1)	5,4	16,7	10,7	11,0	(30,9)	(21,3)	(13,1)
B. Weibliche Arbeiter:															
Weberinnen	12,0	(14,0)	(19,1)	–	–	(12,1)	–	–	–	15,4	18,6	(19,2)	(24,5)	–	–
R. Weberinnen	10,7	–	–	–	–	–	(15,0)	–	–	10,9	–	–	12,2	–	–
Ringspinnerinnen	(11,9)	–	–	10,4	–	–	(8,2)	(8,2)	(28,0)	9,6	9,1	(8,6)	10,0	–	–
Vorspinnerinnen	–	–	–	(11,5)	–	9,5	–	10,1	–	8,8	11,4	7,8	(16,4)	–	–
Hasplerinnen	12,0	–	–	9,6	10,8	–	–	–	–	(14,6)	18,2	–	13,4	9,2	–
Spul-, Zwirn-, Streckerinnen	–	(8,0)	–	8,7	–	(9,4)	–	–	–	10,3	10,5	(7,4)	8,4	9,1	6,8
Gelernte Arbeiterinnen	11,5	(14,0)	(19,1)	11,0	–	11,1	11,6	9,2	(28,0)	11,2	13,0	11,9	15,8	–	–
Angelernte Arbeiterinnen	12,0	(8,0)	–	9,2	10,8	(9,4)	–	–	–	12,4	14,3	(7,4)	10,9	9,1	6,8
Alle Arbeiterinnen	11,8	11,0	(19,1)	10,1	10,8	10,3	11,6	9,2	(28,0)	11,8	13,7	9,6	13,4	9,1	6,8

Lebensstandard steigt und fällt, sind wir berechtigt, bei dieser Arbeitskategorie wenigstens, in den besseren Lebensbedingungen ein Förderungsmittel der Rentabilität der Arbeiter zu sehen. Bei den jugendlichen Webern ist die bessere Wohnung, natürlich als Ausdruck besserer Lebensverhältnisse überhaupt, die Ursache der besseren Arbeitsleistung. Bei den älteren, ökonomisch selbständigen Webern dagegen, wäre vielleicht von einer Wechselwirkung zwischen Wohnung und Arbeitsleistung zu reden; das gute Verdienst ermöglicht die bessere Wohnung und die Behaglichkeit der letzteren wirkt dann auf die Arbeitsleistung zurück.

Es ist vielleicht charakteristisch, dass sich diese Tatsachen bei der am meisten »persönliche« Qualitäten erfordernden Arbeit des Webers deutlicher feststellen lässt, als bei der in höherem Grad mechanisierten Arbeit der Northropweber und der Spinner.

Bei der Betrachtung der Schwankungsprozente der weiblichen Arbeiter zeigen sich auch auf Tabelle 55 größere Differenzen als bei den männlichen Arbeitern. Also nicht nur die Leistungshöhe, sondern auch die Leistungsstetigkeit der weiblichen Arbeiter werden durch die Art des Wohnens stärker beeinflusst, als dies bei den männlichen Arbeitern der Fall ist.

Von den 14- bis 24jährigen Arbeiterinnen arbeiten diejenigen am gleichmäßigsten, die im eigenen Haus wohnen; ihre Schwankungen, in Prozenten der Durchschnittsschwankungshöhe aller Arbeiterinnen dieses Alters ausgedrückt, betragen 83,9 %. Die im eigenen Haus mit Garten und die zur Miete wohnenden Arbeiterinnen desselben Alters zeigen durchschnittliche Schwankungsprozente; die in Heimen und in Kost und Logis wohnenden Mädchen sind die unregelmäßigsten Arbeiterinnen; ihre Schwankungsprozente übertreffen den Durchschnitt um 13,5 %.

Wollte man den Einfluss der Wohnweise auf die Leistungsstetigkeit der 14- bis 24jährigen Arbeiterinnen graphisch darstellen, so würde die betreffende Kurve bei den im eigenen Haus wohnenden Mädchen ihren Tiefpunkt haben, bei den im eigenen Haus mit Garten und den zur Miete wohnenden Mädchen die Durchschnittshöhe erreichen und bei den allein oder in Heimen wohnenden Mädchen ihren Höhepunkt finden.

Ein Vergleich dieser Kurve mit derjenigen, die den Einfluss der Wohnweise auf die Lohnhöhe der 14- bis 24jährigen Arbeiterinnen deutlich machen sollte, zeigt, dass in Bezug auf die in ihren Familien wohnenden Mädchen beide Kurven umgekehrt proportional verlaufen, so dass die im eigenen Haus wohnenden Arbeiterinnen die in jeder Beziehung rentabelsten, die zur Miete wohnenden Arbeiterinnen die weniger rentablen sind.[23] Die in Kost und Logis oder in Heimen wohnenden Mädchen haben dagegen den ersten Platz auf der Rentabilitätsskala, den sie nach den Ergebnissen von Tabelle 54 innehatten, auf Tabelle 55 mit dem letzten Platz vertauscht. Übertreffen sie die in ihrer Familie wohnenden Arbeiterinnen ihres Alters durch höheres Verdienst, so übertreffen sie sie auch durch größere Unregelmäßigkeit der Leistung.

Dieses Ergebnis lässt sich wohl mit dem bei Besprechung von Tabelle 54 gemachten Erklärungsversuch des hohen Lohnes der alleinstehenden Mädchen in Einklang bringen. Die auf sich selbst angewiesenen Mädchen haben wohl ein Interesse daran,

---

23 Freilich sind die Unterschiede sehr klein.

sehr hohe Löhne zu verdienen und für ihre eigenen Zwecke zu verwerten, doch ist für sie die Gleichmäßigkeit des Verdienstes minder wichtig als für die in ihrer Familie lebenden Mädchen, deren Eltern vielleicht auf einen bestimmten Zuschuss von ihrem Verdienst angewiesen sind und ihn nach jeder Löhnung fordern.[24]

Es wäre vielleicht auch noch daran zu denken, dass das von traditionellen Verpflichtungen entleerte Leben, das die alleinstehenden Mädchen führen, nicht dazu geeignet ist, Zuverlässigkeit und Stetigkeit in ihnen wachrufen.

Die große Ungleichmäßigkeit in den Leistungen der in Kost und Logis oder in Heimen wohnenden Mädchen kommt bei den Lohnschwankungen der gelernten Arbeiterinnen am deutlichsten zum Ausdruck. In den übrigen Rubriken zeigt sich nur ein geringer Einfluss der Wohnweise auf die Leistungsstetigkeit der gelernten Arbeiterinnen. In Prozenten der Durchschnittsschwankungshöhe aller gelernten Arbeiterinnen dieses Alters ausgedrückt, betragen die Schwankungen der 14- bis 24jährigen im eigenen Haus wohnenden Arbeiterinnen 89,4 %; die der zur Miete wohnenden Arbeiterinnen 91 %; die im eigenen Haus mit Garten wohnenden Arbeiterinnen arbeiten mit einer Schwankungshöhe von 93,5 % des Durchschnitts unregelmäßiger als die übrigen in ihrer Familie wohnenden Arbeiterinnen. Diese eben genannten Schwankungsprozente sind nur wenig voneinander verschieden; bei den auf sich selbst angewiesenen gelernten Arbeiterinnen dagegen erreichen sie eine Höhe von 128,4 % des Durchschnitts.

Bei den angelernten Arbeiterinnen der jüngsten Altersklasse sind die Schwankungsdifferenzen je nach der Art des Wohnens etwas größer als bei den gelernten Arbeiterinnen und zwar sind unter den angelernten Arbeiterinnen die auf sich selbst angewiesenen Mädchen auch in Bezug auf ihre Leistungsstetigkeit recht brauchbar.[25] Sie arbeiten mit einer Durchschnittsschwankung von 98,1 % der Durchschnittsschwankungshöhe der angelernten Arbeiterinnen dieses Alters und werden an Gleichmäßigkeit der Leistung nur von den im eigenen Haus wohnenden Mädchen übertroffen, deren Schwankungen 82,8 % des Durchschnitts betragen. Die Schwankungen der im eigenen Haus mit Garten und der zur Miete wohnenden Arbeiterinnen sind die höchsten; sie stehen um 8,1 % und um 11,8 % über dem Durchschnitt. Die Lohnschwankungen der älteren Arbeiterinnen erklären sich ebenso wie ihre Leistungshöhe wohl am einfachsten aus dem Familienstand.

Bei den Weberinnen ist, ebenso wie bei den Webern, ein ausgesprochen günstiger Einfluss der besseren Wohnung auf die Leistungsstetigkeit zu konstatieren, während unter den Spul-, Zwirn- und Streckerinnen die in Heimen wohnenden Mädchen die brauchbarsten Arbeiterinnen sind.

Zusammenfassend kann man sagen, dass die Art des Wohnens die Leistungshöhe der Arbeiterinnen anscheinend nachhaltiger beeinflusst als ihre Leistungsstetigkeit. Erstere zeigt die Tendenz, bei wachsendem Wohlstand zu steigen und auch in Bezug auf die Gleichmäßigkeit der Leistung kann man von einer freilich nur geringen Superiorität der besser situierten Arbeiterinnen sprechen. Die öko-

---

24 Natürlich müssen die alleinlebenden Mädchen eine feste Mietsumme bezahlen, doch ist diese auf »durchschnittlichen« Verdienst berechnet.
25 Vielleicht ist dies darauf zurückzuführen, dass die gelernten Arbeiterinnen vorwiegend in Kost und Logis, die angelernten im katholischen Hospiz leben, das in jeder Beziehung günstig wirkt.

nomische Selbständigkeit hat auf die Leistungshöhe der Arbeiterinnen einen sehr günstigen, auf ihre Leistungsstetigkeit eher einen entgegen gesetzten Einfluss.

Die Wirkung der Wohnweise auf die Rentabilität des Arbeiters tritt am deutlichsten bei der Arbeit am Webstuhl hervor, der, wie wir im ersten Abschnitt sagten, »mehr Werkzeug als Maschine ist«, also den größten Einsatz persönlicher Qualitäten fordert. Ich halte es darum für wahrscheinlich, dass bei qualifizierterer Arbeit, als die hier besprochene es ist, der Einfluss der Wohnung auf die Rentabilität der Arbeiterschaft noch klarer sich erweisen lassen wird.

Anmerkungen von Christian Wolfsberger (2012):

[1] Imponderabilien: Unwägbarkeiten
[2] Emil Kraepelin (1865–1926), Psychiater, Professor in Dorpat 1886–90, Heidelberg 1891–1903 und seit 1903 in München, seit 1921 Leiter der von ihm gegründeten Deutschen Forschungsanstalt für Psychiatrie.
[3] Antinomie: Widerspruch eines Satzes in sich oder zweier Sätze, von denen jeder Gültigkeit beanspruchen kann.

Vierter Abschnitt
Die Arbeitszeit und Jahreszeit in ihren Wirkungen
auf die Arbeitsleistung

1. Der Einfluss von Arbeitszeit und Arbeitsunterbrechung
auf die Arbeitsleistung

a. Nach Altersklassen

Es ist selbstverständlich unmöglich und kann nicht im Rahmen dieser Arbeit liegen, hier näher auf das umfassende Gebiet der »Arbeitszeit« mit seinen verschiedenen Problemen einzugehen, umso mehr als die Beschaffenheit meines Materials mir nur eine A n n ä h e r u n g an die Arbeitszeitprobleme, nicht eine vollwertige Behandlung derselben gestattet.

Während man unter Verkürzung der Arbeitszeit stets eine generelle Verkürzung jedes einzelnen Arbeitstages versteht und über die Wirkung dieser Verkürzung auf die Arbeitsleistung disputiert[1], setzt mich mein Material nur in den Stand, die Arbeitsintensität in Lohnperioden mit gleich großer Soll-Arbeitsstundenzahl, aber verschieden großer faktischer Arbeitsstundenzahl miteinander zu vergleichen.¹

Da im Laufe des Jahres 1908 (auf das sich das hier verarbeitete Material allein bezieht) keine generelle Einschränkung der Arbeitszeit von kürzerer oder längerer Dauer stattfand, können solche, aus der Lohnliste eines einzelnen Arbeiters ersichtliche Verminderungen seiner faktisch geleisteten Arbeitsstundenzahl innerhalb der Lohnperioden durch zweierlei in ihrer Bedeutung sehr verschiedene Gründe bedingt sein: Wegfall eines T e i l s der Arbeitsstunden innerhalb eines (oder mehrerer) Arbeitstage oder: in die Lohnperiode fallende Feiertage.

Wurde nach Ausweis der Lohnliste von einem Arbeiter in der eigentlich zwölf Tage = 259 halben Arbeitsstunden dauernden Lohnperiode weniger als elf Tage = 236 halben Arbeitsstunden gearbeitet, so handelt es sich in der Überzahl der Fälle² um das Ausfallen mindestens eines ganzen Arbeitstages (gesetzlichen Festtages) mit der Arbeitszeiteinschränkung am vorhergehenden Nachmittag. Die hierher gehörenden Fälle haben mit der Diskussion über die Wirkung verkürzter Arbeitszeit auf die Arbeitsleistung gar nichts zu tun. Ein ungünstiger Einfluss des gänzlichen Ausfallens eines oder mehrere Arbeitstage auf die Arbeitsintensität in den vorhergehenden und nachfolgenden Perioden wird im Allgemeinen angenommen. Dieser ungünstige Einfluss ist sowohl psychisch wie technisch zu erklären, da der Mensch ebenso wie die Maschine nach einer etwas längeren Arbeitspause erst wie-

---

1   Wie schon im ersten Abschnitt gesagt, um fasst jede Lohnperiode zwei Wochen, also zwölf Arbeitsage; jeder Arbeitstag dauerte elf Stunden, samstags mit der gesetzmäßigen Verkürzung. Tabelle 56 gibt auch die Anzahl der halben Stunden und den faktisch geleisteten Lohnperioden an.
2   Es könnte natürlich auch als möglich gedacht werden, dass von den zwölf Tagen einer Lohnperiode mehrere dergestalt um je einige Stunden verkürzt worden sind, dass dies im ganzen mehr als einen ganzen Tag ausmachte; doch ist dies außerordentlich unwahrscheinlich. Länger dauernde Krankheit ist natürlich nicht mitgerechnet, da sie wiederum anders wirkt.

Tabelle 56
Arbeitsintensität bei Arbeitszeitverkürzung und Arbeitsunterbrechung.
Nach Altersklassen

	12 Tage (259 halbe Stunden)				12–11 Tage (258–237 halbe Stunden)			
	17.–24.	25.–40.	40.–50.	50.–60.	17.–24.	24.–40.	40.–50.	50.–60.
	Lebensjahr				Lebensjahr			
	Pfg.	Pfg.	Pfg.	Pfg.	Pfg.	Pfg.	Pfg.	Pfg.
A. Männliche Arbeiter:								
Weber	11,4	16,4	13,7	13,2	11,1	16,6	14,1	12,9
R. Weber	16,6	16,4	–	–	16,7	15,4	–	–
Spinner	–	19,4	19,6	16,7	–	19,6	19,7	17,4
Alle Arbeiter	14,0	17,4	16,6	14,9	13,9	17,2	16,9	15,1
B. Weibliche Arbeiter								
Weberinnen	12,4	14,2	8,5	(13,6)	12,4	15,8	8,9	(14,8)
R. Weberinnen	16,1	–	–	–	16,7	–	–	–
Ringspinnerinnen	12,1	13,5	14,1	–	11,7	13,8	14,2	–
Vorspinnerinnen	12,7	15,4	12,7	12,4	12,4	15,3	12,8	12,5
Hasplerinnen	11,8	12,6	(8,9)	–	11,8	12,5	(8,9)	–
Spul-, Zwirn-, Steckerinnen	12,3	11,9	11,7	–	13,0	11,6	11,9	–
Gelernte Arbeiterinnen	13,3	14,3	11,7	13,0	13,3	15,1	11,7	13,6
Angelernte Arbeiterinnen	12,0	12,2	10,3	–	12,4	12,0	10,9	–
Alle Arbeiterinnen	12,6	13,2	11,0	13,0	12,8	13,6	11,3	13,6
A. Männliche Arbeiter:	11–8 Tage (236–171 halbe Stunden)				Weniger als 8 Tage			
Weber	10,5	14,5	13,6	12,9	9,9	14,3	10,1	(10,6)
R. Weber	16,0	16,0	–	–	14,1	(14,8)	–	–
Spinner	–	20,1	18,8	17,1	–	–	20,5	(17,16)
Alle Arbeiter	13,2	16,8	16,2	15,0	12,0	14,5	15,3	(13,9)
B. Weibliche Arbeiter:								
Weberinnen	11,6	14,2	8,6	(14,1)	–	(10,6)	–	–
R. Weberinnen	14,7	–	–	–	(18,5)	–	–	–
Ringspinnerinnen	11,4	13,8	14,6	–	12,2	(14,7)	(13,8)	–
Vorspinnerinnen	12,1	14,9	12,5	13,1	11,5	15,8	(15,9)	–
Hasplerinnen	11,8	11,9	(8,4)	–	–	–	(8,2)	–
Spul-, Zwirn-, Streckerinnen	12,4	12,1	11,7	–	11,2	11,9	(14,1)	–
Gelernte Arbeiterinnen	12,4	14,3	11,9	13,7	14,0	13,7	14,8	–
Angelernte Arbeiterinnen	12,1	12,0	10,0	–	11,2	11,9	11,1	–
Alle Arbeiterinnen	12,2	13,1	10,9	13,7	12,6	12,8	12,9	–

der »in Schwung« gebracht werden müssen. Immerhin kann uns Tabelle 56 zeigen, wie groß der ungünstige Einfluss des Ausfallens eines oder mehrerer Arbeitstage auf die Leistungen unserer Arbeiterschaft ist, ob irgendwelche Faktoren diesem Einfluss entgegenwirken, und ist das letztere der Fall, welche Faktoren es sind. Wir trennen dabei die um mehr als einen Tag verkürzten Lohnperioden in zwei Gruppen und fassen die elf- bis achttägigen faktischen Arbeitsleistungen während einer Lohnperiode einerseits, die weniger als achttägigen Ist-Leistungen andererseits zusammen. Beide aber bezeichnen wir in der Darstellung als »kleine« Ist-Leistungen[3] im Gegensatz zu den m e h r als elftägigen faktischen Arbeitsleistungen.

Wesentlich anders als in den bisher besprochenen Fällen liegt nun die Sache bei denjenigen faktischen Arbeitsleistungen während einer Lohnperiode, die um w e n i g e r als einen Tag verkürzt sind. Hier handelt es sich natürlicherweise ausschließlich um die Verminderung einzelner Arbeitstage um einige Stunden. Die vermehrte oder verminderte Arbeitsintensität bei über elftägiger Ist-Leistung ist also wesentlich anders bedingt als die bei »kleinen«, d. h. u n t e r elftägigen Ist-Leistungen und die h i e r gewonnenen Resultate lassen sich, wenn auch mit großer Vorsicht,[4] mit den Ergebnissen der üblichen Diskussionen über die Wirkung verkürzter Arbeitszeit auf die Arbeitsleistung konfrontieren.

Wenn auch nicht immer in der Darstellung, so werden wir doch stets beim Zusammenfassen unserer Resultate zwischen der Arbeitsintensitäts-Veränderung bei zwölf- bis elftägigen und bei weniger als elftägigen Ist-Leistungen[5] als prinzipiell verschieden bedingten Ergebnissen zu unterscheiden haben und uns dabei erinnern, dass im letzteren Falle gar keine, im ersteren nur ein annäherungsweise Vergleich mit der Wirkung einer generellen Verkürzung der Arbeitszeit auf die Arbeitsleistung erlaubt ist.

Trotz der ganz speziellen und verengten Fragestellung, um die es sich, wie wir gezeigt haben, in dieser Untersuchung handelt, wollen wir doch nicht unterlassen, uns wenigstens die hauptsächlichsten Voraussetzungen veränderter Arbeitsintensität bei veränderter Arbeitszeit ins Gedächtnis zurückzurufen, da sie, wie wir sehen werden, auch für das Verständnis unserer Zusammenstellungen nicht bedeutungslos sind.

In[6] seinen Vorträgen führt Abbe[2] den Kraftverbrauch bei der Arbeitsleistung auf drei deutlich zu scheidende Komponenten zurück: er ist teils 1. Funktion des Quantums der zu vollziehenden (gleichartigen) Manipulationen überhaupt, g l e i c h v i e l in welcher Zeiteinheit sie erfolgen; teils 2. Funktion der G e s c h w i n - d i g k e i t der Arbeit; teils 3. entspricht er dem Kraftverbrauch für den »Leergang«

---

3   Wir verstehen also unter »Ist-Leistung« hier und im nachfolgenden stets die f a k t i s c h e größere oder geringere Zeitdauer der Arbeitsleistung während der zweiwöchentlichen Lohnperioden; unter »Soll-Leistung« die volle Leistung von 259 halben Stunden während einer Lohnperiode.
4   Mit großer Vorsicht schon deshalb, weil eine Verkürzung eines einzelnen Arbeitstages nicht ebenso wirken kann, wie eine generelle Verkürzung, und weil ferner nicht zu unterscheiden ist, in welchen Fällen die Arbeit am Morgen später begann (der Messe wegen) und an welchen Tagen sie am Abend früher aufhörte. Beides hat verschiedenen Einfluss auf die Arbeitsleistung.
5   Elftägige Ist-Leistung entspricht der Soll-Leistung von elf Arbeitstagen, in halbe Stunden umgerechnet.
6   Max Weber, Zur Psychophysik der industriellen Arbeit. II. Archiv für Sozialwissenschaft, Bd. 28, Heft 1, S. 246.

bei der Maschine, d. h. er ist Folge der rein »passiven« Ermüdung durch die Nötigung des Verharrens in einer ganz bestimmten sitzenden oder stehenden, besonders oft wohl einer gebückt stehenden Stellung, wie sie die betreffende Arbeit als Voraussetzung ihres Vollzuges erfordert. Dass die Arbeitszeitverkürzung unter allen Umständen diese letztere, unproduktive Komponente der Ermüdung einschränkt, ist nach Abbe das entscheidende Geheimnis ihres Erfolges.

Die letzte dieser drei Behauptungen Abbes bezieht sich im wesentlichen auf die von den Gewerbehygienikern so genannten »statischen« Arbeiten, d. h. solche, die nicht eine wechselnde An- und Entspannung g r o ß e r Muskelsysteme, sondern eine kontinuierliche gleichmäßige Haltung des ganzen Körpers (vor allem: Gebücktheit – nicht: Stehen an sich) verbunden mit »dynamischer« Arbeit (= Bewegung) nur einzelner Muskeln fordern. Nicht diese dynamisch arbeitenden Muskeln sind es in diesen Fällen, welche Ermüdungs- und eventuell Übermüdungserscheinungen zeigen, sondern die »statisch« beanspruchten Muskeln.

Ich habe diese Theorie ausführlicher erwähnt, weil es sich bei den meisten Textilarbeiten um statisch gebundene Arbeiten handelt, die, wie im ersten Abschnitt des zweiten Teils dieser Arbeit näher ausgeführt, bei stets gleicher, etwas gebückter Körperhaltung, nur »Handgriffe«, oft kaum Bewegungen des ganzen Armes erfordern.[7]

Auch die folgende Schilderung Paul Göhres[3], in der deutlich zum Ausdruck kommt, dass der außerordentliche Kraftverbrauch, der Leergang der Arbeit mehr Anstrengung kostet als die Arbeit selbst, lässt sich wörtlich auf die Arbeitsverhältnisse der Textilindustrie beziehen: »Nicht … Handgriffe und Arbeitsleistungen, sondern dieses Zusammenleben, Zusammenatmen, Zusammenschwitzen vieler Menschen, diese dadurch entstehende, ermüdende Druckluft, das nie verstummende, Nerven abstumpfende, gewaltige, dröhnende, quietschende, ratschende Geräusch, und das unausgesetzte elfstündige Stehen im ewigen Einerlei – oft an ein- und derselben Stelle – dies alles zusammen macht unsere Fabrikarbeit zu einer alle Kräfte anspannenden, aufreibenden Tätigkeit«[8].

Durch die Art der Arbeitsleistung, die sie fordert, wie durch die Arbeitsumgebung, die sie schafft, scheint also die Textilarbeit besonders dazu geeignet, bei verkürzter Arbeitszeit intensiver verrichtet zu werden. Doch neben diesen anscheinend günstigen personalen Voraussetzungen der Intensivierung der Textilarbeit erhebt sich das Problem, inwieweit die Automatisierung des Arbeitsprozesses und die damit verbundene Ausschaltung des Einflusses der Leistungen der Arbeiter und das Maß der Intensität der Maschinenausnutzung dem Satz: Kurze Arbeitszeit = hohe Arbeitsintensität Schranken setzt.

Seitdem Marx auf das »merkwürdige Phänomen in der Geschichte der modernen Industrie« hinwies, Dass »das gewaltige Mittel zur Verkürzung der Arbeitszeit alle sittlichen und natürlichen Schranken des Arbeitstages über den Haufen wirft«,[9]

---

7 So klagen z. B. Spinnerinnen nie über Schmerzen in den Händen, sondern im Rücken, in Beinen und Füßen; Spulerinnen und Hasplerinnen über Schmerzen in Oberarmen und Schulterblättern. Bei Spinnern und Webern ist die nur »statische« Ermüdung wohl geringer.
8 Paul Göhre, Drei Monate Fabrikarbeiter [und Handwerksbursche. Eine praktische Studie, Leipzig 1891, S. 74].
9 Marx, Das Kapital, Bd. 1, S. 372.

sind die technischen Voraussetzungen der verkürzten Arbeitszeit gerade an der Hand der Textilindustrie und ihrer Maschinen wiederholt besprochen worden.

R. Martin[10] fasst diese Voraussetzungen folgendermaßen zusammen: »Je mehr durch die Technik das Quantum der Maschinerie begrenzt ist, welches ein Arbeiter bedienen kann, und je weniger dasselbe menschlicher Eingriffe bedarf, umso weniger vermag ein Arbeiter, soweit es an ihm allein liegt, eine Verkürzung der Arbeitszeit durch intensivere Tätigkeit wett zu machen.«

Die erste dieser beiden Bedingungen kommt für unsere Fragestellung nicht in Betracht.[11] Was die zweite Bedingung der Möglichkeit des persönlichen Eingriffs in die Arbeitsleistung der Maschine betrifft, so habe ich im ersten Abschnitt des zweiten Teils dieser Untersuchungen zu zeigen versucht, dass die einzelnen Arbeitskategorien der Spinnerei und Weberei der persönlichen Fähigkeit des Arbeiters einen mehr oder minder großen Spielraum lassen. Es darf wohl behauptet werden – und die besprochenen teilweise sehr großen Lohndifferenzen der einzelnen Arbeiter beweisen es –, dass der persönliche Faktor bei den hier ausschließlich untersuchten Akkordarbeiten in keinem Fall gänzlich ausgeschaltet, oder auch nur bis zur Bedeutungslosigkeit verkleinert ist. Es bleibt die Möglichkeit, den Produktionsprozess zu beschleunigen, indem eine größere Anzahl Produktionsakte in einer kürzeren Spanne Zeit vorgenommen werden.[12]

Schließlich werden neben personalen und technischen noch kulturelle Vorbedingungen der Steigerung der Arbeitsintensität angeführt. Brentano[13] hat gezeigt, dass auf niederer Kulturstufe die Minderung der Arbeitszeit die Arbeitsleistung im gleichen Verhältnis vermindere, und dass auch bei den modernen Arbeitern eine Kürzung der Arbeitszeit nur dann eine intensivere Arbeitsleistung bewirke, wenn eine Steigerung der Lebenshaltung damit verbunden sei.

Was haben wir nun durch den kurzen Überblick über die Voraussetzungen erhöhter Arbeitsintensität bei verkürzter Arbeitszeit für unsere von dem allgemeinen Problem der Wirkung der Arbeitszeit, wie wir zeigten, verschiedene Fragestellung gewonnen? Es ist klar, dass der personale sowohl wie der technische Faktor auch jetzt noch wichtig bleibt. Wird die Leistung der Maschine durch die Fähigkeit des Arbeiters in höherem Grad mitbedingt, so wird Verminderung oder Vermehrung der Arbeitsintensität – einerlei vorerst durch welche Zusammenhänge hervorgerufen – in höherem Maß vom Arbeiter selbst abhängen. Bedeutet das Aus-

---

10 R[udolf] Martin, Zur Verkürzung der Arbeitszeit in der mechanischen Textilindustrie. Archiv für Sozialwissenschaft, Bd. 8, S. 256.
11 Es handelt sich dabei um Fortschritte der Technik, die wir nach der Art unseres Materials nicht berücksichtigen können.
12 Zu demselben Resultat kommt auch [Ernst] Bernhard, »Höhere Arbeitsintensität bei kürzerer Arbeitszeit, ihre personalen und technisch sachlichen Voraussetzungen«, [Leipzig 1909,] in seinem Kapitel: Die technische Analyse der Textilindustrie. Er berücksichtigt freilich in der Spinnerei neben Vorspinnmaschine und Selfactor nur noch die Krempelmaschinen und übergeht alle diejenigen Arbeitsarten, die wir als angelernte Arbeiten zusammenfassen. Gerade diese Arbeiten, wenn sie auch sachlich weniger wichtig sind, sind es meiner Meinung nach, bei denen technisch eine Intensivierung am leichtesten möglich ist, also vor allem beim Spulen, Zwirnen, Haspeln (beim Strecken natürlich nicht), zu vgl. Teil II, Abschnitt I.
13 L[ujo] Brentano, [Über das] Verhältnis von Arbeitslohn und Arbeitszeit zur Arbeitsleistung [2., völlig umgearbeitete Auflage, Leipzig 1893.] [Lujo Brentano (1844–1931) deutscher Wirtschaftswissenschaftler und Sozialreformer].

fallen einiger Arbeitstage in der Textilindustrie nicht nur Befreiung von der Arbeit selbst, sondern vor allem Befreiung aus einer ermüdenden Arbeitsumgebung, so wird gerade bei dieser Arbeit ein ungünstiger Einfluss der Arbeitsunterbrechung sehr stark wirkenden Faktoren (neben den oben genannten) zuzuschreiben sein.

Die »kulturelle« Voraussetzung verkürzter Arbeitszeit scheint vorerst in keinem Zusammenhang mit unserem Problem der Wirkung der Arbeitsunterbrechung zu stehen. Ob wir irgendwelche Analogien dazu finden können, wird sich vielleicht im Verlaufe der Darstellung ergeben.

Um unsern Zweck der Vergleichung der Arbeitsintensität in Lohnperioden mit verschieden großer faktisch geleisteter Arbeitsstundenzahl zu erreichen, stellen wir natürlich vorerst die Arbeitsleistung in »vollen« Lohnperioden von 259 halben Stunden fest und vergleichen damit die Arbeitsleistung bei Arbeitszeitverkürzung,[14] also bei zwölf- bis elftägiger Ist-Leistung und die Arbeitsleistung bei Arbeitsunterbrechung, also bei weniger als elftägiger und weniger als achttägiger Ist-Leistung.

Es ist nötig, und auch in diesem Fall leicht möglich, den einzelnen Hauptspalten die vier höheren[15] Altersklassen als Unterabteilungen zu geben. Bei der ziemlich großen Anzahl von Beispielen, über die wir verfügen, erhalten wir in fast allen Spalten größere Zahlen und können leicht an der relativen Höhe des halbstündigen Verdienstes die gesunkene oder gestiegene Intensität der Arbeit bemessen.[16]

Über die Arbeitsintensität der männlichen Arbeiter ist generell zu sagen, dass sie in allen vier Altersklassen bei mehr als elftägiger Ist-Leistung größer ist als bei den »kleinen« Ist-Leistungen, dass also abnorme Arbeitsunterbrechung[17] auf die Leistungen der Arbeiter jedes Alters nachteilig wirkt. Die Unterschiede der Leistungsintensität zwischen Soll-Leistung und zwölf- bis elftägiger Ist-Leistung sind in allen Altersklassen nur gering; bei den weniger als 40 Jahre alten Arbeitern eine kleine Steigerung des Verdienstes von der ersten zur zweiten Hauptspalte unserer Tabelle.

Größere Intensitätsunterschiede finden sich erst zwischen zwölf- bis elftägiger und weniger als elftägiger und vor allem zwischen als elftägiger und weniger als achttägiger Ist-Leistung. So verdienen die 17- bis 24jährigen Arbeiter bei voller Arbeitsleistung in der halben Stunde 105,2 % des Durchschnittsverdienstes aller Arbeiter dieses Alters; bei zwölf- bis elftägiger Ist-Leistung 104,5 %; bei Arbeitsunterbrechung 99,2 % und 90,2 % des Durchschnitts. Bei den 25- bis 40jährigen Arbeitern sind die Intensitätsunterschiede in den drei ersten Hauptspalten fast dieselben wie in der vorigen Altersklasse, nur von der weniger als elftägigen zur weniger als achttägigen Ist-Leistung fällt die Arbeitsintensität der 25- bis 40jährigen Arbeiter sehr stark: um 14 % des Durchschnittsverdienstes aller Arbeiter dieses Alters.

---

14 Arbeitszeitverkürzung natürlich hier nicht im üblichen, sondern nur in dem eben genauer umschriebenen Sinn gebraucht.
15 Die weniger als 16 Jahre alten Leute sind fortgelassen, der gesetzlich verkürzten Arbeitszeit wegen.
16 Also hier immer Höhe des Verdienstes = Höhe der Arbeitsintensität.
17 Die günstige Einwirkung der Arbeitsunterbrechung durch den S o n n t a g ist bekannt. Nur die noch weitere Teilung der Arbeitswoche wirkt ungünstig.

Während die Arbeitsintensität der 40- bis 50jährigen Arbeiter von 100,6 % des Durchschnittsverdienstes ihrer Altersklasse bei voller Arbeitsleistung auf 102,4 % bei Arbeitszeitverkürzung steigt, und bei Arbeitsunterbrechung um 2 % unter den Durchschnitt sinkt, verändern die Arbeiter der höchsten Altersklasse in Lohnperioden mit verschieden großer faktisch geleisteter Arbeitsstundenzahl ihre Arbeitsintensität so gut wie gar nicht.

Bis jetzt lässt sich sagen, dass bei Verminderung der Ist-Leistung von zwölf auf weniger als elf Tage, also bei abnormer Arbeitsunterbrechung, sich in allen Altersklassen der männlichen Arbeiter sich die Verminderung der Arbeitsintensität bemerkbar macht, die, wie oben gesagt, allgemein als Begleiterscheinung abnormer Arbeitsunterbrechung angenommen wird. Die Verminderung der Ist-Leistung um weniger als einen Tag, also die Arbeitszeitverkürzung hat anscheinend nur einen geringen Einfluss, der bei den jüngeren Arbeitern in der Richtung einer Verstärkung der Arbeitsintensität wirkt. Die Leistungsdifferenzen in Lohnperioden mit verschieden großer Ist-Leistung zeigen sich am deutlichsten bei den 25- bis 40jährigen, am schwächsten bei den 50- bis 60jährigen Arbeitern. Nehmen wir vorerst einmal an, – wir werden später noch näher auf diese Frage eingehen – dass die Verminderung der Arbeitsintensität bei Arbeitsunterbrechung Folge der Festlichkeiten und ihrer Vergnügen sind, so erscheint es selbstverständlich, dass diese Feste auf die Leistungen der älteren Männer den geringsten Einfluss haben.[18] Auch bei allen vierstühligen Webern finden sich dieselben Tendenzen wieder, nur mit dem Unterschied, dass bei den 25- bis 40jährigen Webern auch schon eine Zunahme der Arbeitsintensität bei Arbeitsverkürzung stattfindet; dagegen hat die abnorme Arbeitsunterbrechung einen überdurchschnittlich schlechten Einfluss auf die Leistungen der Weber dieses Alters. Das Verdienst der 50- bis 60jährigen Weber ist ebenso wie das aller Arbeiter dieses Alters in Lohnperioden mit verschieden großer faktisch geleisteter Arbeitsstundenzahl fast dasselbe. Auch bei den Northropwebern wirkt die Arbeitsunterbrechung intensitätsvermindernd, bei den 25- bis 40jährigen Spinnern aber ein wenig intensitätssteigernd. Die 40- bis 50jährigen Spinner dagegen arbeiten bei elf- bis achttägiger Ist-Leistung am wenigsten intensiv, während für die Spinner aller Altersklassen die Verkürzung der Ist-Leistung um weniger als zwölf Stunden eine kleine Steigerung der Arbeitsleistung in der Zeiteinheit herbeiführt. In allen Altersklassen der weiblichen Arbeiter wächst die Arbeitsintensität bei Arbeitszeitverkürzung und zwar wird diese Zunahme umso deutlicher, zu je höheren Altersklassen der Arbeiterinnen wir aufsteigen. Ganz im Gegensatz zu den bei den männlichen Arbeitern beobachteten Tatsachen wirkt also die Verminderung der Arbeitsstundenzahl bei den älteren Arbeiterinnen in höherem Maße intensitätssteigernd als bei den jüngeren Arbeiterinnen.

Dieser, vom Standpunkt des Betriebes aus gesehen, günstige Einfluss der Arbeitszeitverkürzung auf die Leistungen der älteren Arbeiterinnen wirkt auch noch bei nicht gar zu ausgedehnter Arbeitsunterbrechung fort. Während in den übrigen Altersklassen eine, wenn auch nicht große, Intensitätsabnahme zu kons-

---

[18] Da noch andere Tabellen dieses Problem in anderer Zusammenstellung deutlich machen sollen, gilt diese Einordnung nach Altersklassen vorwiegend als Einleitung und es werden nur die wichtigeren Zahlen besprochen.

tatieren ist, findet sich in diesem Fall bei den 50- bis 60jährigen Arbeiterinnen eine schwache Intensitätszunahme.

In Bezug auf die Leistungsintensität der Arbeiterinnen in Lohnperioden mit gleicher Soll-, aber verschieden großer Ist-Leistung können wir also bis jetzt folgendes sagen: 1. In allen Altersklassen führt die Arbeitszeitverkürzung zu gesteigerter Arbeitsintensität; 2. die Intensitätsabnahme bei abnormer Arbeitsunterbrechung ist bei den Arbeiterinnen viel geringer als bei den Arbeitern; 3. die mehr als 50 Jahre alten Arbeiterinnen zeigen die Tendenz, Verluste an Arbeitszeit durch verstärkte Arbeitsintensität wett zu machen.

Diese letztere Tatsache erklärt sich wohl einfach genug aus der von ins oft hervorgehobenen Stellung der älteren Arbeiterin als alleinigen Ernährer der Familie. Hier wäre also der Fälle, wo die Mitwirkung des ökonomischen Faktors stark genug ist, um ein dem üblichen Ergebnis entgegen gesetztes Resultat hervorzubringen. Die minder ungünstige Wirkung abnormer Arbeitsunterbrechung auf die Arbeiterinnen überhaupt im Vergleich zu den Arbeitern ist wohl einerseits aus der geringeren Beteiligung wenigstens der älteren Arbeiterinnen an den Festen, andererseits aus der geringeren Qualifiziertheit ihrer Arbeit – vielleicht – zu verstehen.

Wieweit diese letztere Annahme auf Richtigkeit Anspruch machen kann, werden vielleicht die Zahlen der gelernten und angelernten Arbeiterinnen zeigen.

Die eben für sämtliche Arbeiterinnen angeführten Resultate kommen bei den gelernten Arbeiterinnen noch deutlicher zum Ausdruck. So verdienen die 17- bis 24jährigen gelernten Arbeiterinnen 100,7 % des Durchschnittsverdienstes ihres Alters in vollen Lohnperioden; bei zwölf- bis elftägiger Ist-Leistung ebensoviel; bei elf- bis achttägiger Ist-Leistung 93,9 % des Durchschnitts und bei weniger als achttägiger Ist-Leistung 106 % des Durchschnitts; die größte Arbeitsunterbrechung bewirkt also bei ihnen die intensivste Arbeit. Bei den 25- bis 40jährigen gelernten Arbeiterinnen ist die Arbeitsintensität bei Arbeitszeitverkürzung am höchsten und nimmt bei Arbeitsunterbrechung ab. Das halbstündige Verdienst der Arbeiterinnen dieser Altersklasse steigt von 97,9 % des Durchschnitts bei voller Arbeitsleistung auf 103,4 % bei einer Ist-Leistung von zwölf bis elf Tagen, fällt bei elf- bis achttägiger Ist-Leistung wieder auf 97,9 % des Durchschnitts zurück und sinkt bei der »kleinsten« Ist-Leistung auf 93,8 % des Durchschnitts. Die 40- bis 50jährigen gelernten Arbeiterinnen arbeiten bei voller Arbeitszeit und bei zwölf- bis elftägiger Ist-Leistung mit gleich großer Intensität, bei Arbeitsunterbrechung ein wenig intensiver.[19]

Das beim Gesamtresultat über die vermehrte Arbeitsintensität der ältesten Arbeiterinnen bei Abnahme der Ist-Leistungen in den Lohnperioden Gesagte bezieht sich nach der Beschaffenheit des Materials nur auf die gelernten Arbeiterinnen. Das halbstündige Verdienst der 50- bis 60jährigen gelernten Arbeiterinnen steigt von 97 % des Durchschnittsverdienstes dieser Altersklasse bei voller Arbeitsleistung auf 101,4 % bei Arbeitszeitverkürzung und auf 102,2 % bei Arbeitsunterbrechung.

---

19 Die, allerdings kleinen Zahlen der kleinsten Ist-Leistung bei den 40- bis 50jährigen gelernten Arbeiterinnen würden auch auf Intensitätssteigerung bei Arbeitsunterbrechung hinweisen.

In den drei Altersklassen der angelernten Arbeiterinnen zeigen sich im Wesentlichen dieselben Wirkungen von verschieden großer faktisch geleisteter Arbeitsstundenzahl auf die Arbeitsintensität wie bei den männlichen Arbeitern: schwaches Steigen des Verdienstes bei Verkürzung der Arbeitszeit und langsames Sinken bei abnormer Arbeitsunterbrechung.

Während die Verkürzung der Ist-Leistung um weniger als zwölf Stunden auf die Leistungsintensität der Arbeiter und Arbeiterinnen ganz vorwiegend günstigen Einfluss hat, ließe sich wohl die Wirkung abnormer Arbeitsunterbrechung auf die Leistungen von Arbeitern und Arbeiterinnen folgendermaßen vergleichen: bei Arbeitern und angelernten Arbeiterinnen besteht nur ein g r a d u e l l e r Unterschied; die Leistungsintensität nimmt bei Arbeitsunterbrechung ab, doch in verschieden starkem Maße. Zwischen Arbeitern und gelernten Arbeiterinnen könnte man eher von einem p r i n z i p i e l l e n Unterschied sprechen, da in fast allen Altersklassen der gelernten Arbeiterinnen sich die Tendenz zu verstärkter Arbeitsintensität bei Arbeitsunterbrechung bemerkbar macht. Hierzu ist freilich gleich wieder zu sagen, dass die soeben erwähnte Tendenz verstärkter Arbeitsintensität bei Arbeitsunterbrechung sich nur bei den beiden Kategorien von Spinnerinnen, nicht bei den Weberinnen findet. Bei letzteren nimmt, ebenso wie bei den Webern, die Arbeitsintensität bei Arbeitsunterbrechung ziemlich bedeutend ab. Für die Ringspinnerinnen dagegen und namentlich für die Vorspinnerinnen trifft das oben für die gelernten Arbeiterinnen im Allgemeinen Gesagte genau zu.

Erinnern wir uns, dass das Spinnen mehr als irgendeine andere Arbeitskategorie zur Arbeit verheirateter Frauen geworden,[20] so kann es uns nicht schwer fallen, auch hier wieder den ökonomischen Faktor, vor allem den Familienstand als Erklärungsgrund für die steigende Arbeitsintensität der Spinnerinnen bei Arbeitsunterbrechung anzunehmen.

Dass Weber und Weberinnen die größten Differenzen in Lohnperioden mit verschieden großer Ist-Leistung zeigen, begreift sich wohl einerseits aus der großen, von uns schon wiederholt hervorgehobenen Bedeutung des persönlichen Faktors bei der Arbeit am Webstuhl; andererseits wohl auch aus dem technischen Grund, dass ein Webstuhl nach längerem Stillstand schwerer wieder in Schwung gebracht werden kann als die meisten anderen Maschinen.

Die fördernde Wirkung der Verkürzung der faktisch geleisteten Arbeitsstundenzahl um weniger als zwölf Stunden auf die Arbeitsintensität erklärt sich natürlich aus den personalen und technischen Voraussetzungen, die wir im Eingang dieses Abschnitts kurz besprachen.

Da, wie schon oben gesagt, die Frage nach der Wirkung verschiedner faktisch geleisteter Arbeitsstundenzahl in den stets zwei Wochen umfassenden Lohnperioden auf die Arbeitsintensität noch in zwei anderen Zusammenstellungen behandelt werden soll, wollen wir uns hiermit genug sein lassen und sehen, ob durch Einstellung anderer auf die Arbeiterschaft bezüglicher Angaben die Gründe der Differenzen der Arbeitsintensität bei verschieden großer Ist-Leistung innerhalb der Lohnperioden deutlicher hervortreten, als es bis jetzt der Fall war.[21]

---

20 Zu vergleichen Teil I, Abschnitt II, Kapitel V, S. 252 ff.
21 Selbstverständlich können bei dieser Fragestellung die Lohnschwankungen der Arbeiter nicht behandelt werden.

b. Nach der Ermüdbarkeit der Arbeitskräfte

Wir wollen uns fragen, ob verschieden große Ist-Leistung bei gleich gebliebener Soll-Leistung auf ermüdete und nicht ermüdete Arbeiter in verschiedener Weise wirkt, und vergleichen darum auf Tabelle 57 die Verdienste der nicht ermüdeten, der tagsüber ermüdeten und der abends ermüdeten Arbeitskräfte in den von Tabelle 56 her bekannten, stets zwei Wochen umfassenden Lohnperioden mit jeweils verschieden großer faktisch geleisteter Arbeitsstundenzahl miteinander.[22]

Auch diese Zusammenstellung zeigt uns wieder das von Tabelle 56 schon bekannte Resultat, dass die Arbeitsintensität der männlichen Arbeiter bei abnormer Arbeitsunterbrechung stark sinkt. Freilich befinden sich dabei Unterschiede je nach dem Grad der Ermüdung. Die Arbeitsintensität der nicht ermüdeten Arbeiter nimmt bei Arbeitsverkürzung ein wenig zu und fällt bei Arbeitsunterbrechung rasch ab. Die nicht ermüdeten Arbeiter verdienen bei voller Arbeitsleistung 102,6 % des Durchschnittsverdienstes aller nicht ermüdeten Arbeiter. Bei zwölf- bis elftägiger Ist-Leistung 105,1 %, bei elf- bis achttägiger Ist-Leistung 97,4 %, bei weniger als elftägiger Ist-Leistung 94,7 % des Durchschnitts.

Bei den ermüdeten Arbeitern bringt auch die Arbeitszeitverkürzung keine Zunahme der Arbeitsintensität. Die Leistungsdifferenzen in den Lohnperioden mit gleicher Soll- aber verschieden großer Ist-Leistung sind bei den tagsüber ermüdeten Arbeitern verschwindend klein, bei den abends ermüdeten Arbeitern nur ein wenig größer. Die ersteren verdienen bei voller Arbeitsleitung 101,9 % des Durchschnittsverdienstes aller tagsüber ermüdeten Arbeiter, bei zwölf- bis elftägiger Ist-Leistung genau ebensoviel, bei elf- bis achttägiger Ist-Leistung haben sie ein gerade durchschnittliches Verdienst und nur bei noch längerer Arbeitsunterbrechung sinkt das Verdienst auf 91,6 % des Durchschnitts. Das Verdienst der abends ermüdeten Arbeiter nimmt mit Verminderung der Ist-Leistung stetig ab: von 108,9 % des Durchschnitts auf 106,8 % und 103,4 % und schließlich auf 81,3 % des Durchschnitts bei der »kleinsten« Ist-Leistung.

Die Steigerung der Arbeitsintensität bei Arbeitszeitverkürzung, die eines der Resultate von Tabelle 56 bildete, findet also nach den Ergebnissen von Tabelle 57 nur bei den nicht ermüdeten Arbeitern statt. Diese zeigen aber auch andererseits wiederum am deutlichsten den ungünstigen Einfluss abnormer Arbeitsunterbrechung auf die Arbeitsintensität; bei den tagsüber, also am meisten ermüdeten Arbeitern ist von diesem Einfluss am wenigsten zu spüren.

Bei jeder der drei Kategorien der männlichen Arbeiter scheinen die verschiednen möglichen Verbindungen zwischen Größe der Ist-Leistung innerhalb der Lohnperiode und Grad der Ermüdung einen anderen Einfluss auf die Leistungsintensität der Arbeiter zu haben. Bei allen vierstühligen Webern[23] nimmt die Arbeitsinten-

---

22 Auf Tabelle 49 haben wir den Einfluss der Ermüdbarkeit auf die Arbeitsleistung besprochen und uns die Resultate durch Unterscheidung zwischen »Ermüdung« und »Müdigkeit« zu erklären gesucht (siehe S. 353 ff.). Wir werden uns auch hier an die dort gewonnenen Ergebnisse erinnern müssen. Doch gebrauche ich bei dieser Untersuchung vorerst die Ausdrücke »Ermüdung« und »Müdigkeit« als gleichbedeutend. Das Alter konnte aus dieser Tabelle nicht berücksichtigt werden, doch sind die noch in der Übung befindlichen Arbeiter weggelassen.

23 Die Verdienste zeigen in allen Hauptspalten die entschiedene Mehrleistung der ermüdeten Weber (zu vgl. Tabelle 49).

Tabelle 57
**Arbeitsintensität bei Arbeitszeitverkürzung und Arbeitsunterbrechung.
Nach der Ermüdbarkeit der Arbeitskräfte**

	12 Tage (259 halbe Stunden)			12–11 Tage (258–237 halbe Stunden)		
	Nicht Ermüdet	Tagsüber ermüdet	Abends ermüdet	Nicht Ermüdet	Tagsüber ermüdet	Abends ermüdet
	Pfg.	Pfg.	Pfg.	Pfg.	Pfg.	Pfg.
A. Männliche Arbeiter:						
Weber	11,8	14,2	13,0	11,3	14,1	13,1
R. Weber	16,5	17,4	15,7	17,8	17,6	15,2
Spinner	19,2	–	18,8	19,7	–	18,2
Alle Arbeiter	15,8	15,8	15,8	16,2	15,8	15,5
B. Weibliche Arbeiter						
Weberinnen	–	11,9	12,4	–	11,7	11,7
R. Weberinnen	16,3	15,8	–	17,4	16,0	–
Ringspinnerinnen	13,7	12,1	11,2	13,9	11,7	11,0
Vorspinnerinnen	13,5	13,4	13,3	13,8	12,7	13,4
Hasplerinnen	11,5	12,1	11,7	11,6	12,9	11,5
Spul-, Zwirn-, Steckerinnen	12,5	12,0	11,8	12,8	12,1	11,2
Gelernte Arbeiterinnen	14,5	13,3	12,3	15,0	13,0	12,0
Angelernte Arbeiterinnen	12,0	12,0	11,8	12,2	12,5	11,4
Alle Arbeiterinnen	13,3	12,7	12,0	13,6	12,7	11,7

	11–8 Tage (236–171 halbe Stunden)			Weniger als 8 Tage		
A. Männliche Arbeiter:						
Weber	10,3	13,0	12,5	(8,6)	15,5	10,4
R. Weber	15,7	18,1	14,3	(15,9)	(14,9)	13,2
Spinner	19,2	–	18,4	19,4	–	–
Alle Arbeiter	15,0	15,5	15,0	14,6	15,2	11,8
B. Weibliche Arbeiter:						
Weberinnen	–	10,7	11,4	–	–	(10,6)
R. Weberinnen	14,7	14,7	–	(18,5)	–	–
Ringspinnerinnen	13,5	10,8	11,6	14,2	11,9	12,5
Vorspinnerinnen	13,4	13,1	13,2	(15,4)	12,6	15,2
Hasplerinnen	11,5	12,0	11,4	–	(8,2)	–
Spul-, Zwirn-, Streckerinnen	13,2	11,8	11,6	(10,2)	11,2	12,2
Gelernte Arbeiterinnen	13,8	12,3	12,0	16,0	12,3	12,7
Angelernte Arbeiterinnen	12,3	11,9	11,5	(10,2)	9,7	12,2
Alle Arbeiterinnen	13,0	12,1	11,7	13,1	11,0	12,4

sität mit der Größe der Ist-Leistung innerhalb der Lohnperioden ab; am stärksten bei den nicht ermüdeten, am geringsten bei den abends ermüdeten Webern. Bei den tagsüber ermüdeten Northropwebern steigt dagegen die Arbeitsintensität nicht nur bei Arbeitszeitverkürzung, sondern auch bei abnormer Arbeitsunterbrechung; bei den nur abends ermüdeten Northropwebern nimmt das Verdienst bei abnormer Arbeitsunterbrechung stark ab. Die Zahlen der Spinner endlich verhalten sich jenen des Gesamtresultats entsprechend: die nicht ermüdeten Spinner arbeiten bei voller Arbeitsleistung etwas weniger intensiv, die abends ermüdeten Spinner etwas intensiver als bei zwölf- bis elftägiger Ist-Leistung. Bei Arbeitsunterbrechung macht sich wieder eine kleine Steigerung der Intensität bemerkbar, die aber, wie überhaupt alle Lohndifferenzen der Spinner, außerordentlich gering ist.

Sehen wir nun zu, ob es möglich ist, in diese widersprechenden Resultate etwas Ordnung und Sinn zu bringen, wenn wir die Unterscheidung zwischen psychisch bedingter »Müdigkeit« und physisch bedingter »Ermüdung« einführen.

Das Ergebnis von Tabelle 49, nämlich dass die nicht ermüdeten Weber die am wenigsten rentablen Arbeiter seien, wird durch die Resultate von Tabelle 57 noch verstärkt. Die nicht ermüdeten Weber erweisen sich auch hier als die schlechtesten von allen, bei denen jede Verkürzung der Arbeitszeit sowohl wie jede abnorme Arbeitsunterbrechung von einer Verringerung der Arbeitsleistung in der Zeiteinheit begleitet ist. Bei den ermüdeten Webern ist dagegen die Intensitätsabnahme bei Verminderung der Ist-Leistung innerhalb der Lohnperiode viel geringer; und im Fall der Northropweber haben wir bei den am meisten ermüdeten Leuten eine Steigerung der Leistungsintensität, die auch den generell ungünstigen Einflüssen abnormer Arbeitsunterbrechung entgegenwirkt.

Diese Zahlen können wir vielleicht wieder als »Beweis«[24] dafür ansehen, dass es sich bei den tagsüber ermüdeten Arbeitern um die psychisch bedingte »Müdigkeit« der höherstehenden Arbeiter handelt, deren Qualität es aber verhindert, dass jede größere oder kleinere Unterbrechung der Arbeit einen nachteiligen Einfluss auf ihre Arbeitsleistung hat. Mit aller Vorsicht ließe sich fürs erste einmal aus dieser Tabelle schließen, dass die Arbeitsintensität bei Arbeitsunterbrechung desto rascher abnimmt, je »tiefer« das Kulturniveau des betreffenden Arbeiters ist.

Wir sehen, dass wir auch bei dieser Problemstellung den »kulturellen« Faktor nicht gänzlich ausscheiden können, wenn er auch hier in wesentlich anderer Art zur Geltung kommt, als bei der Wirkung generell verkürzter Arbeitszeit auf die Arbeitsleistung.

Wir können also, wenn wir die Ergebnisse von Tabelle 49 mit den eben gewonnenen Zahlen verknüpfen, zu nachstehender Schlussfolgerung kommen: Die psychische »Müdigkeit« des Arbeiters entspringt seiner höheren Qualifiziertheit, die ihm die monotone Arbeit mühevoll macht; diese höhere Qualifiziertheit bewirkt aber eine größere Regelmäßigkeit und Stetigkeit der Arbeitsleistung, die von Unterbrechungen in weitgehendem Maße unabhängig ist, oder sie sogar wett zu machen sucht.[25]

---

24 In welchem Sinn das Wort »Beweis« hier allein zu verstehen ist, vgl. Einleitung zu Tabelle 49, S. 351.
25 Es soll hier nochmals gesagt werden, dass es sich bei all diesen Dingen nie um Behauptungen handeln kann, sondern nur um Hinweise und Deutungsversuche, wie diese Zah-

Für alle Arbeiterinnen zeigt sich dasselbe Verhältnis zwischen Ermüdungsgrad und Arbeitsintensität bei verschieden großer Ist-Leistung innerhalb der zweiwöchentlichen Lohnperioden, das wir bei den männlichen Arbeitern feststellten.

Das Verdienst der nicht ermüdeten Arbeiterinnen steigt von der vollen Arbeitsleistung zur zwölf- bis elftägigen Ist-Leistung und sinkt langsam bei abnormer Arbeitsunterbrechung; das Verdienst der tagsüber ermüdeten Arbeiterinnen ist bei Arbeitszeitverkürzung ebenso groß wie bei voller Arbeitsleistung und fällt erst bei Arbeitsunterbrechung. Nur die abends ermüdeten Arbeiterinnen machen insofern eine Ausnahme, als die längste Arbeitsunterbrechung ihre Arbeitsintensität am meisten steigert.

Da wir von früheren Untersuchungen her wissen, dass sowohl die Wirkung größerer oder geringerer faktisch geleisteter Arbeitstundenzahl in den Lohnperioden, wie die Wirkung der Ermüdbarkeit auf die Arbeitsleistung bei gelernten und angelernten Arbeiterinnen recht verschieden ist, übergehen wir die Besprechung des Gesamtresultats und wenden uns den beiden Zahlenreihen zu, die die Verdienste der gelernten und der angelernten Arbeiterinnen bezeichnen.

Beide zeigen ziemliche Unterschiede, die teilweise freilich schwer verständlich sind.

Das Verdienst der nicht ermüdeten gelernten Arbeiterinnen steigt von 100,7 % des Durchschnittsverdienstes aller nicht ermüdeten gelernten Arbeiterinnen bei Arbeitszeitverkürzung auf 104,1 % und sinkt bei abnormer Arbeitsunterbrechung auf 95,8 %. Bei allen ermüdeten gelernten Arbeiterinnen nimmt die Arbeitsintensität mit verminderter Ist-Leistung innerhalb der Lohnperioden ab, und zwar bei den tagsüber ermüdeten Arbeiterinnen stärker als bei den nur abends ermüdeten Arbeiterinnen. Erstere verdienen bei voller Arbeitsleistung 103,9 % des Durchschnittsverdienstes, bei zwölf- bis elftägiger Ist-Leistung 101,5 %, bei weniger als elftägiger Ist-Leistung 96,5 % des Durchschnittsverdienstes. Bei den nur abends ermüdeten gelernten Arbeiterinnen schwankt das halbstündige Verdienst in Lohnperioden mit gleicher Soll-, aber verschieden großer Ist-Leistung nur um den Bruchteil eines Pfennigs.

Bei den angelernten Arbeiterinnen nimmt die Arbeitsintensität der nicht ermüdeten Mädchen bei Arbeitszeitverkürzung und auch bei abnormer Arbeitsunterbrechung ganz schwach zu; ihr Verdienst steigt von 98,3 % des Durchschnitts bei voller Arbeitsleistung auf 100 % bei zwölf- bis elftägiger Ist-Leistung, auf 100,8 % bei elf- bis achttägiger Ist-Leistung. Die tagsüber ermüdeten angelernten Arbeiterinnen arbeiten bei Arbeitszeitverkürzung, die abends ermüdeten angelernten Arbeiterinnen bei der längsten Arbeitsunterbrechung am intensivsten; freilich sind die Leistungsdifferenzen in jedem Fall recht klein.

Bei beiden, den gelernten, sowohl wie bei den angelernten Arbeiterinnen zeigt sich die schon bei der Besprechung von Tabelle 56 erwähnte Tendenz, auch bei abnormer Arbeitsunterbrechung dieselbe oder sogar eine etwas größere Arbeitsintensität zu entwickeln als bei ununterbrochener Arbeit innerhalb der Lohnperioden.

len eventuell zu verstehen sein könnten. Über die entgegen gesetzten Resultate bei Spinnern und Webern und die wahrscheinlichen Gründe dafür vgl. S. 354.

Diese Zahlen sind, schon der geringen Leistungsdifferenzen wegen, die sie anzeigen, wenig geeignet, um aus ihnen auch nur die unsichersten Schlüsse zu ziehen. Nur auf reinige wenige Punkte wäre vielleicht hinzuweisen.

Bei der Besprechung von Tabelle 49 entschieden wir uns dahin, dass es sich bei der Ermüdbarkeit der Arbeiterinnen vorwiegend um physisch bedingte Ermüdung handle, die, im Fall der gelernten Arbeiterinnen das Erreichen des Maximalverdienstes verhindere. Von diesem Gesichtspunkt aus gesehen ist es wohl nicht schwer verständlich, dass nur die nicht ermüdeten gelernten Arbeiterinnen ihre Arbeitsintensität bei Arbeitszeitverkürzung noch steigern können. Unter den angelernten Arbeiterinnen galten uns dagegen die ermüdeten als die besseren Arbeitskräfte; in ihrer Ermüdung sahen wir nur eine Begleiterscheinung ihres Fleißes. Dieser Annahme würde es entsprechen, dass die Arbeitsintensität bei Arbeitszeitverkürzung bei den tagsüber ermüdeten angelernten Arbeiterinnen am stärksten steigt. Die Intensitätssteigerung der Arbeitsleistung, die abnorme Arbeitsunterbrechungen wenigstens teilweise wett zu machen sucht, ist wohl auch hier wieder aus ökonomischen Gründen zu erklären.

Im Allgemeinen scheint, als ob der Grad der Ermüdung auf die Arbeitsintensität der Arbeiterinnen in Lohnperioden mit gleicher Soll-, aber verschieden großer Ist-Leistung nur einen sehr geringen Einfluss habe und erstere im Wesentlichen von anderen Faktoren beherrscht würde.[26]

Wir wollen versuchen, ob eine dritte Zusammenstellung einen dieser anderen Faktoren uns deutlich macht.

c. Nach der Qualität der Arbeitskräfte

Bei der Erörterung der Verdienste der männlichen Arbeiter haben wir schon die Vermutung ausgesprochen, dass die Intensivierung der Arbeit in Lohnperioden mit geringerer Ist-Leistung anscheinend zu den Merkmalen des tüchtigen Arbeiters gehöre. Ob diese Hypothese der Wirklichkeit entspricht, wollen wir auf Tabelle 58 untersuchen.

Wir teilen die Arbeitskräfte je nach der Höhe ihres Verdienstes in gute, mittelmäßige und schlechte Arbeiter und vergleichen ihre Arbeitsintensität in den bekannten stets zwei Wochen umfassenden Lohnperioden mit verschieden großer faktisch geleisteter Arbeitsstundenzahl miteinander.

Die auf die Weise für die männlichen Arbeiter sich ergebenden Zahlen rechtfertigen unsere Annahme. Nur bei den guten Arbeitern zeigt sich eine Intensivierung der Arbeitsleistung bei Arbeitszeitverkürzung. Ihr Verdienst steigt von 101,4 % des Durchschnittsverdienstes aller guten männlicher Arbeiter bei voller Arbeitsleistung auf 106,3 % des Durchschnitts bei zwölf- bis elftägiger Ist-Leistung und fällt bei abnormer Arbeitsunterbrechung auf 97,3 % und 95,2 % des Durchschnitts. Bei den mittelmäßigen und den schlechten Arbeitern ist die Arbeitsintensität bei voller Arbeitsleistung und bei zwölf- bis elftägiger Ist-Leistung gleich groß. Bei abnormer Arbeitsunterbrechung zeigen die mittelmäßigen Arbeiter eine ganz schwache Zunahme ihrer Arbeitsintensität: von 104,4 % des Durchschnittsver-

---

26 Darum gehe ich auch nicht näher auf die einzelnen Arbeiterinnenkategorien ein.

Tabelle 58
**Arbeitsintensität bei Arbeitszeitverkürzung und Arbeitsunterbrechung.
Nach der Qualität der Arbeitskräfte**

	12 Tage (259 halbe Stunden)			12−11 Tage (258−237 halbe Stunden)		
	Gute Arbeiter	Mittelmäßige Arbeiter	Schlechte Arbeiter	Gute Arbeiter	Mittelmäßige Arbeiter	Schlechte Arbeiter
	Pfg.	Pfg.	Pfg.	Pfg.	Pfg.	Pfg.
A. Männliche Arbeiter:						
Weber	17,7	13,3	9,1	19,6	12,8	10,0
R. Weber	18,9	17,0	14,4	19,8	16,6	13,9
Spinner	20,9	19,3	16,8	20,8	20,3	16,3
Alle Arbeiter	19,1	16,5	13,4	20,0	16,5	13,4
B. Weibliche Arbeiter						
Weberinnen	14,1	11,9	9,0	15,2	11,7	9,5
R. Weberinnen	17,4	14,8	−	17,4	16,0	−
Ringspinnerinnen	14,7	11,9	9,8	14,6	11,6	9,0
Vorspinnerinnen	15,5	12,7	11,7	15,1	13,1	11,7
Hasplerinnen	13,5	12,0	10,1	14,0	12,0	9,8
Spul-, Zwirn-, Steckerinnen	13,5	12,0	11,4	14,0	11,7	10,8
Gelernte Arbeiterinnen	15,4	12,5	10,1	15,5	13,1	10,0
Angelernte Arbeiterinnen	13,5	12,0	10,7	14,0	11,8	10,3
Alle Arbeiterinnen	14,4	12,3	10,4	14,8	12,4	10,2
	11−8 Tage (236−171 halbe Stunden)			Weniger als 8 Tage		
A. Männliche Arbeiter:						
Weber	16,0	12,7	8,3	17,1	9,7	10,2
R. Weber	18,8	17,8	12,8	(15,9)	14,5	(12,1)
Spinner	20,3	19,7	16,6	(20,7)	(17,2)	(20,3)
Alle Arbeiter	18,3	16,7	12,5	17,9	13,8	16,2
B. Weibliche Arbeiter:						
Weberinnen	14,2	10,7	8,9	(10,6)	−	−
R. Weberinnen	16,5	13,9	−	(18,5)	−	−
Ringspinnerinnen	14,6	11,7	9,7	13,5	11,5	(11,5)
Vorspinnerinnen	15,3	12,6	11,3	15,1	11,6	−
Hasplerinnen	14,0	11,8	9,7	−	−	(8,2)
Spul-, Zwirn-, Steckerinnen	13,7	12,1	11,3	(11,8)	11,1	(10,8)
Gelernte Arbeiterinnen	15,1	12,2	9,9	14,4	11,6	(11,5)
Angelernte Arbeiterinnen	13,8	11,9	10,5	(11,8)	11,1	9,5
Alle Arbeiterinnen	14,4	12,0	10,2	13,1	11,3	10,5

dienstes aller mittelmäßigen Arbeiter auf 105,7 % des Durchschnitts; dafür ist die Abnahme der Arbeitsintensität der mittelmäßigen Arbeiter bei der »kleinsten« Ist-Leistung umso stärker; ihr Verdienst beträgt nur 87,3 % des Durchschnitts. Bei den schlechten männlichen Arbeitern fällt das Verdienst von 102,3 % des Durchschnitts bei voller Leistung und bei zwölf- bis elftägiger Ist-Leistung auf 95,4 % bei elf- bis achttägiger Ist-Leistung.

Noch deutlicher zeigt sich die bei Arbeitszeitverkürzung steigende Arbeitsintensität der guten Arbeiter bei den vierstühligen Webern. Ihr Verdienst steigt bei Arbeitszeitverkürzung um zwei Pfennige pro halbe Stunde im Vergleich zum Verdienst der vollen Arbeitszeit, nimmt bei Unterbrechung stark ab, um in den Lohnperioden mit kleinster Ist-Leistung wieder etwas zu steigen. Bei den mittelmäßigen Webern nimmt die Arbeitsintensität bei verminderter Ist-Leistung zuerst langsam, zuletzt sehr rasch ab. Bei den schlechten Webern, ebenso wie bei den guten, macht sich ein leises Steigen der Arbeitsintensität bei Arbeitszeitverkürzung bemerkbar, dem eine starke Abnahme der Arbeitsleistung bei abnormer Arbeitsunterbrechung folgt. Auch unter den Northropwebern sind nur die besten Arbeiter einer Steigerung ihrer Arbeitsintensität in den um weniger als zwölf Stunden verkürzten Ist-Leistungen innerhalb der zweiwöchentlichen Lohnperioden fähig. Bei den mittelmäßigen Northropwebern bringt eine nicht allzu ausgedehnte Arbeitsunterbrechung die stärkste Steigerung der Intensität hervor.

Bei den Spinnern ist der Einfluss der Qualität des Arbeiters auf die Arbeitsintensität in Lohnperioden mit verschieden großer faktisch geleisteter Arbeitsstundenzahl von dem bei den Webern beobachteten Einfluss verschieden. Das Verdienst der guten Spinner sinkt kaum merklich bei Verminderung der Ist-Leistung innerhalb der Lohnperioden; die mittelmäßigen Spinner arbeiten bei voller Arbeitsleistung, die schlechten Spinner bei um weniger als zwölf Stunden verkürzter Ist-Leistung am wenigsten intensiv.[27]

Wenn es auch hier wieder schwer ist, diese Zahlenreihen gedanklich zu einem einheitlichen Bild zu ordnen, so lässt sich doch mit einiger Bestimmtheit sagen, dass die Intensitätssteigerung, die wir bei Arbeitszeitverkürzung auf den Tabellen 56 und 57 feststellten, vorwiegend auf Rechnung der guten Arbeiter kommt. Mittelmäßige und schlechte Arbeiter scheinen dagegen bei abnormer Arbeitsunterbrechung eher ein wenig intensiver zu arbeiten. Man kann sich diese letztere Tatsache vielleicht auf zweierlei Weise erklären. Als das Wahrscheinlichere möchte ich annehmen, das die schlechteren Arbeiter bei starker Verminderung der Ist-Leistungen innerhalb der Lohnperioden schon aus rein ökonomischen Gründen zu intensiverer Arbeit gezwungen sind, nämlich um ihr Gesamtverdienst am Ende der Lohnperiode nicht gar zu sehr zu schmälern. Bei nur wenig verringerter faktisch geleisteter Arbeitsstundenzahl ist dieser ökonomische Faktor natürlicherweise weit weniger wirksam. Außerdem könnte man in den geringer entlohnten Arbeitern Leute sehen, deren physische und psychische Unangepasstheit an die Arbeit so

---

27 Diese Tabelle gibt zugleich deutlicher als eine der anderen eine Übersicht über die relativen Verdienste der guten und schlechten Arbeitskräfte. Wir sind doch wohl berechtigt, noch von einer Bedeutung des persönlichen Faktors für die Arbeitsleistung zu reden, wenn wir sehen, dass das Verdienst der guten und der schlechten Arbeiter um 6–7 Pfennige in der halben Stunde differiert.

groß ist, dass nur eine starke Reduktion der faktisch zu leistenden Arbeitsstunden innerhalb der Lohnperioden ihre Arbeitsleistung erhöhen kann.

Über die Gründe, die bei ihnen sowohl wie bei den guten Arbeitern die Arbeitsleistung bei abnormer Arbeitsunterbrechung nachteilig beeinflussen, wird unten noch ausführlicher gesprochen werden.

Ebenso wie die guten Arbeiter arbeiten auch die guten Arbeiterinnen bei Arbeitszeitverkürzung am intensivsten; bei den mittelmäßigen Arbeiterinnen nimmt die Arbeitsintensität bei Arbeitszeitverkürzung kaum bemerkbar zu, bei den schlechten Arbeiterinnen ist das Verdienst bei voller Arbeitsleistung am höchsten. Allen Arbeiterinnen ist nach den Ergebnissen dieser Tabelle die verminderte Arbeitsintensität bei abnormer Arbeitsunterbrechung gemeinsam.

Die für die gelernten Arbeiterinnen festgestellten Zahlen entsprechen völlig denen des Gesamtresultats. Das Verdienst der guten gelernten Arbeiterinnen beträgt bei voller Arbeitsleistung 101,9 % des Durchschnittsverdienstes aller guten gelernten Arbeiterinnen, steigt bei zwölf- bis elftägiger Ist-Leistung auf 102,6 % des Durchschnitts und sinkt bei abnormer Arbeitsunterbrechung unter den Durchschnitt. Auch die mittelmäßigen gelernten Arbeiterinnen arbeiten bei etwas verkürzter Ist-Leistung noch etwas intensiver als bei voller Arbeitsleistung; bei den schlechten gelernten Arbeiterinnen dagegen hat jede Verminderung der faktisch geleisteten Arbeitsstundenzahl bei gleich gebliebener Soll-Arbeitszeit in den Lohnperioden eine Verminderung der Arbeitsintensität zur Folge.[28]

Bei den angelernten Arbeiterinnen findet sich – neben der Leistungssteigerung der guten Arbeiterinnen bei Arbeitszeitverkürzung – die schon oben bei der Besprechung der Löhne der männlichen Arbeiter angeführte Tatsache, dass das Verdienst der schlechteren Arbeitskräfte bei abnormer Arbeitsunterbrechung etwas höher ist, als bei Arbeitszeitverkürzung. So verdienen die schlechten angelernten Arbeiterinnen bei voller Arbeitsleistung 104,9 % des Durchschnittsverdienstes aller schlechten angelernten Arbeiterinnen; bei zwölf- bis elftägiger Ist-Leistung 100,9 % des Durchschnittsverdienstes. Bei elf- bis achttägiger Ist-Leistung steigt der Lohnsatz wieder auf 102,9 %, um bei weniger als achttägiger Ist-Leistung auf 93,1 % zu fallen. Die Leistungsveränderungen der schlechten angelernten Arbeiterinnen in Lohnperioden mit gleich großer Soll-, aber verschieden großer faktisch geleisteter Arbeitsstundenzahl lassen sich wohl auf dieselben Ursachen zurückführen, wie die analogen Verhältnisse bei den männlichen Arbeitern.

Diese Zunahme der Arbeitsintensität bei abnormer Arbeitsunterbrechung zeigt sich vor allem deutlich bei den unqualifizierten angelernten Arbeiterinnen, den Spul-, Zwirn- und Streckerinnen. Unter den guten gelernten Arbeiterinnen haben die Weberinnen die größte Zunahme des Verdienstes bei Verkürzung der Ist-Leistung einer Lohnperiode um weniger als elf Stunden.

Die Vermutung, die wir an den Anfang dieser Untersuchung stellten, scheint also gerechtfertigt zu sein. Die Zahlen von Tabelle 58 haben gezeigt, dass die Intensitätssteigerung bei Arbeitszeitverkürzung sich fast ausschließlich bei den

---

28 Vgl. auch hier wieder die verschiedenen Verdienste der guten und der schlechten Arbeiterinnen. Dabei verdienen – was nicht uninteressant ist – die schlechten gelernten Arbeiterinnen einen geringeren Lohn als die schlechten angelernten Arbeiterinnen. Bei den guten Arbeiterinnen ist es natürlich umgekehrt.

tüchtigen Arbeitern und Arbeiterinnen findet. Es ist also möglich, in dieser Tatsache eine Parallelerscheinung der oft ausgesprochenen Behauptung zu sehen, dass die Qualität der Arbeiterschaft von großer Bedeutung für die günstige Wirkung verkürzter Arbeitszeit sei.[29]

Aus der Qualität der Arbeiterschaft möchte ich nun auch die so sehr starke Leistungsabnahme bei abnormer Arbeitsunterbrechung erklären, die uns überall auf den drei letzten Zusammenstellungen in derselben Weise entgegentrat. Sie ist freilich, wie wir in der Einleitung dieses Abschnitts sagten, eine bekannte Erscheinung, die aber, wie ich glaube, nicht nur aus den dort erwähnten Gründen, sondern auch, namentlich wenn sie so prononciert auftritt wie hier, aus dem Kulturniveau der Arbeiterschaft heraus verstanden werden muss. Ist es für uns doch ein Merkmal des ungeschulten, unentwickelten Menschen – z. B. auch des Kindes –, dass jede Störung und Unterbrechung der gewohnten Tätigkeit seine Leistungen beeinträchtigt.

Es kann uns also nach dem, was wir über die Kulturhöhe der hier besprochenen Arbeiterschaft aus früheren Schilderungen wissen, nicht verwundern, bei ihnen gar nicht oder nur im geringsten Maße unter dem Zwang harter Notwendigkeit, diejenige Zuverlässigkeit und Arbeitslust zu finden, die auch bei öfterer Unterbrechung und Ablenkung die Arbeitsleistung auf derselben Höhe erhält.

Natürlich ist hierbei besonders hervorzuheben, dass es sich bei diesen Unterbrechungen meist um »Feste« (Kirmes und ähnliches) mit ihren Begleiterscheinungen ausgelassener Vergnügen handelt. Es ist aber immerhin charakteristisch, dass die Einwirkung dieser, doch meist nur ein bis zwei Tage dauernden Festlichkeiten die Arbeitsfähigkeit der Leute so stark beeinflusst, dass die Arbeitsintensitätsziffer der im ganzen zwei Wochen umfassenden Lohnperiode außerordentlich stark sinkt.

Die periodisch wiederkehrenden Festlichkeiten schwächen also die Rentabilität der Arbeiter in bedeutendem Maße. Sie bewirken nicht nur ein Aussetzen der Arbeit während einiger Tage, sondern auch eine verminderte Arbeitsfähigkeit oder Willigkeit während der ganzen betreffenden Lohnperiode.[30]

Wieweit hierfür freilich wieder der lebenslustige rheinische Volkscharakter verantwortlich zu machen ist, müsste sich erst durch Vergleiche mit verschiedenen anderen Arbeiterbevölkerungen ergeben.[31]

---

29 Es dürfte nicht uninteressant sein, in diesem Zusammenhang einzufügen, dass im August 1909 die Arbeitszeit in der »Gladbacher Spinnerei und Weberei« von elf auf zehn Stunden täglich herabgesetzt wurde und dass »trotzdem« oder wohl »infolgedessen eine nicht unwesentliche Zunahme der Arbeitsleitung«, wie der Geschäftsbericht des Jahres 1910 hervorhebt, stattgefunden hat.
30 Vom Standpunkt der Arbeiter selbst gesehen, haben diese »Festlichkeiten« noch eine viel verderblichere Wirkung. Die durch die Feste hervorgerufenen sehr unregelmäßigen Verdienste müssen natürlich eine geregelte Führung des Haushalts sehr erschweren, ganz abgesehen von allen anderen Folgen.
31 Auch der Vergleich mit einer ganz vorwiegend protestantischen Arbeiterschaft würde von Interesse sein. Der Gedanke liegt nahe, dass protestantische Arbeiter schon darum rentabler sind, weil ihre Arbeit nicht durch zahlreiche »Kirchenfeste« unterbrochen wird.

2. Der Einfluss des Frühlings auf die Arbeitsleistung

a. Nach Altersklassen

Wir wollen hier soweit als möglich rechnungsmäßig die Zusammenhänge zwischen gewerblicher Leistung und Jahreszeit darstellen. Wir beschäftigen uns dabei eigentlich nur mit einem Teilproblem der großen Frage nach den Einwirkungen der verschiedenen Jahreszeiten auf Psyche und Physis der Menschen überhaupt. Umfassendere Untersuchungen über diesen Punkt liegen erst auf dem Gebiet der Kriminalstatistik vor, die das besonders häufige Vorkommen bestimmter Verbrechen in bestimmten Jahreszeiten dartun.[32] So werden die meisten Eigentumsverbrechen im Winter, die meisten Körperverletzungen im Sommer, die meisten Sittlichkeitsverbrechen im Frühling begangen. Ebenso kann ein Zusammenhang zwischen sexueller Erregbarkeit und Jahreszeit nachgewiesen werden, der auch auf dem Gebiet des erlaubten und normalen Geschlechtsverkehrs hervortritt, aber um so krasser zur Erscheinung kommt, je verwerflicher die Art der Befriedigung des Geschlechtsbedürfnisses ist. Hierhin gehört sowohl die steigende Zahl der ehelichen und unehelichen Konzeptionen[4] im April und Mai, wie die Tatsache, dass die Zahl der Unzuchtverbrechen erst vom April an den Durchschnitt übertrifft und im Juni ihr Maximum erreicht.

Auf Grund dieser Feststellungen sind wir also wohl berechtigt, die Frühlingsmonate als die Zeit der größten sexuellen Erregung, überhaupt als eine Jahreszeit zu bezeichnen, deren Wirkung auf den Menschen sich besonders fühlbar macht.[33] Da in der hier behandelten Arbeiterschaft, wie wir wissen, das sexuelle Triebleben nur im geringsten Maße durch entgegenstehende Einflüsse zurückgehalten wurde, dürfte es von Interesse sein, ihre gewerblichen Leistungen im Frühling mit denen des ganzen Jahres zu vergleichen.

Als »Frühling« haben wir hier die beiden Monate April und Mai gewählt; dass kein dritter Monat zu diesen beiden hinzu genommen wurde, geschah aus folgenden Gründen: im März muss, ganz abgesehen von den winterlichen Tagen, die er häufig bringt, sowohl morgens wie abends noch viel bei Licht gearbeitet werden (näheres darüber später) und dies hätte stets mit berücksichtigt werden müssen. Der Juni andererseits trägt, namentlich in seiner letzten Hälfte, zu sehr den Charakter des »Sommers«, als dass man ihn ohne weiteres mit dem April zusammenfassen könnte.

Es bedarf wohl kaum einer besonderen Erwähnung, dass gerade bei dieser Fragestellung das Alter der Leute mit berücksichtigt werden muss. Wir unterscheiden also die 14- bis 24jährigen Leute, d. h. die in der Überzahl der Fälle unverheirateten; dann die 25- bis 40jährigen Leute und schließlich die über 40 Jahre alten

---

32 G[ustav] Aschaffenburg, Das Verbrechen und seine Bekämpfung, [Heidelberg 1903] S. 13 ff. [Gustav Aschaffenburg (1866–1944) deutscher Psychiater, gilt als ein Pionier der Forensischen Psychiatrie und Kriminologie].

33 Die Leute in der Fabrik waren sich dieses Zusammenhangs wohl bewusst, und sahen es als etwas Selbstverständliches an, wenn im Frühling die hässlichsten Exzesse auf sexuellem Gebiet vorkamen. Vgl. auch hier Teil I, Abschnitt II, Kapitel V: S. 262 ff.; S. 271 ff.; ebenso Teil I, Abschnitt I, S. 106.

Tabelle 59
Arbeitsleistung im Frühling. Nach Altersklassen

	Vom ersten April bis zum ersten Juni					
	Lohnhöhe			Lohnschwankung		
	14.–24.	25.–40.	40.–60.	14.–24.	25.–40.	40.–60.
	Lebensjahr			Lebensjahr		
	Pfg.	Pfg.	Pfg.	%	%	%
A. Männliche Arbeiter:						
Weber	10,4	14,4	14,2	20,8	20,1	14,2
R. Weber	16,4	14,2	–	9,8	11,2	–
Spinner	–	18,8	18,4	–	13,9	14,2
Alle Arbeiter	13,4	15,8	16,3	15,3	15,0	14,2
B. Weibliche Arbeiter						
Weberinnen	11,5	15,9	11,5	14,1	14,6	22,6
R. Weberinnen	15,3	–	–	16,3	–	–
Ringspinnerinnen	12,0	12,6	14,6	15,5	16,2	18,1
Vorspinnerinnen	12,3	15,2	12,9	14,0	16,8	9,5
Hasplerinnen	10,8	11,8	–	16,6	16,2	–
Spul-, Zwirn-, Steckerinnen	12,2	11,9	11,7	11,5	13,5	16,8
Gelernte Arbeiterinnen	12,8	14,4	13,0	14,9	15,9	16,7
Angelernte Arbeiterinnen	11,5	11,9	11,7	14,2	14,9	16,8
Alle Arbeiterinnen	12,2	13,3	12,3	14,6	13,9	16,8
	Gesamtzeit					
A. Männliche Arbeiter:						
Weber	10,9	15,3	13,7	22,3	17,2	14,3
R. Weber	16,6	14,3	–	9,5	10,1	–
Spinner	–	19,1	17,5	–	5,7	8,9
Alle Arbeiter	13,8	16,2	15,6	15,6	10,7	11,6
B. Weibliche Arbeiter:						
Weberinnen	11,7	15,7	11,5	15,7	14,0	17,7
R. Weberinnen	15,8	–	–	12,4	–	–
Ringspinnerinnen	12,0	12,6	13,9	10,4	9,1	8,6
Vorspinnerinnen	12,2	15,3	12,6	9,6	11,4	7,9
Hasplerinnen	10,9	11,5	–	10,7	14,9	–
Spul-, Zwirn-, Streckerinnen	11,9	11,5	11,5	9,4	8,8	7,4
Gelernte Arbeiterinnen	12,9	14,5	12,7	12,0	11,5	11,4
Angelernte Arbeiterinnen	11,4	11,5	11,5	10,0	11,9	7,4
Alle Arbeiterinnen	12,2	13,0	12,1	11,0	11,7	9,4

Leute und vergleichen ihr Verdienst im April und Mai mit ihrem Verdienst im Gesamtdurchschnitt des Jahres.[34]

Es ergibt sich, dass der Einfluss des Frühlings (mit diesem Namen wollen wir die beiden Monate April und Mai im folgenden kurz zusammenfassen) auf die Arbeitsleistung bei den Arbeitern der drei verschiedenen Altersklassen anscheinend ein verschiedener ist. Die unter 40 Jahre alten Arbeiter sind im Frühling weniger leistungsfähig, die über 40 Jahre alten Arbeiter sind leistungsfähiger als im Gesamtdurchschnitt des Jahres. Freilich sind die Leistungsdifferenzen in keinem Fall irgendwie erheblich, sie betragen rund einen Pfennig in der Stunde.

Bei den Webern finden wir dieselbe Wirkung des Frühlings auf die Arbeitsleistung der Arbeiter verschiedenen Alters. Doch hat sich die Leistungsdifferenz zwischen Frühjahr und Gesamtzeit bei den 25- bis 40jährigen Leuten fast verdoppelt im Vergleich zum Gesamtresultat. Die 25- bis 40jährigen Weber verdienen im Frühling 14,4 Pfennig in der halben Stunde, im Gesamtdurchschnitt des Jahres 15,3 Pfennig in der halben Stunde. Das Verdienst der über 40 Jahre alten Weber ist im Frühling etwas höher, das der 14- bis 24jährigen Weber, ebenso wie das der Northropweber derselben Altersklasse etwas niedriger als im Gesamtdurchschnitt des Jahres. Ziehen wir die kleinen Zahlen der 25- bis 40jährigen Spinner mit heran, so haben wir auch hier dieselbe Erscheinung: der Frühling wirkt auf die Leistungsfähigkeit der 25- bis 40jährigen Leute ungünstig, auf die Leistungsfähigkeit der 40- bis 60jährigen Leute günstig. Dabei sind die Resultate, verglichen mit anderen Zahlen der Spinner auf anderen Tabellen recht ausgeprägt. So verdienen die 40- bis 60jährigen Spinner im Frühling 18,4 Pfennig in der halben Stunde, im Jahresdurchschnitt 17,5 Pfennig in der halben Stunde.

Bei allen Arbeiterkategorien lässt sich also derselbe Zusammenhang zwischen Leistung und Jahreszeit feststellen. Der ungünstige Einfluss des Frühlings ist bei den 25- bis 40jährigen Leuten am deutlichsten, bei den 14- bis 24jährigen etwas abgeschwächt; bei den Arbeitern der höchsten Altersklasse ist der Einfluss des Frühlings der Leistungsfähigkeit günstig. Freilich sind die Unterschiede in keinem Fall bedeutend.

Dies Letztere trifft bei den Arbeiterinnen noch in erhöhtem Maße zu. Die Wirkung der Jahreszeit auf ihre Arbeitsleistung ist verschwindend klein. Das Frühlingsverdienst der 14- bis 24jährigen Arbeiterinnen ist dem Gesamtverdienst durchaus gleich; die Arbeiterinnen der beiden höheren Altersklassen arbeiten im Frühling ein klein wenig besser als im Durchschnitt des Jahres.

Trotzdem die Leistungsdifferenzen zwischen Frühjahr und Gesamtjahr auch bei den gelernten und angelernten Arbeiterinnen gesondert außerordentlich klein bleiben, zeigen sich doch bei diesen beiden Arbeiterinnengruppen Verschiedenheiten, die vielleicht nicht ganz auf Zufall beruhen dürften. Auf die gelernten Arbeiterinnen der verschiedenen Altersklassen übt der Frühling anscheinend dieselbe Wirkung aus wie auf die männlichen Arbeiter. Die weniger als 40 Jahre alten gelernten Arbeiterinnen arbeiten im Frühling ein klein wenig schlechter, die

---

34 Dass die Zahlen der Gesamtzeit hier nochmals mit angegeben und nicht auf die Zahlen von Tabelle 38 verwiesen wird, hat seinen Grund darin, dass nicht von allen Arbeitern die Frühjahresleistung berechnet werden konnte und infolgedessen auch die Zahlen der Gesamtzeit neu berechnet werden mussten.

älteren gelernten Arbeiterinnen ein klein wenig besser als im Gesamtjahr. Dagegen verdienen die angelernten Arbeiterinnen aller Altersklassen im Frühling ein ganz klein wenig mehr als im Gesamtdurchschnitt des Jahres. So verdienen die 25- bis 40jährigen gelernten Arbeiterinnen im Frühling 14,4 Pfennig, im Gesamtdurchschnitt des Jahres 14,5 Pfennig in der halben Stunde. Die angelernten Arbeiterinnen desselben Alters verdienen im Frühling 11,9 Pfennig in der halben Stunde, im Gesamtdurchschnitt des Jahres 11,5 Pfennig in der halben Stunde.[35]

In den Verdiensten der Spinnerinnen ist fast gar kein Einfluss der Jahreszeiten festzustellen; dieser tritt ein wenig deutlicher bei den qualifiziertesten Arbeiterinnen, den Weberinnen einerseits und den unqualifiziertesten angelernten Arbeiterinnen andererseits hervor.

Der Einfluss des Frühlings auf die Leistungshöhe der Arbeiterschaft ließe sich also in folgenden Worten zusammenfassen:
1. Er wirkt leistungsmindernd auf die weniger als 40 Jahre alten Arbeiter und die gelernten Arbeiterinnen desselben Alters.
2. Er wirkt leistungssteigernd auf alle über 40 Jahre alten Arbeitskräfte und auf die angelernten Arbeiterinnen jedes Alters.

Da, wie schon öfters hervorgehoben, die Leistungsdifferenzen äußerst geringfügig sind, ist es doppelt notwendig, sie durch eine Darstellung des Einflusses des Frühlings auf die Schwankungshöhe der Arbeiterschaft zu ergänzen.

Von vornherein werden wir erwarten, dass die Frühlingseinflüsse, vor allem die gesteigerte sexuelle Erregbarkeit in dieser Jahreszeit, einen schwächenden Einfluss auf die Nervenkraft und damit auf die Arbeitsstetigkeit ausüben, und demzufolge in erhöhten Schwankungsprozenten zum Ausdruck kommen.

Die von uns errechneten Zahlen rechtfertigen diese Annahme. Sie zeigen nicht nur den ungünstigen Einfluss des Frühlings auf die Leistungsstetigkeit der Arbeiterschaft, sondern sie beweisen auch, dass dieser Einfluss auf die Leistungsstetigkeit viel bedeutender ist als der Einfluss des Frühlings auf die Leistungshöhe.

Freilich gilt diese Behauptung nur für die über 25 Jahre alten Arbeiter. Die 14- bis 24jährigen Arbeiter arbeiten im Frühling mit einer Durchschnittsschwankung von 15,3 %, die um 0,3 % hinter der Durchschnittsschwankung ihrer Altersklasse im Gesamtjahr zurückbleibt. In den beiden höheren Altersklassen hat sich das Verhältnis umgekehrt. Die 25- bis 40jährigen Arbeiter haben im Frühling eine Durchschnittsschwankungshöhe von 15 %, im Gesamtjahr eine solche von 10,7 %. Bei den über 40 Jahre alten Arbeitern ist die Differenz ein wenig kleiner. Ihre Schwankungshöhe beträgt im Frühling 14,2 %, im Gesamtdurchschnitt des Jahres 11,6 %.

Bringen wir diese Ergebnisse mit den oben gewonnenen Resultaten über den Einfluss des Frühlings auf die Leistungshöhe der Arbeiterschaft in Verbindung, so ergibt sich: Die 14- bis 24jährigen Arbeiter sind im Frühling ungefähr ebenso rentabel als im Gesamtdurchschnitt des Jahres; sie arbeiten im Vergleich zu diesem etwas weniger intensiv, aber regelmäßiger. Die 25- bis 40jährigen Arbeiter sind im Frühling sowohl in Bezug auf Leistungshöhe wie auf Leistungsstetigkeit

---

35 Diese Unterschiede erscheinen natürlich lächerlich klein; immerhin machen sie ungefähr drei Mk. im Monat aus.

unrentabel, während die Arbeiter der höchsten Altersklasse im Frühling zwar eine etwas höhere, aber auch viel unregelmäßigere Leistung aufweisen, als im Gesamtdurchschnitt des Jahres, also im allgemeinen im Frühling wohl etwas unbrauchbarer sind.

Bei den vierstühligen Webern ist der ungünstige Einfluss des Frühlings auf die Leistungsstetigkeit fast gänzlich auf die 25- bis 40jährigen Männer beschränkt. Die jugendlichen Weber arbeiten, ebenso wie alle Arbeiter dieses Alters, im Frühling etwas regelmäßiger als im Gesamtdurchschnitt des Jahres und ebenso zeigt sich bei den über 40 Jahre alten Webern eine Tendenz zu etwas stetigerer Leistung im Frühling. Letztere sind also, da auch ihre Lohnhöhe im Frühjahr größer ist als im Gesamtjahr, in dieser Jahreszeit entschieden rentabel, ganz im Gegensatz zu den Webern der vorhergehenden Altersklasse.

Während bei den jugendlichen Northropwebern sich der ungünstige Einfluss des Frühlings nur in sehr schwach gestiegenen Schwankungsprozenten bemerkbar macht, arbeiten alle Spinner im Frühling viel unregelmäßiger als im Gesamtdurchschnitt des Jahres. Die 25- bis 40jährigen Spinner (kleine Zahlen) haben im Frühling eine Schwankungshöhe von 13,9 %, im Gesamtjahr eine solche von 5,7 %. Die 40- bis 60jährigen Spinner arbeiten im Frühling um 5,3 % unregelmäßiger als im Gesamtjahr.

Die Leistungsstetigkeit der männlichen Arbeiter leidet also im Frühling weit mehr als ihre Leistungshöhe und zwar kommt diese Tatsache am deutlichsten bei den 25- bis 40jährigen Arbeitern zum Ausdruck. Bei den älteren Arbeitern ist diese Wirkung abgeschwächter, bei den jugendlichen Arbeitern scheint der Einfluss des Frühlings auf die Arbeitsleistung überhaupt nicht von großer Bedeutung zu sein.

Vergleichen wir die Zahlen der Weber und der Spinner miteinander, so ließe sich vielleicht mit aller Vorsicht darauf hinweisen, dass der kulturell etwas höherstehende Arbeiter (hier Weber) den vorwiegend das sexuelle Gebiet betreffenden, ungünstigen Einflüssen des Frühlings weniger ausgesetzt ist oder ihnen besser standhält als der unterentwickeltere, auf tieferer Kulturstufe stehende Spinner. Diese Annahme ist freilich unbeweisbar, kann sich aber auf die allgemein bekannte Tatsache stützen, dass mit fortschreitender Intellektualisierung die sexuelle Sphäre mehr und mehr an Bedeutung verliert.

Ebenso deutlich wie bei den Arbeitern zeigt sich auch bei den Arbeiterinnen der ungünstige Einfluss des Frühlings auf die Leistungsstetigkeit, und zwar ist er, im Gegensatz zu den bei den männlichen Arbeitern beobachteten Tatsachen, schon bei den 14- bis 24jährigen Arbeiterinnen recht groß. Sie arbeiten im Frühling mit einer Durchschnittsschwankung von 14,6 %, im Gesamtdurchschnitt des Jahres mit einer solchen von 11,0 %. Bei den 25- bis 40jährigen Frauen ist diese Schwankungsdifferenz zwischen Frühling und Gesamtjahr ein wenig verkleinert, bei den über 40 Jahre alten Frauen beträgt sie 7,4 %.

Auch bei den gelernten und den angelernten Arbeiterinnen gesondert lässt sich genau derselbe ungünstige Einfluss des Frühlings auf die Schwankungshöhe feststellen, nur mit dem Unterschied, dass bei den gelernten Arbeiterinnen, ebenso wie bei den Männern, die Schwankungen der 25- bis 40jährigen, bei den angelernten Arbeiterinnen die der 14- bis 24jährigen die größten Unterschiede zum Gesamtresultat aufweisen.

Wenden wir uns zu den einzelnen Arbeiterinnenkategorien, so ist darauf aufmerksam zu machen, dass die 14- bis 24jährigen Weberinnen, ebenso wie die Weber desselben Alters, im Frühling stetiger arbeiten als im Gesamtdurchschnitt des Jahres. Bei den Northropweberinnen macht sich eine kleine Differenz zuungunsten des Frühlings bemerkbar, die bei den Spinnerinnen eine noch größere Weite annimmt.

Bei den angelernten Arbeiterinnen sind die Schwankungsdifferenzen zwischen Frühling und Gesamtjahr bei den Hasplerinnen sehr groß (6 %), bei den Spul-, Zwirn- und Streckerinnen sehr klein (2 %).

Der ungünstige Einfluss des Frühlings auf die Arbeitsleistung verschwindet also einerseits bei den qualifiziertesten, andererseits bei den unqualifiziertesten Arbeiterinnen mehr und mehr. Jedenfalls ist diese Tatsache aus v e r s c h i e d e n e n, nicht aus denselben Ursachen zu erklären. Bei den Weberinnen ließe sich vielleicht aus ihrer etwas besseren sozialen Position auf etwas größere Sittlichkeit und Selbstbeherrschung schließen.[36] Für die unqualifizierten angelernten Arbeiterinnen ist diese Erklärung natürlich nicht angängig. Man könnte vielleicht die auf sie bezüglichen Zahlen in Zusammenhang mit ihrer geographischen und sozialen Provenienz bringen und die aus bäuerlichen Verhältnissen stammenden Mädchen als psychisch und physisch abgehärteter gegen Frühlingseinflüsse jeder Art bezeichnen, als die »echten« Proletarierinnen es sind.

b. Nach der geographischen Provenienz

Wir haben soeben darauf hingewiesen, dass Arbeitskräfte verschiedener geographischer Provenienz vielleicht in verschiedener Weise auf die Frühlingseinflüsse reagieren könnten. Wieweit diese Annahme zahlenmäßig gerechtfertigt werden kann, soll eine Zusammenstellung zeigen, die die Arbeitskräfte nach den verschiedenen Ortsgrößenklassen ordnet, denen sie entstammen, und dann ihre Frühlingsverdienste mit denen der Gesamtzeit vergleicht.[37]

Das Resultat, das wir bei diesem Verfahren für alle männlichen Arbeiter erhalten, lässt sich mit wenigen Worten folgendermaßen zusammenfassen: Dörfler und Landstädter arbeiten im Frühling entschieden intensiver als im Gesamtdurchschnitt des Jahres, bei den Kleinstädtern ist diese Differenz fast verwischt; die Mittelstädter sind im Frühling entschieden leistungsfähiger als im Gesamtdurchschnitt des Jahres.

Wir haben also hier die Tatsache vor uns, dass die ungünstigen Einflüsse des Frühlings auf die Leistungsfähigkeit der Arbeiter, – Einflüsse, die, wie wir uns klar zu machen versuchten, vorwiegend der sexuellen Sphäre angehören, – sich nur bei denjenigen Arbeitern bemerkbar machen, die aus den größeren Orten

---

36 Auf ähnliche Art lässt sich vielleicht auch die sonst schwer begreifliche Schwankungsziffer der jugendlichen Weber verstehen, die in d i e s e m k o n k r e t e n F a l l alle bei ihren Eltern wohnen und also wohl einer gewissen Kontrolle unterstehen. Sonst sind die Zahlen der einzelnen Altersklassen ja keiner Erklärung bedürftig bis auf einen Fall: die außerordentlich hohen Schwankungen der über 40 Jahre alten gelernten Arbeiterinnen im Frühling. Sie sind doch selbstverständlich aus s e x u e l l e r Erregbarkeit nicht zu erklären, und einen anderen Grund vermag ich nicht einzusehen.
37 Zu vgl. Teil II, Abschnitt II: Die Größe von Geburtsort und Kindheitsort.

stammen; bei den in kleinen und kleinsten Orten geborenen Arbeitern steigert der Frühling die Leistungsfähigkeit.

Auch in den drei Arbeiterkategorien gesondert tritt uns der günstige Einfluss des Frühlings auf die Leistungsfähigkeit der Dörfler, der ungünstige Einfluss derselben Jahreszeit auf die Leistungen der Mittelstädter entgegen.

So verdienen die aus Dörfern stammenden vierstühligen Weber im Frühling 14,5 Pfennige in der halben Stunde, im Jahresdurchschnitt 13,9 Pfennige in der halben Stunde. Bei den Kleinstädtern unter den Webern ist das Verdienst des Frühjahres und des Gesamtjahres gleich groß, bei den Mittelstädtern zeigt sich eine ganz schwache Abnahme des Frühjahrsverdientes im Vergleich zum Gesamtjahr. Deutlicher kommt der ungünstige Einfluss des Frühlings auf die Leistungen der Mittelstädter bei den Spinnern zum Ausdruck. Die in Mittelstädten (hier M.-Gladbach) geborenen Spinner verdienen im Frühling 18,9 Pfennige in der halben Stunde, im Gesamtdurchschnitt des Jahres 19,7 Pfennige.

In jedem Fall also zeigt sich eine Mehrleistung der Landleute, eine Minderleistung der Mittelstädter im Frühling. Bei Landstädtern und Kleinstädtern finden sich vereinzelte Ausnahmen (so z. B. die aus der Landstadt stammenden Northropweber), im allgemeinen aber liegt auch noch bei ihnen eine Tendenz zu gesteigerter Leistung im Frühling vor.

Bei den Arbeiterinnen haben wir, ebenso wie auf Tabelle 59, außerordentlich kleine Differenzen zwischen dem Frühlingsverdienst und dem Verdienst des ganzen Jahres; doch scheinen sie anzudeuten, dass auch unter den Arbeiterinnen ein ähnlicher Zusammenhang zwischen Ortsgrößenprovenienz und Leistungsfähigkeit im Frühling besteht, wie bei den Arbeitern; das Verdienst der Bauernmädchen und Landstädterinnen ist im Frühling ein klein wenig größer, das der Klein- und Mittelstädterinnen ein wenig kleiner als im Gesamtdurchschnitt des Jahres.

Tabelle 59 ergab, dass die angelernten Arbeiterinnen aller Altersklassen im Frühling etwas leistungsfähiger seien als im Gesamtdurchschnitt des Jahres. Dies erklärt sich zum größten Teil, aber nicht völlig, aus ihrer Ortsgrößenprovenienz. Die Leistungsunterschiede zwischen Frühling und Gesamtjahr zugunsten des ersteren sind freilich bei den Bauernmädchen am erheblichsten, doch findet sich auch bei den in Mittelstädten geborenen angelernten Arbeiterinnen eine ganz geringe Mehrleistung im Frühling. Bei den gelernten Arbeiterinnen scheint dagegen die Ortsgrößenprovenienz für unsere jetzige Problemstellung nur von geringer Bedeutung zu sein; ihre Leistungen sind im Frühling stets ein wenig geringer als im Gesamtdurchschnitt des Jahres: immerhin sind diese Unterschiede bei den Mittelstädterinnen am größten.

Es fragt sich nun, inwieweit die Schwankungsprozente der aus den verschiedenen Ortsgrößenklassen stammenden Leute die hier gewonnenen Resultate ergänzen und präzisieren.

Der günstige Einfluss des Frühlings auf die Leistungsfähigkeit der Bauern und Landstädter unter den männlichen Arbeitern betrifft nicht nur ihre Leistungshöhe, sondern in noch ausgeprägterer Weise ihre Leistungsstetigkeit. Die aus Dörfern stammenden Arbeiter arbeiten im Frühling um 3 %, die aus Landstädten stammenden Arbeiter um 2 % regelmäßiger als im Gesamtdurchschnitt des Jahres; dagegen sind die Schwankungsprozente der Kleinstädter und Mittelstädter unter

Tabelle 60
Arbeitsleistung im Frühling. Nach der örtlichen Provenienz

	Vom ersten April bis zum ersten Juni								
	Lohnhöhe Aus Orten mit Einwohnern					Lohnschwankung Aus Orten mit Einwohnern			
	1–1.000	1.000–5.000	5.000–50.000	50.000–100.000	Über 100.000	1–1.000	1.000–5.000	5.000–50.000	50.000–100.000	Über 100.000
	Pfg.	Pfg.	Pfg.	Pfg.	Pfg.	%	%	%	%	%
A. Männliche Arbeiter:										
Weber	14,5	13,2	13,4	13,8	(8,9)	15,8	11,1	19,7	18,8	(12,1)
R. Weber	17,7	16,6	–	13,2	(14,2)	5,7	10,4	–	17,3	(9,9)
Spinner	–	–	20,3	18,9	–	–	–	12,5	12,4	–
Alle Arbeiter	16,1	14,9	16,8	15,3	(11,5)	10,7	10,8	16,1	16,1	(11,0)
B. Weibliche Arbeiter:										
Weberinnen	8,6	(12,6)	–	13,2	–	21,7	(19,0)	–	16,6	–
R. Weberinnen	–	–	(14,1)	16,0	–	–	–	(14,3)	17,3	–
Ringspinnerinnen	9,5	(10,0)	12,2	12,9	(9,6)	14,2	(16,1)	18,5	15,0	(17,1)
Vorspinnerinnen	13,8	–	13,8	13,0	(12,2)	15,9	–	9,8	15,0	(13,7)
Hasplerinnen	11,9	–	11,0	12,5	–	20,8	–	23,6	15,9	–
Spul-, Streck-, Zwirnerinnen	12,5	12,4	12,0	11,8	(12,9)	16,0	12,4	9,7	10,1	(10,2)
Gelernte Arbeiterinnen	10,6	11,3	13,3	13,5	10,9	17,2	14,6	14,2	15,9	15,4
Angelernte Arbeiterinnen	12,2	12,4	11,5	12,2	(12,9)	18,4	12,4	16,7	13,0	(10,2)
Alle Arbeiterinnen	11,4	11,8	12,4	12,8	11,9	17,8	13,5	15,4	14,5	12,8

den männlichen Arbeitern im Frühling um rund 3,5 % größer als im Gesamtdurchschnitt des Jahres.

Alle Arbeitskategorien zeigen, auch in den kleinen Zahlen, die Einzelbeispiele darstellen, genau analoge Verhältnisse. Die Schwankungen der Landleute unter den vierstühligen Webern betragen im Frühling 15,6 % ihres Durchschnittsverdienstes, im Gesamtdurchschnitt des Jahres 16,6 %. Auch hier sind die Schwankungsdifferenzen von Frühling und Gesamtjahr bei den Spinnern erheblich viel größer als bei den Webern. Die in Mittelstädten (M.-Gladbach) geborenen Spinner arbeiten im Frühling mit einer Durchschnittsschwankung von 12,4 %, im Gesamtjahr mit einer solchen von 8 %. Die aus derselben Ortsgrößenklasse stammenden Weber arbeiten im Frühling nur um 0,5 % unregelmäßiger als im Gesamtjahr.

Bei den männlichen Arbeitern ist also ein deutlicher Zusammenhang zwischen Frühlingsleistungen und geographischer Provenienz festzustellen, der sowohl Höhe wie Stetigkeit des Verdienstes betrifft. Er lässt sich wohl kurz dahin zusammenfassen, dass der ungünstige Einfluss des Frühlings auf die Leistungsfähigkeit des Arbeiters desto deutlicher hervortritt, je größer der Ort ist, dem der Arbeiter entstammt.

Ich glaube, dass sich dieses Resultat nicht allzu schwer erklären lässt.

Gesamtzeit									
Lohnhöhe					Lohnschwankung				
Aus Orten mit Einwohnern					Aus Orten mit Einwohnern				
1–1.000	1.000–5.000	5.000–50.000	50.000–100.000	Über 100.000	1–1.000	1.000–5.000	5.000–50.000	50.000–100.000	Über 100.000
Pfg.	Pfg.	Pfg.	Pfg.	Pfg.	%	%	%	%	%
13,9	10,7	13,4	13,9	(9,5)	16,6	16,4	17,8	18,3	(20,4)
17,5	17,0	–	13,9	(14,6)	10,5	9,3	–	11,6	(7,0)
–	–	19,8	19,7	–	–	–	7,3	8,0	–
15,2	13,8	16,6	15,8	(12,0)	13,6	12,8	12,6	12,6	(13,7)
8,8	(10,9)	–	13,2	–	16,0	(24,5)	–	14,8	–
–	–	(14,7)	16,5	–	–	–	(16,0)	11,7	–
9,6	(9,4)	12,5	12,7	(9,1)	10,1	(10,4)	13,2	8,8	(12,9)
13,6	–	13,2	12,9	(11,2)	10,4	–	7,6	9,6	(8,3)
11,2	–	11,3	12,4	–	12,5	–	15,2	10,9	–
12,1	12,7	12,0	11,6	(12,3)	9,7	7,4	6,6	10,8	(12,5)
10,7	10,2	13,4	13,8	10,2	12,1	17,5	12,2	11,2	11,6
11,7	12,7	11,7	12,0	(12,3)	10,9	7,4	10,9	10,8	(12,5)
11,2	11,5	12,6	12,9	11,3	11,5	12,5	11,6	11,0	12,0

Wir haben angenommen, dass die verminderte Leistungsfähigkeit im Frühling größtenteils auf die gesteigerte sexuelle Erregbarkeit mit ihren verschiedenartigen Wirkungen in dieser Jahreszeit zurückzuführen ist. Namentlich die stark erhöhten Schwankungsprozente galten uns hier, wie auch sonst, als Symptom abnehmender Nervenkraft. Es dürfte als wahrscheinlich angesehen werden, dass die aus kleineren Orten mit im allgemeinen gesünderen Lebensverhältnissen stammenden Leute physisch weniger unter sexuellen Einflüssen leiden als die Proletarierbevölkerung aus Fabrikstädten wie M.-Gladbach oder Duisburg; und außerdem könnte noch, allerdings mit größerer Vorsicht darauf hingewiesen werden, dass die aus kleinen Orten, also vorwiegend traditionell gebundenen Verhältnissen stammenden Leute, auch moralisch widerstandsfähiger und nicht in demselben Maße ihren Trieben unterworfen sind.

Bei den Arbeiterinnen ist es nicht möglich, einen deutlichen Zusammenhang zwischen Ortsgrößenprovenienz und Frühjahrsleistung aufzudecken. War dies schon bei den Verdienstzahlen sehr schwer, so findet sich bei den Schwankungsprozenten überhaupt kein Unterschied. Alle Arbeiterinnen, gleichviel welcher Ortsgrößenklasse sie entstammen, arbeiten im Frühling weit unregelmäßiger als im Gesamtdurchschnitt des Jahres.

Wir können also, wenn wir die Ergebnisse von Tabellen 59 und 60 zusammenfassen, für die weiblichen Arbeiter zu folgendem Resultat kommen: Auf die Leistungshöhe der weiblichen Arbeiter hat der Frühling so gut wie gar keinen, auf ihre Leistungsstetigkeit einen durchweg schlechten Einfluss (mit der einzigen Ausnahme der jugendlichen Weberinnen), der sich weder nach Alter noch nach Ortsgrößenprovenienz differenziert, sondern nur durch die Jahreszeit bedingt zu sein scheint.

Auch hier ist es wiederum leicht anzunehmen, dass einerseits die Nervenkraft der Frau (namentlich der Fabrikarbeiterin) den Einflüssen des Frühlings, die er durch seine Temperaturveränderung bringt, nur sehr schlecht standhält; und dass andererseits ein Sich-Hingeben an sexuelle Triebe die Frau vielleicht in noch höherem Maße physisch und moralisch schwächt, als den Mann; ihr ganzes Sein noch stärker in Anspruch nimmt und ihr Interesse von der Arbeit gänzlich loslöst.[38]

3. Der Einfluss des Winters auf die Arbeitsleistung

Über den Einfluss von Sommer und Winter auf die Arbeitsleistung liegen mancherlei Behauptungen, aber kaum irgendwelches exaktes Material vor. Im[39] allgemeinen wird angenommen, dass in der Textilindustrie, namentlich der Leinentextilindustrie bei Trockenheit, insbesondere also – da dann die richtige Temperierung und Wassersättigung der Binnenluft am schwierigsten ist – bei trockener Hitze im Sommer, die Leistung stark zurücksteht.

Im Gegensatz zu dieser ziemlich verbreiteten Ansicht wurde mir in der »Gladbacher Spinnerei und Weberei« mitgeteilt, dass der Sommer durchaus nicht ungünstig auf die Arbeitsleistung wirke. Von Seiten der Betriebsleitung erfuhr ich, dass die Produktion an Garnen und Geweben im Sommer durchaus nicht den anderen Monaten gegenüber vermindert sei, und auch bei den Arbeitern selbst lautete die Antwort auf meine Fragen, ob die Sommerhitze sie nicht schwäche und ermüde, in allen Fällen verneinend.

Der Grund dafür ist wohl in folgenden Tatsachen zu suchen: Bei Baumwolle kann der Feuchtigkeitsgehalt der Luft wesentlich niedriger sein als bei Leinen. Infolgedessen wird erstens bei Baumwolle durch die Trockenheit der Außenluft niemals (wie dies bei Leinen geschieht) die künstlich herbeigeführte Wassersättigung der Werkstattluft alteriert. Zweitens weil die künstliche Wassersättigung der Werkstattluft bei Baumwolle viel geringer zu sein braucht als bei Leinen, so sind die Arbeiter viel weniger der Erschlaffung durch die feuchtheiße Luft ausgesetzt.

Daneben ist, abgesehen von der doch wohl sicheren Tatsache, dass die mit den Händen arbeitenden Menschen überhaupt weniger von der Hitze leiden,[40] als diejenigen, die mit dem Kopfe arbeiten, in diesem konkreten Fall hier das Unbeeinflusstbleiben der Arbeitsleistung von der Sommerhitze wohl auch noch aus der Beschaffenheit des Fabrikgebäudes zu erklären. Die dicken Mauern dieses

---

38 Nochmals jedoch sei hier auf das durchaus hypothetische in diesen Erklärungsversuchen hingewiesen.
39 Max Weber, Zur Psychophysik der industriellen Arbeit, II. Archiv für Sozialwissenschaft. Bd. 28, S. 257.
40 Man denke z. B. an die Arbeit der Bauern auf freiem Feld im glühenden Sonnenbrand.

Tabelle 61

Arbeitsleistung im Winter

	Vom ersten Dezember bis zum ersten Februar					
	Lohnhöhe			Lohnschwankung		
	14.–24.	25.–40.	40.–60.	14.–24.	25.–40.	40.–60.
	Lebensjahr			Lebensjahr		
	Pfg.	Pfg.	Pfg.	%	%	%
A. Männliche Arbeiter:						
Weber	9,4	16,3	12,3	22,5	15,5	13,3
R. Weber	16,7	16,7	–	7,6	8,3	–
Spinner	–	20,0	19,1	–	4,9	5,7
Alle Arbeiter	13,0	17,7	15,7	15,0	9,8	9,5
B. Weibliche Arbeiter:						
Weberinnen	10,7	12,4	11,9	16,4	14,1	17,3
R. Weberinnen	17,0	–	–	11,2	–	–
Ringspinnerinnen	12,8	16,4	–	6,6	3,9	–
Hasplerinnen	12,0	9,6	–	14,4	2,6	–
Gelernte Arbeiterinnen	13,5	14,4	11,9	11,1	9,0	17,3
Angelernte Arbeiterinnen	12,0	9,6	–	14,4	2,6	–
Alle Arbeiterinnen	12,7	12,0	11,9	12,8	5,8	17,3
	Gesamtzeit					
A. Männliche Arbeiter:						
Weber	10,0	16,2	13,5	22,1	17,7	14,3
R. Weber	16,8	16,0	–	9,5	11,4	–
Spinner	–	19,5	20,0	–	6,1	4,9
Alle Arbeiter	13,4	17,2	16,8	15,8	11,7	9,6
B. Weibliche Arbeiter:						
Weberinnen	11,6	15,7	12,0	15,8	14,0	17,6
R. Weberinnen	16,4	–	–	12,5	–	–
Ringspinnerinnen	12,4	15,6	–	10,9	9,7	–
Hasplerinnen	11,7	10,8	–	13,3	10,9	–
Gelernte Arbeiterinnen	13,5	15,6	12,0	13,1	11,8	17,6
Angelernte Arbeiterinnen	11,7	10,8	–	13,3	10,9	–
Alle Arbeiterinnen	12,6	13,2	12,0	13,2	11,4	17,6

vor mehr als 50 Jahren (siehe Einleitung) errichteten Baus hielten die Hitze ab, so dass den Leuten zu glauben ist, wenn sie sagten, dass es im Sommer bin der Fabrik viel kühler sei als draußen.

Wurde also der ungünstige Einfluss des Sommers auf die Arbeitsleistung durchweg verneint, so trat mir desto häufiger die Behauptung entgegen, dass der Winter eine Zeit verminderter Arbeitsintensität sei. Nicht nur habe die Kälte in manchen Fällen eine direkt ungünstige Wirkung auf das Rohmaterial (näheres darüber später), sondern die in dunklen Monaten morgens sowohl wie abends notwendige künstliche Beleuchtung bei der Arbeit drücke deren Effekt.

Ich möchte fast behaupten, obgleich es natürlich nicht beweisbar ist, dass – in diesem konkreten Fall wenigstens – die Abneigung der Leute gegen das Arbeiten bei künstlicher Beleuchtung und die daraus entstehende verminderte Arbeitsintensität mehr psychisch als physisch bedingt sind. An sich war die Beleuchtung jeder Maschine durch eine direkt darüber hängende Gaslampe vollkommen ausreichend und hätte keine Minderleistung herbeizuführen brauchen. Dagegen wäre es mir leicht verständlich, wenn die Leute in den von vielen kleinen Flämmchen erhellten Sälen, die den oberen Teil des weiten Raumes fast im Dunkel und die ganze Arbeitsumgebung noch viel düsterer erscheinen ließen, fast unbewusst an Arbeitslust einbüßten.[41]

Natürlich ist auch der Arbeitsanfang am Morgen bis zum Auftauen der Hände eine Zeit etwas verminderter Arbeitsintensität, doch möchte ich diesem Umstand keinen allzu großen Wert beilegen, da der dadurch entstehende Leistungsverlust natürlicherweise nicht allzu groß ist und im Laufe des Tages wettgemacht werden könnte.

Nachdem wir uns so die psychischen und physischen Bedingungen vorführten, die eine verminderte Arbeitsleistung im Winter verständlich und sogar wahrscheinlich machen, wollen wir untersuchen, inwieweit diese verminderte Arbeitsleistung sich zahlenmäßig nachweisen lässt, ob irgendwelche andere Einflüsse ihr entgegenwirken oder sie sogar aufheben.

Wir wählen die beiden dunkelsten und wohl auch kältesten Monate: Dezember und Januar als »Winter« heraus und vergleichen, ebenso wie auf Tabelle 60, die Arbeitsleistungen in diesen Monaten mit denen der Gesamtzeit.[42]

Selbstverständlich ist es, dass wir auch hier wieder die Arbeiterschaft in 14- bis 24jährige, 25- bis 40jährige und über 40 Jahre alte Leute teilen.

Vergleichen wir die Winterverdienste der männlichen Arbeiter mit ihren Gesamtverdiensten, so ergibt sich, dass der ungünstige Einfluss des Winters auf die Arbeitsleistung nur bei den Arbeitern der jüngsten und der ältesten Altersklasse sich zeigt, und zwar bei letzteren weit deutlicher als bei ersteren. Die 40- bis 60jäh-

---

41 Ich schließe hier – vielleicht in etwas unerlaubter Weise – von mir selbst auf die anderen. Ganz deutlich erinnere ich mich noch des Gefühls einer mir selbst fast unverständlichen plötzlichen Trostlosigkeit, das mich erfasste, als ich zum ersten Mal nicht bei Tageslicht, sondern bei künstlicher Beleuchtung spulen sollte. Der weitere Aufenthalt in den künstlich erleuchteten Arbeitssälen erschien mir im ersten Augenblick unmöglich; die ganze Umgebung so fremd und fast gespenstisch, seitdem das bekannte Tageslicht sie nicht mehr erhellte.

42 Leider reicht das Material nicht aus, uns in allen Arbeitskategorien das Winterverdienst mit dem Gesamtverdienst zu vergleichen. Es mussten darum die Vorspinnerinnen sowohl wie die Spul-, Zwirn- und Streckerinnen auf Tabelle 61 weggelassen werden.

rigen Arbeiter verdienen im Winter 15,7 Pfennige in der halben Stunde, im Gesamtdurchschnitt des Jahres 16,8 Pfennige in der halben Stunde; bei den jugendlichen Arbeitern ist das Winterverdienst nur um einen Pfennig in der Stunde kleiner als das Gesamtjahresverdienst. Auf die Leistungen der 25- bis 40jährigen Arbeiter hat der Winter durchaus keinen ungünstigen Einfluss; ihr Winterverdienst scheint im Vergleich zu dem des Gesamtjahres noch etwas erhöht. Bei den vierstühligen Webern ist diese Leistungsdifferenz zugunsten des Winterverdienstes der 25- bis 40jährigen Leute fast verschwunden; die Weber dieser Altersklasse arbeiten im Winter kaum intensiver als im Gesamtdurchschnitt. Die jüngeren und die älteren Weber zeigen, ebenso wie alle Arbeiter dieses Alters, ein im Vergleich zum Gesamtjahresverdienst etwas vermindertes Winterverdienst. Auch auf die Leistungen der älteren Spinner hat der Winter einen entschieden ungünstigen Einfluss; sie verdienen im Gesamtdurchschnitt des Jahres 20 Pfennige in der halben Stunde, im Winter sinkt dieses Verdienst auf 19,1 Pfennige in der halben Stunde.

Die ungünstige Wirkung des Winters auf die Arbeitsleistung mach sich also deutlich bei den über 40 Jahre alten Arbeitern, in etwas abgeschwächter Weise bei den 14- bis 24jährigen Arbeitern und gar nicht bei den 25- bis 40jährigen Arbeitern bemerkbar. Nehmen wir an, dass, um der besprochenen Gründe willen, eine allgemeine Tendenz zu verminderter Arbeitsintensität im Winter vorliegt, so liegt wohl die Frage nahe, welche Faktoren dieser allgemeinen Tendenz bei den 25- bis 40jährigen Arbeitern so siegreich entgegenwirken?

Ich möchte versucht sein, zu sagen, dass auch hier wieder, wie ja schon oft, der ökonomische Faktor der ausschlaggebende ist. Wir sind wohl berechtigt zu behaupten, dass wir in den 25- bis 40jährigen Arbeitern größtenteils Familienväter vor uns haben, deren Kinder noch nicht zum Verdienst beitragen und die den steigenden Ausgaben der Familie im Winter nicht mit verringertem Verdienst gegenüberstehen wollen. Daneben sind sie natürlich, weil im kräftigsten Alter stehend, auch physisch imstande, den ungünstigen Einflüssen des Winters zu widerstehen, während bei den größtenteils besser situierten älteren Arbeitern (vgl. z. B. Wohnung) sowohl die ökonomische Zwangslage geringer, wie die Widerstandsfähigkeit, vor allem die der Augen geschwächt ist. Für diese beiden Altersklassen ist wohl die vorhin betonte psychische Beeinflussung der Winterleistung von geringer Wichtigkeit, dagegen glaube ich, dass sie bei der verminderten Arbeitsintensität im Winter der 14- bis 24jährigen Leute eine gewisse Rolle spielt, da ihre Minderleistung im Winter schwerlich aus abnehmender Widerstandsfähigkeit oder verminderter Augenkraft – höchstens wohl aus noch unvollkommener Augenübung – zu erklären sein dürfte.

War ein ungünstiger Einfluss des Winters auf die Arbeitsleistung der 25- bis 40jährigen Arbeiter nicht zu konstatieren, so ist im Gegensatz dazu dieser Einfluss bei den Frauen dieser Altersklasse am deutlichsten ausgeprägt. Ihr Verdienst beträgt im Winter zwölf Pfennige in der halben Stunde, im Gesamtdurchschnitt des Jahres 13,2 Pfennige in der halben Stunde. Die Frauen der höchsten Altersklasse dagegen arbeiten im Winter fast ebenso intensiv wie im Gesamtjahr, und bei den Arbeiterinnen der jüngsten Altersklasse scheint der Einfluss des Winters eher in einer Richtung der Intensivierung der Arbeit zu wirken; sie verdienen im Winter 12,7 Pfennige in der halben Stunde, im Gesamtdurchschnitt des Jahres 12,6 Pfennige in der halben Stunde. Auch bei den gelernten und den angelernten Arbeiterinnen (hier nur Hasplerinnen) ist der Einfluss des Winters auf die Arbeitsleistung in den verschiedenen Altersklassen derselbe, nur mit dem einen Unterschied, dass Winterleistung und Gesamtleistung bei den 14- bis 24jährigen gelernten Arbeiterinnen von gleicher Intensität, bei den Hasplerinnen desselben Alters die Winterleistung die intensivste ist.

Die Zahlen in den einzelnen Arbeiterinnenkategorien stimmen im allgemeinen mit den Gesamtresultaten überein; nur die jugendlichen Weberinnen machen auch hier wieder, wie schon oft, eine Ausnahme: ebenso wie die Weber derselben Altersklasse arbeiten auch sie im Winter weniger intensiv als im Gesamtdurchschnitt des Jahres.

Ich glaube, auch diese Zahlen lassen sich, wie oben die der männlichen Arbeiter, leicht aus ökonomischen Verhältnissen erklären, die, wie wir aus den vorhergegangenen Untersuchungen wissen, die Löhne der Arbeiterinnen noch häufiger und nachhaltiger beeinflussen, als die der Arbeiter. Die Tatsache, dass das Winterverdienst der 40- bis 60jährigen Arbeiterinnen sich fast gänzlich auf der Durchschnittshöhe des Gesamtjahres hält, versteht sich wohl aus ungefähr denselben Ursachen, wie oben das steigende Winterverdienst der 25- bis 40jährigen Arbeiter. Wie dort der Mann, so ist in diesem Fall die Frau (wie schon so oft im Verlauf dieser Darstellungen hervorgehoben), zum mindesten zeitweilig der alleinige Ernährer der Familie, deren Verdienst gerade im Winter nicht nachlassen darf. Dass das Winterverdienst sich nicht, wie ja vielleicht bei der verteuerten Lebenshaltung im Winter notwendig wäre, ü b e r den Durchschnitt des Gesamtjahres erhebt, lässt sich wohl aus der geringeren physischen Widerstandskraft der älteren Frauen gegen die leistungsmindernden Einflüsse der Wintermonate erklären. Bei den 25- bis 40jährigen Arbeiterinnen handelt es sich einerseits um jüngere Frauen, andererseits um alleinstehende Mädchen, die keine in gleichem Maße zwingenden ökonomischen Gründe haben, ihr Winterverdienst den entgegenstehenden Einflüssen zum Trotz, auf der Höhe des Jahresdurchschnittsverdienstes zu halten.

Schwerer als in diesen beiden Fällen ist es, sich das gleichbleibende und bei den Hasplerinnen sogar erhöhte Winterverdienst der 14- bis 24jährigen Arbeiterinnen zu erklären. Bei den männlichen Arbeitern desselben Alters suchten wir die verminderte Winterleistung aus psychischen Einflüssen, die die Arbeitslust beeinträchtigen, zu verstehen. Setzen wir voraus, dass derartige psychische Einflüsse erst bei geistig und seelisch etwas entwickelten Menschen geltend machen, so könnten wir vielleicht das Fehlen dieses Einflusses bei den Arbeiterinnen mit ihrem tieferen Kulturniveau im Vergleich zu dem der männlichen Arbeiter in Verbindung bringen. Diese freilich g ä n z l i c h unbeweisbare Hypothese wird durch die Tatsache unterstützt, dass der günstige Einfluss des Winters auf die Arbeitsleistung mit steigender Qualifiziertheit der Arbeitskräfte abnimmt: Die angelernten Arbeiterinnen arbeiten im Winter besser als im Gesamtdurchschnitt des Jahres; die gelernten Arbeiterinnen nur mehr ebenso gut; bei den qualifiziertesten Arbeiterinnen, den Weberinnen, stehen Leistung und Jahreszeit in demselben Verhältnis wie bei den männlichen Arbeitern[43].

---

43 Vgl. auch z. B. hier Teil II, Abschnitt III: Die Arbeitsneigung und das dort über die Qualität der Weberinnen Gesagte S. 362 ff

Ist der Winter für den größeren Teil der männlichen Arbeiter eine Zeit verringerter Leistungshöhe, so ist er andererseits, und zwar für die Arbeiter aller Altersklassen, eine Zeit größerer Leistungsstetigkeit. Die Lohnschwankungen aller männlichen Arbeiter sind im Winter geringer als im Durchschnitt des Jahres, und zwar sind diese Schwankungsdifferenzen zwischen Winter und Gesamtjahr am ausgeprägtesten bei den 25- bis 40järigen, am geringsten bei den über 40 Jahre alten Arbeitern. Erstere sind also im Winter sowohl in Bezug auf Lohnhöhe wie auf Lohnstetigkeit rentablere Arbeitskräfte als im Gesamtdurchschnitt des Jahres. Bei den ältesten Arbeitern dagegen ist die im Vergleich zum Gesamtdurchschnitt kaum erhöhte Arbeitsstetigkeit im Winter nicht groß genug, um die Abnahme der Leistung zu ersetzen: die über 40 Jahre alten Arbeiter bleiben also im Winter weniger leistungsfähig als im Gesamtdurchschnitt des Jahres.

Auch bei den 14- bis 24jährigen Arbeitern macht sich eine Zunahme der Leistungsstetigkeit im Winter geltend: doch verhalten sich die vierstühligen Weber und die Northropweber in diesem Punkt verschieden. Während die jugendlichen Northropweber im Winter entschieden regelmäßiger arbeiten als im Gesamtdurchschnitt des Jahres (die Differenz beträgt 2 % des Durchschnittsverdienstes), zeigt sich bei den vierstühligen Webern desselben Alters eine, allerdings sehr schwache Zunahme der Lohnschwankungen im Winter. Ebenso verschieden in Bezug auf das Verhältnis von Lohnschwankungen im Winter und im Gesamtjahr, wie die jugendlichen Weber und die Northropweber, verhalten sich die über 40 Jahre alten Weber und Spinner. Die Weber dieses Alters arbeiten im Winter regelmäßiger, die gleichaltrigen Spinner unregelmäßiger als im Gesamtdurchschnitt des Jahres. Ich glaube, dass wir zur Erklärung dieser Tatsache nicht ökonomische, sondern technische Faktoren einstellen müssen. Während es an sich nicht schwer verständlich ist und uns auch in anderen Zusammenhängen schon entgegentrat, dass einer Zeit verminderter Leistungshöhe eine größere Leistungsstetigkeit parallel geht, ist die größere Schwankungshöhe der Spinner im Winter, die sie zusammen mit ihrer verminderten Leistungshöhe in dieser Zeit unrentabel macht, aus dem durch die Kälte verursachten leichteren Reißen der Fäden zu verstehen.

Auch für die Arbeiterinnen aller Altersklassen ist der Winter eine Zeit größerer Leistungsstetigkeit im Vergleich zum Gesamtjahr,[44] und zwar sind auch hier wieder, ebenso wie bei den männlichen Arbeitern, die Schwankungsdifferenzen zwischen Winter und Gesamtjahr bei den 25- bis 40jährigen Arbeiterinnen am größten, bei den über 40 Jahre alten Arbeiterinnen am geringsten. Beide Tatsachen stimmen mit der oben gegebenen Erläuterung der Winterverdienste der Arbeiterinnen überein: es entspricht der Kraftanstrengung, auf die wir das im Vergleich zum Gesamtjahr auf derselben Höhe bleibenden Winterverdient der älteren Frauen zurückführten, dass auch ihre Schwankungsprozente sich kaum vermindern; dagegen können wir in dem von niedriger Leistungsschwankung begleiteten niedrigen Winterverdienst der 25- bis 40jährigen Arbeiterinnen das Symptom einer gewissen Gemächlichkeit des Arbeitens sehen.[45] Die Arbeiterinnen

---

44 Dies kann uns freilich kaum verwundern, wenn wir an die von Tabelle 60 her bekannten großen Leistungsschwankungen der Arbeiterinnen im Frühjahr, das ja hier zum Gesamtjahr gehört, denken.
45 Zu vgl. Teil II, Abschnitt I, Tabelle 39: Lohnhöhe nach dem Familienstand S. 302.

dieser Altersklasse vermindern, den ungünstigen Einflüssen des Winters nachgebend, ihre Leistungsintensität und können leicht diese verminderte Intensität ohne gar zu große Leistungsschwankungen beibehalten.

Die Northropweberinnen sowohl wie die Ringspinnerinnen der jüngsten Altersklasse arbeiten im Winter stetiger als im Gesamtdurchschnitt des Jahres. Die vierstühligen Weberinnen dagegen und die Hasplerinnen machen eine Ausnahme: ihre Lohnschwankungen sind im Winter im Vergleich zu denen des Gesamtjahres erhöht. Vielleicht kann man zur Erklärung dieser Tatsache bei den 14- bis 24jährigen Weberinnen, ebenso wie bei den vierstühligen Webern desselben Alters, auf den großen Einfluss des persönlichen Faktors bei der Arbeit am Webstuhl und auf die psychischen Einflüssen in höherem Maße zugängliche Qualität der beim Weben beschäftigten Arbeitskräfte hinweisen.

Die bei schwach erhöhtem Winterverdienst im Vergleich zum Jahresdurchschnitt gestiegenen Winterschwankungen der Hasplerinnen sind wohl nicht auf dieselbe Weise zu erklären. Ich möchte in diesem konkreten Fall hier vielleicht annehmen, dass die zum großen Teil bei ihren Eltern wohnenden Hasplerinnen freiwillig oder gezwungen auch im Winter dasselbe Verdienst wie im Gesamtjahr nach Hause bringen wollen oder sollen. Dabei ist aber gerade das Haspeln, weil es die Augen außerordentlich stark in Anspruch nimmt, bei Gaslicht sicherlich mühevoller als bei Tageslicht. Aus der Anstrengung, die die Mädchen machen, um diese Schwierigkeiten zu überwinden, ließen sich – ganz hypothetisch – ihre größeren Leistungsschwankungen im Winter erklären.

Lassen wir die wenigen Ausnahmen, die wir uns technisch und ökonomisch zu erläutern versuchten, jetzt beiseite, so können wir sagen, dass für die überwiegende Mehrzahl der hier betrachteten Arbeitskräfte der Winter eine Zeit geringerer Leistungshöhe, aber größerer Leistungsstetigkeit ist.

Auf welchen Gründen die erste dieser beiden Tatsachen beruht, haben wir uns im Anfang dieser Untersuchung deutlich gemacht, aber auch die zweite ist leicht verständlich.

Die Lohnschwankungen galten uns im ganzen Verlauf der verschiedenen Einzeluntersuchungen stets, um das oft Gesagte nochmals zu wiederholen, physisch als Beweis geringerer Nervenkraft, psychisch als Zeichen mangelnder Zuverlässigkeit. Es ist wohl unbedingt zuzugeben, dass der Winter mit seinen Temperaturverhältnissen die Nerven weniger angreift als mindestens Frühling und Sommer. Dazu kommt, dass die Nervenkraft der Arbeiter und Arbeiterinnen in hohem Maße schwächenden sexuellen Exzesse im Winter, wie wir oben schon hervorhoben, nachgewiesenermaßen seltener sind, als im Frühling und Sommer.

Wirkt also der Winter durch seine Temperaturverhältnisse in der Richtung gesteigerter Nervenkraft, so zwingen die ökonomischen Bedingungen, die diese Jahreszeit schafft, zu größerer Gleichmäßigkeit des Verdienstes. Es braucht nur darauf hingewiesen zu werden, dass im Winter eine größere Anzahl von Dingen zum Existenzminimum gehören, als im Sommer, um einzusehen, dass das, wenn auch gegenüber dem Jahresdurchschnitt verminderte Winterverdienst stets zur täglichen oder wöchentlichen Beschaffung dieser Dinge voll ausreichen muss.

Mit dieser Darstellung des Einflusses der Jahreszeiten auf die Arbeitsleistung schließen wir die Untersuchungen über die Psychophysik der Textilarbeit ab.

Zweierlei möchte ich dabei noch besonders hervorheben:

Erstens ist es selbstverständlich, dass mit den wenigen Fragen, die wir hier aufwarfen, unser Problem noch nicht im mindesten erschöpft ist.

Was hier aus der Masse der möglichen Untersuchungen herausgenommen und geboten wurde, hängt teils besonders eng mit der speziellen Fragestellung der ganzen Enquete zusammen, teils berührt es allgemein interessierende und oft diskutierte Punkte, und endlich sind auch nicht gerade die undeutlichsten Resultate zur Besprechung ausgewählt worden. »Erfolgsethik« zu treiben, war mir in diesem Fall sicher erlaubt.

Gerade deswegen möchte ich mich zum Schluss dieser Untersuchungen, wie schon oft im Verlaufe derselben, dagegen verwahren, mit den hier gegebenen Zahlen etwas »beweisen« zu wollen, was etwa für die gesamte Arbeiterschaft, oder selbst nur für die ganze Textilarbeiterschaft Gültigkeit habe.

Ehe nicht viel breiteres Material vorliegt, besteht keine Berechtigung, meine Ergebnisse auf eine andere Arbeiterschaft auszudehnen, als auf diejenige, die ich hier behandelt habe. Der Erfolg meiner Untersuchungen hat deutlich bewiesen, dass – wie es am Ende der Abhandlungen heißt, denen ich alle Anregung zu dieser Arbeit verdanke – »die ersten wirklichen Resultate erst dann zu erwarten sind, wenn Dutzende solcher Arbeiten vorliegen«.

Worauf es mir bei diesem ersten Versuch ankam, war vielmehr nur eines: zu zeigen, dass durch solche mit rein empirischer Methode geführten, auf zahlenmäßiger Grundlage beruhenden Untersuchungen, Resultate gewonnen werden können, die geeignet sind, uns die Lebensbedingungen verständlich zu machen, die die herrschende Macht unserer Zeit, die Technik, breiten Massen unseres Volkes schafft.

Diese Resultate brauchen nicht an der Oberfläche des Lebens haften zu bleiben, sondern sie können uns vielleicht manchmal einen Einblick gewähren in die Psyche der von uns durch Klassenunterschiede getrennten Proletarier; selbst die dürrsten Zahlen können zu einem Symptom des niemals ruhenden Hoffens und Strebens des Menschen werden. Und so wird es vielleicht auch hier einmal möglich, um mit Simmel[5] zu reden, »an einer Einzelheit des Lebens die Ganzheit seines Sinnes zu finden«.

Anmerkungen von Christian Wolfsberger (2012):

[1] Disput: kontrovers geführtes Gespräch, Streitgespräch.
[2] Ernst Abbe (1840–1905) deutscher Physiker und Sozialreformer, 1870–1896 Professor für Physik in Jena, seit 1878 auch Direktor der Sternwarte, seit 1867 Leiter der optischen Werkstätten Carl Zeiss, schließlich 1889 deren Alleininhaber. Übergab 1891 die Firma der von ihm gegründeten Carl-Zeiss-Stiftung. Führte vorbildliche soziale Reformen durch.
[3] Paul Göhre (1864–1928) evangelischer Theologe und Politiker, studierte Theologie und Nationalökonomie, arbeitete drei Monate in einer Fabrik und schilderte seine Erlebnisse und Schlüsse 1891 in: Drei Monate Fabrikarbeiter und Handwerksbursche, was eine öffentliche Debatte auslöste, in der er von Max Weber unterstützt wurde. Gründete mit Friedrich Naumann 1896 den Nationalsozialen Verein und trat 1900 der SPD bei. 1910–1918 Reichstagsabgeordneter, 1918 Unterstaatssekretär und 1919 Staatssekretär im preußischen Staatsministerium. 1923 aus gesundheitlichen Gründen zurückgetreten.
[4] Konzeption: biolog.: Schwangerschaftseintritt, Empfängnis.
[5] Georg Simmel (1858–1918) deutscher Philosoph und Soziologe; Zitat: Georg Simmel, Philosophie des Geldes, München und Leipzig 1900, Seite VIII.

Bibliographie Marie Bernays

Diese Zusammenstellung führt vorrangig die selbstständigen Arbeiten, Buchbeiträge und Zeitschriftenartikel auf. Eine vollständige Erfassung der Rezensionen und Zeitungsartikel war nicht möglich.

- Die Geschichte einer Baumwollspinnerei, ihr Produktionsprozeß und ihre Arbeiterschaft, Heidelberg, Univ. Diss., 1910. – Ersch. vollst. unter dem Titel:
- Auslese und Anpassung der Arbeiterschaft der geschlossenen Großindustrie. Dargestellt an den Verhältnissen der »Gladbacher Spinnerei und Weberei« A.-G. zu München-Gladbach im Rheinland (Schriften des Vereins für Socialpolitik, Band 133) (Untersuchungen über Auslese und Anpassung <Berufswahl und Berufsschicksal> der Arbeiter in den verschiedenen Zweigen der Großindustrie, Band 1), Leipzig 1910.
- Berufsschicksal moderner Industriearbeiter, in: Die Frau, 18 (1910/11), S. 129–136, S. 210–215, S. 366–367.
- Zur Psychophysik der Textilarbeit, Uebungsfortschritt und Stetigkeitszunahme der Leistung, in: Archiv für Sozialwissenschaft und Sozialpolitik, 32 (1911), S. 99–123.
- Vom Geistes- und Seelenleben des modernen Arbeiters, in: Die Frau, 19 (1911/12), S. 324–338.
- Neue Beiträge zur Arbeitspsychologie
  1. Maschinentechnik und Arbeitsfreude, in: Die Hilfe, 18 (1912), S. 601–603.
  2. Arbeiter und Lohnformen, in: Die Hilfe, 18 (1912), S. 618–620.
  3. Arbeiter und Lebenskultur, in: Die Hilfe, 18 (1912), S. 634–635.
- Psychophysik der Textilarbeit, in: Die Umschau. Übersicht über die Fortschritte und Bewegungen auf dem Gesamtgebiet der Wissenschaft und Technik, sowie ihrer Beziehungen zu Literatur und Kunst, 21 (1912), S. 460–463.
- Untersuchungen über die Schwankungen der Arbeitsintensität während der Arbeitswoche und während des Arbeitstages. Ein Beitrag zur Psychophysik der Textilarbeit, in: Untersuchungen über Auslese und Anpassung (Berufswahl und Berufsschicksal) der Arbeiter in den verschiedenen Zweigen der Großindustrie, Band 3 (Schriften des Vereins für Sozialpolitik, Band 135), Leipzig, 1912, S. 183–389.
- Die Nationalökonomin, in: Die Frau, 20 (1912/13), S. 270–276.
- Berufswahl und Berufsschicksal des modernen Industriearbeiters, in: Archiv für Sozialwissenschaften und Sozialpolitik, 35 (1912), S. 123–176 [T. 1 u. 2]; 36 (1913), S. 884–915 [T. 3 – Schluss]. – Auch erschienen in: Friedrich Fürstenberg (Hrsg.), Industriesoziologie, Neuwied 1959, S. 114–132.
- Die Proletarierin, in: Patria. Bücher für Kultur und Freiheit, 13 (1913), S. 105–121.
- Wirtschaftliche Tatsachen und Kulturforderungen in der Frauenfrage, in: Die Hilfe. Wochenschrift für Politik, Kultur und Kunst, 19 (1913), S. 215–217.
- Besteht ein ursächlicher Zusammenhang zwischen der Frauenbewegung und dem Geburtenrückgang?, in: Die Frau, 21 (1913/14), S. 193–208.
- Geburtenrückgang und Menschenökonomie, in: Die Frau, 21 (1913/14) S. 495–498.

- Die Frage des Geburtenrückganges in Deutschland, ihr Zusammenhang mit der allgemeinen Frauenfrage und sozialen Frage, in: Frauenkapital: eine werdende Macht. Wochenschrift für Volkswirtschaft, Frauenbewegung und Kultur (1914), 3, S. 10–12.
- Die Bedeutung des technischen Fortschritts für die Frauenarbeit, in: Frauenkapital (1914), 14, S. 6–8.
- Die Beziehungen der Frauenerwerbsarbeit zum Geburtenrückgang, in: Die Hilfe, 20 (1914), S. 169–170.
- Lehrwerkstätten und Schulen in der Textilindustrie, in: 3 Referate, gehalten auf der 2. Hauptversammlung am 25. u. 26. April 1913 im Rathause zu Charlottenburg (Schriften des Verbandes für handwerksmäßige und fachgewerbliche Ausbildung der Frau, Heft 4), Leipzig [1914], S. 20–29.
- Probleme der Arbeitsbeschaffung, in: Die Frau, 22 (1914/15), S. 41–45.
- Unsere Arbeiterfamilien in Kriegszeiten, in: Die Frau, 22 (1914/15), S. 197–205.
- Töchter des Volkes, in: Die Frau, 22 (1914/15), S. 519–528.
- Die Arbeiterinnenfrage im Jahre 1913/14. Ein Rückblick, in: Blätter für soziale Arbeit, 7 (1915), S. 1–3.
- Ein Jahr soziale Kriegsarbeit, in: Blätter für soziale Arbeit, 7 (1915), S. 81–83.
- Der Berufsgedanke als Mittelpunkt der weiblichen Jugendpflege, in: Die Frauenfrage. Zentralblatt des Bundes deutscher Frauenvereine, 17 (1915), S. 90–92.
- Die wirtschaftliche Anpassung der Kriegswitwen und -waisen, in: Neue Bahnen. Organ des Allgemeinen Deutschen Frauenvereins, 50 (1915), S. 41–43, 50–52.
- Die Bevölkerungsfrage und die industrielle Frauenarbeit, in: Die Frau, 23 (1915/16), S. 150–158.
- Zur Psychologie der beruflichen und der ehrenamtlichen sozialen Arbeit, In: Die Frau, 23 (1915/16), S. 389–396.
- Die Aufgaben der Berufsberatung während und nach dem Krieg, in: Neue Bahnen, 51 (1916), S. 30–32 u. 38–40.
- Untersuchungen über den Zusammenhang von Frauenfabrikarbeit und Geburtenhäufigkeit in Deutschland (Schriften des Bundes Deutscher Frauenvereine), Berlin 1916.
- Die Kulturarbeit der Frau im neuen Deutschland, in: Archiv für Frauenkunde und Eugenik 3 (1917), S. 227–238.
- Luxus und Sparsamkeit im 3. Kriegswinter, in: Neue Bahnen, 52 (1917), S. 1–3.
- Taylorsystem und Frauenfabrikarbeit, in: Neue Bahnen, 52 (1917), S. 85–87.
- Zum Problem der Unehelichen, in: Die Frau, 25 (1917/18), S. 49–53.
- Zur Frage des »Aufstiegs der Begabten«, in: Die Frau, 25 (1917/18), S. 255–260.
- Bevölkerungsfrage und Nahrungsspielraum, in: Die Frauenfrage, 20 (1918), S. 66–67.
- Wohnungsverhältnisse kinderreicher Familien in badischen Städten, in: Neue Bahnen, 53 (1918), S. 69.
- Die Frauen und die Deutsche Volkspartei. Ein Vortrag (Aufklärungsschriften der Deutschen Volkspartei in Hessen, Heft 6), Darmstadt 1919.
- Individualismus und Sozialismus, in: Zu neuen Ufern. Ein Jungmädchen- und Frauenbuch unserer Zeit/hrsg. von Adelheid Jastrow, Berlin [1919], [Bd. 1], S. 43–52.

- Warum sollen Frauen und Mädchen wählen?, in: Blätter für soziale Arbeit, 11 (1919), S. 1–2.
- Soziale Gesinnung, in: Die Frau, 27 (1919/20), S. 100–103.
- Die deutsche Frauenbewegung (Aus Natur und Geisteswelt, Band 761), Leipzig und Berlin, 1920.
- Eindrücke von der badischen Landesschulkonferenz, in: Die Frauenfrage, 22 (1920), S. 44–46.
- Hausangestelltenfrage und Frauenberufsarbeit, in: Die Frauenfrage, 22 (1920), S. 129–131.
- Grundsätzliches zur Frauenberufsfrage, in: Deutsche Allgemeine Zeitung (früher Norddeutsche Allgemeine Zeitung) vom 15.1.1921.
- Die Frau als Juristin, in: Deutsche Allgemeine Zeitung vom 16.7.1921.
- Der Kulturwert der politischen Frauenarbeit. Ein Vortrag (Aufklärungsschriften der Deutschen Volkspartei in Hessen, Heft 12), Darmstadt 1921.
- Jugendpflege und soziale Fürsorge, in: Stadt Mannheim (Hrsg.): Mannheim (Deutsche Städte), Stuttgart [1922], S. 118–122.
- Über die praktische Ausbildung der Schülerinnen der Wohlfahrtsschulen, in: Zeitschrift für Schulgesundheitspflege und soziale Hygiene, 41 (1928), S. 113–117.
- Der Heilige Augustinus und die heutige Geisteswelt, in: Die Frau, 37 (1929), S. 683–687.
- Wohlfahrtspflegerin, in: Ludwig Clostermann (Hrsg.), Enzyklopädisches Handbuch des Kinderschutzes und der Jugendfürsorge, 2., vollst. umgearb. Aufl., Leipzig 1930, S. 867–869.

Die Autoren

Dr. Marie Bernays, geboren 1883, gestorben 1939, nach Besuch des Lehrerinnenseminars in München Studium der Nationalökonomie an der Universität Heidelberg; Leiterin der Sozialen Frauenschule (der späteren Fachhochschule) in Heidelberg; 1933 Rückzug ins Kloster Beuron.

Marco Birn M.A., geboren 1984, Studium der Geschichte an der Universität Heidelberg; seit 2008 wissenschaftlicher Mitarbeiter im Universitätsarchiv Heidelberg; für 2013 ist der Abschluss der Dissertation über die Anfänge des Frauenstudiums im Deutschen Kaiserreich vorgesehen.

Prof. Dr. Silke Schütter, geboren 1959, Studium der Geschichte und Sozialwissenschaften an der Universität Münster; seit 2008 Professur für Sozialpolitik im Fachbereich Sozialwesen der Hochschule Niederrhein.

Dr. Christian Wolfsberger, geboren 1970, Studium der Geschichte und Politischen Wissenschaften an der Universität Würzburg; Staatsexamen für den höheren Archivdienst; seit 2004 Leiter des Stadtarchivs Mönchengladbach.

Beiträge zur Geschichte der Stadt Mönchengladbach

Begründet von Wolfgang Löhr, fortgeführt von Christian Wolfsberger

1. Festschrift zur Wiedereröffnung der Kaiser-Friedrich-Halle. – 1969 (vergriffen)
2. Paffen, Rolf: Der Streit um das Laurentiushaupt. – 1970 (vergriffen)
3. Rheindahlen. Ein Bildband. – 1971 (vergriffen)
4. Bange, Hans: Das Gladbacher Münster im 19. Jahrhundert. – 1973 (vergriffen)
5. Die Gründungsgeschichte der Abtei St. Vitus zu Mönchengladbach. Hrsg. u. übers. von Manfred Petry. – 1974
6. Die Fabrikordnung der Firma F. Brandts zu Mönchengladbach. – Neudruck 2003
7. Kunst am Bau. 10 Jahre Erfahrung. – 1975 (vergriffen)
8. Erckens, Günter: Der Marienplatz und seine Umgebung. – 1975
9. Schule in ihrer Zeit. 4 Kapitel aus 200 Jahren Stadt- und Schulgeschichte zur Hundertjahrfeier d. Stift. Humanistischen Gymnasiums als Vollanstalt. – 1977 (vergriffen)
10. Bange, Hans: Das Rathaus zu Mönchengladbach. – 3., überarb. Aufl. 1993 (vergriffen)
11. Kimpel, Sabine: Walter Kaesbach Stiftung. – 2., überarb. u. erg. Aufl. 1991 (vergriffen)
12. 2000 Jahre Niers. Schrift- und Bilddokumente. – 1979 (vergriffen)
13. Zedelius, Volker: Der Münzschatzfund von Giesenkirchen. – 1980 (vergriffen)
14. Allegro ma non troppo: Konzert und Oper in Mönchengladbach 1900–1980. – 1980 (vergriffen)
15. Erckens, Günter: 150 Jahre Rechnungs- und Briefköpfe im Gladbach-Rheydter Wirtschaftsraum. – 1981 (vergriffen)
16. Bayer, Alfred: Der kleine Volksvereinsprozeß im Dezember 1933 in Mönchengladbach. – 1982 (vergriffen)
17. Rey, Manfred van: Einführung in die rheinische Münzgeschichte des Mittelalters. – 1983
18. Koß, Siegfried: Die Marienschule von 1830 bis 1980. – 1983
19. Einzelkarten des Matthias Quad (1557–1613). (Monumenta Cartographica Rhenaniae; 1). – 1984
20. Hütter, Hans Walter: Mönchengladbach – 11 Gemeinden bilden eine Stadt. – 1984 (vergriffen)
21. Bange, Hans: Das Bibelfenster zu Mönchengladbach. – 2. Aufl. 1986 (vergriffen)
22. Schüngeler, Heribert: Widerstand und Verfolgung in Mönchengladbach und Rheydt 1933–1945. – 3., unveränd. Aufl. 1995
23. Bange, Hans: Verlorener Kunstbesitz. Das Schicksal von Kunstwerken der ehemaligen Abtei Gladbach im 19. und 20. Jahrhundert. – 1986

24. Kosche, Thomas: Bauwerke und Produktionseinrichtungen der Textilindustrie in Mönchengladbach. – 1986 (vergriffen)
25. Erckens, Günter: Juden in Mönchengladbach, Band 1. – 1988 (vergriffen)
26. Erckens, Günter: Juden in Mönchengladbach, Band 2. – 1989
27. Klüsche, Wilhelm: Der Wissenschaftliche Verein Mönchengladbach 1849–1989. – 1989
28. Sie waren und sind unsere Nachbarn. Spuren jüdischen Lebens in Mönchengladbach (Katalog zur Ausstellung). – 1989
29. Erckens, Günter: Juden in Mönchengladbach, Band 3: Gesamtregister. – 1990
30. Sollbach-Papeler, Margrit: Mönchengladbach 1945. – 3. Aufl. 1993 (vergriffen)
31. Eschenbrücher, Ralf: Der Stillebenmaler Johann Wilhelm Preyer (1803–1889). – 1992 (vergriffen)
32. Erinnerte Geschichte. Frauen aus Mönchengladbach schreiben über die Kriegs- und Nachkriegszeit 1940–1950. – 1993 (vergriffen)
33. Die Pfarrgemeinde St. Josef, Mönchengladbach, und ihre Entstehung vor dem Hintergrund der Industrialisierung im 19. Jahrhundert. – 1994
34. Beckers, Hans Georg: Karl Joseph Lelotte. Ein Pfarrer in einer Zeit des politischen und sozialen Umbruchs. Gottesdienst in Gladbach von 1864 bis 1892. – 1995
35. Sessinghaus-Reisch, Doris: Ein Leben in sozialer Verantwortung: Josef und Hilde Wilberz-Stiftung. – 1998 (vergriffen)
36. Schröteler-von Brandt, Hildegard: Rheinischer Städtebau. Die Stadtbaupläne im Regierungsbezirk Düsseldorf in der ersten Hälfte des 19. Jahrhunderts. Das Fallbeispiel Mönchengladbach 1836 bis 1863. – 1998 (vergriffen)
37. Jüdisches Leben in Mönchengladbach gestern und heute. – 1998
38. 25 Jahre neue Stadt Mönchengladbach. – 1999
39. Beckers, Hans Georg: Das Gladbacher Münster im 20. Jahrhundert. – 1999 (vergriffen)
40. Nohn, Christoph: Bruder sein ist mehr. Das Bruderschafts- und Schützenwesen im Gladbacher Land vom Mittelalter bis zur Neuzeit. – 2000 (vergriffen)
41. Krumme, Ekkehard: Denkmäler der Hoffnung. Der evangelische Friedhof in Odenkirchen. – 2000
42. Maiburg, Barbara: Kante und Planke. Künstlergruppen in Mönchengladbach. – 2000 (vergriffen)
43. Sessinghaus-Reisch, Doris: Leben und Werk des Mönchengladbacher Schriftstellers Gottfried Kapp. – 2001
44. Habrich, Heinz: Kirchen und Synagogen. Denkmäler aus der Zeit von 1850 bis 1916 in Mönchengladbach. – 2002 (vergriffen)
45. Waldecker, Christoph: »Es ist ein groß Ergetzen ...« Ein Jahrhundert Stadtbibliotheken in Mönchengladbach. – 2004
46. Hoster, Hans: Das Hauptquartier in Mönchengladbach. Der unbekannte Stadtteil »JHQ«. – 2004 (vergriffen)
47. Habrich, Heinz, und Klaus Hoffmann: Wegekapellen in Mönchengladbach. – 2005 (vergriffen)

48.1. Holtschoppen, Natalie Alexandra: St. Vitus zu Gladbach. Studien zum Kapiteloffiziumsbuch der ehemaligen Benediktinerabtei St. Vitus zu (Mönchen-)Gladbach. – 2008
48.2. Holtschoppen, Natalie Alexandra: St. Vitus zu Gladbach. Prosopographische Erschließung und Edition des Necrologs der ehemaligen Benediktinerabtei St. Vitus zu (Mönchen-)Gladbach. – 2008
49. Lünendonk, Robert: Auf den Spuren des Gladbachs und seiner Mühlen. – 2008
50. Hiep, Susan: Mönchengladbacher Frauenstraßennamen und ihre Geschichte. – 2010
51. Nohn, Christoph: Auftakt zur Gladbacher Geschichte. Die Gründungsgeschichte der Abtei Gladbach und das politische Spannungsfeld Lotharingiens im 9. und 10. Jahrhundert. – 2. Aufl. 2012